Thèmes essentiels d'actualité

Actu concours

collection dirigée par

Jean-Philippe Cavaillé

Thèmes essentiels d'actualité 2022-2023

Cours

Jean-Philippe Cavaillé (coord.)

Nelly Mouchet

Bénédicte Beauchesne

Nicolas Brault

Christophe Lescot

ellipses

Collection

Actu concours

Retrouvez tous les titres de la collection sur www.editions-ellipses.fr

Les opinions soutenues dans cette collection n'engagent que les auteurs
et en aucun cas les institutions au sein desquelles ils exercent leurs activités.

ISBN 9782340-057937

8/10 rue la Quintinie 75015 Paris

www.editions-ellipses.fr

Sommaire

Culture générale **5**

Histoire politique

Fiche 1. La démocratie : origines, débats et contestations 7

Fiche 2. Deux siècles de (r)évolutions en France 20

Fiche 3. Les représentations de la Nation France : histoire et controverses 55

Fait religieux

Fiche 4. Les origines des trois monothéismes 73

Fiche 5. Islamisme, salafisme, djihadisme, des concepts politiques ou religieux ? 84

Fiche 6. La Laïcité en France, une valeur républicaine en débat 93

Géopolitique

Fiche 7. Les nouvelles stratégies de domination des mers et des océans 105

Fiche 8. La conquête spatiale, au cœur de la gouvernance et des grands équilibres internationaux 117

Fiche 9. L'Europe : un espace migratoire sous tensions 131

Questions contemporaines

Fiche 10. Les secrets de l'histoire : secrets d'État et usages politiques du secret 151

Fiche 11. Désindustrialisation ou hyperindustrialisation en France ? 169

Fiche 12. La fracture numérique existe-t-elle ? 186

Relations internationales **201**

Fiche 13. Les transformations du système international : nature et théories 203

Fiche 14. La répartition mouvante des rôles sur la scène internationale 221

Fiche 15. La transformation de la nature des conflits 248

Fiche 16. Les interprétations des politiques anti-terroristes 271

Fiche 17. L'avenir de la mondialisation 289

Fiche 18. La portée du développement durable 309

Fiche 19. Les espoirs de la justice pénale internationale 332

Thèmes sanitaires et sociaux **345**

Fiche 20. Santé et santé publique 347

Fiche 21. La démographie mondiale 358

Fiche 22. La santé dans le monde 362

Fiche 23. La démographie de l'Union européenne 369

Fiche 24. La santé des Français 372

Fiche 25. La protection sociale en France 382
Fiche 26. L'assurance-maladie en France 390
Fiche 27. Les dépenses de santé 397
Fiche 28. Retraite et dépendance 405
Fiche 29. Chômage et précarité 412
Fiche 30. Les inégalités économiques et sociales 417
Fiche 31. Les inégalités homme-femme 427
Fiche 32. Procréation médicalement assistée et gestation pour autrui 441
Fiche 33. Don du sang, don d'organe, don du corps 449

Questions européennes 463

Fiche 34. Des Communautés européennes à l'Union européenne 465
Fiche 35. Le processus de décision 499
Fiche 36. Le budget de l'Union européenne 527
Fiche 37. L'Union économique et monétaire et la coordination des politiques économiques 559
Fiche 38. L'Europe de la santé publique 600
Fiche 39. L'élargissement et les frontières de l'Union 612

Culture générale

1 La démocratie : origines, débats et contestations

« Lorsque dans la république, le peuple en corps
a la souveraine puissance, c'est une démocratie »

MONTESQUIEU, 1748.

Introduction

À Athènes, au ve siècle a. è., après avoir connu une monarchie, puis une oligarchie, la démocratie s'inscrit dans le cadre de la cité-État qui domine le monde grec. Cette cité athénienne se définit par son caractère civique bien plus que géographique. Si elle est constituée d'un centre urbain et de la campagne qui l'entoure, elle est surtout une organisation politique et sociale au sein de laquelle une communauté d'hommes citoyens a pour la première fois donné au peuple la possibilité de gouverner avec les catégories supérieures. Il s'agit d'une démocratie faisant de la communauté de citoyens un peuple souverain même si les femmes, les esclaves et les étrangers en sont exclus (C. MOSSÉ, 1999). Cette conception antique de la démocratie est récupérée par les penseurs des Lumières qui l'élargissent. Il ne s'agit plus de considérer le pouvoir du peuple qui se réduit à une minorité, mais de prendre en compte la volonté générale. Si l'exercice de la démocratie directe permet de la mettre en œuvre, elle n'est pas possible partout et une démocratie représentative tend à s'imposer après la Révolution française. Seuls les meilleurs ou les plus éduqués pratiquent le pouvoir. La démocratie entre alors en tension avec la citoyenneté et la République, nouvel horizon politique vers lequel tend le XIXe siècle français. À partir de 1789, c'est de la contestation que naît la démocratie (A. LIGNEREUX, 2012). En France, cette dernière s'enracine dans la République alors qu'elle se diffuse en Europe au sein des monarchies ou des républiques naissantes à la faveur des révolutions du XIXe siècle. Aujourd'hui, le spectre de la démocratie est agité comme un outil de régulation des conflits dans le nouvel ordre international.

La démocratie apparaît comme un défi pour les penseurs et pour les régimes politiques tant par sa quête de légitimité politique que par les mécanismes d'exclusion ou de contestation qu'elle génère.

Concepts/notions

- **Contre-démocratie** : concept forgé par Pierre ROSANVALLON (2006) pour caractériser les instruments de contrôle permettant d'exercer un contre-pouvoir. Elle est une forme d'exercice de la citoyenneté et n'est pas seulement le fait des dominés. Toutes les formes de manifestations, de dégradations, de graffitis sont autant d'expressions sociales d'une participation à la vie politique par d'autres biais que les urnes.

- **Démocratie**: régime démocratique dans lequel le pouvoir est détenu par le peuple.
- **Illégalismes**: révoltes qui émanent d'une incompréhension et d'un sentiment d'injustice des couches populaires sanctionnées par un régime alors que leurs grands-parents et parents ne l'étaient pas (A. LIGNEREUX, 2008).
- **Politique**: la politique désigne l'art de gouverner la cité par l'exercice du pouvoir et le gouvernement de l'État. Le politique est un ordre permettant aux hommes de faire société: il désigne un type de relations ayant pour but une organisation collective.
- **République**: du latin *res publica* désigne la chose publique. Elle est une forme d'organisation sociale et politique de l'État.

Chronologie

- **594-593 a. è.**: réformes de Solon pour répartir les citoyens en classes censitaires à Athènes.
- **509 a. è.**: fondation de la république romaine de type aristocratique.
- **508-507 a. è.**: réformes de Clisthène qui divise le territoire de l'Attique (de la cité d'Athènes) en trois et répartit les citoyens en dix tribus, partagées en dèmes. L'égalité des citoyens est alors fondée par leur lieu d'habitation et non leur richesse ou leur naissance.
- **457 a. è.**: Périclès instaure le *misthos*, une indemnité permettant à chaque citoyen de participer à la vie politique.
- **431-404 a. è.**: guerre du Péloponnèse opposant Athènes et la ligue de Délos à Sparte alliée à la ligue du Péloponnèse.
- **404**: la « tyrannie des Trente » se met en place à Athènes après sa défaite face à Sparte.
- **322 a. è.**: disparition de la démocratie athénienne.
- **27 a. è.**: fin de la république romaine. Octave reçoit le titre d'Auguste et met en place le Principat.
- **1789**: « *Premier vote français* » (P. GUENIFFEY, 1993) aux États-généraux. 4,3 millions de citoyens votent les maires, les représentants départementaux et nationaux.
- **1791**: première Constitution française cédant la souveraineté du roi à la nation.
- **1793**: exécution de Louis XVI; une nouvelle Constitution instaure le vote des députés au suffrage universel masculin, mais en raison de la guerre elle n'est pas appliquée.
- **1799**: consulat de Bonaparte.
- **1848**: suffrage universel masculin en France; « printemps des Peuples » en Europe; élection de Louis Napoléon Bonaparte président de la République.
- **1989**: chute du mur de Berlin.
- **1991**: disparition de l'URSS.

Historique

Aux origines de la démocratie : une cité-État, Athènes, aux Vᵉ et IVᵉ siècles a. è

Le système démocratique athénien évolue au cours des Vᵉ et VIᵉ siècles a. è. et est de plus en plus contesté avant d'être renversé.

À l'issue des guerres médiques (478-477 a. è.) Athènes constitue la ligue de Délos[1] qu'elle domine de manière hégémonique. En son sein, les cités-États alliées d'Athènes paient un tribut qui permet de financer le fonctionnement de la cité-État athénienne. Elle est à la tête d'un immense empire maritime dont la pérennité dépend de tous les citoyens. Le destin de la démocratie est étroitement lié à celui de la ligue de Délos. Lorsqu'au Vᵉ siècle a. è. la cité d'Athènes devient une démocratie, Périclès (461-429 a. è.) diffuse l'idée qu'elle constitue le régime idéal car les droits des citoyens sont assurés par la loi. Il est stratège et s'attache à consolider la démocratie athénienne. Il développe sa puissance militaire et s'attache à la reconstruction et à l'embellissement de l'Acropole. Il instaure le *misthos*, une indemnité journalière, afin que chaque citoyen puisse participer à la vie politique sans perdre le profit d'une journée de travail.

> **Périclès prononce l'éloge de la démocratie**
>
> *Périclès prend la parole en 431 au cours de la célébration des funérailles des soldats morts la première année de la guerre du Péloponnèse.*
>
> « Notre régime politique ne prend pas pour modèle les lois des autres : loin d'imiter autrui, nous sommes nous-mêmes un exemple. Quant au nom, comme les choses dépendent non pas du petit nombre mais de la majorité, cela s'appelle une démocratie. [...] S'agissant des affaires privées, la loi assure l'égalité de tous. Cependant, en ce qui concerne les affaires publiques, si un citoyen se distingue en quelque domaine, il peut accéder aux responsabilités, moins en fonction de sa catégorie sociale qu'en raison de son mérite personnel. En outre, la pauvreté n'est pas un obstacle : si quelqu'un est capable de rendre service à la cité, il n'en est pas empêché par l'obscurité de sa condition sociale. (...) Dans le domaine public, [...], nous obéissons aux magistrats et aux lois, surtout à celles qui protègent les victimes de l'injustice. »
>
> Thucydide, *Histoire de la guerre du Péloponnèse*, II, 37, fin du Vᵉ siècle avant J.-C.

Être citoyen à Athènes implique d'être un homme libre, d'avoir 18 ans et d'être inscrit sur la liste des dèmes depuis les réformes de Clisthène en 508-507 a. è. Périclès propose en 451 a. è. une loi qui définit de manière plus restrictive les conditions pour être citoyen. Il faut alors être né du mariage légitime d'un père citoyen et d'une mère fille de citoyen. Les citoyens sont minoritaires dans la totalité de la population de l'Attique qui compte 380 000 habitants pour 42 000 citoyens. La citoyenneté se définit pour Aristote (384-322 a. è.) comme « *la participation à l'exercice des pouvoirs de juge et de magistrat* », ainsi que par la participation à l'Assemblée. À la définition courante de la citoyenneté impliquant d'être né de deux parents citoyens, il ajoute la « *possibilité de pouvoir participer au pouvoir délibératif et judiciaire* ». Les critères pour

1. Elle rassemble l'ensemble des cités-États alliées à Athènes.

être citoyen sont d'être un adulte inscrit au dème et de participer à la vie politique de la cité. C'est donc l'exercice du pouvoir (*archè*) qui caractérise le citoyen ayant des droits et des devoirs.

Après la guerre du Péloponnèse (431-404 a. è.) qui oppose Athènes à Sparte victorieuse, la démocratie évolue au IVe siècle. Périclès rendu responsable de la défaite est écarté du pouvoir. La démocratie est rétablie en 403 a. è. et des mesures sont prises pour la préserver. Les lois sont révisées et les procédures permettant de les modifier se compliquent. Les citoyens les plus riches dénoncent les dérives de la démocratie qui permet désormais aux thètes, les citoyens les plus pauvres, d'accéder aux plus hautes fonctions alors qu'ils étaient jusque-là exclus des charges de commandement. Ils dénoncent une justice qui leur est hostile et la plus forte pression fiscale. La Ligue de Délos ayant été dissoute en 404 a. è., Athènes ne peut plus compter sur le tribut des cités alliées. L'exercice du pouvoir se fait au sein d'institutions qui garantissent la démocratie directe. Tous les pouvoirs dépendent de l'*Ecclésia*, l'assemblée de tous les citoyens athéniens qui siègent de droit. Ils ne sont ni élus, ni tirés au sort. Elle vote les lois, les promulgue, décide de la guerre et de la paix, élit les magistrats. Elle dispose d'un droit d'ostracisme pour exiler un citoyen jugé dangereux pour la démocratie. Chaque citoyen peut proposer une loi ou un amendement. Les lois sont votées à main levée puis gravées sur des stèles ou des panneaux de bois, les axones. Elles sont affichées sur l'Agora pour que tout le monde les connaisse. Les pouvoirs sont séparés et le législatif revient à la *Boulè* chargée de préparer les travaux de l'*Ecclésia*. Un tirage au sort parmi tous les citoyens permet de désigner ses membres. Le tirage au sort est le mode de désignation le plus fréquent à Athènes. Son utilisation repose sur l'idée que n'importe quel citoyen est apte à exercer une fonction politique et que tous les citoyens se valent. Il est jugé plus démocratique que l'élection car il donne à tous la possibilité de participer au gouvernement de la cité. Le pouvoir judiciaire est confié à l'*Héliée* et l'exécutif aux magistrats. Le pouvoir des magistrats est limité par le principe d'annualité et de collégialité. Seuls les stratèges ne sont pas tirés au sort. Les Athéniens nomment isonomie leur régime politique pour qualifier l'égalité des citoyens devant la loi comme fondement de la démocratie.

À la fin du Ve siècle av. J.-C., la démocratie est en péril. Des troubles créés par la guerre du Péloponnèse menacent la démocratie. Les démagogues sont dénoncés par des auteurs comme le dramaturge Aristophane. Dans *Les Guêpes* en 422 a. è., il dénonce les effets pervers des institutions judiciaires et réalise une parodie de la manie procédurière des Athéniens. Il tourne en dérision les magistrats « corrompus » et ridiculise les citoyens ayant trop facilement recours à la justice.

La comédie d'Aristophane dénonce les travers de la justice

Le juge porte un nom inventé par Aristophane qui signifie « qui aime Cléon », allusion à l'homme politique athénien Cléon, qui fait augmenter de 50 % l'indemnité versée aux juges de l'Héliée.

« Le juge Philocléon : Mon régal à moi ce n'est pas le saumon ni les anguilles : je préférerais me mettre sous la dent un bon petit procès mignon, cuit à l'estouffade. Y a-t-il plus délicieuse béatitude que celle d'un juge, par le temps qui court ?

D'abord, dès mon petit lever, on me guette aux abords du prétoire, des hauts personnages, des grosses légumes ! Et puis, sitôt je m'approche, une main qui a raflé des deniers publics se glisse dans la mienne ; supplication, courbettes à grand renfort de lamentation : « Pitié pour moi, mon petit père, si jamais tu as ratissé toi aussi quelque chose dans les fonctions que tu as remplies ! » Et puis, une fois entré en séance je ne fais rien de ce que j'ai promis ; j'écoute les accusés parler sur tous les tons pour se tirer d'affaire. Parbleu ! Quelles cajoleries n'est-on pas appelé à entendre quand on juge ! Les uns geignent sur leur pauvreté et ils en rajoutent ; d'autres nous racontent des anecdotes ou une petite drôlerie d'Esope ; les autres enfin lancent des blagues pour me faire rire et désarmer ma mauvaise humeur. Là-dessus, le père, en leur nom, m'implore comme un dieu, tout en tremblant, de ne pas le condamner pour malversation. N'est-il pas ample mon pouvoir ? Ai-je à envier quelque chose à Zeus ? Et le plus agréable de tout, que j'avais oublié : c'est quand je rentre avec mon salaire. »

D'après Aristophane, *Les Guêpes*, 422 a. è.

Deux coups d'État remplacent temporairement la démocratie par une oligarchie, en 411 a. è., puis en 404 a. è. avec les « Trente tyrans ». Les limites de la démocratie athénienne tiennent en premier lieu à une citoyenneté inégale. Une amphore de 520 a. è. conservée au *British Museum* de Londres rappelle qu'« *un pauvre paysan* [...] *à cause de ses travaux ne pourra porter son attention sur les affaires publiques* ». Contrairement à une idée reçue, les citoyens n'ont pas pour seule activité la participation à la vie politique pendant que leurs esclaves travaillent la terre. Ils sont très impliqués dans les travaux agricoles. Ainsi, leur participation à la vie politique est conditionnée par leur fortune. Si celle-ci est mince, ils seront obligés de privilégier le travail rémunérateur. C'est pour cela que le *misthos* a été créé. Alors que les citoyens sont égaux devant la loi, ils ne le sont pas devant la richesse. La grande majorité doit travailler pour survivre le plus souvent comme paysans, loin du centre politique. En ville, les artisans et les commerçants sont méprisés car leurs activités sont aussi exercées par des métèques ou des esclaves. En dépit des liturgies imposées aux citoyens aisés et du *misthos*, les écarts de considération et de fortune persistent et seuls quelques milliers d'individus ont le temps et les moyens de se rendre à l'Ecclésia. Ainsi, seules quelques puissantes familles peuvent prétendre exercer les magistratures. La vie politique est accaparée par des orateurs qui dirigent la cité. Elle est donc une affaire de professionnels qui connaissent l'art de la parole, de la rhétorique apprise chez les sophistes qui enseignent la persuasion pour détenir le pouvoir. Ils séduisent le corps électoral par démagogie. Outre les contestations, la démocratie est mise en péril par des adversaires extérieurs. Philippe II de Macédoine (382-336 a. è.) menace les intérêts d'Athènes et des autres États grecs. Ils sont écrasés par les Macédoniens à Chéronée en Béotie en 338 a. è. Le régime est préservé, mais une révolte en 322 a. è. conduit les Athéniens à la soumission aux Macédoniens et la démocratie est abolie. Le pouvoir passe aux plus fortunés. Les aristocrates enclenchent un processus d'« aristocratisation » des cités, renforcé par l'action des Romains au détriment de la cité démocratique.

Au début de l'ère chrétienne, le monde méditerranéen est unifié par Rome. Les notables dominent les cités et les conseils démocratiques tirés au sort laissent la place à des conseils aristocratiques, calqués sur le Sénat romain. Le peuple continue à donner son avis, les notables prenant garde de le mépriser.

Actualité

Les fondements de la démocratie contemporaine : vivre la démocratie en France

L'étincelle révolutionnaire met fin à l'Ancien Régime en 1789 et ouvre un siècle de révoltes et de révolutions. La mise en place de la démocratie ne se fait pas sans heurts, ni sans retours en arrière. La Révolution française n'accouche pas immédiatement d'un régime démocratique qui n'est qu'un horizon d'attente sur un long XIXe siècle. Ainsi la démocratie naît-elle de la contestation, puis venant à se confondre avec la République la réprime, pour finalement imposer une discipline civique aux citoyens (A. LIGNEREUX, 2008).

Les illégalismes et la révolte ont permis bien des conquêtes démocratiques à travers une manière extrême de vivre la démocratie (A. LIGNEREUX, 2008). La violence temporaire est un moyen de conquérir la démocratie. Un *continuum* de la violence de l'époque moderne à l'époque contemporaine montre que la rébellion occupe toujours l'espace public jusqu'à la fin du XIXe siècle. La Révolution vient transformer ces révoltes en rupture profonde et en un changement politique et social radical. La période napoléonienne n'est pas exempte de contestations face à la conscription et à la codification. Ces troubles récurrents du premier XIXe siècle ne sont pas sans rappeler la Révolution française dont le souvenir est prégnant (J. NICOLAS, 2002). Les révoltes populaires ne sont pas seulement liées à des instincts de survie comme les révoltes frumentaires pourraient le laisser penser. Elles sont exacerbées en période de cherté des prix ou de mauvaises récoltes, mais elles sont aussi un levier d'avancées sociales et démocratiques. Le rapport de force permet d'aboutir à des avancées légitimes. La révolte est aussi un bouclier contre les réformes. Elle peut prendre des formes extrêmes à l'exemple du drame de Hautefaye du 16 août 1870. Alain de Moneys, un jeune noble, est supplicié et brûlé par une foule l'accusant d'avoir crié « *Vive la République !* ». À l'annonce de premières défaites dans le cadre de la guerre franco-prussienne, l'angoisse de l'invasion et la hantise d'un retour à l'ordre ancien amènent les paysans de cette campagne du Sud-Ouest à une violence extrême car ils détestent la noblesse. Le supplicié est transformé en traître à la patrie et perçu comme un bouc émissaire. On s'imagine, dans un contexte de haine contre le Prussien, qu'il puisse être à la fois noble et républicain. Les cris de « *Vive l'empereur* ! » rappellent un sentiment bonapartiste populaire fortement ancré dans les campagnes françaises. Le bonapartisme affaibli semble menacé d'un retour à l'Ancien Régime par des nobles et la guerre franco-prussienne. La phobie de l'Ancien Régime accompagne ce massacre. Pour les Républicains, les paysans sont des cannibales. Ils arrivent au pouvoir quelques semaines après le massacre et ne tiennent pas à être assimilés à de tels actes de sauvagerie (A. CORBIN, 1990). La révolte apparaît comme une manière extrême de vivre la démocratie. Elle revêt des composantes démocratiques. Si on considère l'insurrection comme un mode d'existence partagé par tous et qui profite à tous, les émeutiers forment un groupe qui se gouverne par lui-même et qui représente une forme de démocratie directe (A. LIGNEREUX, 2008).

La révolte a d'abord été perçue comme légitime au nom de la lutte contre le despotisme ou parce qu'elle permettait des avancées sociales et politiques profitables à tous, mais l'avènement de la République induit un changement de regard sur les illégalismes. Les idéaux républicains évoluent pour progressivement ne plus voir la révolte comme une forme d'expression démocratique mais comme une tendance régressive et réactionnaire. Si dans les représentations populaires la République apparaît comme le régime de toutes les libertés, son sens sous l'Ancien Régime qualifie plutôt le pouvoir de ceux qui prétendent s'ingérer dans les affaires publiques sans avoir de titre pour le faire. À la faveur des désordres du XIXe siècle, cette acception refait surface. Lors des révolutions de 1848 la vision extensive des libertés se diffuse parmi les insurgés. La victoire du parti de l'ordre aux élections de 1849 conduit à une reprise en main autoritaire du pays. Les préfets sont nommés par l'exécutif dès 1850 pour faire appliquer la loi sur les horaires et fermer les cabarets d'où peuvent partir des dissidences. Ce n'est que lorsque la République sera bien enracinée qu'elle pourra faire face aux radicaux ou aux anarchistes qui se sentent trahis par l'autorité des forces de l'ordre. L'État républicain se construit alors à travers la lutte contre les illégalismes et l'anarchisme. L'avènement d'un espace commun où les privilèges et les particularismes ont disparu suscite des mécontentements. Il faut distinguer ces révoltes contre-révolutionnaires d'une opposition idéologique à la République. Ce sont des réactions à l'ordre civique qui se met en place. Sous l'Empire (1804-1815), l'appareil d'État se structure et les hommes sont mieux armés pour combattre les révoltes. Un maillage du pays est opéré. Les rébellions surviennent là où s'installent les brigades de gendarmes. Ils sont installés dans les marges du territoire et se heurtent aux résistances à leur autorité. La répression inscrit la mobilisation protestataire dans un dialogue politique. La lutte contre les illégalismes en République, notamment sous la IIIe République (1870-1940), peut aussi prendre une forme éducative (A. LIGNEREUX, 2008). Si le peuple est mal instruit ou fanatisé, les Républicains pensent qu'il peut se tromper lors de mouvements rébellionnaires. Ainsi, le révolté devient un citoyen par l'apprentissage de la discipline civique. Il doit alors renoncer à la violence au profit du vote. L'estampe de Louis-Marie BOSREDON d'avril 1848 témoigne de l'opposition entre le vote et la violence. Le fusil doit être laissé au profit des nouveaux objets qui font le citoyen, à savoir l'urne et le bulletin de vote. La démocratie rejette alors la violence. Elle n'est plus légitime alors que le vote permet au peuple d'exercer la souveraineté. Mais il faut éduquer le citoyen à cette forme de démocratie et à l'abandon de la brutalité. L'école à travers la morale républicaine inculque le civisme contre les illégalismes à partir des années 1880 grâce à des ouvrages comme le *Manuel républicain* de Jules BARNI publié à Paris en 1872. Face à la pression fiscale et au risque de révoltes, une pédagogie civique se met en place pour faire accepter l'impôt (N. DELALANDE, 2011). Les manuels scolaires républicains montrent que l'impôt est utile. Il a permis de construire les chemins de fer ou les écoles. Outre la réprobation de la violence, l'école vient dire ce qui est bon pour le citoyen. L'éducation à la morale républicaine produit également un infléchissement du modèle de virilité. Les représentations liées à la virilité évoluent. Ainsi au début du XXe siècle, être un homme ne nécessite pas de montrer sa valeur physique pour défendre son honneur, mais de témoigner d'une maîtrise de soi tout en faisant respecter les lois. L'application de ce modèle se fait à des rythmes différents en fonction des catégories sociales et des lieux (A.-M. SOHN, 2009).

C'est par la contestation que la démocratie s'est installée dans le paysage politique français. Puis, son exercice a évolué vers des pratiques pacifiées à travers le vote en rejetant tout recours à la violence. Pour autant, le conflit n'a pas disparu dans les sociétés contemporaines où il paraît même de nouveau permis par la démocratie alors qu'elle se voudrait un outil de leur régulation.

Prospective

La démocratie pour une régulation des conflits dans le nouvel ordre international ?

Dans un nouvel ordre international marqué par un regain de conflictualités depuis la chute du communisme en 1991, la démocratie semble être aussi bien une porte ouverte à la contestation qu'un moyen de résoudre certains conflits et ce, à toutes les échelles.

Le couple conflit et démocratie révèle une association qui est paradoxale. La démocratie est censée résoudre le conflit par le vote. Cette idée est apparue à Athènes, dans l'Antiquité, bien que les cités grecques se soient affrontées. Est-ce alors la démocratie qui favorise l'apparition des conflits ? Seul un tournant démocratique permet l'éclosion de certains conflits empêchés par la coercition. Les mobilisations citoyennes ayant abouti à la chute du mur de Berlin en 1989 n'ont été possibles qu'à partir du moment où Mikhaïl GORBATCHEV a annoncé que l'URSS ne s'immisçait plus dans les affaires intérieures des pays satellites. Alors que la révolte de 1968 lors du Printemps de Prague avait donné lieu à une violente répression par les chars soviétiques, la peur d'une telle intervention s'éloignait alors. Cependant, la démocratie ne parvient pas à empêcher la guerre. L'Inde et le Pakistan s'affrontent pour la région du Cachemire depuis plus de 70 ans alors que ce sont deux démocraties. De plus, les États démocratiques n'hésitent pas à intervenir militairement dans le cadre de l'ONU ou sans son mandat. Ils sont intervenus pour libérer le Koweït en 1991, puis contre les massacres des Kurdes en Irak en 1992 au nom du droit d'ingérence (B. GIBLIN, 2012). Les États-Unis choisissent l'intervention sans le couvert de l'ONU en Irak en 2003 après les attentats du 11 septembre 2001, alors qu'un front est déjà ouvert en Afghanistan depuis 2001. C'est au nom de la démocratie que la guerre est engagée contre le terrorisme. La démocratie libérale américaine reste le modèle à diffuser de la même manière que durant les conflits de guerre froide. Cependant la guerre ou la révolte ne permettent pas d'instaurer rapidement et efficacement la démocratie. Les révoltes populaires qui se développent à partir de 2011 dans les pays arabes peinent à aboutir à la mise en place de véritables régimes démocratiques. À l'exemple de la Révolution française qui a mis plus d'un siècle pour enraciner la démocratie, le mouvement des Printemps arabes est récupéré par l'islamisme et est victime d'avancées puis de retours en arrière qui profitent aux fondamentalismes. En Syrie, malgré le soutien des États démocratiques, comme les États-Unis, la France, le Royaume-Uni, le Canada ou l'Australie, aux rebelles contre le régime de Bachar el-Assad, le conflit ne s'est toujours pas soldé par l'avènement d'une véritable démocratie. Le modèle démocratique occidental se heurte à des résistances fortes dans sa quête d'universalisme.

À l'intérieur même des démocraties occidentales, à l'échelle régionale, les nationalismes sont une forme de contestation. Ils recouvrent un large spectre géographique couvrant des régions qui se revendiquent comme des nations à part entière. L'Espagne connaît ce type de mouvements indépendantistes en Galice, au Pays basque ou en Catalogne. Cette région est mise sous tutelle après le référendum de 2017. Alors que le parlement de Catalogne proclame une « République indépendante » de Catalogne le 27 octobre 2017, le président de Catalogne Carles PUIGDEMONT, la vice-présidente Oriol JUNQUERAS et le président du parlement Carme FORCADELL ont tous été emprisonnés pour « rébellion ». Carles PUIGDEMONT accusé de détournement de fonds a été arrêté en Allemagne et son extradition en Espagne a été autorisée le 12 juillet 2018. Le conflit se poursuit devant les tribunaux espagnols où vingt-cinq dirigeants séparatistes sont mis en examen (*Le Monde*, 12 juillet 2018). D'autres régions sont susceptibles de réveiller de tels conflits nationalistes à l'exemple de la Corse en France, de l'Écosse au Royaume-Uni, des Flandres en Belgique ou de l'Italie du Nord. Les nationalismes régionaux ne sont pas exclusivement européens. Ils apparaissent aussi au Moyen-Orient à l'exemple d'un Kurdistan autonome revendiqué sur le territoire de la Turquie et de l'Irak. Les causes en sont multiples et tiennent au mépris du pouvoir central vis-à-vis de la région. Les nationalistes demandent donc réparation. Il peut s'agir également d'une volonté d'autonomie économique, notamment au regard de la fiscalité ou de l'affirmation d'un sentiment identitaire. Une radicalisation de la contestation est possible, passant par l'usage de la violence. Toutes ces revendications d'autonomie ne sont cependant pas violentes. Certaines s'affirment par un référendum et son acceptation. L'Écosse, par exemple, emprunte cette voie en 2014, mais l'indépendance est rejetée par les urnes. Entre 1969 et 2005 le recours à la force et à l'armée est *a contrario* la solution choisie par le Royaume-Uni en Irlande du Nord (B. GIBLIN, 2012).

À l'échelle locale, la démocratie ouvre un nouveau champ de conflits à travers l'aménagement du territoire. En France, par exemple, les citoyens ont tendance à prendre la parole face à des projets d'aménagement du territoire qu'ils jugent nuisibles. Après l'âge d'or de la DATAR (Délégation à l'aménagement du territoire et à l'action régionale), de 1964 à 1981, la décentralisation accompagne le transfert des compétences de l'État en matière d'aménagement à d'autres acteurs. Les collectivités territoriales sont investies de différents projets. L'accroissement de la démocratie permet aux citoyens de s'organiser en associations et de contester des opérations de construction d'autoroutes, d'aéroports, de lignes à grande vitesse ou de grands projets industriels. Il existe alors trois types de conflits :

- lorsque l'aménagement est menacé par la fermeture d'usines ou de services publics ;
- lorsqu'il est convoité dans le cadre d'une concurrence territoriale au niveau national et international ou par une rivalité entre acteurs et usagers d'un même territoire ;
- enfin, si l'aménagement est rejeté au nom des luttes environnementales.

Ces conflits s'inscrivent dans le champ ouvert par la contestation initiée par certains agriculteurs du Larzac entre 1971 et 1981. Ici, dans le Sud de l'Aveyron, certains propriétaires terriens s'opposent au projet d'extension du camp militaire. Le mouvement se politise et est très vite instrumentalisé. Il s'agissait en réalité au départ d'un conflit foncier qui sera récupéré par divers militants communistes ou d'extrême gauche, certains artistes, antimilitaristes, syndicalistes ou altermondialistes. En effet, initialement ces terres n'avaient pas une très grande qualité et certaines familles cherchaient à les vendre. De fait, la nouvelle génération avait décidé de vivre dans les villes voisines (Toulouse, Montpellier, Marseille) et lorsque les successions ont commencé à être écrites, naturellement la valeur de la terre a été sous-estimée afin que les droits de succession soient les plus bas possibles. Mais, lorsque le Service des domaines est venu rendre visite à ces agriculteurs en vue du rachat de leurs terres par l'armée, celui-ci s'est fondé sur le prix de la dernière transaction pour fixer le prix d'achat. Or, la dernière transaction correspondait au prix de la dernière succession, ce prix étant le plus bas possible. À ce moment-là, les agriculteurs ont cherché à le faire monter, ce qui n'était pas dans la légalité. Mais, il leur a été soufflé que s'ils manifestaient fortement, peut-être, l'État céderait-il. Au fond, tout est parti de là car les paysans du Larzac n'étaient pas antimilitaristes. La preuve en est que depuis 1902 ils cohabitaient parfaitement avec l'armée sur le plateau du Larzac[1]. L'écho porté par la médiatisation de cet évènement en a fait un modèle pour les grandes contestations collectives à venir autour de divers projets d'aménagement. Plus récemment, le projet de construction d'un Center Park à Roybon dans l'Isère a traversé 10 ans de lutte judiciaire depuis 2007, alors qu'une ZAD (Zone à défendre) s'est installée en 2014 sur les lieux. Le projet de construction du barrage de Sivens dans le Tarn a connu le même type de mobilisation, mais s'est soldé par la mort de Rémi FRAISSE en 2014. La ZAD de Notre-Dame-des-Landes entame, quant à elle, une transition agricole après l'abandon du projet de construction d'un aéroport. Le « risque projet » apparaît dans des lieux considérés comme des marges, souvent agricoles ou rurales, où l'installation d'une ZAD est possible et l'intervention des forces de l'ordre difficile. Ce risque se situe au point de rencontre entre un projet, une activité préexistante et un territoire. Les enjeux sont différents en fonction du profil sociologique des populations impliquées et des dynamiques économiques, démographiques et spatiales (P. SUBRA, 2007). Nombre de ces conflits trouve une issue dans le débat démocratique et tous ne sont pas dramatiques.

Le conflit semble inhérent à la démocratie alors que celle-ci peut également être un outil de résolution des conflits. Le couple démocratie et conflit est au cœur de rapports de réciprocité, dans l'opposition ou la complémentarité.

1. Je remercie ici Monsieur Jacques GODFRAIN, alors député RPR de l'Aveyron, devenu ministre de la Coopération en 1995, de m'avoir livré son témoignage sur les évènements du Larzac.

Conclusion

Dès ses origines dans l'Antiquité grecque, la démocratie revêt des interprétations différentes. Sa définition est controversée rendant inconciliables un peuple (*demos*) compris comme une communauté de citoyens englobant les plus pauvres et la force ou la contrainte (*kratos*). Pour les Grecs, la démocratie est une réalité bien plus vaste qu'un régime politique. Elle se réfère à un ensemble de mœurs et de pratiques sociales garantissant l'égalité des citoyens. Cependant, la démocratie ne recouvre pas tout le peuple. Les procédures démocratiques n'ont pas totalement disparu jusqu'à l'époque contemporaine. C'est seulement au XIXe siècle que le terme n'est plus péjoratif pour les élites européennes. La démocratie apparaît alors non pas comme un régime dont les règles de fonctionnement sont définitivement établies, mais comme le creuset entre « *un corps politique abstrait, le peuple souverain, et sa réalité sociologique, le peuple comme société, caractérisé par la pluralité et la conflictualité* » (P. ISMARD, 2015).

Le défi démocratique tient également à la prise en compte de son expression territoriale à différentes échelles. Au-delà de la nation, la démocratie s'exprime tant à l'échelle locale que régionale ou supranationale dans sa dimension pacifique ou conflictuelle.

Document

> **Rebâtir la République dans la démocratie**
>
> La République a été sauvée en même temps que la patrie. Tout au long de la guerre, tandis que nous luttions durement – l'Histoire dira au milieu de quelles intrigues et de quelles difficultés ! – pour réveiller, rassembler, mettre en œuvre toutes les forces rompues de la France et de l'Empire, nous avons pris comme principe politique qu'il n'appartenait qu'au peuple français de décider de ses institutions, et que, si tôt la victoire remportée, la libération acquise, nous lui rendrions la pleine et entière disposition de lui-même. Il y avait là, il y avait là, de notre part, d'abord l'effet d'une conviction ferme et raisonnée. Ensuite, dans un conflit qui, pour la France, était idéologiquement l'opposition entre le totalitarisme et la liberté, c'eût été se renier, c'est-à-dire se détruire soi-même, que de tricher avec son idéal. Enfin, en luttant pour tous les droits de la nation, ses droits intérieurs en même temps que ses droits extérieurs, nous donnions à notre action et à notre autorité le caractère de la légitimité, nous sauvegardions pour tous les Français le terrain sur lequel ils pourraient retrouver leur unité nationale et nous nous mettions en mesure de dresser contre tous essais d'empiétements de l'étranger une intransigeance justifiée.
>
> L'engagement que nous avions pris, nous l'avons purement et simplement tenu. Dès que possible, nous avons invité à voter tous les Français et toutes les Françaises, pour élire d'abord les Conseils municipaux, et puis les Conseils généraux, enfin une Assemblée nationale à laquelle nous avons remis immédiatement et sans réserve, comme nous l'avions toujours promis, les pouvoirs que nous exercions depuis plus de cinq lourdes années. (...)
>
> Mais, si la République est sauvée, il reste maintenant à la rebâtir. À cet égard, nous avons toujours fait connaître clairement au pays quelle était à notre avis la conception du salut après les terribles leçons que nous venons d'essuyer et devant

> les durs obstacles que nous avons à franchir. Nous l'avons fait, convaincu que cette conception répondait au sentiment profond du peuple, même si l'embrigadement dans les partis devait venir en contrarier l'expression. Nous répétons aujourd'hui ce que nous avons dit en maintes occasions (...).
> Il nous paraît nécessaire que l'état démocratique doit être l'état démocratique, c'est-à-dire que les trois pouvoirs de l'État : l'exécutif, le législatif et le judiciaire doivent être chacun un pouvoir et un seul pouvoir, que leur tâche doit être délimitée et séparée de celle des autres, de manière à éviter cette confusion dans l'État qui le dégrade et qui le paralyse ; cela, cela, afin d'empêcher aussi, qu'aucun de ces pouvoirs ne puisse écraser l'autre, ce qui aboutirait inévitablement d'abord à l'anarchie, ensuite, à la tyrannie, soit d'un homme, soit d'un groupe d'hommes, soit d'un parti, soit d'un groupement de partis. (...)
>
> Charles de Gaulle, *Discours prononcé à Epinal* [extraits], 29 septembre 1946.

Bibliographie

Outils :

- ISMARD Paulin, « Démocratie », *in* GAUVARD Claude, SIRINELLI Jean-François, *Dictionnaire de l'historien*, coll. « Quadrige », Paris, PUF, 2015, 786 pages.

Histoire de France :

- LIGNEREUX Aurélien, *Histoire de la France contemporaine, 1. L'Empire des Français 1799-1815*, Paris, Seuil, 2012, 417 pages.

La démocratie dans la Grèce antique :

- MOSSÉ Claude, *Histoire d'une démocratie : Athènes. Des origines à la conquête macédonienne*, Points Histoire, Paris, Seuil, 1971, 188 pages.
- MOSSÉ Claude, *Politique et société en Grèce ancienne : le « modèle athénien »*, Champs histoire, Paris, Flammarion, 1999, 256 pages.

La démocratie contemporaine :

- GAUCHET Marcel, *La démocratie contre elle-même*, Paris, Gallimard, 2002, 385 pages.
- ROSANVALLON Pierre, *La démocratie inachevée. Histoire de la souveraineté du peuple en France*, Paris, Folio, 2003, 592 pages.
- ROSANVALLON Pierre, *Pour une histoire conceptuelle du politique*, Paris, Seuil, 2003, 60 pages.

Le processus électoral :

- GUENIFFEY Patrick, *Le Nombre et la Raison : la Révolution française et les élections*, Paris, EHESS, 1993, 559 pages.

Les résistances et contestations en démocratie :

- CORBIN Alain, *Le village des cannibales*, Paris, Aubier, 1990, 204 pages.
- DELALANDE Nicolas, *Les batailles de l'impôt, consentement et résistances de 1789 à nos jours*, Paris, Seuil, 2014, 464 pages.
- FOUCAULT Michel, *Surveiller et punir. Naissance de la prison*, Paris, Gallimard, coll. « Tel », 1975, rééd. 1993, 360 pages.
- LIGNEREUX Aurélien, *La France rébellionnaire. Les résistances à la gendarmerie (1800-1859)*, coll. « Histoire », Rennes, PUR, 2008, 365 pages.

- NICOLAS Jean, *La rébellion française. Mouvements populaires et conscience sociale (1661-1789)*, Paris, Seuil, 2002, 609 pages.
- ROSANVALLON Pierre, *La contre-démocratie. La politique à l'âge de la défiance*, Paris, Seuil, 2006, 345 pages.
- SOHN Anne-Marie, *« Sois un homme ! ». La construction de la masculinité au XIXe siècle*, Paris, Seuil, 2009, 462 pages.
- SUBRA Philippe, *Géopolitique de l'aménagement du territoire*, coll. « Perspectives géopolitiques », Paris, A. Colin, 2007, 327 pages.

Revues :

- ARTIÈRES Philippe, « Le Larzac, laboratoire de luttes », *L'Histoire*, n° 481, mars 2021, pp. 12-19.
- GIBLIN Béatrice, « Géographie des conflits », *Documentation photographique*, Paris, La Documentation française, n° 8086, 2012, 64 pages.

Pour aller plus loin

Revue :

- FLICHY Patrice, « La Démocratie 2.0 », *Études*, 2010/5, tome 412, pp. 617-626.

Documentaire :

- « François Mitterrand et les paysans du Larzac », *13 h 15, le dimanche, Le feuilleton des Français*, Documentaire France 2, diffusion le 9 mai 2021, 50 minutes.

Sujets

- Les illégalismes sont-ils une menace pour la démocratie ?
- La démocratie en France entre ordre et contestations.
- Le débat démocratique est-il possible ?
- La démocratie peut-elle exister sans conflit ?

2 Deux siècles de (r)évolutions en France

« Les révolutions, ce sont les vicissitudes de l'existence humaine,
les changements extraordinaires survenus dans les affaires publiques,
les revers de fortune des nations »

MONA OZOUF, 2015.

Introduction

Dans son *Essai sur les Révolutions*, François-René de CHATEAUBRIAND définit la Révolution comme un « *mouvement partiel d'une nation momentanément insurgée* » et ne se résout à employer ce terme que « *si l'esprit des peuples change* » (1797). La Révolution apparaît en cela comme un évènement total qui vise à libérer la nation de toutes ses chaînes et qui donne aux hommes les moyens de résoudre leurs problèmes politiques, sociaux et moraux. C'est l'utilisation du pluriel qui donne à la « révolution » son caractère cyclique de retour des phénomènes et de répétition monotone (M. OZOUF, 2015).

Faire l'histoire des révolutions en France consiste à observer comment se définit une révolution à partir d'un moment fondateur. En cela, la Révolution française constitue bien le point de départ des révolutions contemporaines en mettant fin à l'Ancien Régime. Elle n'est pourtant pas la première des révolutions. En France, la guerre de Cent Ans (1337-1453) est la première épreuve révolutionnaire, suivie des guerres de religion du XVIe siècle, puis de la Fronde nobiliaire contre Louis XIV au XVIIe siècle. Le mot « révolution » est employé pour la première fois en 1642 pour désigner la première révolution anglaise. Il y aura donc bien des références étrangères majeures, antérieures à la révolution française, dans les modèles anglais (1688), mais aussi américain (1776). Vouloir lire l'histoire des révolutions en France à l'aune de la Révolution française revient à en déterminer des caractéristiques communes. Celles-ci existent quant à leurs origines, souvent économiques ou liées à l'échec de réformes engagées, mais aussi quant à leur géographie, se déroulant depuis Paris, essentiellement dans les milieux urbains avant de se diffuser dans les campagnes. Elles trouvent à se manifester dans une violence politique qui n'a d'issue qu'un horizon libéral et démocratique passant par l'invention de nouvelles formes politiques. Enfin, elles livrent une mémoire vive propre à inspirer le présent. Chacune des révolutions contemporaines se déroule dans ce cadre commun, mais dans des contextes différents. Après 1789, il s'agira alors d'étudier le XIXe siècle, siècle des révolutions, puis les révolutions en cours depuis le XXe siècle, avant de saisir la prégnance de la mémoire de ces révolutions.

Il s'agit alors de soulever quelques interrogations : qu'est-ce qu'une révolution en France ? Et y a-t-il une matrice commune à l'ensemble des révolutions françaises ? Si oui, celle-ci peut-elle être la Révolution française ?

Concepts/notions

- **Contestation**: remise en cause des idées reçues dans un groupe social, les institutions; critiquer ouvertement l'ordre établi.
- **Coup d'État**: prise de pouvoir ou «*pronunciamento*» militaire.
- **Réforme**: transformation dans le respect des formes propres aux institutions (G. NOFRI, 2018).
- **Révolte**: soulèvement populaire, rencontre violente des groupes sociaux avec un recours collectif aux armes. La révolte est «*l'interruption par la force du cours normal, apaisé, régulé des rapports sociaux dans une communauté d'habitat*» (Y.-M. BERCÉ, 2015).
- **Révolution**: mouvement qui ramène les choses à leur point de départ, le terme revêt d'abord un sens astronomique propre au mouvement des astres qui reviennent à leur point d'origine après une «révolution». Deux acceptions antinomiques font de la Révolution un retour à une situation antérieure ou le surgissement imprévu de la nouveauté dans le champ politique et social. La révolution conduit à un renversement du régime politique en place, par une série de révoltes populaires, combinées au ralliement de la force militaire et d'une partie des intellectuels, qui aboutissent à l'affirmation d'un nouvel ordre politique et social.

Chronologie

La Révolution française

- **1787**: les édits de Loménie de Brienne accroissent la pression fiscale, notamment sur les timbres.
- **7 juin 1788**: journée des Tuiles à Grenoble lors de laquelle les parlementaires et émeutiers demandent la convocation des États généraux.
- **8 août 1788**: convocation des États généraux par le roi dans un contexte de crise financière.
- **5 mai 1789**: ouverture des États généraux.
- **4 juin 1789**: mort du Dauphin à sept ans.
- **17 juin 1789**: les représentants du Tiers-État réunis aux États généraux s'auto-proclament représentants de la nation.
- **20 juin 1789**: serment du jeu de Paume.
- **13 juillet 1789**: début de l'insurrection parisienne.
- **14 juillet 1789**: prise de la Bastille.
- **4 août 1789**: pendant une nuit, l'Assemblée s'attache à détruire l'Ancien Régime abolissant les privilèges et la féodalité.
- **26 août 1789**: Déclaration des droits de l'homme et du citoyen.

- **2 octobre 1789** : marche des Parisiennes vers Versailles où elles envahissent l'Assemblée et le château.
- **6 octobre 1789** : les insurgés menacent le roi et sa famille qui acceptent de rentrer à Paris.
- **21 octobre 1789** : loi martiale contre les attroupements.
- **2 novembre 1789** : les biens d'Église sont mis à la disposition de la nation.
- **19 décembre 1789** : création de l'assignat.
- **12 février 1790** : suppression des ordres monastiques.
- **12 juillet 1790** : l'Assemblée adopte la constitution civile du clergé.
- **14 juillet 1790** : fête de la Fédération.
- **22 juillet 1790** : la constitution civile du clergé est acceptée par le roi.
- **24 août 1790** : promulgation de la constitution civile du clergé.
- **21 octobre 1790** : adoption du drapeau tricolore, bleu, blanc, rouge.
- **3 janvier 1791** : le clergé doit prêter serment à la constitution civile du clergé, à la nation et au roi.
- **10 mars 1791** : le pape Pie VI s'oppose au serment des prêtres à la constitution civile du clergé.
- **20 juin 1791** : « fuite de Varennes ».
- **3 septembre 1791** : Louis XVI approuve la constitution.
- **12 novembre et 19 décembre 1791** : décrets contre les émigrés et les prêtres réfractaires.
- **25 novembre 1791** : création d'un comité de surveillance.
- **20 avril 1792** : la France entre en guerre contre le « roi de Bohême et Moravie ».
- **5 juillet 1792** : l'Assemblée législative déclare la patrie en danger.
- **9-10 août 1792** : insurrection parisienne, attaque des Tuileries, suspension des pouvoirs du roi, mise en place de la « commune insurrectionnelle ».
- **12 août 1792** : Louis XVI est suspendu et placé en détention.
- **17 août 1792** : création d'un tribunal révolutionnaire.
- **2 septembre 1792** : peur des troupes étrangères, massacres dans Paris par les sans-culottes suivis par la « commune insurrectionnelle ».
- **20 septembre 1792** : victoire des armées françaises à Valmy.
- **21 septembre 1792** : la Convention remplace l'Assemblée législative.
- **29 septembre 1792** : une commission spéciale de la Convention est chargée de rédiger une constitution.
- **2 octobre 1792** : création d'un comité de sûreté générale.
- **6 novembre 1792** : victoire des armées françaises à Jemmapes.
- **27 novembre 1792** : prise de la Savoie par la France.
- **11 au 16 décembre 1792** : procès du roi.

- **15 décembre 1792** : le régime politique français est imposé par décret aux pays conquis par la France.
- **16-18 janvier 1793** : condamnation à mort du roi.
- **21 janvier 1793 :** exécution du roi.
- **31 janvier 1793** : prise de Nice par les armées françaises.
- **10 mars 1793** : création d'un tribunal criminel extraordinaire qui rend ses décisions sans appel.
- **6 avril 1793** : création du comité de salut public par la Convention.
- **4 mai 1793** : loi du maximum.
- **18 mai 1793** : mise en place de la commission des douze chargée de la poursuite des exactions commises pendant la « commune insurrectionnelle ».
- **13 juillet 1793** : Charlotte de CORDAY assassine MARAT.
- **9 août 1793** : adoption par référendum de la constitution de l'an I.
- **10 août 1793** : promulgation de la constitution de l'an I.
- **5 septembre 1793** : mise en place de « la Terreur » par le comité de salut public.
- **17 septembre 1793** : loi des suspects.
- **10 octobre 1793** : la constitution démocratique est remplacée par le gouvernement « révolutionnaire ».
- **10 novembre 1793** : le culte catholique est interdit.
- **10 juin 1794** : loi de Grande Terreur. Le tribunal révolutionnaire peut juger sans procès.
- **28 juillet 1794** : ROBESPIERRE est guillotiné.
- **De fin 1794 à mi 1795** : « Terreur blanche ».
- **Juin à août 1795** : rédaction par la Convention d'une nouvelle constitution.
- **22 août 1795** : proposition de constitution par la Convention, ainsi que d'une Déclaration des droits et des devoirs du citoyen.
- **6 septembre 1795** : la constitution de l'an III, adoptée par référendum, instaure le Directoire.
- **5 octobre 1795** : « insurrection de vendémiaire », émeute royaliste réprimée par BARRAS et BONAPARTE.
- **12 et 21 octobre 1795** : affaiblissement de la Montagne lors des élections.
- **21 mars – 4 avril 1797** : nouveaux désordres et poussée royaliste.
- **4 septembre 1797** : « coup d'État du 18 fructidor ».
- **18 octobre 1797** : traité de Campo Formio mettant fin aux combats avec l'Autriche.
- **1799** : victoire de la gauche aux élections, remportant les deux tiers des sièges à l'Assemblée.
- **16 octobre 1799** : BONAPARTE rentre d'Égypte.
- **9 novembre 1799** : « coup d'État des 18 et 19 Brumaire », mise en place du Consulat avec BONAPARTE, Premier consul et SIÉYÈS, Second consul.

Les Trois Glorieuses

- **Mai 1830** : première dissolution de l'Assemblée législative, à majorité libérale, par le roi Charles X.
- **25 juillet 1830** : deuxième dissolution de l'Assemblée législative de nouveau favorable à l'opposition ; restriction du suffrage et suppression de la liberté de la presse.
- **26 juillet 1830** : les journalistes et députés libéraux appellent à la révolte.
- **26-27-28 juillet 1830** : révolution des Trois Glorieuses.
- **9 août 1830** : révision de la Charte constitutionnelle, le duc d'Orléans devient Louis-Philippe Ier, roi des Français.
- **1831** : révolte des canuts lyonnais.

La révolution de 1848

- **21 février 1848** : interdiction du banquet prévu à Paris pour demander l'élargissement du vote.
- **22-25 février 1848** : révolutions de février.
- **25 février 1848** : proclamation du « droit au travail ».
- **27 février 1848** : création des ateliers nationaux.
- **27-29 février 1848** : élection de l'Assemblée constituante, victoire des républicains modérés.
- **15 mai 1848** : invasion de l'Assemblée par le peuple.
- **22 juin 1848** : dissolution des ateliers nationaux.
- **23-26 juin 1848** : après l'annonce de la fermeture des ateliers nationaux, trois jours de bataille font 3 000 morts chez les insurgés à Paris.
- **4 novembre 1848** : promulgation de la Constitution de la IIe République.
- **10 décembre 1848** : Louis Napoléon BONAPARTE est élu président de la République au suffrage universel masculin.

La révolution de 1870 et la Commune de Paris

- **8 mai 1870** : plébiscite de l'empereur Napoléon III pour réformer et pérenniser l'Empire.
- **19 juillet 1870** : la France déclare la guerre à la Prusse.
- **2 septembre 1870** : capitulation de l'empereur Napoléon III à Sedan face à la Prusse.
- **4 septembre 1870** : fin de la constitution impériale et proclamation de la République.
- **20-21 janvier 1871** : devant les échecs militaires de la France, la contestation gronde à Paris.
- **22 janvier 1871** : répression des manifestations devant l'Hôtel de Ville.

- **26 février 1871**: nouvelle mobilisation à Paris à l'annonce des conditions de paix prévoyant l'abandon de l'Alsace et d'une partie de la Moselle, l'occupation de plusieurs départements français jusqu'à l'échéance du paiement d'une dette de 5 milliards de francs.
- **10 mars 1871**: à l'annonce de la décision de transférer l'Assemblée installée à Bordeaux vers Versailles et non Paris, les radicaux voient un coup d'État institutionnel et la garde nationale se structure et se radicalise.
- **17-18 mars 1871**: le gouvernement décide de retirer, dans la nuit, les pièces d'artillerie sur la bute Montmartre et à Belleville et d'occuper les lieux stratégiques. Au matin, l'insurrection parisienne couvre Paris de barricades. À minuit, le Comité central de la garde nationale investit l'Hôtel de Ville.
- **26 mars 1871**: scrutin municipal.
- **21 mai 1871**: répression de la commune insurrectionnelle et assaut des Versaillais.
- **28 mai 1871**: fin d'une semaine sanglante de répression.

Historiographie de la Révolution française

- **1888**: création de la Société d'histoire de la Révolution française.
- **1891**: la Société d'histoire de la Révolution française est transformée en chaire d'histoire de la Révolution française
- **1903**: Jean JAURÈS est nommé président de la Commission pour la publication des documents d'archives relatifs à la vie économique de la Révolution française.

Mai 1968

- **22 mars 1968**: début de la crise universitaire à Nanterre.
- **6 mai 1968**: conseil de discipline des Nanterrois à la Sorbonne.
- **7 mai 1968 :** marche de 25 000 étudiants parisiens, échauffourées au Quartier latin le soir.
- **10-11 mai 1968**: « nuit des barricades ».
- **24-25 mai 1968**: émeutes à Paris et en province.
- **25-27 mai 1968**: négociations de Grenelle.
- **29 mai 1968**: manifestation organisée par le parti communiste français et la CGT.
- **30 mai 1968**: manifestation unanimiste place de la Concorde et mobilisation de masse des militants gaullistes; dissolution de l'Assemblée nationale.
- **23-30 juin 1968**: élections législatives; victoire des gaullistes.

Le mouvement des « gilets jaunes »

- **17 novembre 2018**: première journée de blocage des autoroutes, péages, routes et dépôts de carburants; 300 000 manifestants en France signent l'Acte I du mouvement des « gilets jaunes », en référence au gilet jaune affiché au tableau de bord des usagers de la route en signe de protestation, puis porté par les manifestants.

- **20 novembre 2018** : un couvre-feu partiel est établi à la Réunion.
- **27 novembre 2018** : annonces d'Emmanuel MACRON sur la fiscalité du carburant et renvoi à des concertations locales.
- **28 novembre 2018** : Annick GIRARDIN, ministre des Outre-Mer se rend à la Réunion afin d'ouvrir la discussion face aux blocages et au malaise social.
- **1er décembre 2018** : lors de l'Acte III, troisième samedi consécutif à l'ouverture du mouvement, les violences urbaines se multiplient, notamment autour de l'Arc de Triomphe à Paris.
- **4 décembre 2018** : Edouard PHILIPPE annonce la suspension pour six mois de la hausse de la fiscalité sur les carburants et du durcissement du contrôle technique automobile, ainsi qu'un gel des tarifs du gaz et de l'électricité « *durant l'hiver* » (Libération).
- **5 décembre 2019** : la hausse des taxes est annulée pour 2019.
- **6 décembre 2018** : l'arrestation des jeunes lycéens devient le symbole des violences policières.
- **8 décembre 2018** : de nouvelles manifestations violentes ont lieu lors de l'acte IV.
- **10 décembre 2018** : allocution télévisée d'Emmanuel MACRON qui s'engage sur le SMIC, la CSG et la re-défiscalisation des heures supplémentaires.
- **15 janvier 2019** : ouverture du grand débat national.
- **8 avril 2019** : conclusion du grand débat.
- **20 juillet 2019** : acte XXXVI d'un mouvement non tari.
- **5 décembre 2019** : un mouvement de grève débute contre la réforme des retraites.
- **Juillet-août 2021** : manifestations en France contre le passe sanitaire mis en œuvre dans le cadre de la lutte contre la pandémie de COVID-19.

Historique

La Révolution française, matrice des révolutions ?

• Construire l'histoire de la Révolution française

L'historiographie de la Révolution française se construit dès 1789 alors que les acteurs de la Révolution ont conscience qu'ils sont en train de détruire le passé. Effaçant une partie de l'histoire héritée de la monarchie, ils éprouvent le besoin de réécrire l'histoire de France. L'histoire de la Révolution française devient alors l'histoire de France. Ainsi, une histoire immédiate des évènements révolutionnaires s'écrit dans une critique de la monarchie et des dérives despotiques. Dès lors, l'histoire de la Révolution française va emprunter deux voies à travers une lecture positive ou négative de celle-ci. Ce sont les historiens qui inventent la tradition et donnent dès le XVIIIe siècle une force subversive à l'histoire. Comme le disait le comte de MIRABEAU, la Révolution est l'occasion de « *recommencer l'histoire des hommes* ».

Celle-ci devient politique au XIXe siècle, inscrite dans un courant modéré ou radical, de gauche ou de droite, faisant l'histoire et la contre-histoire de cet évènement fondateur. L'héritage positif de la Révolution française est livré par des auteurs comme A. MIGNET (1824), A. THIERS (1823-1828) ou J. MICHELET (1847-1853) ; ce dernier, à la plume romantique, écrivant dans un contexte de révolution. La vision négative de la Révolution est donnée par des auteurs comme K. MARX (1843) qui en fait une critique. En fin de siècle, l'histoire de la Révolution française devient celle de la républicanisation et de la politisation des masses. La Révolution prend alors le sens d'un patriotisme civique (P. SERNA, 2014). Au XXe siècle, les historiens font de la politique et se positionnent par rapport au souvenir de la Révolution française. Ils se rallient, derrière les radicaux et G. CLEMENCEAU, à l'héritage de la Révolution française. C'est le cas de J. JAURÈS dans son *Histoire socialiste de la Révolution française* en 1901, posant les socialistes en continuateurs de la Révolution. Derrière le communiste, M. CACHIN, les historiens M. MATHIEZ, G. LEFEBVRE, A. SOBOUL ou M. VOVELLE font de l'histoire de la « Grande Révolution » un élément patrimonial. Cette histoire est déconstruite par la deuxième gauche, à l'exemple de F. FURET qui relie « la Terreur » au Goulag, alors qu'à droite, le gaullisme intègre la Révolution française à l'histoire de France. L'extrême droite, quant à elle, rejette la Révolution française, à l'instar de L. DAUDET (1939), ou encore, plus récemment, une nouvelle critique de la violence révolutionnaire apparaît dans le *Livre noir de la Révolution française* en 2008, rédigé par un collectif d'historiens et de journalistes. Ainsi, après avoir fait triompher l'histoire économique et sociale de la Révolution française, puis opéré un retour à une lecture politique, de nouvelles problématiques émergent avec le « tournant culturel », s'attachant aux représentations, aux idées, aux mentalités, au genre ou encore aux familles pendant la Révolution française. Il faut alors lire L. HUNT (1995), T. TACKETT (1997) ou encore H. LEUWERS (2018) pour une approche renouvelée d'une histoire révolutionnaire qui s'inscrit dans celle de la république et de la démocratie (P. GARCIA, 2014).

C'est cette histoire, pluriséculaire, que nous allons nous attacher à dérouler. La Révolution française naît d'un marasme économique et financier consécutif à l'échec des réformes engagées précédemment, donnant lieu à des revendications populaires d'ordre économique et social, mais aussi par l'apparition d'idées politiques libérales. Elle se manifeste dans une violence urbaine tant sur la scène du théâtre parisien que provincial. L'horizon républicain et démocratique génère des innovations institutionnelles dont la mise en œuvre finale prend un siècle.

- **L'apparition des idées politiques libérales : le fait de la noblesse et des Lumières**

La Révolution est fille des Lumières. Ses acteurs empruntent aux philosophes (notamment à Voltaire et J.-J. ROUSSEAU) leurs idées pour guider la Révolution : l'unité politique ne pourra se faire que dans un contrat collectif au-delà des forces individuelles. Ils défendent alors une foi commune dans les capacités de l'action politique où il appartient désormais aux hommes de reprendre ce qui avait été, si longtemps, laissé à Dieu. C'est ici que l'État, la République, la chose publique tendent à remplacer Dieu. L'action politique devient autant la source que le remède aux malheurs des hommes. Aussi, les idées de bonheur et de liberté s'ajoutent à la quête révolutionnaire, ainsi que celle d'égalité pourtant contraire à la liberté, alors que celle de fraternité accuse la liberté d'être un facteur de dissidence. Ainsi posées, les valeurs, qui seront celles de la République, se contrarient entre elles. Dès lors, reconnaissante de l'héritage empruntée aux Lumières, la Révolution fait entrer Voltaire et J.-J. ROUSSEAU au Panthéon en 1791 et 1794, sans tenir lieu de leurs antagonismes (M. OZOUF, 2015). Ils se feront face pour l'éternité :

Tombeaux de Voltaire et J.-J. ROUSSEAU au Panthéon

Photographies, Nelly MOUCHET, février 2019.

L'historien Jules MICHELET leur rend également hommage en reconnaissant leur apport à la révolution des idées : « *Quand les deux hommes ont passé, la Révolution est faite dans la région des esprits* ». En effet, Voltaire a inspiré les réformes sur la liberté et J.-J. ROUSSEAU celles sur l'égalité, prédisant l'avènement « *du siècle des révolutions* ». Ils ont aussi suscité la critique d'Alexis de TOCQUEVILLE qui leur reprochait de ne pas participer à la vie politique et de se complaire « *dans une politique abstraite et littéraire* ». Ce n'était alors pas pour réformer l'ordre social que les philosophes annonçaient ces révolutions mais bien pour protéger l'ordre établi. Ainsi, les Lumières n'ont pas engendré la Révolution, ce n'est donc pas la faute de Voltaire, ni de Rousseau ! La Révolution s'est faite en deux actes : d'abord elle est arrivée avant les Lumières par le fait de multiples acteurs, puis elle est relayée par les Lumières. Égalité, liberté et bonheur des hommes correspondent, selon Honoré de BALZAC, à « *ce qui nous attendait par-delà le* Requiem, [et qui] *a été transporté dans le présent* » (cité par M. OZOUF, 2015).

Les origines économiques de la Révolution française : des réformes attendues, un échec des réformateurs

Les Français attendaient des réformes, notamment économiques. Des réformateurs comme MABLY ou les physiocrates QUESNEY et Du PONT de NEMOURS ont initié une libéralisation du marché, une libre circulation des grains, mais ces réformes sont des échecs qui conduisent à la Révolution. Aussi, Victor HUGO rappelle que « *les révolutions sortent, non d'un accident, mais d'une nécessité* ». Ainsi, les édits de Loménie de Brienne, de 1787, en augmentant la pression fiscale, notamment sur les timbres, génèrent une levée de boucliers dans les parlements de Paris, de Bordeaux et de Grenoble. Ces derniers demandent la convocation des États généraux et la vérification des comptes de la monarchie. Un accord *a minima* est proposé. À cette première étincelle s'ajoute la décision du cardinal de Brienne et du garde des sceaux LAMOIGNON de créer une cour plénière chargée d'enregistrer les textes en lieu et place des parlements et de supprimer leur droit de remontrance. Elle est mise en place après la tenue d'un lit de justice par le roi, le 8 mai 1788. Cet évènement déclenche le 7 juin 1788 la journée des Tuiles à Grenoble où les émeutiers réclament la convocation des États généraux, non réunis depuis 1614. Ainsi, la cour plénière n'aura connu qu'une séance le 9 mai 1788. Le 8 août 1788, le roi annonce la convocation des États généraux pour le mois de mai de l'année suivante (G. NOFRI, 2018).

Durant l'hiver 1788, les conditions climatiques sont rudes, les gelées tardives et les récoltes sont mauvaises. Face à la cherté des prix, les révoltes se multiplient à Marseille, à Rennes ou à Paris. Elles révèlent une crise de la monarchie incapable de se réformer, notamment face à ses problèmes financiers. Aussi cette dernière perd-elle le soutien populaire. C'est alors que la dimension populaire donne à la révolution sa légitimité, au-delà d'un mouvement engageant des philosophes, des parlementaires ou des militaires. Cependant, cette légitimité populaire n'est pas une légitimité démocratique car les revendications populaires sont le fait d'une minorité agissante et déterminée. Le peuple attend des réformes fiscales et le roi en promet le 23 juin 1789, alors que se tiennent les États généraux qui seront désormais associés au budget. Il annonce également la fin de l'usage des lettres de cachet, mais il maintient les trois ordres et annule toutes les délibérations prises au nom de l'Assemblée nationale constituée au sein des États généraux. Face à ce déni, les députés les plus libéraux de la noblesse rejoignent l'Assemblée nationale. Le 27 juin, le roi est obligé de céder et demande aux députés de toute la noblesse et du clergé de rejoindre les représentants de l'Assemblée nationale. Les manifestations populaires crient victoire sur la noblesse et veulent mettre en place de nouvelles institutions. Le roi accuse son ministre des Finances, NECKER, très populaire, et le renvoie. Cette décision suscite la colère des Parisiens. Le 12 juillet les manifestations en l'honneur de NECKER et du duc d'Orléans, un libéral, se multiplient mais sont réprimées. Ainsi, le 13 juillet débute l'insurrection parisienne qui se transforme le lendemain en révolution avec la prise de la Bastille (G. NOFRI, 2018).

L'usage de la violence politique au cœur des manifestations parisiennes et dans les villes provinciales

La Révolution naît d'une émeute, semblable à beaucoup d'autres au XVIIIe siècle. Elle consiste en un mouvement de contestation contre l'État. Or, l'État est à Paris du fait de la centralisation des pouvoirs. C'est donc bien Paris qui donne l'impulsion d'un mouvement de plus grande ampleur qui se diffuse dans les villes provinciales, où siègent les parlements de province, où ont lieu les marchés, occasion d'émeutes frumentaires, et où les difficultés économiques se concentrent. La Révolution apparaît comme un phénomène « capitale » (G. NOFRI, 2018) et urbain, même si le monde des campagnes est aussi contaminé.

La révolte initiale se transforme en Révolution, lorsque le 14 juillet 1789, devant la Bastille, la troupe fraternise avec les insurgés. La Révolution avait déjà commencé, mais c'est un moment de rupture pour ses contemporains qui voient dans la chute d'un symbole de l'Ancien Régime le point de basculement dans un ordre nouveau. Le prévôt des marchands de Paris et le gouverneur de la Bastille sont mis à mort et leurs têtes sont promenées au bout de piques. Avec le mouvement de la Grande Peur, l'insurrection se propage dans les campagnes. Les paysans se révoltent contre les droits seigneuriaux, les impôts, les corvées, et les châteaux sont brulés face aux rumeurs venues de Paris selon lesquelles des nobles arment des brigands étrangers pour mâter le pays. L'Ancien Régime est en faillite, une faillite consommée lors de la nuit du 4 août 1789, alors que l'Assemblée nationale abolit les privilèges et le système féodal. L'usage de la violence légale pour obtenir des réformes se fait l'écho des exécutions publiques d'Ancien Régime. Comment l'État révolutionnaire peut-il alors accepter une révolte populaire qui se radicalise ? Ou en d'autres termes, quel degré de soutien lui apporte-t-il ? (F. CHARTREUX [dir.], 2017). L'article 2 de la Déclaration des droits de l'homme et du citoyen du 26 août 1789, consacre le droit à la résistance contre l'oppression et assure ainsi la légitimité de la violence révolutionnaire. L'usage de la violence se poursuit, lorsque, le 5 octobre 1789, le roi et la famille royale sont ramenés à Paris. Un mouvement populaire s'était constitué deux jours plus tôt devant l'Hôtel de Ville de Paris, où des femmes, encadrées par les clubs révolutionnaires, des émeutiers du 14 juillet et des nobles libéraux, partent en cortège vers Versailles. Envahissant l'Assemblée et le château, elles demandent du pain et que le roi accepte les mesures votées par l'Assemblée. Il est forcé de signer les décrets alors que ses gardes du corps sont décapités. Le roi est reconduit à Paris ; l'Assemblée suit, elle aussi, ce retour à la capitale. Le roi et la Cour sont pris en otage et se tournent vers les puissances étrangères et les émigrés. Le 20 octobre 1789 l'Assemblée décide de la loi martiale contre les attroupements (G. NOFRI, 2018).

Face à cette radicalisation, la contestation du mouvement révolutionnaire s'organise à l'intérieur et à l'extérieur. De nombreux nobles ont fui. Le roi et sa famille tentent une évasion le 20 juin 1791, c'est la « fuite de Varennes ». Il passe alors dans le camp de l'émigration et des monarchies européennes. Il est arrêté et ramené de force à Paris où il est présenté comme ayant été victime d'un enlèvement. L'Assemblée composée des représentants de 1789, hostiles à la République, maintient le roi, alors que les jacobins, cordeliers et sans-culottes étaient contre. Le Club des feuillants, attaché à la monarchie constitutionnelle défend le maintien du roi. Le 17 juillet 1791, un décret valide que le roi n'avait pas fui. Suivent alors des manifestations et des pétitions demandant la mise en accusation du roi. Des démonstrations de force ont lieu au Champ de Mars et la révolution s'extrémise (G. NOFRI, 2018).

Le roi espère une guerre qui lui serait favorable, mais après une démonstration de force aux Tuileries, le 20 juin 1792, il est obligé de boire à la santé de la nation et de porter le bonnet phrygien. Il oppose à l'émeute le respect de la loi et de la constitution, mais les révolutionnaires ont l'idée d'unir le pays et les combattants révolutionnaires de toutes les villes de France. Ainsi, le 5 juillet 1792, l'Assemblée déclare la patrie en danger face aux menaces extérieures et à la radicalisation interne. Le 11 juillet 1792, avec l'aval du roi, une levée de volontaires permet de prendre les armes pour défendre la patrie, la liberté et la Constitution. L'insurrection s'emballe (G. NOFRI, 2018).

Après la formation de la « commune insurrectionnelle » de Paris, par les plus radicaux des révolutionnaires, l'attaque des Tuileries, le 10 août 1792, pousse les députés à suspendre les pouvoirs du roi et à convoquer une nouvelle assemblée constituante : la Convention. La Révolution se radicalise alors, passant d'une révolution libérale à une révolution démocratique et sociale, de l'affrontement verbal entre les forces politiques à l'élimination physique. En réaction à la guerre extérieure et à la levée en masse, la contre-révolution se manifeste par des soulèvements paysans, à l'image de la Vendée, où les mécontents sont dirigés par des nobles contre la Révolution. À leur exemple, quiconque ne partage pas les idées de la Révolution devient alors un ennemi. Les Parisiens les plus politisés, les sans-culottes, recourent à la violence, à l'exemple des massacres de septembre 1792. Ils sont suivis par la « commune insurrectionnelle » de Paris et des députés Montagnards. La politique terroriste est alors celle d'une Convention dominée par des jacobins, révolutionnaires les plus radicaux, puis en juin 1793 par les Montagnards, jacobins extrêmes ayant éliminé les Girondins plus modérés et libéraux. Cette radicalisation est le fait de nouveaux organes comme le tribunal extraordinaire qui rend des décisions sans appel ou encore de comités de surveillance chargés de mettre en œuvre la loi des « suspects » du 17 septembre 1793. Cette période que les historiens appellent « la Terreur » a été créée pour l'élimination de ROBESPIERRE (F. CHARTREUX [dir.], 2017). Le 10 octobre 1793, le gouvernement révolutionnaire désigne des représentants du peuple en mission, des conventionnels, chargés de faire appliquer la justice révolutionnaire dans les départements. En Vendée, les exécutions et l'usage de la guillotine *via* les tribunaux d'exception se multiplient. Un programme révolutionnaire du Comité est défini par ROBESPIERRE, devant la Convention, le 5 février 1794 : « *Si le ressort du gouvernement populaire dans la paix est la vertu, le ressort du gouvernement populaire en révolution est à la fois la vertu et la terreur : la vertu sans laquelle la terreur est funeste ; la terreur sans laquelle la vertu est impuissante* ». Aussi, avec la loi de Grande Terreur du 10 juin 1794, le tribunal révolutionnaire peut juger sans procès. ROBESPIERRE est alors accusé de vouloir établir la dictature. Le 26 juillet, lorsqu'il apparaît à la Convention pour assumer sa politique, il est arrêté et envoyé avec ses amis au tribunal révolutionnaire. Le 28 juillet 1794, il est guillotiné, un an après avoir accédé au Comité de salut public dont le bilan est de 17 000 guillotinés et 40 000 morts (G. NOFRI, 2018).

Il appartient alors au Directoire, à partir de 1795, de terminer la Révolution. Au cœur du mouvement de Prairial et Germinal de l'an III, les sans-culottes réclament « *Du pain et la constitution de l'an I !* ». Ils essuient une vaste répression, les clubs sont fermés et les derniers Montagnards sont arrêtés et condamnés à mort. Le Directoire défend la République face aux contre-révolutionnaires et les révoltes vendéennes, chouannes et royalistes ravivées sont réduites en octobre 1796. La politique libérale du Directoire est contestée : à droite par les royalistes et à gauche par les néo-jacobins, attachés aux valeurs démocratiques et sociales. Le régime se maintient par la répression à l'exemple de l'envoi de l'armée contre les royalistes en 1797, puis contre les néo-jacobins en 1798. Le pouvoir agit dans l'illégalité en ayant recours à l'armée et en déniant le vote. Aussi, le Directoire se termine par ce qu'il avait légitimé : l'usage de l'armée au profit d'un coup d'État militaire. Ainsi, Napoléon BONAPARTE, général de la guerre révolutionnaire et du maintien de l'ordre prend le pouvoir le 9 novembre 1799. Au lendemain du coup d'État du 18 Brumaire an VIII il déclare : « *La Révolution est finie, elle est fixée aux principes qui l'ont commencée* ». Son autoritarisme renoue alors avec la logique monarchique et la stabilité intérieure (F. CHARTREUX [dir.], 2017).

Si la Révolution française a été initiée par la noblesse qui contestait le roi dans les parlements, elle trouve une légitimité populaire lorsque la foule révolutionnaire rejoint la Révolution en cours à partir du 14 juillet 1789.

Un horizon républicain et démocratique à l'origine d'innovations institutionnelles

Alors que la Révolution politique avait déjà débuté depuis la réunion des États généraux, la nouveauté survient avec les aspirations à une nouvelle représentation politique. Les États généraux sont un héritage de l'Ancien Régime. Ils n'avaient pas été convoqués depuis 1614 et la société avait beaucoup changé. C'est notamment le Tiers-État qui s'attendait désormais à entrer en politique à l'instar des propos de SIÉYÈS dans son pamphlet *Qu'est-ce que le Tiers-État ?*, en janvier 1789. Il n'était rien, mais aspirait à devenir quelque chose. Ainsi, les députés du Tiers-État demandent la réforme du vote par ordre aux États généraux pour un vote par tête leur paraissant plus équitable. Le roi refuse et la crise s'ouvre alors, amplifiée par la mort du Dauphin le 4 juin 1789. Aussi, le 17 juin 1789, les représentants du Tiers-États, convoqués aux États généraux, s'autoproclament représentants de la nation, rejetant la société d'ordres. Évincés par le roi de la salle des Menus Plaisirs où ils se réunissaient jusqu'alors, ils se retrouvent dans la salle du Jeu de Paume du château de Versailles, pour prêter serment de ne pas se séparer avant d'avoir donné à la France une constitution. Ils se proclament Assemblée nationale. En tant que représentants du peuple aux États généraux, ils se font les représentants de la nation. Dès lors, utiliser la force contre eux reviendrait à agir contre la volonté du peuple. C'est dans ce contexte qu'est rédigée la Déclaration des droits de l'homme et du citoyen qui accompagne le démantèlement de l'Ancien Régime, le 26 août 1789. Elle n'est pas novatrice et se contente de rétablir un équilibre social non « corrompu ». La nouveauté tient ici davantage à l'ampleur de la remise en cause par les libertés, l'égalité et les interdits posés. L'œuvre de l'Assemblée nationale consiste en une série de lois :

- 3 octobre 1789 : libéralisation de l'usure ;
- 14 décembre 1789 : création des municipalités ;

- 15 janvier 1790 : création des départements ;
- 21 mars 1790 : suppression de la gabelle ;
- 8 mai 1790 : établissement des poids et mesures ;
- 21 mai 1790 : 48 sections parisiennes remplacent les 60 districts existants ;
- 19 juin 1790 : suppression de la noblesse héréditaire ;
- 2 et 17 mars, 17 juin 1791 : décret d'Allarde et loi le Chapelier mettant fin aux corporations.

Dans un contexte de montée des violences et des débats à l'Assemblée, une nouvelle constitution est votée le 3 septembre 1791 et acceptée par le roi. Des élections au suffrage censitaire sont organisées du 29 août au 5 septembre 1791 pour désigner les députés à l'Assemblée législative. Cette dernière, à majorité centriste (350 députés sur 745) face à laquelle se trouvent 250 députés feuillants et 150 jacobins et cordeliers ancrés à gauche de l'échiquier politique, n'est ni soutenue par la Cour, ni par les révolutionnaires. Pour combattre les dissidences, un comité de surveillance est créé le 25 novembre 1791 montrant que la Révolution craint pour sa survie. En parallèle, les décrets des 12 novembre et 19 décembre 1791 condamnent les émigrés et les prêtres réfractaires à la constitution civile du clergé promulguée en août 1791 (G. NOFRI, 2018).

Après l'insurrection d'août 1792, les premières élections au suffrage universel masculin (sans les domestiques, les vagabonds et les chômeurs) ont lieu dans un climat de terreur. Seuls 10 % des inscrits participent et les courants dominants de l'Assemblée législative sortante disparaissent. La Convention donne alors naissance à une Assemblée où vont s'opposer les factions de la Montagne et de la Gironde. Les Montagnards sont des jacobins radicaux, proches du Club des cordeliers, de ROBESPIERRE, de MARAT, d'HEBERT ou de DANTON, alors que les Girondins, du nom de quelques Bordelais présents, sont des jacobins plus modérés proches de ROLAND et BRISSOT. Ces derniers sont en position de dominer l'Assemblée législative, mais le peuple parisien leur est hostile. Depuis le 20 septembre 1792, une commission spéciale de la Convention est chargée de rédiger une constitution. Le texte présenté le 24 juin 1794 est d'inspiration sociale :

- il confirme le droit de propriété ;
- la constitution est décentralisée ;
- les pouvoirs sont concentrés : l'Assemblée nationale a tous les pouvoirs, elle contrôle et choisit l'exécutif ;
- le mandat législatif est porté à un an ;
- le « devoir d'insurrection » apparaît alors que la Déclaration des droits de l'homme et du citoyen consacrait le droit à l'insurrection.

Il est adopté par référendum le 9 août 1793 et la constitution de l'an I est promulguée le lendemain. Cependant, elle ne sera pas mise en pratique par les révolutionnaires. Dès le 5 septembre 1793, la Convention est prise en otage par le Comité de salut public et laisse mettre « la Terreur » à l'ordre du jour. La déchristianisation se poursuit avec l'interdiction du culte catholique le 10 novembre 1793 et la fermeture des églises de Paris le 23 novembre 1793. Le lendemain le calendrier grégorien est abandonné (G. NOFRI, 2018).

L'avenir républicain et démocratique connaît de fortes oppositions et contradictions avant sa mise en œuvre. Outre la guillotine, la Convention est aussi à l'origine d'un projet de république démocratique et sociale. Celle-ci repose sur la Constitution de l'an I instaurant le suffrage universel et un contrôle des députés par le peuple. Sur le plan social, des droits sociaux sont consacrés (assistance, éducation, travail), ainsi que la mise en place d'une taxation (loi du Maximum pour encadrer les prix des denrées alimentaires), le ravitaillement, la répression des « accapareurs », la redistribution de terres aux paysans et l'abolition de l'esclavage en 1794 (G. NOFRI, 2018).

Après la chute de ROBESPIERRE, la convention « thermidorienne » cherche à ancrer les acquis de 1789. La nouvelle majorité « thermidorienne » à la Convention démantèle le gouvernement de la Terreur et s'attache entre le mois de juin et août 1795 à la rédaction d'une nouvelle constitution. La constitution de l'an III instaure le Directoire. Le suffrage universel est supprimé, les élites économiques, sociales et culturelles « guident » le peuple. À la démocratie espérée, se substitue la méritocratie (F. CHARTREUX [dir.], 2017). Pour lutter contre la centralisation, un exécutif à cinq Directeurs est prévu et contre le changement de personnel politique, le décret des Deux tiers permet que les deux tiers des élus des futures assemblées proviennent des assemblées sortantes. Les modérés redeviennent majoritaires à la Convention et imposent une politique libérale. C'est la fin des préoccupations sociales, de la loi du Maximum, alors que la liberté économique est affirmée. Le prix du pain augmente ainsi que la mortalité populaire en ville, l'ensemble favorisant la montée des tensions sociales. Les années 1797 et 1798 connaissent de meilleures récoltes, mais la guerre coûte et le mécontentement de la gauche révolutionnaire gronde à Paris. Lorsque BONAPARTE rentre d'Égypte le 16 octobre 1799, il est l'homme providentiel et le coup d'État du 18 Brumaire est la dernière des journées révolutionnaires (G. NOFRI, 2018).

Une symbolique pour communiquer à tous les Français

La Révolution trouve à s'incarner dans une symbolique visant à faire de tous les Français et notamment des plus récalcitrants, les paysans et les femmes, des patriotes. Les objets et images de la Révolution offrent le spectacle d'un peuple-un qui s'adresse à l'homme sensible aux impressions. Il s'agit bien là de mettre en place une nouvelle grammaire politique. Ainsi, par exemple, la fête révolutionnaire devient un lieu d'enseignement patriotique et civique. Celle qui était rêvée par J.-J. ROUSSEAU, faite de frugalité et de dénuement, s'oppose à la fête monarchique, catholique ou populaire, chacune soumise à ses propres excès. Il s'agissait de « *donner les spectateurs en spectacle* » afin qu'ils se voient et s'unissent dans l'apprentissage de la nation (M. OZOUF, 2015). La Révolution est un spectacle qui inspire les voisins de la France : à Londres, un théâtre joue les évènements de 1789 (F. CHARTEUX [dir.], 2017). C'est aussi dans ce processus de construction symbolique que l'église Sainte-Geneviève est transformée en temple en l'honneur des grands hommes et qu'elle devient le Panthéon. Ainsi, le même rituel unit les hommes dans la vie festive et dans la mort à travers l'expression d'une même foi pédagogique. C'est aussi pour s'affranchir de la foi chrétienne que le calendrier républicain entend se débarrasser des saints, martyrs et fêtes catholiques. C'est alors la symbolique de la nature qui vient remplacer l'histoire religieuse à travers la célébration des plantes, des saisons ou des animaux. La révolution se donne à voir jusque dans la géographie à travers un nouveau découpage administratif avec les départements. Ainsi, ce dernier est bien accepté et perdure alors que le calendrier républicain a rencontré plus de résistance pour vite tomber en désuétude (M. OZOUF, 2015).

Une Révolution qui se propage à l'étranger ?

L'Europe devient un théâtre révolutionnaire en cette fin de XVIIIe siècle. Une révolution émerge dans les Pays-Bas autrichiens, écrasée en 1790, mais aussi en Belgique. Cette dernière va se doter d'une constitution. De l'extérieur, la Révolution française est plutôt bien vue, car elle participe de l'endettement et de l'affaiblissement de la France. Elle donne ainsi à l'Autriche, à la Prusse et à la Russie l'occasion d'agrandir leur territoire. L'Espagne, quant à elle, se préoccupe de la « contagion révolutionnaire » et ferme ses frontières aux écrits français. Il n'y a donc pas d'opposition extérieure à la Révolution française. D'ailleurs, les révolutionnaires belges, bataves et suisses réfugiés à Paris sont déçus lorsque l'Assemblée décide, dans une *Déclaration de paix au monde* (1790), de ne pas leur apporter d'aide. Cependant, à l'été 1791, les Cours européennes s'inquiètent de la pression révolutionnaire sous le fait de la présence des nobles émigrés. Le 27 août 1791 la Prusse et l'Autriche s'engagent communément afin d'éviter la propagation des idées révolutionnaires en Europe. C'est face aux menaces étrangères que Louis XVI pousse à entrer en guerre. Les révolutionnaires sont favorables à une guerre qui montrera le double jeu du roi et les Girondins pourront libérer les peuples d'Europe. Les Irlandais, Hollandais, Genevois, Neuchâtelois, Belges et Polonais présents à Paris depuis 1787 invoquent le « droit des peuples à disposer d'eux-mêmes » et désirent une alliance avec la France, voire une annexion. Dès 1792, les Hollandais sont favorables à la mise en place d'une « République sœur ». Cette perspective offrait aux jacobins des avantages économiques et un glacis protecteur. Tous ne sont cependant pas favorables à l'entrée en guerre, à l'exemple de ROBESPIERRE ou de MARAT, mais la France entre en guerre en avril 1792. Les succès de la guerre à l'extérieur favorisent l'expansion révolutionnaire en Europe (en Hollande, en Suisse ou en Italie). La France révolutionnaire devient la Grande nation une fois annexés la Belgique, la Rhénanie, la Savoie et le comté de Nice, puis les Républiques sœurs batave, helvétique et italienne établies (F. CHARTREUX [dir.], 2017). La dimension exportatrice de la Révolution se révèle alors, ainsi que l'exprime BRISSOT : « *le moment est venu d'une nouvelle croisade, ce sera la croisade de la liberté universelle* ». En effet, le 15 décembre 1792, un décret impose le régime politique français aux pays conquis. Dans sa dynamique d'expansion, la Convention déclare la guerre à l'Angleterre et aux Provinces-Unies des Pays-Bas le 1er février 1793. Aussi, le 7 mars, l'Espagne, l'Italie et le Portugal forment une coalition européenne mettant en difficulté les armées françaises en Belgique. En réaction, la Convention décide de la levée en masse de 300 000 conscrits. Cette mesure, très impopulaire dans l'Ouest de la France, déclenche la guerre de Vendée. À la fin du Directoire, l'armée est la grande bénéficiaire du prestige des victoires dans les campagnes européennes, notamment en Italie. Le traité de Campo Formio met un terme aux combats avec l'Autriche le 18 octobre 1797 à la faveur de BONAPARTE (G. NOFRI, 2018).

La Révolution française se termine et se diffuse dans le voisinage européen en cette fin de XVIIIe siècle alors que les révolutions se réveillent au XIXe siècle.

Le siècle des révolutions, dans l'ombre de la Révolution française

Les soubresauts révolutionnaires du XIXe siècle, en France, montrent que la Révolution était inachevée. Les forces politiques de ce siècle sont celles héritées de la Révolution française :

- les conservateurs, contre-révolutionnaires, en refusent l'héritage ;
- les libéraux célèbrent, quant à eux, 1789 et rejettent 1793, « la Terreur » et la démocratie politique et sociale ;
- les démocrates socialistes revendiquent 1789 et 1793.

La Révolution est alors entrée dans le champ des possibles, des espoirs, mais aussi des peurs et va se rejouer (F. CHARTREUX [dir.], 2017).

Des révolutions nées d'un renouveau intellectuel

La « cadette[1] » des révolutions a lieu en juillet 1830 et opère bien une « révolution des esprits ». Les élites libérales s'appuient sur les classes populaires, ouvrières et la petite bourgeoisie, pour renverser la monarchie traditionnelle. Les acteurs des journées révolutionnaires deviennent un peuple agissant et exerçant la souveraineté populaire. Victor HUGO leur rappelle : « *Hier vous n'étiez qu'une foule, vous êtes un peuple aujourd'hui* ». Parmi eux, de nombreux étudiants et polytechniciens politisés se mêlent à la jeune bourgeoisie et aux ouvriers pour porter et diffuser l'idéal de liberté de 1830 (F. CHARTREUX [dir.], 2017).

Il y a aussi un « esprit de 1848 » qui provient d'une révolution des idées survenue en parallèle du développement du mouvement socialiste. Depuis vingt ans des hommes comme CABET ou FOURIER réfléchissent à de nouvelles modalités d'organisation sociale. La parole ouvrière trouve à s'exprimer dans des journaux comme *L'Atelier* et les idées neuves du courant romantique se diffusent au sein de la jeunesse. La révolution de 1848 est aussi celle des poètes et des intellectuels qui croient en l'union des élites éclairées et des masses. Par leurs « prophéties » ils participent de la diffusion de cet « esprit de 1848 » : Alphonse de LAMARTINE défend le gouvernement provisoire, Charles BEAUDELAIRE prend le fusil en février, Alfred de MUSSET s'affirme contre les insurgés, alors que George SAND, la plus radicale, se range d'abord du côté du gouvernement, puis s'oppose à sa réaction. Victor HUGO débute alors son œuvre de poète républicain et Gustave FLAUBERT décrit les évènements de 1848 dans *L'Éducation sentimentale* (Q. DELUERMOZ, 2018).

1. La révolution de 1830 peut être surnommée la « cadette » en référence à Louis-Philippe porté sur le trône et issu de la branche cadette des Bourbons. Si l'on considère la Révolution française comme la sœur aînée de 1830, celle-ci est aussi surnommée la « cadette » des révolutions. Cette expression se retrouve dans l'ouvrage collectif *Révolutions. Quand les peuples font l'histoire*, 2017.

Lors des révolutions de 1870-1871, le renouveau des idées intellectuelles vient de la diffusion des idées socialistes en France. L'idée que les insurgés aient été inspirés par Karl MARX fait débat chez les historiens. Spectateur de la Commune, ce dernier la qualifie de première révolution du XXe siècle. Il observe en elle la seule véritable révolution communiste dans laquelle il plaçait de grandes espérances :

> **Marx et la Commune de Paris**
>
> « Le premier décret de la Commune fut donc la suppression de l'armée permanente, et son remplacement par le peuple en armes. La Commune fut composée de conseillers municipaux, élus au suffrage universel dans les divers arrondissements de la ville. Ils étaient responsables et révocables à tout moment. La majorité de ses membres était naturellement des ouvriers ou des représentants connus de la classe ouvrière. La Commune devait être non pas un organisme parlementaire, mais un corps agissant, exécutif et législatif à la fois. Au lieu de continuer d'être l'instrument du gouvernement central, la police fut immédiatement dépouillée de ses attributs politiques et transformée en instrument de la Commune, responsable et à tout moment révocable. Il en fut de même pour les fonctionnaires de toutes les autres branches de l'administration. Depuis les membres de la Commune jusqu'au bas de l'échelle, la fonction publique devait être assurée pour un salaire d'ouvrier. Une fois abolies, l'armée permanente et la police, instrument du pouvoir matériel de l'ancien gouvernement, la Commune se donna pour tâche de briser l'outil spirituel de l'oppression, le pouvoir des prêtres ; elle décréta la dissolution et l'expropriation de toutes les Églises dans la mesure où elles constituaient un corps de possédants. La totalité des établissements d'instruction furent ouverts au peuple gratuitement, et en même temps, débarrassés de toute ingérence de l'Église et de l'État. »
>
> Karl MARX, *La Guerre civile en France* (1871), Paris, Éditions Sociales, 1972, pp. 69-70.

Pour ENGELS, « *La Commune, c'est la dictature du prolétariat* ». L'évènement semble donc correspondre à la mise en œuvre des idées de MARX et ENGELS. C'est cependant davantage la démocratie pour tous que la dictature du prolétariat que réclament les insurgés de 1871 et ils attendent des réformes sociales, plus que la fin du capitalisme (F. CHARTREUX [dir.], 2017).

Des réformes attendues, dans une conjoncture économique défavorable, à l'origine des révolutions

Si les révolutions trouvent leur origine dans un contexte de marasme économique et de réformes attendues, celles-ci tiennent aussi au domaine politique. Ainsi, comme en 1789, les députés aux États généraux attendaient une réforme du vote par ordre, en 1830, l'Assemblée réformatrice refuse de se réunir. De même, en 1848, la réforme attendue du système censitaire en contestation d'un cens trop élevé enclenche la révolution (G. NOFRI, 2018). Enfin, l'insurrection naît des dernières réformes impériales de 1870 et de l'état de guerre en 1871.

Comme en 1789, la révolution de 1830 naît à Paris de l'impossibilité de réformes. La monarchie restaurée, après la chute du Second Empire, repose sur une constitution libérale où les pouvoirs sont séparés. Or, dans les années 1820, un tournant conservateur est pris par le roi, soutenu par la majorité parlementaire ultra-royaliste. En opposition, les élections législatives de 1827 consacrent la victoire de l'opposition libérale. En réaction, le roi dissout l'Assemblée, au mois de mai 1830, convoquant de nouvelles élections. Elles sont de nouveau favorables à l'opposition et le roi dissout une seconde fois l'Assemblée, le 25 juillet 1830. Il annonce la restriction du suffrage et la suppression de la liberté de la presse. Les tensions sociales sont alors aiguës du fait de la crise et du chômage. Les troubles antifiscaux se multiplient à la ville comme à la campagne, ainsi que les grèves ouvrières, et les émeutes frumentaires, comme en 1793, lors de la taxation des grains. Aussi, le 26 juillet, les journalistes censurés et les députés libéraux de l'opposition appellent à la révolte (F. CHARTREUX [dir.], 2018).

De la même manière, à l'origine des révolutions du 22 au 25 février 1848, se trouve une crise économique, agricole et industrielle. Le prix du pain flambe et réveille les mécontents de la monarchie de Juillet. Les premières manifestations ont lieu après l'annulation du banquet parisien du 22 février aux cris de « *Vive la réforme, à bas Guizot!* », alors président du Conseil (Q. DELUERMOZ, 2018). Les revendications populaires de 1848 enclenchent une révolution sociale et consacrent le « droit au travail », établi par décret du 25 février : « *Le gouvernement provisoire de la République française s'engage à garantir l'existence de l'ouvrier par le travail. Il s'engage à garantir du travail à tous les citoyens.* » Le 27 février, sont créés les ateliers nationaux pour embaucher 100 000 chômeurs dans les chantiers nationaux. Socialistes et réformateurs sociaux ont une grande influence *via* les clubs et les journaux dans ce mouvement du printemps 1848. Ils reconnaissent l'existence de classes antagonistes, mais refusent la violence sociale (*L'Histoire,* février 2018).

Quant à la révolution qui s'ouvre en 1870, celle-ci ne trouve pas son origine dans un marasme économique, mais bien dans l'échec militaire d'un empereur qui promettait la paix et la prospérité lors de son sacre en 1852. La prospérité du pays était accomplie à la veille de la guerre de 1870. La croissance et l'investissement soutenaient l'activité économique et l'industrialisation. C'est donc dans la guerre et dans le changement de politique de la part du gouvernement que l'origine de cette révolution est à rechercher. Alors que la politique du gouvernement, sous le Second Empire, avait pris un tournant libéral au cours des années 1860, à l'approche des élections législatives de 1869, la défiance et les contestations à l'égard de l'Empire enflent. L'empereur vieillissant entreprend des réformes afin d'assurer la transmission du pouvoir à son fils. Les élections du 27 décembre 1870 consacrent un nouveau gouvernement confié à Émile OLLIVIER qui devrait permettre la consolidation du régime. Un plébiscite est prévu par l'empereur le 8 mai 1870 : « (En votant oui) *vous conjurez les menaces de la révolution, vous assoirez sur une base solide l'ordre et la liberté et vous rendrez facile la transmission de la couronne à mon fils* ». À 82 % le plébiscite est favorable à l'empereur, mais le soutien du pays n'est pas unanime. Les républicains, comme Léon GAMBETTA, se sentent désarmés : « *l'empire est désormais plus fort que jamais* ». C'était sans compter sur l'opinion publique parisienne ou les grands centres urbains du pays à contre-courant du vote majoritaire. Il faut rappeler que Paris s'est profondément transformée sous l'effet des travaux entrepris par l'empereur et le baron HAUSSMANN. Malgré les réussites en matière architecturale, d'hygiène ou encore de circulation, les masses populaires sont rejetées dans les faubourgs ; des faubourgs qui gonflent du fait de l'industrialisation facilitant l'affirmation du mouvement ouvrier. Paris redevient le lieu de la contestation politique, comme lors des révolutions précédentes. Déjà, lors des législatives de 1869, la capitale avait voté pour l'opposition élisant des républicains comme Jules FAVRE ou Léon GAMBETTA. La Commune de Paris (1871) naît d'une situation sociale tendue et d'un sentiment patriotique et républicain exacerbé. Elle plonge ses racines dans le projet de république démocratique et sociale de 1793, dans l'« esprit de 1848 » non advenu et le renforcement du socialisme révolutionnaire (F. CHARTREUX [dir.], 2017).

Des révolutions qui usent de diverses formes de violence politique, sociale et urbaine

Revenons à la période des Trois Glorieuses : alors que le roi contrevient à la Constitution libérale, par des mesures conservatrices, dès le 25 juillet 1830, l'insurrection devient à nouveau légitime. Les Parisiens apprennent dans le *Moniteur* les ordonnances prises par le roi au matin du 26 juillet. Face à la suppression de la liberté de presse, la première réponse, adressée au roi Charles X, provient de la presse d'opposition. Celle-ci avait joué un grand rôle lors des élections législatives de juillet, à l'instar du *Journal des débats,* du *Constitutionnel*, du *Journal du Commerce,* du *Temps*, du *Globe*, du *Courrier français* ou encore du *National* d'Adolphe THIERS. Une protestation commune émane alors de quarante-quatre journalistes représentants de douze journaux : « *Le régime légal est* [...] *interrompu, celui de la force est commencé. Dans la situation où nous sommes placés, l'obéissance cesse d'être un devoir* ». Les journaux s'en remettent alors à la justice afin de pouvoir imprimer, mais le roi saisit les journaux et fait fermer les imprimeries. Meneurs et activistes républicains des sociétés secrètes s'emparent de l'occasion pour rassembler une masse populaire apte à la révolte (G. NOFRI, 2018). Les trois journées révolutionnaires des 26 au 28 juillet 1830, appelées les Trois Glorieuses, voient Paris se couvrir de barricades, conduisant à la chute du roi Charles X. Le peuple s'est organisé sous le commandement d'anciens officiers d'Empire, de jeunes polytechniciens et de notables. Les lieux de pouvoirs sont vite pris et l'Hôtel de Ville est aux mains du peuple le 28 juillet. L'armée se retire le lendemain, laissant 700 Parisiens dans la rue et 2000 blessés. Un gouvernement provisoire s'installe alors à l'Hôtel de Ville (F. CHARTREUX [dir.], 2018).

La révolution est de retour en 1848, elle aussi, à travers des combats violents contre la troupe et la Garde. Ainsi, le 24 février, les insurgés prennent le Château d'eau (place du Palais-Royal). La ville de Paris s'est couverte de barricades, rappelant les Trois Glorieuses de 1830. Ces barrières militaires et symboliques en pierre protègent des combattants d'origines sociales diverses : des étudiants, des gardes nationaux, des militants républicains ou encore des ouvriers. Aussi, le gouvernement provisoire acclamé le 24 février se veut le représentant de cette incarnation du « peuple français » en action. C'est une fois de plus à Paris que la foule se rassemble, là où se situent les lieux de pouvoir de la monarchie de Juillet : au Palais des Tuileries où réside Louis-Philippe, au Palais-Bourbon, siège de la Chambre de députés, au Palais du Luxembourg où se réunit la Chambre des pairs, aux ministères des Affaires étrangères et de l'Intérieur, ainsi qu'à la caserne. La révolution des 22 au 24 février touche le quartier ouvrier de Paris et les barricades s'élèvent autour des faubourgs Saint-Marcel et Saint-Jacques au faubourg du Temple, en passant par l'Hôtel de Ville, la place de la Bastille ou encore les faubourgs Saint-Denis et Saint-Martin.

Même si les violences sont majoritairement urbaines, comme lors de la Révolution française, il y a bien un 1848 des campagnes. Des mouvements de reconquête des communaux s'engagent avec des attaques de demeures de notables, des troubles forestiers et des bris de machines. C'est aussi l'impôt des 45 centimes qui réveille les contestations des campagnes, notamment dans le Sud-Ouest. Il y a également une contre-révolution, à l'image de Marseille, Rennes ou du Finistère où élites et travailleurs sont à la fois attentistes et inquiets face à la révolution (Q. DELUERMOZ, 2018).

Alors que la décision est prise de fermer les ateliers nationaux le 22 juin 1848, une vaste insurrection ouvrière extrêmement violente se transforme en guerre civile. Les insurgés crient « *Du pain ou du plomb !* », « *Vive la république démocratique et sociale !* » et construisent les premières barricades le 23 juin. Aussi, la Commission exécutive cède le pouvoir au général CAVAIGNAC, ministre de la Guerre, dès le 24 juin. Paris est en état de siège et les combats se poursuivent jusqu'au 27 juin. Au cours de cette guerre, 3 000 insurgés, 1 500 membres des forces de l'ordre, ainsi que Monseigneur AFFRE venu apaiser les tensions, meurent. La répression est féroce et 15 000 personnes sont emprisonnées. Ces journées de juin 1848 remplacent « l'esprit de 1848 », né d'une révolution socialiste, par le retour à la violence politique (M. WINOCK, 2018).

La violence politique est encore d'usage pendant la révolution de 1870. Lors des élections complémentaires de novembre 1869 alors que des députés ont été élus dans plusieurs départements. Henri ROCHEFORT, pourtant condamné, a réussi à se faire élire. L'étincelle révolutionnaire éclate, le 10 janvier 1870, lorsque l'un de ses proches, le journaliste Victor NOIR est assassiné par le prince Pierre BONAPARTE. Les Parisiens sont alors sous le choc. En réponse, l'empereur convoque la haute cour de justice, mais l'occasion est prise par l'opposition pour dénigrer le régime dans la presse. Les obsèques de Victor NOIR se déroulent le 12 janvier 1870, sans débordements, alors qu'elles rassemblent 2 000 personnes. L'opinion publique parisienne n'en reste pas moins contestataire et trouve à s'affirmer au moment de l'annonce de la guerre, à laquelle elle est pourtant favorable, puis à l'annonce de la défaite. Les Parisiens étaient prêts à sacrifier la paix promise par l'empereur à la seule condition que la guerre soit victorieuse. Or, la seule victoire est celle de Châlons, avant que les défaites ne s'enchaînent durant le mois d'août 1870, à Reichshoffen, Forbach-Spicheren, Rezonville et Saint-Privat. La crise politique s'ouvre à Paris dès le 7 août à l'annonce des premières déconvenues. L'impératrice Eugénie assure la régence alors que l'empereur Napoléon III est en campagne militaire. Face aux contestations, elle décide de convoquer une session extraordinaire du corps législatif qui donne à l'opposition une tribune où s'exprimer. Le gouvernement d'Emile OLLIVIER est critiqué et celui-ci démissionne. L'impératrice nomme le général PALIKAO pour former un nouveau gouvernement, mais la reddition de l'empereur à Sedan, le 2 septembre, ramène le trouble à Paris. Eugénie affirme qu'« *un Napoléon ne capitule pas* » et entend maintenir le régime, alors que la manifestation se dirige vers le Palais Bourbon réclamant « *La déchéance !* ». Elle refuse d'abdiquer ou de consulter le pays comme le demandent des républicains et le peuple. Des Comités de salut public sont proclamés à Lyon, Marseille, Toulouse et Bordeaux. À l'Assemblée, Adolphe THIERS craint l'irruption de la violence populaire et propose une commission de gouvernement et de défense nationale, ainsi que l'élection d'une Constituante dès le calme revenu. Face à la manifestation devant le Palais Bourbon, l'impératrice fait le choix de ne pas engager l'épreuve de force, pour épargner les vies des Parisiens. Les grilles sont ouvertes et la foule envahit l'Assemblée qu'elle occupe au cri de « *La déchéance ! La déchéance !* ». Les députés quittent leurs bancs et la séance est ajournée. Jules FAVRE et Léon GAMBETTA se mettent à la tête du peuple insurgé pour aller proclamer la République à l'Hôtel de Ville (F. CHARTREUX [dir.], 2017).

> **Proclamation de la République par Léon GAMBETTA, le 4 septembre 1870**
>
> « *Le peuple a devancé la Chambre qui hésitait. Pour sauver la Patrie en danger, il a demandé la République : elle est proclamée, et cette révolution est faite au nom du droit et du salut public. Citoyens, veillez sur la cité qui vous est confiée ; demain, vous serez avec l'armée des vengeurs de la Patrie. La République est proclamée. La Révolution est faite au nom du droit, du Salut public.* »
>
> Discours de Léon GAMBETTA prononcé au balcon de l'Hôtel de Ville.

Le 4 septembre 1870 la proclamation de la République met fin à la constitution impériale par une révolution qui use de la violence verbale et a recours à la mobilisation de la rue pour paralyser le pouvoir en place. Dans le contexte de la défaite impériale de Sedan, de captivité de l'empereur et des fautes de l'impératrice Eugénie, la révolution est rapide et peu meurtrière. Il y a bien quelques violences des Parisiens au Palais Bourbon, mais le discours de Léon GAMBETTA au balcon de l'Hôtel de Ville impose un nouvel ordre politique sans autre légitimité que celle de la révolution. Deux semaines après la proclamation de la République, la capitale est de nouveau divisée et assiégée par l'armée prussienne. Malgré les tentatives pour sortir du siège, les nombreux échecs militaires réveillent la contestation parisienne les 20 et 21 janvier 1871. Celle-ci est mâtée devant l'Hôtel de Ville, dès le 22 janvier. Les élections du 8 février 1871 portent les républicains conservateurs au pouvoir et la révolte devient pour eux illégitime. Le mécontentement des Parisiens gagne la garde nationale qui constitue le 15 février la Fédération de la garde nationale pour la défense de la République. Mais, à l'annonce des conditions de paix, humiliantes pour la France, imposées par la Prusse, et l'entrée des armées prussiennes dans Paris, les tensions entre le pouvoir et la capitale sont aiguës. Au 10 mars 1871, les radicaux prennent pour un coup d'État institutionnel la décision de déplacer l'Assemblée installée à Bordeaux, non à Paris, mais à Versailles. Pour Jules FERRY, maire de Paris, seul le retour à Paris de l'Assemblée pouvait ramener l'ordre. Mais le gouvernement décide de supprimer la solde quotidienne de la garde nationale, entraînant sa structuration et sa radicalisation. Le 17 mars, Adolphe THIERS retire canons et mitrailleuses à la garde nationale et fait arrêter ses meneurs. C'est l'étincelle à l'origine de la commune insurrectionnelle de Paris. Au soir du 18 mars, le Comité central de la garde nationale a réussi à gagner l'Hôtel de Ville et le gouvernement évacue Paris. Des élections municipales sont organisées le 26 mars et malgré l'exil de nombreux Parisiens, le taux de participation est de 48 %. La nouvelle Assemblée s'installe le 27 mars à l'Hôtel de Ville mais sa durée est éphémère du fait de l'isolement politique de la Commune et de l'« extrémisation » de la révolution. Du 21 au 28 mai 1871, les

Versaillais organisent l'assaut faisant 4 000 morts chez les Communards, 900 chez les Versaillais. Adolphe THIERS se félicite d'avoir « *éradiqué le socialisme* ». Sont ainsi jetées les bases d'une République conservatrice (G. NOFRI, 2018).

Des innovations politiques et institutionnelles au cœur de chacune des révolutions

En 1830, le peuple s'est soulevé pour la liberté, non pour la république. Les républicains n'étaient alors pas assez nombreux parmi les insurgés pour face aux libéraux qui voulaient une monarchie libérale. Ces derniers souhaitent faire du duc d'Orléans, issu de la branche cadette des Bourbons, un roi-citoyen. Si le peuple crie « *A bas les Bourbons !* » et que les républicains demandent à LA FAYETTE de proclamer la république, celui-ci trahit sa famille politique et se rallie aux libéraux pour présenter le 31 juillet, le duc d'Orléans au balcon de l'Hôtel de Ville. Pour les ultra-monarchistes et les Cours européennes, il restera un usurpateur, fils du régicide Philippe-Egalité de 1793. En cela, 1830 était-elle, pour les républicains, une révolution ? En remettant un roi sur le trône, elle assurait la continuité monarchique. Le 9 août 1830, les députés révisent la Charte constitutionnelle et font du duc d'Orléans le nouveau roi des Français, et non plus le roi de France. Il devient Louis-Philippe Ier pour marquer la rupture avec l'ancienne monarchie. Les Trois Glorieuses auront enraciné les acquis libéraux de 1789, écarté les contre-révolutionnaires, mais les libéraux, n'étant plus menacés à droite, font face à une nouvelle opposition venue de la gauche. Aussi la révolte des canuts de 1831, travailleurs de la soie à Lyon, montre que la révolution n'est pas terminée (F. CHARTREUX [dir.], 2017). Elle se prolonge encore à travers les troubles et l'insurrection républicaine de 1832 ou encore en province en 1834 (G. NOFRI, 2018).

Ensuite, la révolution de 1848 porte de profonds changements politiques. Louis-Philippe est renversé alors qu'il a régné du mois de février à la fin du printemps. C'est une révolution politique qui débute par la proclamation de la république que le philosophe Charles RENOUVIER a défini comme « *l'état d'un peuple qui n'obéit qu'à des hommes qu'il s'est choisis. Ces hommes sont les égaux de tous les autres. Ils ne commandent qu'au nom du peuple* » (*L'Histoire*, février 2018). Le 24 février 1848, la république est proclamée, suivie du suffrage universel masculin. Grâce à celui-ci, les hommes vont trouver un moyen d'expression politique. Ils sont désormais 9 millions à pouvoir gagner les urnes alors que jusqu'ici 240 000 personnes seulement pouvaient voter. Le 27 février, la peine de mort, en matière politique, est supprimée. La révolution de 1848 se différencie ici de « la Terreur » de 1793. Le 27 avril 1848, l'esclavage est aboli (Q. DELUERMOZ, 2018).

> **Décret d'abolition de l'esclavage**
>
> Article 1er. L'esclavage sera entièrement aboli dans toutes les colonies et possessions françaises, deux mois après la promulgation du présent décret dans chacune d'elles. À partir de la promulgation du présent décret dans les colonies, tout châtiment corporel, toute vente de personnes non libres, seront absolument interdits.
>
> Gouvernement provisoire de la République française, 27 avril 1848.

Alors que les socialistes avaient initié le mouvement social de 1848, lors des élections d'avril, ce sont les modérés qui l'emportent, avant que le 15 mai, l'extrême gauche n'envahisse l'Assemblée (*L'Histoire*, février 2018).

Enfin, malgré sa très courte durée, du 19 mars au 28 mai 1871, la Commune de Paris, est aussi au cœur de mesures innovantes. Elles poursuivent trois ennemis, notamment sur le plan social :

1. l'ordre et l'armée ;
2. la propriété et le patronat ;
3. la religion et le clergé.

> **Chronologie des réformes de la Commune de Paris (1871)**
>
> 29 mars : abolition de la conscription et des armées permanentes ; remise des derniers mois de loyer ; suspension des ventes au Mont-de-Piété.
> 2 avril : séparation de l'Église et de l'État.
> 12 avril : suspension des poursuites sur les échéances.
> 16 avril : réquisition et nationalisation des ateliers abandonnés.
> 17 avril : moratoire sur les effets de commerce.
> 24 avril : réquisition des logements vacants.
> 27 avril : interdiction des amendes et retenues sur salaire.
> 28 avril : interdiction du travail de nuit dans les boulangeries.
> 7 mai : restitution sans contrepartie des objets gagés d'une valeur inférieure à 20 francs.
> 19 mai : décret de laïcisation de l'enseignement.

Alors que la Commune se radicalise avec la création d'un Comité de salut public le 1er mai, son échec est annoncé. Elle a consommé la scission entre le mouvement socialiste révolutionnaire et le mouvement républicain. (G. NOFRI, 2018).

Une symbolique révolutionnaire empruntée à la Révolution française

L'esprit de 1789 semble revivre dans les journées révolutionnaires de 1830 : le drapeau tricolore coiffe les monuments parisiens et les insignes de la monarchie sont arrachés. Les insurgés s'appellent « citoyens » en souvenir de la Révolution française (F. CHARTREUX. [dir.], 2017).

C'est encore la mémoire vive des révolutions inachevées de 1789, 1792, 1793 ou 1830 qui donnent à 1848 des outils symboliques pour rejouer la révolution : très vite les insurgés s'appellent « citoyens » et « citoyennes », les missives sont signées « salut et fraternité », alors que les statues, bustes et effigies de Louis-Philippe sont détruits à la hâte. De nouveaux symboles apparaissent : la fraternité rejoint la liberté et l'égalité dans la devise républicaine (Q. DELUERMOZ, 2018). Alors que Louis BLANC justifie l'ajout de la fraternité à cette devise, celle-ci comporte cependant la contradiction d'entrer en conflit avec la liberté qui peut apporter la dissidence au sein d'une communauté fraternelle (M. OZOUF, 2015). La liberté n'a d'ailleurs pas le même sens pour un libéral qui l'entend comme liberté de commerce, d'opinion et de conscience et pour un ouvrier qui y voit un affranchissement possible. Elle exprime aussi la fin des servitudes pour les femmes, à l'exemple d'Eugénie NIBOYET :

« *avec la servitude du travail doit cesser la servitude des femmes* » (*La Voix des femmes*, 21 mars 1848, citée par Q. DELUERMOZ, 2018).

> **Liberté, égalité… fraternité**
>
> « En quoi consiste cette devise ? Dans l'union de ces trois mots : liberté, égalité, fraternité. Oubliez-en un, les autres n'ont plus de signification. Dites la liberté seulement, et vous arriverez à ceci : les hommes ne s'aiment pas ; chacun pour soi ; la lutte s'engage ; les uns triomphent, les autres sont vaincus : plus de liberté. Pour qu'elle existe, il faut la mettre dans l'égalité ; et pour que l'égalité elle-même se maintienne, il faut la sanctifier par le sentiment de la fraternité. »
>
> Louis BLANC, *Le Moniteur universel*, 24 mars 1848.

La liberté est, quant à elle, célébrée à travers le symbole de l'arbre de la liberté. Celui-ci est inspiré de la Révolution française, planté dans les villes, villages et célébré par Victor HUGO, converti à la révolution, le 23 mars 1848 : « *c'est avec joie que* […] *je viens saluer au milieu* [de mes concitoyens] *les espérances d'émancipation, d'ordre et de paix qui vont germer, mêlées aux racines de cet arbre de la liberté. C'est un beau et vrai symbole pour la liberté qu'un arbre ! La liberté a ses racines dans le cœur du peuple, comme l'arbre dans le cœur de la terre ; comme l'arbre, elle élève et déploie ses rameaux dans le ciel* ». L'Église est aussi présente, lorsque les prêtres bénissent les arbres de la liberté. Autre figure, plus inattendue, le Christ des barricades est aussi célébré et Charles RENOUVIER rappelle que « *la république établissait dans la société la morale de Jésus-Christ* ». Ce dernier devient une figure « populaire » et se confond avec l'avènement du socialisme. Autre symbolique forte, reprise de la Révolution française, le drapeau tricolore est adopté le 25 février 1848. Alors que les insurgés réclamaient le drapeau rouge, « drapeau de sang » pour Alphonse de LAMARTINE, les couleurs bleu, blanc, rouge sont défendues par le peuple et les soldats (Q. DELUERMOZ, 2018).

Enfin, les références symboliques à la Révolution française sont encore nombreuses lors de la Commune de Paris en 1871. Dans la presse, les titres comme *Le Père Duchesne* ou *L'Ami du peuple* reparaissent. Les insurgés se placent dans l'héritage des sans-culottes parisiens, des combattants de 1830 et « du printemps des peuples » (F. CHARTREUX [dir.], 2017). Pour Michel WINOCK, la Commune est, tant dans son déroulement que dans sa charge symbolique et son issue, la dernière des grandes « fièvres hexagonales » (J.-F. SIRINELLI, 2017).

Une diffusion des révolutions outre-frontières ?

La lutte populaire des Trois Glorieuses de 1830 s'est diffusée à toute l'Europe (Q. DELUERMOZ, 2018). Dans les années 1820, les mouvements nationaux et libéraux s'opposent à l'ordre monarchique traditionnel et choisissent le complot comme stratégie d'action plutôt que le soulèvement populaire. Ce sont des sociétés secrètes comme la Charbonnerie en France ou les *Carbonari* en Italie, qui vont mener ces combats. En 1830, avec l'adhésion populaire, elles s'ouvrent socialement et réhabilitent l'action révolutionnaire. Les évènements révolutionnaires français sont alors un modèle. Au cri de « *Faisons comme les Français !* », la révolution se diffuse en Europe : les Belges refusent la domination de la famille d'Orange protestante sur le Royaume-Uni de Hollande. La bourgeoisie commerçante belge s'estime, quant à elle, lésée par la politique économique hollandaise. Ainsi, l'insurrection éclate à Bruxelles le 25 août 1830 et se diffuse dans les provinces belges. Les troupes hollandaises sont défaites et les Belges proclament leur indépendance. Une Assemblée constituante est élue par les bourgeois et une monarchie libérale se met en place sur le modèle français. À Varsovie, les Polonais se soulèvent car ils souhaitent fonder un État alors que leur peuple est dispersé en Prusse, en Autriche et en Russie. Leur mouvement est réprimé par le tsar. La révolution inspire aussi la trentaine d'États allemands et les quatre États italiens qui aspirent à l'unité. Des libéraux allemands prennent les armes en citant les évènements de Paris et de Pologne. En Italie, en 1831, Giuseppe MAZZINI, un ancien *Carbonaro*, fonde la Jeune Italie et appelle à la révolution nationale pour instaurer la république. Face à ces mouvements révolutionnaires européens, le roi des Français choisit de ne pas intervenir. À l'inverse de 1792, il ne veut pas effrayer les monarchies européennes (F. CHARTREUX [dir.], 2017). Il faudra alors attendre un « printemps des peuples » pour libérer les peuples européens.

Ce n'est cependant pas depuis Paris que ce « printemps des peuples » s'est ouvert en 1848. Il y avait certes de nombreux révolutionnaires européens réfugiés à Paris, mais la révolution en Europe naît en 1846 à Cracovie. Le soulèvement vise à la reconnaissance de la Pologne en tant qu'État face à l'Autriche. La Suisse poursuit le mouvement en 1847, avec la guerre civile entre libéraux et conservateurs, puis en janvier 1848, c'est au tour de Palerme de s'embraser. Si la révolution parisienne de 1848 constitue une rupture majeure, c'est parce qu'elle accouche d'une république. À Paris, les délégations étrangères tentent d'obtenir un soutien à leur mouvement national. Giuseppe MAZZINI crée alors à Paris l'Association nationale italienne, le 5 mars 1848, afin de fédérer les comités italiens existants. Elle permet la création de la Légion italienne qui quitte Paris pour Gênes le 8 avril 1848 (A.-C. IGNACE, 2010, citée par D. DIAZ, 2018). La révolution n'est pas seulement un évènement français et européen, elle devient un évènement global. En effet, en Asie et en Amérique, les colonies entrent en révolution : c'est le cas de l'Inde, de Ceylan, de Sydney, de Wellington et du Cap en 1848, mais aussi du Canada, de Cuba et de Porto-Rico, puis de la Colombie en 1849 et du Chili en 1850. Si ces territoires choisissent la révolution pour contester la domination coloniale, c'est aussi parce que ce sont des espaces de migration pour les Européens, et notamment les révolutionnaires les plus radicaux réprimés, qui favorisent la circulation des idées révolutionnaires. De même, le décret d'abolition de l'esclavage dans les colonies françaises provoque des troubles comme à Porto Rico en juillet 1848. Aussi les répercussions mondiales du « printemps des peuples » vont se faire sentir bien au-delà du mi-temps du XIXe siècle (D. DIAZ, 2018).

Il faudra attendre le XXIe siècle pour que le souvenir de ce « printemps des peuples » se réveille à travers une nouvelle vague de révolutions dans le monde arabe.

Actualité

Des révolutions françaises « en marche »

Si les révolutions des XVIIIe et XIXe semblent avoir donné aux hommes les moyens d'échapper à la toute-puissance divine et de résoudre leurs problèmes, celles des XXe et XXIe ont changé de sens : « *On pense aujourd'hui à la révolution, non comme une solution des problèmes posés par l'actualité, mais comme à un miracle dispensant de résoudre les problèmes* » (Simone WEIL, *Oppression et liberté*, 1955, citée par G. NOFRI, 2018). C'est ce que montre les évènements de mai 1968 ou les mouvements de « gilets jaunes » ouverts en 2018.

Au-delà du miracle, c'est en tant que mythe que les évènements de mai 1968 sont parvenus dans la mémoire collective. Plus qu'une révolution, ils marquent une véritable évolution de la société française. Il s'agit d'une crise par l'intensité du changement économique et social attendu, mais aussi de la contestation du régime politique en place. Ainsi, pour l'historien Jean-François SIRINELLI, les évènements de mai 1968 sont le « *simulacre d'une révolution mimée* » et ont été « *davantage amplifiés par le son que par le sang* », dans une prise de parole brusquement débridée, jouant un « *rôle d'amortisseur, absorbant l'onde de choc en canalisant la violence* ». Les origines de mai 1968 ne sont pas économiques car la société est encore enrichie par la période de croissance des Trente Glorieuses. La crise naît d'une évolution démographique majeure, amenant une classe d'âge, les jeunes, à avoir de plus en plus de poids au sein de la communauté nationale. La presse française relayait dès 1959 l'angoisse du changement économique et social à travers l'image des « blousons noirs », affirmation de l'identité nouvelle des jeunes. Ainsi, la France, l'Europe, les États-Unis ou le Japon sont touchés dix ans plus tard par des mouvements de contestation. Ce sont des jeunes, des étudiants, mais aussi des paysans au Japon, des ouvriers en France et en Italie, des Noirs aux États-Unis qui contestent l'impérialisme et revendiquent la diffusion d'une contre-culture et de nouveaux styles de vie. La situation française se distingue par son intensité et parce qu'elle combine une crise universitaire, sociale et politique amenant en seulement vingt jours à une remise en cause de la Ve République. C'est à Nanterre, le 22 mars 1968, que cette crise multiforme s'ouvre. Après l'arrestation d'étudiants lors d'une manifestation de soutien au Vietnam, la salle du conseil de la faculté est occupée. Pour son doyen, Pierre GRAPPIN, Nanterre devient le « *point de départ d'un nouveau calendrier, d'une nouvelle aire* ». Les étudiants revendiquent une certaine liberté sexuelle en résidence universitaire, critiquent les cours, soutiennent les mouvements internationaux, appellent à la grève et à la manifestation. Les heurts avec la police sont nombreux et les résidences de filles sont occupées à Nanterre et dans d'autres centres universitaires. À Grenoble, les filles investissent les résidences de garçons. À Nanterre, la faculté est devenue un forum de discussions et le doyen supprime les cours. À l'invitation du MAU (Mouvement d'action universitaire), les Nanterrois se rendent à la Sorbonne, où ils tiennent *meeting*. Du 3 au 13 mai 1968, les manifestations d'étudiants, de lycéens, de salariés et de paysans se diffusent à Paris et dans l'Ouest. Alors que se tient, le 6 mai à la Sorbonne, le conseil de discipline des étudiants nanterrois,

15000 personnes manifestent et de violents affrontements font 481 blessés dont 279 étudiants et 80 arrestations dont 40 maintenues. Le lendemain, une longue marche des étudiants passe devant le Parlement dans l'indifférence et se termine par des échauffourées, le soir, au Quartier latin. Ce sont les 10 et 11 mai 1968 qui consacrent les évènements les plus violents, lors de la « nuit des barricades ». La Sorbonne qui avait été fermée est alors réouverte sur décision de G. POMPIDOU. Toutes les villes universitaires sont dès lors touchées par les manifestations de solidarité « contre la répression policière ». Les 24 et 25 mai, les premiers morts lors des émeutes sont signalés à Paris et à Lyon, alors que s'ouvrent jusqu'au 27 mai, les négociations de Grenelle. Les dernières manifestations sont organisées le 29 mai par le parti communiste et la CGT. Enfin, le 30 mai une manifestation unanimiste a lieu place de la Concorde. Cette fois, une mobilisation de masse des militants gaullistes montre que les bases du régime sont inébranlables. Charles de Gaulle reprend l'initiative et dissout l'Assemblée nationale. Le 31 mai, le gouvernement fait évacuer les piquets de grève. Les élections législatives des 23 et 30 juin 1968 consacrent la victoire des gaullistes et résolvent la crise (M. ZANCARINI-FOURNEL, C. DELACROIX, 2014). C'est ici qu'apparaît le paradoxe d'une onde de choc à la fois rapide et intense et d'un dénouement de la révolte qui ne se transforme pas en révolution. Alors que les évènements étaient animés d'un esprit de fraternité et d'une quête du bonheur, il s'agissait pour beaucoup d'irrévolution, en l'absence d'aspiration politique des manifestants. Le rêve et l'utopie semblaient gagner les étudiants alors qu'aucun grand parti politique ne s'est associé à cette rupture voulue en mai 1968 par une minorité agissante. De plus, depuis la fin XIXe siècle, la rue a été discréditée comme lieu de légitimation politique, alors que depuis 1789 il semblait aller de soi que le combat de rue pouvait faire tomber le régime. En 1968, l'érection de barricades n'est plus une arme politique mais une résurgence mémorielle. « Mai 68 » est un évènement fort mais la démocratie est capable d'en absorber les secousses. Elle n'a jamais été en péril. Cependant, si la France n'avait pas été dans la paix et la prospérité, la crise de Mai 1968 aurait pu revêtir les contours d'une révolution (J.-F. SIRINELLI, 2017).

Le mouvement social des « gilets jaunes », initié à l'automne 2018, montre une évolution de l'expression politique plus qu'une révolution. La violence sociale est-elle alors un mode de dialogue ou le signe d'un refus de l'État de droit ? Comme les révolutionnaires en 1789, les « gilets jaunes » sont des acteurs des évolutions politiques et sociales en cours. Ils puisent dans le référentiel de la Révolution française un récit partagé (S. WANICH, 2019). Aussi comme le prédisait Claude LÉVI-STRAUSS, « *pour que l'homme contemporain puisse pleinement jouer son rôle d'agent historique, il doit croire au mythe de la Révolution française* » (*La Pensée sauvage*, 1962). Comme lors des révoltes passées, le contexte social vient expliquer les origines du mouvement. L'image des fractures sociales et territoriales en France alimente le discours politique dès la campagne présidentielle de 2017. Ces fractures sont récupérées par le mouvement des « gilets jaunes ». En effet, la concentration du patrimoine, des revenus, du travail, de l'emploi et de la formation dans les métropoles génère un sentiment de déclassement et de déception pour ceux qui n'en bénéficient pas, malgré l'existence d'un système redistributif. Au regard du patrimoine, la France est socialement très inégalitaire : les centres-villes concentrent les plus fortes inégalités de revenus et de patrimoine. Pour Laurent DAVEZIES, économiste spatial, ces inégalités sont en partie corrigées par un puissant système de protection sociale financé par l'impôt ainsi que par la répartition des emplois publics. Cependant, au niveau des politiques d'aménagements des territoires, des débats demeurent entre les tenants du tout métropolitain et les tenants d'un aménagement déconcentré. C'est dans ce contexte social, que l'élection présidentielle de 2017 vient achever un processus de crise larvée depuis dix ans. De plus, elle signe l'éclatement du système politique bipolaire au profit d'une hyperprésidence (L. CARROUÉ, 2017). C'est donc au cœur des ronds-points, une invention française d'Eugène HÉNARD, que s'ouvre la crise des « gilets jaunes ». Ceux-ci remplacent les carrefours, symboles d'un monde qui s'entrechoque, pour faciliter les flux et la convergence. Or, le rond-point devient le lieu du mécontentement et du rassemblement. Des cabanes sont aménagées sur les ronds-points, rappelant l'occupation des ZAD (M. ZANCARINI-FOURNEL, 2019). Pour le philosophe Pierre DARDOT et le sociologue Christian LAVAL, « *les gilets jaunes, que cela plaise ou non, ont réussi ce que trente ans de luttes sociales n'ont pas réussi à faire : mettre au centre du débat la question de la justice sociale. Mieux, ils ont imposé on ne peut plus clairement la question fondamentale pour toute l'humanité du lien entre justice sociale et justice écologique* » (*Médiapart*, 12 décembre 2018). La crise, comme celle de 1968, est tournée contre les médias, à l'instar du slogan « *BFMTV ne pas avaler* », utilisant la rhétorique des affiches de 1968. Cependant, la lutte engagée en 2018 est une lutte de classes dans un rapport à l'État qui n'entend pas inventer de nouvelles normes sociales. Elle n'en emprunte pas moins les voies de la violence sociale. Selon le sociologue Laurent MUCCHIELLI, celle-ci « *n'est pas une catégorie d'analyse, ni un ensemble homogène de comportements. C'est une catégorie morale. La violence, c'est ce qui n'est pas bien.* » Il précise sa pensée : « *dès lors, on comprend que le spectacle de la violence produise des effets de sidération-fascination-répulsion qui empêchent de penser.* » Parmi ces biais qui « *empêchent de penser* » se trouvent la surpolitisation et la dépolitisation. Ces dernières tiennent à la récupération politique ou à la teneur des revendications des « gilets jaunes », davantage liées au prix du carburant qu'à des considérations politiques. Pour Edouard LOUIS, les « gilets jaunes » sont un test pour la bourgeoisie, l'obligeant à exprimer son mépris de classe et une violence habituellement formulée de manière détournée (*Les Inrockuptibles*, 4 décembre 2018 cité par J. CONFAVREUX [dir.], 2019). À la violence des « casseurs » défigurant Marianne et l'Arc de Triomphe, s'oppose la violence d'État à l'image des photographies diffusées de « *Lola, Antonin, Maxime, Fiorina, Issam et Doriana* (...) *la machoire fracturée ; Alexandre, Antoine, Ramy, Jean-Philippe, Patrick et Cédric ont* [eux] *perdu un œil ; Gabriel, Ayhan et Frédéric ont eu la main arrachée ; Oumar, le front ouvert. Zineb Redouane est morte d'avoir essuyé une grenade lacrymogène lancée sur elle à tir tendu* » (L. BANTIGNY, 2019 citée par J. CONFAVREUX [dir.], 2019). Une révolution était-elle alors engagée ? Il s'agit plutôt d'une sédition, à la manière de celles décrites par MACHIAVEL : « *le peuple ne désire plus n'être ni commandé ni opprimé par les grands, tandis que les grands désirent commander et opprimer le peuple* ». Le peuple s'est-il tout entier mobilisé ? Et dans le cas contraire, quelles classes sociales participent au mouvement ? Pour Alexis SPIRE, sociologue des inégalités, « *contre toute attente, ce sont les ménages bénéficiaires des politiques sociales qui se montrent les plus critiques à l'égard des prélèvements. À l'inverse, l'adhésion au système fiscal est d'autant plus fièrement revendiquée par les membres des classes supérieures qu'ils peuvent en apprivoiser les règles* » (*Nouvelobs*, 20 novembre 2018). Le mouvement des « gilets jaunes » est donc porté par ceux qui ont un sentiment d'injustice fiscale, répandu notamment au bas de l'échelle sociale. Leur structure sociologique ressemble à celle des sans-culottes, en plus féminin, d'après Michel VOVELLE. Ce sont des femmes, des hommes, des abstentionnistes, des amis qui ont un travail, une famille, des enfants et qui ne veulent pas que les générations futures vivent plus mal qu'eux. Aussi, s'il y a des ouvriers au sein du mouvement des « gilets jaunes », ce n'est pas un mouvement ouvrier. Aux classes populaires, s'ajoutent de petites classes moyennes, faisant des « gilets jaunes » des « petits-moyens » (I. COUTANT, 2019, citée par J. CONFAVREUX [dir.], 2019). Pierre ROSANVALLON parle de « société des petits » constituée d'un salariat modeste, de petites classes moyennes, d'autoentrepreneurs, de petits commerçants et artisans (J. CONFAVREUX [dir.], 2019). Tous protestent contre la cherté de la vie, pour plus de justice sociale et fiscale, mais aussi parfois contre la circulation des migrants, pour la mise en place d'assemblées populaires et se font le reflet des situations populistes. Pour l'historien Quentin DELUERMOZ, ils sont le signal d'un « *épuisement physique et psychologique qui est aussi la trace de notre épuisement démocratique* » (*Le Monde*, 15 décembre 2018). Ainsi, le mouvement des « gilets jaunes » révèle le vide politique laissé par le recul des luttes politiques et syndicales pendant des décennies. Il est en même temps le signe qu'une repolitisation est possible (J. CONFAVREUX [dir.], 2019). À l'aube de cette nouvelle forme d'expression démocratique, n'oublions pas qu'Emmanuel MACRON, au lendemain de son élection, appelait à une « *révolution démocratique* ». Celle-ci devait passer par une refonte de la représentativité, le non-cumul des mandats, un rôle nouveau affecté aux partis politiques, aux syndicats, mais aussi de la formation des hauts fonctionnaires et de la responsabilité politique en passant par celle des ministres, des collectivités locales, des partenaires sociaux, des associations et des citoyens (E. MACRON, *Révolution. Réconcilier la France*, 2017).

Les révolutions et révoltes des XXe et XXIe siècles, comme celles du XIXe siècles, n'ont pas répondu aux questions laissées par la Révolution française : quelle place fallait-il laisser au peuple dans des révolutions qui dressent la bourgeoisie contre la noblesse, ou la classe moyenne contre l'élite économique et politique ? Jusqu'à quel point est-il légitime de recourir à la violence politique pour transformer l'ordre social et politique ? Enfin, comment éviter que la révolution ne réveille les désirs d'ordre et ne soit récupérée ? (F. CHARTREUX [dir.], 2017). Si les révoltes de la fin du XVIIIe siècle et du XIXe siècle ont accouché de révolutions, celles des XXe et XXIe siècles ont ouvert des mutations majeures et des évolutions sociales sans véritable révolution.

Prospective

Une mémoire vive des révolutions en France qui inspire toujours le présent

Les révolutions sont des moments de rupture avec le passé. Elles imprègnent les mémoires individuelles et collectives et constituent des modèles pour les révolutions futures. Aussi, les origines, le déroulement, les changements qu'elles imposent, mais aussi la symbolique, la rhétorique, les valeurs qui les portent semblent se rejouer dans les révolutions qui se succèdent. Il s'agit alors d'observer les résurgences de la Révolution française et la construction des mémoires des révolutions successives.

La mémoire de la Révolution française est une mémoire vive, fixée par les acteurs de la Révolution eux-mêmes. Quelques jours après le 14 juillet, les premières demandes de célébration de l'évènement sont formulées. La commémoration permet de célébrer les temps forts de la Révolution et d'oublier ses massacres. L'oubli est alors une thérapie, dans une période où se mêle à la volonté émancipatrice l'usage de la violence politique. Laissons ici Jules MICHELET raconter la Révolution, en écrivant une histoire qui s'inscrit dans la mémoire collective :

> **La prise de la Bastille, une page du roman national chez Jules MICHELET**
>
> Le soir était plein de trouble, de fureur désordonnée. Le matin fut lumineux et d'une sérénité terrible. Une idée se leva sur Paris avec le jour et tous virent la même lumière. Une lumière dans les esprits, et dans chaque cœur une voix : « Va, et tu prendras la Bastille. » [...] Ce fut un acte de foi. [...] Qu'il reste donc, ce grand jour, qu'il reste une des fêtes éternelles du genre humain, non seulement pour avoir été le premier de la délivrance, mais pour avoir été le plus haut dans la concorde ! [...] L'histoire revint cette nuit-là, une longue histoire des souffrances, dans l'instinct vengeur du peuple. L'âme des pères qui, tant de siècles, souffrirent, moururent en silence revint dans les fils, et parla. [...] L'avenir et le passé faisaient tous deux même réponse ; tous deux ils dirent : « Va ! » Et ce qui est hors du temps, hors de l'avenir et hors du passé, l'immuable droit le disait aussi. L'immortel sentiment du Juste donna une assiette d'airain au cœur agité de l'homme.
>
> Jules MICHELET, *Histoire de la Révolution française*, 1853,
> cité par Gaël NOFRI, *Une histoire des révolutions en France*, 2018.

Outre les premières célébrations de la Révolution française, une contre-mémoire de cette même Révolution s'affirme à l'exemple de la Vendée, « *région mémoire* » étudiée par l'historien Jean-Clément MARTIN. Les survivants de la guerre de Vendée (1793-1796) posent des croix et des arceaux, alors que les générations suivantes transmettent une histoire orale en opposition à l'histoire écrite livrant le point de vue des républicains, vainqueurs. Avec la Restauration, des lieux de mémoire sont élevés en souvenir des généraux F.-A. CHARRETTE et J. CATHELINEAU. Cependant la Monarchie de Juillet les détruit et les Vendéens rétorquent par une vaste collecte de témoignages. Ces enquêtes, souvent dirigées par les curés, se poursuivent jusqu'au XXe siècle (P. JOUTARD, 2015). Le premier XIXe siècle a ainsi été la période où le couple mémoire-histoire s'est trouvé en parfait accord, avant que le XXe siècle ne vienne consommer leur divorce (P. JOUTARD, 2015). Dès le bicentenaire de la Révolution française, les manifestations mémorielles se multiplient donnant à l'historien l'occasion de refaire l'histoire de la Révolution. Dans un article publié dans la revue *Débat,* de 1983, Mona OZOUF s'élevait contre la commémoration de la Révolution française qui approchait et surtout la confusion entre mémoire et action historique. L'historienne et philosophe convenait que toute commémoration répondait à un exercice d'admiration. Ainsi, les vocations de l'histoire et de la mémoire s'opposent : la première critique alors que la seconde glorifie. Or, comment commémorer les massacres de 1792 ou ce que l'on a appelé « la Terreur » ? Pour Mona OZOUZ, « *la Révolution française comporte l'incommémorable* ». Puis, en 1989, dans un nouvel article publié dans *Débat,* après la célébration du bicentenaire, elle ne peut que constater ce qui a rassemblé les Français : le sens universel de la Révolution et le principe d'égalité exprimé en 1789 comme socle d'une société alors profondément inégalitaire (M. OZOUF, 2015). Le bicentenaire de l'insurrection vendéenne, en 1993, a aussi révélé la vitalité de la mémoire de la guerre de Vendée, alors que le Souvenir vendéen, réseau chargé d'entretenir cette mémoire, demande la reconnaissance du « génocide vendéen » et que soient effacés sur l'Arc de Triomphe, à Paris, le nom des généraux responsables de la répression contre les vendéens (P. JOUTARD, 2015). Ces exemples montrent que la mémoire est conflictuelle tant au regard des groupes mémoriels que de son rapport à l'histoire et en fonction du régime d'historicité (P. HARTOG, 2003).

La seconde Révolution française, celle des Trois Glorieuses de 1830, donne également lieu à une construction mémorielle. Ainsi, dès l'automne 1830, Eugène DELACROIX peint *La liberté guidant le peuple.* Spectateur de la révolution de juillet 1830, sans s'engager, il écrit à son frère : « *si je n'ai pas vécu pour la patrie, au moins pourrais-je la peindre* ». Il représente alors la bourgeoisie et les ouvriers unis dans la lutte pour la liberté et livre une image du peuple héroïque. À l'inverse de l'iconographie traditionnelle des Trois Glorieuses qui met en scène les acteurs de la révolution sous les drapeaux tricolores, gavroches, pavés et tonneaux, l'œuvre de DELACROIX fait preuve d'une grande modernité. Il peint la révolution « dans la boue » et montre avec beaucoup de réalisme les victimes et combattants sales, couverts de poudre et de sang. La Liberté est drapée, pieds nus et poitrine dénudée à l'image des allégories antiques, rompant avec le style classique. Cette femme est musclée, bronzée et sa pilosité sous les aisselles témoignent de son appartenance au peuple. Elle est coiffée du bonnet phrygien en référence à la Révolution française. Ce tableau acheté par Louis-Philippe Ier pour le musée du Luxembourg, en sera retiré en 1833, puis ressorti en 1848, puis à nouveau remisé par Louis Napoléon BONAPARTE. Il fera son retour au sein des musées nationaux en 1863 (F. CHARTREUX [dir.], 2017).

La liberté guidant le peuple influence également les photographes des évènements révolutionnaires du XXe siècle. Comme E. DELACROIX, ils vont tenter d'immerger le spectateur au cœur des combats. Son tableau de 1830 était alors en rupture avec la peinture militaire des révolutions précédentes qui relayait la scène de combat à l'arrière-plan et présentait les combattants de dos. À l'image de l'allégorie de la *Liberté,* les photographies du XXe siècle cherchent à trouver dans l'évènement révolutionnaire une amazone combattante portant un drapeau, la tête haute. Ainsi des images-gigognes vont mettre en scène un évènement et son héritage historique. Par exemple, le 13 mai 1968, la photographie de J.-P. REY couvre la manifestation lors de l'entrée du mouvement ouvrier dans la révolte étudiante. Publiée dans *Life* et dans *Paris-Match* la photographie pose la question d'une possible révolution en réactivant l'imaginaire des révolutions. En effet, elle présente une jeune femme sur les épaules d'un manifestant, brandissant le drapeau nord-vietnamien. Ainsi, jusqu'au XXIe siècle, l'œil du photographe est celui du spectateur et recherche dans la manifestation la figure qui rappelle l'icône de 1830 issue du tableau originel. C'est donc bien la construction photographique qui donne à lire l'acte révolutionnaire (F. CHARTREUX [dir.], 2017). Mai 1968 récupère également la mémoire de La Commune de Paris (1871), comme le mouvement Nuit débout du printemps 2016, qui rebaptise la place de la République à Paris, place de la Commune (G. NOFRI, 2018). Enfin, la mémoire des révolutions est une nouvelle fois réactivée par le mouvement des « gilets jaunes » (2018-2019) qui emprunte aux affiches de 1968 leur rhétorique à l'encontre de médias ou encore à la Révolution française, le bonnet phrygien, la cocarde tricolore, ainsi qu'aux Trois Glorieuses l'allégorie de la *Liberté* sous les traits d'une Française au combat.

Plus de deux siècles de révolutions en France ont marqué la construction d'une mémoire collective et officielle au service d'un projet politique visant à unifier la nation. Cette mémoire des révolutions est aussi réactivée lors des mouvements insurrectionnels par les acteurs de la révolte ou les médias pour brandir le spectre de la révolution et s'appuyer sur un imaginaire collectif.

Conclusion

Analyser l'histoire du phénomène révolutionnaire dans sa pluralité revient à mesurer l'évolution sémantique qui accompagne les changements d'interprétation des révolutions à l'aune de la Révolution française. C'est avec Nicolas de CONDORCET qu'apparaît l'usage de l'adjectif « révolutionnaire » pour désigner une loi révolutionnaire se proposant de maintenir la révolution. Le gouvernement révolutionnaire des jacobins lui donnera son caractère fondateur visant à entretenir la Révolution. L'adjectif « révolutionnaire » en vient à désigner tout ce qui est conforme à la Révolution (M. OZOUF, 2015). La Révolution devient tradition et reste toujours à faire : « *on n'éprouve pas de révolution, on fait la Révolution : 1848 a eu ses Girondins et sa Montagne. La Commune de Paris ses Montagnards encore et, en la personne des blanquistes, ses hébertistes. Et la Révolution russe a eu ses chouans, sa levée en masse et une fois de plus ses Girondins, puisque Lénine usera de l'épithète pour flétrir Trotski et Bernstein* » (M. OZOUF, 2015). Aussi, en se rejouant, les évènements révolutionnaires prennent un autre sens. Ce qui est révolutionnaire devient tout changement ou toute évolution politique.

Si, selon Victor HUGO, la Révolution française a été « *la mère de toutes les révolutions* », sa portée universelle en fait aussi un modèle pour les révolutions à l'échelle mondiale. Ses acteurs avaient la volonté, à l'instar de la Déclaration des droits, de lui donner une portée « *pour tous les peuples, tous les pays* » et pas uniquement pour les Français. Ainsi, reprenons à Alexis de TOCQUEVILLE l'idée qu'il n'y a qu'une matrice commune aux révolutions : si la Révolution recommence c'est qu'elle est « *toujours la même* » (cité par M. OZOUF, 2015).

Document

> **La révolution démocratique française voulue par Emmanuel MACRON**
>
> Un désir profond de politique et d'engagement citoyen anime depuis longtemps notre pays. Pourtant, une fatigue démocratique s'est installée, qui ne supporte plus ce qu'il est convenu d'appeler le « système », l'inefficacité de l'action publique, la prise en otage de notre destinée par quelques-uns. Cela n'est pas propre à la France. Nombre de démocraties en particulier occidentales, vivent cela. La peur du déclassement, l'effroi devant un monde qui s'effondre, la fascination pour les extrêmes ou les démagogues, se nourrissent de ce ressentiment.
> (...)
> C'est dans la pratique, à mon avis, que réside l'essentiel des changements à opérer. Modifier les conditions de la représentativité, faire évoluer les modes de scrutin lorsque c'est souhaitable, prendre des dispositions permettant de lutter efficacement contre le bavardage législatif et l'instabilité des règles, voilà le type de mesures qui permettra à la politique de se décentrer d'elle-même, et de servir un peu plus, un peu mieux, la France et les Français.
>
> Emmanuel MACRON, *Révolution. Réconcilier la France*, Paris, XO Éditions, 2017, pp. 233-235.

Bibliographie

Outils :

- DELACROIX Christian, DOSSE François, GARCIA Patrick, OFFESNTADT Nicolas [dir.], *Historiographies, II. Concepts et débats*, folio histoire, Paris, Gallimard, 2010, 1325 pages.
- GAUVARD Claude, SIRINELLI Jean-François [dir.], *Dictionnaire de l'historien,* Quadrige, Paris, PUF, 2015, 786 pages.

Ouvrages généraux :

- JOUTARD Philippe, Histoire et mémoires, conflits et alliance, Paris, La Découverte, 2015, 342 pages.
- ZANCARINI-FOURNEL Michelle, DELACROIX Christian, *La France du temps présent*, Paris, Belin, 2014, 653 pages.

Révolutions politiques :

- CHARTREUX Félix [dir.], *Révolutions : quand les peuples font l'histoire*, Paris, Belin, 2017, 296 pages.
- NOFRI Gaël, *Une histoire des révolutions en France*, Paris, Les Éditions du Cerf, 468 pages, 2010.

Mouvements sociaux :

- CARROUÉ Laurent, « France : la grande fracture », *Images économiques du monde 2018. Géopolitique, géoéconomie*, Paris, A. Colin, 2017, pp. 14-32.
- CONFAVREUX Joseph [dir.], *Le fond de l'air est jaune. Comprendre une révolte inédite*, Paris, Seuil, 2019, 213 pages.

Revue :

- « La Révolution 1848. Que demande le peuple ! », *L'Histoire*, n° 444, février 2018, 98 pages.

Pour aller plus loin

- DIAMANTI Ilvo, LAZAR Marc, *Peuplecratie. Les métamorphoses de nos démocraties*, trad. MILESCHI Christophe, Paris, Gallimard, 2019, 192 pages.
- HAYAT Samuel, *Quand la République était révolutionnaire. Citoyenneté et représentation en 1848*, Seuil, 2014, 410 pages.
- LARRÈRE Mathilde, *Il était une fois les révolutions*, Paris, Du Retour, 2019, 224 pages.
- LEUWERS Hervé, *Camille et Lucile Desmoulins. Un rêve de république*, Paris, Fayard, 2018, 456 pages.

Sujets

- Faut-il continuer la Révolution en France ?
- Les révolutions contemporaines s'inspirent-elles des révolutions du passé ?
- La Révolution française accomplit-elle un retour à un ordre idéal ancien ou est-elle l'irruption soudaine de la nouveauté dans le champ de l'histoire ?
- Y a-t-il un seul et même modèle de révolutions en France ?

3 Les représentations de la Nation France : histoire et controverses

« Ainsi la diversité des pays et des paysages, la multiplicité des représentations de la France s'entendent-elles à contester la vision exaltée d'une France une et indivisible. Une nation profuse, concrète, reçue en héritage, est constamment venue rappeler son existence à la nation abstraite, surgie du contrat et de l'adhésion volontaire des hommes. »

MONA OZOUF, 2015.

Introduction

En pleine Révolution française, SIÈYES, député aux États généraux de mai 1789, pose la question dans son pamphlet : « *Qu'est-ce que le Tiers-État ?* ». Il répond qu'il n'est rien et pourtant il aspire à devenir tout, un peuple, par opposition à la société d'ordres d'Ancien Régime dans laquelle politiquement il n'est que sujet. Cette interrogation se traduit près d'un siècle plus tard par la question suivante : « *Qu'est-ce qu'une Nation ?* », posée par Ernest RENAN dans sa leçon inaugurale au Collège de France.

C'est dans cette période ouverte par la Révolution française et sur un long XIXe siècle que se construisent les représentations de la Nation France. Elles accompagnent la formation d'un peuple dont le socle commun s'incarne dans des actes politiques, des valeurs philosophiques, des images, des symboles et une histoire commune. Au XVIIIe siècle, une nation désigne un groupe, qui peut être une corporation ou un groupe d'étudiants. La Révolution française lui donne le sens de peuple. Elle initie le Printemps des peuples en France et en Europe qui se solde par l'apparition de l'État-nation. Le peuple est alors associé à un territoire sur lequel il développe un très fort sentiment d'appartenance et d'unité, dans une volonté de vivre ensemble. Les représentations de la Nation trouvent leur origine dans une histoire politique qui voit se succéder différents régimes politiques de 1789 à aujourd'hui : monarchies, empires et républiques. Représenter cette Nation passe par différentes modalités pour se donner à voir, être imaginée, interprétée ou figurée par une intense propagande à la fois monarchiste, impériale et républicaine. Cette histoire du politique, des idées et des représentations a été renouvelée à la suite des Sciences politiques et de Pierre ROSANVALLON (1998), puis par l'historien Vincent DUCLERT et sa « *République imaginée* » (2014). Si la nation s'entend comme un peuple, associé à un territoire et à une forme d'État, dans lequel il aspire à vivre ensemble, il s'agit alors d'observer comment se construit l'idée de l'unité du peuple français, au gré de ses métamorphoses pour aboutir à la formation d'une Nation républicaine.

Concepts/notions

- **État-nation** : État dans lequel les citoyens forment un peuple souverain. Il se constitue en Europe à partir des États territoriaux depuis le traité de Westphalie en 1648 qui établit la concordance entre l'identité religieuse d'un souverain et celle de ses sujets (M. BRUNEAU, www.hypergeo.eu).
- **Nations** : « *communautés humaines dotées d'un État qui exerce une souveraineté au moins formelle sur un territoire et qui organise – de manières très diverses – l'expression politique de la communauté qui y réside* ». Il s'agit d'une définition considérant les nations qui composent le monde telles qu'elles s'établissent au sein de l'ONU (Organisation des Nations unies) qui doit permettre le dialogue entre ces unités politiques (B. WILFERT-PORTAL, 2010).
- **Peuple** : ensemble d'hommes vivant sur un territoire, avec parfois une communauté d'origine, liés par des pratiques et des institutions communes. Par extension, le peuple désigne un ensemble de personnes ayant le sentiment d'appartenir à une même communauté fondée sur l'origine ethnique, la langue ou la religion par exemple.

Chronologie

- **1157 a. è.** : les Grecs détruisent Troie. Un des survivants, Francion, fonde la ville de Sicambre où il s'installe avec ses compagnons. De son nom dérive celui des Francs et de cet épisode les origines troyennes des Francs.
- **496** : Clovis est baptisé. Il unifie la majeure partie de la Gaule et ce roi des Francs devient l'archétype du roi Très-Chrétien.
- **732** : date symbolique de la bataille de Poitiers où Charles Martel repousse une razzia guerrière venue d'Espagne.
- **843** : traité de Verdun qui partage l'empire de Charlemagne : son troisième fils appelé Charles le chauve obtient la plus grande partie de la Gaule qui s'appelle alors France.
- **987** : avènement d'Hugues Capet élu roi à la tête du duché de France.
- **1214** : victoire de Philippe Auguste à Bouvines face à l'empereur d'Allemagne, Otton, allié à l'Angleterre.
- **1302** : première réunion des États généraux à Paris par Philippe le Bel, symbolisant l'existence d'une nation française à travers les trois ordres réunis.
- **1356** : à la bataille de Poitiers, Jean le Bon et son fils sont pris par les Anglais.
- **1415** : alors que les Français se battent entre eux, les Anglais envahissent le royaume et sont victorieux à Azincourt.
- **1431** : mort de Jeanne d'Arc sur le bûcher à Rouen. Son épopée permet à Charles VII de défaire l'union de la France et de l'Angleterre.
- **1483** : mort de Louis IX qui possède la plus grande partie de la France en ayant réuni un à un les anciens duchés et comtés au domaine royal.

- **1515** : le roi François Ier et la noblesse sont victorieux des mercenaires suisses à Marignan.
- **1539** : l'ordonnance de Villers-Cotterêts, prise par le roi François Ier, impose l'usage du français dans les actes officiels et de justice.
- **1572** : massacre de la Saint-Barthélemy au cœur de la guerre qui oppose catholiques et protestants en France.
- **1598** : par l'Édit de Nantes, le roi Henri IV fait de la France le premier pays à reconnaître qu'un homme ne puisse pas être maltraité à cause de sa religion. Les protestants obtiennent la liberté de pratiquer leur religion.
- **1649** : au traité des Pyrénées, les Espagnols cèdent à la France l'Artois et le Roussillon.
- **1685** : révocation de l'Édit de Nantes par Louis XIV.
- **1776** : enseignement de l'histoire de France en Seconde, dans les écoles militaires préparatoires créées à cette date.
- **1789** : le 14 juillet, la Bastille est prise, symbole de l'arbitraire du roi, consacrant la victoire de la justice et de la liberté.
- **1792** : victoire des Français contre les Prussiens à Valmy le 20 septembre. Le commandant Kellermann s'écrit : « *Vive la Nation !* »
- **1802** : création des lycées et collèges, l'histoire devient obligatoire (histoire sainte et mythologique, histoire de l'Antiquité et histoire nationale).
- **1815** : Napoléon est vaincu à Waterloo face aux armées britanniques, prussiennes, belges et hollandaises, et la France perd les conquêtes faites par la République.
- **1819** : introduction de l'histoire au Concours général.
- **1820** : introduction de l'histoire à l'oral du baccalauréat.
- **1830** : création de l'agrégation d'histoire et de géographie.
- **1833** : l'enseignement de l'histoire dans les écoles primaires est laissé à la libre initiative des autorités locales.
- **1838** : l'histoire doit être enseignée de la Sixième à la Première.
- **1863** : Victor DURUY (ministre de l'Instruction publique de Napoléon III) introduit l'histoire la plus récente en classe de philosophie pour informer sur le monde contemporain ceux qui seront amenés à exercer des responsabilités.
- **1867** : Victor DURUY rend l'enseignement de l'histoire obligatoire dans les écoles primaires.
- **1869** : publication de l'*Histoire de France* de Jules MICHELET.
- **1870** : défaite de la France face à la Prusse.
- **1871-1940** : sous la IIIe République, les programmes d'histoire portent sur l'histoire de France « *jusqu'à nos jours* », dans une étude « *concentrique* » et chronologique de l'histoire nationale.
- **1880-1902** : la composition française introduite au baccalauréat peut porter sur un sujet historique mais fonctionne encore comme un exercice rhétorique davantage que comme un devoir d'histoire.

- **1882** : introduction de l'instruction civique dans l'enseignement primaire, confiée aux professeurs d'histoire.
- **1914-1918** : Grande guerre et retour de l'Alsace et de la Lorraine à la France.
- **1945** : l'enseignement de l'instruction civique est étendu au premier cycle du secondaire.
- **1948** : l'enseignement de l'instruction civique est étendu au second cycle du secondaire.
- **1978** : l'histoire de France se fait de l'extérieur avec la publication de l'*Histoire des passions françaises (1848-1945)*, par Theodor ZELDIN, professeur à Oxford.
- **1986** : publication de *L'identité de la France* par Fernand BRAUDEL.
- **1998 ; 2018** : l'équipe de France remporte la coupe du monde de football dans une société mondialisée.

Les régimes politiques en France depuis la Révolution française

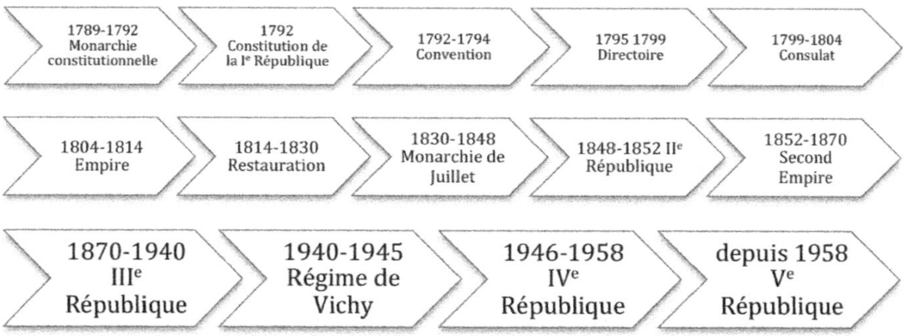

Historique

La construction de l'histoire de la Nation France

Les représentations de la Nation française sont le résultat d'une construction historique. La retracer permet de livrer une image des origines de la Nation France (S. VENAYRE, 2013). Être historien de la Nation pose la problématique des régimes d'historicité (F. HARTOG, 2003) et des liens entre l'historien et son temps, voire sa dépendance au régime politique en place.

Une histoire révolutionnaire de la Nation en armes est lisible à travers les idéaux et l'imaginaire de la Révolution française mythifiant certaines étapes de cette Révolution, puis oscillant entre sa nécessaire poursuite ou sa fin hypothétique. L'approche historiographique de la Révolution française a été profondément renouvelée après son bicentenaire. Les travaux de François FURET (1965) ont été actualisés avec Mona OZOUF (1988) et notamment à travers son ouvrage *De Révolution en République. Les chemins de la France* (2015). Les représentations de la Nation France trouvent leur origine dans l'histoire de la Révolution française.

Ainsi, l'histoire de la Nation révolutionnaire donne l'image des sujets en armes, qui deviennent citoyens en armes, puis citoyens-soldats dans la défense de la patrie en danger. Le mythe de Valmy participe de cette histoire d'un peuple-un réuni autour d'idéaux définis par SIÈYES ou la Déclaration des droits de l'homme et du citoyen (1789). Jusque-là, le roi et la dynastie incarnaient l'histoire d'un royaume qui devient désormais Nation. L'union du peuple révolutionnaire versaillais, parisiens et des sans-culottes n'est cependant pas acquise ; elle l'est encore moins à l'échelle « nationale » naissante, alors que la contre-révolution s'organise et que les émigrés fuient. L'idée d'une Nation républicaine n'est alors pas formulée, ainsi que le rappelle le journaliste Camille DESMOULINS (1760-1794) : « *Nous n'étions pas dix républicains à Paris en 1789* ». C'est donc l'image de l'opposition, mais aussi de la Terreur et de ses figures qui se diffuse : ROBESPIERRE ou MARAT assassiné par Charlotte de CORDAY. Cette dernière pose la question de l'appartenance des femmes aux représentations de la Nation. Une exposition au Musée Lambinet de Versailles a été consacrée en 2017 aux « *Amazones de la République* » montrant qu'elles sont partie intégrante de l'histoire et des révoltes liées à la Révolution puis à la République, alors qu'elles sont exclues de la citoyenneté active (A. VERJUS, 2014). Ainsi, toute l'histoire de la Nation s'inscrit dans cet héritage et cette continuité révolutionnaires récupérés par la IIIe République (1871-1940).

L'alternance de régimes politiques successifs monarchiques, républicains et impériaux de la Révolution française à la IIIe République offre le cadre de l'élaboration des représentations de la Nation dans une quête historique et philosophique. Les débats des XVIIe et XVIIIe siècles sont repris au lendemain de la Révolution française pour construire une nouvelle histoire de la Nation. Elle repose sur les récits de l'invasion franque dans la Gaule romanisée du Ve siècle par des groupes guerriers égaux entre eux et qui imposent leurs modes de vie et institutions. Au Xe siècle, la monarchie s'approprie les biens qui étaient ceux de la noblesse, ce qui donne au XVIIIe siècle une légitimité à la restitution des droits de la minorité d'ascendance gauloise opprimée au moment de l'invasion. Dans l'imaginaire, la monarchie est alors assimilée aux Francs et les opprimés aux Gaulois. Les historiens, par leur travail, ont forgé l'idée de Nation constituée autour d'un peuple et construit ses représentations à l'exemple de Jules MICHELET. Ce dernier, historien et philosophe, est titulaire d'une chaire à la Sorbonne. Dans la lignée d'Augustin THIERRY, il contribue à l'invention de la Nation France. Cette idée n'est pas neuve, elle s'est définie au contact de l'étranger, notamment pendant la guerre de Cent Ans alors que les hommes du Midi qui parlent la langue d'oïl rencontrent des Bretons bien plus semblables à l'étranger britannique conquérant. Aussi « nos ancêtres les Gaulois » sont-ils évoqués pour une histoire de la Nation France, comme celle d'une famille à laquelle se sont agrégés des peuples différents. Jules MICHELET, dans son *Tableau de la France* en première partie de l'*Histoire de France* (1861), utilise la métaphore de la famille et de la personne pour qualifier la France : image organique d'un individu dirigé par une tête qui anime des membres. Ainsi commence par un mouvement en colimaçon, sa description de la France depuis la Bretagne, en passant par le Pays basque, en remontant la vallée du Rhône, évitant l'Alsace, puis vers Liège et Paris. Aussi rejoint-il la définition d'Ernest RENAN de la Nation à travers la « race ».

Ils livrent une histoire, puis une mémoire de la Nation où l'oubli concerne la part la plus infâme de la Nation (S. VENAYRE, 2013). Une lecture nationaliste a pu être faite de leurs thèses. Le travail de ces historiens, fût-il fondé sur des sources symboliques ou juridiques, a permis d'attester de l'existence d'une nation, en faisant l'inventaire, voire l'invention des épopées, des coutumes, des légendes populaires témoignant d'un esprit national, à l'œuvre depuis des temps immémoriaux, avant même que la Nation politique n'existe. Les historiens français rejettent tout fondement linguistique ou racial et préfèrent la volonté politique comme socle de la Nation : « *L'heure n'était plus à la nation populaire contre la tyrannie monarchique, ou à la nation du Tiers-État contre les noblesses d'origine franque, mais au consensus national fondé sur un passé reconcilié* » (B. WILFERT-PORTAL, 2010).

Cette histoire de la Nation est enseignée par l'École de la IIIe République. La Nation et les représentations qui en sont faites (V. DUCLERT, 2014) à travers son histoire sont utilisées afin de républicaniser les Français (C. PROCHASSON, 2013). Aussi, le tour de France des régions de Jules MICHELET est-il repris dans le manuel destiné à l'enseignement primaire de G. BRUNO, *Le Tour de France par deux enfants* (1877). Le pseudonyme de l'auteur cache Mme Augustine FOUILLÉE, épouse du philosophe Alfred FOUILLÉE et mère de Jean-Marie GUYAU, ayant lui aussi écrit deux années auparavant un manuel de lecture courante auquel elle reprendra quelques « historiettes morales ». Elle est imprégnée d'une morale qui est celle de la République et qui vise à éduquer la Nation des futurs citoyens à la solidarité, à l'impôt, au patriotisme. Le manuel raconte l'histoire d'André et Julien, deux orphelins lorrains à la recherche d'un oncle ou d'une mère qui passent clandestinement la frontière allemande à l'automne 1871. Leur nom est identique, il s'agit de celui prononcé en dernière volonté par leur père mourant : « la France ». Leur histoire est lue dans les familles autant par les enfants que par les adultes comme un manuel de géographie, un précis de morale, un livre de sciences naturelles ou un guide d'initiation élémentaire à la loi française. À la suite de la défaite de l'empereur Napoléon III à Sedan en 1870 face à la Prusse et aux failles françaises en matière de Géographie, son enseignement intègre les programmes scolaires du primaire. *Le Tour de la France* permet une appropriation du territoire français et malgré la lecture des différences régionales, l'unité nationale y paraît si évidente qu'elle est forgée par les activités d'apprendre et parcourir auxquelles il initie (M. OZOUF, 2015). Au début du XXe siècle, Paul VIDAL DE LA BLACHE reprend MICHELET et sa métaphore considérant que « *la France est une personne* [...], *un être géographique* » dans son *Tableau de la géographie de la France* (1903) qui se construit comme l'enseignement corollaire à l'histoire de France accompagné de cartes murales qui sont autant de représentations du territoire associé à la Nation France (S. VENAYRE, 2013). Ce sont d'ailleurs ces mêmes personnifications et hypostases qui seront rejetées par la sociologie, à l'exemple de Max WERBER (1864-1920) dénonçant l'idée que « le Peuple » puisse être identifié comme un groupe national, et qu'il valait mieux éviter le concept de nation trop approximatif. De la même manière, Émile DURKHEIM (1858-1917) en appelle à l'abandon de « *l'idée mystique et obscure* » de nation. Les sociologues préfèrent absorber la nation des historiens dans la « société ». Mais, c'est la théorie idéaliste de la Nation forgée par les universitaires, dont Ernest RENAN

(1823-1892) fait partie, qui a été diffusée à travers l'idée d'une Nation fondée sur les souvenirs du passé et la volonté de vivre ensemble (B. WILFERT-PORTAL, 2010).

La construction puis l'enseignement de l'histoire de la Nation donnent à voir la Nation France comme un objet en cours de définition et d'appropriation. Cette dernière est rendue possible grâce à une figuration qui tend à devenir consensuelle.

Actualité

Les représentations de la Nation France, vers une adhésion progressive à un système de valeurs et de symboles communs

Représenter la Nation à travers des valeurs et des symboles, c'est ainsi faire adhérer le peuple français à tout un système d'images, de principes et d'émotions lui donnant l'impression d'appartenir à un tout, une Nation, celle de la France, vers une incarnation dans la République.

Les couleurs de la Révolution deviennent celles de la France (M. PASTOUREAU, 2016). Sur les drapeaux portés par les sans-culottes parisiens, le bleu et le rouge de la ville de Paris encadrent le blanc de la monarchie et remplacent progressivement le blanc du drapeau royaliste. Le rouge, couleur du pouvoir, devient le symbole du combat, le bleu la couleur la plus aimée des Français et le blanc celle de la paix. Derrière chaque couleur, plusieurs imaginaires se réfèrent à des périodes différentes. L'héritage révolutionnaire demeure un facteur de politisation (F. FURET, 1978) pour une Nation constituée d'un peuple citoyen en devenir. Le tutoiement révolutionnaire, l'appellation « citoyen », permettent l'union du peuple dans la défense de la liberté, d'une égalité qui peine à s'affirmer et d'une fraternité où pour être citoyen il faut être frères. Ces sentiments et ces images sont ceux d'une Nation naissante dont l'unité se heurte à bien des oppositions et à la force du conservatisme. La République revêt le drapeau tricolore qui devient le symbole de l'adhésion du peuple à la Nation, à travers le pavoisement qui peut aussi être une forme d'exercice de la démocratie directe (O. IHL, 1996). Ainsi, lorsque MONET représente la rue Saint-Denis en 1878, il figure au milieu des bruissements populaires et drapeaux tricolores les slogans : « *Vive la République* » sur fond blanc et « *Vive la France* » sur fond noir. L'idée de Nation France semble ici rejoindre celle de la République. Le pavoisement, mode d'expression politique, est aussi le symbole de la Nation réunie. C'est le cas lorsqu'elle se rassemble sur tout le territoire français, les 10 et 11 janvier 2015, lors des « marches républicaines » en réaction aux attentats djihadistes des 7, 8 et 9 janvier 2015. Les Français, portant l'étendard tricolore et le slogan « *Nous sommes tous Charlie* », témoignent de leur solidarité et réaffirment leur croyance en la liberté qui mobilise plus de 4 millions de personnes. Dans un tout autre registre, l'attachement des Français au drapeau tricolore se donne une nouvelle fois à voir lors de la victoire de l'équipe française de football au Mondial 2018. C'est encore l'occasion de « faire Nation ».

Les valeurs et les symboles de la Nation sont aussi empruntés à l'imaginaire monarchiste et impérial réapparaissant au cours d'un long XIXe siècle. Si la Révolution a brûlé Bastille, châteaux et piréquaires, pour détruire symboliquement l'arbitraire du roi, la noblesse, les titres de propriété ainsi que les rôles fiscaux, elle n'efface ni les fleurs de lys, ni le blanc du drapeau monarchiste qui ressurgissent. En 1790, sous la Monarchie constitutionnelle, la Nation est à l'image d'un roi, Louis XVI, caricaturé et bientôt guillotiné. Puis, la mémoire de la monarchie restaurée en 1815 est celle d'une Nation où Louis XVIII célèbre le 21 janvier une messe en mémoire de Louis XVI. Ensuite, lors de la seconde Restauration en 1830, Louis Philippe réintègre Napoléon dans l'imaginaire collectif, notamment à travers le musée qui lui est consacré à Versailles. Le césarisme napoléonien a marqué l'imaginaire de la Nation, à travers l'aigle ou la pourpre qui sont les symboles impériaux (A. LIGNEREUX, 2012). Le bonapartisme des Français est vif, au XIXe siècle, tant pour Napoléon Ier dont ils attendent le retour avec des bateaux chargés de blé, que pour Napoléon III son neveu, parfois aussi considéré comme la caricature de son oncle par la propagande impériale. L'union du trône et de l'autel sous ces régimes monarchistes et impériaux rappelle que l'Église n'est pas absente de l'imaginaire de la Nation.

La Nation tend ensuite à emprunter davantage ses représentations à la République : celle éphémère de 1848 à 1852 et surtout la IIIe République (1871-1940) qui officialise comme étant siens les symboles révolutionnaires. La Seconde République (1848-1852) née des révolutions de février 1848, puis secouée par celles de juin, lègue l'image de la peur des « rouges » autour de l'émergence de la question sociale, du mouvement ouvrier et donc d'un retour à l'ordre. C'est aussi dans un contexte de révolte et de guerre qu'apparaît la IIIe République avec le siège de Paris par les Prussiens et la Commune de Paris, seule expérience de République sociale durant soixante-douze jours en 1871. Ainsi, l'imaginaire républicain renvoie à l'idée d'une Nation unie derrière ses symboles révolutionnaires réactivés en de nombreuses occasions. Cette « République imaginée » (V. DUCLERT, 2014) se donne à voir dans des représentations multiples. Marianne, son allégorie, est une effigie aux figures différentes : au combat cuirassée ou nourricière, la poitrine dénudée (M. AGULHON, 2001). Alors que d'autres figures féminines telles que la Justice, la Tempérance, la Liberté ou la Raison étaient restées opaques aux yeux des Français, ils se reconnaissent en Marianne. Elle prend le nom de baptême le plus donné alors, Marie-Anne, dans sa forme laïcisée et se retrouve en buste dans les mairies, en place publique sous la forme de statues ou sur les timbres et les pièces de monnaie où elle prend la figure de la « Semeuse » pour représenter les masses paysannes. Si sa figure est censée rassembler les Français, Maurice AGULHON a montré que le consensus républicain demeurait fragile. C'est que pour chacun, Marianne incarne une représentation différente : « Grande Sainte de 1789 » pour les bourgeois ou femme combattante pour les révolutionnaires, elle garde toujours des ennemis jurés à l'exemple de VERLAINE (1844-1896) :

Marianne est très vieille et va sur ses cent ans
Et comme dans sa fleur se fut une gaillarde
Buvant, aimant, moulue aux nuits de corps de garde
La voici radoteuse, au poil rare et sans dents.

Même chez les républicains, Marianne avait ses détracteurs. Comment pouvait-elle séduire ces républicains de l'ordre à travers sa robe courte et son corsage ouvert ? Il nous appartient désormais de relever derrière chaque Marianne ce qu'elle raconte de son identité légendaire d'incarnation de la Liberté, de la Révolution ou de la France (M. OZOUF, 2015). Alors qu'Emmanuel MACRON a dévoilé en juillet 2018 le nouveau visage de Marianne, une nouvelle fois la controverse apparaît. Elle figurera sur les timbres sous la forme d'une effigie antique désincarnée car elle représente une abstraction, à l'inverse d'une personnalité, comme cela avait pu être le cas, en 1978, alors qu'elle prenait le visage de Mireille Mathieu ou de Catherine Deneuve en 1985. Elle est une forme de représentation anonyme du collectif qui, en République, sert à visualiser une abstraction. « *La tradition républicaine n'a pas déserté ce portrait. La nouvelle Marianne le montre. Et plus qu'on ne le pense. Conquérante, elle porte un bonnet écarlate hérité du pileus romain. Un emblème qui marquait l'émancipation des esclaves à Rome. La tête est lancée en avant, les cheveux soulevés par le vent et ornés d'une cocarde tricolore…* » (O. IHL, *atlantico*, 23 juillet 2018).

Autre image féminine, devenue symbole nationaliste, Jeanne d'Arc a aussi été célébrée à Paris par la République. Par ailleurs, l'hommage qui lui est rendu le 8 mai 2016 à Orléans par Emmanuel MACRON offusque une partie des Français. Pour lui, il s'agissait de reconnaître en elle « *une héroïne de la République* » et de « *réconcilier les mémoires* » en rappelant au sujet de Jeanne d'Arc : « *Elle était un rêve fou, elle s'impose comme une évidence* » (*L'Histoire*, Hors-Série, avril 2017). Une mémoire du passé sert alors le politique dans le présent quand bien même Jeanne d'Arc représente pour d'autres Français une réalité différente : celle d'une France catholique ou nationaliste. En outre, la IIIe République a aussi institué *La Marseillaise, Chant de l'armée du Rhin* chanté en 1792 à Strasbourg par des Marseillais qui parlaient à peine français, comme hymne national en 1879. De plus, les municipalités célèbrent le 14 juillet dès 1880, avec des feux d'artifices, des défilés en province et à Paris autour de la statue du Lion de Belfort et d'Aristide Denfert-Rochereau. La fête républicaine est un moment d'union de la Nation (O. IHL, 1996). Au-delà des manifestations, c'est aussi à travers des monuments que la Nation se donne à voir. Dans le paysage des villes et villages, s'ajoutent, au clocher des églises, des mairies et des écoles républicaines dans une architecture classique et ostentatoire, arborant au fronton la devise : « *Liberté, égalité, fraternité* ». Une mémoire républicaine se construit également, à l'exemple du Panthéon qui accueille les grands hommes de la République pour leur sépulture. Il porte à son fronton l'inscription : « *Aux grands hommes la patrie reconnaissante* », ce qui s'oppose au principe d'égalité pour une République où la méritocratie ne chercherait pas à récompenser les hommes, mais des vies exemplaires. Or, on peut avoir plusieurs vies, à l'exemple du comte de MIRABEAU intégré puis exclu du Panthéon. En 1885, Victor HUGO entre au Panthéon. Alors qu'il avait réclamé des funérailles sobres, ce sont deux millions de Parisiens qui participent au cortège funèbre dans cette « France des larmes » (E. FUREIX, 2009). Pour Mona OZOUF dans *Les lieux de mémoires* (1986), « la Panthéon » est « *l'école normale des morts* », « *le temple du vide* ». La panthéonisation de Simone VEIL le 1er juillet 2018 est un moment pour le peuple français de faire Nation car, selon les mots d'Emmanuel MACRON, « *cette décision fut celle de tous les* Français » (*L'Express*,

1er juillet 2018). Ainsi, écoles, mairies, Panthéon, noms de rues (les plus fréquents étant « la République », « la Liberté » et « Victor Hugo ») sont autant de lieux de mémoire de la République (P. NORA, 1986) qui fondent la Nation.

Ces symboles sont d'autant plus importants dans une France largement analphabétisée qu'ils constituent le socle de la Nation dont le peuple va faire l'expérience.

Prospective

Enraciner les représentations de la Nation France afin de créer un ciment national vers une républicanisation de la Nation

L'expérience de la Nation et de ses représentations se fait par l'armée, le service militaire, à l'école et à travers la Nation citoyenne et l'expérience républicaine. Représenter la Nation permet alors de républicaniser les Français, puis de tenter de maintenir une cohésion sociale.

Comment unir des hommes, voire des femmes, parlant des patois différents dans des régions aux poids et mesures divers, aux traditions, coutumes et modes de vie différenciés ? L'œuvre administrative révolutionnaire et impériale y répond avec la création des régions, des départements, puis des préfets pour unifier la Nation. La garde nationale, puis la participation à l'armée même si elle n'est pas toujours égalitaire, quand les bons numéros tirés au sort ou la fortune permettent d'en être exemptés, et au service militaire rendu obligatoire sous la IIIe République rendent possible l'exercice et la rencontre de la Nation en favorisant le patriotisme. La caserne devient aussi le lieu de l'enfermement (M. FOUCAULT, 1975). Les guerres napoléoniennes jusqu'à la défaite de Sedan en 1870 font émerger la figure du soldat CHAUVIN, paysan des campagnes, dessinant les contours d'un nationalisme qui prend le nom de chauvinisme. Rumeurs et peurs accentuent la méfiance face aux troubles et la maréchaussée se transforme en forces de gendarmeries sous l'Empire (A. LIGNEREUX, 2008). La Nation paraît de plus en plus encadrée et ses représentations officialisées. C'est progressivement à travers le vote que la Nation se donne à voir. L'acte électoral devient une expérience de la Nation comme en témoigne la représentation du « bureau de vote » d'Alfred BRAMTOT en 1891 : un paysan, un employé, un ouvrier, un commerçant et quelques bourgeois représentent la Nation réunie pour voter.

L'École de la Nation permet l'apprentissage de ces représentations. Celle de la République se superpose à l'école libre depuis 1881-1882 et les lois FERRY. Progressivement, les personnels religieux sont remplacés par des instituteurs laïcs, les « *hussards noirs de la République* » : jeunes instituteurs en blouses noires tels les soldats napoléoniens, mais défendant la République (Charles PÉGUY, *L'Argent*, 1913). Mona OZOUF les a étudiés et revient sur l'image de ces « *couches nouvelles* », telles que GAMBETTA les qualifiait, constituant une élite républicaine. Dans son ouvrage *Composition française. Retour sur une enfance bretonne* (2010), elle évoque le couple d'instituteurs formé par ses parents et se rappelle la visite de sa marraine disant à sa mère: « *Je préférerais être une pute !* », suggérant le décalage entre l'idéologie républicaine et la réalité de la considération de ces institutrices. Son père est communiste et incarne cette image que doit représenter l'instituteur, tout en dissociant instruction et conviction. Mona OZOUF, à l'école républicaine, fait l'expérience de la petite patrie, sa Bretagne natale, et de la grande patrie, la France. Elle reste marquée par la tension entre les différentes cellules d'apprentissage: la famille, l'Église et l'École. Cette dernière vise à transmettre une éthique républicaine à travers la fraternité et le solidarisme de Charles RENOUVIER (1815-1903) promus par la pédagogie de Ferdinand BUISSON en 1882 (A.-C. HUSSER, 2012). L'apprentissage de la « politique » est justifié par Fernand BUISSON dans son *Nouveau dictionnaire de pédagogie et d'instruction* primaire (1911) :

> **« Politique »**
>
> Quelle part convient-il donc de faire dans l'enseignement primaire, public ou libre, à l'ensemble des notions que résume sans les bien définir le mot *Politique* ? Plusieurs années avant la Révolution, c'était un avis général en France, parmi les auteurs de *Plans d'éducation*, qu'il importait d'enseigner dans les écoles, « les devoirs communs à tous les citoyens, les lois qu'il est indispensable de connaître et les principes de la constitution nationale ». Combien plus un tel enseignement est-il nécessaire dans un temps et dans un pays de suffrage universel ?
> Mais il y a un écueil à éviter: il faut craindre de confondre, même sans le vouloir, les notions générales et fondamentales de la politique impersonnelle, nationale, théorique, qui sont du domaine de l'enseignement commun, avec les vues étroites, les doctrines, les opinions et les passions de la politique militante et quotidienne. Apprendre aux enfants ce que la France a dû successivement à la royauté et à la République ; leur imposer le respect de toutes les traditions respectables, tout en gardant dans leur esprit l'idée du progrès ; placer sous leurs yeux l'État du peuple, la condition du pauvre, de l'ouvrier, du paysan, sous l'ancien régime, et les mettre à même de reconnaître, par voie de comparaison, ce que le nouveau régime a fait pour le bonheur et pour l'honneur de la nation ; les familiariser avec les principes de 1789, avec les droits de l'homme, avec la souveraineté du peuple, avec la devise française par excellence : « Liberté, égalité, fraternité » ; avec les règles fondamentales de la division des pouvoirs et de l'organisation du gouvernement dans un État républicain ; faire et bien faire tous ces enseignements, sans doute c'est faire de la politique, car c'est préparer l'enfant à aimer son pays, à obéir aux lois, à respecter le gouvernement, à user de tous ses devoirs de citoyen, et avant tout ses droits et ses devoirs politiques.
>
> Ferdinand BUISSON, *Nouveau dictionnaire de pédagogie et d'instruction primaire*, 1911, *in* DUCLERT Vincent, *La République, ses valeurs, son école. Corpus historique, philosophique et juridique*, Folio, Paris, Gallimard, 2015, pp. 465-467.

L'École devient, comme la caserne, un lieu d'enfermement (M. FOUCAULT, 1975) et vise à former les citoyens et les soldats qui défendront la Nation. Les garçons s'adonnent à des exercices militaires et en 1882 des brigades d'écoliers sont créées. Si, au départ, l'École républicaine conserve les devoirs envers Dieu, elle tend à les remplacer par une morale civique, renforcée par la loi de 1905 instaurant la laïcité. Le premier XXe siècle répand un enseignement chronologique de l'histoire de la Sixième à la Troisième, repris au second cycle. La méthode, critiquée, est remplacée à partir de 1945 par un enseignement « *par l'aspect* », une « *méthode active* », « *intuitive et déductive* », où les élèves travaillent à partir de « *documents authentiques* ». L'usage du document demeure cependant marginal et lorsqu'il est utilisé, c'est essentiellement à des fins illustratives. Afin de faire face aux mutations du public scolaire, Jules ISAAC préconise, dans son manuel de Terminale, que « *l'enseignement historique doit tenir compte, non seulement, des résultats acquis par l'enquête scientifique, mais encore des exigences nouvelles du milieu social* ». Il y a, en effet, de plus en plus d'élèves qui intègrent le Lycée. Les années 1968-1972 voient la réduction du nombre d'heures d'enseignement d'histoire-géographie-enseignement civique dans les collèges et lycées d'enseignement général, technologique et professionnel. Les professeurs d'histoire sont de moins en moins spécialisés et de plus en plus polyvalents, notamment à partir de l'insertion de l'histoire dans les « disciplines d'éveil » en 1969. Face aux remontrances faites par les professeurs certifiés et agrégés au Parlement, Michel DEBRÉ propose un « *projet de loi d'orientation sur l'enseignement de l'histoire* », cette dernière étant qualifiée de « *mémoire d'un peuple* » qui « *confère à la nation son identité* ». Cependant, ce projet n'aboutit pas. Il faut attendre 1978 et 1982 pour voir la réintroduction au collège, puis au lycée, dans les programmes de l'histoire la plus récente. À partir des années 1990-2000, l'enseignement de l'histoire fait écho aux débats de l'histoire « savante » en introduisant dans la réflexion des élèves les débats sur la pluralité des interprétations du passé. Dès lors, la mémoire devient un objet de l'histoire enseignée. Ainsi, la démarche attendue réhabilite le récit du professeur en lien avec l'épistémologie de l'histoire (P. GARCIA, J. LEDUC, 2010). En outre, l'importance du territoire dans la genèse de la France nécessite également un apprentissage de l'identité par la carte et la géographie. C'est une spécificité française car il n'y a, par exemple, aucune mention de la géographie du Royaume-Uni dans les programmes britanniques. Or en France, de l'école élémentaire au lycée, la géographie de la France est présente et même au-delà. Aucun concours de la fonction publique ou d'une grande école, s'il comporte une épreuve de géographie, ne peut échapper à la France (C. GRATALOUP, 2017).

Cette Nation devenue citoyenne et éduquée fait l'expérience républicaine de la Nation à partir de la IIIe République entre âge d'or et légende noire. Christophe PROCHASSON, dans un ouvrage collectif sur la *Contre histoire de la IIIe République* (2013) a révélé les distorsions entre le mythe de la Nation républicaine et cet horizon d'attente où les représentations de cette Nation républicaine ne sont pas toutes advenues. Si l'acculturation à la République s'est faite par la politisation des élites, puis des citoyens, elle n'est pas synonyme d'adhésion. Les historiens de la République sont soumis aux régimes d'historicité (F. HARTOG, 2003) et ont contribué à diffuser l'idée d'un âge d'or à l'image de l'école méthodique du début du XXe siècle, faisant de l'histoire un « *instrument d'éducation politique* » (C. SEIGNOBOS, 1907). L'histoire de France d'Ernest LAVISSE, un temps enseignée, a été remplacée. Cette histoire de la République est démythifiée. L'affaire DREYFUS montre, par exemple, qu'elle a porté atteinte aux droits de l'Homme et que la Nation s'est divisée entre Dreyfusards et anti-Dreyfusards. Elle ne trouve plus à s'incarner dans l'armée et les intellectuels soutenus par la presse dreyfusardes défendent les idéaux qui sont siens (V. DUCLERT, 2012). De plus, pour l'historien Gérard NOIRIEL l'histoire coloniale vient aussi alimenter cette légende noire de la République. Par exemple, l'Algérie conquise en 1830 reçoit la nationalité pour les autochtones, mais pas la citoyenneté.

Les Algériens ne peuvent l'obtenir qu'en abandonnant la loi musulmane. Dès lors, la Nation n'est plus une. Il n'y a pas d'unité non plus dans la laïcité instaurée par la loi de 1905 qui ne s'applique pas aux colonies, la France préférant contrôler la formation des imams dans le cas de Algérie. Les immigrés en France n'intègrent pas totalement la Nation ni ses représentations, à l'exemple des vêpres marseillaises, du 17 au 20 juin 1881, réprimées alors que des Italiens sifflaient les officiers de retour des conquêtes coloniales. Les immigrés en France ne participent pas au service militaire s'ils n'ont pas acquis la nationalité. Leur naturalisation peut survenir pour compenser cette inégalité. Ces exemples démontrent la difficulté à définir l'identité française à travers l'unité nationale. C'est que la nation politique a vaincu la nation culturelle et que la passion unitaire est née d'une époque où la Révolution a décapité son roi qui assurait l'unité de la nation. Il fallait alors, comme dans le passé, retrouver une unité qui avait fait taire les conflits entre Francs et Gaulois, Armagnacs et Bourguignons, catholiques et bourguignons, et bientôt entre la droite et la gauche. Alors, il reste un certain nombre de défis pour renforcer sa suprématie dans l'imagination des Français. L'un des premiers défis tient à l'association dans le débat public de l'identité et de l'immigration, à l'instar de l'intitulé du ministère en charge de ces questions : « ministère de l'Identité nationale et de l'Immigration ». Le second problème relève de l'usage du « national » par l'extrême droite française en quête de « préférence nationale ». Il convient avant tout d'interroger quelques invariants de l'identité nationale française pour savoir si elle est en crise. Elle est en premier lieu inscrite dans le temps long comme le rappelle le général DE GAULLE dans ses *Mémoires de guerre* (1954) : « *La France vient du fond des âges* ». Deuxièmement, elle se veut « Une et indivisible » depuis la Révolution française. Troisièmement, elle s'inscrit dans un cadre plus large que son territoire national, dans une vocation démocratique universelle. Un des premiers symptômes de la crise de l'identité nationale tiendrait au caractère unitaire de la Nation imposé par l'État. Cela pose un problème alors que tous les régimes autoritaires ont imposé un récit unitaire. De plus, la cohésion nationale semble menacée de l'extérieur par son absorption dans le cadre européen et mondial (M. OZOUF, 2015). Cependant l'appartenance à deux échelons de gouvernance ne paraît pas inconciliable. Cicéron, dans *Les lois* (52 a. è.), montrait qu'il existait dans l'Empire romain « *une patrie naturelle et une patrie politique* [...], *patrie par excellence puisqu'elle contient l'autre* » . Il existait, en effet, une patrie de naissance et celle de l'exercice de la citoyenneté romaine coiffant et contenant la première. Il en allait de même pour Victor HUGO (1802-1885) : "*Alors même que nous nous unissons à l'Europe dans une sorte de grande nationalité, la France n'en est pas moins notre patrie, comme Athènes était la patrie d'Eschyle et de Sophocle. Ils étaient athéniens comme nous sommes français, et nous sommes européens comme ils étaient grecs*". De l'intérieur, la nation paraît aussi menacée face aux minorités et particularismes. Enfin, il devient de plus en plus difficile de croire aux discours à tendance messianique sur la France et sa grandeur. Mona OZOUF, dans sa *Composition française* (2009), a tranché le débat entre "*l'universalité française et la particularité bretonne*" qui la tiraillait par ses recherches sur l'école républicaine et la Révolution française qui célèbrent l'unité et la résorption des particularités. Elle montre que pouvaient se superposer plusieurs cercles de socialisation : la famille, l'École et l'Église. L'identité apparaît alors avant tout comme une « identité narrative » et un travail sur l'héritage livrant un « patrimoine culturel » comme le suggère Krzysztof POMIAN (*Débat*, 2010). Elle doit dépasser les fausses questions du communautarisme, de la parité, de laïcité ou de la langue pour sortir d'un affrontement binaire du particulier et de l'universel. Il reste donc à composer et recomposer une identité nationale à travers de nouvelles représentations tant les Français, leurs vies et leurs souvenirs évoluent (M. OZOUF, 2015).

Les représentations de la Nation France diffusées par l'Armée, l'École et les rouages républicains en livrent une image officielle qui doit être nuancée. Représenter la Nation à la fin de la IIIe République, c'est en construire une image républicaine, mais n'oublions pas que les racines de Vichy sont déjà présentes dans cette IIIe République.

Conclusion

La construction d'une histoire nationale, l'adoption des valeurs et des symboles républicains qui deviennent ceux de la Nation et leur diffusion par l'apprentissage de la citoyenneté et de la démocratie, ont permis la formation idéologique d'un imaginaire collectif de la Nation française qui tend à devenir républicaine depuis 1789. Cependant l'idée de Nation reste fragile : en 1940, elle se scinde entre tentation autoritaire et résistance républicaine.

Aussi, le modèle d'assimilation républicaine semble être mis en défaut et s'acheminer davantage vers un multiculturalisme qu'une Nation incarnée dans un peuple-un.

Document

« Idées reçues sur les Gaulois à l'école »

L'Histoire : Depuis quand enseigne-t-on l'histoire des Gaulois à l'école ? [...]

Dans les classes, c'est sous Victor Duruy, ministre de l'Instruction publique de Napoléon III et lui-même historien de l'Antiquité, que les Gaulois deviennent obligatoires. Dans les programmes de 1868, l'étude se déroule en quatre temps : les Gaules avant la conquête ; la conquête avec le couple César/Vercingétorix ; la romanisation ; la christianisation. C'est le moment de l'ouverture du musée des Antiquités nationales (1867). Dans l'inspiration de Michelet, le Second Empire compose un récit patriotique et progressiste qui fait des Gaulois le peuple premier et indépendant, à l'origine de la nation, en lieu et place des Mérovingiens, créateurs de la dynastie déchue.

Avec la IIIe République et l'école obligatoire, on change de perspective. Si, jusque-là, la part de l'histoire de France est ténue, les années 1880 lui consacrent une place plus grande où, pour l'Antiquité, dominent largement les Gaulois.

C'est le temps du fameux « nos ancêtres les Gaulois » ? [...]

Un socle de représentations pérennes s'organise : une peuplade indisciplinée, guerrière, divisée, querelleuse, mais industrieuse, courageuse, avec de bons cultivateurs et qui eut l'intelligence de comprendre tout le bénéfice qu'elle aurait à entrer dans la romanité. L'ambivalence est la marque de cette mémoire. Comme un manuel

> de cours moyen l'écrit en conclusion d'un chapitre sur « La Gaule conquise par les Romains » en 1926 : « *Aussi peut-on dire que si Vercingétorix avait triomphé, c'eût été un malheur pour la France. Ce qu'il a fait est pourtant une des plus belles actions de l'histoire qui montre le beau caractère de notre peuple* ».
> [...]
>
> Entretien avec Benoît FALAISE, propos recueillis par Fabien PAQUET, « Idées reçues sur les Gaulois à l'école », *L'Histoire*, n° 439, septembre 2017, pp. 53-55.

Bibliographie

Outils :

- DUCLERT Vincent, *La République, ses valeurs, son école. Corpus historique, philosophique et juridique*, Folio, Paris, Gallimard, 2015, 510 pages.
- GARCIA Patrick, LEDUC Jean, « Enseignement de l'histoire en France », *in* DELACROIX Christian, DOSSE François, GARCIA Patrick, OFFENSTADT Nicolas, *Historiographies I. Concepts et débats*, Paris, Gallimard, 2010, pp. 124-139.
- WILFERT-PORTAL Blaise, « Nation et nationalisme », *in* DELACROIX Christian, DOSSE François, GARCIA Patrick, OFFENSTADT Nicolas, *Historiographies II. Concepts et débats*, Paris, Gallimard, 2010, pp. 1090-1102.

Ouvrages spécialisés :

- AGULHON Maurice, *Les Métamorphoses de Marianne. L'imagerie et la symbolique républicaines de 1914 à nos jours*, Paris, Flammarion, Histoire, 2001, 320 pages.
- DUCLERT Vincent, *L'affaire Dreyfus*, coll. « Repères », Paris, La Découverte, 1994, rééd. 2012, 128 pages.
- DUCLERT Vincent, *La République imaginée 1870-1914*, Histoire de France, Paris, Belin, 2014, 861 pages.
- FOUCAULT Michel, *Surveiller et punir. Naissance de la prison*, coll. « Tel », Paris, Gallimard, 1975, rééd. 1993, 360 pages.
- FUREIX Emmanuel, *La France des larmes : Deuils politiques à l'âge romantique (1814-1840)*, Champ Vallon, Seyssel, 2009, 501 pages.
- HARTOG François, *Régimes d'historicité. Présentisme et expériences du temps*, Paris, Seuil, 2003, 272 pages.
- HUSSER Anne-Claire, *Du théologique au pédagogique. Ferdinand BUISSON et le problème de l'autorité*, Thèse de doctorat en Philosophie sous la direction de Pierre-François MOREAU et Jacqueline GAUTHERIN, ENS Lyon, soutenue le 07 septembre 2012.
- ORY Pascal, PASTOUREAU Michel, SERRI Jérôme, *Les Couleurs de la France*, Paris, Hoëbeke, 2016, 166 pages.
- IHL Olivier, *La fête républicaine,* Paris, Gallimard, 1996, 402 pages.
- LIGNEREUX Aurélien, *La France rébellionnaire. Les résistances à la gendarmerie (1800-1859)*, coll. « Histoire », Rennes, PUR, 2008, 365 pages.

- LIGNEREUX Aurélien, *L'Empire des Français 1799-1815*, L'Univers historique, Paris, Seuil, 2012, 432 pages.
- NORA Pierre [dir.], *Les lieux de mémoire, I. La République, II. La Nation, III. Les France*, 3 tomes, Paris, Gallimard, 1984, 1986 et 1992, 674, 667, 1034 pages.
- FONTAINE Marion, MONIER Frédéric, PROCHASSON Christophe, *Une contre-histoire de la IIIe République*, Paris, La Découverte, 2013, 401 pages.
- OZOUF Mona, *Composition française : retour sur une enfance bretonne*, Folio Poche, Paris, Folio, 2009, rééd. 2010, 288 pages.
- OZOUF Mona, *De Révolution en République, les Chemins de la France*, Quarto, Paris, Gallimard, 2015, 1363 pages.
- ROSANVALLON Pierre, *Le Peuple introuvable. Histoire de la représentation démocratique en France*, Folio Histoire, Paris, Gallimard, 1998, rééd. 2002, 491 pages.
- VENAYRE Sylvain, *Les Origines de la France. Quand les historiens racontaient la nation*, Univers historique, Paris, Le Seuil, 2013, 448 pages.
- VERJUS Anne, *La citoyenneté politique au prisme du genre. Droits et représentation des individus entre famille et classe de sexe (XVIIIe-XXIe siècles)*, Science politique, École normale supérieure de Paris – ENS Paris, 2014, 278 pages.

Revues :

- BORNE Dominique, « Histoire de France », *Documentation photographique*, Paris, La Documentation française, n° 8083, septembre-octobre 2011, 63 pages.
- « La grande querelle. L'histoire de la France », *L'Histoire*, Hors-Série, avril 2017, 98 pages.
- « Les Gaulois. Une civilisation majeure », *L'Histoire*, n° 439, septembre 2017, 98 pages.

Pour aller plus loin

Ouvrages spécialisés :

- BEAUNE Colette, *Naissance de la nation France*, Bibliothèque illustrée des histoires, Paris, Gallimard, 1985, 444 pages.
- BOUCHERON Patrick [dir.], *Histoire mondiale de la France*, Paris, Seuil, 2017, 800 pages.
- LACOSTE Yves, ENCEL Frédéric, *Géopolitique de la nation France*, Paris, PUF, 2016, 288 pages.
- RIOUX Jean-Pierre, SIRINELLI Jean-François [dir.], *La France, d'un siècle à l'autre (1914-2000). Dictionnaire critique*, Paris, Hachette Littératures, 1999, 982 pages.
- THIESSE Anne-Marie, *La Création des identités nationales. Europe XVIIIe-XXe siècle*, Paris, Le Seuil, 1999, 303 pages.

Bande dessinée :

- VENAYRE Sylvain, DAVODEAU Étienne, *La balade nationale. Les origines*, coll. « La Revue Dessinée », Paris, La Découverte, 2017, 165 pages.

Sujets

- L'École et la construction de la Nation en France.
- La Nation est-elle une construction politique ?
- Le pouvoir des images et des symboles de la Nation en France.
- « *La France était-elle inévitable ?* » (Joël CORNETTE, 2017).

Fait religieux

4 Les origines des trois monothéismes

> « Jésus, fils de Marie, dit : Ô fils d'Israël ! Je suis en vérité, le Prophète de Dieu envoyé vers vous pour confirmer ce qui, de la Torah, existait avant moi ; pour vous annoncer la bonne nouvelle d'un prophète qui viendra après moi et dont le nom sera Ahmad. »
>
> CORAN, LXI, 6.

Introduction

À travers l'étude des trois monothéismes, il s'agit de dissocier dans le judaïsme, le christianisme et l'islam, ce qui relève de la croyance et de l'histoire. Afin d'observer les différences entre ces religions, mais aussi leurs points communs, il est à considérer que chaque monothéisme connaît des interprétations différentes au cours de sa longue histoire. La place du Livre ou de la figure d'Abraham peuvent être des axes de différenciation. Si judaïsme et christianisme admettent l'Ancien Testament, l'islam ne considère pas de vérité dans les écrits qui précèdent le Coran. Pour autant, la moitié des versets du Coran s'inspire de récits de l'Ancien Testament. De plus, les rapports entre la religion et le pouvoir amènent à considérer le radicalisme religieux qui tend à investir le politique et à éveiller des conflits. Si Jésus disait « *rendez à César ce qui est à César et à Dieu, ce qui est à Dieu* », son message pacifiste a été interprété différemment au cours de l'histoire. Les croisades ou les querelles entre les pouvoirs spirituel et temporel de l'Europe moderne en témoignent. Pour les musulmans, ce message n'est que blasphème car aucun domaine n'est interdit à Dieu.

C'est à travers les figures communes aux trois monothéismes et leurs livres sacrés que leurs origines communes et leurs divergences peuvent être perçues.

Concepts/notions

- **Catholicisme** : branche du christianisme qui se sépare en 1054 de l'orthodoxie lors du schisme entre les Églises d'Orient et d'Occident, se référant à l'ensemble des croyances et rites admis par l'Église catholique romaine, à vocation universelle.
- **Christianisme** : religion des chrétiens fondée sur le message de Jésus-Christ.
- **Islam** : religion des musulmans fondée sur le Coran.
- **Judaïsme** : religion des juifs fondée sur la Bible, le Talmud, à l'origine d'une culture.
- **Laïcisation** : expulsion de la religion en dehors des affaires publiques par un volontarisme étatique.

Chronologie

- **597 a. è.** : première prise de Jérusalem et première déportation des Hébreux à Babylone.
- **590 a. è.** : fin de la rédaction de l'Ancien Testament.
- **586 a. è.** : seconde prise de Jérusalem, destruction de Jérusalem et de son Temple par l'Empire babylonien ; deuxième déportation du peuple hébreu à Babylone.
- **515 a. è.** : inauguration du second Temple à Jérusalem.
- **500-400 a. è. :** rédaction de la Torah ou Pentateuque (les cinq premiers livres de la Bible).
- **333 a. è. :** Alexandre le Grand met fin à l'Empire perse et arrive en Palestine.
- **330 a. è.** : conquête de l'Égypte par Alexandre.
- **250 a. è. :** début de la traduction grecque de la Bible, la Septante. Hellénisation de la Palestine.
- **130 a. è.** : fin de la rédaction de la Septante.
- **63 a. è.** : conquête romaine de la Judée par Pompée qui entre à Jérusalem.
- **37 a. è.** : la Judée devient un royaume « ami et allié » de Rome où règne Hérode le Grand.
- **20 a. è. :** rénovation du second Temple de Jérusalem, dont il reste aujourd'hui le mur occidental.
- **30** : mort de Jésus à Jérusalem.
- **50** : Épitre aux chrétiens de Thessalonique par Paul de Tarse.
- **65** : rédaction du premier Évangile de Marc.
- **70** : destruction du second Temple de Jérusalem par l'Empire romain.
- **85** : Marc, Matthieu et Luc poursuivent l'écriture des Évangiles.
- **v. 95** : rédaction du dernier livre du Nouveau Testament, *Apocalypse*, par Jean.
- **312** : conversion de l'empereur Constantin au christianisme.
- **v. 570** : naissance de Mahomet à La Mecque.
- **400** : achèvement de l'écriture secrète du Talmud.
- **610-632** : Mahomet aurait reçu la révélation du Coran à La Mecque, puis à Médine.
- **622** : Hégire ; émigration de Mahomet à Médine ; début du calendrier musulman.
- **630** : prise de La Mecque par Mahomet.
- **632** : mort de Mahomet.
- **633-634** : Abu Bakr, premier calife.
- **644-656** : sous le califat d'Othman, fixation du Coran (« Vulgate »).
- **657** : schisme au sein de l'islam ; Ali, quatrième calife, est écarté au profit de Muawiya.
- **661** : assassinat d'Ali, son deuxième fils Hussein, reprend le combat contre Muawiya.

- **661-750**: dynastie des Omeyyades (sunnites) et installation du califat à Damas.
- **680**: bataille de Kerbala, Hussein et ses soixante-douze compagnons sont éliminés.
- **750-1258**: dynastie des Abbasides et établissement du califat à Bagdad.
- **1475**: premier livre publié en hébreu en Calabre du rabbin Rachi, « Commentateur de la Loi ».
- **1482**: première édition du Talmud en Espagne.
- **1523**: le pape autorise la publication du Talmud à Venise.
- **1543**: impression du Coran à Bâle.
- **1547**: traduction intégrale du Coran en Italien.
- **1647**: traduction du Coran de l'arabe en français par André Du Ryer.
- **1924**: la grande mosquée-université du Caire ordonne la confiscation de toutes les reproductions du Coran sous prétexte d'erreurs. Le roi Fouad commande une nouvelle édition imprimée et officielle, appelée le « Coran du roi ».
- **2011**: le roi du Maroc, Mohammed VI, créé une édition nationale du Coran distribuée gratuitement dans les mosquées et les écoles coraniques marocaines, mais aussi en Afrique de l'Ouest.
- **2019**: ouverture du site internet Coran 12-21 mettant en ligne les différentes versions du Coran connues en Europe depuis le XIIe siècle.

Historique

Abraham, figure commune des trois monothéismes, donne lieu à trois lectures spécifiques

Si l'on cherchait une figure commune aux trois monothéismes, celle-ci pourrait être incarnée par Abraham, dont l'authenticité tient à sa pérennité dans la mémoire des peuples et notamment des juifs, qui d'abord nomades, ont fixé leur tradition oralement à travers des personnages dont il fait partie (J. BOTTÉRO, 1994).

D'après la Bible, Abram (qui signifie père élevé), habitant d'Our en Chaldée, était polythéiste, adorant « d'autres dieux ». Il épouse Sarah et devient Abraham (père fécond) lorsqu'il a des enfants, alors que son épouse est stérile. Le récit biblique raconte qu'il part avec sa tribu guidée par Terah (le père, descendant de Sem, un des trois fils de Noé, du peuple sémite) pour s'installer à Haran, où Terah meurt à 250 ans. Âgé de 75 ans, Abraham aurait reçu le message d'un dieu inconnu lui ordonnant : « *Quitte ton pays, ton peuple et la maison de ton père pour le pays que je te montrerai. Je ferai de toi un grand peuple* ». Ce serait le début de l'histoire de la tribu nomade. L'interprétation religieuse qui est donnée de ce départ est celle de l'appel de Dieu. Abraham abandonne le polythéisme et les dieux de Mésopotamie pour suivre le Dieu unique vers une terre promise à sa postérité. En route dans le désert, l'accueil est parfois bon, parfois guerrier. Le roi de Salem offre le pain et le vin, offrande habituelle dans l'Orient ancien, seule nourriture que les hommes pouvaient fabriquer, alors que les animaux et végétaux sont aussi accessibles aux animaux. La tribu parvient en Égypte où Abraham craignant sa vieillesse suggère à Sarah de se faire passer pour sa sœur pour le sauver. Il apparaît alors prêt à sacrifier sa femme. La Bible montre que Dieu accepte les hommes tels qu'ils sont pour les élever. À travers ce type de positionnement le texte biblique enseigne une morale qui se veut divine. Pharaon empressé auprès de Sarah découvre qu'elle est l'épouse d'Abraham. Elle est renvoyée à lui avec des offrandes. Sarah ne pouvant donner un enfant à Abraham, désigne sa servante Agar afin qu'elle le lui donne. La maîtresse, finalement éconduite par Sarah, fuit dans le désert d'Égypte avec son fils Ismaël où elle aurait reçu une promesse de Dieu : « *de lui je ferai une autre nation* ». Le futur empire d'Ismaël sur les Arabes est dessiné. Après la première alliance conclue entre Dieu et Noé, une nouvelle alliance avec Abraham met en scène le récit qui unit dans une histoire d'amour Dieu et les hommes. Abraham a un deuxième fils de Sarah, nommé Isaac. Le caractère miraculeux de cette naissance apparaît dans l'âge d'Abraham qui a 100 ans et celui de Sarah qui a 80 ans. Ici, les chrétiens pourront voir dans ce miracle le signe de la conception virginale de Jésus. Ensuite, alors que Dieu aurait demandé à Abraham de sacrifier Isaac, un ange l'aurait arrêté pendant qu'il s'exécutait. C'est ainsi que les sacrifices humains cessent. Jacob, petit-fils d'Abraham, dont les douze fils forment les douze tribus d'Israël, donne naissance à un peuple. Ismaël engendre la lignée des musulmans. Mahomet vit aux VIe et VIIe siècle après Jésus-Christ à La Mecque, puis à Médine, où les Arabes sont polythéistes. Il lit des passages de la Bible et est attiré par le Dieu unique. Il fait des retraites dans les grottes et cavernes où il aurait rencontré l'archange Gabriel qui lui aurait révélé des messages de Dieu qui formeraient le Coran (« récitation »). Mahomet s'attache à Abraham en qui il voit le vrai croyant, le père du monothéisme, soumis à Dieu lors du sacrifice d'Isaac, comme le croyant musulman (*muslim*) qui signifie « soumis ». Mahomet dit : « *Ô détenteurs de l'Écriture ! Pourquoi vous disputez-vous au sujet d'Ibrahim ? La Torah et l'Évangile n'ont été envoyés d'en haut que longtemps après lui… Ibrahim n'était ni juif ni chrétien, il était pieux, soumis à Allah !* ». Bientôt, avec une meilleure connaissance de la Bible, les musulmans pensent que c'est Ismaël plutôt qu'Isaac qui a failli être sacrifié. Mahomet rompt avec les juifs, les accusant de déformer les enseignements de la Bible. Le sacrifice d'Abraham est déplacé à La Mecque et les prières ne sont plus prononcées vers Jérusalem, mais vers La Mecque. La tradition affirme qu'Abraham et Ismaël ont construit la Kaaba vers laquelle viennent chaque année des millions de pèlerins, alors qu'il s'agit d'une pierre noire d'origine météorique.

Les trois grandes religions monothéistes sont donc abrahamistes. Plutôt que de s'unir dans une origine commune, leurs traditions se sont retranchées dans des positions orthodoxes ou offensives (J. DUQUESNE, 2012).

La Bible, une des sources de l'histoire du peuple hébreu

La Bible est un ensemble de livres disparates. Le mot vient du grec *biblos* qui signifie bibliothèque. Elle est celle du peuple hébreu, dont certains livres relatent l'histoire. Elle permet de saisir l'évolution de la croyance et des rapports entre un peuple et Dieu.

Le contexte historique et géographique de la naissance de la Bible est celui d'un tout petit royaume en proie aux guerres et calamités. Elle retrace depuis la rencontre entre Dieu et Abraham, l'histoire de la migration du peuple hébreu en pays de Canaan jusqu'à sa libération de la servitude par Moïse au temps de l'émergence, puis de la chute des royaumes d'Israël et de Juda. Elle ne provient pas d'une révélation miraculeuse, mais elle est le fruit de l'imaginaire humain. Sa rédaction par une multitude de scribes, prophètes, prêtres et fonctionnaires de la cour judéenne date d'il y a environ 2600 ans et se fait sur deux ou trois générations (I. FINKELSTEIN, N. A. SILBERMAN, 2004). Elle se compose de récits mythiques inspirés d'autres textes. Noé et le Déluge apparaissent dans un poème mésopotamien du XVIIIe siècle a. è. et son héros « Supersage » se retrouve aussi dans la tradition laotienne ou maya. À chaque fois, le Déluge instaure une nouvelle relation entre l'homme et la nature, l'homme cessant d'être prédateur et protégeant les animaux. Cet évènement peut être rapproché de la « révolution néolithique », lors de l'apparition de l'élevage et de l'agriculture. Ici les animaux domestiqués servent à garantir l'alimentation des hommes par la domination d'une espèce sur l'autre (J. DUQUESNE, 2012). La Bible est tout à la fois : un récit historique, une œuvre de mémoire d'un peuple, un recueil de légendes et poèmes, mais aussi un texte de propagande royale. Elle raconte l'histoire du peuple hébreu et non celle d'un monde œcuménique, donnant naissance au monothéisme. Une réforme religieuse est alors engagée du polythéisme au monothéisme. La Bible est devenue un objet d'étude de la société qui en est à l'origine. L'archéologie accompagne ce changement de regard sur l'objet biblique. Dès le XVIIIe siècle, des études critiques de la Bible sont faites. Les premières recherches archéologiques datent du XIXe siècle, notamment avec les travaux d'Edward ROBINSON en Palestine ottomane. Il ressort de l'observation des paysages une correspondance avec le récit biblique. Au XXe siècle, l'étude des tertres par William ALBRIGHT permet de reconstituer l'évolution des sociétés et des cultures à partir des différentes couches archéologiques. De nouvelles méthodes et conclusions sont tirées de l'archéologie à partir des années 1990 : il ne s'agit plus seulement de vérifier les données de la Bible, mais de voir celle-ci comme le reflet de l'idéologie et de la culture d'une société. Ainsi, jusqu'en 1990 l'archéologie induit un raisonnement fondé sur la fiabilité de la Bible en tant que document historique. Or, si la croyance attribuait à Moïse sa rédaction[1], l'histoire montre à partir de l'analyse des textes et de l'archéologie qu'elle est le fait de plusieurs rédacteurs et de rajouts successifs, Moïse n'ayant pas pu lui-même raconter son propre décès. L'archéologie emprunte alors la méthode des sciences sociales et permet l'élaboration d'une histoire globale de la Bible, considérée comme une source permettant d'approcher les transformations économiques, politiques, religieuses, démographiques et sociales des VIIIe-VIIe siècles avant notre ère à travers le Pentateuque[2]. Les théories relatives à l'historicité des patriarches, dont le premier est Abraham, puis Isaac et Jacob, font apparaître trois hypothèses de datation de l'époque des patriarches. La thèse historique de la grande migration d'Abraham

1. Au moins pour la partie appelée le Pentateuque, composée des cinq livres constituant la Torah. Le Deutéronome est le dernier des cinq livres décrivant la mort de Moïse.
2. Le Pentateuque est composé des cinq livres formant la Torah : *La Genèse, l'Exode, le Lévitique, les Nombres, le Deutéronome*.

du Bronze ancien au IIIe millénaire a. è. est remise en cause. Elle repose sur la disparition des grandes cités et des cités-États, lors des invasions, qui aurait accompagné le passage d'un mode de vie sédentaire au nomadisme. Cependant, la majorité des populations reste sédentaire dans de petits villages et hameaux. Au IIe millénaire a. è., l'urbanisation reprend à l'âge du Bronze moyen. Entre ces deux périodes de développement de la vie urbaine, William ALBRIGHT place l'époque des patriarches dans cet intermède nomade entre 2100 et 1800 a. è. Il s'agit d'une période de vitalité du pastoralisme et du commerce caravanier. Une autre hypothèse place l'époque des patriarches dans la première moitié du IIe millénaire a. è. au Bronze moyen II, lors de l'apogée de la vie urbaine. Roland de VAUX relève que dans le récit biblique, les patriarches sont souvent évoqués vivant sous des tentes près des cités. Les archives de la cité de Mari sur l'Euphrate en Syrie du IIe millénaire a. è. témoignent de l'existence de ces liens entre tentes et cités. Les noms des patriarches semblent de surcroît correspondre aux noms d'usages alors répandus, à l'exemple de Jacob. Cyrus GORDON et Éphraïm SPEISER ont montré que les coutumes sociales et législatives du IIe millénaire a. è. correspondent aux pratiques bibliques. Les tablettes de Nuzi en Irak, du XVe siècle a. è., renseignent qu'une femme stérile doit présenter une esclave à son mari pour assurer sa descendance. Ceci rappelle l'histoire de Sarah et Agar (*Genèse*, chapitre 16). Enfin, au regard d'un certain nombre d'anachronismes dans le texte biblique, Benjamin MAZAR développe une troisième hypothèse, faisant apparaître le récit des patriarches à l'époque du Fer ancien où la migration des patriarches entre Sichem et Hébron correspond aux paysages de la première occupation israélite. Kyle McCARTER montre que le récit est composé de références à différentes époques de l'âge du Bronze à la monarchie tardive du VIIe siècle a. è (I. FINKELSTEIN, N. A. SILBERMAN, 2004). Les sources les plus anciennes parvenues de la Bible hébraïque s'échelonnent de 895 à 1008 p. è. avec le Codex des prophètes du Caire, le Codex Babylonicus de 916 et le Codex Leningradensis. Deux cents rouleaux conservés dans des jarres ont été retrouvés en 1947 dans une grotte à l'Ouest de la mer Morte, ainsi que 380 fragments des IIe ou Ier siècles a. è., dispersés dans dix grottes alentour. Toutes ces sources révèlent un contenu identique. Une tradition solide, une parfaite maîtrise de l'écriture et le respect du texte semblent caractériser les copistes juifs. Les rouleaux de la mer Morte montrent que s'il n'y a pas de manuscrit complet de l'Ancien Testament avant le Xe siècle, il reste fiable dans la perpétuation de la tradition du fait de la constance des récits. La Bible révèle une grande unité, malgré sa rédaction sur au moins huit siècles. L'Ancien Testament est achevé vers 590 a. è. lors du grand exil des juifs à Babylone, dans l'Irak actuel. Ils sont alors privés du Temple et éprouvent le besoin de posséder un texte en captivité pour pérenniser leur rituel. Une importante diaspora juive s'installe à Alexandrie et perd progressivement l'usage de l'hébreu au profit du grec alors que l'Égypte est conquise par Alexandre en 330 a. è. Cette communauté a besoin de traduire la Bible en grec, ce sera la Septante, achevée en 130 a. è. par plus de soixante-dix érudits. De cette époque les chrétiens ont hérité de deux livres. Les juifs égyptiens reconnaissent la Septante et des livres postérieurs, alors que les juifs de Jérusalem ne les considèrent pas comme inspirés et ne se rapportent qu'au canon de Jérusalem, actuellement acquis par les juifs et protestants. Catholiques et orthodoxes conservent, quant à eux, les écrits du deuxième canon, « deutéronomiques ». Au début de notre ère, le judaïsme ajoute à la Bible son commentaire, le Talmud. Le récit biblique de la rencontre entre Moïse et Dieu fait état de la loi écrite et consignée par Moïse dans les cinq livres de la Torah accompagnée de son commentaire oral. Ainsi le Talmud est d'abord un héritage oral qui se fixe par écrit après la destruction du Temple de Jérusalem en 70. Sa mémoire douloureuse conduit à la rédaction de la Mishna, préalable au Talmud, qui devient une compilation d'études rabbiniques et d'étudiants en religion. Il existe des écoles talmudiques à Jérusalem et à Babylone donnant lieu à l'écriture de deux Talmud. Ils concentrent les opinions, les modes de vie et pratiques juives en matière d'agriculture, de fêtes, de relations entre hommes et femmes, de sacrifices, de pureté et d'impureté, mais aussi de droit civil et pénal. Les débats légaux et aigus pouvant avoir cours sont consignés dans la Gemara, la deuxième partie du Talmud. Après la conversion de l'empereur Constantin au christianisme en 330 et les persécutions faites aux juifs, la fabrication du Talmud se fait en secret pour être achevée en 400 et fixer une tradition qui ne sera modifiée qu'à la marge, mais jamais achevée. Les XVe et XVIe siècles permettent la publication du Talmud en Europe ; d'abord en Espagne, puis à Venise avec l'autorisation du pape.

À l'Ancien Testament commun aux juifs et chrétiens, s'ajoute le Nouveau Testament, propre aux chrétiens.

Le Nouveau Testament, le livre des chrétiens

La Bible est le livre sacré commun aux juifs et aux chrétiens qui ont les mêmes origines. Ils se différencient par leurs croyances et leurs pratiques religieuses à partir du moment où une secte au sein du judaïsme se forme autour du personnage de Jésus. Après sa mort, une nouvelle religion monothéiste apparaît : le christianisme.

À l'Ancien Testament vient s'ajouter le Nouveau Testament relatif à la vie de Jésus[1]. Ce dernier est juif, né en Galilée autour de l'an 6 à 4 a. è. Il prêche à la synagogue et délivre un message particulier. Jugé à Jérusalem en 30 devant le sanhédrin, il est condamné par les autorités romaines au supplice de mise à mort réservé aux esclaves. Après sa crucifixion, certains de ses proches disent l'avoir vu ressuscité près de son tombeau, mais peu de personnes croient en sa résurrection. Puis, quelques mois après sa mort, le nombre de ces croyants augmente jusqu'à 3 000 personnes d'après les Actes des Apôtres. Le christianisme n'existe pas encore ni les chrétiens. Ils prennent ce nom lorsque Jésus devient Christ, désignant selon l'étymologie grecque *christos* traduite de l'hébreu *messiah*, le messie, c'est-à-dire, « celui qui est oint ». Ainsi, les premières communautés fidèles au message de Jésus commencent à s'organiser et à former des églises en mettant leurs biens en commun et en se retrouvant à la synagogue. Les Évangélistes vont pendant 70 ans enrichir la Bible et constituer le Nouveau Testament. Le cinquième livre de l'Ancien Testament mentionne les activités missionnaires des premières communautés. Elles sont liées par la croyance que le martyre de Jésus annonce la fin des temps. Les communautés chrétiennes attendent son retour et le jugement dernier. En Judée et en Galilée, ces missionnaires racontent la vie de Jésus et répandent cette Bonne

1. Le Nouveau Testament se compose des Évangiles, des Actes de Apôtres, des Épîtres et de l'Apocalypse.

Nouvelle. La transmission orale est une nouvelle fois la règle de diffusion de cet héritage. Il n'est pas utile d'écrire puisque le monde doit disparaître. Cependant, la fin du monde ne venant pas, ceux qui ont connu Jésus fixent cette mémoire par écrit. Le premier est Paul de Tarse dans son Épitre aux chrétiens de Thessalonique. C'est un juif converti qui écrit en 50. Puis à partir de 65, la rédaction des Évangiles débute. Ce sont des témoignages de foi en Jésus qui constituent aujourd'hui la seule source de connaissance de sa vie. Il s'agit à l'époque de répondre à la question que se posent les premiers chrétiens : « qui était le Christ ? ». Au premier Évangile de Marc succèdent ceux de Matthieu et Luc en 85 après la destruction du Temple de Jérusalem en 70 qui ouvre une période d'affrontement entre chrétiens et juifs. Entre la fin du Ier siècle et le début du IIe siècle le dernier Évangile attribué à Jean est écrit. Le dernier livre du Nouveau Testament est l'*Apocalypse* rédigé vers 95. Le plus ancien fragment retrouvé sur papyrus date de 125 et est aujourd'hui conservé au musée de Dublin en Irlande. Le Nouveau Testament est le fait de plusieurs rédactions successives qui ont été enrichies dans les différentes communautés chrétiennes (M. QUESNEL, 1987).

Au moment où Jésus vivait, le christianisme n'existait pas. Ce sont ses disciples qui en ont fait une religion.

Le Coran, le livre sacré des musulmans qui n'a cessé d'évoluer

Une révélation à l'origine d'une nouvelle religion, l'islam, aurait été reçue par Mahomet à La Mecque, puis à Médine entre 610 et 632 revêtant selon la tradition une forme orale. Le Coran-livre n'a quant à lui jamais cessé d'évoluer.

Le Coran est issu de la « récitation » (en arabe) d'une même version répétée depuis des siècles par les autorités musulmanes dont l'origine est contestée par les historiens. Il existe alors sept « porteurs du Coran » l'ayant appris par cœur à partir de versets écrits qui constituent un texte en rimes. Mahomet meurt en 632, suivi de ces sept porteurs de la tradition en 633. Le premier calife, beau-père de Mahomet, Abu Bakr (633-634), se heurte à différentes menaces qui fragilisent l'islam, dont la venue de faux prophètes d'Arabie, comme Mesaylima (« l'Imposteur ») qui se proclame l'égal du Prophète. Ce dernier est vaincu mais Abu Bakr, d'abord hostile à la fixation par écrit du Coran, car contraire au vœu de Mahomet, nomme le meilleur récitant du Coran, Zayd ibn Thabit, habitant de Médine pour l'écrire. La règle est de retenir les versets recueillis oralement auprès de deux récitants reconnus pour leur probité. La tradition veut que cette version ait été écrite sur parchemins, mais ceux-ci n'ont jamais été retrouvés. Omar, successeur d'Abu Bakr, reprend la « recension » qu'il confie à Hafsa, sa fille, une des veuves de Mahomet. Plusieurs rédactions parallèles livrent des versions différentes. Le texte est fixé sous Othman, troisième calife, qui nomme une commission, composée de quatre scribes, présidée par Zayd. Le Coran actuel est une synthèse faite à partir du IXe siècle en 114 sourates (ou chapitres) et 6 219 versets. Il permet de connaître la foi musulmane et la tradition (la *Sunna*) à partir des hadiths (« les dits de Mahomet »). Il s'agit d'un ensemble de questions issu de la communication orale de Mahomet (F. DEROCHE, 2014). Pour les historiens, les sourates qui auraient été révélées à La Mecque entre 610 et 622, d'orientations théologiques et celles plus politiques et juridiques de Médine (622-632), forment la base juridique de la communauté musulmane et le fondement d'une théocratie politico-religieuse. Cependant, cet ordre chronologique n'est pas toujours respecté dans la version écrite du Coran car des versets mecquois et des sourates médinoises sont parfois mélangés. La rédaction du Coran semble se faire sur plusieurs dizaines d'années et révèle de fortes contradictions. Si les califes Abu Bakr et Omar avaient bien demandé à Zayd de se charger de la collecte des versets du Coran, celui-ci se serait effectivement opposé à un projet que Mahomet n'avait pas souhaité au préalable. La tradition rapporte aussi que Zayd aurait pu écrire sous la dictée de son père adoptif Mahomet. Les contradictions sont ici manifestes. D'après les sources chiites, Ali, gendre de Mahomet, aurait en sa possession un autre Coran. Sunnites et chiites s'opposent alors sur deux conceptions inconciliables du pouvoir politique et religieux (D. de SMET, 2015). En 632, à la mort de Mahomet, une question divise la communauté musulmane : qui hérite du califat et de la « Succession » de Mahomet ? Immédiatement, Abu Bakr, premier calife, proche de Mahomet, est contesté par les partisans d'Ali, gendre et neveu de Mahomet. Ali devient le quatrième calife après l'assassinat d'Othman en 656. Une scission au sein de l'islam s'opère alors entre les chiites partisans d'Ali et les sunnites. Les chiites majoritaires ou « duodécimains » attendent la venue du « douzième imam caché », le successeur d'Ali. Ils sont localisés en Iran, au Liban, en Irak ou en Azerbaïdjan. Les chiites minoritaires, hétérodoxes, relèvent de sectes plus ou moins rattachées au chiisme, comme les druzes au Liban, en Syrie ou en Israël, les ismaéliens au Pakistan, ou les alaouites en Turquie et en Syrie. Les sunnites sont les gens de la tradition, tenant leur nom de la *Sunna*. Ils font déposer Ali au profit de Muawiya, gouverneur de Syrie et parent d'Othman rattaché à la dynastie omeyyade. Ils définissent la ligne de l'islam officiel orthodoxe d'Égypte, du Pakistan, du Maghreb et d'Indonésie. En 680, Hussein, le fils d'Ali est tué par les sunnites omeyyades ce qui déclenche la martyrologie des chiites et la guerre entre sunnites et chiites à l'origine de la division de la *oumma* (la communauté des musulmans). Alors que les chiites font d'Ali presque un dieu, les sunnites n'en veulent pas pour successeur. Les chiites reconnaissent les douze imams qui fondent le chiisme duodécimain et attendent le douzième imam qui a disparu de la vue des hommes et doit revenir comme le Christ. Ainsi, les successeurs d'Ali sont considérés comme des saints alors que les sunnites sont contre la sanctification. Ils reprochent aux chiites de croire en plusieurs dieux, comme les chrétiens. Après la mort de Mahomet les chiites pensent que la « révélation » se poursuit par l'intermédiaire des imams issus de la descendance d'Ali à qui Mahomet aurait confié le sens caché et les connaissances liés à la « révélation ». L'imam est ainsi perçu comme un Messie. Pour les sunnites, la mort de Mahomet a mis fin aux révélations et plus personne ne peut prétendre agir sous une inspiration divine. Le chef de la communauté musulmane est alors élu pour appliquer la Loi révélée par Mahomet. Ali et Othman meurent de ces querelles où le Coran apparaît comme un enjeu de pouvoir. Il est le fait de la volonté des califes d'imposer à leurs rivaux un texte contrôlant la « révélation ». Entrepris sous Othman (644-656), il pourrait être issu du travail d'Hudayfa, un juif de Médine, converti à l'islam pour donner une unité aux fragments contradictoires hérités de l'époque Mahomet. Il s'agit de réconcilier la communauté musulmane afin d'éviter qu'elle ne diverge comme les juifs et les chrétiens. Le texte naît également de la nécessité de légitimer la conquête arabe menée au nom du djihad (« la guerre sainte »). Avec la conquête de la Syrie et de la Palestine sur les Byzantins en 637, puis de l'Irak, le Coran se répand et a été enrichi (R. DAGORN, 1981). L'influence de la Bible se retrouve dans le Coran, même si l'islam, en concurrence avec le judaïsme et le christianisme, tente de se doter d'un Livre sacré visant à les surpasser. Le Coran réfute le dénouement de la Bible, dont il prétend achever une vérité incontestable car il apparaît comme « increé » et issu de la pensée de Dieu. Le Coran consacre une relecture de la Bible. Si Mahomet, une fois installé à Médine à partir de 622, énonce des principes de tolérance envers les juifs (« les gens du Livre » dans le Coran) qui se convertiraient à l'islam, ceux qui ne le font pas sont exilés, massacrés, leurs biens spoliés, leurs femmes et enfants réduits en esclavage. Le sort des juifs reste fort différent selon les régions de l'Empire musulman. Certains obtiennent des responsabilités politiques, financières ou deviennent médecins (G. GOBILLOT, 2012). Par la suite, à l'issue de querelles jamais véritablement achevées, la dynastie des Omeyyades installe son califat à Damas de 661 à 750. La mosquée du dôme du Rocher est construite à Jérusalem par le calife Abd al-Malik (685-705) qui entreprend une œuvre d'islamisation de l'Empire musulman étendu jusqu'au Nord de l'Espagne, à l'Ouzbékistan et au Pakistan, grâce à la rédaction d'une nouvelle version du Coran (M. YAHIA, 2015). Le nom du calife apparaît dans les sources relatives à l'élaboration du Coran, ce qui laisse penser qu'il est l'initiateur de la compilation officielle au tournant des VIIe et VIIIe siècles. Le texte se veut le prolongement de la Torah et de l'Évangile, décrivant le Prophète comme le successeur d'Abraham, de Moïse et de Jésus (M. A. AMIR-MOEZZI, 2020). Les « gens du Livre », juifs et chrétiens, peuvent poursuivre la pratique de leur culte moyennant le paiement d'un impôt. Puis, la dynastie des Abbasides prend le pouvoir et installe le califat à Bagdad de 750 à 1258. Il s'agit de la période considérée comme l'apogée de l'islam alors que les chiites considèrent les trois premiers califes, les Omeyyades et les Abbasides, comme des usurpateurs. Avec l'extension de l'empire, l'augmentation des conversions et les dissensions, le Coran nécessite d'être expliqué et interprété. Les interprétations se font à l'image de celles qui ont pu être faites par Mahomet, le Prophète, et de tout ce qui a pu être dit ou écrit sur lui (M. YAHIA, 2015).

La civilisation de l'islam s'impose au sein de l'immense Empire conquis par les Arabes. Le pouvoir musulman se met en place entre les VIIe et VIIIe siècles s'appuyant sur la *Charia* élaborée à partir du Coran qui régit la vie quotidienne des habitants de l'Empire, de l'impôt jusqu'au mariage.

Conclusion

C'est au sein d'un même terreau religieux que naît chacun des monothéismes se dotant des mêmes attributs qui en font des religions. Si à l'origine ils peuvent se présenter comme des sectes naissant au sein d'une religion majoritaire, ils s'organisent autour d'un rituel, d'un dogme, d'un livre sacré, d'autorités spirituelles, voire politiques et de lieux de cultes.

Document

> **Un Dieu, 28 prophètes**
>
> Si Muhammad est « *le sceau des prophètes* » (comme il est dit dans la sourate XXXIII), celui qui vient authentifier autant que clore la révélation divine, il est aussi le dernier d'une longue liste de prophètes envoyés par Dieu. Le Coran en mentionne 28, d'Adam à Muhammad, en passant par David et Salomon, Jean le Baptiste et Jésus : l'islam se pense donc comme l'héritier des lois religieuses qui l'ont précédé, à commencer par la loi de Moïse (le judaïsme) et celle de Jésus (le christianisme). De là vient la dévotion qui entoure en Islam les tombeaux des prophètes bibliques, lieux de mémoire disputés aux Juifs et aux chrétiens depuis le Moyen Âge.
>
> Julien LOISEAU, « Quatre sourates décryptées », *L'Histoire*, n° 472, juin 2020, p. 53.

Bibliographie

Judaïsme, christianisme :

- BOTTÉRO Jean, *Babylone et la Bible*, Paris, Les Belles Lettres, 1994, 336 pages.
- DAGORN René, *La Geste d'Ismaël d'après l'onomastique et la tradition arabe*, Genève, Droz, 1981, 427 pages.
- FINKELSTEIN Israel, SILBERMAN Neil Asher, *La Bible dévoilée : les nouvelles révélations de l'archéologie*, Folio Histoire, Paris, Folio, 2004, 560 pages.
- QUESNEL Michel, *L'Histoire des Évangiles*, Cerf, Fides, 1987, rééd. 2009, 112 pages.

Islam :

- AMIR-MOEZZI Mohammad Ali, *Le Coran des historiens*, Paris, Le Cerf, 2019, 3408 pages.
- CHABBI Jacqueline, *Le Seigneur des tribus : l'islam de Mahomet,* Paris, Noêsis, 1997, 725 pages.
- DÉROCHE François, *Le Coran*, Que sais-je ?, Paris, PUF, 6e édition 2019, 128 pages.

Revues :

- « Coran. La fabrique d'un livre », *L'Histoire*, n° 472, juin 2020, pp. 30-63.
- « Juifs, chrétiens, musulmans, la grande histoire de Dieu », *L'Express*, HS n° 1, décembre 2012, mars 2013, 210 pages.
- « L'islam, ce qu'il faut savoir, les textes fondateurs », *Le Point*, septembre-octobre 2016, 114 pages.
- « Penser l'islam, hier et aujourd'hui, les grands textes », *Le Point*, novembre-décembre 2015, 122 pages.

Sujets

- La religion est-elle indispensable à l'homme ?
- Les trois monothéismes sont-ils une seule et même religion ?
- Les textes sacrés diffusent-ils une morale divine ?
- La fabrique du Livre dans les religions révélées.

5 Islamisme, salafisme, djihadisme, des concepts politiques ou religieux ?

« Une des plus grandes plaies théoriques du monde islamique est que les gens en sont venus peu à peu à comprendre l'islam comme une identité plutôt que comme une vérité »

ABDOLKARIM SOROUSH, 1996.

Introduction

Les enjeux contemporains de la question religieuse portent sur l'éventualité d'un « retour » du religieux au XXIe siècle. Si la croyance n'a jamais disparu, l'interrogation est surtout le fait du regard occidental, mais aussi de l'agitation médiatique. Le continent européen a depuis le XIXe siècle connu un recul des pratiques religieuses mais ce n'est pas le cas du reste du monde. Ce qui émerge au sein des grandes rivalités géopolitiques mondiales, et notamment au Moyen-Orient, est davantage un « recours » au religieux (G. CORM, 2012). Le fait religieux instrumentalisé est projeté au cœur des relations internationales. Alors que l'analyse des conflits au XXe siècle était soit marxiste, soit libérale, depuis la fin de la guerre froide et notamment les années 2000, le recours au religieux est privilégié pour lire et expliquer les conflits. En 1981, Ronald REAGAN, président des États-Unis, emploie l'expression « empire du mal » pour désigner l'URSS, dans une vision manichéenne du monde et ouvre la voie à l'instrumentalisation des monothéismes pour combattre les Soviétiques. Depuis la fin des années 1980, le recul des idéologies laisse place à un repli identitaire fondé sur la religion. Le religieux semble combler le vide laissé par le combat politique. Aussi, le radicalisme succède-t-il au nationalisme, à l'exemple de l'islamisme qui éclipse l'arabisme tant socialement que politiquement.

S'il y a une radicalisation aujourd'hui, c'est que toutes les positions sont possibles dans l'interprétation des hadiths et des actes du Prophète qui fondent la loi coranique (la *charia*). Cependant, toutes les sociétés musulmanes ne sont pas extrémistes et si les médias agitent le spectre d'un « retour du religieux », il s'agit en réalité d'un « recours au religieux » (R. BRAGUE, G. CORM, *L'Express,* Hors-Série n° 1, 2012-2013).

Concepts/notions

- **Califat** : institution créée après la mort de Mahomet mêlant pouvoir politique et religieux. Les dynasties Omeyyades puis Abbasides succèdent au califat, puis il est repris par l'Empire ottoman en 1516 avant d'être aboli en 1924. Après la conquête de Mossoul en 2014, *Daech* rétablit le califat.
- **Charia** : « loi islamique » qui recouvre plus largement l'ensemble des normes édictées par la Révélation et la Tradition musulmane.

- **Désendoctrinement** : action de lutter contre l'enseignement d'une « doctrine » considérée comme dangereuse ou sectaire (M. GUIDÈRE, 2017).
- **Djihadisme** : idéologie politico-religieuse radicale qui prône l'établissement d'États islamiques et le rétablissement du califat par l'usage de la violence au nom de la « guerre sainte », le djihad.
- **Fatwa** : avis juridique donné par un spécialiste de la *Charia*.
- **Hadiths** : paroles, faits ou gestes de Mahomet.
- **Islam :** religion des musulmans fondée sur le Coran.
- **Islamisme** : à l'origine, religion des musulmans puis courant de pensée radical voulant faire de l'islam une idéologie politique par l'application de la *Charia* (loi coranique) et la création d'États islamiques.
- **Islam politique** : formes idéologisées qui se réclament de la religion musulmane ayant recours à la violence et au terrorisme dans le but de mettre en place des régimes théocratiques fondés sur la *Charia* (M. GUIDÈRE, 2017).
- **Radicalisation** : processus idéologique passant par un retour aux sources gommant l'existant, à travers un refus de tout compromis et la volonté de purifier les sociétés et les individus (M. GUIDÈRE, 2017).
- **Salafisme** : de l'arabe *salaf* qui signifie « ancêtre », c'est un mouvement sunnite qui revendique un retour à l'islam des origines par une lecture littérale de la Tradition et le rejet des interprétations ultérieures.
- **Wahhabisme** : courant politico-religieux qui tient son nom de Mohamed ibn Abd al-Wahhab (1703-1792) dont le but est de construire un État sunnite non seulement en Arabie, mais aussi dans tous les pays arabes, et dont l'objectif est de revenir à un islam des origines et expansif.

Chronologie

- **1922** : Mustafa Kemal Atatürk fonde la République turque et instaure la laïcité.
- **1924** : fin du califat.
- **1928** : fondation en Égypte des Frères musulmans.
- **1932** : fondation du royaume d'Arabie Saoudite par Ibn Saoud.
- **1979** : Révolution islamique iranienne ; l'ayatollah Khomeini en devient le guide suprême ; prise de la Grande Mosquée de La Mecque ; traité de paix entre l'Égypte et Israël.
- **1979-1989** : guerre d'Afghanistan.
- **1982** : création du Hezbollah libanais.
- **1983** : premiers attentats du Hezbollah.
- **1988** : création d'Al-Qaïda en Afghanistan par Oussama Ben Laden.
- **1992** : premiers attentats d'Al-Qaïda au Yémen.
- **1996** : instauration de l'Émirat islamique d'Afghanistan.
- **2001** : attentats du 11 septembre aux États-Unis.

- **2003** : invasion de l'Irak.
- **2006** : création de l'État islamique en Irak.
- **2010** : début des Printemps arabes en Tunisie.
- **2012** : les Frères musulmans gagnent le pouvoir en Égypte.
- **2013** : l'État islamique en Irak et au Levant est proclamé (*Daech*).
- **2014** : prise de Mossoul et expansion du terrorisme ; rétablissement du califat sur les territoires contrôlés par *Daech* en Syrie et en Irak.
- **2015** : 50 attentats meurtriers dans le monde par les « soldats du califat », dans 15 pays, causant 1 500 morts.

Historique et actualité des fondamentalismes musulmans

L'islamisme, une instrumentalisation politique de l'islam

L'islam est au cœur de dérives avec le développement de l'islamisme. À l'origine, islam et islamisme sont synonymes pour désigner la religion des musulmans, puis l'islamisme tend à devenir une idéologie politique radicale qui passe par la mise en œuvre de la *Charia* (la loi coranique) et par la création d'États islamiques.

Ce courant réformiste apparaît à la fin du XIXe siècle à travers Jamal Eddine al-Afghani (1839-1897), Mohamed Abduh (1849-1905), puis Rashid Rida (1865-1935), sensibles au wahhabisme d'Arabie et nostalgiques du califat supprimé en 1924 lors de la proclamation de la République de Turquie. Au XXe siècle, la confrérie des Frères musulmans est fondée par Hassan al-Banna en Égypte, ce qui permet au mouvement de s'organiser. Dans un contexte de domination britannique, considérée comme une humiliation, le courant se radicalise. Même sous le régime de Nasser la radicalisation se poursuit avec Sayyid Qutb (1906-1966) qui perçoit tous les régimes nationalistes arabes comme « impies ». Emprisonné par le régime nationaliste égyptien, il est pendu. Cela n'empêche pas les Frères musulmans de diffuser leur idéologie dans les États autoritaires, récupérant les désastres économiques, géopolitiques et la corruption pour favoriser leur assise populaire et opérer une islamisation par le bas. Les élections organisées après les mouvements des Printemps arabes de 2011-2012, notamment en Égypte, montrent la force des partis islamistes dans le tissu social. Même s'ils sont démis du pouvoir en 2013, ils demeurent des groupes politiques d'opposition dans le monde arabe, comme le Hamas en Palestine ou le Hezbollah au Liban. Le succès électoral des islamistes, même s'il a permis de récupérer les révoltes populaires transformées en révolutions lors des Printemps arabes, a ouvert un hiver islamiste dont la portée est variable en fonction des pays. En Turquie, leur installation est durable, alors qu'en Égypte, leur prise de pouvoir ne tient que deux ans. Leurs résultats sont mitigés en fonction du rôle de l'armée et de la crédibilité des autres formations politiques. Un islamisme d'État est installé en Arabie saoudite et en Iran, avec des systèmes politiques et juridiques fondés sur une interprétation rigoriste de l'islam. Au XVIIIe siècle, la famille des Saoud noue une alliance avec le mouvement wahhabite de Mohamed ibn al-Wahhab. Ceci leur permet de reprendre le pouvoir au XXe siècle avec Abdul Aziz ibn Saoud qui conquiert Riad en 1902. Il fonde un État, s'appuyant sur le wahhabisme, reconnu internationalement en 1932. Le Coran est la seule source de loi. Le roi gouverne conformément à la *Charia* selon le texte constitutionnel de 1992 (art. 55). Un système de succession dynastique s'impose alors. Depuis 2015, Mohamed ben Salman est le dernier de cette lignée gérontocratique. En Iran, la révolution islamique de 1979 renverse le régime monarchique des Shahs d'Iran. Une République islamique fondée sur un islam chiite est établie. Dans l'attente de l'imam dont les chiites croient en la résurrection, le pouvoir est confié, grâce à l'expression populaire, à un guide aux pouvoirs considérables. L'ayatollah Khomeini devient ainsi le chef des armées. Il est à l'origine de la politique générale et de la nomination à tous les postes de l'État. Une élection présidentielle a lieu tous les quatre ans. En 2017, Hassan Rohani est réélu. L'Assemblée consultative islamique est élue au suffrage universel direct et exerce le pouvoir exécutif. Les lois qu'elle promulgue ne sont valables que si elles sont validées par les douze membres du Conseil des Gardiens nommés par le Guide. Depuis 1963 les femmes votent en Iran mais elles sont exclues des plus hautes charges étatiques (P. BLANC, J.-P. CHAGNOLLAUD, 2016).

L'islamisme se détache d'abord de l'islam à travers une tendance modérée, puis se radicalise à la faveur de l'essoufflement des nationalismes et notamment de l'échec de l'arabisme à créer une unité du peuple arabe fondée sur l'arabité dans une grande nation arabe. L'islamisme récupère les dissensions politiques, les difficultés économiques et le désarroi social pour prospérer et affirmer ses tendances totalitaires.

Le salafisme, un retour radical aux origines de l'islam

Une autre forme de fondamentalisme musulman monte en puissance à travers le salafisme qui prône un retour à la religion des anciens et à une interprétation littérale des sources religieuses.

C'est un courant qui s'affirme lors des élections qui succèdent aux Printemps arabes de 2011 et qui s'inspire du soufisme proposant un islam intériorisé et mystique à travers un retour aux pratiques religieuses des ancêtres qui vivaient au temps des origines de l'islam (les *salafs*). Le salafisme se radicalise en dépassant ce mouvement dans sa quête de pureté originelle. Au sein de la mouvance sunnite d'Arabie, le salafisme apparaît entre 1902 et 1932. Il devient alors la version officielle de l'islam dans l'Arabie conquise par Abdul Aziz ibn Saoud et ses soutiens wahhabites. Ce courant se diffuse sur la scène internationale grâce aux revenus du pétrole qui permettent à l'Arabie saoudite d'étendre son influence dans les années 1970. À la fin du XXe siècle, le salafisme emprunte la voie du terrorisme. Dans le contexte de fin de guerre froide et d'affrontement en Afghanistan entre les troupes soviétiques et les moudjahidines soutenus par les États-Unis, de 1979 à 1989, le groupe Al-Qaïda prend forme sous l'influence d'Oussama Ben Laden. Dans les crises et conflits d'après-guerre froide, l'islamisme s'internationalise. Al-Qaïda est à l'origine des attentats du 11 septembre 2001 contre les États-Unis et dénonce les dérives du gouvernement Georges BUSH, quant à la guerre illégitime en Irak. En Égypte, après l'exil des héritiers d'Hassan al-Banna, les salafistes voient leur champ d'action limité au domaine caritatif. Grâce au succès des Frères musulmans en 2011, le parti salafiste al-Nour obtient de bons scores aux élections. Après la reprise en main militaire du pouvoir en 2013, l'action terroriste connaît un regain de vitalité. Le salafisme a profité des réseaux sociaux pour séduire les jeunes et accroître ce tournant rigoriste à l'échelle internationale (P. BLANC, J.-P. CHAGNOLLAUD, 2016). Le passage d'un terrorisme à l'autre se fait avec la chute du communisme qui amène un nouvel affrontement entre libéralisme et islamisme relevant non d'un « choc des civilisations » comme l'aurait préconisé Samuel HUNTINGTON en 1996, mais de l'apparition d'un ennemi mal défini et d'un débat idéologique assez flou dans le cadre d'une « guerre globale contre la terreur » entamée en 2001 par G. BUSH. La voie révolutionnaire qui était celle de l'extrême gauche est récupérée par l'islamisme radical. La scène médiatique se fait le relais des interrogations et amalgames portés par les sociétés occidentales au regard de la compatibilité de l'islam avec la modernité ou la démocratie, mais aussi quant à la condition des femmes, la violence du Coran, l'immigration et l'intégration des musulmans ou encore l'antisémitisme et l'islamophobie (M. GUIDÈRE, 2017).

Le salafisme a profité du contexte géopolitique pour se répandre à l'échelle mondiale.

Le terrorisme, un des moyens d'action de l'islamisme salafiste

L'avènement de ces djihadistes salafistes s'appuie sur le djihad (la « guerre sainte ») non plus au nom de préceptes religieux mais dans une démarche individuelle pour faire éclore un État islamique et une société musulmane qui combat les mécréants.

Cette vision du djihad est contemporaine de la guerre d'Afghanistan de 1979-1989, car à l'origine le djihad prôné à Médine ne comporte aucune représentation idéologique musulmane (J. CHABBI, 1997). Après la mort de Mahomet, le combat au nom de Dieu s'organise en rupture avec la société arabe traditionnelle car, dans les sociétés tribales, mourir c'est manquer aux siens et risquer de remettre en cause leur survie. Le combat n'est alors légitime qu'en dernier recours. La figure du martyr apparaît au sein du chiisme pour désigner celui qui a été tué de manière injuste, alors que les sunnites désignent par le terme de « témoin » celui qui est mort au combat pour Dieu au cours du IXe siècle. Au XIVe siècle se pose la question de savoir s'il est légitime de combattre les Mongols, pourtant convertis à l'islam, qui envahissent l'Empire musulman. La vérité est alors interrogée à travers la notion de « vrais » ou de « bons » musulmans. C'est au Pakistan, pendant la guerre d'Afghanistan que la question est récupérée. À Peshawar, au « Bureau des services » créé par Abdullah Azzam, un palestinien docteur en jurisprudence islamique, seuls les musulmans « complets » peuvent être légitimes à diriger un État islamique. Il donne naissance au premier réseau de recrutement de combattants radicaux prêts à aider les Afghans dans la guerre qui les oppose aux Soviétiques (1979-1989). Le djihad devient ici une obligation pour tout croyant au même titre que le jeûne ou la prière. Il est alors du ressort de chacun d'entrer en guerre contre des États illégitimes, ce que le wahhabisme saoudien réfute, remettant au seul détenteur du pouvoir légitime la possibilité de décider de la guerre sainte. Le djihad se fait le bras armé de l'islam politique. À la mort d'Abdullah Azzam, Oussama Ben Laden, ayant fondé Al-Qaïda sur le « Bureau des services », prend pour cible l'occupation occidentale des pays musulmans. L'État saoudien, allié des Occidentaux, est considéré comme « impie » et le wahhabisme est attaqué. De plus, alors que le Koweït est envahi par les troupes de Saddam Hussein en 1990, l'Arabie saoudite accepte des troupes américaines sur son sol. Ben Laden fait prospérer son idéologie en Afghanistan une fois les Talibans installés au pouvoir en 1996. Il a lancé en 1998 le « Front mondial islamique contre les croisés et les juifs » au sein duquel « *chaque musulman doit tuer un citoyen américain, civil ou militaire* ». Tous ceux qui sont considérés comme mécréants (*kouffar*), les mauvais musulmans ou les Occidentaux, sont assimilés à des ennemis, selon les préceptes de Musab al-Zarqawi (1996-2006). En 2000, la « guerre des pierres » ou deuxième *Intifada* en Palestine justifie l'attentat contre les États-Unis, alliés d'Israël, face aux Palestiniens érigés en symbole des musulmans persécutés. Puis en 2001, Al-Qaïda frappe les États-Unis au cœur du *World Trade Center*. Georges BUSH décide alors d'entrer en « guerre contre le terrorisme » et d'engager la riposte en Afghanistan, puis en Irak en 2003. Le djihad se renforce et se radicalise au niveau idéologique tout en bénéficiant d'un afflux de combattants. Moussab al-Zarkaoui et Abou Bakr al-Bagdadi jouent un rôle fondamental dans le ralliement de ces nouvelles forces, notamment à partir des anciens cadres militaires de Saddam Hussein. Ils forment la branche irakienne d'Al-Qaïda en 2004. C'est de celle-ci que *Daech* s'est formé. En 2006, les militants irakiens se constituent en « État islamique en Irak » et prennent des territoires riches en pétrole en Syrie. En 2010, al-Bagdadi se détache d'Al-Qaïda et grâce aux territoires acquis en Syrie et en Irak proclame, en 2013, un « État islamique en Irak et au Levant ». Ce pseudo-État qui se constitue sur la Syrie, l'Irak et la Libye est à l'origine de la nouvelle figure des djihadistes salafistes qui restaurent le califat en 2014. De lourds revers lui sont cependant imposés par les forces de la coalition internationale. Sur un territoire gagné par la force, une logique totalitaire et un contrôle des populations s'établit par la violence et la propagande (P. BLANC, J.-P. CHAGNOLLAUD, 2016).

La force de persuasion de ce courant radicalisé à l'extrême tient à la cohérence idéologique sectaire qui vise à l'élimination de tous les éléments considérés comme impurs. Il séduit ceux qui se trouvent en difficultés sociales (P. BLANC, J.-P. CHAGNOLLAUD, 2016).

Prospective

Les ressorts individuels de la radicalisation et la lutte contre les dérives djihadistes

L'islamisation de la radicalité s'accentue au tournant de 2011 avec l'échec des Printemps arabes qui laisse apparaître des mouvements utopistes et extrêmes.

Si les attentats islamistes se sont multipliés jusqu'à la fin des années 2010, l'Institut pour l'Economie et la Paix estime qu'entre 2018 et 2019 ceux-ci ont diminué de 15 %. Il existe cependant des inégalités géographiques dans la répartition et le nombre de ces attentats. En effet, si l'Europe, l'Asie, la Russie, l'Amérique du Sud ou le Proche et le Moyen-Orient connaissent moins de victimes, l'Asie du Sud et l'Afrique subsaharienne voient, au contraire, un regain de ce type de violence. Il semble que le terrorisme touche davantage les pays en guerre alors que dans d'autres régions son repli tient aussi à l'épidémie de COVID-19, au moins pour le début de l'année 2020. Quelques pays font exception en Occident, à l'exemple de la France, régulièrement la cible d'attentats revendiqués par Daech (Jean-Marc FOUR, « Le terrorisme est en recul », *France inter,* 25 novembre 2020).

Nombre d'attentats islamistes dans le monde

	Nombre d'attentats	**Nombre de morts**
1979-2019	33769	167096

Source : Fondation pour l'innovation politique – novembre 2019.

Aussi, la radicalisation islamiste, qui précède le passage à l'acte terroriste, se fait en trois étapes : après une exposition initiale aux préceptes et doctrines islamistes qui peut se faire *via* les réseaux sociaux, une phase d'endoctrinement ou d'« autoradicalisation » succède, avant l'action violente. Un « profilage comportemental » peut permettre de repérer les profils radicalisés. Ceux-ci sont opposés à tout compromis se considérant comme seuls détenteurs de la vérité qui légitime leur recours à la violence, leur intolérance et la diabolisation de ceux qu'ils considèrent comme leurs ennemis. Les leviers d'action sur la radicalisation peuvent porter sur l'information et la désinformation des jeunes *via* la propagande et donc la contre-propagande. Plus particulièrement, les adolescents sont vulnérables face à un sentiment d'injustice, de marginalisation ou d'ennui dans leur milieu d'origine. L'inculture religieuse est aussi un motif qui pousse vers une quête de sens, ainsi que la politisation au cœur du système de radicalisation. Ainsi la déradicalisation, processus inverse à la radicalisation, peut passer par une approche comportementale, doctrinale avec un désendoctrinement ou une démarche mixte. Dans les années 2000, l'approche comportementale s'intéresse aux symptômes plus qu'aux causes de la radicalisation. Il s'agit alors d'observer les attitudes et comportements des individus radicalisés pour adopter une démarche pédagogique. Les mécanismes comportementaux, sociaux ou relationnels, sont alors convoqués pour répondre aux problèmes posés par la radicalisation. Cela aboutit à la mise en place de mesures de sanctions ou de récompenses, voire d'isolement et d'emprisonnement. L'unique centre de déradicalisation en France, situé à Pontourny en Indre-et-Loire a fermé en 2017. Le désendoctrinement vise à détourner un individu radicalisé des idéologies qu'il considère pour vraies. Il se rattache à une assimilation de la radicalisation à une dérive sectaire. Ici, les individus radicalisés sont considérés comme des victimes qu'il s'agit de défaire de leurs croyances et de leur violence. Depuis les années 2010, sous l'impulsion des pays nordiques, une démarche mixte permet de considérer à la fois l'individu et le groupe radicalisés en rompant avec l'approche psychologique ou sociologique. Au-delà des lois et de la répression, il s'agit de prévenir et de protéger les individus vulnérables par une action philosophique visant à substituer à « l'idéologie de la mort » l'« amour de la vie » par une réhabilitation individuelle, un encouragement au respect de l'autre et une rénovation sociale (M. GUIDÈRE, 2017).

Les moyens de séduction qui concourent à la radicalisation doivent être contrôlés par ceux qui luttent contre celle-ci. Ils tiennent tant à la propagande, qu'à l'utilisation des réseaux sociaux ou du *dark web*, qu'à l'endoctrinement individuel qui s'apparente à celui exercé par les groupes sectaires.

Conclusion

L'islam et l'interprétation de ses origines ont pu donner naissance à un islam politique et religieux dont l'ambivalence se retrouve dans la confusion sémantique entre islam et islamisme. À l'islam, religion, s'est adjointe une idéologie, l'islamisme, dont le terrorisme est un des moyens d'action. La figure de Mahomet, Prophète, prédicateur, mais aussi homme de pouvoir et chef de guerre rappelle également la dualité de l'islam.

Sans dévier vers l'extrémisme, chaque monothéisme connaît dès ses origines une confusion entre pouvoir spirituel et pouvoir temporel. Aucun ne reste cantonné dans la sphère privée et tous peuvent être sujets aux récupérations les plus radicales.

Document

Rashid Rida à l'origine d'un fondamentalisme musulman né d'une interrogation sur le déclin de l'islam face à l'Europe et des divisions internes à l'islam

Au Moyen Âge, il y a eu un homme parmi les plus capables, digne d'évocation, le « cheikh al-Islam » Tâqî ad-Dîn Ahmad ibn Taymiyyah – que Dieu tout-puissant lui fasse miséricorde. Dieu lui a donné des dons rarement réunis parmi les hommes : rapidité d'apprentissage ; force de la mémoire ; capacités d'évocation, de déduction, de démonstration de la preuve ; mémorisation du Coran et des commentaires qui en ont été faits dans les hadiths attestés et les dits des Compagnons et de leurs successeurs ; mémorisation des témoignages laissés en tout lieu par les oulémas sur les dogmes religieux et les prescriptions légales ; connaissance des quatre écoles juridiques et de leur système de preuves. Toutes ces connaissances, il les convoquait dans ses écrits et ses fatwas. Il avait lu les livres des nations et des sectes religieuses, les livres de logique, de philosophie, de théologie spéculative, de soufisme. Puis, il était capable de tout remettre en cause pour porter la contradiction aux Nazaréens [chrétiens] et aux gens de l'innovation. Il a rédigé de puissants traités [grâce à] l'ampleur de ses lectures et la puissance de ses démonstrations. Il a concentré toute son énergie à assurer la victoire du sunnisme et de l'école salafiste face à tous ses contradicteurs – théologiens spéculateurs et maîtres soufis, même ceux qui, parmi eux, se rattachaient au sunnisme [...].
Malgré tout cela, il demeurait le plus humble et le plus dépouillé des serviteurs de Dieu [...]. Certains oulémas officiels ont attaqué l'école salafiste et le sunnisme. Ces oulémas, proches de sultans et des rois, produisaient des fatwas empreintes

de théologie spéculative et d'imitation aveugle. [...] Parmi eux, il y en avait qui demandaient aux sultans d'interdire la lecture de certains versets ou de certains hadiths. Ces imitateurs et ces théologiens continuaient de contraindre les gens, jusqu'à ce que Dieu tout-puissant inspire dans la région du Nejd l'action d'un nouveau restaurateur de la foi, l'invocateur Muhammad ibn 'Abd al-Wahhâb, suivie de celle de ses enfants et de ses petits-enfants ainsi que de ses partisans parmi la famille des Saoud – les émirs du Nejd depuis la fin du XVIIIe siècle et le début du XIXe siècle.

Rashid Rida, « Les wahhabites et le Nejd », 1926, traduction Bernard Rougier, *in* « De la Nahda au wahhabisme », *Le Point, Références*, novembre-décembre 2015, p. 79.

Bibliographie

Ouvrages spécialisés sur l'islam et l'islamisme :

- CHABBI Jacqueline, *Le Seigneur des tribus : l'islam de Mahomet,* Paris, Noêsis, 1997, 736 pages.
- CORM Georges, *Pour une lecture profane des conflits. Sur le « retour du religieux » dans les conflits contemporains du Moyen-Orient*, Cahiers libres, Paris, La Découverte, 2012, 256 pages.
- BLANC Pierre, CHAGNOLLAUD Jean-Paul, *Atlas du Moyen-Orient*, Paris, Autrement, 2016, 96 pages.
- GUIDÈRE Mathieu, *Atlas du terrorisme islamiste. D'Al-Qaïda à Daech*, Paris, Autrement, 2017, 96 pages.
- KEPEL Gilles, *Fitna. Guerre au cœur de l'islam,* Paris, Gallimard, 2007, 448 pages.
- KEPEL Gilles, *Terreur et martyre. Relever le défi de civilisation*, Champs actuel, Paris, Flammarion, 2008, 365 pages.

Revues :

- « Dieu bientôt obsolète ? Retour du religieux ou soubresaut final », *Le Monde des religions*, n° 76, mars-avril 2016, 82 pages.
- « Juifs, chrétiens, musulmans, la grande histoire de Dieu », *L'Express*, Hors-Série n° 1, décembre 2012, mars 2013, 210 pages.
- « L'islam, ce qu'il faut savoir, les textes fondateurs », *Le Point*, septembre-octobre 2016, 114 pages.
- MARTINACHE Igor, « Les religions sont-elles solubles dans la modernité ? », *Alternatives Économiques*, n° 368, mai 2017, pp. 76-79.
- « Penser l'islam, hier et aujourd'hui, les grands textes », *Le Point*, novembre-décembre 2015, 122 pages.

Sujets

- De l'islam à l'islamisme, quels sont les enjeux géopolitiques de l'affirmation des fondamentalismes musulmans ?
- La déradicalisation est-elle possible ?
- Peut-on parler d'un « retour du religieux » dans les relations internationales aux XXe et XXIe siècles ?

6 La Laïcité en France, une valeur républicaine en débat

« Si Dieu n'existait pas, il faudrait l'inventer »

VOLTAIRE, *ÉPÎTRES* (1706-1778).

Introduction

Principe d'une République qui se veut démocratique, sociale, indivisible et laïque, la laïcité interroge les sociétés contemporaines, qu'elles soient françaises, européennes ou mondiales. Dans des espaces nationaux devant faire face au nouveau défi de la pluralité religieuse, la laïcité tente de s'imposer comme nouveau credo pour faire fi du religieux devenu « problème » notamment dans les sociétés occidentales. Or, la laïcité est, par essence, interreligieuse. Elle n'est pas anti-religieuse mais tolérante vis-à-vis de toutes les religions et neutre pour n'en privilégier aucune. Sa définition est cependant mouvante dans le temps et en fonction des pays. Du lien originel entre pouvoir politique et religieux issu des trois monothéismes, la laïcité apparaît comme une tentative de solution pour ces querelles séculières liées aux rapports réciproques entre le spirituel et le temporel. Elle appartient pleinement, comme les religions ont pu l'être à leur origine, au processus de construction étatique, voire républicain et démocratique.

Dans sa dimension historique et internationale, la laïcité apparaît comme une notion débattue, à l'origine d'engagements citoyens, mais qui peut être aussi menacée.

Concepts/notions

- **Laïcisation** : expulsion de la religion en dehors des affaires publiques par une volonté étatique.
- **Laïcité** : du grec *laos*, signifie le « peuple ». La laïcité désigne la perte d'emprise de la religion sur l'État et sur la société, et de manière plus restrictive, il s'agit du refus de la subordination du politique au religieux, ainsi qu'inversement, même si les deux ne sont pas totalement imperméables (V. ZUBER, 2017).
- **Protestantisme** : branche du christianisme née du schisme de 1517 initié par les *95 Thèses* publiées par Luther donnant lieu à la Réforme.
- **Sécularisation** : perte d'emprise des institutions religieuses sur les sociétés modernes.

Chronologie, la laïcité en France

- **1789**: la Déclaration des droits de l'homme et du citoyen reconnaît la liberté de conscience: nul ne doit être inquiété pour ses opinions, même religieuses, pourvu que leur manifestation ne trouble pas l'ordre public établi par la loi.
- **1790**: Constitution civile du clergé en France à laquelle les ecclésiastiques doivent prêter serment. Ils reçoivent alors un salaire de l'État. Certains refusent et deux Églises s'opposent: une constitutionnelle, l'autre relevant du pape.
- **1791**: les édifices religieux ne peuvent être utilisés que par les religieux salariés de l'État.
- **1794**: le calendrier des fêtes républicaines se substitue aux fêtes catholiques.
- **1795**: premier essai de séparation des Églises et de l'État en France.
- **1801-1802**: concordat entre la France et le Saint-Siège.
- **1882**: l'éducation morale et religieuse est remplacée par l'éducation morale et civique à l'école.
- **1905**: loi de séparation des Églises et de l'État.
- **1946**: inscription du principe de laïcité dans la Constitution de la IVe République.
- **1959**: loi « DEBRÉ » sur les modalités de financement des établissements privés sous contrat.
- **1989**: polémique sur le port du « foulard islamique » à l'école.
- **1994**: circulaire BAYROU sur le port des signes religieux ostentatoires à l'école.
- **2002**: création du Conseil français du culte musulman (CFCM).
- **2004**: loi française contre le port de signes religieux ostentatoires dans les établissements scolaires publics.
- **2011**: loi portant interdiction de dissimuler son visage dans l'espace public.
- **2013**: publication de la Charte de la laïcité dans l'école.
- **2016**: autorisation des crèches dans les établissements publics pour leur caractère culturel, artistique et festif.
- **2017**: circulaire relative au respect de la laïcité dans la fonction publique.
- **2018**: le ministre de l'Education nationale installe à ses côtés un « Conseil des sages de la laïcité » dont la mission vise à « *préciser la position de l'institution scolaire en matière de laïcité et de faits religieux* ».
- **2020**: assassinat de Samuel Paty, professeur d'histoire-géographie; projet de loi contre le « *séparatisme* » présenté le 9 décembre en conseil des ministres sous le nom de loi « *confortant les principes républicains* ».
- **2021**: lancement d'un plan de formation des personnels de l'Éducation nationale sur la laïcité à l'école.

Historique

De la querelle entre pouvoir politique et religieux naît la laïcité

La question du lien entre pouvoir spirituel et temporel est au cœur des tensions liées à la laïcité. Elle soulève le problème de l'équilibre entre ces deux pouvoirs. Or, elle a pourtant été tranchée par le message évangélique de Matthieu qui indique aux hommes de « *rendre à César ce qui est à César et à Dieu ce qui est à Dieu* ». Elle revêt aujourd'hui un intérêt tout particulier dans un contexte d'affirmation des identités religieuses, mais aussi face à l'augmentation du nombre de personnes se revendiquant « sans religion » (V. ZUBER, 2017).

État et religion apparaissent liés dès les origines et dans la Tradition. L'alliance entre Dieu et Moïse révélée dans l'Ancien Testament peut être perçue comme une constitution à la fois religieuse et civile qui a permis de transformer le système des tribus juives en royauté centralisée. La religion a un rôle unificateur et accompagne la construction des États centralisés. Après la conversion de l'empereur Constantin au christianisme en 312, la priorité pour l'Empire romain est l'unification de la théologie chrétienne et des pratiques religieuses. La puissance publique convoque plusieurs conciles œcuméniques pour définir et fixer le dogme. Les évêques, qui en sont à l'origine, deviennent des fonctionnaires impériaux. Les conciles de Nicée-Constantinople (325-381), en fixant la doctrine trinitaire ont permis de normaliser la théologie chrétienne et de centraliser le pouvoir ecclésiastique afin que le pouvoir impérial puisse mieux le contrôler. À l'époque médiévale, c'est la Chrétienté qui réaffirme sa volonté de contrôler le pouvoir temporel. L'unité de l'Église catholique lui permet d'imposer sa supériorité sur la puissance des princes. Le *Dictatus papae* du pape Grégoire VII de 1075 instaure la suprématie du spirituel sur le temporel. La réforme grégorienne s'engage alors, affirmant le caractère absolu de l'autorité du pape sur les princes. Le pape se réserve le choix des évêques et la possibilité de déposer un empereur. De nombreux conflits opposent alors les pouvoirs temporel et spirituel jusqu'à la querelle des investitures. Le pape Grégoire VII est déposé par Henri IV empereur du Saint Empire romain germanique malgré la soumission provisoire de l'empereur à Canossa en 1077. Les évêques allemands nomment alors l'antipape Clément III. Le bras de fer se solde en 1122 par le concordat de Worms où l'empereur reconnaît la séparation des pouvoirs spirituel et temporel et accepte la nomination des évêques par le pape (V. ZUBER, 2017).

Dans l'Europe moderne, le schisme au sein du christianisme, faisant apparaître le protestantisme et ses diverses formes comme le luthéranisme ou le calvinisme, provoque des guerres sanglantes. Lorsque ce sont les religions qui se détachent progressivement de la tutelle juridique de l'État, il s'agit de sécularisation. Avec la Réforme du XVIe siècle, la réflexion s'engage sur l'autonomie de l'État moderne face au domaine religieux. Jean CALVIN, réformateur genevois, écrit en 1535 son Epître à François Ier : il affirme qu'une séparation est nécessaire entre les autorités civiles et religieuses. Les Églises réformées d'Europe et d'Amérique rompent avec l'Église romaine, ce qui inspire le pouvoir politique. Les propositions calvinistes gagnent les États allemands, l'Écosse, les Pays-Bas. Le roi d'Angleterre Henri VIII se convertit alors au luthéranisme. Ayant d'abord réfuté les thèses de Luther, il est frappé d'excommunication par le pape Clément VII en 1534 pour avoir fait annuler par une institution temporelle, le tribunal anglais, son mariage avec Catherine d'Aragon qu'il juge douteux au regard de la Bible puisqu'elle est la femme de son frère. Le Parlement vote alors l'Acte de Suprématie qui accorde au roi et à ses successeurs le titre de « *chef unique et suprême de l'Église d'Angleterre* ». La doctrine politico-religieuse protestante proclame en Allemagne, comme en Angleterre, la supériorité absolue du temporel sur le spirituel. Progressivement les États européens adoptent ces principes politiques. Aucune réconciliation doctrinale n'est alors possible et seules des règles civiles et juridiques laïcisées peuvent résoudre ce type de conflit. L'État moderne se renforce dans ce contexte. Cependant, l'avènement de la tolérance religieuse reste encore difficile. L'Édit de Nantes qui accorde en 1598 la liberté de culte aux protestants est révoqué en 1685 par l'Édit de Fontainebleau. Le roi Très Chrétien Louis XIV tente une nouvelle fois d'imposer l'unité religieuse. Pierre BAYLE ou John LOCKE réfléchissent à la manière dont l'État peut s'en départir et gérer pacifiquement la pluralité confessionnelle. Leur pensée libérale trouve des applications politiques en Amérique du Nord et est relayée par les Lumières françaises (V. ZUBER, 2017).

En France, la laïcité se construit en référence aux préceptes des penseurs des Lumières du XVIIIe siècle. Ils ne sont pas opposés à la religion civile. ROUSSEAU place une religion civique au cœur de la cité démocratique. VOLTAIRE, quant à lui, est hostile à l'athéisme. Tous deux donnent à l'idée de tolérance et de liberté religieuse un écho mondial. La Révolution française proclame à travers la Déclaration des Droits de l'Homme et du Citoyen de 1789, après la déclaration américaine de 1776, que « *Nul ne doit être inquiété pour ses opinions, même religieuses* » (art. 10). Un an après, l'unité nationale est célébrée par une grande messe lors de la fête de la Fédération le 14 juillet 1790. L'Église catholique se divise au moment où elle veut être contrôlée par la Constitution civile du clergé du 12 juillet 1790, l'amenant à un rejet violent du régime qui lui impose de « *veiller avec soin sur les fidèles du diocèse, être fidèle à la Nation, à la Loi et au Roi, maintenir tout le pouvoir de la Constitution décrétée par l'Assemblée nationale et acceptée par le Roi* ». Les biens du clergé sont confisqués. Des cultes d'État apparaissent avec la Révolution en l'honneur de la Déesse Raison ou de l'Être suprême qui figurent toujours dans notre Constitution à travers la Déclaration des Droits de l'Homme et du Citoyen de 1789. Le préambule de la Constitution du 3 septembre 1791 indique que « *la loi ne reconnaît plus ni vœux religieux, ni aucun autre engagement qui serait contraire aux droits naturels ou à la Constitution* » ouvrant ainsi la voie à la laïcisation. La première séparation des Églises et de l'État du 21 février 1795 met fin au laïcisme de type révolutionnaire. L'État se désengage financièrement des affaires religieuses, ferme les églises lui appartenant et garantit la liberté religieuse même si des obstacles sont mis à son exercice public. Le concordat de Napoléon BONAPARTE met en place un régime des « cultes reconnus » en 1801-1802. L'État reconnaît son lien avec les Églises chrétiennes qui sont de nouveaux subventionnées. En 1808, le culte israélite est ajouté à cette reconnaissance. C'est la IIIe République qui, en France, reprend les idées de divorce civil, de fêtes civiles comme le 14 juillet, d'enseignement public proposé par CONDORCET en 1792 ou encore la laïcisation de la justice et de la santé (V. ZUBER, 2018). Au plan philosophique, un État laïque se voudrait agnostique, ni croyant, ni incroyant, mais pratiquant abstention et neutralité. Malgré son hostilité aux religions, MARX s'oppose à cette idée car, selon lui, l'athéisme ne doit résulter que d'un libre choix. Ferdinand BUISSON prône la laïcité dans l'enseignement et veut en faire une philosophie religieuse pour guider la vie des futurs citoyens. Si NIETZSCHE considère la laïcité et la religion comme des nihilismes, l'imposition d'une laïcité radicale ne serait-elle pas elle-même contraire au libre arbitre ? Dans quelle mesure la laïcité ne revêtirait-elle pas elle-aussi des modalités d'affirmation propres aux religions ? Deux formes de laïcité existent. Une laïcité « négative », fermée et privant de liberté, s'oppose à une laïcité « positive » ou « plurielle » qui trouve sa neutralité dans la tolérance. Cette dernière est empruntée aux idées des Lumières, puis elle est reprise par Régis DEBRAY, défenseur de l'enseignement du « fait religieux » à l'École ou encore Nicolas SARKOZY en 2008 à Rome. L'éducation à la raison et au savoir scientifique doit permettre la compréhension de toutes les religions selon cette conception d'une laïcité « plurielle » afin de leur permettre de coexister pacifiquement en étant soumises au contrôle de la raison (Y. QUINIOU, 2014).

La nécessité d'une éducation à la laïcité se trouve réaffirmée dans le cadre des programmes d'Éducation morale et civique (EMC) venant remplacer l'Éducation civique, juridique et sociale (ECJS) à compter de 2015 dans l'enseignement secondaire.

La France revendique la paternité de la laïcité

L'affirmation du principe de laïcité apparaît en France à travers la loi de 1905, qui n'en porte cependant pas le nom. Celle-ci n'était pas consensuelle et a fait l'objet de nombreux débats. Elle s'inspire de textes antérieurs français et d'outre-Atlantique.

En France, selon le principe de séparation des Églises et de l'État, ce dernier ne reconnaît ni ne subventionne aucun culte (art. 2, loi du 9 décembre 1905). Il ne les interdit pas, mais ne se réclame d'aucun. Chacun est toléré à condition qu'il respecte les lois de la République et qu'il se conforme à l'ordre public. Il s'agit ici de laïcisation lorsque l'État se détache lui-même de l'Église catholique. Les espaces publics sont progressivement laïcisés, les signes religieux sont ôtés des tribunaux, des hôpitaux ou des écoles. Le premier article de la loi renouvelle le principe de la Déclaration des droits de l'homme et du citoyen de 1789 en matière de liberté religieuse. « *Tous les établissements publics du culte* » sont supprimés (art. 2). Des inventaires administratifs des biens d'Églises, temples et synagogues appartenant à l'État sont réalisés avant leur acquisition par des associations cultuelles créées pour l'occasion (art. 3). L'Église catholique reçoit la garantie de récupérer tous les biens dont elle disposait jusqu'alors (art. 4). Cet article fait débat face au principe d'une laïcité n'accordant de primauté à aucune religion (V. ZUBER, 2017).

Loi de 1905 de « séparation des Églises et de l'État »

Article premier : La République assure la liberté de conscience. Elle garantit le libre exercice des cultes sous les seules restrictions édictées ci-après dans l'intérêt de l'ordre public.
Art. 2 : La République ne reconnaît, ne salarie ni ne subventionne aucun culte. En conséquence, à partir du 1er janvier qui suivra la promulgation de la présente loi, seront supprimées des budgets de l'État, des départements et des communes, toutes dépenses relatives à l'exercice des cultes. […] Les établissements publics de culte sont supprimés, sous réserve des dispositions énoncées à l'article 3.

> Art. 3 : Les établissements dont la suppression est ordonnée par l'article 2 continueront provisoirement de fonctionner, [...], jusqu'à l'attribution de leurs biens aux associations privées prévues [...]. Dès la promulgation de la présente loi, il sera procédé par les agents de l'administration des domaines à l'inventaire descriptif et estimatif : 1° des biens mobiliers et immobiliers desdits établissements ; 2° des biens de l'État, des départements et des communes dont les mêmes établissements ont la jouissance.

La laïcité apparaît dans la Constitution comme liée à l'idée de démocratie, de progrès social et d'indivisibilité de la République. Or, la loi de Séparation des Églises et de l'État adoptée en 1905 ne s'applique pas au Bas-Rhin, au Haut-Rhin, à la Moselle, à la Guyane et aux Territoires d'Outre-Mer. Ceci montre qu'il n'y a pas une seule forme de laïcité. Il en existe sept : « *les laïcités antireligieuse, gallicane, ouverte, identitaire, concordataire, séparatiste stricte ou séparatiste inclusive* » (J. BAUBÉROT, 2017). Selon les époques, la laïcité revêt différentes réalités. Les polémiques apparaissent quand il s'agit de la renforcer ou de l'ouvrir. Au regard de la loi de 1905 aucune mention ni définition du terme laïcité n'apparaît. Le pluriel des Églises concernées par la loi montre que la laïcité est une notion plurielle alors que la France est majoritairement chrétienne. Cependant, la loi instaure que chacun puisse prier, manifester sa foi dans l'espace public dans le respect d'autrui et de l'ordre public. Elle établit que « *la République ne reconnaît, ne salarie, ni ne subventionne aucun culte* » (art. 2). Cependant, pour que chaque citoyen puisse jouir de la liberté religieuse, il existe des aumôneries dans certains hôpitaux, casernes, lycées ou prisons, financées par l'État. C'est un assouplissement de la loi de séparation de 1795 pour permettre le libre exercice religieux de tous, y compris dans des lieux fermés. Les cultes protestants et israélites se plient à la loi, mais le pape s'y oppose. Ainsi en 1907, l'Église catholique obtient que les biens catholiques lui soient laissés en libre disposition sans contrepartie financière. Ces rapports sont pacifiés dans les années 1920 avec la création d'associations cultuelles diocésaines qui respectent l'organisation interne du culte catholique. Le culte musulman apparaît, quant à lui, à partir des années 1980 comme un nouvel enjeu. Le terme de séparation ne signifie pas cloisonnement car l'État se réserve un droit de regard sur les affaires musulmanes ou la nomination des évêques catholiques. La laïcité n'en est pas moins la condition nécessaire à l'existence d'un État de droit, dont les critères constitutifs sont la neutralité, l'impartialité, l'indépendance des instances politiques et religieuses, la liberté de religion et d'expression religieuse et la non-discrimination (V. ZUBER, 2017).

Deux conceptions du lien entre le politique et le religieux s'opposent. Celle d'une société traditionnelle qui défend ses racines chrétiennes et celle d'un peuple ancré à gauche et ouvert à l'athéisme. Il s'agit là de convictions dans lesquelles la loi n'a pas à prendre parti. Aucune religion ne devrait s'attendre à souffrir des faveurs ou de la neutralité de l'État. La laïcité n'est pas une doctrine et les dérives de son interprétation ne doivent pas en faire une contre-religion ou une nouvelle religion. Il est possible d'être laïc et croyant, en dehors de toute forme de radicalisme religieux (Y. TARDAN-MASQUELIER, 2016).

Actualité et prospective

La laïcité, une exception française ?

La laïcité n'est pas une exception française. Elle accompagne la pratique démocratique et devient une réalité juridique des sociétés modernes. Le mot français n'a cependant pas d'équivalent dans toutes les langues, ce qui rappelle les multiples sens qui lui sont attachés. Historiquement, un État devient laïque après un processus concomitant à la construction nationale. La laïcisation peut être longue et jamais totalement achevée. La modernité occidentale est ainsi à l'origine de la laïcité qui se diffuse.

En Europe et dans le monde, une unification des modèles de gestion des cultes tend à s'opérer. La Turquie, par exemple, est un État laïque non séparatiste. L'État est théoriquement pluraliste, mais il contrôle et privilégie ouvertement l'islam sunnite face aux minorités alévies, kurdes, arméniennes ou grecques orthodoxes. Aux États-Unis, la laïcité est mise en place dès l'indépendance de 1776 suivant un modèle séparatiste entre les Églises et l'État. Les religions protestantes restent privilégiées jusqu'à l'élection en 1961 de John Fitzgerald KENNEDY, seul président catholique. Toutes les propositions religieuses sont alors associées à la religion civile américaine créée par la Déclaration d'indépendance. Cette dernière est considérée comme inspirée par Dieu, contrairement à la Déclaration des droits de l'homme et du citoyen en France. Il s'agit d'un Dieu commun à toutes les religions et cette religion civile garantit l'unité de la nation. Tout élu ou fonctionnaire prête serment sur un livre sacré, en principe une Bible fermée, afin de ne pas livrer connaissance de la version dont il s'agit. En Europe, les garanties de liberté de conscience et de non-discrimination se renforcent. Les cultes ont tendance à s'autoadministrer et les États les traitent de manière égalitaire dans l'objectif d'une coopération entre eux. Les spécificités culturelles nationales sont encore un obstacle à la laïcisation, ainsi qu'en témoignent les débats lors de l'adoption de la Charte des droits fondamentaux de l'Union européenne en 2000. Le traité de Lisbonne en 2007 a, quant à lui, rappelé en préambule les « *héritages culturels, religieux et humanistes de l'Europe, à partir desquels se sont développées les valeurs universelles que constituent les droits inviolables et inaliénables de la personne humaine, ainsi que la liberté, la démocratie, l'égalité et l'État de droit* ». Cependant, dans certaines monarchies constitutionnelles européennes comme l'Angleterre ou le Danemark, le souverain ne bénéficie pas de la liberté de conscience. De la même manière, les États musulmans à l'origine de la Charte arabe des droits de l'homme par la Ligue des États arabes en 2004 montrent leur réticence à l'universalisation et à l'application de la laïcité aux droits humains. La question de savoir si un État doit avoir une religion et si un individu ou un groupe peuvent la professer reste d'actualité dans les pays musulmans. Ils reconnaissent l'islam comme religion officielle de l'État. Depuis les Printemps arabes, c'est le cas de la Tunisie, qui malgré une libéralisation démocratique adopte dans sa Constitution de 2014 que « *La Tunisie est un État libre, indépendant et souverain, l'islam est sa religion, l'arabe sa langue et la République son régime* » (art. 1). Les pays anglo-saxons, sous couvert de séparation entre l'État et les religions, adoptent un pluralisme « ouvert ». Les autres États du monde privilégient plutôt un pluralisme « fermé » avec la reconnaissance de relations particulières avec certaines Églises relevant de la tradition nationale et proposant des accords aux autres religions (V. ZUBER, 2017).

Les défis que pose actuellement la laïcité tiennent à la pluralisation accélérée des sociétés dans le monde. Des sociétés plurielles au plan religieux et des croyances se forment dans pratiquement tous les États qui doivent faire face à des revendications religieuses multiples. Le numérique et les réseaux sociaux sont un vecteur de transfert des modèles religieux. Si un « retour » du religieux semble visible aujourd'hui, il ne faut pas oublier le nombre croissant d'individus se déclarant « sans religion » dans le monde. En 2012, l'institut Gallup réalise une étude montrant que la moyenne mondiale de personnes se déclarant non religieuses serait de 23 % et les athées convaincus représenteraient 13 % de l'échantillon. Les chiffres s'établissent respectivement entre 20 et 30 % de personnes sans appartenance religieuse en Europe, 47 % en Chine et 14 % d'athées en Europe de l'Ouest, pour 5 % en Europe de l'Est. Dans tous les pays et sur tous les continents, des personnes se déclarent athées ; même l'Arabie saoudite en compterait 5 %. Un des enjeux récents des politiques publiques dans les pays occidentaux tient à la place croissante des diasporas musulmanes dans l'espace social. Si dans les années 1960-1970 elles sont encore invisibles, la première génération issue de l'immigration musulmane commence à revendiquer l'islam comme une dimension identitaire. En France, la question du « voile » occupe le débat public dès les années 1980. Le contexte géopolitique international contribue à faire de la question musulmane un « problème » dans les pays occidentaux. Les attentats qui s'y multiplient depuis 2015 contribuent à accroître la défiance des Occidentaux vis-à-vis de l'islam (V. ZUBER, 2017). Ainsi en France, l'« islam politique » devient un enjeu politique majeur. Dans sa Déclaration de politique générale du 15 juillet 2020, le Premier ministre, Jean Castex, a évoqué la menace d'une République « *ébranlée dans ses fondements par la coalition de ses ennemis, terroristes, complotistes, séparatistes, communautaristes* ». Dans le but d'éviter le repli ethnique ou religieux de certains groupes, mais aussi afin de lutter contre les violences et discriminations, un projet de loi contre les « séparatismes » est mis à l'étude à l'automne 2020.

La laïcité apparaît sous des formes multiples dans le monde. En France, si elle est d'abord une notion inclusive du religieux, elle s'en détache progressivement depuis la Révolution française. À la religion d'État se substitue progressivement un athéisme d'État, notamment au plan juridique. Faire de la laïcité une religion serait une contradiction pour la France qui revendique l'origine de cette notion avec le combat engagé par les Lumières et la loi de 1905 (Y. TARDAN-MASQUELIER, 2016). Les croyances et les identités religieuses sont cependant en cours de réaffirmation, notamment à travers une récupération et instrumentalisation par des idéologies radicales.

Conclusion

Avec les amalgames véhiculés par les médias face à la multiplication des attaques terroristes, des vagues d'immigration en Europe et des conflits du Moyen-Orient dont la teneur religieuse est instrumentalisée, le religieux a tendance à être considéré comme un problème à faire disparaître, ce qui favorise un renforcement de la laïcité. Celle-ci est de plus en plus considérée comme tout ce qui n'est pas religieux, alors qu'elle comporte dans son essence même une forme d'interreligiosité, à la manière de ce que propose le modèle américain.

La caricaturiste « RISS » écrivait dans l'éditorial de *Charlie Hebdo*, le 6 janvier 2016 que « *les convictions des athées et des laïcs peuvent déplacer encore plus de montagnes que la foi des croyants* ». Or, le principe de laïcité doit aujourd'hui répondre aux divers défis des recompositions sociales, de l'éclatement de l'unité religieuse à l'intérieur des pays et de l'interdépendance des sociétés, afin de permettre la coexistence pacifiée des sociétés plurielles.

Document

Projet de loi confortant le respect des principes de la République [exposé des motifs]

Notre République est notre bien commun. Elle s'est imposée à travers les vicissitudes et les soubresauts de l'histoire nationale parce qu'elle représente bien davantage qu'une simple modalité d'organisation des pouvoirs : elle est un projet.

Mais ce projet est exigeant ; la République demande une adhésion de tous les citoyens qui en composent le corps. Elle vit par l'ambition que chacun des Français désire lui donner. Et c'est par cette ambition qu'elle se dépasse elle-même. Ainsi que le disait le Président de la République, à l'occasion de la célébration du 150e anniversaire de la proclamation de la République le 4 septembre 2020 : *« la République est une volonté jamais achevée, toujours à reconquérir ».*

Tout au long de son histoire, notre République a su être à la fois intransigeante sur les principes et généreuse dans son action. Au fil des ans, patiemment, elle a rassemblé tout un peuple et, parmi ce peuple, mêmes ceux qui au départ lui étaient hostiles.

Notre République s'est construite sur des fondations solides, des fondements intangibles pour l'ensemble des Français : la liberté, l'égalité, la fraternité, l'éducation, la laïcité.

Un entrisme communautariste, insidieux mais puissant, gangrène lentement les fondements de notre société dans certains territoires. Cet entrisme est pour l'essentiel d'inspiration islamiste. Il est la manifestation d'un projet politique conscient, théorisé, politico-religieux, dont l'ambition est de faire prévaloir des normes religieuses sur la loi commune que nous nous sommes librement donnée. Il enclenche une dynamique séparatiste qui vise à la division.

Ce travail de sape concerne de multiples sphères : les quartiers, les services publics et notamment l'école, le tissu associatif, les structures d'exercice du culte. Il s'invite dans le débat public en détournant le sens des mots, des choses, des valeurs et de la mesure.

L'idéologie séparatiste a fait le terreau des principaux drames qui ont endeuillé notre communauté nationale ces dernières années.

> Face à l'islamisme radical, face à tous les séparatismes, force est de constater que notre arsenal juridique est insuffisant. Il faut regarder les choses en face : la République n'a pas suffisamment de moyens d'agir contre ceux qui veulent la déstabiliser.
>
> En terminer avec l'impuissance face à ceux qui malmènent la cohésion nationale et la fraternité, face à ce qui méconnait la République et bafoue les exigences minimales de vie en société, conforter les principes républicains : telle est l'ambition du projet de loi.
>
> Présenté au nom de M. Jean CASTEX, Premier ministre, par M. Gérald DARMANIN, ministre de l'Intérieur, et par Mme Marlène SCHIAPPA, ministre déléguée auprès du ministre de l'Intérieur chargée de la citoyenneté, le 9 décembre 2020.
>
> https://www.assemblee-nationale.fr/dyn/15/textes/l15b3649_projet-loi

Bibliographie

Ouvrages spécialisés :

- BAUBÉROT Jean, *Les 7 laïcités françaises*, Paris, MSH, 2015, 175 pages.
- BOUCHET Julien, *Laïcité chérie*, Paris, Atlande, 2018, 150 pages.
- QUINIOU Yvon, *Critique de la religion. Une imposture morale, intellectuelle et politique*, Montreuil, La ville brûle, 2014, 256 pages.

Revues :

- MARTINACHE Igor, « Les religions sont-elles solubles dans la modernité ? », *Alternatives Économiques*, n° 368, mai 2017, pp. 76-79.
- VINSON Éric, « La laïcité à la française, orgueil et préjugés », « Paradoxes laïcs, heureux comme Dieu en France », in « Religions et laïcité », *Le Monde des religions*, n° 77, mai-juin 2016, pp. 34-41.
- ZUBER Valentine, « La laïcité en France et dans le monde », *Documentation photographique*, La Documentation française, n° 8119, septembre-octobre 2017, 62 pages.

Sujets

- Comment réconcilier la laïcité et la pratique religieuse ?
- La laïcité, une religion ou une antireligion ?
- La loi de 1905 est-elle menacée en France ?
- Enjeux et défis de la laïcité en France et dans le monde.

Géopolitique

7 Les nouvelles stratégies de domination des mers et des océans

« La mer appartient à qui sait la dominer,
et ce savoir n'est pas seulement militaire »

André Vigarié, 1995.

Introduction

En 1969, le général Charles de Gaulle prononce un discours à Brest lors duquel il prédit que « *l'activité des hommes se tournera de plus en plus vers la recherche et l'exploitation de la Mer. Et naturellement les ambitions des États chercheront à la dominer pour en contrôler les ressources* ». En effet, la maîtrise des mers et des océans révèle des enjeux géopolitiques forts, liés aux conflictualités et rapports internationaux qui s'inscrivent dans la mondialisation, se traduisant par une forte maritimisation. Mers et océans sont à appréhender, non comme des espaces marins, considérés comme « naturels », mais comme des espaces maritimes appropriés par les sociétés humaines qui les mettent en valeur et les aménagent. Ce sont des espaces stratégiques cristallisant les problèmes et les défis actuels posés à des acteurs variés pour mieux les connaître, les explorer, les exploiter, les sécuriser, les découper, les maîtriser et les préserver. Certains espaces maritimes font l'objet d'une territorialisation et d'une militarisation accrues car ils revêtent des intérêts économiques, logistiques, militaires ou environnementaux particuliers.

Si les espaces marins sont appropriés par des sociétés aux représentations différentes, ils sont aussi le lieu de l'affirmation des tensions issues des intérêts divergents d'acteurs publics et privés qui s'expriment à toutes les échelles. Il s'agit alors de percevoir en quoi les mers et les océans sont des espaces stratégiques dans le cadre de la mondialisation, qu'ils sont sources de convoitises générant une nouvelle forme de gouvernance mondiale pour une meilleure maîtrise et durabilité.

Concepts/notions

- **Conteneurisation** : révolution dans le transport de marchandises qui s'opère à partir des années 1990 et consistant à les acheminer dans des conteneurs. Ce sont des boîtes métalliques standardisées de six à douze mètres de long empilées sur des porte-conteneurs.
- **Espace marin** : mers et océans en tant que vastes espaces « naturels ».
- **Espace maritime** : espace marin approprié et de plus en plus aménagé par les hommes.

- **Gouvernance** : mode de gouvernement à différentes échelles et dans différents domaines (politique, économique). C'est une façon de gouverner, un échelon administratif, un État, une association économique régionale ou le monde.
- **Maritimisation** : processus d'accroissement des échanges internationaux par voies maritimes, s'accélérant grâce à l'abaissement des coûts de transport et à la conteneurisation. Elle se déroule en trois phases depuis l'Antiquité grecque, les Grandes découvertes du XVIe siècle, puis durant les XIXe et XXe siècles qui voient le développement du commerce et du libre-échange. Mers et océans font figure de « dernière frontière » du monde contemporain, ce qui donne à la maritimisation un volet géopolitique et géostratégique. Il s'agit d'un processus global qui n'exclut pas une « démaritimisation » de certains lieux, du fait de la diversification de leur économie (A. VIGARIÉ, 1995).
- **Ressource** : une ressource n'existe pas en soi. Un élément « naturel » ne peut être considéré comme une ressource qu'à partir du moment où des sociétés l'utilisent pour répondre à leurs besoins.

Chronologie

- **1609** : le principe de liberté de navigation et de communication maritime est établi conformément aux préceptes de Grotius, *Mare liberum*.
- **1948** : création de l'OMI (Organisation maritime internationale) pour agir contre la pollution hydrocarbure.
- **1954** : première convention pour la prévention de la pollution des eaux de la mer par hydrocarbures.
- **1958** : Convention de Genève.
- **1971** : convention pour réglementer le transport maritime nucléaire.
- **1973** : convention internationale pour la prévention de la pollution par les navires (MARPOL).
- **1975** : plan d'action pour la Méditerranée afin de lutter contre la pollution et de réguler l'exploitation des ressources halieutiques. Il s'agit de la première mer régionale à disposer d'un programme de protection et de conservation.
- **1982** : Conférence des Nations unies pour le droit de la mer à Montego Bay (CNUDM).
- **2004** : réglementation sur les eaux de ballast des navires.
- **2009** : Grenelle de la mer.
- **2012** : au Sommet de Rio + 20 la haute mer devient bien commun de l'humanité.
- **2017** : l'Union européenne interdit la pêche en eau profonde.
- **2019** : rapport « Mers et océans : quelle stratégie pour la France ? » ; Assises de la mer.
- **2021** : les îles Glorieuses deviennent la 170e réserve naturelle nationale française.

Historique

La territorialisation des mers et des océans

L'appropriation juridique, économique ou symbolique des mers et des océans engendre la formation de territoires maritimes qui impliquent en principe la présence de limites précises. Il peut cependant exister des limites plus floues correspondant à une organisation réticulaire lorsqu'il s'agit des territoires de la mobilité ou de la communauté. Le partage des mers repose sur une délimitation du tracé des frontières maritimes fixée suivant les conventions adoptées à la Conférence des Nations Unies pour le droit de la mer (CNUCDM) en 1982. Cette dernière remet en cause la doctrine juridique maritime des Provinces Unies depuis 1609 alors que le gouvernement hollandais publie le chapitre 12 de Grotius, *Mare liberum* (*De la liberté des mers*), qui établit le principe de liberté et de libre communication en mer.

Les espaces maritimes apparaissent comme la dernière frontière stratégique de la mondialisation avant l'espace. Le droit de la mer peut apparaître comme un outil de délimitation. La mondialisation abolit les frontières circulatoires et renforce les frontières juridiques. Si Jean-René VANNEY dans une vision globalisante (*L'océan globalisé*, 2001) conçoit l'océan universel comme impartagé et répondant à une forme de régionalisation, Christian GRATALOUP a montré « comment l'Europe a découpé et nommé le monde liquide » (*Géoconfluences*, 2015) sans donner corps à la notion d'océanisme. Les efforts pour regrouper les pays baignés par un même océan restent modestes. La géohistoire montre que les usagers ont eu besoin de délimiter l'océan pour se situer, puis les Européens pour s'approprier le monde et le coloniser. Aux premiers découpages autour de la triade océanique du XIXe siècle vont se substituer les cinq océans reconnus en 1928 et dont les limites ont été tracées par l'OHI (*International Hydrographic Organization*) pour faciliter les transports maritimes. La nomenclature océanique répond à la tentation de nommer les étendues liquides en prolongeant les terres. La notion d'eaux territoriales en est un exemple. Les navires étrangers disposent sur cette étendue d'un droit de passage « inoffensif », et le droit de police s'exerce jusqu'à 24 milles, ou bien sur l'étendue de la ZEE. Les cartes régionales indiquent, en marge des littoraux, le nom de mers suivi d'un toponyme terrestre (mer du Brésil, mer de Chine méridionale, océan Indien).

Le partage de la mer et le tracé des frontières maritimes suivant les conventions décidées à Montego Bay (1982) distingue trois espaces délimités par une frontière maritime :

- **la ligne d'équidistance** qui relie les points de la côte pour composer la mer intérieure où l'État exerce sa pleine souveraineté jusqu'à 24 milles nautiques (soit 20 km) ;
- **la ZEE** (Zone économique exclusive) jusqu'à 200 milles nautiques, soit 370 km. L'État bénéficie d'avantages économiques pour l'exploitation des ressources naturelles (pêche et hydrocarbures) ; si l'entité souveraine peut prouver que la croûte continentale s'étend, la ZEE peut être prolongée jusqu'à 350 milles nautiques ;

- **les eaux internationales** (sans souveraineté spécifique) : les grandes puissances comme les États-Unis y disposent de moyens économiques et militaires de contrôle (7 flottes américaines parcourent les mers et les océans du monde).

Les acteurs intervenant sur le tracé des frontières océaniques sont l'OHI, les États et l'Union européenne qui a demandé à ses membres en septembre 2016 une planification à l'horizon 2021, ainsi que l'ONU au travers de la CIJ (Cour internationale de justice). Au total, 167 États ont signé la Convention des Nations unies sur le droit de la mer à Montego Bay, la Chine l'a ratifiée, mais pas les États-Unis.

Les découpages sont évolutifs à l'image de la France qui a obtenu en 2015 plus de 500 000 km^2 sous les océans, soit le double de la surface hexagonale. Une exploitation future des ressources du sol et du sous-sol marin est possible sur l'extension octroyée par la CIJ du plateau continental français au large de la Martinique, de la Guadeloupe, de la Guyane, des Kerguelen, et de la Nouvelle-Calédonie. Avec 11 millions de km^2 de ZEE, la France se place au 2e rang des puissances maritimes derrière les États-Unis.

Dans cette quête ou conquête juridique des espaces maritimes, la haute mer est le dernier espace à découper, représentant 55 % de la surface du globe. Les frontières maritimes ne font pas l'objet de tractations bilatérales comme beaucoup de frontières terrestres mais multilatérales. Ainsi, le 15 mars 2016, s'ouvre une session de deux semaines à New-York, réunissant 196 États pour lancer les préparatifs de futures règles régissant la haute mer qui n'en comporte aucune aujourd'hui. Ses enjeux sont les mêmes que ceux de l'océan globalisé puisqu'elle constitue un espace de circulation pour les flux mondialisés.

Le découpage des espaces maritimes, outil de résolution des conflits ou d'affirmation des nationalismes ?

La recomposition des frontières maritimes et la territorialisation des surfaces marines et des fonds marins génèrent des tensions à l'échelle régionale.

En Asie du Sud-Est les dissensions interétatiques sont fortes. La Chine voit la Corée du Nord comme un turbulent voisin, la Corée du Sud comme l'allié des États-Unis, de même que le Japon, Taïwan ou les Philippines. La Chine dépend de la mer pour ses exportations et ses approvisionnements alimentaires, énergétiques, miniers ou hydrauliques. Elle est entourée de pays alliés des États-Unis et s'incommode que de petites nations, au sein de l'ASEAN, puissent avoir droit aux mêmes revendications territoriales qu'elle. Pour sécuriser ses approvisionnements et être au plus près des détroits, elle revendique les ZEE de ses voisins suivant une « langue de bœuf » en créant des îlots ou en s'installant dans des ports.

En Arctique, le partage des territoires paraît impossible (A. LOUCHET, 2014). « Mer du milieu », *ceinturée de continents, cet océan offre un passage vers l'océan* extérieur par le détroit de Béring et la mer de Norvège. Il existe des revendications territoriales des États riverains en raison de la fonte de la banquise et des découvertes de richesses minières et d'hydrocarbures. L'application de la Convention de la mer de Montego Bay à l'Arctique conduit à des rivalités d'autant plus vives que cet espace forme une « Méditerranée » où le partage océanique est impossible en raison des obstacles politiques, et de la découverte de ressources. Il existe deux théories concurrentes du partage de l'Arctique :

- celle des « **secteurs polaires** » attribuant à chaque État riverain un quartier dont la pointe s'appuierait sur le pôle Nord, et qui aurait pour base la longueur de la côte du pays en question ;
- et la « **théorie norvégienne** » basée sur le principe d'une ligne médiane.

Ces thèses ne tiennent pas compte des fonds marins ne pouvant être revendiqués qu'au titre de plateau continental élargi et du fait que les pays n'ont de droits souverains que jusqu'à 200 milles. Au-delà, rien ne permet de s'approprier les espaces océaniques. La Russie revendique cependant la possession du point situé à la verticale du pôle à 4 500 m de profondeur en y plantant un pavillon.

À l'échelle locale, les îles sont les relais terrestres de la mondialisation maritime et des enjeux de convoitises car elles sont un moyen d'appropriation des espaces maritimes. Elles présentent un intérêt stratégique fort du fait de leur ZEE favorisant la maritimisation des États qui en possèdent. La Chine revendique des droits historiques sur ces « rochers » du fait de la présence de pêcheurs chinois depuis le XIIe siècle. Ainsi, se trouve-t-elle opposée à ses voisins comme le Vietnam et Taïwan sur l'archipel des îles Spratleys et Paracels. Les revendications portent sur des espaces maritimes enchevêtrés et comportent « neuf tirets » englobant l'essentiel de la mer de Chine méridionale. Elle s'oppose aussi au Japon autour des îles Senkaku et Diaoyu achetées par le gouvernement japonais en 2012 et revendiquées par la Chine et Taïwan. Depuis 2014, une visite d'État de B. OBAMA au Japon a rappelé à la Chine que les îles étaient couvertes par le traité de sécurité engageant les États-Unis à défendre le Japon en cas d'attaque refroidissant ainsi ses actions sur les îles (F. LASSERRE, E. GONON, E. MOTTET, 2016). Une autre forme d'appropriation des îles pouvant être portée devant l'ONU pour obtenir la reconnaissance de leur ZEE est le maintien d'une présence effective. Ainsi, l'île française de Clipperton est convoitée par les Mexicains pour ses pêcheries. Ceux-ci plantent leur drapeau sur l'île en été, la Marine française ne passant que deux fois par an pour l'ôter. Ils pourraient bientôt revendiquer l'ouverture d'un dossier devant la cour de l'ONU. Afin d'apaiser ces intérêts divergents et de limiter les pressions, convoitises et conflits sur les espaces maritimes, une gestion et une gouvernance sont nécessaires.

Actualité

Les défis de la gouvernance des espaces maritimes face à une nécessaire sécurisation

Le contrôle stratégique des espaces maritimes passe par une surveillance et une sécurisation des routes. Ils sont aussi en proie à des risques et une prise de conscience de la nécessité de les protéger commence à émerger. Différents acteurs sont ainsi convoqués : États, institutions internationales, ONG ou citoyens.

Surveiller et sécuriser les routes, les points nodaux et les hommes face au terrorisme, à la piraterie maritime et aux trafics en tous genres rappelle que les espaces maritimes sont tout autant le socle de la mondialisation légale que de l'antimonde (R. BRUNET, 1992). La sûreté maritime et portuaire passe par la protection des navires et des installations (T. LECOQ, 2016). La question de la sécurité maritime soulève celle de la gouvernance et donc de ses acteurs. La réponse à cette interrogation dépend du cadre juridique considéré. Si les États sont souverains sur leur ZEE, la Haute mer échappe à tout contrôle. Ainsi, pour la surveillance des mers, l'Union européenne a adopté une « stratégie de sûreté maritime » en 2014. 23 pays côtiers et 26 États de pavillon sont chargés d'un contrôle du littoral sur 90 000 km, sans compter l'outre-mer. Il s'agit d'assurer la sécurité aux navires, aux entreprises et aux flux. D'autres opérations sont menées par l'OTAN (Atalante) par exemple pour la protection du golfe d'Aden et des côtes somaliennes. Même si la piraterie maritime semble globalement contenue dans l'océan Indien, depuis près de deux ans, des groupes de pirates demeurent encore actifs. Tant que la situation économique et politique n'est pas résolue en Somalie, le risque de résurgence de cette menace est prégnant. Aussi, ce même risque s'accroît dans le Golfe de Guinée, au Nigeria, et les réseaux de pirates se maintiennent également dans le détroit de Malacca et en mer de Chine méridionale. Par ailleurs, même si la piraterie maritime semble globalement contenue dans l'Océan Indien, depuis près de deux ans, des groupes de pirates sont encore actifs. La piraterie moderne (C. POIRIER-COUTANSAIS, 2015) cible des navires de commerce, de pêche, des bateaux de plaisance ou des voiliers. Les attaques peuvent avoir lieu en pleine mer ou dans les ports où les pirates prennent le contrôle des navires, s'emparent de leurs cargaisons ou prennent en otage l'équipage.

L'immigration engendre des formes de contrôle. Les naufragés sont secourus par les marines nationales et la surveillance des frontières se renforce à l'exemple de l'Union européenne qui a remplacé Frontex par les gardes côtes européens et les gardes-frontières. Une véritable crise touche les migrants en mer. Avec plus de 3 800 morts en 2016 en Méditerranée, le chiffre dépasse le seuil de définition d'une guerre avec plus de 1 000 morts par an. Ils quittent les pays en guerre, comme la Syrie, fuient l'Erythrée ou encore le Soudan et achètent aux passeurs de *Daech* leur traversée sur des embarcations non ravitaillées en carburant.

Ces formes de sécurisation et de surveillance accrues des espaces maritimes favorisent aussi leur militarisation et l'essor des puissances maritimes.

Une militarisation des mers et des océans, reflet de la hiérarchie des puissances mondiales

Les forces navales nationales voient le nombre de leurs bâtiments augmenter dans le cadre d'une compétition entre puissances maritimes qui prend la forme d'une course à la mer. La puissance vient de la mer qui devient alors un espace stratégique.

Les États-Unis, « *thalassokrator* » (Strabon), apparaissent comme la première puissance navale mondiale par l'étendue de leur présence dans l'Océan global, ainsi que par le budget consacré (P. ROYER, 2012). On assiste aujourd'hui à un redéploiement de la flotte de guerre américaine vers le Pacifique devenant le nouveau centre de gravité des échanges économiques mondiaux. C'est aussi pour faire face à la montée en puissance de la flotte de guerre chinoise ainsi qu'en témoigne l'importance de l'OTASE. La marine de haute mer s'organise autour de l'US Navy, de la Royal Navy et de la Marine nationale française, qui offrent une palette complète de projection mondiale, grâce notamment à leurs porte-avions et bâtiments de projection, ainsi qu'un réseau de points d'appui (Dakar, Djibouti, Abou Dhabi, Nouméa, Papeete). Elles assurent quatre fonctions : dissuasion, maîtrise des mers, projection de puissance, présence et protection pour les ressortissants face à la piraterie, au terrorisme ou au narcotrafic.

La plus forte croissance des forces navales apparaît en Asie. Les puissances régionales développent des flottes sous-marines à proximité des routes maritimes et des détroits, d'où la nécessité de déployer des capacités de lutte anti-sous-marine. Ici un « basculement thalassocratique de la Chine » a été observé par François GIPOULOUX (*La Méditerranée asiatique*, 2009). Elle a acquis en 2012 le porte-avions Liaoning auprès de l'Ukraine, bâtiment de dissuasion qui lui permet d'interdire un espace maritime à un adversaire. La Chine modernise sa marine avec un second porte-avions livré en 2017 et construit dans le pays. Le porte-avion apparaît, selon Hervé COUTAU-BÉGARIE (2010), comme « *le meilleur des ambassadeurs* » pour mettre en exergue la diplomatie navale. Aujourd'hui, la Chine est capable de construire elle-même son propre porte-avions. Cependant, elle se heurte à l'essor de la marine vietnamienne qui cherche à consolider sa position stratégique et à s'affirmer dans les rivalités autour des îles Spratleys. Ainsi, le Vietnam acquiert dix hélicoptères embarquables sur frégates, douze avions de surveillance maritime, six sous-marins produits à Saint-Pétersbourg (CESM – Centre d'Études stratégiques de la Marine). De plus, la militarisation opérée par la Chine dans les eaux philippines a mobilisé la marine française dans des déploiements significatifs. En effet, en 2021, elle a massé 200 bateaux dans les Spratleys alors que les États-Unis ont déployé un porte-avions face au porte-aéronefs chinois. En outre, la France opère une cartographie des fonds de l'océan Indien avec des drones et a étendu ses opérations dans la zone de défense aérienne de Taïwan avec vingt chasseur J-20 pour faire face à la montée des tensions avec la Chine (*Le Monde*, 23 mars 2021).

Une coopération interétatique renforcée peut être une solution à travers la mise en commun de moyens pour faire face à des problèmes comme la piraterie, le terrorisme, la criminalité maritime ou les migrations clandestines. Trois marines paraissent capables d'assumer une projection de force mondiale : les États-Unis, les puissances européennes que sont le Royaume-Uni et la France, ainsi que la Chine. La puissance maritime est ainsi un révélateur de la place et du rang des États (A. VIGARIÉ, 1995).

La sécurité, la sûreté et la sauvegarde maritimes sont des éléments quotidiens de l'exercice de la puissance et du droit des États.

Prospective

Entre exploitation et protection, les défis liés aux ressources maritimes

La pression sur les ressources océaniques croît à la mesure de la croissance démographique mondiale et les convoitises économiques pesant sur les espaces maritimes s'accompagnent de conflits.

Ainsi, à l'échelle mondiale, un *continuum* de la violence lié à des convoitises économiques fortes révèle l'intérêt porté aux ressources halieutiques, minérales ou énergétiques des espaces maritimes devenant des espaces hautement stratégiques. L'activité de pêche est à ce titre extrêmement violente et peut déboucher sur des tensions diplomatiques à l'exemple du Brésil qui est sollicité par la Marine nationale pour surveiller ses pêcheurs. La Chine a coulé des chalutiers vietnamiens en 2014 et 2015 en mer de Chine méridionale, alors qu'en 2001, elle avait promulgué un moratoire de pêche dans ce qu'elle considérait être ses espaces de souveraineté maritime. Le secteur économique de la pêche présente à travers ces exemples toute sa dimension géopolitique.

Il existe également une géopolitique des flux d'hydrocarbures. Les flux mondiaux pour le pétrole et régionaux pour le gaz naturel empruntent divers tubes, oléoducs, gazoducs terrestres et sous-marins. Par exemple, la Russie et la Turquie ont signé en octobre 2016, un accord sur le projet Turkstream afin de construire un gazoduc sous la mer Noire. Un autre cas révélant les enjeux géopolitiques de l'énergie est révélé à travers le projet Nord Stream 2 dans la mer Baltique. Ici, le gazoduc reliant la Russie à l'Allemagne est presque totalement achevé, mais il risque de ne jamais entrer en service du fait des menaces américaines. En matière de transport, des méthaniers et pétroliers acheminent également les hydrocarbures à toutes les échelles. Plus récemment, des tensions gazières se sont exprimées en Méditerranée orientale entre la Turquie et la Grèce notamment. En octobre 2020, la Turquie a déployé un navire de prospection, l'« Oruç-Reis », malgré les appels internationaux à mettre fin à ces explorations. Si le dialogue entre la Turquie et la Grèce s'est ouvert en janvier 2021, le conflit n'est pas résolu. En outre, les routes doivent être surveillées et sécurisées, ainsi que les détroits et les isthmes. Ainsi, par exemple, pour ses approvisionnements miniers, la Chine a sécurisé ses bases régionales en installant ses sociétés en Indonésie, en Malaisie, aux Philippines ou au Laos. En effet, 70 % de l'approvisionnement chinois transite par les détroits de Malacca ou de la Sonde et ceux-ci paraissent hautement stratégiques (P.-L. TÊTU, E. MOTTET, F. LASSERRE, 2015). Les points de passage stratégiques pour des flux d'hydrocarbures cristallisent des enjeux économiques importants. De fait, le blocage de l'un deux peut donner lieu à des conséquences catastrophiques. C'est le cas du canal de Suez où l'échouage du porte-conteneurs « Ever-Given », en mars 2021, a obstrué la voie maritime pendant une semaine. L'Afrique, quant à elle, est la troisième grande région pétrolière au monde et assure 11 % de la production mondiale notamment autour du Golfe de Guinée. Des tensions existent entre États (Guinée équatoriale et Gabon), entre gouvernements locaux et compagnies pétrolières internationales, entre gouvernements et populations pour le partage des revenus, mais aussi entre les autorités locales, les groupes tribaux et les compagnies pétrolières à l'intérieur des États, ou entre États pour la délimitation des frontières (Nigeria et Cameroun). Les énergies sont soumises à de fortes pressions du fait de la croissance industrielle des pays du Sud, alors que ceux du Nord n'ont pas modifié leur système de développement, ce qui conduit à des demandes d'extension de ZEE au plateau continental.

Ces pressions sont aussi environnementales, à l'exemple de l'explosion de la plateforme pétrolière du groupe B.P. survenue en avril 2010 dans le Golfe du Mexique. Les enjeux économiques, sociaux et environnementaux sont révélés à travers l'opposition d'intérêts entre les acteurs publics et privés de cet espace maritime. Onze travailleurs de la plateforme sont morts. La firme B.P. a dû payer 61 milliards de dollars de dommages et réparations ainsi que 500 000 dollars de budget communication pour redorer son image. Le tourisme, la pêche, la faune et la flore sont menacés par la marée noire qui accentue les dégâts climatiques à l'image de la tempête Katrina. Les populations mexicaines continuent à manifester contre l'exploitation pétrolière et la commission des Droits de l'Homme des Philippines attaque les compagnies pétrolières mettant en cause leur responsabilité face au réchauffement climatique. B.P. a dû abandonner des projets de forage *offshore* au large de l'Australie, en Mer du Nord. B. OBAMA, en décembre 2016, avait sanctuarisé de vastes zones de la ZEE américaine afin de limiter l'exploitation *offshore*, mais son successeur entame une politique environnementale inverse, à l'image de sa volonté de se retirer des accords de Paris (COP21).

Une gestion raisonnée des ressources marines devient inéluctable si l'on entend que la mer demeure l'avenir de la terre.

Protéger, préserver les mers et les océans, les nouveaux enjeux d'un développement durable

La sécurité maritime et la sauvegarde en mer tiennent aussi à la lutte contre les pollutions et à la protection des populations (T. LECOQ, 2016).

Les pollutions font parler d'un océan de plastique (A. LOUCHET, 2014) en raison notamment des hydrocarbures qui forment des boulettes de goudron. Si les dégazages sont de moins en moins nombreux, les accidents provoquant des marées noires ont des conséquences considérables. Les secteurs les plus affectés sont l'Atlantique Nord, entre Singapour et le Japon, le Golfe Persique ou autour du Cap en Afrique du Sud.

La sauvegarde maritime paraît un enjeu majeur. La préservation des ressources, notamment halieutiques, commence à être envisagée. De nouvelles formes d'exploitation et de production s'orientent vers une pêche raisonnée et le développement de l'aquaculture marine. La transition est cependant longue face aux intérêts économiques en jeu. Julien NOEL a travaillé sur une altermondialisation halieutique. Pour lui, les quotas de pêche mis en place peuvent paraître une solution à l'exemple du moratoire de la pêche au cabillaud en Arctique grâce à l'action de Greenpeace qui obtient un accord gelant les aires de pêche au chalut autour de l'archipel Svalbard dans les mers de Barents et de Norvège ce 25 mai 2016, ou bien de l'accord minimal sur les quotas de pêche en mer baltique obtenu par la Commission européenne en octobre 2016. Ces accords reviennent parfois cependant à des privatisations des pêcheries (J. NOEL, 2009). L'ONG *Sea Shepherd* et son président Paul WATSON ont engagé des moyens colossaux dans la lutte contre le braconnage et la pêche illégale. Le vaisseau amiral *Ocean-Warrior* est à cet effet déployé pour lutter contre les baleiniers japonais.

Face au réchauffement climatique et au recul de la couverture mondiale de glace qui perd plus de 3 millions de km^2 depuis novembre 2016 par rapport à la moyenne de 1981-2010, les objectifs du développement durable fixés à la COP22 de Marrakech s'orientent vers une « Initiative ceinture bleue ». L'idée de « croissance bleue » semble avoir trouvé des relais en Occitanie, où le Parlement de la mer lancé en 2013 souhaite associer économie et environnement. Les 200 membres de l'assemblée issus de collectivités, du monde économique, associatif ou de la société civile s'engagent sur l'éolien *offshore* flottant, par exemple. Aussi, en Antarctique la mer de Ross est sanctuarisée par la création d'une AMP (aire marine protégée) décidée le 28 octobre 2016. Les États-Unis et la Nouvelle-Zélande ont ainsi créé le plus grand sanctuaire marin où tout prélèvement, comme la pêche, est interdit pour 35 ans.

La sauvegarde de la planète océan intéresse aussi la société civile, à l'exemple des lanceurs d'alerte ou du Mouvement citoyen. En fondant la Nation Océan, Olivier DUBUQUOY a émis l'idée de créer une nation, en travaillant avec des juristes, puisque l'Océan n'appartient à personne et qu'il n'a pas été revendiqué selon la Déclaration Universelle de l'Océan (*Ocean Nation*, 2015). Il s'agissait de mener une action de sensibilisation et de définir le terrain commun pour cibler les projets *offshore* et gagner la bataille climatique. Cette association mène des campagnes de désobéissance civile sur le climat et l'Océan. L'action d'Olivier DUBUQUOY peut trouver un exemple dans la lutte contre le rejet de boues rouges en Mer Méditerranée par la société Alteo de Gardanne qui a obtenu des autorisations de rejeter du mercure, du titane dans la mer. Les rejets ont débuté en 1963 alors que le groupe Pechiney avait fondé la fabrique d'aluminium et ont trouvé une opposition à partir des années 1993. Une pétition de 350 000 signataires n'a, à ce jour, toujours pas trouvé de réponse.

La protection et la sauvegarde des espaces maritimes font apparaître de nouveaux acteurs stratégiques : associations, ONG, citoyens, États et institutions internationales convoqués pour assurer leur sécurisation et leur sûreté. Si les espaces maritimes sont des espaces stratégiques, l'enjeu actuel majeur réside bien dans leur préservation.

Conclusion

Ce qui se joue aujourd'hui au sein des espaces maritimes, c'est le passage de la protection du territoire à la projection de la puissance, de la défense des frontières à la défense sans frontière, des enjeux liés aux limites terrestres aux systèmes d'alliances à la dimension maritime de l'exercice de la puissance, dans les territoires de la mondialisation et du champ des possibles (T. LECOQ, 2016). Les intérêts divergents des acteurs multiples sont parfois contradictoires et ne correspondent pas à l'intérêt des écosystèmes à préserver : les acteurs économiques visent à stabiliser et sécuriser les routes commerciales et les États à projeter leur puissance.

La question de la gouvernance de l'océan passe aujourd'hui par le jeu des États sur leurs zones de souveraineté, mais sans réelle supranationalité, et sans avoir réglé la question de la haute mer, véritable dernière frontière océanique.

Document

Les forces françaises, japonaises et américaines simulent la reprise d'une île dans le Pacifique

Pour la première fois, des militaires français participent au Japon à des manœuvres terrestres avec des troupes nippones. Ces exercices commencés vendredi 14 mai témoignent d'une coopération militaire accrue de l'Archipel avec les nations européennes, en plus de celle, traditionnelle, avec les États-Unis, sur fond d'inquiétudes croissantes face à la montée en puissance de la Chine dans la région indo-pacifique. Pékin ne s'y est pas trompé, fustigeant ces exercices dans un éditorial du 13 mai du quotidien *China Daily*, voix du pouvoir, en parlant d'une « *erreur potentiellement coûteuse si les États-Unis et leurs alliés évaluent mal la situation et pensent qu'ils peuvent utiliser la coercition pour forcer la Chine à renoncer à défendre ses intérêts fondamentaux* ». (...)

Philippe MESMER, *Le Monde*, 14 mai 2021.

Bibliographie

- *Atlas économique de la mer 2016 : La croissance bleue dans le monde*, Nantes, Marines Éditions, 2016, 140 pages.
- COUTAU-BÉGARIE Hervé, *Le meilleur des ambassadeurs : théorie et pratique de la diplomatie navale*, Bibliothèque stratégique, Economica, Paris, Perrin, 2010, 383 pages.
- ESCACH Nicolas, *Géographie des mers et des océans*, Paris, Dunod, 2015, 448 pages.
- LASSERRE Frédéric, GONON Emmanuel, MOTTET Éric, *Manuel de géopolitique, Enjeux de pourvoir sur des territoires*, Collection U, Paris, A. Colin, 2016, 359 pages.
- LOUCHET André, *La planète océane : précis de géographie maritime*, Paris, Armand Colin, 2014, 559 pages.
- POIRIER-COUTANSAIS Cyrille, *La Terre est bleue, Atlas de la mer au XXI*e *siècle*, Paris, Les Arènes, 2015, 186 pages.
- ROYER Pierre, *Géopolitique des mers et des océans, qui tient la mer tient le monde*, coll. « Major », Paris, PUF, 2012, 208 pages.
- VIGARIÉ André, *La mer et la géostratégie des nations*, Paris, Economica, Institut de stratégie comparée, 1995, 432 pages.

Sitographie

- LECOQ Tristan, Florence SMITS [dir.], *Enseigner la mer. Des espaces maritimes aux territoires de la mondialisation,* Collection Trait d'union CNDP/CRDP de l'académie de Rennes, 2016, 128 pages.
- NOEL Julien, « Regard géographique sur les dimensions spatiales l'altermondialisation halieutique », *Norois*, n° 211, 2009/2, pp. 7-21.
- TÊTU Pierre-Louis, MOTTET Éric, LASSERRE Frédéric, « La Chine à la conquête des ressources minières du Canada et de l'Arctique canadien ? Géographie de l'approvisionnement chinois dans le secteur du fer et de l'acier », *Cybergeo, Européen Journal of Geography*, n° 750, 2015.

Pour aller plus loin

- « Géopolitique des océans », *Questions internationales*, Paris, La Documentation française, n° 107-108, mai-août 2021, 184 pages.

Sujets

- Les enjeux géostratégiques des espaces maritimes.
- Quelle croissance bleue pour les mers et les océans ?
- Mers et océans, dernières frontières terrestres.
- Gérer et exploiter les espaces maritimes, vers une gouvernance mondiale ?

8 La conquête spatiale, au cœur de la gouvernance et des grands équilibres internationaux

« Au-delà des enjeux de puissance et des démonstrations de force, les États entendent en effet exploiter les formidables possibilités civiles offertes par la conquête de l'espace. Lequel s'érige en territoire d'une compétition géopolitique associant États et entreprises. »

JEAN-FRANÇOIS FIORINA, 2016.

Introduction

L'année 2021 est marquée par la mission scientifique Alpha, d'une durée de six mois au sein de l'ISS. À son bord se trouvent le Japonais Akihiko Hoshide, les Américains Shane Kimbrough et Megan McArthur ainsi que le Français Thomas Pesquet. Ils mènent des expériences sur le sommeil et les effets de l'apesanteur sur le cerveau. En outre, quatre sorties sont programmées dans l'espace afin de leur permettre d'installer de nouveaux panneaux solaires. L'intérêt scientifique pour l'espace mobilise les États qui opèrent coopérations et synergies, y compris, avec les acteurs privés à l'instar du lanceur *Falcon 9* utilisé lors de cette mission et exploité par SpaceX, l'entreprise d'Elon Musk.

L'appropriation de l'espace par les États s'accélère depuis le lancement des premiers vols commerciaux en 2017 par le groupe américain *Virgin Galactic* et témoigne de la volonté de projection des puissances nationales au-delà des dernières frontières de l'humanité. SpaceX annonce le lancement le 29 juin 2018 du premier robot d'intelligence artificielle pouvant entrer en interaction avec des humains dans l'espace. Ce « cerveau volant » en apesanteur, de la taille d'un ballon de basket, a été conçu grâce à l'impression 3D et les recherches de l'agence spatiale allemande. L'agence spatiale russe *Roscosmos* annonce en 2018 qu'elle enverra son premier touriste sur Mars, alors que les scientifiques chinois viennent de dévoiler le modèle d'un robot censé atterrir sur Mars en 2020. L'année 2020 sera finalement celle de la consécration du partenariat entre la NASA et SpaceX qui parviennent à envoyer deux astronautes vers la Station spatiale internationale grâce à la fusée *Falcon 9* et la capsule *Crew Dragon*. Il s'agit là d'une véritable course à l'espace dont les enjeux scientifiques, économiques mais aussi géopolitiques servent de nouvelles perspectives extra-atmosphériques. L'espace est devenu « *à la fois un territoire de puissance et de développement commercial* », (J.-F. FIORINA, 2011). Ainsi, les États entendent profiter des possibilités civiles offertes par la conquête spatiale. Alors que celle-ci a d'abord été le fait des États-Unis et de l'URSS pendant la période de guerre froide, elle est aujourd'hui au cœur de la stratégie de développement des pays émergents, à l'exemple du Brésil, de l'Inde ou de la Chine (GAILLARD-SBOROWSKY Florence, PUIG Emmanuel, SOURBÈS-VERGER Isabelle, 2012). Les acteurs économiques interviennent également dans cette conquête spatiale afin de pouvoir exploiter les ressources de l'espace.

Quels acteurs aux intérêts divergents interviennent pour l'appropriation et la territorialisation de l'espace, dernière frontière de l'humanité ?

Concepts/notions

- **Astéroïde** : petit corps céleste, petite planète de moins de 700 kilomètres de diamètre circulant entre l'orbite de Mars et de Jupiter.
- **Économie spatiale** : activité spatiale organisée autour de trois marchés : le militaire et la défense, le scientifique et le commercial. Ce dernier est le seul ouvert à la concurrence (Q. BLANC, 2016).
- **Espace** : en philosophie l'espace est considéré comme un milieu contenant tous les objets existants ou concevables. En cosmologie, l'espace désigne le vide entre les astres et toutes les zones extra-atmosphériques de l'Univers.
- **Territorialisation** : processus d'appropriation par les sociétés humaines de territoires sur lesquels elles projettent des représentations, un sentiment d'appartenance et qui passe par sa délimitation et son bornage.

Chronologie

- **1957** : l'URSS lance son premier satellite artificiel *Spoutnik.*
- **1958** : création de la NASA.
- **1959** : la France participe à l'exploration spatiale avec le CRS (Comité de recherches spatiales) créé par le général DE GAULLE et qui devient le CNES (Centre national d'études spatiales) ; création au sein de l'ONU (Organisation des Nations unies) du Comité pour l'utilisation pacifique de l'espace extra-atmosphérique.
- **1960** : création d'un programme spatial scientifique européen.
- **1963** : une résolution adoptée par l'Assemblée générale de l'ONU stipule que l'espace peut être exploré et utilisé pour le bien commun de l'Humanité et non à des fins d'appropriation ou d'affirmation de souverainetés nationales.
- **1961** : premier vol spatial habité par un homme, le Soviétique Youri GAGARINE.
- **1967** : premier traité international régissant les activités des États en matière d'exploration et d'utilisation de l'espace extra-atmosphérique.
- **1969** : premier pas sur la lune de l'Américain Neil ARMSTRONG ; création de l'*Indian Space Research Organisation* (ISRO) et du *National Space Development Agency of Japan* (NASDA).
- **1970** : lancement du premier satellite chinois.
- **1975** : fondation de l'ESA (Agence spatiale européenne) ; première coopération internationale à travers l'amarrage du vaisseau américain Apollo 18 au vaisseau soviétique Soyouz 19.
- **1979** : traité sur la Lune régissant les activités des États sur la Lune et les autres corps célestes.

- **1983**: Initiative de défense stratégique (IDS) du président des États-Unis Ronald REAGAN.
- **1984**: R. REAGAN présente le projet de Station spatiale internationale (ISS).
- **1993**: abandon de l'IDS après la chute de l'URSS.
- **2003**: la Chine envoie un homme dans l'espace, le taïkonaute Lang LIWEI.
- **2010**: abandon du projet « Constellation » par les États-Unis qui visait l'envoi d'astronautes sur la Lune pour des missions de longue durée d'ici 2020.
- **2014**: création du Forum International d'exploration de l'espace (ISEF) à l'initiative de la Chine, des États-Unis et de la Russie.
- **2016**: la sonde *Mars Reconnaissance Orbiter* permet à la NASA de diffuser des images de la « planète rouge »; lancement d'un satellite à communication quantique par la Chine.
- **2018**: Elon MUSK prévoit d'envoyer des touristes dans l'espace dans la capsule Dragon V2; annonce de la création de la *Space Force* par Donald TRUMP.
- **2020**: création en France d'un Commandement militaire de l'espace au sein de l'Armée de l'air; la société SpaceX d'Elon MUSK envoie deux astronautes vers la Station spatiale internationale.
- **2021**: mission Alpha à destination de Station spatiale internationale (ISS); la Chine a réussi à poser son robot Zhurong sur Mars; le milliardaire Richard Branson accomplit le premier vol touristique spatial grâce au vaisseau Virgin Galactic, créé par sa propre entreprise.

Historique

Le déploiement des capacités spatiales, outil de la géostratégie des nations

L'espace extra-atmosphérique devient un objet géopolitique au cours du XXe siècle dans un contexte de guerre froide qui oppose les États-Unis et l'URSS. Les perspectives qu'il offre entraînent le déploiement de la puissance des États pour son appropriation. Son exploration, sa connaissance scientifique, puis son exploitation sont le fait des États en fonction de leurs capacités spatiales, reflétant la hiérarchie des puissances. Dans un monde qui devient multipolaire, après la chute de l'URSS en 1991 et la fin de la guerre froide, de nouvelles puissances participent à la conquête spatiale et notamment les pays émergents.

Dans les années 1930, la connaissance de l'espace reste un défi. La notion de « conquête spatiale » apparaît dans les années 1950 dans un monde bipolaire dominé par les États-Unis et l'URSS. En 1957-1958, l'UNESCO lance dans le cadre de l'Année géophysique internationale des études sur la « *terre entière* » à travers les continents, les océans, l'atmosphère et l'activité solaire qui « *préfigurent logiquement la plus grande aventure que l'homme soit appelé à vivre : l'exploration de l'espace interplanétaire* » (rapport de l'UNESCO sur l'Année géophysique internationale,

1957). La conquête spatiale est alors un moyen de renforcer sa position stratégique face à l'adversaire. Dans une lutte qui oppose le capitalisme au communisme pour le « progrès », la capacité militaire et balistique accompagnant les programmes spatiaux suscite une très forte mobilisation idéologique, médiatique, économique et financière. L'espace devient en cette année 1957 un objet géopolitique avec le lancement de *Spoutnik*. La couverture médiatique de l'évènement renforce l'avance géopolitique de l'URSS alors que les États-Unis perçoivent le survol de leur territoire par le satellite soviétique comme une menace exacerbée par le contexte de guerre froide. L'espace est alors l'objet d'une instrumentalisation politique. Dans cette « course à l'espace » les Soviétiques enchaînent les « Premières » envoyant le premier homme puis la première femme dans l'espace ou produisant les premières photographies de la face cachée de la Lune. Les États-Unis reviennent dans la course avec le programme Apollo et la marche du premier homme sur la Lune en 1969. Cette forme d'affrontement de guerre froide est surtout le fait des représentations occidentales. Même si la figure du cosmonaute représentait parfaitement pour les Soviétiques l'homme nouveau communiste, l'investissement spatial n'était pas une priorité. Le défi a surtout été lancé par les États-Unis vis-à-vis d'eux-mêmes, l'URSS ne disposant pas des mêmes moyens financiers. L'URSS reste première en matière de vols humains dès 1975 (I. SOURBÈS-VERGER, 2010). Cette guerre technologique livrée en pleine guerre froide a des conséquences pour le développement des technologies modernes comme Internet ou la téléphonie mobile.

La conquête spatiale est un moyen de projeter la puissance des États dans l'espace. Elle est aussi le reflet de la hiérarchie des puissances. Si les États-Unis et l'URSS sont les premiers sur la ligne de départ de la course à la Lune, celle-ci gagne les nations asiatiques avec la Chine, le Japon et l'Inde. Une des ambiguïtés de la compétence spatiale des États tient au fait qu'elle soit associée à la compétence nucléaire. Seul le Japon, vassal des États-Unis, fait exception à cette règle depuis sa défaite en 1945. Quand la Chine annonce le lancement de son premier satellite en 1970, l'Inde prend conscience de la nécessité d'investir le secteur afin de devenir une « grande puissance ». La même logique anime Israël dans sa volonté d'indépendance et de contribution à la sécurité nationale liée aux États-Unis. D'autres États convoitent la puissance spatiale et par conséquent une reconnaissance internationale à l'image de l'Iran, du Pakistan, de la Corée du Nord, de l'Afrique du Sud ou de l'Irak. C'est aussi un moyen pour eux de couvrir des programmes d'armement nucléaire. Ainsi, en 1998 les États-Unis dénoncent le tir du missile Taepo Dong de la Corée du Nord qui est finalement interprété comme un lancement spatial avorté. La Corée du Sud réalise, quant à elle, son premier test de lanceur en 2009. L'espace revêt un caractère hautement « stratégique » augmenté de sa force symbolique et médiatique. Tous les lancements de satellites n'ont cependant pas la même résonnance que *Spoutnik*. La France bénéficie toutefois d'un fort retentissement lorsqu'elle lance le satellite Astérix en 1975 car elle devient la troisième puissance à pouvoir le faire après l'URSS et les États-Unis. Lors du premier vol chinois dans l'espace en 2003, l'épopée de Yang LIWEI intéresse le monde entier. La Chine apparaît alors comme le premier pays en développement capable de prendre part à la course à la domination spatiale. La hiérarchie des puissances présentes dans l'espace est le reflet de la géopolitique classique. Les États-Unis possèdent plus de la moitié des satellites opérationnels loin devant la Russie qui en compte à peine plus de 10 %, la Chine 5 %, l'Europe 4 % ou le Japon 2 % en 2010. L'Europe prend place dans le secteur concurrentiel des systèmes de navigation indépendants avec la constellation *Galileo* composée de trente satellites dont le lancement opérationnel survient à la mi-décembre 2016. Sa mise en service complète est prévue pour 2020 ce qui lui permettra de bénéficier des dernières technologies et de fournir des informations dix à cent fois plus précises que le GPS (*Global Positioning System*). L'armée américaine avait lancé le GPS en 1995, puis le *Glonass* russe est proposé en 1996 avant le *Compass* chinois aussi appelé *Beidou* depuis 2012 et dont la mise en service complète est prévue à partir de 2020. Les États-Unis ont une avance stratégique : en cas de conflit avec un État utilisateur du GPS, ils peuvent lui en bloquer l'accès. Au sommet de la hiérarchie des puissances spatiales sont présentes les principales puissances économiques. Par ailleurs, le traitement médiatique de l'information spatiale reflète la hiérarchie des puissances qui sont *a priori* les plus avancées en termes de compétences spatiales. Si, au regard de ses nouvelles ambitions économiques et géopolitiques, la Chine apparaît dans le discours médiatique comme la seule puissance capable de venir concurrencer les États-Unis, il n'en reste pas moins que ses moyens réels sont bien en-deçà des capacités américaines. En 2014, la moitié du budget militaire des États-Unis est consacré à la conquête spatiale alors qu'il s'agit du premier budget militaire mondial. Ceci permet des sauts technologiques et des marges de bénéfices considérables pour les industries spatiales américaines. L'espace est ainsi le lieu par excellence où se manifeste l'hyperpuissance américaine (I. SOURBÈS-VERGER, 2010).

Si la région Asie du Sud-Est semble devenir le pivot géoéconomique et géopolitique du monde, l'asiatisation de la question spatiale n'est pas récente. Les premières ambitions de la Chine se manifestent dès les années 1960. Elle lance son premier satellite en 1970 et à partir des années 1990 initie des lancements réguliers de fusées et de missions habitées. En 1998, elle crée le « vaisseau céleste *Shenzou* ». Puis, en 2003, elle devient la troisième nation à envoyer par ses propres moyens un humain dans l'espace. Dix ans plus tard, avec l'arrivée au pouvoir de XI YIPING, elle lance le véhicule téléguidé « lapin de Jade » dans l'orbite lunaire mais celui-ci tombe en panne prématurément. Le développement économique est le moteur principal de la conquête spatiale pour la Chine et l'Inde. La Chine cherche un « développement harmonieux » et l'Inde une utilisation de l'espace pour une application aux télécommunications, à la météorologie, à l'agriculture, à l'éducation et à la santé. L'espace est un moyen pour ces pays émergents d'accéder au statut de grande puissance en devenir (I. SOURBÈS-VERGER, 2010). En 2015, la conquête spatiale devient pour la Chine une cause nationale, source de fierté. Faisant de l'innovation le pilier de son développement, elle lance en 2016 le premier satellite à communication quantique. Il permet les communications cryptées et la résistance à toute tentative d'espionnage. Elle a rendu publique la feuille de route de son programme spatial jusqu'en 2040. Elle donne sa vision du transport spatial et des objectifs technologiques et scientifiques. Elle souhaite renforcer sa capacité d'accès à l'espace (*Futura Sciences*, 2017). L'Inde envoie, quant à elle, une sonde satellite autour de Mars en 2015 dans une volonté de s'affirmer stratégiquement face aux Chinois, aux Japonais, aux Coréens, mais aussi aux Pakistanais et Iraniens. Dès 2016 elle lance un modèle réduit de navette spatiale afin de se positionner sur le marché des véhicules spatiaux. Rares sont les pays qui ne se dotent pas aujourd'hui d'un programme spatial afin de garantir leur indépendance. Le Japon et la Corée du Sud n'échappent pas à la règle, ni la Corée du Nord, même si elle est contestée (T. HUREL, 2017).

De nouveaux États prennent aujourd'hui part à la géopolitique spatiale. Par exemple, la Tunisie est le premier pays du Maghreb à fabriquer son propre satellite. Elle est le sixième pays en Afrique à participer à la fabrication des satellites destinés à l'Internet des objets. En effet, comme l'Afrique du Sud, l'Egypte ou le Ghana, elle s'est spécialisée dans le *Space in Africa*. Alors que les chercheurs tunisiens participaient au *brain drain* en partant travailler pour la NASA, ils œuvrent désormais au développement national tout en répondant aux besoins des secteurs comme l'agriculture ou l'automobile en matière de connexion satellitaire des objets connectés.

> **La Tunisie envoie dans l'espace son premier satellite 100 % fait maison**
>
> La fusée a décollé lundi matin de Baïkonour, au Kazakhstan, suivie en direct depuis Tunis par le président Kaïs Saïed, qui a rejoint ingénieurs et journalistes au siège de TelNet. « *Notre richesse réelle est la jeunesse qui peut faire face aux obstacles* », a déclaré M. Saïed, soulignant que la Tunisie, empêtrée dans une crise sociale et politique, ne manquait pas de ressources mais de « *volonté nationale* ». « *Nous sommes fiers de notre jeunesse* » et des cerveaux tunisiens « *de par le monde* », a-t-il souligné.
>
> *Le Monde*, 29 mars 2021

Le renforcement de la présence des nations asiatiques dans l'espace accompagne le basculement du monde vers les Suds et l'affirmation de pays émergents et en développement sur la scène géopolitique mondiale et spatiale.

Actualité

L'appropriation de l'espace au risque d'une guerre dans l'espace ?

La relation entre les hommes et l'espace est celle de la découverte, de la connaissance puis d'une volonté d'exploitation voire d'appropriation au sein de laquelle les acteurs engagés pourraient entrer en conflit. Une « guerre des étoiles » est-elle encore possible alors que la stratégie des États semble évoluer vers une coopération dans le cadre de la conquête spatiale ?

L'occupation humaine de l'espace et les vols habités sont la vitrine de l'influence des puissances et un moyen de faire reconnaître leur *leadership*. En 2010, les États-Unis stoppent leurs vols de Navettes, ce qui laisse place à l'affirmation des compétences des autres puissances. Les citoyens américains sont de loin les plus nombreux à être allés dans l'espace, devant les Russes, les Européens, les Canadiens, les Japonais, les Chinois, puis les Kazakhes et les Ukrainiens. Les hommes dans l'espace reflètent le rôle traditionnel des puissances dans les relations internationales. L'absence de l'Afrique est notoire : seul le vol d'un « touriste » sud-africain, prêt à payer 30 millions de dollars son vol, illustre sa présence dans l'espace. L'Amérique latine reste également peu présente dans l'espace alors que le nombre d'Asiatiques augmente. La relation entre les hommes et l'espace est aussi celle des nations en quête d'appropriation. La guerre dans l'espace est-elle alors possible ? Il semble que la *Guerre des étoiles* n'existe qu'au cinéma. Malgré l'IDS du président REAGAN en 1983, aussi appelée « guerre des étoiles » dans les médias, pour assurer la sécurité des États-Unis face à une attaque de missiles, la guerre n'a pas eu lieu. Reste aujourd'hui la question de la sécurité dans l'espace. En 2007 et 2008, la Chine puis les États-Unis ont détruit des satellites en fin de vie par des tirs de missiles. La crainte d'une course à l'armement dans l'espace tient au fait que, dans l'art de la guerre, la maîtrise du point haut relève d'un avantage considérable. Cependant, les moyens de contrôle dans l'espace sont limités car la circulation est libre. Le *big data*, Internet et l'ubérisation font de l'espace le lieu de la lutte pour la circulation, le traitement et l'acquisition de l'information. Aussi, l'intérêt militaire pour l'espace tient à la capacité de surveillance qu'il confère. Si le risque de militarisation de l'espace existe, la négociation semble être le meilleur moyen de le limiter (I. SOURBÈS-VERGER, 2010).

En raison de difficultés économiques les États sont prêts à s'associer pour poursuivre la conquête spatiale. L'un des précurseurs de cette volonté de coopération spatiale est Ronald REAGAN qui présente en 1984 le projet d'ISS. En 1985 l'ESA s'associe au programme, puis la Russie en 1993 et le Brésil en 1997. Sa construction se fait entre 1998 et 2011. Elle constitue le plus grand des objets artificiels placés en orbite terrestre. Son utilisation est prévue jusqu'en 2024. Cette volonté de coopération n'est cependant pas toujours couronnée de succès. En 2011, la Chine et la Russie échouent à coopérer pour une mission martienne. Cependant, en 2014, la Chine, les États-Unis et la Russie parviennent à mettre de côté leurs rivalités pour une coopération mondiale d'exploration de l'univers et la création de l'ISEF. Il s'agit alors d'assurer le monopole des États en matière de connaissance et de technologie. Le Japon, cherchant à gagner une marge d'autonomie dans son programme spatial vis-à-vis des États-Unis, décide d'être actif dans le cadre d'études communes avec la France et l'Allemagne pour développer un lanceur d'ici 2020. « *L'agence japonaise apporte son savoir-faire en matière de moteur cryogénique réutilisable, l'Europe sa base de lancement en Guyane* » (*L'Usine nouvelle*, 3 juin 2016). L'Inde, pour une conquête spatiale à moindre coût, fait également le choix de la coopération. Le continent africain, jusque-là tenu à l'écart de la conquête spatiale, intervient dans la politique spatiale en 2017 grâce à une coopération continentale. Ainsi, l'Angola lance un satellite et le Nigeria devient la première puissance spatiale africaine. Le projet d'une Agence Spatiale africaine doit recueillir des soutiens internationaux et devient une ambition légitime au XXIe siècle face à l'émergence du continent (S. OUEDRAOGO, 2015).

Si la « guerre des étoiles » a été évitée et reste un fantasme, la coopération internationale s'avère être le modèle adopté par les États pour mutualiser leurs capacités même si la concurrence reste vive pour certains. Elle est aussi un facteur de développement autorisant des États à dépasser les frontières existantes pour intervenir dans de nouveaux espaces. Il s'agit aussi de composer avec les acteurs privés intervenant dans la conquête spatiale.

Prospective

Une territorialisation de l'espace aux mains des acteurs économiques ?

Avec la conquête spatiale un nouveau territoire s'ouvre aux activités commerciales. Elle pourrait mener à une territorialisation par les acteurs publics puis privés. Ainsi se pose la question de la privatisation de la conquête spatiale, mais aussi de la nécessaire anticipation de la définition des contours juridiques à lui donner, comme des cadres économiques, scientifiques et environnementaux légitimes.

L'exploitation de l'espace est le reflet de la projection des équilibres terrestres. Le « club spatial » apparaît comme un groupe fermé de six pays. Les États-Unis ont lancé le programme Constellation afin de concevoir des technologies novatrices et de définir la nouvelle « Vision » américaine de l'exploration spatiale pour 2020. Il a été abandonné en 2010. Alors que le marché des lanceurs spatiaux était jusque-là réservé aux États-Unis, à l'Union européenne et à la Russie, les firmes américaines comme SpaceX introduisent une concurrence vive entre acteurs publics ou privés en investissant le secteur. L'entreprise a réalisé l'exploit en avril 2016 de faire atterrir sur une plateforme dans l'océan Atlantique le premier étage de son lanceur de plusieurs tonnes propulsé à une vitesse de plus de 28 000 kilomètres à l'heure après avoir atteint une altitude de 200 kilomètres. Ceci permet de réduire le coût de mise en orbite, ce qui est considéré comme une menace pour l'Europe. Près de 10 % du PIB européen dépendrait des systèmes de positionnement par satellites. Cette part pourrait atteindre les 30 % du PIB dans l'avenir. C'est pour cette raison que la Commission européenne a fait le choix d'investir dans *Galileo*. La miniaturisation des satellites et l'augmentation de leur nombre envoyé par les lanceurs fait craindre de nouveaux usages. D'autres acteurs économiques comme OneWeb, Google ou Facebook pourraient alors satisfaire les besoins d'accès à Internet de plus de 2 milliards d'individus qui en sont exclus (T. HUREL, 2017). Le « tourisme spatial » devient aussi une niche mettant en concurrence les acteurs publics et privés. La Chine, d'après la feuille de route de son programme spatial pour les années 2017-2045, prévoit de se doter d'une économie spatiale grâce à l'exploitation minière des astéroïdes. Elle a aussi le projet d'installer une centrale solaire dans l'espace (*Futura Sciences*, 2017). Le modèle d'industrie spatiale forme un écosystème à forte valeur ajoutée. Les États et leurs agences comme l'ESA ne sont plus les seuls à intervenir. Ces dernières agissent comme client sans capacité propre de lancement ou en finançant et gérant les bases de lancement. Les acteurs privés agissant dans l'espace sont des *consortiums* d'opérateurs de lancement, des opérateurs de sites de lancement, ou des fabricants de fusées, de sondes et de satellites. Ainsi, SpaceX, l'entreprise d'astronautique d'Elon MUSK, effectue des lancements de fusées qui sont largement relayés par les réseaux sociaux. Le *Google Lunar X*

Prize doit permettre à la première entreprise capable d'envoyer un vaisseau sur la lune de gagner 20 millions de dollars. Sa mission serait de prendre des photographies et des vidéos en haute définition grâce à un robot et de les transmettre à la Terre (*numerama*, 19 août 2017). Même si Google s'est retiré du projet en 2018, la fondation *X Prize* recherche de nouvelles entreprises pour sponsoriser l'opération et la mener à terme (*Futura Sciences*, 10 avril 2018). De plus, l'espace intéresse également l'industrie cinématographique. Ici, la Russie et les États-Unis se livrent une véritable concurrence, chacun souhaitant réaliser le premier film tourné dans l'espace. Ainsi, la NASA a dévoilé un projet de film avec Tom Cruise alors que l'agence spatiale *Roscosmos* a annoncé le départ d'une équipe de tournage le 5 octobre 2021 pour l'ISS afin de réaliser le film dont le titre provisoire serait « *Le défi* ».

Face à la juxtaposition d'acteurs publics traditionnels que sont les États et d'acteurs privés, la question de la privatisation de la conquête spatiale peut être posée. La stratégie des opérateurs privés vise à accompagner celle des États et non à la remettre en cause. Le marché des satellites pour les communications est désormais ouvert aux usages commerciaux. Cependant, les États-Unis, la Russie et l'Union européenne restent possesseurs des deux tiers des satellites mis en orbite. Le secteur ne peut être dynamisé que par la dépense publique. Ainsi les acteurs publics et privés sont fortement interdépendants. L'aspect dual des capacités spatiales tant civiles que militaires tient à cette synergie des acteurs publics et privés. Deux textes font évoluer la législation sur les ressources spatiales. En 2015, le *SPACE Act* aux États-Unis permet une mise à jour du droit de l'espace américain, des vols privés, commerciaux et de l'industrie minière. La loi concerne l'eau et les minéraux, mais pas la vie. Les États-Unis n'affirment aucune prétention de souveraineté *via* cette loi. En 2017, le Luxembourg légifère également. La loi permet aux entreprises installées sur son territoire d'utiliser les ressources de l'espace. Elles peuvent alors extraire les ressources en métaux, en eau et en hydrocarbures. Est-ce que progressivement, à travers ces lois, la communauté internationale serait en train de renoncer au principe de non-appropriation qui régit le droit de l'espace depuis 1967 ? Quant aux missions scientifiques, c'est de la Maison Blanche que provient l'idée de privatiser la Station spatiale internationale. Les États-Unis, ayant dépensé 100 milliards de dollars pour son lancement et son fonctionnement, souhaitent mettre un terme au financement de la mission dans les années à venir. La note interne de la NASA mentionne que « *la décision de mettre fin au soutien fédéral direct pour l'ISS en 2025 ne signifie pas que la plateforme elle-même sera retirée de l'orbite à ce moment-là – il est possible que l'industrie puisse continuer à faire fonctionner certains éléments ou capacités de l'ISS dans le cadre d'une future plateforme commerciale* ». La Station Spatiale pilotée par les États-Unis et la Russie accueillant un équipage international pourrait être financée par une entreprise privée (*Le Monde*, 12 février 2018). Cependant, comme un héritage de la guerre froide, la course à l'espace mobilise la Russie qui prévoie de construire sa propre station spatiale d'ici 2025 pour faire face à la puissance américaine.

L'aventure spatiale est à la fois faite de compétition et de coopération et son défi tient à la définition d'un cadre juridique pour organiser les activités scientifiques et économiques, mais aussi envisager les retombées environnementales. À l'exemple de ce qu'il se passe à bord de la Station spatiale internationale plusieurs questions juridiques sont soulevées : à qui appartient-elle ? Quelle loi s'y applique ? Que se passerait-il si un crime était commis en orbite ? Le cadre juridique de la station relève du traité international signé en 1998. Les États-Unis sont institués chefs de file de la coopération internationale. Ils composent avec l'ESA qui compte vingt-deux États européens dans une structure indépendante de l'Union européenne. La Suisse et la Norvège non-membres de l'Union européenne, ont signé le traité sur l'ISS. Le spationaute Thomas PESQUET est alors un salarié de l'ESA. Chaque participant doit fournir à la station des équipements. Chaque module de l'ISS est immatriculé par son État d'origine. Au regard du traité certains problèmes pourraient survenir. En cas de découvertes scientifiques qui nécessiteraient d'être brevetées, la question de leur propriété serait soulevée. Un régime de responsabilité entre États est conçu pour un renoncement à tout recours en cas de litige. Si une naissance était possible dans un module de la station, la nationalité de l'enfant serait celle du pays dans lequel le module est immatriculé. En dehors de cet accord sur l'ISS, les traités internationaux existent depuis 1967 sur l'espace. Aucun État ne peut s'approprier un corps céleste. Ceci remet en cause les projets de colonisation de l'espace d'Elon MUSK qui devront se faire dans le respect du droit international (*numerama*, 24 février 2018). De plus, de nouvelles coopérations apparaissent entre acteurs publics et privés, à l'instar de la NASA qui confie à la société SpaceX d'Elon MUSK la mission d'envoyer deux astronautes vers la Station spatiale internationale. Ainsi, le premier vol habité de la capsule Crew Dragon a décollé de Floride le 30 mai 2020 pour un amarrage du vaisseau le lendemain à l'ISS. Les deux astronautes, Bob BEHNKEN et Doug HURLEY, sont revenus sur Terre le 2 août 2020, mettant ainsi fin à une mission réussie. Désormais, SpaceX prévoit l'envoi de ses premiers touristes dans l'espace pour la fin de l'année 2021. Ainsi, le marché du tourisme spatial fait l'objet d'une compétition entre milliardaires : Richard Branson a réalisé en juin 2021 le premier vol touristique spatial, puis Jeff Bezos au mois de juillet. Au-delà des évolutions juridiques à venir et des coopérations entre les secteurs public et privé, la conquête spatiale ouvre de nouvelles dimensions prospectives. Elle pourrait permettre l'avancée de la coopération internationale vers une nouvelle forme de gouvernance mondiale ou extra-atmosphérique. Sur le plan économique, l'espace pourrait devenir le lieu de projection des ambitions terrestres en matière d'exploitation des ressources minières, des « terres rares » présentes sur Mars, mais aussi du platine, de l'hélium-3 et de l'eau sur le sol lunaire. Ici, l'exploration lunaire devient un enjeu pour l'envoi de sondes spatiales. Face à la multiplication des acteurs intervenant dans l'espace, des menaces nouvelles émergent tant sur le plan sécuritaire qu'environnemental avec la question de la gestion des déchets. L'innovation technologique dans l'espace permet aussi des apports importants dans le domaine environnemental comme la meilleure connaissance du niveau global des nappes phréatiques par exemple. Les satellites peuvent aussi aider à organiser une meilleure gestion des ressources terrestres grâce aux prévisions météorologiques (T. HUREL, 2017). Enfin, l'espace apparaît comme un nouveau front de colonisation face à la destruction de l'environnement terrestre. Ainsi, les imaginaires se nourrissent de plus en plus de fantasmes d'exode et pourquoi pas de coloniser Mars ?

Les États ne sont plus les seuls à intervenir dans la conquête spatiale. Ils opèrent des synergies avec les acteurs économiques. Une privatisation de la conquête spatiale semble entamée et la question des frontières dans l'espace est un débat qui reste ouvert et nécessitera des négociations.

Conclusion

Les ambitions spatiales des États restent multiples : *leadership* pour les États-Unis, économie de la connaissance pour l'Europe faute de pouvoir politique, renouveau économique et nationaliste en Russie, tournant sécuritaire et technologique pour le Japon, reconnaissance internationale pour la Chine ou encore signe de modernité pour l'Inde. Ces ambitions dessinent les contours de la géopolitique spatiale. L'espace est au cœur de la projection des préoccupations terrestres marquée par un géocentrisme. Au cœur d'une nouvelle gouvernance au-delà de l'échelle mondiale, l'espace pourrait pourtant être le champ de la solidarité planétaire (I. SOURBÈS-VERGER, 2010).

« *Un des enseignements des premières images spatiales a été de nous faire découvrir que le "vaisseau" Terre était unique et que ses habitants étaient tous interdépendants* » (I. SOURBÈS-VERGER, 2010).

Document

Acte de création d'un Commandement de l'espace au sein de l'Armée de l'air

Le Commandement de l'espace est un organisme à vocation interarmées qui relève du chef d'état-major de l'Armée de l'air. Il reçoit ses directives d'emploi du chef d'état-major des armées, responsable de la préparation de l'avenir, de la cohérence capacitaire des armées et des opérations militaires.
Ce commandement exercera des responsabilités dans le domaine de la conception et de la mise en œuvre de la politique spatiale militaire, ainsi que dans les domaines opérationnel et organique.
Il rassemble dans un premier temps les 220 personnels issus du Commandement interarmées de l'espace (CIE), du Centre opérationnel de surveillance militaire des objets spatiaux (COSMOS) et du Centre militaire d'observation par satellites (CMOS). À terme, ce commandement, dont les effectifs seront amenés à monter en puissance, sera localisé à Toulouse où une équipe de préfiguration est d'ores et déjà en place. L'espace est un domaine crucial pour le fonctionnement de notre société mais aussi des opérations militaires des armées françaises. Avec la création de ce nouveau commandement, le ministère des Armées traduit en actes les directives stratégiques du Président de la République dans un domaine en pleine mutation où les menaces se multiplient.

Communique de Florence Parly, 09.01.2020.
https://www.defense.gouv.fr/salle-de-presse/communiques/communique_florence-parly-acte-la-creation-du-commandement-de-l-espace-au-sein-de-l-armee-de-l-air

Bibliographie

Ouvrages et études spécialisés sur la conquête spatiale :

- GAILLARD-SBOROWSKY Florence, PUIG Emmanuel, SOURBÈS-VERGER Isabelle, *Analyse comparée de la stratégie spatiale des pays émergents : Brésil, Inde, Chine*, Études de l'IRSEM, Paris, IRSEM, n° 15, 2012, 312 pages.
- OUEDRAOGO Sékou, *L'Agence spatiale africaine. Vecteur de développement*, Paris, L'Harmattan, 2015, 190 pages.
- PASCO Xavier, *Le nouvel âge spatial : de la guerre froide au New Space*, Paris, CNRS Éditions, 2017, 192 pages.
- SOURBÈS-VERGER Isabelle, *Un Empire très céleste. La Chine à la conquête de l'espace*, Paris, Dunod, 2008, 275 pages.

Revue :

- HUREL Tristan, « Géopolitique des satellites : une guerre froide de l'espace ? », *Carto*, n° 40, mars-avril 2017, pp. 41-44.

Sitographie

Articles disponibles en ligne :

- BLANC Quentin, « L'économie spatiale : vers l'industrie et au-delà », *rapport BSI Economics*, www.bsi-economics.org, 14/04/2016, 7 pages.
- DECOURT Rémy, « La Chine dévoile ses ambitions spatiales », *Futara Sciences*, 23/11/2017 ; https://www.futura-sciences.com/sciences/actualites/astronautique-chine-devoile-ambitions-spatiales-35713/
- FIORINA Jean-François, « Confins et frontières », *CLES, Comprendre Les Enjeux Stratégiques, Note hebdomadaire d'analyse géopolitique*, disponible en ligne www.grenoble-em.com, Grenoble, Grenoble École de Management, n° 203, 11 mai 2017, 3 pages.
- FIORINA Jean-François, « Géopolitique de l'espace », *CLES, Comprendre Les Enjeux Stratégiques, Note hebdomadaire d'analyse géopolitique*, disponible en ligne www.grenoble-em.com, Grenoble, Grenoble École de Management, n° 45, 1er décembre 2011, 3 pages.
- FIORINA Jean-François, « Vers une nouvelle géopolitique de l'espace ? », *CLES, Comprendre Les Enjeux Stratégiques, Note hebdomadaire d'analyse géopolitique*, disponible en ligne www.grenoble-em.com, Grenoble, Grenoble École de Management, n° 192, 15 septembre 2016, 3 pages.
- LAUSSON Julien, « Naissance à bord, crime, territoire : quelle est la loi sur la station spatiale internationale (ISS) ? », *numerama*, 24/02/2018 ; https://www.numerama.com/sciences/330288-naissance-a-bord-crime-territoire-quelle-est-la-loi-sur-la-station-spatiale-internationale-iss.html
- LAUSSON Julien, « SpaceX et la NASA partagent des photos saisissantes de leur premier vol habité ver l'ISS », *numerama*, 06/06/2020 ; https://www.numerama.com/sciences/627850-spacex-et-la-nasa-partagent-des-photos-saisissantes-de-leur-premier-vol-habite-vers-liss.html

- « Le programme spatial habité chinois : hier, aujourd'hui et demain ? », *Rêves d'Espace*, 22/06/2016 ; https://reves-d-espace.com/le-programme-spatial-habite-chinois-hier-aujourdhui-et-demain/
- MEDDAH Hassan, « Europe et Japon montent dans une fusée réutilisable », *L'usine nouvelle*, 09/06/2016 ; https://www.usinenouvelle.com/article/l-europe-et-le-japon-montent-dans-une-fusee-reutilisable.N394962
- RENOUARD Guillaume, « SpaceX, Blue Origin, Virgin… : comment l'espace est devenu un business comme les autres », *numerama*, 19/08/2017 ; https://www.numerama.com/business/265703-spacex-blue-origin-virgin-comment-lespace-est-devenu-un-business-comme-les-autres.html
- SOURBÈS-VERGER Isabelle, « Espace et géopolitique », *L'information géographique*, n° 2, Paris, A. Colin, 2010, pp. 10-35 ; https://www.cairn.info/revue-l-information-geographique-2010-2-page-10.html

Presse :

- « La Maison Blanche envisage de privatiser la station spatiale internationale », *Le Monde*, 11/02/2018 ; https://www.lemonde.fr/ameriques/article/2018/02/11/la-maison-blanche-envisage-de-privatiser-la-station-spatiale-internationale_5255224_3222.html#xtor=AL-32280270
- ZIMMERLICH Julia, « Le « New Space » bouscule l'espace européen », *Le Monde*, 10/07/2018 ; https://www.lemonde.fr/cosmos/article/2018/07/10/le-new-space-bouscule-l-espace-europeen_5329359_1650695.html
- « SpaceX va mettre un « cerveau volant » en apesanteur », *Le Monde*, 29/06/2018 ; https://www.lemonde.fr/cosmos/article/2018/06/29/spacex-va-mettre-un-cerveau-volant-en-apesanteur_5322858_1650695.html

Pour aller plus loin

Podcasts :

- BOUZOU Nicolas, CHOL Éric, DORDAIN Jean-Jacques, PASCO Xavier, SOURBÈS-VERGER Isabelle, « L'exploitation de l'espace », France Culture, 30/12/2017, 59 minutes.
- FORGET François, SOURBÈS-VERGER Isabelle, « Mars, ça repart ? », parties 1 et 2, France Culture, 09/02/2018, 24 et 16 minutes.
- ISRAËL Arlène Ammar, KÉBÉ Fatouma, SOURBÈS-VERGER Isabelle, « De la NASA à Tesla, vers une privatisation de l'espace ? », France Culture, 21/07/2019, 1 H 09.
- GAILLARD-SBOROWSKY Florence, MAURICE Sylvestre, SOURBÈS-VERGER Isabelle, « Y aura-t-il bientôt des frontières dans l'espace ? », France Culture, 25/12/2017, 40 minutes.
- MARTIN Nicolas, « Qui arrêtera Elon Musk ? », *La méthode scientifique*, France Culture, 17/06/2020, 58 minutes.
- PASCO Xavier, SOURBÈS-VERGER Isabelle, « L'espace est-il le nouveau champ de bataille ? », France Culture, 01/07/2018, 45 minutes.

Sujets

- La militarisation de l'espace.
- Quelle sécurité dans l'espace ?
- Territorialisation et enjeux géopolitiques de l'appropriation de l'espace.
- Une protection de l'espace est-elle envisageable ?
- Peut-on privatiser l'espace ?

9 L'Europe : un espace migratoire sous tensions

> « Une fois passés Boulogne et le cap Gris-Nez, les premières silhouettes apparaissent. Des ombres marchent sur le bord de l'autoroute, les unes derrière les autres, par petits groupes. Entre chien et loup. Ils sont jeunes, ne parlent pas, avancent en file indienne vers des aires d'autoroute ou des points de rendez-vous tenus secrets. Ils laissent filer les voitures à leurs côtés, concentrés tous sur le même rêve : l'Angleterre. »
>
> LAURENT GAUDÉ, 2016.

Introduction

Parti de Libye avec 127 personnes à son bord, un bateau a coulé au large de Zarzis en Tunisie, dans la nuit du 2 au 3 juillet 2021. Une partie des migrants a pu être secourue par la marine tunisienne mais 43 d'entre eux ont été portés disparus. Cette opération n'est pas sans rappeler celle du 6 juillet 2020, alors que le bateau ambulance, *Ocean-Viking,* avait été autorisé à débarquer 180 migrants venus d'Afrique du Nord en Sicile. Dans le contexte de crise sanitaire liée au COVID-19, les traversées en Méditerranée avaient été interrompues. Leur reprise fait craindre à l'Italie l'arrivée de nouveaux migrants. L'Europe, à l'instar de ce pays, voit ses États opérer un tournant dans l'aide aux migrants (*Le Monde*, 07 juillet 2020). En effet, l'Union européenne considère que la « crise migratoire » est terminée et s'appuie désormais sur la Turquie et la Libye au sujet des migrants. Si les chiffres officiels témoignent d'une diminution du nombre de migrants, les missions de sauvetage n'en restent pas moins primordiales. Ainsi, 180 000 migrants sont arrivés en Italie en 2016, 120 000 en 2017, 23 000 en 2018 et 3 073 sont entrés sur la péninsule depuis le 1er janvier 2019. Cependant, la mission « Sophia » (2015-2019), dont le but premier était de refouler les migrants tentant de traverser la Méditerranée, a tout de même contribué au sauvetage d'environ 45 000 naufragés. D'après l'ONU, à la suite du naufrage d'un navire au large de la Libye, en février 2020, le nombre de morts en Méditerranée depuis 2014 dépasse les 20 000. Quant aux statistiques de l'OIM, ceux-ci comptabilisent au moins 1146 personnes noyées en mer Méditerranée au cours du premier semestre 2021. En 2020, 513 étaient mortes au cours de la même période. Leur nombre a doublé du fait du blocage des sauvetages. La question migratoire aux frontières de l'Europe révèle les enjeux géopolitiques autour des acteurs étatiques, associatifs et des citoyens dont les intérêts contradictoires alimentent les tensions relayées à l'intérieur de l'espace migratoire européen.

La « crise migratoire » ouverte en 2015 sur le continent européen est en réalité un épisode migratoire qui fragilise la communauté européenne. Ce dernier questionne les dynamiques d'intégration, de solidarité et d'accueil, tout en s'inscrivant à plus petite échelle dans un processus mondial, puisque 65 millions de personnes vivent en dehors de leur pays en raison des guerres, des persécutions, des difficultés économiques ou climatiques. Si crise il y a, c'est une vision des Européens qui ont le sentiment de la subir alors qu'en réalité elle frappe les migrants dans leur quotidien sur les routes de l'exil, jusque dans leur corps qui porte les stigmates de leur périple.

Les migrations dans l'espace européen, par leur diversité, sont le reflet des disparités des territoires. Elles posent la question de la cohésion territoriale et de la gestion des frontières.

Concepts/notions

- **Apatrides** : personnes sans nationalité, sans droits à la protection diplomatique ou au retour dans leurs pays d'origine. Un minimum de droits et de protection leur sont assurés par la loi internationale.
- **Déplacés** : migrants à l'intérieur des frontières de leur pays.
- **Migrants** : personnes se déplaçant d'un pays à un autre pour des raisons politiques, économiques, culturelles, climatiques ou personnelles.
- **Migrations** : déplacements de population vers un autre espace en vue de s'établir temporairement ou définitivement.
- **Réfugiés** : personnes craignant des persécutions pour des motifs raciaux, religieux, nationaux, sociaux ou politiques et contraintes à quitter leur pays d'origine, dont elles ont la nationalité, pour trouver la sécurité dans un pays étranger.

Chronologie

- **1922** : « passeport Nansen » pour les réfugiés et apatrides, du nom du premier haut-commissaire de la SDN (Société des nations).
- **1947** : création de l'OIR (Organisation internationale des réfugiés).
- **1950** : création du HCR (Haut-commissariat pour les réfugiés) au sein de l'ONU.
- **1951** : Convention de Genève reconnaissant internationalement le statut de réfugié.
- **1952** : création de l'OFPRA (Office français de protection des réfugiés et apatrides).
- **1954** : loi internationale instituant la Convention relative au statut des apatrides.
- **1961** : Convention sur la réduction des cas d'apatridie.
- **1973** : ouverture de CPH (Centres provisoires d'hébergement) en France.
- **1976** : droit au regroupement familial par décret de Valéry GISCARD D'ESTAING en France.
- **1985** : accords de Schengen relatifs à la suppression graduelle des contrôles aux frontières communes des pays européens signataires. Début du tournant sécuritaire en Europe.

- **1990** : accords de Dublin définissant une politique d'asile européenne et un dispositif de contrôle.
- **1991** : création des Cada (Centres d'accueil pour demandeurs d'asile) en France. Les demandeurs d'asile n'ont pas le droit de travailler à cette date.
- **1992** : arrivées de migrants sur l'île de Lampedusa au Sud de la Sicile, en Italie.
- **1999** : la Croix Rouge gère le centre d'accueil de Sangatte ouvert dans le département du Pas-de-Calais en France.
- **2000** : fondation du FER (Fonds européen pour les réfugiés).
- **2001** : construction de barrières anti-migrants à Ceuta et Melilla par l'Espagne, avec l'apport financier de l'Union européenne.
- **2002** : fermeture du centre d'accueil de Sangatte alors que l'arrivée des migrants se poursuit, constituant la « jungle » de Calais.
- **2003** : accords du Touquet entre la France et la Grande-Bretagne contre l'immigration clandestine.
- **2004** : création de l'agence Frontex pour surveiller les frontières de l'espace Schengen.
- **2009** : premier démantèlement de la « jungle » de Calais en France.
- **2010** : Agenda de coopération entre la France et la Libye contre l'immigration clandestine.
- **2011** : début de la guerre civile en Syrie.
- **2012** : construction du mur d'Evros par la Grèce à la frontière turque.
- **2014** : installation de *Daech*, pseudo-État à cheval sur l'Irak et la Syrie agitant l'arme migratoire.
- **2015** : amplification de l'épisode migratoire européen. Création de « hotspots » (centres de rétention et d'expulsion des migrants, en Grèce et en Italie).
- **2016** : nouveau démantèlement de la « jungle » de Calais en France.
- **2017** : condamnation de Cédric HERROU à 4 mois de prison avec sursis pour aide à l'immigration clandestine à la frontière franco-italienne et « délit de solidarité ».
- **2018** : le Conseil constitutionnel français a consacré la fraternité comme un des grands principes de droit français sous la pression de militants comme Cédric HERROU. Ceci conforte la liberté « d'aider autrui ».
- **2019** : quatorze pays membres de l'Union européenne s'accordent sur un « mécanisme de solidarité » afin de répartir l'immigration en Europe.
- **2020** : Cédric HERROU est rejugé après l'intégration du « principe de fraternité » par le Conseil constitutionnel et relaxé ; création d'une brigade franco-italienne contre les passeurs à la frontière ; un commandement unique doit permettre à des agents français et italiens de patrouiller aux frontières des deux pays ; entrée en vigueur du « pacte pour la migration » au sein de l'Union européenne.

Historique

Des réseaux migratoires légaux et illégaux utilisant les circuits classiques de la mondialisation

L'espace migratoire mondial est animé par une multitude de réseaux : des réseaux terrestres et maritimes, en passant par les réseaux internationaux des diasporas et les réseaux numériques.

Aussi pour gagner l'Europe, les migrants venus d'Afrique, du Proche et Moyen-Orient ou d'Asie empruntent les routes terrestres et maritimes qui sont celles de la mondialisation. La Méditerranée devient un espace migratoire où la migration légale ou clandestine utilise ferries, porte-conteneurs ou embarcations de fortune. Aux itinéraires maritimes d'abord dirigés vers Gibraltar et le canal de Sicile s'ajoutent les Canaries et la mer Égée. La traversée de la Méditerranée n'a d'égal que celle des déserts africains pour certains migrants, avec la soif, la faim, la peur et l'épuisement. Lorsque ce sont des femmes qui partent seules, sans famille, parce qu'elles ont dû laisser un époux enrôlé ou mort et leurs enfants, elles sont victimes des pires violences, viols ou mariages forcés. Elles connaissent les emprisonnements et prises d'otages dans les pays de transit. Les migrants, Érythréens, Somaliens, Soudanais ou Nigériens passent par la Libye où les réseaux de passage sont contrôlés par *Daech*. Les pays du Maghreb, tout en restant des foyers de départ, sont aussi des zones de passage pour les migrants subsahariens. Ils ont signé des accords avec les pays européens pour renforcer le contrôle aux frontières et reprendre les sans-papiers renvoyés par les pays européens. Ils deviennent des pays d'immigration. Les nouvelles routes des migrations tentent de contourner la Méditerranée et partent du Sénégal, du Nigéria ou du Soudan, en passant par le Maroc, l'Algérie, la Tunisie, la Libye et l'Égypte. Les routes du Nigéria et du Soudan se rejoignent alors pour gagner l'Europe par Israël, la Syrie, la Turquie, la Grèce, puis la route des Balkans. Une fois arrivés en Europe, les migrants et migrantes parfois enceintes connaissent la rétention, puis l'inhospitalité réservée aux étrangers en Europe. Celles qui ne passent pas par la détention mais par des centres d'accueil connaissent parfois les conditions bien pires réservées aux demandeurs d'asile, à l'exemple de ce que leur réservent les mafias et réseaux de prostitution en Italie.

Si les cartes représentent ces routes migratoires par des traits et les flux migratoires par des flèches, le vécu des migrants peut être appréhendé de manière différente. C'est ce qu'Anne-Laure AMILHAT-SZARY et Sarah MEKDJIAN ont tenté de faire à travers le collectif « antiAtlas des frontières ». Le franchissement des frontières, le voyage en camion, les contacts avec les passeurs peuvent être autant d'étapes traumatisantes dont les deux géographes ont voulu rendre compte en développant des ateliers de cartographie participative, auxquels des migrants ont bien voulu apporter leur expérience. À Grenoble, douze demandeurs d'asile ou réfugiés ont présenté leur vécu des frontières « expansées » du mois de mai au mois de juin 2013. Ainsi, cartographes, artistes et voyageurs ont livré une vision originale de la frontière, non linéaire. Des cartes co-produites de voyages migratoires et de franchissements de frontières ont ensuite été exposées au musée de Tapisseries d'Aix-en-Provence.

Elles sont fondées sur les mémoires d'exil mutilées. Il s'agit d'affronter des souvenirs douloureux : des contrôles de police aux postes frontières, de la faim, de la soif, du stress, de l'inconnu, de la violence et de ceux que l'on a laissés ou que l'on souhaite rejoindre. Le rôle des diasporas et des réseaux internationaux est primordial dans le processus de solidarité qui se met en place entre les migrants. Il s'agit pour eux de rester en contact avec la famille restée dans le pays d'origine ou de trouver un soutien auprès de ceux qui sont déjà partis et installés dans un pays d'accueil. Les migrants sont bien connectés aux nouvelles technologies. Ils utilisent Internet grâce aux smartphones et l'une de leur préoccupation majeure une fois arrivés en Europe est de trouver une carte SIM, de pouvoir recharger la batterie des téléphones portables et trouver un réseau qui permette d'envoyer un selfie à la famille restée au pays. Au-delà de ce que les cartes scientifiques ne disent pas des réseaux, il existe des liens très forts entre des hommes, des femmes et des enfants dont les sentiments sont murés dans le passé ou dans le présent de la rencontre qui peut être difficile.

Au cœur de ces flux migratoires à considérer à toutes les échelles, l'Europe apparaît, après avoir longtemps été un foyer de départ, comme une terre d'accueil de l'immigration. Depuis les années 1990, elle est le principal foyer de destination du monde en termes de flux migratoires. L'Angleterre reste l'eldorado visé mais Calais est la dernière étape, sans issue pour nombre de migrants. L'Europe est au cœur d'un système de migrations régional fondé sur des complémentarités historiques, culturelles et économiques. Les médias occidentaux s'occupent du sujet et notamment de la question des réfugiés syriens depuis le début de la guerre civile en 2011, lui donnant une ampleur qu'elle n'a pas. En effet, ils trouvent en réalité d'abord un accueil chez leurs voisins comme la Turquie pour 2,5 millions d'entre eux, ou au Liban, au Pakistan, en Jordanie ou en Éthiopie, alors que 500 000 arrivent en Europe. Quant aux réfugiés afghans, ils partent plutôt au Pakistan ou en Iran qu'en Europe, de même que les Somaliens choisissent principalement le Kenya ou l'Éthiopie. L'instabilité et la violence politiques ou religieuses poussent au départ en Érythrée, en Somalie, en Syrie, en Irak, en Iran, en Égypte, en Afghanistan ou en Libye. Ces flux migratoires pouvaient être anticipés depuis le début de la guerre en Syrie en 2011 voire depuis 1991 pour la Somalie. En effet, les migrations sont cycliques et prévisibles. Par ailleurs, si on pouvait dénombrer l'arrivée de 1,7 million de migrants à l'intérieur des frontières de l'Union européenne en 2012, il ne faut pas omettre qu'à cette même date, 2,7 millions de personnes quittaient l'Union européenne (H. THIOLLET, 2015). L'Europe forme alors avec la rive Sud de la Méditerranée une région migratoire.

Malgré la mondialisation des migrations, l'Europe participe d'une régionalisation des flux. Elle constitue un espace de libre circulation intérieure. Avec 511,8 millions d'habitants au 1er janvier 2017 (Eurostat), l'Union européenne compte plus de 35 millions d'étrangers, dont le cinquième est originaire d'un pays de l'Union. 3 % des Européens sont installés dans un autre État membre que leur pays d'origine. L'immigration est un moteur de la croissance démographique. L'Allemagne apparaît comme le premier pays d'accueil de l'immigration en Europe. Le différentiel d'accueil entre les pays européens est important. Alors que la Grèce compte 10 % d'étrangers dans sa population totale, la Finlande en regroupe seulement 2 %. L'Europe de l'Est attire moins que l'Europe de l'Ouest ou du Nord. Les flux Est-Ouest sont aussi marqués par une abondante main-d'œuvre originaire des pays de l'Est attirée par la différence des salaires en Europe de l'Ouest. Les déserts médicaux en France poussent au *care drain* (immigration de soins) depuis la Roumanie ou la Moldavie qui vont subir à leur tour un déficit de médecins. De nombreux métiers connaissent une pénurie de main-d'œuvre en Europe. Certains secteurs fonctionnent grâce à l'immigration irrégulière notamment dans le domaine du bâtiment, de la restauration, du nettoyage, de la cueillette des fruits et légumes ou de l'aide aux personnes âgées. Ce sont des emplois peu rémunérateurs. Ainsi, l'immigration apporte une réponse à des enjeux démographiques liés à l'augmentation de l'espérance de vie en Europe et à la diminution de la population active. Avec un indice synthétique de fécondité autour de 1,5 enfant par femme, en dessous du seuil de renouvellement des générations, l'Europe aura besoin de 30 millions d'immigrés d'ici trente ans pour rééquilibrer le ratio entre actifs et non-actifs (C. WIHTOL DE WENDEN, 2016). Il faut distinguer les migrants économiques des réfugiés au sein de l'Europe : un Kosovar qui gagne l'Allemagne par la Hongrie est un migrant économique, alors qu'un Syrien en route vers l'Allemagne, fuyant la guerre, est un réfugié. De fait, les réfugiés sont accueillis dans cinq pays de l'Union européenne : l'Allemagne, la Suède, la Finlande, la France et l'Italie. Leur accueil est tout à la fois un devoir d'humanité et un combat politique dans les pays européens (M. FOUCHER, 2012). De plus, les frontières de l'Union européenne évoluent et se déplacent en fonction des nouveaux pays intégrant l'association. Si les frontières physiques se renforcent sur le pourtour de l'Union européenne, elles ne sont pas fermées pour tout le monde. Pour ceux qui réussissent à passer, l'ouverture des frontières à l'intérieur de l'espace Schengen a tendance à installer les migrants dans la mobilité, comme s'ils étaient « suspendus en migration », en « migrerrance » (M. AGIER, 2014).

Les réseaux de la mondialisation et de l'antimonde (R. BRUNET, 1992) sont le socle des flux migratoires qui traversent l'espace européen et le dépassent. Ils mettent aux prises des acteurs aux intérêts contradictoires qui en font un espace de conflictualités.

Actualité

Des logiques d'acteurs divergentes qui transforment l'espace européen

Afin de comprendre de quelle manière l'espace européen est transformé par les acteurs de l'espace migratoire, il convient de s'interroger sur : qui sont les migrants ? Où vivent-ils ? Comment voient-ils l'espace européen à travers les obstacles rencontrés et les acteurs facilitant ou non leur voyage et pouvant conduire à des situations de conflits voire à la mort en chemin ?

En 2015, 1,2 million de personnes ont demandé l'asile à un État membre de l'Union européenne, soit deux fois plus qu'en 2014. Ces réfugiés fuient une guerre, un régime dictatorial ou partent pour des motifs économiques. Ce sont des « flux mixtes »

(C. WIHTOL DE WENDEN, 2016). Les migrants arrivent avec des titres de séjour, des contrats de travail ou des visas de tourisme et deviennent clandestins par la suite. Parmi ces derniers, certains sont initialement des réfugiés politiques. Les Syriens, Erythréens ou Somaliens qui arrivent en bateau au cœur de la Méditerranée sont des demandeurs d'asile au regard du droit international. Cependant, les risques qu'ils prennent sont liés à un dysfonctionnement de la politique migratoire de l'Union européenne qui les transforme en clandestins (H. THIOLLET, 2015). La sociologie des migrants récuse le mythe des pauvres qui vont envahir les pays riches. Pour migrer, il faut du capital, des réseaux, des informations et un peu d'éducation. Ceux qui n'en ont pas, les plus pauvres ne peuvent migrer. Ainsi, les migrants proviennent souvent des classes moyennes (H. THIOLLET, 2015). Leurs profils évoluent : aux migrants économiques et réfugiés politiques, lesquels comprennent déjà des femmes et des mineurs, s'ajoutent des professionnels de la santé, des touristes, des seniors et des migrants climatiques. Leur statut varie du demandeur d'asile aux bénéficiaires du regroupement familial, en passant par les sans-papiers mais tous se confondent sociologiquement. Les réfugiés en Europe sont jeunes, scolarisés ou diplômés, urbains et ils sont déterminés à vivre à l'étranger pour une durée assez longue pour leur permettre de régulariser leur situation. Arrivés en Europe, ils sont « triés » dans des centres de rétention et de tri, des « *hotspots* » instaurés en 2015 en Italie et en Grèce. En mission pour l'ONU en mai 2019 à Lesbos, Jean ZIEGLER rédige un ouvrage publié en 2020 qu'il intitule *Lesbos, la honte de l'Europe*. Il dénonce le refoulement des migrants par l'Union européenne et les conditions insalubres de rétention. Les migrants économiques sont reconduits, les autres peuvent déposer une demande d'asile. Il faut retrouver leur origine, leurs papiers, alors que pour échapper aux contrôles d'identité certains migrants se mutilent le bout des doigts pour ne pas livrer leurs empreintes digitales. Leur rétention ne peut durer plus de six mois et si leur origine n'est pas déterminée ou que leur pays ne peut les reprendre, les migrants deviennent des sans-papiers. Ils ne peuvent travailler légalement, ce qui est paradoxal avec la situation économique de l'Europe qui a besoin de main-d'œuvre. Parmi les étrangers en Europe la majorité sont turcs, marocains ou chinois. Viennent ensuite les Albanais, les Serbes et les Afghans et loin derrière les immigrés subsahariens. Le *brain drain* (exode des cerveaux) produit un autre profil de migrants et conduit à la formation d'une « diaspora de la connaissance » composée d'étudiants et de chercheurs en Europe. Dix pays africains ont 40 % de leur main-d'œuvre hautement qualifiée qui participe à ces migrations du travail, profitant du différentiel salarial. Ainsi, 48,3 % des chercheurs subsahariens résident en Europe. Des accords se mettent en place avec l'Union européenne pour tenter de réguler ces flux. Les étudiants européens peuvent bénéficier du programme Erasmus pour étudier dans un pays membre de l'Union européenne. Ce dispositif concerne 2 % des étudiants européens (C. WIHTOL DE WENDEN, 2016). Ces derniers ne sont pas ceux qui participent du débat clivant en Europe quant à cet épisode migratoire.

Vivre l'espace migratoire européen implique pour les réfugiés politiques de pratiquer les routes migratoires, mais aussi les lieux de sédentarisation temporaire dans les espaces d'accueil des villes, les camps de réfugiés, à l'exemple de Calais ou de Grande-Synthe en France et de vivre aussi leur démantèlement et la nécessité de repartir. La ville de Calais voit depuis 1999 affluer des migrants d'abord du Kosovo accueillis par la Croix-Rouge. Au départ ce sont 800 personnes qui sont installées dans un hangar, puis leur nombre augmente jusqu'à former une ville-champignon autour du centre de Sangatte appelée « jungle » par les migrants afghans et iraniens. Après la fermeture du centre en 2002, ce sont 7 000 à 10 000 personnes qui arrivent dans la forêt refuge près de l'Eurostar conduisant à l'Angleterre. De nouveaux centres d'accueil réouvrent et en 2016 les migrants sont redirigés vers d'autres régions avant le démantèlement du camp. Des problèmes sanitaires apparaissent, faute de toilettes et de douches, alors qu'une vie sociale s'organise autour des commerces, église, école, mosquée ou bars. Près de Dunkerque, le site de Grande-Synthe accueille jusqu'à 2 500 personnes entre une zone pavillonnaire et un stade. Il prend le visage d'un bidonville gardé par des CRS. Ici, ce n'est pas l'État qui prend l'initiative de l'installation d'un camp mais une ONG, Médecins Sans Frontières, qui installe en 2016 tentes, toilettes et douches. Dans ces deux camps, ainsi que dans la banlieue de Calais, 8 000 à 10 000 personnes sont installées en 2016. Depuis, plusieurs vagues de démantèlement de ces camps ont eues lieu. Ainsi, par exemple, 500 migrants ont été évacués d'une zone désaffectée dans laquelle ils occupaient des hangars. Ils ont été conduits vers des structures d'accueil régionales ou vers d'autres régions.

Elles ont eu besoin de l'aide d'autres acteurs pour parvenir jusqu'à cette dernière issue avant l'Angleterre qui les refoule. Les premiers acteurs qui permettent de partir sont les passeurs souvent à la solde de *Daech* dans les régions d'Afrique et du Proche et Moyen-Orient. Les passeurs alimentent tout un circuit économique informel, participant de l'antimonde (R. BRUNET, 1992) pour rançonner, violenter et abandonner les migrants. Leur nombre augmente depuis les années 1990 en parallèle d'une sécurisation accrue des frontières. Ils révèlent des profils très différenciés : du simple propriétaire de barque à l'image de *pateras* à Gibraltar aux vendeurs de « voyages au long cours » ayant pignon sur rue. Leurs candidats doivent travailler en route pour financer leur passage et sont parfois poussés à se sédentariser un temps, par exemple au Maroc qui a reçu l'obligation de l'Union européenne de fermer sa frontière Nord. Toute une économie du passage se met en place autour des centres de rétention aux frontières de l'Europe. Parfois les passeurs organisent des noyades intentionnelles, à l'exemple des 120 naufragés dont 50 sont morts après avoir été contraints de se jeter à la mer près du Yémen. Ils venaient de Somalie ou d'Éthiopie et même si le Yémen est en guerre, ils tentaient de le gagner pour passer ensuite dans un des pays du Golfe Persique. La Croix-Rouge intervient pour soigner les vivants et donner une sépulture aux morts (*Le Monde*, 09 septembre 2017).

Pour un migrant, vivre dans l'espace européen nécessite de pouvoir revendiquer le droit de migrer et d'avoir des soutiens multiples. Les sans-papiers organisent des manifestations collectives qui ont permis de poser la question du droit de migrer sur la scène internationale. Nombreux sont les volontaires qui quotidiennement donnent de leur temps pour parler aux migrants, leur apporter du pain, du café, des vêtements, des couvertures ou du bois. C'est ce que le film *Welcome*, sorti en 2009, révèle de la vie des migrants irakiens kurdes à Calais. Là où l'État a abandonné les migrants, une action citoyenne s'organise. Ce sont des associations qui leur portent secours à Calais, comme L'Auberge des migrants, Salam ou La Vie active.

L'action humanitaire de la Croix-Rouge est aussi primordiale, notamment dans le centre de Sangatte. Cependant, le nombre de migrants fait que ces actions volontaires sont très vite dépassées. L'association La Vie active a pu, avec l'agrément de l'État, ouvrir le centre Jules Ferry de Calais en 2015, offrant douches, repas et hébergement à des femmes et des enfants. *Acted*, Médecins du monde puis Médecins Sans Frontières (MSF) s'investissent également. Cette même année le gouvernement de Manuel VALLS fait installer des conteneurs pour 1 500 personnes, sans douches ni cuisines. À Grande-Synthe, c'est différent, non pour le mieux. Le gouvernement a répondu absent aux appels du maire qui reçoit 1 500 migrants dans une petite forêt. C'est alors MSF, avec l'accord du ministre de l'Intérieur, qui installe les tentes, les palissades pour protéger les enfants, organise des lieux de rassemblement, des toilettes et des douches. Cependant la zone est un véritable marécage en prise au froid, à la pluie, à la boue. Les gendarmes assurent la sécurité a minima minima. Ces lieux ressemblent à s'y méprendre aux camps de réfugiés que l'on trouve dans les pays en guerre, parfois dans un dénuement bien supérieur. Face à ceux qui organisent secours et assistance aux migrants sur terre et sur mer, à l'exemple de la mission européenne Sophia engagée depuis 2015 dans la lutte contre le trafic de migrants en Méditerranée, ou l'ONG SOS Méditerranée, depuis août 2017, un navire anti-migrants financé par l'extrême droite et une campagne de *crowdfunding* suit les navires des ONG. Il s'agit du *C Star* appartenant au groupe identitaire Génération Identitaire.

Ainsi, les migrants n'ont pas toujours la chance de pouvoir vivre dans l'espace européen. Le bilan humain des migrations dans la région méditerranéenne est de plus de 3 000 naufragés qui meurent chaque année en Méditerranée depuis 2015. C'est bien plus que le seuil de 1 000 morts par an désigné par les historiens pour déterminer un état de guerre. Entre 2000 et 2016 ce sont 30 000 naufragés qui trouvent la mort en Méditerranée. En 2017, 3 116 migrants sont morts ou disparus dans cette même mer (*Le Monde*, 08 janvier 2018). Si certains sont sauvés par les missions des garde-côtes et garde-frontières européens ou par des pêcheurs et même si l'Union européenne a dépêché l'opération militaire Sophia en 2015 pour porter secours aux naufragés, son action reste celle du contrôle et de la dissuasion plutôt que du sauvetage. Aussi des associations interviennent comme SOS Méditerranée dont le financement provient majoritairement de dons de particuliers. La mortalité en Méditerranée est liée aux conditions de la traversée achetée auprès de passeurs officiant souvent pour *Daech* et qui embarquent les migrants sur des bateaux en manque de carburant, escomptant une prise en charge par les missions de sauvetage européennes. Certains montent sur de petites barques de pêcheurs, des zodiacs surchargés, des pirogues, des cargos ou clandestinement sur des porte-conteneurs. Ces derniers sont plus largement arrêtés par les missions de surveillance européennes qui visent à « faire du chiffre », alors que les petites embarcations passent plus facilement. La survie dépend de l'aide internationale ou humanitaire. Cependant, en 2017, l'ONG MSF se voit contrainte de suspendre ses activités de sauvetage aux migrants, à la suite de l'interdiction de présence des bâtiments marins étrangers en Libye faite par l'ONU. Durant le week-end du 27 mai 2018, 532 naufragés ont été secourus par les services de sauvetages espagnols alors qu'ils tentaient de gagner la France sur de petites embarcations désuètes (*Le Monde*, 28 mai 2018). Des pilotes professionnels volontaires se mobilisent pour apporter un soutien en matière d'observation aux navires de sauvetage. C'est le cas des Français José BENAVENTE et Benoît MICOLON. Ils permettent d'identifier, par avion, les petites embarcations. Ils interviennent au large des côtes libyennes dans les eaux internationales où, conformément au droit international défini par la CNUDM (Convention des Nations unies sur le droit de la mer, 1992), tous les naufragés secourus doivent être débarqués en « lieux sûrs ». Il s'agit d'un mouvement citoyen[1]. Récemment, durant le week-end du 31 juillet au 1er août 2021, ce sont plus de sept cents migrants qui ont été secourus au large de Malte, de la Libye et dans les eaux internationales grâce aux repérages et interventions des ONG SOS Méditerranée, Sea-Watch et ResQship (*Le Monde*, 2 août 2021).

L'espace migratoire européen révèle aussi ses tensions et la diffusion de conflits que les migrants fuient, mais qu'ils relaient dans les espaces migratoires au contact des populations locales. L'exemple du camp de Calais installé depuis 1999 sur la frontière extérieure de Schengen, trait-d'union entre la France et le Royaume-Uni révèle ces tensions entre acteurs. Quand les associations humanitaires interviennent pour distribuer de la soupe ou des couvertures dans le camp, le lendemain, la police détruit tout. Si l'État n'intervient pas pour aider à la constitution des camps, les CRS de Calais sont cependant en première ligne pour éviter que les migrants ne passent en Angleterre. Les logiques sécuritaires et humanitaires s'opposent dans la « jungle » de Calais. Des violences sont faites aux femmes et aux enfants dans le camp. De même, tous les locaux ne sont pas prêts à aider et les migrants préférant les accueillir avec leur fusil ou le pointer sur ceux qui les aident. Un sentiment de xénophobie s'oppose à celui de l'hospitalité et de la solidarité. Un autre symbole du rejet des migrants est la « teichopolitique », désignant l'édification de murs par les États. Il s'agit d'une politique de cloisonnement de l'espace dans une volonté de « protéger » et de contrôler un territoire (S. ROSIÈRE, 2009). Les murs sont la conséquence du développement des camps pour les étrangers, à l'exemple du mur de Ceuta édifié à la fin des années 1990 et financé par l'Union européenne dans l'enclave espagnole du Maroc, ou des murs édifiés en Europe de l'Est par la Hongrie ou la Bulgarie face aux flux migratoires qui s'intensifient depuis 2015. Ils sont un élément de dissuasion pour les migrants qui subissent la répression. Le mur au Sud de la Hongrie, construit à l'été 2015, renoue avec le pire des populismes. Il vise à empêcher le passage des migrants depuis la Serbie et la Croatie. La Macédoine construit aussi un mur de barbelés avec la Grèce. Dépassée par les flux de Syriens, d'Afghans et d'Irakiens, la Grèce a construit un mur en Thrace, à la frontière avec la Turquie afin d'éviter le passage de la rivière Evros. Ici encore l'Union européenne accorde un financement de 3 milliards d'euros en 2015 afin de maintenir les réfugiés à l'extérieur de l'Union. Cependant, cette politique de dissuasion aux frontières menée depuis les années 1990 n'a pas eu d'impact sur l'évolution des flux migratoires mais un bilan humain désastreux. Il reste des images fortement médiatisées des migrants accrochés aux grillages qui séparent l'Espagne du Maroc à Ceuta et Melilla. La militarisation de la frontière de Gibraltar en est un autre exemple. À Calais le

1. https://www.pilotes-volontaires.org

mur érigé et le contrôle renforcé aux abords de l'Eurostar deviennent le symbole de l'échec de la solidarité et de la cohésion européenne. Son point ultime est exprimé à travers le Brexit et la volonté britannique de sortir de l'Union européenne.

Si le quotidien des migrants en Europe reste marqué par les difficultés d'accueil et d'intégration, c'est qu'ils sont soumis à des politiques migratoires prises à différentes échelles et qui révèlent que la mondialisation est loin d'avoir aboli les frontières.

Prospective

Des flux migratoires entre crispations sur les frontières et gestion différenciée à toutes les échelles

La question des frontières est envisagée par les acteurs institutionnels à différentes échelles : de l'échelle mondiale, en passant par l'échelle régionale et continentale – ici communautaire dans le cas de l'Union européenne, mais aussi nationale. Cependant, l'acteur étatique se saisit souvent de la question migratoire.

La gestion des frontières à l'échelle globale a pour enjeu principal la question de l'entrée ou non dans l'espace Schengen, par la protection de ses frontières. L'Union européenne apparaît comme une forteresse qui répond à l'arrivée de réfugiés par un contrôle accru de ses frontières extérieures. L'agence Frontex, devenue « garde-côtes et garde-frontières européens », voit son budget passer de 6 millions d'euros en 2004 à 150 millions en 2015 pour faire face à l'épisode migratoire qui débute alors. Si ceux qui fuient la guerre, les persécutions ou la misère peuvent espérer obtenir le statut de réfugié, le HCR (Haut-Commissariat aux réfugiés) ne reconnaît pas les migrants climatiques comme des réfugiés. Les catastrophes climatiques qui se multiplient en raison du changement global portent à 17 millions le nombre de migrants internationaux pour des raisons environnementales (C. WIHTOL DE WENDEN, 2016). Alors que l'Europe apparaît comme l'une des régions les mieux équipées au monde pour mettre en œuvre la Convention de Genève grâce aux moyens humains, administratifs et financiers dont disposent les États, un raidissement s'opère au moment même où la gestion des frontières extérieures devient une priorité. Si dans les années 1970, 70 % des demandes d'asile étaient satisfaites, aujourd'hui, 80 % sont déboutées. L'Europe pour sécuriser les frontières extérieures n'a pas les moyens de faire la guerre aux passeurs car elle n'a pas de mandat pour intervenir dans leurs pays d'origine : ni en Libye ou en Égypte, ni dans leurs eaux territoriales. Elle choisit alors la voie diplomatique. En mars 2016, elle signe un accord avec la Turquie pour qu'elle garde les migrants sur son sol et qu'elle accueille ceux renvoyés par la Grèce, contre 6 milliards d'euros. Les Turcs obtiennent en retour la suppression des visas vers l'Union européenne. La Turquie apparaît alors comme un verrou entre la Syrie et la Grèce bloquant l'entrée dans la forteresse européenne. Les migrants restent ainsi en Turquie dans des camps où ils ont un toit, de la nourriture et où ils peuvent travailler pour une période d'un an renouvelable. Ils n'ont pas le statut de réfugié car, si la Turquie est signataire de la Convention de Genève (qui est une condition à l'intégration européenne), elle a émis une réserve géographique aux

Européens. Alors, comme les migrants n'ont pas le statut de réfugié, ils préfèrent venir en Europe et cette politique de limitation d'abord destinée aux Syriens a peu d'effet car la Turquie fait face aujourd'hui à des crises qui touchent l'ensemble de Moyen-Orient. Cet accord avec la Turquie lui permettait d'améliorer son image en Europe alors que cette dernière semble peu apte à accorder les visas escomptés. La question des flux migratoires devra être repensée puisque d'ici 2050, l'Union européenne aura besoin de main-d'œuvre et de 25 à 40 millions d'étrangers pour équilibrer sa population active. Aussi les frontières extérieures de l'espace Schengen ont-elles à s'ouvrir davantage.

À l'intérieur de l'espace Schengen, si la circulation est libre, les logiques des acteurs sont parfois contradictoires, entre surveillance et contrôle ou aide et secours. Tous les pays membres de l'Union européenne ont signé la Convention de Genève en 1951. Ainsi, « *toute personne qui craint avec raison d'être persécutée du fait de sa race, de sa religion, de sa nationalité, de son appartenance à un certain groupe social ou de ses opinions politiques* » reçoit le statut de réfugié. Ceux qui n'ont pas obtenu le statut de réfugié et les demandeurs d'asile ne peuvent pas être renvoyés dans leur pays d'origine si celui-ci est en guerre. Grâce à une carte de séjour, tout réfugié peut travailler et circuler dans l'espace Schengen. Cet espace a plus de trente ans même si dès l'origine, l'Angleterre, l'Irlande et le Danemark n'adhèrent pas au projet de libre circulation. Son avenir est mis en question quand des pays comme la Hongrie, la Pologne ou la République tchèque ferment leurs frontières nationales. En parallèle, les politiques migratoires s'européanisent. Ainsi, en 2015, une liste commune de pays sûrs a été établie permettant de reconduire leurs demandeurs d'asile dans leur pays d'origine. Il s'agit du Kosovo, de l'Albanie, de la Serbie, de la Macédoine ou de la Bosnie. La Mongolie, l'Inde, le Bénin, le Ghana, le Sénégal, le Cap-Vert et de l'île Maurice s'ajoutent à cette liste. Face aux demandes d'asile qui se multiplient depuis 2015, les pays membres de l'Union européenne doivent, selon les accords de Dublin I de 1990, rester solidaires de la première réponse donnée à la demande d'asile par un des pays membres. Conformément aux accords de Dublin II de 2003, la demande d'asile doit être faite dans le premier pays européen dans lequel le demandeur a été enregistré. Ainsi les pays d'entrée dans l'Union européenne, notamment la Grèce et l'Italie supportent le poids de ces demandes. En 2015, l'Union européenne crée des « hotspots » qui sont des centres de rétention et d'expulsion des migrants en Grèce et en Italie. Entre contrôle et fermeture, la politique migratoire menée par l'Union européenne conduit à une sédentarisation des migrants en situation irrégulière (M. FOUCHER, 2012). Chaque État membre a la charge de la politique de l'asile, ce qui interroge sur la spécificité des politiques migratoires nationales. Le statut des réfugiés reste soumis à des débats depuis le projet de « pacte pour la migration » présenté à Bruxelles en septembre 2020. Celui-ci vise à établir une meilleure gestion des frontières extérieures, une politique de retour accélérée, une solidarité entre les pays et un code de bonne conduite pour les secours en mer. « *Ainsi, un migrant candidat à l'asile sera contrôlé à la frontière extérieure de l'Union. Si sa demande est jugée recevable, il entrera ensuite dans la procédure "classique" d'examen, qui devrait durer douze semaines au maximum. Pour soulager la Grèce, l'Italie ou Malte, cet examen pourrait être mené par un autre État membre. Ensuite, les démarches seraient accélérées, tant pour les déboutés, reconduits dans leur pays d'origine, que pour ceux qui obtiennent le statut protecteur, avec des relocalisations mieux gérées au sein de l'UE.* » (*Le Monde*, 23 septembre 2020). Au regard de la situation critique en Méditerranée centrale, le porte-parole de l'OIM, Paul Dillon, plaide « *pour de meilleures pratiques de gestion des migrations, une meilleure gouvernance des migrations et une plus grande solidarité de la part des États membres de l'UE* » (*Le Monde*, 2 août 2021).

Au niveau national, le problème est que les pays européens n'appliquent pas nécessairement généreusement la Convention de Genève. Face à la clause de non-refoulement, on fabrique des « ni-ni », des sans-papiers qui ne peuvent ni obtenir le statut de réfugié ni être expulsables dans leur pays d'origine. Ce sont des déboutés du droit d'asile, sans solution. L'Europe compte 5 millions de sans-papiers en 2016 (C. WIHTOL DE WENDEN). Ni la Grèce, ni l'Italie ne sont enclines à accorder le statut de réfugié en nombre. Faute d'un marché du travail florissant, les demandeurs d'asile ne restent pas sur place. Ils cherchent plutôt à rejoindre leur famille déjà installée en Autriche, en Allemagne ou en Angleterre. Les orientations des politiques européennes changent face à l'épisode migratoire de 2015, notamment pour venir en aide à la Grèce et à l'Italie. La Commission européenne impose des « quotas » pour « partager le fardeau » des nouveaux arrivants. L'Italie a financé entre 2013 et 2014 le programme *Mare Nostrum* pour sauver 146 000 personnes en un an. Mais découragée, elle a confié le sauvetage à Frontex avec la mission Triton qui n'a pas été efficace. Dans la nuit du 25 au 26 décembre 2017 alors que se terminent les fêtes de Noël, 255 personnes venues du Pakistan, du Bangladesh et d'Afrique de l'Ouest ont tenté de passer de la Libye en Italie. Elles ont été secourues par l'ONG *Proactiva Arms* avant d'être transbordées sur l'*Aquarius* de l'ONG SOS Méditerranée et du bâtiment militaire de l'opération Sophia pour être transportées en Sicile. L'Italie souhaite alors la mise en place de corridors humanitaires afin de permettre l'accueil en Europe de 10 000 personnes bloquées dans les camps de réfugiés en Libye (*Le Monde*, 26 décembre 2017).

Les premières réactions des États membres ont donc été négatives. Cependant, l'Allemagne est le premier pays européen d'immigration. La Constitution allemande comporte la question des réfugiés. Le 7 septembre 2015 Angela MERKEL annonce qu'elle est prête à accueillir 1 million de réfugiés donnant ainsi une autre image d'elle-même après sa dureté face à la Grèce. En 2015, l'Allemagne a accordé près de 150 000 statuts de réfugié sur 1,1 million de demandes. C'est aussi pour l'Allemagne un moyen de répondre à son déclin démographique qui entraîne des conséquences fortes en matière économique. Elle rencontre des difficultés après les violences faites aux femmes à Cologne et les incendies de camps de réfugiés pour faire accepter cette politique de l'accueil. Elle a cependant réussi à faire évoluer les positions des autres pays européens. La France s'engage, par exemple, à accepter 30 000 personnes sur deux ans. Aux côtés de l'Allemagne, après la publication dans la presse de la photographie du petit Aylan KURDI mort noyé à 3 ans le 2 septembre 2015 et échoué sur une plage turque alors qu'il partait pour la Grèce, François HOLLANDE et Angela MERKEL s'engagent dans « un mécanisme européen permanent et obligatoire » d'accueil des migrants.

La France n'octroie qu'entre 20 et 30 000 statuts de réfugié par an. En 2014, l'OFPRA protège juridiquement 206 172 personnes. 80 075 demandes sont déposées en 2015 et 35 000 aboutissent. La loi de 2015 sur l'asile permet de réduire le temps de procédures et d'améliorer les conditions d'accueil et d'accès au marché de l'emploi. Les Syriens en sont les principaux bénéficiaires. Les Africains subsahariens voient leurs demandes largement déboutées car ils ne sont pas considérés comme venant d'un pays en guerre. La France a la conviction que plus on accueille mal les migrants moins ils viendront. L'exemple du camp de Calais témoigne que cette politique ne fonctionne pas. Il accueille jusqu'à 10 000 personnes selon les sources humanitaires et devient une véritable « ville ». L'inefficacité de cette politique dissuasive tient au fait que les dirigeants politiques surestiment l'effet d'appel en pensant que la plupart des migrants veulent venir en Europe ce qui n'est pas nécessairement le cas. Les démantèlements de la « jungle » de Sangatte et de Calais témoignent de la volonté de « maîtriser l'immigration ». Le 24 mai 2018, ce sont des centaines de migrants qui sont évacués de Grande-Synthe encadrés par des CRS. Depuis le gymnase communal, ils sont amenés en cars dans des structures d'hébergement (*Le Monde*, 24 mai 2018). La loi de 2016 sur le séjour permet d'établir des cartes pluriannuelles de deux à quatre ans à l'issue du premier titre de séjour d'un an, de renforcer l'attractivité pour les talents et de faciliter le renvoi dans le pays d'origine. Le projet enterré de loi sur la déchéance de nationalité pour les auteurs de crimes djihadistes éveille une vive polémique. Il implique une inégalité entre les binationaux et ceux qui n'ont que la nationalité française ne pouvant être soumis à cette loi, depuis l'interdiction de créer des apatrides du fait de la Convention onusienne de 1954. En outre, la question migratoire en France est instrumentalisée par le Front national qui exerce une influence sur les positions du pays et qui participe de la diffusion d'amalgames entre migrants et musulmans notamment face aux attentats qui touchent le territoire national depuis 2015. La France a réussi à se rendre inhospitalière et ne pas anticiper l'arrivée des migrants dont les naufrages en Méditerranée étaient connus depuis le printemps 2015. Elle est devenue le verrou de l'Angleterre, s'engageant depuis les accords du Touquet en 2003 à bloquer les fugitifs et clandestins en partance et voulant traverser la Manche.

L'Angleterre n'est pas membre de l'espace Schengen. Elle demande la stricte application du dispositif de Dublin II qui fait que chaque demandeur d'asile doit effectuer sa demande dans le premier pays d'enregistrement. L'immigration est tributaire de l'économie. En 2008, une politique d'entrée de migrants qualifiés est mise en place pour les étrangers non communautaires. Un système de permis à points est établi. Depuis plus de vingt ans, Calais est perçu comme un « cul-de-sac » franco-britannique. L'Angleterre, ayant refusé tout mécanisme de répartition des réfugiés entre les États membres européens, a déployé à Calais ses propres policiers pour renforcer les dispositifs français et européens. Malgré le Brexit, la frontière Nord de la France, de Calais à Dunkerque, est concernée par les tentatives de passages clandestins vers l'Angleterre.

D'autres pays comme la Hongrie disent préférer « payer plutôt qu'accueillir des réfugiés ». Agitant le spectre de la menace à leur homogénéité nationale, la Slovénie, la Roumanie et la Pologne mènent une politique de refus. La République tchèque accepte de recevoir uniquement des Syriens chrétiens. Cette diversité des politiques nationales laisse réapparaître la fracture Est-Ouest et les difficultés qu'a l'Europe à parler d'une seule voix. Les pays du Nord de l'Europe se montrent également peu solidaires avec les pays du Sud qui ont accueilli la plupart des réfugiés. Il y a tout de même des exemples d'intégration à l'image du club de football andalou *Alma de Africa* (âme de l'Afrique) qui intègre de jeunes migrants passionnés de football. Les joueurs portent sur leur tee-shirt l'article 14 de la Déclaration universelle des droits de l'homme : « *Toute personne a le droit de chercher asile et de bénéficier de l'asile en d'autres pays* ». Le club a été fondé en 2015 et l'équipe rencontre un vif succès auprès du public et des médias (*Le Monde*, 31 mai 2018).

Du local au global, l'immigration est un enjeu majeur du monde au XXIe siècle. Elle amène à repenser les échelles de gouvernance.

Conclusion

Vers une gouvernance mondiale de l'immigration ?

Si l'immigration qui touche l'Europe fait parler d'une « crise migratoire » dans les médias, celle-ci est moins une crise des réfugiés qu'une crise de l'Union européenne dont les migrants sont les premières victimes (P. BOUCHERON, 2012). Il s'agit d'une crise de l'hospitalité et de la désunion européenne (L. GAUDÉ, 2012). La Méditerranée est, quant à elle, touchée par une crise humanitaire.

Le phénomène migratoire, même s'il ne concerne que 3,5 % de la population mondiale, s'est globalisé avec l'apparition des migrations de masse (C. WIHTOL DE WENDEN, 2016). Il dépasse largement les frontières de l'Europe. Même si l'urbanisation, le changement climatique, les conflits, la croissance démographique et l'évolution des moyens d'information indiquent une augmentation des migrations futures, elles sont encore difficilement prises en compte par les institutions de gouvernance mondiale. Comment accepter les conséquences d'un nouveau cosmopolitisme induit par la mondialisation (P. BOUCHERON, 2012) ? Celles-ci ont été mesurées dans une étude dirigée à partir de 2013 par Hélène THIOLLET qui montre qu'une ouverture générale des frontières n'entraînerait pas d'explosion parallèle des migrations mondiales. Les individus s'installent plus durablement si leur circulation est facilitée. Plus les frontières européennes se ferment et plus les migrants ont tendance à rester. Il s'agit pour eux de « rentabiliser » leur investissement humain et économique. Le PNUD (Programme des Nations Unies pour le Développement) qualifie en 2009 les migrations de facteur essentiel de développement humain, plaçant le droit à la mobilité comme un bien public mondial, alors que deux tiers des habitants de la planète ne peuvent circuler librement faute de visas. L'ONU préconise un « pacte mondial sur le partage des responsabilités ». La question migratoire est un des enjeux globaux du XXIe siècle, comme la question climatique, qui engage une gouvernance globale. En 2016, l'ONU a adopté la Déclaration de New York sur les réfugiés et les migrants. L'Assemblée générale de l'ONU sur les migrations internationales vise à faire adopter le Pacte mondial pour les migrations en 2018. Il s'agit du premier accord intergouvernemental dont l'objectif est de considérer toutes les dimensions des migrations internationales dans une approche globale et exhaustive[1]. Une régulation économique est ainsi envisageable entre les pays de départ et d'arrivée pour faciliter la circulation et la mobilité. Outre les aides au développement déjà mises en œuvre par la Commission européenne, des accords de cogestion doivent permettre une régulation. Les intérêts géopolitiques à longs termes sont ainsi à considérer par l'Union européenne (M. FOUCHER, 2015). Un statut sur la libre circulation en Méditerranée est à réfléchir au moins pour une période déterminée afin de pouvoir faciliter le travail autour du Bassin méditerranéen. L'urgence est à la protection des migrants en situation intermédiaire et des mineurs isolés devenus majeurs. Une politique plus générale de l'asile doit pouvoir être élargie au-delà des Syriens et des Irakiens. Mais du global au local, les initiatives ne viennent pas toujours des États, mais des municipalités ou des citoyens.

Document

> **A Ceuta, le Maroc défie son « grand allié » espagnol**
>
> L'arrivée non maîtrisée de quelque 8000 migrants à Ceuta, lundi 17 mai, rendue possible par la passivité de la police marocaine, a engendré une crise migratoire dans la ville [une enclave espagnole de plus de 80000 habitants située au nord du Maroc]. Celle-ci se retrouve débordée face à cet afflux sans précédent. Mais l'attitude du Maroc a aussi provoqué une crise politique et diplomatique avec l'Espagne, et plus généralement avec l'Union européenne.
>
> *Courrier international*, 20 mai 2021.

Bibliographie

Ouvrages spécialisés :

- AGIER Michel, BOUAGGA Yasmine, GALISSON Maël, HANAPPE Cyrille, PETTE Mathilde, WANNESSON Philippe, *La jungle de Calais*, Paris, PUF, 2018, 292 pages.
- AGIER Michel, *Un monde de camps*, Paris, La Découverte, 2014, 350 pages.
- FOTTORINO Éric, *Pourquoi les migrants ? Comprendre les flux de population*, Les Indispensables, Paris, Le 1, Philippe Rey, 2016, 95 pages.
- Réseau Migreurop, *Atlas des migrants en Europe. Géographie critique des politiques migratoires*, Paris, A. Colin, 2012, 176 pages.
- LAMORT Sarah, *Europe, terre d'asile ?*, Paris, PUF, 2016, 256 pages.
- RODIER Claire, *Migrants et réfugiés*, Paris, La Découverte, 2016, 96 pages.
- SCHMOLL Camille, THIOLLET Hélène, WIHTOL DE WENDEN Catherine, *Migrations en Méditerranée*, Paris, CNRS, 2015, 384 pages.

1. https://refugeesmigrants.un.org/fr/pacte-mondial-pour-les-migrations

- WIHTOL DE WENDEN Catherine, *Atlas des migrations. Un équilibre mondial à inventer*, Paris, Autrement, 4e édition, 2016, 96 pages.
- ZIEGLER Jean, *Lesbos, la honte de l'Europe*, Paris, Seuil, 2020, 144 pages.

Revues :

- WIHTOL DE WENDEN Catherine, « Un monde migrants », *Documentation photographique*, Paris, CNRS Editions, n° 8129, 2019/3, 64 pages.
- « L'Odyssée des réfugiés. De l'expulsion des Séfarades à la jungle de Calais », *L'Histoire, Les Collections*, Hors-Série, n° 73, octobre 2016, 98 pages.

Pour aller plus loin

Journalisme :

- FRAYER-LALEIX Arthur, *Dans la peau d'un migrant*, Paris, Fayard, 2015, 288 pages.

Histoire :

- NOIRIEL Gérard, *Réfugiés et sans-papiers*, Paris, Pluriel, (rééd.) 2012, 384 pages.

Documentaire :

- MEDDEB Hind, NACCACHE Thim, *Paris-Stalingrad*, 2019, sortie en salles le 26 mai 2021, 88 minutes.

Sujets

- L'immigration peut-elle être un facteur de croissance économique pour l'Europe ?
- Une gouvernance mondiale est-elle possible en matière de migrations internationales ?
- Tensions et conflits dans l'espace migratoire européen.
- Les acteurs de la protection et de l'aide aux migrants.

Questions contemporaines

10 Les secrets de l'histoire : secrets d'État et usages politiques du secret

« Il est bon de cacher le secret du roi, mais il est honorable
de révéler et publier les œuvres de Dieu »

TOBIE, 12:6.

Introduction

En 2013, Edward SNOWDEN renverse la NSA et la surveillance qu'elle exerce sur les citoyens américains, mais aussi sur le portable d'Angela MERKEL ou encore sur 190 pays. Le journal *The Intercept* publie en février 2015 la réalité de l'espionnage réalisé par les renseignements américains et britanniques sur les cartes SIM de 450 opérateurs de téléphonie. Le secret semble alors menacé à l'image des prémonitions qui étaient celles de George ORWELL dont la fiction *1984*, englobant la plupart des dérives des régimes politiques, autoritaires comme démocratiques. Cependant, les tiroirs de l'histoire renferment encore quelques secrets politiques qui ont donné aux historiens une raison d'être.

Une approche politique du secret et de l'évolution de ses usages à travers différents régimes politiques, de la république romaine à l'empire, puis sous la monarchie en France du Moyen Âge à l'époque moderne, pour terminer par ces applications contemporaines en régimes totalitaires et démocratiques permet de montrer la pérennité de son usage.

Concepts/notions

- **Gestapo** : police secrète créée en 1933, composée de 15 000 hommes au maximum, chargée de lutter contre les ennemis de la communauté nationale allemande et les opposants au régime nazi (F. MC DONOUGH, 2017).
- ***Graecostasis*** : du grec *stasis* qui signifie se tenir debout et du latin *graeco* désignant les Grecs (G. STOUDER, 2018), le terme désigne le lieu, à Rome, où se tenaient les légats grecs venus négocier puis l'ensemble des légats de l'empire.
- **Information** : processus de mise en forme des données par enquête ainsi que leur communication. Elle se produit, s'utilise, se réutilise et se conserve (J.-B. SANTAMARIA, 2018).
- **Mythe** : récit imaginaire dont les faits ne sont pas attestés historiquement. Il transmet oralement des généralités d'ordre philosophique, métaphysique ou social.
- **NKVD** : Commissariat du peuple interne, organisme de l'URSS chargé de « combattre le crime et maintenir l'ordre public ».
- **Secret** : désigne ce que l'on ne peut connaître, ce qui est caché. Par extension, il devient ce qui n'est connu que de peu de personnes et il perd alors son essence.

Chronologie

- **1358** : ordonnance de Compiègne encadrant l'usage du sceau du secret.
- **1405** : Christine de PIZAN rédige un manuel d'éducation à destination des princesses, le *Livre des Trois vertus*, dans lequel elle fait du secret une vertu des princesses qui se doivent d'être d'une grande discrétion en toutes circonstances.
- **1410** : Christine de PIZAN dans le *Livre des faits d'armes et de chevalerie* enseigne au dauphin, le duc de Guyenne, combien l'usage du secret est utile en temps de guerre et légitime la figure du prince manipulateur.
- **1513** : MACHIAVEL dans *Le Prince* (1532) invoque la « raison d'État » pour justifier les entraves au droit et l'usage du secret par le prince.
- **1534** : édit de François Ier pénalisant la compromission avec les ennemis sous peine de crime de lèse-majesté.
- **1563** : édit de Charles IX précisant l'objet des conversations au sujet des affaires de l'État.
- **1576** : Étienne de LA BOÉTIE dans son *Discours de la servitude volontaire* montre que si l'on ne veut pas tomber dans la servitude, il ne faut rien donner au tyran, surtout pas ses secrets.
- **1791 ; 1810** : premier et deuxième code pénal prévoyant de punir de mort ceux qui divulgueraient des informations pouvant porter atteinte à la situation militaire ou politique de la France ou de ses alliés.
- **1946** : création du SDECE en France (Service de documentation externe et de contre-espionnage) qui devient la DGSE (Direction générale de la sécurité extérieure).
- **1949** : publication de *1984* de George ORWELL qui décrit dans une fiction toutes les facettes du pouvoir qui permettent le contrôle des consciences, dont la surveillance.
- **1950** : création de la Stasi, police secrète, d'espionnage et de contre-espionnage de RDA (République démocratique allemande).
- **1952** : création de la NSA (*National Security Agency*), Agence nationale de la sécurité chargée du renseignement numérique et de la sécurité des systèmes d'information du gouvernement américain.
- **1960** : création du SAC (Service d'action civique) pour protéger Charles de Gaulle et son parti.
- **1963** : décret du général de Gaulle portant organisation de la sécurité de défense. La protection du secret de la défense nationale est confiée au secrétaire général de la défense nationale.
- **1978** : loi française relative à l'informatique, aux fichiers et aux libertés.
- **1991** : loi sur les écoutes téléphoniques en France.
- **2001** : *Patriot Act* aux États-Unis.
- **2008** : réforme du renseignement intérieur en France ; apparition de la DCRI (Direction centrale du renseignement intérieur) devenue DGSI (Direction

générale de la sécurité intérieure) qui fusionne le contre-espionnage et les Renseignements généraux.

- **2015** : commission nationale de contrôle sur les techniques de renseignement dans le cadre de la lutte contre le terrorisme en France.
- **2016** : premier rapport public sur le secret de la défense nationale, publié par le SGDSN (Secrétaire général de la défense et de la sécurité nationale) français.
- **2018** : loi française sur l'adaptation de la loi de 1978 au cadre juridique européen. Elle instaure le Règlement général pour la protection des données (RGPD) sur la transparence et l'usage des données et en établissant des sanctions en cas de non-respect des règles.
- **2020 :** annulation de l'accord de 2016 sur le transfert des données personnelles entre l'Union européenne et les États-Unis.
- **2021** : projet de loi « *relatif à la prévention d'actes de terrorisme et au renseignement* » en France ; révélations du « Projet Pegasus » induisant un usage abusif de la part de certains États du logiciel espion vendu par l'entreprise israélienne NSO Group.

Les secrets politiques de l'histoire antique

La diplomatie du secret : un usage du secret dans les négociations de la *res publica* romaine à l'Empire (IIe siècle a. è.-Ve siècle p. è.)

Rome, de la République à l'Empire, trouve à son service des diplomates chargés de négocier avec les peuples qui menacent son intégrité. Cette diplomatie secrète peut être analysée, dans un premier temps, à travers le rôle qu'ont joué les relations secrètes dans la construction et la pérennité de l'empire territorial romain sous la République devenue Empire du IIe siècle a. è. au IIIe siècle p. è. Dans un second temps, les IVe et Ve siècles voient la perpétuation de l'usage d'une diplomatie secrète face aux menaces des peuples barbares avec qui l'Empire va devoir négocier après s'être battu, jusqu'à sa capitulation finale.

L'une des premières difficultés pour appréhender la diplomatie secrète, essentiellement orale, en histoire romaine tient à la question des sources. Les sources écrites sont peu nombreuses et proviennent des archives politiques. Ensuite, le mot « diplomatie » n'existe pas et il n'y a ni ambassade ni appareil d'État dédié à la diplomatie à Rome. Les faits diplomatiques sont donc rapportés par des historiographes un ou deux siècles après. Par exemple, Tite Live (59 a. è, 17 p. è.) a transcrit les archives du Sénat et traite d'évènements diplomatiques. Par ailleurs, Polybe au IIe siècle a. è., raconte la rencontre entre *Flamininus*, un général romain et Philippe V de Macédoine en 197 a. è. qui donne lieu à un moment de diplomatie secrète après une méfiance de Philippe V de Macédoine vis-à-vis de Rome et de ses alliés Grecs. Plus tard, en 63 a. è., le secret de la conjuration de Catilina est rapporté par Cicéron dans ses discours appelés *Catilinaires*, puis par l'historien Salluste (*La Conjuration de Catilina,* 43 a. è.). Le complot politique visant à porter au pouvoir le sénateur romain Catilina est révélé par la présence à Rome d'une ambassade d'Allobroges. Ils sont venus du Sud-Est de la Gaule après des décennies de révoltes contre Rome. Arrivés à Rome, ils sont faciles à convaincre de se soulever contre elle. Ils rencontrent les complotistes et doivent porter un message à Catilina. Alors que leur secret a été dénoncé auprès de Cicéron, celui-ci les fait arrêter et leurs messages sont interceptés. Les noms des conjurés sont livrés et le secret levé. Ainsi à Rome, il demeure toujours une méfiance vis-à-vis des ambassadeurs. Ce sont des diplomates qui à l'origine sont des prêtres ou des légats. Les premiers font entrer les dieux dans les négociations et peuvent les utiliser comme caution ou moyen de pression, alors que les seconds négocient la diplomatie formelle et informelle avec les puissances de l'empire ou de l'extérieur. Pour exemple, lorsque les Romains négocient avec les Grecs, ils parlent d'égal à égal. À ce titre, le général *Flamininus* mène une politique philhellénique qui se retrouve à Rome où un lieu de négociations s'installe progressivement. Il s'agit du *graecostasis* situé sur le *forum* près du *comitium* où les affaires diplomatiques sont discutées. Cet espace est progressivement approprié par les Romains alors que des négociateurs grecs s'y tenaient. Progressivement, ce sont des légats de tout le pourtour du bassin méditerranéen qui se rendent à Rome et il devient le symbole de la puissance diplomatique de Rome (G. STOUDER, 2018). C'est sans doute le lieu dans lequel des secrets ont été prononcés, mais aussi où la pratique de la négociation se formalise progressivement.

À l'époque tardive, les récits de *Priscus*, historien du Vᵉ siècle p. è. ayant participé à des ambassades auprès du roi des Huns Attila, montre que tout un personnel est chargé de négocier. Des démarches officieuses ont permis de déjouer un complot contre Attila en 449. La diplomatie secrète est tout autant celle qui crée des secrets que celle qui les déjoue. Au Vᵉ siècle la menace des peuples considérés comme « barbares » par les Romains pousse les légats à négocier avec eux. À la différence des populations qui jusque-là étaient dans l'orbite de Rome, les « barbares » sont des peuples avec qui Rome se battait et n'avait pas pour habitude de négocier. D'ailleurs, jusqu'au IVᵉ siècle la diplomatie dépendait de la guerre. Ensuite, les empereurs se chargent de la diplomatie au sein même de leur palais. Avec la christianisation de l'Empire, elle se complexifie. Les évêques tiennent une place importante dans les négociations face aux envahisseurs potentiels. En Occident, l'Empire perd ses structures et lorsque Attila assiège une cité il ne reste plus que les évêques comme interlocuteurs. Pour contrer leurs pouvoirs, les empereurs tentent de placer des proches de leurs *gens*[1], de leur famille, qui leur sont fidèles. Les rois barbares qui assiègent des villes s'installent et restent parfois plusieurs années. La négociation devient alors permanente avec les évêques. C'est d'ailleurs ce qui permet à certains d'entre eux d'accéder à la sainteté. Au VIᵉ siècle, les hagiographies témoignent de ce type d'actions politiques récupérées. C'est le cas de Saint Aignan, évêque d'Orléans, ayant défendu les habitants face à Attila, roi des Huns en 451. Dans les négociations secrètes avec les envahisseurs, les évêques ont la capacité de sortir du rapport de force et de se présenter seuls, en tant qu'hommes de Dieu. La diplomatie secrète permet parfois la pacification et l'acceptation des frontières face à la venue d'envahisseurs qui menacent l'empire de Rome. L'idéologie d'un empire sans

1. La *gens* désigne, dans l'Antiquité romaine, les membres d'une famille portant le même nom.

frontières s'étiole face à la réalité de la diplomatie où les peuples mettent en place des frontières (A. BECKER, 2018).

La diplomatie romaine use du secret comme d'un outil de politique interne et externe au sein d'un empire dont les frontières s'étendent puis se rétractent face aux menaces des peuples envahisseurs ou souhaitant leur autonomie. De la République à l'Empire le secret reste un usage de la vie politique mais pas le seul rouage. La monarchie s'en empare également, à l'exemple de la France et de la Bourgogne médiévales.

Les secrets politiques de l'histoire médiévale

Le secret comme mode de gouvernement et outil d'analyse de l'exercice du pouvoir par le prince (XIe-XVe siècles)

Du Moyen Âge à l'époque moderne, la gestation de l'État moderne accompagne le développement d'un nouvel appareil d'État qui renforce l'usage du secret par le prince. En diplomatie, le secret se fait l'instrument de la puissance du prince alors que dans l'exercice quotidien de son pouvoir il doit l'apprivoiser et le partager avec un cercle de confiance (J.-B. SANTAMARIA, 2018).

Les fondements administratifs et intellectuels de l'État moderne apparaissent au Moyen Âge. Le secret s'installe dans la pratique du pouvoir. Utilisé en diplomatie, le secret devient un instrument de la puissance du prince. Il sert à faire la guerre et mener des actions secrètes. La diplomatie doit être entendue comme l'ensemble des négociations entre les puissances au Moyen Âge, mais le terme n'apparaît qu'au XVIIIe siècle. La guerre de Cent Ans (1337-1453) révèle la nécessite de maîtriser les secrets de l'adversaire et de conserver les siens. La maîtrise de l'information est au cœur des rivalités franco-bourguignonnes. Sur le champ de bataille, le prince doit montrer son honneur et utiliser le secret. L'espionnage, la ruse et le secret font partie intégrante de l'art de la guerre. Le traité de Végèce, considéré comme l'« oracle militaire de l'Occident », détermine la stratégie militaire médiévale et insiste sur le nécessaire secret des plans du roi qui ne doivent pas parvenir à ses hommes. Le prince doit se méfier de ses troupes qui pourraient livrer des informations à l'ennemi. Réciproquement, il doit anticiper les attaques secrètes et mener des actions « couvertes ». La ville d'Arras, par exemple, a été prise après un siège en 1414 par les gens du roi grâce à cette tactique. La « guerre couverte » et clandestine est une stratégie qui passe aussi par le fait de faire avancer ses hommes sans découvrir leurs armes (J.-B. SANTAMARIA, 2018). Outre la guerre, c'est dans le champ politique que le secret trouve une nouvelle légitimité.

Le pouvoir du prince a sa part de secret. Il pratique le secret à une époque où, corrélé au savoir et au sacré, il permet de répondre aux défis de l'apparition de l'écrit et de l'établissement de l'impôt permanent face à la guerre quasi-continue, matrice de l'État moderne. Ainsi, le prince ment sur son budget, enterre ses trésors pour financer la guerre et utilise des pièces spécifiques comme les chambres de retrait pour partager ses secrets. Cependant, le prince se méfie de son entourage. Ainsi, par exemple, Saint Louis (1214-1270) utilise un escalier secret pour retrouver son épouse à l'insu de sa mère Blanche de Castille. Il devient urgent de protéger les secrets du prince car une sphère publique de débat est en train de s'ouvrir. La nature du pouvoir royal étant associée au secret, ses fidèles doivent le conserver. Avec qui le roi partage-t-il ses secrets ? C'est au sein de la cour que le prince trouve ses confidents. Elle compte 700 à 800 personnes à l'époque de Charles VI (1368-1422). Il est donc difficile de garder les secrets même si la cour est obligée de les occulter. Le prince doit alors se gouverner et gouverner sa maison, l'éthique, l'économique (science du foyer) et la politique découlant l'une de l'autre. C'est avec un groupe restreint que le roi partage ses secrets : des membres de l'hôtel et des officiers (au nombre 234 à 1030 entre 1426 et 1474). Un réseau nobiliaire de chambellans et des valets d'origine roturière servent dans le secret. Le roi n'a pour autant aucune obligation à partager ses secrets. Pour celui qui les reçoit, il s'agit d'un honneur. Le prince n'a à rendre de comptes qu'à Dieu. Ainsi, il ne livre pas les affaires publiques à tout le monde. Il les partage avec ses fidèles pour avoir leurs conseils. Il s'agit là d'une vision élitiste du pouvoir. Quelques figures chez les Valois incarnent par exemple cette pratique du secret : Louis XI (1423-1483) construisait lui-même des intrigues, alors que la correspondance entre le duc de Bourgogne Philippe le Bon (1396-1467) et Charles d'Orléans (1394-1465) calomniait Charles VII (1403-1461) sans pour autant révéler les secrets qui pouvaient émaner de la rumeur à son sujet. En revanche, le roi est le seul dépositaire du secret. Il doit recevoir les révélations de ses serviteurs et officiers qui prêtent serment. Aussi, le prince doit-il être éduqué au secret comme un art de gouverner en perçant les secrets et en gardant les siens. Cependant, ses serviteurs gardaient-ils réellement son secret ? Jean sans Peur (1371-1419) a fait emprisonner et conduire en Flandres Lourdin de Saligny soupçonné de livrer ses secrets à ses adversaires. L'exil est la peine pour ceux qui trahissent le prince. À l'inverse, Jeanne d'Arc a fait montre de fidélité. Lorsque ses juges à Rouen lui demandent le message qu'elle a délivré au roi, celle-ci leur répond « *Allez donc lui demander* » (C. BEAUNE, 2004). Le secret apparaît ainsi au cœur des rapports de puissance (J.-B. SANTAMARIA, 2018).

Le secret a cependant ses limites. Des dangers existent pour le roi à divulguer ses secrets, notamment par rapport à ses mignons. Sa sexualité, sa piété, son corps doivent être protégés, ainsi que son « humanité ». Laisser voir ses émotions et faiblesses serait pour le roi une erreur politique. De la même manière, sa mort peut être masquée. Une mort au champ de bataille pourrait démobiliser les soldats du prince. Quant au domaine administratif, le prince ne doit pas écrire ses secrets, notamment quant à la gestion de ses finances. Bien qu'il pratique l'usure et confectionne des budgets sur mesure, il doit se montrer aisé, généreux et cultiver le secret auprès d'une administration grandissante. De plus, le risque peut être élevé pour le roi de partager ses secrets avec ses courtisans ou valets. Charles d'Orléans a risqué d'être empoisonné par son écuyer et le roi de Naples, André de Hongrie (1327-1345), est assassiné par ses chambellans. Pire, le roi pourrait passer sous la domination d'un courtisan cherchant à l'influencer. C'est le cas des Marmousets de Charles VI qui tendent à confisquer la réalité du pouvoir. Au XVe siècle, la figure du mignon (qui n'a pas encore le sens sexuel qu'il prend à l'époque moderne) est fustigée pour son accès à la part privée du prince et à ses secrets. Ces officiers sont réprimés à travers les campagnes de Charles VI contre les Marmousets entre 1388 et 1400. Aussi, le prince peut trouver à être contesté à travers l'exercice de la justice. Nombre d'enquêtes et de procès sont tenus secrets. Le secret sert à protéger l'appareil d'État et le pouvoir (J.-B. SANTAMARIA, 2018). À l'époque moderne, cet usage du secret se perpétue. Louis XIV a dissimulé les secrets de son règne. Sa justice nie les procédures et s'appuie sur la manipulation des dossiers, l'usage des lettres de cachets, la surveillance et l'espionnage (L. BÉLY, 2013). Aux limites du secret se trouve ainsi le soupçon. Si l'État connaît parfaitement ses sujets, alors qu'il se tient lui-même dans un secret absolu, il s'agit d'une tyrannie telle qu'elle est définie aux XVIIIe et XIXe siècles dans la dénonciation de la « raison d'État ». Le secret n'est plus le domaine réservé du prince. Il investit la famille, les métiers ou les villes et devient le « bien commun » d'une collectivité qui impose la transparence entre ses membres et le secret vis-à-vis des non-membres. La justice du roi s'immisce dans les archives privées, les villes voient leurs comptes contrôlés et les parlements luttent contre les secrets seigneuriaux et ecclésiastiques. Les secrets de Dieu demeurent l'ultime frontière du secret que le prince ne franchit pas. Dès lors, le secret est de plus en plus contesté avec la formation d'une opinion publique contre la censure et l'éloge du prince manipulateur et dissimulateur dresse un pont entre le secret et le mensonge. « *Le Moyen Âge ouvre ici la voie à toutes les fourberies de la Modernité* » (J.-B. SANTAMARIA, 2018).

Les usages politiques du secret perdurent à l'époque moderne. RABELAIS conforte la monarchie dans cet usage en reprenant le précepte biblique selon lequel « *il est bon de receler le secret du roi* ». La pratique du secret reste attachée au Moyen Âge, puis à l'absolutisme. Aujourd'hui le secret est mis à mort et reste associé à des dérives totalitaires, même s'il est d'usage en démocratie.

Les secrets politiques de l'histoire contemporaine

Le secret au service de la Terreur en régime totalitaire

Les régimes totalitaires installent une politique de Terreur et d'encadrement des masses grâce à la mobilisation de puissants instruments du secret. Au sein du régime nazi, la Gestapo est un exemple de police secrète ayant pratiqué la surveillance et gardé nombre de secrets inavouables. Les secrets du système concentrationnaire, s'ils existent au sein du nazisme, trouvent aussi une application dans le cadre du goulag stalinien. À la recherche de ces traces effacées et du silence du passé, Franck MC DONOUGH (2017) et Nicolas WERTH (2008, 2016) ont dressé l'histoire de ces policiers ordinaires qui basculent dans la violence de la Gestapo et celle du goulag où les pratiques les plus atroces des hommes émergent grâce à l'enquête historique.

Le fonctionnement de la Gestapo, police secrète nazie, revêt sa part de mythes et de secrets. L'un de ces premiers mythes tient à l'idée d'une police agissant sur ordres alors que les citoyens allemands l'ont admise et ont participé à ses opérations. Un opposant doit se méfier de chacun de ses amis, voisins ou collègues qui peut être impliqué dans les intrigues de la Gestapo. La chasse aux opposants, communistes, juifs, etc., nourrit les règlements de comptes familiaux et les jalousies entre voisins. Alors qu'Hannah ARENDT (1951) défend l'idée que le but de la Gestapo n'est pas tant de chercher à élucider les crimes commis, mais de réprimer les mécontentements dans un totalitarisme fondé sur la toute-puissance d'HITLER et une société allemande embrigadée par la propagande nazie, la réalité est que le régime nazi était populaire. Ceux qui adhéraient au régime bénéficiaient d'une grande liberté individuelle. Une rupture historiographique accompagne cette analyse. D'une histoire « par le haut » centrée sur HITLER, une histoire « par le bas » présente HITLER comme un « dictateur faible » (M. BROSZAT, 1969) au regard des querelles de pouvoir existantes. Le nazisme apparaît plus totalitaire en théorie qu'en pratique. HITLER faisait exécuter des politiques radicales que d'autres ont déjà mises en place par ailleurs. Les relations entre la Gestapo et la population montrent que la police secrète n'a rien d'une « police de la pensée » comparable à celle imaginée par G. ORWELL. Elle n'a pas assez d'hommes pour espionner chaque individu : ce sont tout au plus 15 000 officiers qui ont commis les crimes de 66 millions d'Allemands. Ainsi, le deuxième mythe est lié au fait que les membres de cette police sont perçus comme des fanatiques nazis brutaux et violents alors qu'à l'origine ce sont des policiers ordinaires. Ils basculent dans la violence lors de la traque des opposants nazis. Or, ces officiers sont rentrés dans la police avant même l'accession d'HITLER au pouvoir et leurs enquêtes s'appuient sur des dénonciations de la population. Ces dernières sont autant de secrets à garder afin d'éviter les poursuites, qui pouvaient survenir dans l'après-guerre. Aussi, elles ont joué un rôle dans 57 % des dossiers de condamnation (R. GELLATELY, 1990). La plupart des Allemands, définis par les nazis comme de « bons » citoyens, n'avait rien à craindre de la Gestapo. Celle-ci n'agit en rien en dehors de la loi. Elle suit des normes juridiques très strictes. Mais, avec la fin de la guerre, elle devient de plus en plus brutale. La Gestapo a aussi ses propres secrets et notamment celui de l'usage de la torture. À titre d'exemple, le pasteur évangéliste protestant Paul SCHNEIDER a été dénoncé pour ses sermons anti-SA dès 1933. En 1934, il est alors jugé « politiquement peu fiable » par la hiérarchie de l'Église protestante mais, il continue de s'opposer au « renouveau spirituel » voulu par les nazis. Il est emprisonné à cette même date puis libéré sur pétition des habitants de sa paroisse. En 1937, la Gestapo reçoit douze signalements, établis entre 1935 et 1936, de propos, tenus par Paul SCHNEIDER, hostiles au régime nazi. Il se voit interdit de résider et de prêcher dans toute la Rhénanie. Cependant, il poursuit ses sermons critiques et il est de nouveau emprisonné à Coblence, puis au camp de concentration de Buchenwald en 1938. Toutes les tortures, humiliations, coups et mauvais traitements ne viennent pas à bout de son combat. Face à sa résistance, le commandant du camp décide de le libérer à condition qu'il ne retourne pas dans sa paroisse et qu'il cesse de prêcher, ce que Paul SCHNEIDER refuse. Il est finalement assassiné le 18 juillet 1939 après cinq injections létales de strophantine. Son épouse et ses enfants n'ont alors pas eu le droit d'ouvrir le cercueil renfermant le secret d'un corps mutilé par la torture. L'histoire a permis de révéler les secrets d'une police agissant dans l'ombre (F. MC DONOUGH, 2017).

Le régime concentrationnaire fonctionne également grâce à son lot de secrets. Dans le cas soviétique, c'est l'écrivain Alexandre SOLJENITSYNE qui révèle l'existence du goulag en 1973 en publiant *L'Archipel du goulag*. Il a analysé les prisons et camps staliniens, les transferts de populations, les déportations, ainsi que la psychologie comportementale des geôliers et de leurs victimes. Livrer le secret de ce qu'il a vécu au goulag est pour lui une manière de résister. Dès 1933, débute la déportation de milliers « *d'éléments déclassés et socialement nuisibles* » en provenance de Moscou et de Leningrad vers une île près du confluent de l'Ob et de la Nazina, à 900 kilomètres au Nord de la ville sibérienne de Tomsk. Elle est surnommée « l'Ile-Mort » ou « l'île aux cannibales ». En 2002, la publication des documents de la commission d'enquête, diligentée en septembre 1933 par le Comité régional du Parti communiste de Sibérie occidentale, permet de reconstituer l'engrenage ayant conduit à cette « *déportation-abandon* » et de mieux comprendre le fonctionnement au niveau local du système des « *peuplements spéciaux* », mis en place dans l'urgence au début des années 1930. Comment cet évènement s'inscrivait-il dans la politique de déportations massives entreprises depuis plus de trois ans par le régime stalinien dans le cadre de la « *liquidation des koulaks en tant que classe* » ? Le récit du Département des peuplements spéciaux de la branche sibérienne du Goulag témoigne que, pour lui, n'était « *extrême* » que le comportement des « *déclassés* » eux-mêmes, véritable « *lie de l'humanité se livrant au cannibalisme* » dont il livre le secret. Une fois les déportés arrivés dans ces régions inhospitalières de Sibérie, ils tentaient de fuir ; ils étaient affamés. Les gens mourraient partout et ils se tuaient les uns les autres d'après le récit d'une vieille paysanne ostiak installée avant l'arrivée des Russes en Sibérie. Elle raconte que sur l'île, un des gardes faisait la cour à une belle jeune fille qui avait été amenée là. Un jour qu'il devait s'absenter, il avait demandé à un camarade de la surveiller, mais ce dernier n'a rien pu faire : « *Des gens l'ont attrapée, attachée à un peuplier, on lui a coupé la poitrine, les muscles, tout ce qui se mange, tout, tout… Ils avaient faim, il faut bien manger* ». Des montagnes de farine avaient été apportées de part et d'autre du fleuve pour nourrir les gens mais personne ne savait ce qui en était fait. Les paysans, les koulaks et les condamnés déplacés répondaient à un plan utopique de colonisation des régions vierges de Sibérie et du Kazakhstan. Son extrême brutalité apparaît dans le fait que les deux tiers des déportés sont morts de faim, d'épuisement et de maladie dans les semaines qui suivirent leur abandon. Cette situation débouche sur des transgressions telles que le cannibalisme et la nécrophagie. Ceci révèle un climat de violence et de régression qui gagne certains espaces soviétiques au début des années 1930. Ceux-ci sont bouleversés par les déportations et les exodes massifs de populations frappées par les disettes devenues endémiques, en proie au banditisme rural et à la criminalité urbaine. La Sibérie devient un véritable *Far East* soviétique, lieu de déportation et d'assignation à résidence d'exclus de la société socialiste en train de s'édifier à la fois en région-frontière et région-poubelle mais aussi comme lieu de relégation et de secret. Cette politique soviétique répond à un processus de radicalisation meurtrière et à une volonté d'opérer un nettoyage social. La Sibérie occidentale est exemplaire dans ce processus qui, lors de la Grande Terreur de 1937-1938, conduit à l'arrestation de 1,5 million de personnes dont 800 000 d'entre elles sont fusillées au total. La Sibérie occidentale reçoit 30 000 déportés durant cette période et connaît 50 000 exécutions, faisant de la région « *la plus grande île aux morts de l'archipel soviétique* » (N. WERTH, 2008, 2016). Les secrets de cette Grande Terreur ont aussi été livrés par l'image à travers l'exposition qui lui a été consacrée à Moscou en 2014 à partir des photographies de Tomasz KIZNY. Celle-ci montre la « Nécropole de la Terreur » à travers les lieux d'inhumation collective, les polygones d'exécution dans toute la Russie, les prisons du NKVD et des témoignages. Le photographe s'est heurté au problème des traces qui disparaissent : de retour sur les lieux des camps, il a l'impression « *que la tribu des zeks*[1] » décrite par Alexandre SOLJENITSYNE a disparu. Les rares vestiges sont étranges et ambivalents. Il reste davantage de traces de la Shoah que du Goulag. Il n'y a pas de monument d'État en Russie à la mémoire des victimes de la terreur d'État. On trouve des signes commémoratifs, des croix mais ils n'indiquent pas d'où viennent les victimes. En Allemagne, c'est différent car elle a perdu la guerre et des photographies ont immédiatement été faites mettant la réalité sous les yeux de tous (T. KIZNY, 2016). Si l'histoire, les arts, la littérature ont permis d'exprimer ces secrets, un travail judiciaire reste à poursuivre. Nicolas WERTH, sur *La route de la Kolyma,* a recueilli des témoignages sur les membres de l'administration du goulag qui ne sont toujours pas présentés comme des criminels alors qu'ils devraient être publiquement condamnés (N. WERTH, 2016).

Face à l'étude des systèmes totalitaires, l'histoire a conservé toute sa raison d'être car de nombreux secrets restent à être levés par le travail des historiens.

De l'usage du secret à la promotion de la transparence à l'ère des communications dans les démocraties contemporaines

La démocratie, même si elle a accompagné la moralisation de la vie politique et ouvert la voie à plus de transparence, n'en reste pas moins marquée par la pratique du secret. Celui-ci apparaît à travers la surveillance secrète des citoyens, aux États-Unis par exemple. Il est aussi utilisé par les services de renseignements en France. À cela s'ajoutent les usages du secret des données et la question du piratage sur Internet. Cependant, le secret peut aussi être vu positivement et accompagner les pratiques démocratiques, à l'exemple du vote.

La démocratie s'installe progressivement en France après la Révolution française de 1789. Son exercice passe par le vote qui, à ses débuts, est collectif. Lors des premières élections communales au suffrage universel masculin, Alexis de TOCQUEVILLE décrit le cortège de paysans se rendant aux urnes le 23 avril 1848. Tous les hommes d'une même commune partent, en groupe, conduits par le maire. Une assemblée permet, avant leur départ, de dresser la liste des candidats et les bulletins de vote sont distribués sur le trajet. Les journaux insistent sur le bon déroulement de ce premier vote avec 83,9 % de suffrages exprimés. Cependant, il y a bien eu des débordements. Les élites craignaient les « classes laborieuses » et leur accès au vote. Elles exercent ainsi sur ces classes des pressions, n'hésitant pas à invalider, pour fraude, un vote qui leur serait défavorable. Le vote se fait sous le regard des notables et du groupe. Ainsi, il est communautaire et n'a rien d'individuel ni de secret. Dans une volonté de moralisation du vote, et parce que le notable

1. Détenus.

conduisant les électeurs munis d'un seul bulletin de vote n'est plus acceptable à la fin du XIXe siècle, la volonté d'introduire les instruments du secret du vote apparaît. Ce secret est alors mal vu et raillé par de nombreux députés risquant de perdre les élections. Entre 1889 et 1913 de nombreux débats et rejets accompagnent l'élaboration de la loi visant à introduire l'isoloir et l'usage de l'enveloppe lors des élections en France. Ce procédé existe déjà en Australie depuis 1857, au Royaume-Uni depuis 1872, en Belgique depuis 1877 et aux États-Unis depuis 1891. En France, il faut attendre la loi de 1913 pour introduire l'isoloir dans toutes les élections. L'urne, quant à elle, est d'abord opaque pour assurer le secret du vote avant l'introduction de l'enveloppe en 1914. Les lois de 1923-1924 obligent, quant à elles, l'utilisation de bulletins standardisés et disponibles au bureau de vote pour éviter leur invalidation. Même si le « *temps des notables s'éloigne* », les députés s'élèvent contre l'isoloir et moquent cette pratique. Ainsi, par exemple, Jean SÉNAC, élu radical du Gers en 1907, dénonce qu'« *il s'y passera des choses…* ». L'isoloir renvoie à tous les fantasmes : il est qualifié « d'alcôve », comparé à une « cabine de douche » ou à un « cabinet d'aisance ». D'autres disent craindre que l'électeur fragile ne confonde le bulletin et la carte d'électeur, ou rient des paysans aux doigts malhabiles qui ne pourront pas mettre le bulletin dans l'enveloppe. L'isoloir est même suspecté de pouvoir transmettre des maladies. Alors, les notables restent unis pour défendre le vieux système qui assurait leur prééminence. Mais les députés de gauche, les socialistes, ont défendu la nécessité d'assurer le secret et la sincérité du vote, tout en diminuant la pression sociale sur le vote des classes populaires. Les premières élections avec isoloirs se déroulent sans problème dans la cour de l'école ou de la mairie. Cependant, l'isoloir reste tourné en dérision alors même que les femmes obtiennent le droit de vote en 1944 ; les plus sarcastiques craignent qu'elles ne confondent l'isoloir avec une cabine d'essayage. Le secret du vote a marqué une étape de l'émancipation des électeurs et l'individualisation du vote avant que la transparence du vote ne redevienne une vertu avec l'introduction de l'urne transparente par la loi du 30 décembre 1988 en France (M. LARRÈRE, 2018). Le secret du vote, comme des délibérations, autorise une mise en jeu du pouvoir. Il permet également aux citoyens d'accéder au processus décisionnel et garantit le fait d'échapper à la communication et à l'information qui définit le pouvoir dans la société politique. Par le secret, toute une part du politique se soustrait au débat (B. LAMIZET in A. WRONA, E. SEIGNOBOS [dir.], 2017).

La transparence est bien au cœur des enjeux auxquels la démocratie doit faire face car elle émane d'une forte demande sociale alors que le secret est un mode de gouvernement. En matière de renseignement et de surveillance, les démocraties font usage du secret. Aux États-Unis, par exemple, au début du XXe siècle, la démocratie emploie des agents secrets. Il s'agit alors de produire un savoir sur les citoyens américains. Ce n'est pas une exception américaine et les États-Unis commencent plutôt tard à pratiquer la surveillance par rapport à d'autres pays occidentaux. Il y eut des préludes à la surveillance dans un contexte colonial aux Philippines à la fin du XIXe siècle et à Cuba au XXe siècle, mais c'est avec la Première Guerre mondiale et la montée des périls que les États-Unis développent des méthodes de surveillance des populations à des fins politiques. Alexandre RIOS-BORDES a fait une thèse sur le secret aux États-Unis et publie des données sur la surveillance des populations américaines de 1900 à 1941. Cette dernière date ne tient pas au fait que la surveillance s'arrête alors, mais au fait que les archives ne sont pas accessibles après cette date. La surveillance a toujours lieu dans la société américaine. Il s'agit alors d'en comprendre les origines. En 1917, dans un contexte de « guerre moderne », une réflexion s'engage sur le gouvernement interne et le système productif à protéger des « ennemis de l'intérieur ». Le profil « d'ennemis potentiellement objectifs » apparaît pour désigner le potentiel, en temps de guerre, de présence de personnes au service de puissances étrangères. Ainsi, le devoir de surveillance est de nature militaire. Pour l'étudier, la difficulté tient au fait que les documents sensibles ont été détruits et que beaucoup d'échanges se sont faits oralement. Il ne reste que les *Daily graphs* (échanges administratifs quotidiens) qui révèlent la peur des Américains de tomber dans la « prussisation » ou la « bolchévisation » du régime. Cette surveillance secrète serait à l'époque perçue comme un scandale si elle était découverte. Sont alors visés les activistes, les groupes sensibles à la subversion et toute la population. L'armée recrute pour cette tâche des militaires, d'anciens policiers ou détectives afin d'écouter les réunions, lire les journaux. Ils sont convaincus de la légitimité de leur travail et que leur mission est supérieure car elle est secrète. Ce qui se met alors en place dans le contexte de Première Guerre mondiale demeure jusqu'à aujourd'hui. En temps de paix, ce qui justifie cette surveillance c'est que la guerre est une potentialité permanente. De plus, aujourd'hui les intérêts américains à l'extérieur croissent et une révolution intellectuelle s'opère puisqu'au nom de la guerre, il est désormais admis que l'on se préoccupe de l'attitude des citoyens américains en temps de paix. Cependant, cette mission a pu être perçue comme illégitime et, à l'extérieur, les États-Unis ont longtemps nié son existence. Le lien de confiance entre l'État et les citoyens est ainsi rompu. Cependant, cette vision a changé depuis les attentats du 11 septembre 2001 et la transformation des menaces. La surveillance devient légitime (A. RIOS-BORDES, 2018).

En France, avant que la question de la légitimité du renseignement ne soit posée, celui-ci est pratiqué. Il est le fait des services officiels de la République ou de services d'ordre parallèles. Ainsi par exemple, il existe à la fin de la Deuxième Guerre mondiale un service d'ordre du RPF afin de sécuriser les *meetings* gaullistes. Sous la Ve République ce service d'ordre devient le SAC : « *sortant de treize ans d'opposition politique où ils n'ont dû compter que sur eux-mêmes pour protéger leurs réunions publiques, les gaullistes ont pris des habitudes. Il subsiste chez eux une certaine méfiance à l'égard d'une police qui les avait réprimés et espionnés sous la IVe République et dont ils ne sont pas encore sûrs politiquement à l'automne 1958. La création du SAC* […] *s'inscrit dans ce climat de suspicion* » (F. AUDIGIER, 2018 cité par A. LORRIAUX, slate.fr, 26 juillet 2018). Il s'agit alors pour des proches et fidèles du général de Gaulle d'assurer sa sécurité et de soutenir son action politique. Les missions premières du SAC, créé en 1959, ne sont pas le renseignement, mais l'action de terrain et le soutien à la campagne du général de Gaulle. Le SAC appartient à un réseau d'associations, de syndicats, d'individus qui se retrouvent dans le gaullisme d'ordre et organisent l'opposition au communisme dans un plan organisé et secret de sédition. Ce sont les évènements de Mai 68 qui réveillent cette mouvance gaulliste en opposition à la contestation montante. Ainsi, à la rentrée 1968, autour de Jacques FOCCART, conseiller élyséen de ses réseaux et du SAC, un système de vigilance et d'action double le système officiel de surveillance et de répression (F. AUDIGIER, 2012). Le SAC est finalement dissout en 1981. D'autres systèmes de sécurité constitués de proches des présidents de la République apparaissent ensuite. Avec l'alternance de 1981, le GSPR, rattaché au SDLP, est chargé de la surveillance du président et de sa famille. Dès 1982, un système est mis en place car, selon Alain LE CARO, commandant du GSPR, cela « *correspondait à un contexte de menaces terroristes* » durant le premier mandat de François MITTERRAND. Des policiers, la sécurité du président passe ainsi aux gendarmes. Alain LE CARO ajoute : « *très vite, j'ai découvert un autre pan de ma mission, la protection des secrets de sa vie privée. On avait atteint un degré d'intimité très grande.* [...] *Le terme "mousquetaire du président" donne bien l'ambiance dans laquelle on travaillait. Le GSPR n'avait plus de compte à rendre à personne à part au président. Il ne dépendait plus du ministère de l'Intérieur, nous étions vraiment détachés de la gendarmerie* ». Au même moment, après l'attentat de la rue des Rosiers du 9 août 1982, François MITTERRAND installe une cellule antiterroriste à l'Élysée. Elle place de nombreuses personnalités sur écoute, comme Edwy PLENEL qui enquête sur l'affaire du *Rainbow Warrior* (*Libération*, 27 juillet 2018). La cellule fiche 1 300 personnes et l'affaire est révélée en 1993 par le journal *Libération*. L'implication directe du président est démontrée et sept prévenus sont condamnés en 2008 par la Cour de cassation (slate.fr, 26 juillet 2018). La mémoire de ces services d'ordre ressurgit au moment de l'affaire BENALLA en 2018. Le président Emmanuel MACRON, qui souhaitait moraliser la vie politique, se trouve impliqué dans celle-ci ; le chargé de mission auprès de l'Élysée, ayant commis des actes de violence lors du 1er mai 2018 à Paris, éveille les soupçons face au manque de réaction de l'État à son égard. Cette dernière affaire alimente à nouveau le sentiment de défiance des citoyens français envers Emmanuel MACRON qui, dans les médias, endosse sa part de responsabilité : « *Le seul responsable, c'est moi !* » (*Le Monde,* 26 juillet 2018). Cet épisode est cependant difficilement comparable aux actions du SAC ou du GSPR, mais il montre la difficulté de mêler à la protection officielle du président une protection parallèle : « *Le mélange des genres peut se comprendre dans une logique strictement politique : on part du principe que quelqu'un qui est proche politiquement du chef de l'État et qui, par sa proximité de chaque instant avec le président est à même d'accéder à certains secrets et potentielles zones d'ombre, se montrera plus fidèle et plus sûr qu'un simple policier tenu à la seule réserve professionnelle. Mais ce garde du corps militant, peut aussi, précisément parce que son lien au chef de l'État ne se limite pas à un simple engagement professionnel et tient aussi à l'affectif et au politique, dépasser certaines limites et basculer dans l'hybris. Un risque d'autant plus grave qu'il aura bénéficié longtemps de passe-droits en raison de son double statut ambigu et de la volonté de certains de plaire au chef de l'État en fermant les yeux sur les dérives de ses proches* » (F. AUDIGIER cité par A. LORRIEUX, slate.fr, 26 juillet 2018). Les contextes sont différents et le rapport à la violence politique a changé (F. AUDIGIER, slate.fr, 26 juillet 2018).

En outre, il existe, en démocratie, un usage du secret au service de la défense. En restant sur le cas français, se pose la question de la légitimité du secret de la défense nationale. En effet, il existe trois niveaux de secret depuis 1981 :

- *Confidentiel Défense*
- *Secret Défense*
- *Très Secret Défense*

Chaque niveau de protection est proportionnel au risque encouru par la diffusion des informations couvertes. Aussi, documents et supports sont marqués de l'une de ces classifications afin de leur accorder une protection juridique, de mettre en œuvre une conservation spécifique ou d'engager diverses poursuites vis-à-vis des personnes qui les auraient compromis. L'histoire des XXe et XXIe siècles a permis de déterminer les contours du secret de la défense nationale, notamment à travers les usages du renseignement militaire et du renseignement d'intérêt militaire. En effet, le renseignement s'est trouvé au service de l'ingérence, de l'influence, de l'intoxication, du sabotage, de l'espionnage ou du contre-espionnage en toile de fond des guerres contemporaines. Plus récemment, la guerre secrète menée par le renseignement investit les champs du contre-terrorisme et de l'anti-terrorisme (O. FORCADE, 2019). Ainsi cerné le secret de la défense nationale permet de faire évoluer la définition du secret de l'État et de le légitimer comme garantie de la sérénité et de la solidité de la démocratie. Ainsi, le secret de la défense nationale semble indispensable à la sauvegarde des intérêts fondamentaux (O. BRUN, M. CHAMPION, 2019).

Au XXIe siècle, ce n'est pas par ces pratiques secrètes internes que la démocratie semble menacée, mais peut-être bien par sa difficulté à conserver les secrets. Elle se heurte au développement du numérique qui la rend obsolète et impose une dictature invisible. L'espionnage n'est plus seulement le fait de l'État démocratique, il est pratiqué par les GAFA (Google, Apple, Facebook et Amazon) *via* Internet, les smartphones et autres objets connectés qui livrent des milliards de données privées. La « révolution numérique » entamée risque de conduire à la disparition de la vie privée, à l'impossibilité de garder tout secret. L'individu se trouve mis à nu, non plus à des fins politiques, mais dans un but économique pour servir les intérêts des firmes multinationales qui récupèrent les données personnelles. Les GAFA sont les « *sociétés du septième continent* » symbolisant aujourd'hui l'hyperpuissance américaine. Patri FRIEDMAN, ancien ingénieur chez Google, considère le gouvernement comme une « *industrie inefficace* » et la démocratie comme « *inadaptée* ». Pour lui, elle rend l'usage des données personnelles obsolète et freine le progrès. Il a élaboré en 2008 un projet de « *villes nations flottantes* » échappant à la souveraineté des États. Quel est alors l'avenir de la démocratie, de l'État-nation et de la classe politique ? La question est pertinente lorsque l'on sait que voter n'aura plus aucune signification alors même que les GAFA seront capables en temps réel de connaître les réactions des individus à toute proposition. Que dire du rôle de l'État face à sa difficulté à exercer auprès des GAFA une de ses principales prérogatives qui tient à la levée de l'impôt ? Les GAFA qui opèrent en France paient leurs impôts au Luxembourg ou en Irlande (M. DUGAIN, C. LABBÉ, 2017). En France, la réforme de l'État initiée en 2014 tente de répondre à ces enjeux en s'orientant vers une « administration numérique » et un « gouvernement ouvert ». L'ouverture numérique engagée permet à la France d'être classée leader européen de l'*open government* par l'ONU. Elle fait partie des pays où les données publiques sont les plus ouvertes (C. OGER in A. WRONA, E. SEIGNOBOS [dir.], 2017). La transformation numérique de l'État implique l'apparition de nouvelles élites administratives et de lutter contre la « déconnexion des élites » (L. BELOT, 2015 *in* A. WRONA, E. SEIGNOBOS [dir.], 2017). Ainsi, toutes les données collectées *via* Internet par les GAFA réduisent l'imprévisibilité du monde grâce aux calculs de statistiques et de probabilités qu'elles permettent de réaliser. *Big Mother* permettra dans quelques années de tout savoir sur tout grâce à quelques corrélations. Ainsi, par exemple, l'Américain Acxiom, le plus grand *data broker*, courtier en données numériques, détient déjà des informations détaillées sur plus de 700 millions de citoyens dans le monde. La surveillance de tout être humain pourrait bientôt devenir la règle. Ceux qui voudront y échapper ne feront que former une nouvelle catégorie de marginaux. L'amélioration de la santé ou de la sécurité sera le prétexte à la collecte généralisée des données. L'État a saisi l'importance des *big data* pour le contrôle des individus. Dans le cadre de la lutte contre le terrorisme, l'industrie numérique a déjà été placée sous tutelle des agences de renseignements. L'Europe considère le modèle de surveillance totale mis en place par la NSA comme le modèle à suivre, même si elle doit dépendre des États-Unis. La fusion des services de renseignements avec les entreprises commerciales du *big data* annonce une forme de gouvernement mondial, non élu. Aujourd'hui, la NSA dispose de plus d'informations sur les citoyens allemands que la Stasi dans l'ex-RDA. Un espion se trouve aujourd'hui dans la poche de chacun d'entre nous lorsque nous transportons notre smartphone. Nous n'avons plus de secret pour lui : il connaît nos goûts, nos déplacements, nos maladies, nos centres d'intérêts, nos habitudes, nos croyances et convictions, notre profil psychologique grâce au *contact chaining*. L'arrivée des objets intelligents impose une « normalisation disciplinaire » à la planète que redoutait Michel FOUCAULT dès 1975 dans *Surveiller et punir*. Il n'y a donc plus de secrets pour « *l'homme des données massives, intégralement connecté,* [qui] *vivra complètement nu sous le regard de ceux qui collecteront sans fin des informations sur lui* » (M. DUGAIN, C. LABBÉ, 2017).

Dans une société ouverte, où la protection des données personnelles et de la vie privée tend à disparaître, l'histoire de l'humanité va connaître une transformation majeure au cours du XXIe siècle. Sans contraintes, ni violences, les hommes sont en train de livrer leurs secrets à des États ou à des firmes.

Conclusion

Le secret demeure quelle que soit la forme de régime politique, l'usage des dirigeants comme mode de gouvernement, sur le terrain militaire et diplomatique. S'il paraît tout à fait légitime de l'Antiquité à l'époque moderne, l'avènement des démocraties contemporaines entraîne sa dénonciation alors même qu'elles le pratiquent.

Dans une société qui prône actuellement la « transparence » en gage de démocratie, le secret est perçu comme une forme d'archaïsme. Il investit pourtant la sphère économique où il est pratiqué par les firmes multinationales dans leurs stratégies commerciales (J.-B. SANTAMARIA, 2018) et il échappe bientôt à tous sous l'effet des GAFA qui se l'approprient, non pas à des fins politiques comme les États dans le passé, mais à des fins économiques.

Document

Projet de loi relatif à la prévention d'actes de terrorisme et au renseignement [article 7 – extrait]

Le VI de cet article modifie les dispositions de l'article L. 863-2 en encadrant davantage les modalités de transmission d'informations par les différentes autorités administratives aux services de renseignement, d'initiative ou sur la demande de ces derniers. Le champ de ces transmissions, qui concernent également les informations couvertes par un secret protégé par la loi, est limité aux informations strictement nécessaires à l'accomplissement des missions de ces services et susceptibles de concourir à la défense et à la promotion des intérêts fondamentaux de la Nation. Lorsque les informations ainsi transmises font l'objet, de la part des services destinataires de ces informations, d'un traitement de données à caractère personnel, elles doivent être conservées dans les conditions applicables à ce traitement et détruites lorsqu'elles ne sont plus nécessaires à l'accomplissement des missions ayant motivées leur transmission. La nouvelle rédaction de l'article L. 863-2 rappelle que les agents destinataires de ces informations sont tenus au respect du secret professionnel. Enfin, un contrôle interne du respect de ces dispositions est mis en place.

Présenté par M. Jean CASTEX, Premier ministre,
et par M. Gérald DARMANIN, ministre de l'Intérieur, le 28 avril 2021.
https://www.assemblee-nationale.fr/dyn/15/textes/l15b4104_projet-loi#

Bibliographie

Histoire ancienne :

- BECKER Audrey, *Les relations diplomatiques romano-barbares en Occident au ve siècle : acteurs, fonctions, modalités*, Paris, Éditions de Boccard, 2013, 317 pages.
- FERRARY Jean-Louis, GRASS Barthélemy, PITTIA Sylvie, SANCHEZ Pierre, STOUDER Ghislaine, *La diplomatie romaine sous la République : réflexions sur une pratique*, Besançon, Presses Universitaires de Franche-Comté, 2015, 217 pages.

Histoire médiévale :

- SANTAMARIA Jean-Baptiste, *Le secret du prince : Gouverner par le secret France-Bourgogne (xiiie-xve siècles)*, Ceyzérieu, Champ Vallon, 2018, 352 pages.

Histoire moderne :

- BÉLY Lucien, *Les secrets de Louis XIV*, Paris, Éditions Thallandier, 2013, 680 pages.

Histoire contemporaine :

Les totalitarismes :

- ARENDT Hannah, *Le système totalitaire. Les origines du totalitarisme*, coll. « Points Essai », Paris, Points, 1951, rééd. 2005, 384 pages.
- BROSZAT Martin, *L'État hitlérien : L'origine et l'évolution des structures du IIIe Reich*, Pluriel, Paris, Fayard, 1969, rééd. 2012, 640 pages.
- GELLATELY Robert, *The Gestapo and the German society, Enforcing Racial Policy 1933-1945*, Oxford, Clarendon Press, 1990, 297 pages.

- KIZNY Tomasz [dir.], *La Grande Terreur en URSS : 1937-1938*, Lausanne, Ed. Noir sur Blanc, 2013, 411 pages.
- KIZNY Tomasz, *Le Goulag,* Paris, Solar, 2003, 495 pages.
- MC DONOUGH Frank, *La Gestapo : mythe et réalité de la police secrète d'Hitler*, FRUMER Bernard Trad., Paris, Fayard, 2017, 302 p.
- SOLJENITSYNE Alexandre, *L'Archipel du goulag*, Paris, Points, 1973, rééd. 2012, 610 pages.
- WERTH Nicolas, *La route de la Kolyma. Voyage sur les traces du goulag*, Paris, Belin, Alpha, 2016, 221 pages.
- WERTH Nicolas, *L'île aux cannibales*, Tempus, Paris, Perrin, 2006, rééd. 2008, 241 pages.

Les démocraties :

- AUDIGIER François, *Histoire du S.A.C. Service d'action civique. La part d'ombre du gaullisme*, Paris, Stock, 2003, 528 pages.
- AUDIGIER François, *Les Prétoriens du général. Gaullisme et violence politique de 1947 à 1959*, Histoire, Rennes, Presses universitaires de Rennes, 2018, 386 pages.
- FORCADE Olivier, LAURENT Sébastien-Yves, *Dans le secret du pouvoir. L'approche française du renseignement, XVIIIe-XXIe siècle,* Paris, Nouveau Monde éditions, 2019, 559 pages.
- RIOS-BORDES Alexandre, *Les savoirs de l'ombre : la surveillance militaire des populations aux États-Unis (1900-1941)*, Paris, EHESS, En temps et lieux, 2018, 348 pages.

Secret et numérique :

- DUGAIN Marc, LABBÉ Christophe, *L'homme nu. La dictature invisible du numérique,* Paris, Pocket, 2017, 192 pages.
- WRONA Adeline, SEIGNOBOS Emeline [dir.], *La fabrique de l'autorité : figures des décideurs en régime médiatique*, Paris, CELSA Paris-Sorbonne, Les Petits Matins, Groupe de recherches interdisciplinaires sur les processus d'information et de communication, 2017, 238 pages.

Revues :

- AUDIGIER François, « Le gaullisme d'ordre des années 68 », *Vingtième Siècle. Revue d'histoire*, vol. 116, n° 4, 2012, pp. 53-68.
- KIZNY Tomasz, « La Grande Terreur en images », *Mémoires en jeu*, Paris, Kimé, n° 1, septembre 2016, pp. 35-40.
- LARRÈRE Mathilde, « Voter, de 1789 à nos jours », *Documentation photographique*, Paris, La Documentation française, n° 8122, mars-avril 2018, 64 pages.

Presse :

- CHABAS Charlotte, « Affaire Benalla : "C'est la notion de dissimulation qui crée l'affaire d'État" », *Le Monde,* 26 juillet 2018 ; https://www.lemonde.fr/societe/article/2018/07/26/affaire-benalla-c-est-la-notion-de-dissimulation-qui-cree-l-affaire-d-etat_5336145_3224.html

Podcasts :

- BECKER Audrey, STOUDER Ghislaine, « Les secrets de la diplomatie romaine », *La fabrique de l'histoire*, France Culture, 09/05/2018, 53 minutes.
- RIOS-BORDES Alexandre, SANTAMARIA Jean-Baptiste, « Secret du prince, secrets d'État », *La fabrique de l'histoire*, France Culture, 07/05/2018, 53 minutes.

Pour aller plus loin

Podcasts :

- LAURENT Sébastien, « Le secret : secret et politique en démocratie », France Culture, 16/02/2015, 58 minutes.
- LAURENT Sébastien, « Les services secrets : la politique de l'ombre », France Culture, 12/08/2017, 59 minutes.
- RAVIEZ François, « Saint-Simon, le roi du secret », *Les chemins de la philosophie*, France culture, 23/05/2018, 58 minutes.

Roman :

- ORWELL George, *1984*, KAMOUN J. Trad., *Du monde entier*, Paris, Gallimard, 1950, rééd. 2018, 384 pages.

Sujets

- L'usage du secret est-il un mode de gouvernement ordinaire ?
- Le secret est-il légitime en démocratie ?
- Le secret et la raison d'État.
- De République en démocratie, usages et mésusages du secret.
- L'absence de secret est-elle une menace pour la démocratie ?

11 Désindustrialisation ou hyperindustrialisation en France ?

« Depuis la fin des années 2000, les pouvoirs publics commencent [...] à prendre conscience des menaces bien réelles de « perte de substance industrielle » qui pèsent sur la Nation, de même que du danger d'un redéploiement de l'emploi qui ne se ferait que vers des services à faible valeur ajoutée et à faible croissance (services à la personne, emplois saisonniers du tourisme, etc.). »

FRANÇOIS BOST, 2011.

Introduction

Si la désindustrialisation existe, c'est surtout dans le débat public et médiatique. Cependant, ses signes s'observent au plus près des territoires. Les annonces de fermetures de sites dans les médias donnent l'impression qu'elles sont subites. En réalité, avant de fermer, il y a une longue phase de déclin sur plusieurs années et les médias ne rapportent que la phase finale, alors que l'emploi sur site a déjà décliné depuis fort longtemps, à l'exemple de l'usine SEB de Saint-Jean-de-Bournay dans l'Isère, dont les 162 salariés sont transférés sur le site voisin de Pont-Évêque courant 2018.

La France a bien connu une phase de désindustrialisation à la charnière des années 1970-1980. Elle se caractérise par un effondrement des effectifs humains dans l'industrie, occupant près de 40 % de la population active au milieu des années 1970, pour ne représenter plus que 25 % de la population active au début de la décennie 2010. Les fermetures d'usines en sont le signal, l'érosion de la part de l'industrie dans la production totale, la conséquence. L'industrie se transforme et englobe de plus en plus les activités de production de biens immatériels ou d'objets comportant plus d'« esprit » que de matière comme les ordinateurs ou les logiciels (J. SCHEIBLING, 2011). Elle fait de moins en moins appel au travail manuel et de plus en plus appel à la « matière grise ». L'industrie, dans le cadre des « systèmes productifs » et non de l'ancienne classification de Colin CLARK, doit être caractérisée à travers un ensemble complexe de liens entre industrie et fonctions diverses qui concourent à la production et à la mise sur le marché de biens commercialisables.

Plus qu'une désindustrialisation continue et uniforme du territoire français il est à distinguer des territoires divers qui vont gagner ou perdre dans une dynamique d'adaptation à la mondialisation. Une synergie d'acteurs conduit à faire système pour accompagner une mutation globale du système productif français qui fait émerger des systèmes productifs singuliers dans une réindustrialisation partielle des territoires.

Concepts/notions

- **Désindustrialisation** : processus qui renvoie à une baisse des effectifs industriels d'un pays et du poids du secteur industriel dans l'économie.
- **Délocalisation** : fermeture d'une unité de production dans le pays d'origine d'une entreprise, puis ouverture d'une autre unité à l'étranger pour bénéficier d'avantages fiscaux et salariaux.
- **Industrie** : ensemble des activités économiques qui transforment une matière première en produit manufacturé (G. BAUDELLE et J. FACHE, 2015).
- **Industrialisation** : processus de diffusion de nouveaux modes de production et du modèle capitaliste dans les pays qui entrent dans l'Âge industriel à partir de la fin du XVIIIe siècle, passant d'une économie à prépondérance agricole à une économie industrielle.
- **Pôles de compétitivité** : combinaison d'entreprises, de laboratoires de recherche et de centres de formation, engagés sur un territoire donné, dans une démarche partenariale d'innovation, renforçant les synergies entre acteurs.
- **Système productif** : facteurs et acteurs qui concourent à la production et à la consommation des richesses à l'échelle nationale (L. CARROUÉ, 2013).
- **Tertiarisation** : processus impliquant le passage d'une économie à dominante industrielle à une économie tertiaire où les services prévalent en termes d'emplois et de production de richesse.

Chronologie

- **1945-1973** : « Trente Glorieuses » (J. FOURASTIÉ, 1979).
- **1973 et 1978** : chocs pétroliers.
- **1975-1980** : recul de la production concrète.
- **2002** : conventions de revitalisation en soutien aux bassins en restructuration.
- **2003** : contrats de site pour favoriser les partenariats locaux.
- **2005** : création des pôles de compétitivité.
- **2007** : création du Crédit Impôt Recherche.
- **2008** : crise des *subprimes*.
- **2010** : aide à la réindustrialisation.
- **2012** : rapport GALLOIS sur la perte de compétitivité de l'industrie nationale, annonçant le retour d'un volontarisme étatique dans le domaine industriel par un « choc de compétitivité ».
- **2013** : « choc de simplification » afin d'alléger les procédures pour les entreprises ; « plans de reconquête industrielle » lancés par le Ministère du Redressement productif.
- **2014** : création du Conseil de simplification et mise en place du « Pacte de responsabilité » pour des allégements fiscaux pour les entreprises.

- **2018** : création d'un fonds pour l'innovation et l'industrie doté de 10 milliards d'euros ; initiative « Territoires d'industrie » afin de permettre au Gouvernement de mieux cerner et répondre aux besoins de l'industrie grâce aux collectivités territoriales et EPCI.
- **2020** : plan de Soutien à l'automobile, doté de 200 millions d'euros, décidé à la suite de la crise sanitaire du COVID-19 ; un plan aéronautique prévoit aussi 1,5 million d'euros pour l'innovation et 800 millions d'euros pour la modernisation et la consolidation de la filière ; volonté de réaffirmation du ministère de l'Industrie afin de regagner une « souveraineté économique ».
- **2021-2022** : projet de plan d'investissement post-Covid pour la réindustrialisation de la France.

Historique

La désindustrialisation, mythe ou réalité ?

À travers les mutations du fordisme et des systèmes productifs paternalistes, les signes d'une désindustrialisation des systèmes productifs en France et l'ampleur de ce processus peuvent être mesurés. Il s'agit de considérer la réalité actuelle des transformations géographiques, sectorielles et paysagères faisant suite à la période des Trente Glorieuses ouvrant une désindustrialisation après les chocs pétroliers de 1973 et 1978, et une période de Trente Mutantes avec la bulle japonaise, la bulle Internet ou encore la crise des *subprimes* de 2008.

Une lecture multiscalaire des mutations géographiques du système productif à l'échelle nationale, du tissu productif régional et du potentiel productif local, laisse apercevoir les conséquences de la désindustrialisation. Le système productif français est très concentré et dominé par quelques milliers de firmes internationalisées. L'organisation de l'espace national repose depuis les années 1960 sur la hiérarchisation, la ségrégation socio-fonctionnelle et la stratégie d'évitement. Le système territorial est très intégré, mais selon des logiques fragmentaires. Ainsi, les firmes installent leurs sièges sociaux et leurs activités d'administration ou de gestion, dans les quartiers d'affaires des métropoles, les centres de R&D dans la périphérie métropolitaine immédiate, les usines de fabrication dans des espaces diversifiés, les bureaux, entrepôts et ateliers de commercialisation de vente et de logistique, dans la périphérie des grandes villes. Les stratégies de décentralisation industrielle des années 1960 à 1980 aboutissent à de très fortes ségrégations socio-fonctionnelles. La mobilisation par l'industrie française de l'emploi ouvrier non qualifié repose sur deux logiques opposées mais complémentaires : aux emplois non qualifiés fortement féminins et ruraux de l'Ouest (électronique, automobile) répondait la concentration d'une main-d'œuvre masculine déqualifiée et immigrée dans le Nord-Est, à l'exemple des usines Citroën d'Aulnay-sous-Bois en Île-de-France recrutant une main-d'œuvre immigrée, face aux usines de Rennes fonctionnant grâce à un emploi rural. Cette structure ségréguée est en crise mais elle oppose toujours les emplois ouvriers et les emplois d'ingénieurs, de cadres et de techniciens ; les branches de haute technologie et les industries traditionnelles ; les emplois qualifiés métropolitains et les emplois ruraux non qualifiés ; ainsi que les fonctions stratégiques et périproductives banales (nettoyage, gardiennage) dans les fonctions périproductives. Les héritages spatiaux des systèmes productifs passés sont visibles à l'échelle nationale à travers la permanence de la diagonale Le Havre-Marseille. Trois grandes régions industrielles naissent des stratégies d'évitement : l'ancienne région d'industrie de base au Nord et Nord-Est, de Dunkerque à la Franche Comté, la région d'industrie de main-d'œuvre taylorisée du Grand bassin parisien et du Grand Ouest et la région d'industries techniciennes d'Île-de-France et des métropoles comme Toulouse ou Grenoble. Un rééquilibrage de la géographie de la fonction de production s'opère au profit de la France autonome à travers les recompositions spatiales. Si l'Île-de-France et la Picardie ont connu une désindustrialisation en vingt ans, le Nord et la Lorraine une stagnation, une forte croissance touche l'Alsace ou la Franche Comté, ainsi qu'un fort dynamisme dans la France autonome du Grand Ouest, de Rhône-Alpes et du Sud-Ouest. La richesse propre au tissu productif des régions françaises apparaît dans son contenu social, c'est-à-dire, une organisation sociale locale, des facteurs de proximité et une bonne gouvernance (G. BENKO et A. LIPIETZ, 2 000). Les stratégies d'évitement présentées à l'échelle nationale s'observent à toutes les échelles. À l'échelle de l'Île-de-France, les hautes technologies se concentrent dans l'Ouest et le Sud-Ouest alors que le Nord et le Nord-Est rassemblent l'industrie mécanicienne. La césure fonctionnelle parisienne est un des facteurs déterminant de la crise sociale et urbaine francilienne (F. DAMETTE, 2011). Les mutations productives transforment les espaces résidentiels et une réindustrialisation est possible, notamment au cœur des métropoles (L. DAVEZIE, 2008). Les interrelations entre fait industriel et développement régional ou urbain naissent des stratégies économiques et territoriales des firmes dans le cadre de la mondialisation (L. CARROUÉ, 2002). Leur redéploiement, en fonction des avantages comparatifs des territoires, amène des recompositions géographiques visibles à plus grande échelle. Le potentiel productif local peut être marqué par les signes de la désindustrialisation, à l'image des villes rétrécissantes ou décroissantes, qui perdent des habitants et du territoire. Ce sont les *skhrinking cities*. La fermeture de l'usine fait apparaître les friches industrielles dans la ville qui constituent un cliché, à l'exemple des usines tubulaires rouillées de la vallée de la Moselle, en Lorraine. Mais les friches constituent aussi des opportunités de redéveloppement territorial. L'ancien cœur industriel du système productif, organisé autour de l'usine disparue, peut intégrer d'autres systèmes productifs. La dégradation peut être invisible mais aussi passer par la pollution dans les sols, l'encombrement des sous-sols (tubulaire ou tuyauterie non enlevés). La friche ne concerne pas toujours un site industriel dans son ensemble, en lien avec la progressivité du déclin. Des zones sont réactivées, à l'exemple de la blanchisserie de Thaon-les-Vosges datant de 1872 dans le domaine de la chimie et du textile. Elle comptait jusqu'à 4 000 employés, et connaît des difficultés dans les années 1930. Elle fonctionne jusqu'en 1960, puis entame quarante ans de déclin jusqu'à sa fermeture en 2003. La vente des terrains au coup par coup ou leur destruction génère une friche nue non dépolluée, une mixité de la réoccupation (artisanale, nettoyage, services, logements). La dernière partie, fermée en 2003, se dégrade, l'horloge a été volée, la partie Nord est rachetée par une entreprise américaine qui fabrique du boyau de saucisse et qui fonctionne car c'est à la mode dans les émergents. L'ancien propriétaire refuse de vendre la partie centrale qui est polluée car elle doit être dépolluée depuis la loi de 1995. Il y a aussi une centrale qui continue à vendre de l'électricité à EDF. Il s'agit donc, en l'état, d'une friche composite (S. EDELBLUTTE, 2010).

Ces recompositions géographiques à toutes les échelles suivent d'importantes mutations sectorielles qui viennent tempérer la désindustrialisation. Si la production concrète connaît une crise, celle-ci laisse davantage de place à la production abstraite. Ainsi, le schéma productif se transforme et opère une révolution productive. La tertiarisation de l'économie a pu accentuer les marques de la désindustrialisation, mais ne fait que révéler une transformation globale du système productif en France. À partir des années 1975-1980, le processus de désindustrialisation marque un fort recul de la production concrète dans le charbonnage, le textile, la sidérurgie, la métallurgie, la mécanique ou encore l'électronique. Une crise économique, sociale et urbaine s'ensuit dans certaines aires urbaines du Nord-Est comme Longwy, le Grand bassin parisien (Dreux), l'Ouest ou le Centre. La crise de la sidérurgie en Lorraine, à l'exemple de l'aire urbaine de Longwy en Meurthe et Moselle, marque la disparition des sociétés des aciéries de 1880 fondées sur l'exploitation de charbon et de minerai de fer, pour une réorganisation des firmes Sollac, Usinor et Arcellor Mittal à travers une rationalisation de l'appareil productif, et un glissement territorial vers le littoral de Dunkerque ou Fos-sur-Mer. Si la crise est très profonde entre 1978 et 1980, la crise sociale est amortie par le travail frontalier vers le Luxembourg favorisant l'intégration à la dynamique européenne. Le recul général de l'industrie résulte de l'externalisation des tâches autrefois exécutées par les firmes industrielles en interne. Elles sous-traitent à des sociétés de services aux entreprises dont les employés sont comptabilisés dans le secteur tertiaire même s'ils travaillent principalement pour une firme de fabrication industrielle. Ceci nuance l'impression d'un recul accéléré de l'industrie. La diminution de l'emploi industriel tient en fait au recours croissant au travail intérimaire classé dans les emplois de services. Le lien entre industries et services est de plus en plus étroit. Il n'y a pas de crise de l'industrie au sens ternaire du terme, mais une crise de la sphère de production concrète, d'un modèle de production extensif datant des Trente glorieuses et fondé sur un système taylorien, en raison d'une insertion dans la construction européenne et la mondialisation qui a fragilisé les bases productives nationales et régionales par les délocalisations. La révolution productive passe par un processus de concentration économique des entreprises, une insertion internationale croissante, une complexification de la production où la fabrication matérielle ne devient qu'un volet d'une sphère productive élargie et diversifiée. Aussi, assiste-t-on à une intellectualisation croissante du processus industriel qui devient plus flexible autour d'une osmose systémique entre supports matériels, contenus informationnels et services. Les firmes cherchent un certain nombre d'assurances territoriales face aux incertitudes et impératifs de rentabilité, compétitivité et flexibilité : « *on ne peut cependant pas parler de désindustrialisation* » mais d'un « *monde hyper-industriel* » (P. VELTZ, 2017). Par conséquent, l'emploi industriel évolue vers un renforcement des qualifications de la main-d'œuvre. L'industrie technicienne repose sur les ingénieurs, cadres et techniciens dans les domaines de l'aéronautique, de l'électronique professionnel, de la pharmacie ou de l'informatique. L'industrie qualifiée fait surtout appel à de fortes qualifications ouvrières pour les biens d'équipement industriel, le matériel de précision, l'industrie électrique ou mécanique. Entre 1982 et 2009 les ingénieurs et cadres passent de 3 à 8 % des effectifs. Ce ne sont alors que les industries déqualifiées qui sont en crise à l'image du textile. L'automobile, quant à elle, a connu un long déclin sur vingt ans faute d'avoir su se positionner sur le haut de gamme. Les délocalisations affectent par exemple le groupe Renault qui ne produit plus que 20 % de ses voitures en France. Ce sont aujourd'hui les activités périproductives qui prennent le pas : le tertiaire marchand, transport, commerce et services dont certains renvoient à la sphère productive, et d'autres à la sphère de la reproduction sociale.

À ces redistributions sectorielles s'ajoutent des signes d'une désindustrialisation dans les paysages. Les mutations paysagères des territoires de l'industrie ont été étudiées par Simon EDELBLUTTE (2010) : la disparition dans le paysage des usines à étages, à sheds, tubulaires ou fonctionnalistes est un des marqueurs de la désindustrialisation des années 1970-1980. On assiste aujourd'hui à une banalisation de la signature paysagère de l'usine qui a une moindre visibilité dans le paysage, ce qui renforce le sentiment de désindustrialisation. L'usine apparaît comme la signature paysagère de son époque ; elle témoigne du processus d'industrialisation et de ses contraintes, mais aussi de savoir-faire architecturaux et de la volonté de l'industriel. Le site industriel et ses annexes productives s'organisent autour des surfaces de production, de réserve, de stockage, de circulation et plus il est visible dans le paysage, plus il forme un territoire spécifique et fonctionnel, plus il rend compte d'un système productif compact et concentré, efficient jusqu'aux Trente glorieuses. Plus le système productif est dispersé et éclaté à l'échelle mondiale, plus ses composantes sont intégrées dans des territoires ruraux ou urbains, dans des paysages moins visiblement industriels, obéissant à une logique de réticularisation des systèmes productifs. Les systèmes productifs paternalistes ont organisé des villes-usines incomplètes à l'échelle régionale, puisqu'elles ne polarisent pas la région environnante. La fin des systèmes industriels paternalistes qui sous-tendaient l'existence de la ville-usine laisse des traces dans les paysages et les territoires urbains. La ville-usine se trouve en déshérence par manque d'entretien. Elle n'a pas de centre-ville, les activités culturelles sont réservées aux ouvriers. Les villes-usines s'organisent souvent le long d'un cours d'eau et forment des vallées industrielles, autour du textile dans les Vosges ou de l'aluminium en Maurienne. Parfois, à l'image du bassin houiller du Nord, elles forment des grappes sur un bassin minier. Leur visibilité actuelle dans le paysage marque un héritage fort. Les paysages noirs deviennent multicolores, à l'image de Clermont-Ferrand où il n'y a plus d'ouvriers, mais il reste des ingénieurs et des techniciens. Les paysages ont alors muté. La dégradation paysagère peut se trouver renforcée à travers les anciennes cités ouvrières inoccupées et les commerces qui ferment. La déprise paysagère se traduit par la revente des cités ouvrières à leurs occupants, des cités dépareillées et des maisons mitoyennes désappariées dans les cités jardins. Ceux-ci s'empressent de changer l'aspect de leur façade, volets, du toit et y ajoutent des remises, hangars. La monotonie de la cité ouvrière est brisée et le quartier perd sa cohérence. Les commerces et services autrefois assurés par l'usine sont cédés à des intérêts privés ou municipaux. Les anciennes coopératives ou magasins de l'usine sont parfois transformés en logements. Le tissu et le paysage urbain se modifient. Les friches industrielles et urbaines contribuent à détériorer l'image de la ville.

Ainsi, des territoires perdent, d'autres gagnent. Avec H. FORD, les ouvriers vivaient près de l'usine, les États traitaient avec les États, les systèmes productifs étaient organisés à l'échelle nationale. Des recompositions s'opèrent avec la mondialisation. La stabilité des sites fordistes a vécu. Leur logique est différente. Les rentes de situation locales n'existent plus et les sites doivent s'adapter à un monde ouvert.

Actualité

Les dynamiques d'adaptation face au forçage de la mondialisation, vers une réindustrialisation

Le passage à une économie post-industrielle et post-fordiste dans une économie d'archipel accompagne les dynamiques d'une nécessaire adaptation à la mondialisation. Les îles en France sont les métropoles. Les logiques post-fordistes de transnationalisation imposent de nouvelles localisations industrielles qui acheminent la France vers une réindustrialisation. Aujourd'hui, site, situation et territoire ont plus valeur pour les entreprises que les hommes. Le processus de mondialisation engendre des défis nouveaux dans tous les domaines. Si les régions anciennement industrialisées ont été frappées par des fermetures d'usines, des activités nouvelles apportent un dynamisme en d'autres lieux. Dans cette recomposition des espaces productifs est-il cependant encore possible de parler d'industrie ?

D'après le rapport de l'INSEE de février 2015, « 30 ans de mutations fonctionnelles de l'emploi dans les territoires », les zones d'emplois de la sphère productive résistent dans les métropoles. La métropolisation joue un rôle de hiérarchisation dans la spécialisation fonctionnelle et socio-professionnelle (F. DAMETTE, J. SCHEIBLING, 2011). Les villes ont un rôle nodal dans l'organisation de la société et de l'économie. La dissociation spatiale s'accentue entre croissance du PIB et développement, entre les lieux de production et les lieux de consommation de richesse (L. DAVEZIE, 2014). La théorie géographique de la croissance urbaine, du fait urbain et de l'organisation de l'espace par les villes est ainsi remise en question (T. SAINT JULIEN, D. PUMAIN, 1997). Si les métropoles sont les lieux nodaux de la production de richesse, elles sont aussi en difficulté et en crise. Ainsi se distinguent les territoires spécialisés dans l'économie productive de ceux spécialisés dans l'économie résidentielle. Les territoires à base productive génèrent 22 % des revenus nationaux, constitués par les revenus du capital et du travail liés à la vente de bien et de services, dans les métropoles et la moitié Nord de la France. « *Les dynamiques de la société et de l'économie française sont très largement pilotées et organisées par le fait urbain. En retour, on ne peut comprendre les dynamiques urbaines si on fait l'économie de l'étude de leur dimension productive. Les villes sont en effet par excellence les lieux nodaux de la production des biens et des services au cœur de la circulation des informations, des techniques, des richesses et des hommes* » (L. CARROUÉ, 2013). Le lien dynamique entre fait urbain et système productif attribue un rôle majeur à la hiérarchie urbaine dans l'organisation et la division nationale et régionale du travail, dans l'encadrement des territoires et dans l'insertion différenciée dans la mondialisation. « *L'intégration européenne et l'insertion de la France dans la mondialisation sont un facteur essentiel de la dynamique des territoires productifs en introduisant un profond changement d'échelle dans l'ouverture et l'intégration du territoire métropolitain. Elles transforment en retour en profondeur l'organisation même du territoire productif et en particulier sa structure urbaine et métropolitaine* », (D. PUMAIN et C. ROZENBLAT, DATAR, 2012). Les grandes métropoles sont devenues les lieux de l'insertion de la France dans la mondialisation. Ainsi, Paris s'est hissé au rang des grandes métropoles mondiales, pilotant la mondialisation avec la Défense et la mutation fonctionnelle des Hauts-de-Seine dans le commandement économique et financier, contrôlant un quart de l'économie francilienne avec 2700 entreprises étrangères, 180 000 emplois dans des entreprises comme Shell, HP ou Microsoft. La fabrication concrète est en recul au profit des fonctions abstraites de la sphère productive. Ainsi, l'emploi de production à Boulogne Billancourt passe de 20 000 à 3 000 salariés avec la fermeture de Renault. Les secteurs de la gestion avec les sièges sociaux de Renault et Carrefour et des loisirs-culture avec le siège social de TF1 se développent. Le taux de cadres passe de 13 à 35 % de l'emploi. Derrière Paris et sa région, un classement fonctionnel hiérarchique fait apparaître les grandes villes françaises d'importance européenne comme Lyon, Marseille ou Toulouse. Suivent les grandes villes à potentiel européen : Strasbourg, Bordeaux, Lille, Nice, Montpellier, Nantes, Grenoble. Enfin Cannes, Rennes, Nancy ou Clermont-Ferrand s'affirment comme des villes d'importance nationale. Ces métropoles fonctionnent en réseau autour d'un marché de l'emploi national ou régional. Ainsi, à l'échelle nationale, Paris polarise le territoire. De puissants systèmes régionaux s'autonomisent, à l'exemple de Rhône-Alpes avec Lyon, Grenoble, Annecy, Chambéry et Saint-Étienne. Les métropoles de la France autonome sont hiérarchisées. Le système lyonnais représente, par exemple, une accumulation exceptionnelle autour de la deuxième région économique et industrielle de France, accueillant de grandes firmes comme Péchiney ou Rhône-Poulenc. Toulouse et Grenoble se détachent par leur système technopolitain. D'autres villes ont des trajectoires plus diversifiées, à l'image de Clermont-Ferrand avec le numéro 2 mondial du pneumatique Michelin au fort ancrage historique, premier employeur local et régional. L'entreprise est née avec l'automobile en 1889. Les usines se multiplient en France, puis à l'étranger dans un système multiscalaire. La mondialisation a fait évoluer le rapport entre l'entreprise et la ville, sans changer le fond de l'affaire. Michelin compte 113 000 employés dans le monde. Le site historique des Carmes n'est plus un site de production. Cataroux ne produit plus que 3 800 tonnes contre 200 000 à Vitoria en Espagne. Clermont-Ferrand reste le centre de la recherche du groupe, le pôle décisionnel et le centre d'essais. Le système reste en place et Michelin transforme le système productif local puissant et complet en un système de pilotage d'un archipel mondial de plus de soixante sites de production. Les métropoles bénéficiant d'un portefeuille d'entreprises et d'activités diversifiées offrent des perspectives de replacement professionnel qui peut limiter les effets des fermetures d'usines. Pierre VELTZ (2014) développe la théorie de la « *ville assurance* » selon laquelle la grande métropole offre davantage d'opportunités d'emplois aux salariés du fait de la taille de son marché qui absorbe mieux la crise que d'autres territoires.

Les régions industrialisées du Nord et de l'Est de la France ont davantage de difficultés à transformer leur système productif. Elles sont frappées par la crise économique des années 1970-80, puis par le changement de modèle productif des années 1980-90. Leurs activités fondées sur une main-d'œuvre peu qualifiée et l'extraction des matières premières puis leur transformation a dû se renouveler. Désindustrialisation, déclin démographique, économique et chômage ont marqué ces régions. Dans les années 1980, on range le Nord-Pas-de-Calais, la Lorraine, les Ardennes ou encore la région stéphanoise dans la catégorie des « vieilles régions industrielles en mal de reconversion ». Pourtant, dans les années 1990, nombre d'entre elles s'emploient à reproduire à l'échelle locale, des recettes ayant réussi ailleurs : nouvelles spécialisations, formation et arrivée d'une main-d'œuvre qualifiée d'autres régions. La situation de retard peut aussi être l'occasion de sauter le pas de la troisième « Révolution industrielle ». Des stratégies de rupture liées aux énergies vertes, à la protection de l'environnement ou à la culture permettent en parallèle une valorisation patrimoniale. La désindustrialisation des bassins miniers et des zones sidérurgiques a des conséquences graves pour certaines localités qui ne se relèveront jamais, comme Denain (20 000 habitants), dans l'ancien bassin houiller du Nord, où la fin de l'exploitation de charbon dès les années 1950, puis la disparition brutale d'Usinor (6 000 emplois) à la fin des années 1970, ont des conséquences en chaîne sur les autres activités dépendant de ces industries motrices. Le déclin démographique s'accompagne d'une paupérisation de la population de la ville. La métallurgie de la vallée de la Sambre française a survécu grâce à des facilités de communication par voie d'eau puis ferrée. Le système persiste même si les motifs originels ont disparu. Il y avait à l'origine 40 000 ouvriers, aujourd'hui le Val de Sambre et l'Avesnois en comptent 14 000 dans l'industrie. La mécanique et l'automobile sont à Maubeuge, les équipements électriques avec Schneider Electric et Arcellor Mittal à Valenciennes, accompagnés de la sidérurgie avec Tata Steel, ainsi qu'Areva dans le matériel nucléaire, Poweo dans l'énergie et nombre de PME (Petites et moyennes entreprises). Le territoire reste structuré par la Sambre et le chemin de fer demeure un facteur de localisation auquel s'ajoute le TGV, le réseau autoroutier, portuaire et aéroportuaire. La présence d'un réseau métropolitain, d'infrastructures de communications performantes et la proximité avec le Nord de l'Europe, grâce à une situation d'interface, permet au site de demeurer intégré à la mondialisation.

Lorsque les voies d'une réindustrialisation, de même que les facteurs de localisation des activités sont absents, le glissement d'une économie productive à une économie résidentielle est parfois une alternative possible à la désindustrialisation. L'INSEE distingue trois sphères économiques : productive, d'économie résidentielle et publique, puis en 2010, les activités présentielles et non présentielles, de production de biens et de services pour les personnes présentes sur place et pour les entreprises. Les territoires à base résidentielle représentent 45 % du revenu national et bénéficient de l'accueil des revenus des actifs navetteurs périurbains, des pensions de retraite ou du tourisme. Ce sont surtout les littoraux atlantique et méditerranéen, mais aussi l'arc alpin, le Massif Central ou la Bourgogne qui sont concernés. L'économie résidentielle peut devenir un substitut à l'économie productive en déclin. Les activités résidentielles ne relèvent pas à proprement parler des activités productives. Elles génèrent des revenus apportés par les touristes, les navetteurs, les possesseurs de résidences secondaires, les salaires des emplois publics, les pensions de retraite ou les prestations sociales. L'attractivité résidentielle participe pleinement du remodelage territorial en complément d'une activité productive dynamique. Ainsi, par exemple, lorsqu'Airbus Group choisit d'établir fin 2015 son nouveau siège social à Blagnac près de Toulouse, là où se situait la filiale Airbus, ceci amène 1 500 employés dont 200 étaient autrefois localisés à Munich et à Paris. Ils ont un impact important pour l'agglomération qui concentre déjà 30 000 employés du groupe industriel. Ces actifs vont vivre, travailler et dépenser à Toulouse. Les bassins d'emplois qui bénéficient le plus des retombées de l'économie présentielle sont les régions littorales, montagnardes et transfrontalières : la Somme, l'Aquitaine et les Alpes du Sud. Les régions comme le Midi méditerranéen ou le Languedoc-Roussillon ayant poussé à l'extrême leurs atouts touristiques et résidentiels sont directement exposées à des retournements de situation. Dans ces territoires l'économie productive n'est plus la bienvenue car elle est synonyme de nuisances.

Si des territoires continuent à gagner dans une dynamique de mondialisation, grâce aux succès de leur diversification, d'autres territoires perdent et cumulent les handicaps : démographie stagnante ou vieillissement, solde migratoire négatif, baisse des revenus et maintien du chômage. Le système productif industriel de ces bassins peu attractifs reste économiquement fragile et exposé à la concurrence. C'est notamment le cas des territoires les plus ruraux. Quelles sont alors les politiques économiques et d'aménagement des territoires à mettre en œuvre pour rendre compétitifs des territoires diversifiés ?

Prospective

Les enjeux d'une hyperindustrialisation entre héritages et renouveaux

La réindustrialisation peut présenter des réussites. Les enjeux de la désindustrialisation des systèmes productifs en France posent la question de la gestion entre héritages et renouveaux d'un passé industriel dans un présent mondialisé. Aménager les territoires et rechercher la compétitivité, reconvertir et patrimonialiser sont les axes de ce redéploiement économique et territorial porté par les systèmes productifs français ayant connu une phase de désindustrialisation.

L'aménagement des territoires insérés dans une « *taylorisation à l'échelle mondiale* » (L. CARROUÉ, 2002) répond à une logique de compétitivité. Aujourd'hui, la DIT (Division internationale du travail) a laissé place à la DIPP (Division internationale du processus productif) : on tourne un boulon à Shanghai, l'autre à Bangkok, et on monte en Europe, puis on vend à Dubaï, à l'exemple de la production d'Airbus.

L'usine s'est désormais détachée du territoire local et appartient au système de l'entreprise industrielle intégrée au système-monde (O. DOLLFUS, 1990). Elle s'est désengagée des réalisations sociales construites par les usines précédentes. Soit l'usine est ancienne et elle a revendu ses activités sociales à des acteurs privés ou aux collectivités territoriales, soit elle est récente et elle n'en construit pas. Elle fait partie d'un système réticulaire qui unit au siège social les autres filiales aux fournisseurs et aux clients. Elle est au centre d'une toile d'araignée. Dans le domaine paysager, cette nouvelle configuration a détaché l'usine du milieu local. Elle a des liens avec le terrain mais elle ne génère plus de système productif local. Les usines se regroupent alors dans les villes, conformément aux principes d'aménagement du territoire et aux préceptes de la Charte d'Athènes. Se créent alors des zones industrielles en bordure de la ville. Les ronds-points sont inventés pour que les camions puissent tourner et livrer les usines. Un paysage économique plus qu'industriel se construit mêlant des industries, des services et la désindustrialisation. De la logistique, des commerces de groupe, des services s'installent dans les hangars fonctionnalistes. L'apparition des ZI (Zones industrielles), aujourd'hui ZA (Zones artisanales), crée une banalisation du paysage économique, qui renforce le sentiment de désindustrialisation. De nouveaux liens sont créés entre systèmes productifs et systèmes urbains. Pour mieux résister à la concurrence mondiale, la France invente les pôles de compétitivité autour d'une variété d'acteurs. Ils ne sont pas seulement industriels. C'est un élément officiel, créé en 2005 par le gouvernement. Il en existe soixante-et-onze en métropole ; sept ont une vocation mondiale et sont davantage soutenus par l'État. La métropolisation est matérialisée par la localisation des pôles dans les métropoles, où l'on trouve notamment la fonction de R&D. Les pôles de compétitivité s'organisent autour de niches : textiles techniques et santé en synergie avec le carton, le bois, à l'exemple de Gérardmer (A. GRANDCLÉMENT, 2012). Le pôle de compétitivité construit un réseau plus qu'un territoire. Les résultats sont mitigés : la mise en réseau a été positive pour les entreprises partenaires. Chaque région a voulu son pôle. Le gouvernement a laissé se constituer des pôles qui n'ont pas atteint la lisibilité internationale attendue. Les moyens ont été dispersés, alors qu'il aurait sans doute fallu les concentrer sur les meilleurs. Certains ont perdu leur label (comme le pôle enfant du Choletais) et d'autres ont été créés (Hydreos à Nancy). Aujourd'hui les politiques gouvernementales misent sur l'industrie du futur : ville durable, transports de demain, médecine du futur, confiance numérique et objets intelligents. C'est le cas de la cité de l'objet connecté à Angers, avec des écoles et des centres de formation autour des objets connectés pour accueillir les systèmes. L'industrie 4.0 se développe à l'image de l'Allemagne et on passe de la machine à la chaîne animée par les hommes aux robots dirigés depuis un iPad par des intérimaires. Il a fallu des chercheurs pour concevoir l'iPad et le piloter, donc des emplois. Ils ont remplacé les ouvriers. Les enjeux de l'avenir portent sur les marchés prometteurs de l'« I économie », de l'économie de l'informatique et de l'internet, des énergies renouvelables, des nanotechnologies et des biotechnologies. Le développement durable, le « *made in France* » et les relocalisations vont porter une reconstruction industrielle verte. Cependant, comment inciter les entreprises à entrer dans ce schéma ? L'exemple de LVMH à Saint-Donat montre que c'est le savoir-faire artisanal traditionnel et la sphère de la reproduction sociale qui poussent la firme mondialisée à s'implanter sur les atouts d'un site rural. Elle profite de l'héritage des métiers de la tannerie, des axes de communication et impulse l'ouverture d'un BTS « Métiers du Cuir » au lycée du Dauphiné, tout en développant un environnement vert. La désindustrialisation est liée à l'insuffisance globale de la compétitivité de l'économie. Les raisons majeures sont un sous-investissement des entreprises industrielles françaises dans l'innovation. Les politiques industrielles doivent s'attacher à un investissement pour une montée en gamme sectorielle, sur le modèle allemand pour augmenter les marges des bénéficiaires des entreprises et donc les capacités d'investissement dans la R&D. Les nouveaux dispositifs étatiques visent à soutenir l'initiative locale pour accompagner la mise en concurrence en déployant des aides territorialisées pour soutenir l'innovation et les bassins en difficulté. Les mesures défensives par conventions de revitalisation (2002) permettent de soutenir les bassins frappés par des restructurations. En 2003, le CIEDT (Comité interministériel d'aménagement et de développement du territoire) crée les contrats de site, impliquant les acteurs locaux dans une démarche partenariale. En 2010, l'aide à la réindustrialisation permet de réaliser des investissements d'avenir (chimie, cuir, photovoltaïque). La France peut aussi être éligible à l'objectif 2 du FEDER en faveur des PME innovantes qui peuvent obtenir des avances remboursables. À l'échelle nationale, le Crédit Impôt Avenir de 2007 est la première source de financement de subventions avec 20 000 entreprises aidées en 2011 (PSA, ST Micro). Le rapport Gallois de 2012 avait alerté sur la perte de compétitivité de l'industrie nationale et il annonce le retour d'un pilotage étatique et d'un volontarisme industriel. En 2013, le président Hollande propose le « choc de simplification » pour diminuer le nombre de procédures auxquelles sont soumises les entreprises, avec la création d'un Conseil de simplification en 2014. La reconquête de compétitivité peut passer par l'allègement des charges sociales pour les entreprises, par l'aide aux PME exportatrices de biens et de services. En 2013, 34 « plans de reconquête industrielle » ont été présentés au Président par le ministère du Redressement productif se situant sur des marchés à forte croissance (*Big Data*, objets connectés, cyber sécurité, autonomie et puissance des batteries, services sans contacts). Si les secteurs porteurs d'un avenir semblent être trouvés, comment composer avec les vestiges d'un passé industriel ?

C'est grâce à de multiples reconversions réussies que le passé industriel peut être réinvesti pour accueillir une réindustrialisation et une mixité d'activités (S. EDELBLUTTE, 2010). Il s'agit alors de traiter les friches industrielles dont les métropoles ne veulent plus, donc de recomposer avec le passé. L'idée de reconversion industrielle ne s'impose que dans la deuxième moitié du XXe siècle. Il y a des industries abandonnées bien plus vieilles. Ce sont celles qui n'ont pu s'adapter au taylorisme (1870-1890) en raison du passage de la première à la deuxième industrialisation, souvent en milieu rural et dont les traces sont visibles sur les ruines de hauts fourneaux. Il s'agit de micro-friches anciennes qui n'ont pas été traitées. En France, dans les années 1970-1980, les espaces abandonnés se multiplient. Dans une logique de développement durable, on tente de reconstruire la ville sur la ville pour éviter l'étalement urbain. La désindustrialisation offre alors des opportunités. La reconversion s'étend à l'échelle des sites, puis sur des territoires plus vastes, ville ou vallée et on parle de redéveloppement territorial. La reconversion industrielle désigne le remplacement de l'activité industrielle disparue par une autre activité, industrielle ou non, élargie vers un redéploiement territorial. Les phases ont été identifiées par les sociologues comme Michel GROSSETTI en 1998 : elles correspondent à des évolutions sociales qui ont des traductions spatiales ; leur durée est variable d'un territoire à l'autre. Durant la première phase d'incrédulité, la société locale ne peut croire à la fermeture de l'usine : depuis 150 ans, c'est le cœur de la ville. Elle espère une reprise, mais rien ne se fait. Au niveau spatial, c'est une phase d'attente. Suit une phase de deuil où la société locale prend conscience de la fin de l'activité industrielle et veut passer à une autre activité. Un changement politique, d'équipe municipale, permet le passage à cette phase. Au niveau spatial, des actions d'urgence et de destruction sont aussi vives que l'attente a été longue. Il faut trouver des emplois de substitution peu importe leur qualité et pérennité. Il faut rompre avec un passé symbole d'échec. Enfin, la phase d'action sociale se traduit par des actions raisonnées : il y a moins de pression sociale, beaucoup de chômeurs sont partis ou ont retrouvé du travail. On réfléchit à plusieurs échelles alors que dans l'urgence on substitue un site à un autre. Les choix de reconversion sont variés. À l'échelle du site, dans la phase de deuil, l'industrie est remplacée dans l'urgence par de l'industrie. Par exemple, l'usine Eurelectric, en Lorraine, est rachetée par Pirelli, avant sa délocalisation en Roumanie en 2007. À l'échelle de la ville et de la région, tout le territoire industriel a souffert et on retravaille le milieu d'accueil social et territorial : le redéveloppement complète la reconversion avec une polarisation au sein d'une vallée ou d'un bassin, à condition que les vieilles villes usines ne demeurent pas rivales. L'objectif est de désenclaver et connecter au système-monde en favorisant l'accès aux autoroutes, en diversifiant les activités et en formant les populations autrefois cantonnées dans une seule activité. C'est le cas de la vallée de l'Arve, proche de la Suisse, ouverte sur la frontière, fonctionnant en système ouvert, où l'entreprise de domotique SOMFI s'est implantée grâce aux horlogers français. Ce n'est plus un SPL (système productif localisé) mais rien n'a changé dans les infrastructures. Les usines servent à d'autres activités. De la même manière, Besançon devient pôle européen des microtechniques, après la crise de l'horlogerie. Le lycée professionnel propose un diplôme de microtechnique qui a influencé la mutation secteur. La sphère sociale a ici fait muter la sphère productive. Ce renouveau permet de changer l'image du territoire et révèle l'importance du travail sur le patrimoine. Une patrimonialisation des systèmes productifs hérités permet de composer une image nouvelle sans faire table rase du passé. L'industrie n'est pas un patrimoine qui va de soi comme le patrimoine religieux. Cela tient à son image négative. Celle-ci est récente, autour des années 1960-1980. À la fin du XIXe siècle et au début XXe siècle, les cartes postales se couvraient de photographies des usines fumantes. L'industrie était alors le symbole de la modernité. Aujourd'hui, elle est accusée de plusieurs maux : pollution, aliénation sociale, chômage et dégradation des territoires. La patrimonialisation de l'industrie, même dans un pays très au fait de la conservation et de la mise en valeur du patrimoine, n'est pas évidente. C'est seulement après la phase de deuil que l'on s'intéresse à l'industrie comme patrimoine. Les réalisations de l'industrie, longtemps vues comme fonctionnelles, présentent trois types d'intérêts : architectural, technologique et symbolique. Aussi, à partir de la fin du XXe siècle, l'archéologie industrielle revêt un intérêt nouveau. Les premières mises en valeur patrimoniales sont des alibis : une mairie veut détruire une usine, des chercheurs et des ouvriers protestent, donc on ne garde qu'une cheminée, un wagonnet mis dans un rond-point, à l'exemple du marteau pilon à l'entrée du Creusot. Il rappelle l'ancienne spécialisation industrielle pour satisfaire quelques nostalgiques. Le mouvement industrialo-patrimonial s'enrichit petit à petit en lien avec les bâtiments originaux, à travers la prise en compte de l'architecture industrielle originale. Des bâtiments plus communs industriels vernaculaires ou populaires apparaissent ensuite. Aujourd'hui on protège les sheds et les éléments annexes. La patrimonialisation touche d'abord les cités ouvrières, puis les machines, l'usine et pour finir les éléments annexes de la notion du patrimoine industriel. Chronologiquement, le proto-industriel est classé en premier : la saline royale d'Arc-et-Senans de 1779, ancienne manufacture de transformation de l'eau salée en sel, est répertoriée par l'UNESCO en 1982. Ensuite le classement s'élargit : spatialement, le périmètre de l'ancien bassin houiller du Nord-Pas-de-Calais est en partie classé au patrimoine mondial de l'UNESCO, puis tout un paysage évolutif est protégé depuis 2012. Enfin, un élargissement dans les formes de réinvestissement patrimonial s'opère du musée industriel au site industriel transformé en bureaux. La négation de ce patrimoine pendant la phase de deuil est considérée comme aussi traumatisante que la crise elle-même. La destruction et la végétalisation heurtent les habitants qui voient une seconde désindustrialisation. Ce paysage industriel fait partie de l'identité locale comme tout paysage. Il s'agit alors de redonner une fierté et de renforcer l'identité des populations. L'élargissement de la notion de patrimoine, à l'échelle du quartier, de la ville-usine, de la vallée ou du bassin industriel, comme la route de la culture industrielle dans la vallée de la Ruhr intégrée dans le nouveau système productif, se situe entre héritages et renouveaux des systèmes productifs à l'heure de la mondialisation. La prise en compte du patrimoine est aujourd'hui admise dans la reconversion. Un travail d'éducation est alors nécessaire. Aujourd'hui, lors des journées du patrimoine, les cités Michelin des années 1920 se visitent, de la même manière qu'il est possible de skier sur les anciens corons du Nord. Sur l'ancien site papetier de Lancey, en Isère, où Aristide BERGÈS invente la « houille blanche » en 1882 grâce à l'utilisation de la force des torrents pour produire de l'électricité et faire fonctionner son usine de fabrication de papier, s'ajoutent à la friche industrielle en cours de traitement depuis la fermeture du site en 2007, un musée de la Houille blanche et un boulodrome. Une muséification des anciens sites miniers apparaît comme à Saint-Étienne classée ville créative par l'UNESCO. La patrimonialisation n'est qu'une facette de la reconversion. Celle-ci doit être permanente et ubiquiste, sans oublier que l'on construit toujours des usines en France (S. EDELBLUTTE, 2010).

Le patrimoine industriel porte les traces de la désindustrialisation et montre bien que celle-ci appartient au passé. À la disparition des usines nées de la deuxième industrialisation, succède un redéploiement du tissu productif pouvant réintégrer d'anciens sites industriels pour développer des activités productives ou tertiaires, permettant d'inscrire les systèmes productifs français dans la mondialisation.

Conclusion

Parler de « déclin » industriel est un abus de langage. Pour répondre au débat public et à l'acharnement médiatique, les politiques publiques ont favorisé l'ambition productive. La France « productive » correspond à la France industrielle, ce qui confirme la persistance du fait industriel. Même si la fabrication n'occupe plus qu'un actif sur huit, une bonne partie des bases « productives » se trouve dans des territoires à forte orientation industrielle, comme l'Île-de-France ou les métropoles régionales. Les fleurons français de l'industrie ont dû répondre à l'épreuve de la mondialisation, notamment dans les domaines de l'énergie, des télécommunications, de la pharmacie, de la chimie ou de l'agroalimentaire. La France a su s'engager dans des projets européens comme Airbus, mais les systèmes productifs français demeurent inégaux dans la mondialisation. Les entreprises françaises ont à se positionner sur les secteurs en mutation technologique et porteurs de nouveaux débouchés mondiaux dans la santé, l'environnement, les énergies nouvelles ou les loisirs et qui ont la caractéristique d'associer étroitement industrie et services. Nous voyons apparaître des secteurs industriels neufs qui se détournent de la société de consommation, de la marchandisation et de tout son système au profit de la consommation raisonnée, partagée, voire gratuite, où la dimension locale et responsable est primordiale. Alors que Pierre VELTZ (2017) parle d'« hyperindustrialisation », l'avenir est peut-être à une « alter-industrialisation ».

Si la France paraît particulièrement en pointe dans le domaine de la valorisation patrimoniale, elle doit pouvoir faire fructifier son savoir-faire lié à la reconversion. Par exemple, la Chine développe des systèmes productifs industriels proches des systèmes fordistes et se trouve confrontée aux mêmes problèmes de « désindustrialisation » que la France. Une opportunité est à saisir par la France qui pourrait exporter ses compétences de traitement des friches industrielles.

Document

Ancien site industriel papetier fondé par Aristide BERGÈS à Lancey, Isère

Photographie Emma DE PALMA, 2018.

Bibliographie

- BAUDELLE Guy, FACHE Jacques, *Les mutations des systèmes productifs en France*, Rennes, PUR, 2015, 260 pages.
- BENKO Georges et LIPIETZ André, *La Richesse des Régions. La nouvelle géographie socio-économique*, Paris, PUF, 2000, 564 pages.
- BOST François, « Le territoire français : la désindustrialisation et les délocalisations », *Bulletin de l'Association des géographes français*, Paris, Association de géographes français, 88e année, 2011-2, pp. 112-124.
- CARROUÉ Laurent, *Géographie de la mondialisation*, Paris, Armand Colin, 2002, 256 pages.
- CARROUÉ Laurent, *La France, les mutations des systèmes productifs*, Paris, A. Colin, 2013, 235 pages.
- DAMETTE Félix, SCHEIBLING Jacques, *Le territoire français. Permanences et mutations*, Carré Géographie, Paris, Hachette, 3e édition, 2011, 256 pages.

- DAVEZIE Laurent, *La crise qui vient. La nouvelle fracture territoriale*, coll. « La République des Idées », Paris, Le Seuil, 2012, 128 pages.
- DAVEZIE Laurent, *La République et ses territoires. La circulation invisible des richesses*, coll. « La République des Idées », Paris, Le Seuil, 2008, 96 pages.
- EDELBLUTTE Simon, *Paysages et territoires de l'industrie en Europe. Héritages et renouveaux*, coll. « Carrefours », Paris, Ellipses, 2010, 272 pages.
- GRANDCLÉMENT Antoine, *Géographie des pôles de compétitivité : réseaux et territoires de l'innovation*, thèse de Doctorat de Géographie, Université Aix-Marseille, 2012, 501 pages.
- HOLZ Jean-Marc, HOUSSEL Jean-Pierre, *L'Industrie dans la nouvelle économie mondiale*, Paris, PUF, 2002, 450 pages.
- PUMAIN Denise, SAINT JULIEN Thérèse, *Les Dimensions du changement urbain. Évolution des structures socio-économiques du système urbain français de 1954 à 1975*, Paris, CNRS éditions, 1978, 202 pages.
- VELTZ Pierre, *La France des territoires, défis et promesses*, La Tour-d'Aigues, Éditions de l'Aube, 2020, 170 pages.
- VELTZ Pierre, *La Société hyper-industrielle. Le nouveau capitalisme productif*, Paris, Le Seuil, 2017, 128 pages.
- VELTZ Pierre, *Le Nouveau Monde industriel*, « Le Débat », Gallimard, 2000, 276 pages.
- VELTZ Pierre, *Mondialisation, villes et territoires. L'économie d'archipel*, Quadrige, Paris, PUF, 2e édition, 2014, 288 pages.

Pour aller plus loin

- BOST François, MESSAOUDI Dalila, « L'industrie-monde », *Documentation photographique*, n° 8140, 2021/2, 64 pages.

Sujets

- La France est-elle marquée par une désindustrialisation ?
- Recompositions sectorielles et mutations des systèmes productifs en France.
- Peut-on parler d'hyper-industrialisation en France ?
- Sujet d'ESH (Économie, Sociologie et Histoire du monde contemporain), ESCP 2018 : « Doit-on considérer que la désindustrialisation constitue un processus inéluctable dans un pays développé ? *Vous illustrerez votre propos par des exemples historiques empruntés au programme.* »

12 La fracture numérique existe-t-elle ?

« La fracture numérique est un message politique, lancé par Al Gore en 1995, mais il devint aussitôt un concept sociologique, quand bien même des travaux sur les inégalités d'accès au numérique (qu'on appelait NTIC à l'époque) avaient été déjà réalisés bien avant, depuis les débuts de la micro-informatique (et du Minitel en France). »

DOMINIQUE BOULLIER, 2016.

Introduction

La « révolution numérique » du XXIe siècle succède à *La révolution de l'imprimé* (E. EISENSTEIN, 1991) comme une amplification de l'usage de l'informatique, des réseaux et d'Internet. À partir des années 2000, elle a la capacité d'atteindre toute l'humanité, tant par les usages professionnels que personnels du numérique. Cependant, alors que les usagers sont éduqués, il demeure de fortes inégalités. En témoigne le nombre d'abonnements mobiles dans le monde qui passe de 90 millions en 1995 à 7 milliards en 2015. L'accès au numérique induit des changements profonds dans la manière de lire et de manipuler les livres par exemple, mais aussi de voir le monde avec les hologrammes ou la réalité virtuelle, ou encore d'écrire, de produire ou de calculer (D. BOULLIER, 2016).

Si pour Dominique BOULLIER la « fracture numérique » n'est qu'une construction politique sans valeur scientifique, il convient cependant de s'interroger sur sa nature profonde : est-elle scolaire, générationnelle, géographique ou sociale ?

Concepts/notions

- ***Big data*** : données de masse, mégadonnées qui dépassent l'intuition et les capacités d'analyse humaine, ainsi que celles des outils informatiques traditionnels.
- « ***block chain*** » : principe de distribution du calcul entre des milliers de machines permettant de tenir un registre de toutes les opérations (c'est ainsi que fonctionne le BitCoin) ; il permet de certifier toutes les opérations d'échanges sur un registre distribué par les machines et contrôlable sans avoir accès aux données de la transaction (D. BOULLIER, 2016).
- **GAFA(M)** : acronyme qui désigne les multinationales les plus puissantes du numérique : Google, Apple, Facebook, Amazon (et Microsoft).
- **Humanités numériques** : « *ensemble des disciplines scientifiques qui s'efforcent de saisir et de formaliser, par les outils et le calcul informatiques, les cultures et les dynamiques sociales, passées, présentes et en émergence* » (D. VINCK, 2016).

- **Illectronisme** : transposition du concept d'illettrisme à l'informatique pour désigner le manque ou l'absence de connaissances permettant l'utilisation ou la création de ressources électroniques.
- **Informatique** : domaine d'utilisation et de création de ressources électroniques ; secteur qui introduit une nouvelle relation entre l'homme et la machine et l'utilisation de l'intelligence artificielle, des systèmes experts, de la réalité virtuelle dans les calculs, la collecte de données, la bureautique et les procédés d'écriture à des fins professionnelles ou personnelles.
- **Numérique** : « système technique » lié à l'utilisation de l'informatique, des réseaux, des médias et d'Internet.
- « **Zones blanches** » : zones de non-réception de la téléphonie mobile.

Chronologie

- **1642** : PASCAL invente une machine à faire des additions et des soustractions, la « Pascaline ».
- **1886** : Herman HOLLERITH demande le brevet pour sa machine mécanographique à base de cartes perforées utilisant le codage binaire des données dont le succès tient à son usage par les États au plan administratif pour gérer des données.
- **1924** : la compagnie d'HOLLERITH est transformée en IBM (*International Business Machines*) par WATSON ; création de la compagnie BULL en France.
- **1946** : création de l'INSEE, service de démographie qui utilise les machines mécanographiques ; invention de l'ENIAC (*Electronic Numerical Integrator and Computer*), premier ordinateur, par John MAUCHLEY et John ECKERT.
- **1949** : invention de l'EDVAC (*Electronic Discrete Variable Automatic Computer*) par Von NEUMANN.
- **1952** : apparition de l'IBM 701 qui s'impose comme la machine de référence.
- **1958** : création de l'ARPA (*Acanced Research Projects Agency*).
- **1961** : invention du *time sharing* (temps partagé) aux États-Unis pour partager les ressources entre les terminaux mis en réseau.
- **1965-1975** : Gordon MOORE, ingénieur chez Fairchild, puis fondateur de Intel, formule la loi selon laquelle « *le nombre de transistors des microprocesseurs sur une puce de silicium double tous les deux ans* ».
- **1973** : apparition des premiers micro-ordinateurs : DIEHL Alphatronic ou Micral ; Vinton CERF et Robert KAHN définissent un protocole d'interconnexion d'ARPANET, le réseau de recherche du Pentagone, à l'ARPA ; adoption du principe du TCP (*Transmission Control Protocol*) pour normaliser les échanges entre les machines sur différents réseaux.
- **1976** : sortie de l'Apple 1 qui introduit un changement de relation entre la machine et l'homme.
- **1978** : les protocoles TCP pour les machines et les hôtes, et IP pour le réseau, deviennent opérationnels.

- **1981** : IBM introduit le *Personnal Computer* (PC) utilisant le système d'exloitation de Microsoft MS-DOS.
- **1983** : ouverture au domaine public des protocoles TCP et IP en parallèle de la séparation des usages militaires (MILNET) et des usages académiques R&D (ARPANET).
- **1988** : le réseau de recherche des universités américaines (NSF-Net) est coordonné à TCP/IP.
- **1990** : Tim BERNERS-LEE et Robert CAILLAU proposent, au sein du CERN (Organisation européenne pour la recherche nucléaire) de Genève, le protocole HTML pour identifier toutes les ressources URL sur ce qui devient le *world wide web*.
- **1990** : fin de l'ARPANET et prise en charge de la gestion du réseau par la NSF.
- **1992** : le sociologue Ulrich BECK, dans *La société du risque*, décrit la « sub-politique technologique » comme le risque de laisser au couple « scientifiques et entrepreneurs » les choix décisifs en termes de modernisation.
- **1994** : Marc ANDREESEN lance une société de commercialisation du navigateur Netscape diffusé gratuitement.
- **1995** : gestion du réseau transférée à des opérateurs privés, les ISP (*Internet Service Providers*) qui sont des fournisseurs d'accès à Internet ; Altavista est un des premiers moteurs de recherche.
- **1996** : Al Gore, vice-président des États-Unis (1993-2001) reprend la notion de « *digital divide* » (fracture numérique) formulée dans un rapport du *National Telecommunications & Information Administration* (NTIA) en 1995. Il s'agissait alors pour lui de soutenir des initiatives éducatives et commerciales.
- **1998** : succès du moteur de recherche Google.
- **2001** : apparition de la plate-forme iTunes d'Apple pour le partage de contenus musicaux.
- **2004** : apparition de la plate-forme Facebook pour le partage de données et la connexion sociale virtuelle à Harvard.
- **2006** : apparition de Twitter, plate-forme de partage de données et de connexion sociale virtuelle.
- **2007** : l'Internet des personnes a créé les réseaux sociaux que Tim BERNERS-LEE nomme *Global Giant Graph,* pour le différencier du *world wide web* qu'il a créé, et qui permet de tracer et mettre en scène toutes nos actions, nos relations et nos expressions, il s'agit du Web 2.0 selon l'expression de Tim O'REILLY (2005) ; sortie de l'iPhone d'Apple.
- **2012** : création du Conseil national du numérique en France, afin de réduire les zones isolées.
- **2013** : déploiement de la 4G en Europe pour des débits théoriques supérieurs à 100 Mb/s ; la nouvelle version de l'algorithme de Google permet de prédire les attentes masquées des requêtes des internautes grâce au croisement des données du *Big data*.
- **2021** : déploiement de la 5G en France, cinquième génération du réseau mobile.

État des lieux

Qu'est-ce que la fracture numérique ?

La fracture numérique peut être observée dans les territoires à toutes les échelles. Les exemples locaux en France témoignent d'une localisation rurale des zones dépourvues d'accès à Internet et à la téléphonie mobile. Ainsi, à l'échelle nationale, des « zones blanches » apparaissent sur le territoire métropolitain et dessinent une géographie contrastée de la couverture numérique. Il en va de même à l'échelle mondiale où la fracture numérique est calquée sur l'inégale intégration des territoires à la mondialisation.

À l'échelle locale, à travers l'exemple français, ce sont les territoires ruraux qui apparaissent comme les laissés pour compte de la « révolution numérique » en cours. Alors que dans la société post-industrielle ces territoires ont de plus en plus besoin du numérique pour développer de nouvelles modalités de travail comme le *coworking*, le télétravail ou les tiers-lieux de travail, le manque de connexion est un facteur d'enclavement. Le numérique est ainsi vecteur d'attractivité pour les territoires ruraux comme le rappelle Christian RESCHE (formateur à l'Institut Sup'Agro à Florac en Lozère) : « *La première chose que les gens demandent quand ils veulent s'installer dans notre département ou acheter une maison, est la possibilité d'avoir une bonne couverture ADSL* » (P.-E. MÉRAND, 2017). Ainsi, l'Ariège a pour objectif d'équiper 100 % de ses habitants en fibre optique d'ici 2030. Rares sont les communes qui peuvent bénéficier du très haut débit au sein de l'ancienne région Midi-Pyrénées. La commune de la Tour-du-Crieu au cœur de cette « zone d'ombre » a pu bénéficier de l'arrivée du très haut débit en juillet 2017 grâce à une convention signée en 2016 entre la communauté de communes du Pays de Pamiers et l'opérateur Orange. Le défi était de taille dans une zone de montagne où les installations permettant l'accès au réseau sont coûteuses alors que l'enjeu économique restait faible dans une commune sans zone d'activités. Orange propose son accès à 2100 foyers sur 18 000 « prises » concernées sur les deux communes de Pamiers et la Tour-du-Crieu. Pour le reste du département, l'Ariège compte 158 000 habitants et est l'un des départements les moins denses de France, attirant peu les opérateurs. Ainsi, le conseil départemental a mis en place un « réseau d'initiative publique » avec pour schéma directeur d'aménagement numérique (Sdan) l'objectif d'équiper tous les habitants, ce qui coûtera 100 millions d'euros (*La Croix*, 16 août 2017). De la même manière, en Savoie, les habitants de la vallée des Villards attendent le haut débit. Les médias se font le relais de cette « fracture numérique » : « *Dans cette zone rurale la "fracture numérique" est de plus en plus difficile à vivre par les habitants* ». Avec moins de 300 habitants, la vallée n'est pas prioritaire pour accéder au très haut débit. Le débit très faible ne dépasse pas 2Mbits/s, les coupures sont fréquentes et la couverture mobile n'est pas meilleure (*Le Monde*, 1er octobre 2017).

À l'échelle de la France métropolitaine, 15 % des Français n'ont pas accès à Internet, 19 % n'ont pas d'ordinateurs et 27 % n'ont pas de smartphones, le quart des Français souffre de l'illectronisme. Toutefois, selon la dernière enquête

Crédoc[1] l'équipement technologique des Français ne cesse de s'améliorer : 80 % de la population est équipée d'un ordinateur fixe à domicile, 58 % d'un smartphone et 35 % d'une tablette ; le taux de connexion global de la population française atteint 83 % en 2015. Les écarts semblent donc se réduire en matière d'équipement et de connexion. Entre 2002 et 2012 les inégalités d'équipement en ordinateur ont été divisées par deux. La fracture numérique s'est donc déplacée du niveau d'équipement aux usages du numérique (P. PLANTARD, 2017). Le territoire métropolitain laisse apparaître une géographie des « zones blanches » localisées dans les Pyrénées, autour des volcans du Massif Central, dans les Ardennes ou dans le centre de la Bretagne. D'après l'UFC-Que Choisir, alors que 90 % des habitants de Paris ont accès au meilleur du haut débit, cette part représente moins de 1 % des habitants de la Creuse et 11,1 % des Français sont « *inéligibles à un Internet de qualité* » (*Le Monde*, 26 septembre 2017). Ces zones couvrent des milieux qui présentent des difficultés techniques pour les opérateurs de téléphonie mobile et qui attendent un rééquilibrage. La lutte contre ces « zones blanches » nécessite des solutions techniques coûteuses et fait intervenir des choix politiques qui ne dépendent pas uniquement des lois du marché. À titre de comparaison, aux États-Unis, la montée des inégalités territoriales, comme résultante des processus d'hyper-polarisation générés par le secteur du numérique, est beaucoup plus forte qu'en France. Les métropoles américaines connaissent des parcours divergents depuis les années 1990. Les villes offrant le meilleur accès au numérique sont aussi celles où le niveau de diplôme est le plus élevé, ainsi que la qualification et les revenus. Le tissu métropolitain américain est très hétérogène, bien plus qu'en France. Se pose alors la question de la relation entre ces pôles qui concentrent l'innovation et les autres territoires, les périphéries. En France, ces dernières bénéficient de l'irrigation redistributive grâce à la dépense publique et privée (P. VELTZ, 2017).

À l'échelle mondiale, la fracture numérique révèle les inégalités de développement technique des réseaux entre les pays. Si l'accès au réseau semble partout possible, il reste dépendant des firmes, des opérateurs et des câbleurs de certains pays. Il est conditionné par l'utilisation des serveurs présents dans ces mêmes pays. Les militaires américains ont encouragé et financé le développement de ce réseau distribué. Celui-ci est possible grâce à l'existence de câbles sous-marins dont la distribution géographique révèle des asymétries durables. Ils sont un indicateur de l'existence de cette fracture numérique à l'échelle mondiale. Les câbles sous-marins apparaissent avant tout localisés entre l'Europe et l'Amérique du Nord. L'équipement de l'Asie accompagne l'émergence de la région dans l'économie mondiale. Ce n'est qu'à partir des années 2010 que des câbles sont installés sur le pourtour du continent africain. L'accès à Internet par réseau satellite, non-filaire ou antennes-relais, reste soumis aux acteurs privés excluant les marchés les moins solvables. Dans ce domaine, Google a ainsi proposé de distribuer Internet en Afrique grâce à des ballons sondes. Cependant, l'analyse de cette fracture territoriale ne relève pas seulement du niveau d'équipement mais aussi des référents techniques et du niveau d'exigence de qualité. Avec le même investissement, il est possible d'équiper tout le monde d'une même technologie ou seulement une partie de la

1. Arcep-Crédoc, « Conditions de vie et aspirations des Français », *Baromètre du numérique*, 2015.

population d'un équipement d'excellence. Selon les outils de mesure de la fracture numérique mondiale les résultats peuvent diverger. Si l'on considère la mesure de la connexion Internet grâce à un mobile (plutôt qu'un ordinateur), la connectivité et les taux de croissance des équipements sont bien plus élevés en Afrique ou dans les pays émergents qu'en Europe et en Amérique du Nord (D. BOULLIER, 2016). L'Afrique apparaît comme une « terre promise » pour les opérateurs en télécommunications. Le continent connaît une forte croissance démographique et passe de l'absence d'Internet à une connexion par téléphone mobile. La connexion mobile est passée de 12 % en 2005 à 70 % en 2014. Les grands groupes occidentaux de communication et les *start-up* investissent aussi sur le continent pour bénéficier de son potentiel. Par exemple, le manque de banque de détail a été compensé par l'offre de services bancaires Orange Money permettant de transférer de l'argent de mobile à mobile. Ces services ont ensuite été lancés en Europe (M. COSTIL, 2017). Si la téléphonie mobile explose, c'est au détriment du téléphone fixe notamment dans les pays développés qui connaissent un certain dynamisme avec une augmentation de 16 % du nombre d'abonnements. En revanche, les Suds polarisent 93 % de la croissance mondiale des abonnés où l'équipement téléphonique s'est fait directement au profit du téléphone portable, sans passer par la téléphonie fixe (L. CARROUÉ, 2017). Il n'est reste pas moins que par l'origine américaine de ces technologies, l'avantage compétitif pris par les États-Unis sur le reste du monde demeure inébranlable malgré un rattrapage de la Chine. En 2012, les États-Unis concentrent 41 % de l'excédent brut d'exploitation de l'économie numérique mondiale. Ceci fait réagir la Chine qui lance l'équivalent de Google en Chine, Baidu, fort de son immense marché interne (P. VELTZ, 2017). Par ailleurs, à travers les choix d'investissements publics et privés faits par la Corée du Sud, celle-ci est en mesure de fournir les meilleures conditions d'accès au numérique au monde (D. BOULLIER, 2016). La fracture numérique apparaît bien ici liée au niveau de développement des pays. Elle peut introduire des tensions géopolitiques notamment avec la numérisation du patrimoine culturel des Suds. Dès lors, les pays et entreprises des Nords pillent leur propriété intellectuelle au nom de la préservation. Ainsi, par exemple, l'INSA (Institut national des sciences appliquées de Lyon) a numérisé les manuscrits médiévaux de Tombouctou. Il s'agit d'une mission de préservation et de transmission autorisant la circulation des ressources culturelles. Par ailleurs, l'Université de l'Iowa conserve les données électorales numériques du Nigéria et offre un accès intranet aux institutions africaines n'ayant pas accès au haut débit. La coopération numérique Nord-Sud permet d'apporter une aide aux pays qui n'ont pas les moyens de sauvegarder leur patrimoine, mais c'est aussi une nouvelle forme d'impérialisme (D. VINCK, 2016).

Si la « fracture numérique » trouve une application géographique, elle relève d'enjeux qui sont à la fois territoriaux, sociaux et psychologiques.

Comment expliquer la fracture numérique ?

Alors que la fracture numérique apparaît dans le discours médiatique et politique, elle trouve son origine dans la géographie des territoires, mais aussi dans les processus de socialisation aux usages numériques pouvant générer l'exclusion liée soit à la pauvreté et à la précarité, soit à une déconnexion volontaire ou involontaire (P. PLANTARD, 2011).

La constitution de « zones blanches » est un premier facteur explicatif de la fracture numérique. Elles représentent 1,5 % de la surface du territoire métropolitain français où aucun opérateur de téléphonie mobile n'est présent. Cela concerne 0,1 % de la population française. Il existe aussi des zones grises qui ne sont desservies que par un seul opérateur. L'ensemble de ces zones constitue les « zones d'ombre » de la téléphonie mobile sur le territoire français (P.-E. MÉRAND, 2017). La disparité d'équipement en téléphones portables apparaît marquée territorialement : 76 % des élèves de 13 à 15 ans scolarisés en milieu urbain en sont équipés, alors que 67 % de ceux scolarisés en milieu rural ou dans les aires périurbaines en sont pourvus. Ce n'est cependant pas tant au regard du niveau d'équipement que la distinction se fait entre les zones urbaines et rurales mais bien en lien avec la connexion (P. PLANTARD, 2017).

Un deuxième facteur est à explorer pour expliquer cette fracture numérique et tient à la pauvreté ou à la précarité comme cause d'exclusion. Le discours sur le fossé numérique, apparu dans les années 1990, introduit une distinction entre les « inforiches » et les « infopauvres », notamment au sein de rapports officiels de l'OCDE (Organisation de coopération et de développement économique). Lorsque l'expression « *digital divide* » (fracture numérique) est employée en 1995, elle décrit le manque d'accès à Internet qui caractérise alors particulièrement les minorités noires américaines. C'est ainsi que la fracture numérique va être récupérée à des fins politiques pour justifier la doctrine de la société de l'information définit par Bill CLINTON dans son discours de Knoxville en 1996 : « *Le défi pour notre nation est d'assurer que ses enfants ne seront jamais séparés par une fracture numérique* ». De la même manière en France, Jacques CHIRAC, en 1995, fait campagne sur le thème de la « fracture sociale » selon l'expression de l'historien Emmanuel TODD. La « fracture numérique » trouve, une nouvelle fois, dans ce cadre une application idéologique. Selon Pascal PLANTARD, anthropologue des usages des technologies de l'information et de la communication, il est nécessaire de déployer quatre niveaux d'analyse de la « fracture numérique » qui évolue dans le temps :

- la fracture de premier niveau passe par les inégalités d'accès aux ordinateurs et à Internet ;
- à un deuxième niveau, des usages très contrastés des logiciels apparaissent entre les groupes sociaux ;
- troisièmement, des interprétations différentes des informations issues des usages numériques se manifestent ;
- enfin, une socialisation inégalitaire des pratiques numériques entre les groupes sociaux marque le quatrième niveau de fracture.

Ainsi, au cours du temps, la fracture numérique ne se réduit pas, elle se déplace (P. PLANTARD, 2017). Celle-ci peut trouver une traduction en termes de « fracture de classe ». La possession et l'utilisation d'un ordinateur révèlent une diversité des usages numériques. Pourtant, le terme de « démocratisation » de l'accès à l'ordinateur ou à Internet est fréquemment employé. Il revêt cependant une forte connotation politique, notamment s'il est associé à un choix politique qui viserait à soutenir le marketing d'un constructeur d'ordinateur par une politique publique par exemple. La diffusion d'une innovation dépend d'un processus qui n'a peut-être pas à être valorisé politiquement. La possession de téléviseurs n'a, par exemple, pas été encouragée par l'État. Une consommation inégale de tel type de bien, ordinateur ou téléviseur, ne devrait étonner personne. Alors, faut-il démocratiser Apple en équipant les collèges et lycées en iPad ? (D. BOULLIER, 2016).

D'après une enquête quantitative, réalisée dans le cadre du projet Inéduc entre 2012 et 2015 sur les inégalités éducatives auprès de trente-huit collèges publics et privés, ainsi qu'une enquête qualitative sur neuf sites, il apparaît que les familles populaires sont tout aussi équipées que les plus aisées en outils numériques. La distinction s'opère sur le moindre nombre de terminaux mobiles au niveau familial alors que dans l'espace de leur chambre les jeunes de 13 à 15 ans de milieux défavorisés sont plus équipés en ordinateurs fixes ou portables que les jeunes de milieux favorisés. Les écarts se creusent quant à la possession de téléphones portables : 76 % des adolescents issus de milieux défavorisés possèdent un téléphone portable, contre 68 % pour ceux d'origine sociale favorisée. Une forte dépendance à la socialisation parentale apparaît dans le processus d'appropriation du numérique chez les jeunes. Les disparités socio-spatiales s'observent à l'échelle du quartier, du lotissement voire du bloc d'immeubles. Au sein des familles populaires, la posture éducative vis-à-vis du numérique relève du retrait dans une attitude paradoxale faite d'aliénation consumériste à la possession de smartphones ou de consoles de jeux vidéo, tout en relayant à l'École la mission d'éducation au numérique. Il faut donc déconstruire l'idée d'une fracture entre riches et pauvres car la fracture numérique est plus complexe face à des neuro-imaginaires œuvrant à sa composition. Il n'y a pas plus de jeunisme que de génération Y car tous les jeunes n'ont pas un ordinateur et beaucoup n'utilisent pas dans leur quotidien des technologies proches des ordinateurs (P. PLANTARD, 2017). Cependant, les inégalités numériques renforcent les clivages socio-économiques et territoriaux. Pour se familiariser avec l'outil numérique, cela suppose des ressources relationnelles et de ne pas être isolé (D. VINCK, 2016). Le niveau d'isolement est devenu un indicateur de l'exclusion numérique. Celui-ci est d'abord social et concerne les personnes âgées ou les travailleurs pauvres ou les populations vivant des minima sociaux. Le « sentiment » d'isolement des personnes aisées est aussi un facteur d'exclusion qui touche, par exemple, les femmes (P. PLANTARD, 2017). Socialement, les emplois liés au numérique génèrent une hyperpolarisation et participent de l'accroissement des inégalités : la plupart des applications numériques utilisées dans le monde sont soit américaines soit chinoises. Ces deux puissances captent la valeur coproduite par les internautes du monde entier. Ainsi aux États-Unis, les personnes ayant fait fortune dans le numérique sont nombreuses, bien plus qu'en France d'ailleurs, et participent à l'augmentation globale des inégalités (P. VELTZ, 2017).

En plus de ces inégalités sociales dans l'accès au numérique et à ses bénéfices, il existe une déconnexion volontaire ou involontaire. La déconnexion involontaire tient au fait que la fracture numérique soit aussi générationnelle. Les personnes âgées n'ont pas l'habitude de manipuler les outils numériques. Elles n'ont pas connu la même socialisation primaire ni baigné dans la même époque technologique. En effet, c'est dès l'enfance ou à l'adolescence que se fait l'apprentissage des outils numériques. Un usage adulte implique non seulement d'apprendre mais aussi de désapprendre. Les seniors ne tiennent pas forcément à changer leurs pratiques car ils parviennent à vivre sans le numérique. Là où ils peuvent rencontrer des difficultés, c'est face au monopole technologique qui les obligerait à utiliser des applications numériques pour accéder à certains services, ce qui crée une fracture (D. BOULLIER, 2016). Certains retraités vont cependant trouver une motivation à s'approprier l'outil numérique leur permettant de faire une généalogie ou de communiquer avec leurs enfants et petits-enfants (D. VINCK, 2016). La question du rôle du numérique dans l'inclusion sociale mérite ici d'être soulevée au regard des processus d'exclusion qui touchent les personnes âgées éloignées du numérique alors que l'administration et les services dont elles ont besoin se digitalisent. D'autres personnes, comme les migrants ayant besoin d'accéder aux services administratifs en ligne, voient leurs difficultés accrues par manque d'accès au numérique. Les publics handicapés (sourds, muets et aveugles) sont aussi victimes d'exclusion numérique non pas faute d'accès mais par difficultés d'appropriation des outils numériques.

Si le numérique peut devenir un facteur d'inclusion sociale, il est alors nécessaire de s'interroger sur les moyens de combattre la fracture numérique, si tant est qu'elle existe.

Prospective

Comment lutter contre la fracture numérique ?

Différents acteurs interviennent dans le cadre de la lutte contre la fracture numérique avec des intérêts divergents. Les acteurs publics se mobilisent à des fins politiques et électorales. Les acteurs privés interviennent, quant à eux, dans un but économique. Enfin, les acteurs associatifs œuvrent au plus près des personnes pour tenter d'apporter des solutions aux usagers là où l'État et les entreprises sont défaillants.

Des politiques publiques sont engagées pour réduire la fracture numérique. Elles visent l'amélioration de la qualité des infrastructures et du débit (3, 4, 5G, câbles de base ou fibre optique) au cœur des enjeux d'aménagement des territoires, à l'exemple du développement de la haute définition de la France rurale (L. CARROUÉ, 2017). Dès les années 2000, l'aménagement numérique du territoire rural français s'oriente sur trois zones d'action : les territoires denses et urbanisés sont laissés à la concurrence entre opérateurs, les zones intermédiaires reçoivent des infrastructures réalisées par des opérateurs soutenus par l'État et les territoires isolés non rentables sont gérés par les collectivités territoriales qui substituent aux opérateurs les RIP (Réseaux d'initiative publique). Malgré cette forte volonté étatique, la couverture de tout le territoire en très haut débit reste difficile (P.-E. MÉRAND, 2017). Ces politiques publiques témoignent du fait que l'on ne veut pas de marge numérique en France. Le rapport sénatorial sur l'hyper-ruralité, du sénateur de Lozère Alain BERTRAND en juillet 2017, propose un «*pacte national en 6 mesures et 4 recommandations pour restaurer l'égalité républicaine*» pour favoriser l'accès au WIFI et à la 3G. C'est bien dans le discours politique que la fracture numérique apparaît une nouvelle fois. À ce rapport sénatorial, l'écrivain Sylvain TESSON répond, en 2016 en publiant *Sur les chemins noirs* rédigé comme un «journal de marche» sur les chemins de la France. Pour lui, le sénateur livre une image de «*sous-développement*» des territoires ruraux considérant que «*le wifi ramènerait les bouseux à la norme*». L'aménagement territorial comme réponse à l'existence d'une fracture numérique soulève des conflits entre acteurs aux représentations divergentes de ces territoires (O. MILHAUD, 2017). Les interventions publiques sont d'abord orientées vers des solutions de compensation ou d'équipements pour limiter la fracture sociale ou spatiale en termes de formation. En France, les solutions proposées par l'État mobilisent les cadres anciens de l'action publique comme la politique de la ville, par exemple. Aux États-Unis, elles visent plutôt à renforcer l'*empowerment* de communautés pour en faire des « leaders » dans une ville. Que ce soit à Chicago ou en France, les actions de la ville ont toujours privilégié les zones urbaines « à risque » ou en « déficit ». À travers le numérique, il s'agit alors de mener une politique de rééquilibrage territorial. L'*empowerment* des communautés est aussi mis en place dans les pays du Sud, à l'exemple des réseaux de santé comme Pesinet.org en Afrique. L'enjeu n'est pas de diffuser la technologie, mais de l'utiliser pour résoudre un problème, car la fracture est ici bien plus vaste que la seule fracture numérique. Le numérique peut être utilisé pour traiter d'autres inégalités et devient un enjeu de développement. Il ne s'agit plus alors de chercher à vérifier l'accès à l'informatique pour réduire la « fracture numérique », mais de comprendre les modalités d'appropriation du numérique, dans une démarche différente des traditionnelles politiques publiques françaises (D. BOULLIER, 2016).

Outre l'aménagement territorial, c'est dans le domaine éducatif qu'une intervention publique ou privée peut permettre de répondre à la nouvelle fracture numérique. Cependant, le problème de l'éducation au numérique tient au fait que la fracture numérique est pensée sur le mode de l'alphabétisation. Le modèle scolaire a tendance à disqualifier l'usage du smartphone ou la pratique des jeux vidéo en se focalisant sur la culture savante. Or, l'apprentissage du numérique se fait par les jeux, sur son téléphone portable et donc en dehors de l'école. Cette situation est renforcée par la loi votée en juin 2018 interdisant totalement l'usage du téléphone portable à l'école et au collège. Il revient ainsi à l'École le rôle majeur dans la reproduction des inégalités sociales en disqualifiant les savoirs non savants. Ceci est paradoxal avec l'image véhiculée par les promoteurs des technologies numériques qui mettent en avant leurs usages dans le domaine scolaire. Ils cherchent ainsi à obtenir des soutiens des pouvoirs publics (D. BOULLIER, 2016). Dans le domaine éducatif, la compensation des inégalités n'est plus institutionnelle et le fait de l'État, de la famille ou du travail social, mais bien territoriale. Les établissements scolaires situés en zones rurales reçoivent des compensations territoriales pour pallier l'inégal accès à Internet à travers des clés 3G fournies aux collégiens et financées par les collectivités territoriales (P. PLANTARD, 2017). Dès lors, comment éduquer au numérique ? Un apprentissage élémentaire doit permettre de lire des programmes, des bases de données ou des réseaux numériques. Il devient alors nécessaire de s'orienter dans les savoirs. Outre l'ergonomie des objets connectés, les promoteurs des technologies misent sur l'immédiateté et l'intuition comme mode de fonctionnement. Ils permettent une forme de micro-apprentissage, mais l'enjeu d'une véritable appropriation numérique tient à l'éducation. Or, jusqu'ici elle s'est faite comme si le numérique restait un domaine réservé à quelques formations d'ingénieurs ou de techniciens. Il reste à mettre en œuvre une refonte pédagogique qui passe par la redéfinition du rôle de l'enseignant et des apprenants. Dans les années 1980-1990 les établissements scolaires se sont équipés en matériels informatiques grâce au « plan informatique pour tous ». Depuis les années 2010, les collèges sont équipés de tableaux interactifs ou de tablettes par les conseils généraux. Cependant, cette course à l'équipement a révélé l'incompréhension des enjeux numériques. Parfois, ces équipements n'ont permis que de maintenir la tradition du cours en face-à-face, alors que parallèlement, dans l'enseignement supérieur le *e-learning* se développait à la fin des années 1990, puis les MOOC à partir de 2012. Il s'agit là d'une base de rénovation pédagogique pour tous les échelons (D. BOULLIER, 2016). Est-ce que l'on va créer un « *Bac Humanités numériques* » face à un « *Bac analogique* » comme le soulevait Joël RONEZ (directeur des Nouveaux Médias de Radio France et ex-responsable du pôle web d'ARTE France) en 2014 ? Le rapport « Jules Ferry 3.0 » de 2014 prônait la création de ce bac général « *Humanités numériques* » pour « *l'individu créatif de la civilisation numérique* » (D. VINCK, 2016). Or, aujourd'hui tous les individus ont à être créatifs dans un monde dominé par le numérique. Les humanités numériques doivent faire partie intégrante de chaque formation. La réforme du lycée engagée en 2018 comporte un enseignement de culture commune « *Humanités scientifiques et numériques* » et une spécialité « *Numérique et sciences de l'informatique* » dans la voie générale de Première et Terminale. Dans l'éducation au numérique, les GAFA jouent un rôle considérable encouragé par les politiques publiques. Ainsi, Google a ouvert en juin 2018 le premier atelier du numérique à Rennes accompagnant cette volonté étatique de former le plus grand nombre, mais posant le problème de la nature de la formation si elle reste centrée sur les procédés d'un groupe. Par ailleurs, suite au plan « *Tablette pour une éducation digitale* » de Najat VALLAUD-BELKACEM, Apple a réussi à imposer ses iPad dans les écoles primaires pour faciliter la lecture des élèves, sans passer par des livres papiers. C'est surtout une façon d'utiliser l'École pour familiariser les élèves le plus tôt possible au fonctionnement des outils numériques Apple et d'en faire de futurs consommateurs (M. DUGAIN, C. LABBÉ, 2017).

Au-delà d'une action éducative qui est à construire, des acteurs associatifs se mobilisent pour intervenir au plus près des usagers et répondre à leur besoin en termes d'appropriation de l'outil numérique. Les associations investissent le champ du combat contre la fracture numérique, à l'exemple d'Emmaüs Connect. Pour son directeur, Jean DEYDIER, il s'agit d'initier au numérique en proposant des parcours adaptés aux personnes dont les besoins varient en fonction de la réalité de l'éloignement numérique. Cependant, pour que cette association fonctionne, elle doit elle-même être en mesure de former des personnes en capacité d'accompagner ceux qui souffrent d'illectronisme. L'accès au numérique est une nécessité forte face aux évolutions de la société. Aujourd'hui, on ne peut être un citoyen autonome sans accès au numérique. Le but de cette association est donc de favoriser l'inclusion numérique, de permettre de réduire les difficultés des personnes en leur permettant d'accéder aux services en ligne, voire de jouer sur les inégalités sociales, selon Jean DEYDIER.

Au regard de la pluralité des acteurs impliqués dans la lutte contre la fracture numérique à toutes les échelles, il semble que celle-ci intéresse surtout les politiques et les firmes dans leurs stratégies de conquête du pouvoir ou de nouveaux marchés.

Conclusion

La fracture numérique renvoie à l'existence d'inégalités tant dans le domaine scolaire, social, géographique qu'intergénérationnel. Mais, les outils de mesure de cette fracture numérique demeurent peu fiables selon la nature qualitative ou quantitative des données mesurées et questionnent l'existence même de cette fracture numérique. S'il existe bien une asymétrie entre pays dans l'accès au numérique à l'échelle mondiale, les politiques publiques pouvant les corriger sont mises à mal. Cette fracture dépend donc de l'intérêt des firmes multinationales. La solution serait-elle dans une gouvernance mondiale du réseau mondial ?

« *La "fracture numérique", même déclinée au pluriel, n'est pas un concept opératoire ; elle n'est pas une simple conséquence des inégalités sociales et économiques préexistantes. La fracture économique est plutôt le produit de la rencontre singulière de chaque personne avec les cultures numériques.* [...] *Au-delà des questions d'âge, de niveaux d'éducation et de revenus, c'est plutôt une réflexion sur la capacité à développer des relations sociales dans un environnement qu'il faut privilégier, aujourd'hui, pour lutter contre les exclusions numériques et faire advenir une nouvelle forme de société de l'information non plus excluante mais "e-inclusive"* » (P. PLANTARD, 2017).

Document

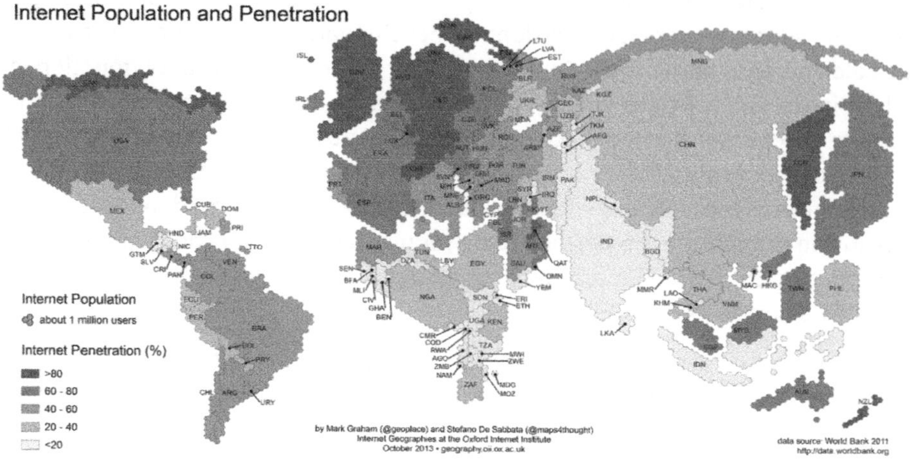

Bibliographie

Ouvrages généraux :

- BOST François *et alii* [dir.], *Images économiques du monde 2018. Géopolitique, Géoéconomie, France : la grande fracture*, Paris, A. Colin, 2017, 361 pages.
- VELTZ Pierre, *La société hyper-industrielle. Le nouveau capitalisme productif*, coll. « La République des idées », Paris, Seuil, 2017, 121 pages.

Ouvrages spécialisés :

- BOULLIER Dominique, *Sociologie du numérique*, coll. « U », Paris, A. Colin, 2016, 352 pages.
- DUGAIN Marc, LABBÉ Christophe, *L'homme nu. La dictature invisible du numérique*, Paris, Pocket, 2017, 192 pages.
- LE MENTEC Mickaël, PLANTARD Pascal, TRAINOIR Marianne, *Pour en finir avec la fracture numérique*, Limoges, FYP Éditions, 2011, 167 pages.
- MÉRAND Pierre-Emmanuel, *Le devenir des territoires ruraux*, Paris, Presses des Mines, 2017, 114 pages.
- PLANTARD Pascal, VIGUÉ-CAMUS Agnès, *Les ateliers Internet, entre injonctions sociales et constructions individuelles*, Villeurbanne, Presses de l'ENSSIB, 2017, 208 pages.
- VINCK Dominique, *Humanités numériques. La culture face aux nouvelles technologies*, coll. « Idées reçues », Paris, Le Cavalier bleu, 2016, 161 pages.

Revues :

- COSTIL Mathilde, « L'Afrique, terre de nouvelles technologies », *Carto,* n° 43, septembre-octobre 2017, pp. 45.
- MILHAUD Olivier, « La France des marges », *Documentation photographique*, Paris, La Documentation française, n° 8116, mars-avril 2017, 64 pages.
- PLANTARD Pascal, « La fracture numérique, mythe ou réalité ? », *Éducation permanente*, Paris, La Documentation française, 2013, pp. 161-172.

Sujets

- Les politiques publiques de réduction de la fracture numérique.
- Peut-on mesurer la fracture numérique ?
- Le développement des pays et le numérique.
- Le numérique introduit-il de nouveaux rapports de force mondiaux ?

Relations internationales

13 Les transformations du système international : nature et théories

Le système international avait été marqué au XIXe siècle par des guerres nationalistes et colonialistes qui avaient débouché le siècle suivant sur deux conflits planétaires, un vaste mouvement de décolonisation et des tentatives d'organiser la société internationale, tant à un niveau régional que mondial. Le monde bipolaire établi par la guerre froide entre Américains et Soviétiques a disparu à la fin du XXe siècle au profit du multilatéralisme. Quelques décennies plus tard, il réapparaît entre Américains et Chinois.

Ces nouvelles répartitions de pouvoirs, qui ont transformé les échanges internationaux, ont fait l'objet de maintes analyses et théories enrichissant le domaine de recherche académique né après la Grande guerre. Au départ limité à l'étude des relations entre États, il touche désormais à tous les phénomènes politiques susceptibles de dépasser les frontières d'un pays et prend en compte leurs dimensions économiques, géographiques, historiques, anthropologiques, psychologiques, sociologiques…

Mais, aucune théorie proposée ne peut avoir le caractère de science exacte – les phénomènes étudiés ne peuvent être vérifiés et dupliqués – et, difficilement, l'analyse des relations internationales revêt une valeur universelle : elle est toujours l'objet de prismes particuliers. C'est pourquoi les théories sur les transformations du système international peuvent aider à analyser le présent mais elles ne seront jamais capables de prévoir le futur et de prédire quel événement des relations internationales prendra le dessus.

Historique

L'Afrique est le « berceau de l'humanité » : cette théorie date les premières migrations du genre Homo hors d'Afrique il y a deux millions d'années mais elle n'est plus considérée comme un dogme indépassable.

Plus de 2 000 av. J.-C. sont apparues les civilisations raffinées de l'Amérique précolombienne et les premières dynasties chinoises.

Au XIIIe siècle, le plus grand empire terrestre ayant jamais existé – celui des Mongols – s'étendait du Pacifique à la mer Noire.

La conquête du monde par les Européens commence en 1492 avec la « découverte » des Amériques, entraînant ou accélérant la fin des civilisations aztèque, maya et inca. Cette domination, comportant une exploitation sans scrupule des populations autochtones, ne s'achèvera qu'au XXe siècle.

Le système « westphalien », établi par les accords de paix concluant la guerre de Trente Ans en 1648, définit les grandes règles à suivre dans le domaine des relations internationales : équilibre des puissances, inviolabilité de la souveraineté nationale, principe de non-ingérence dans les affaires d'autrui.

Les deux guerres mondiales au XXe siècle marquent la fin de la suprématie européenne et l'obtention de l'indépendance pour la majorité des pays arabes, asiatiques et africains.

L'instauration de la guerre froide en 1947, entre les deux superpuissances américaine et soviétique, conduit à un équilibre de la terreur et à une perception antagoniste des rapports internationaux.

La chute du mur de Berlin le 9 novembre 1989 y met fin. Placés dans une situation d'hyperpuissance, les États-Unis sont la cible de terribles et spectaculaires attentats terroristes le 11 septembre 2001. C'est l'avènement d'un « monde de tous les dangers » aggravés par la croissance de la population mondiale et par les problèmes environnementaux.

L'émergence des BRICS[1] au XXIe siècle modifie les équilibres mondiaux. Elle a fait baisser la part des pays de l'OCDE dans le commerce mondial de 80 % à environ 55 % au cours des trente dernières années.

La pandémie de covid-19 apparue à Wuhan le 16 novembre 2019 a confiné la moitié de la population mondiale au printemps 2020. Ayant entraîné une récession économique sur tous les continents, elle interroge aussi sur les possibles changements sociétaux.

Connaissances de base

Synthèse

Les relations internationales, qui englobaient traditionnellement l'ensemble des rapports et des liens extérieurs des États, sont désormais élargies à tous les aspects des faits sociaux internationalisés. Elles ne se limitent donc pas aux seuls rapports de force ou aux rapports diplomatiques entre États mais prennent en compte toute une série de facteurs humains, culturels, économiques… Dès lors, diverses sciences s'y intéressent et proposent à leur propos des grilles d'analyse très variées : l'économie analyse la création et la distribution des richesses, la psychologie s'occupe de la personnalité des leaders internationaux, la science juridique de l'élaboration de normes et du fonctionnement des institutions mises en place. Il ne peut être question ici de rappeler toutes les théories, toutes les méthodes d'analyse concernant les relations internationales d'autant que celles-ci finissent souvent par devenir des fins en soi. Seuls seront donc évoqués ici les grands courants de

1. L'acronyme BRIC (Brésil, Russie, Inde, Chine) avait été créé par les économistes de la banque américaine Goldman Sachs. En 2011, il est transformé en BRICS en 2011 du fait de l'ajout très controversé de l'Afrique du Sud – le Nigeria semblant plus opportun – puis, en BRIICS en 2012 avec l'ajout de l'Indonésie.

pensée: le réalisme puis l'idéalisme, le libéralisme, le marxisme, l'internationalisme ainsi que les tentatives de renouvellement de ces approches – post-positivisme et constructivisme.

L'encadrement des relations internationales

L'anarchie internationale reste une caractéristique des relations internationales: il n'y a pas d'autorité centrale au-dessus des États souverains ayant un rôle de législateur ou de censeur. Aussi, le concept d'anarchie, entendu dans un sens savant correspondant à l'absence d'autorité centrale et non de désordre, est un thème central pour la discipline ainsi que l'avait énoncé l'Anglais G.L. Dickinson dès les années 1920.

L'absence ou la faiblesse d'autorités centrales n'empêche pas la formulation de règles de droit encadrant les relations internationales. Seulement, les auteurs du droit international se confondent le plus souvent avec ses destinataires; **l'émergence d'un droit international impératif (*jus cogens*) reste contestée** et limitée puisqu'elle dépend des considérations nationales; la sanction internationale s'avère exceptionnelle et dépend de facteurs politiques variables; le recours au juge international repose sur le consentement des États. C'est pourquoi, on parle de *soft law* ou de droit mou.

Le droit international public est néanmoins devenu un mode de régulation des relations internationales et offre une alternative à l'usage de la force pour garantir la paix. Regroupant l'ensemble des règles et principes s'appliquant aux sujets de la Communauté internationale, il résulte:

- des traités, conventions ou accords résultant de l'expression des volontés concordantes de deux ou plusieurs sujets du droit international en vue de produire des effets obligatoires;
- de la coutume correspondant aux règles issues d'un usage commun général et prolongé des États fondé sur des précédents positifs (actions) ou négatifs (omissions, abstentions), cet usage obéissant au sentiment d'appliquer une règle obligatoire différencie la coutume de la courtoisie;
- de la jurisprudence définie comme l'ensemble de décisions suffisamment concordantes rendues par les juridictions internationales (arbitrales ou non) sur une question de droit;
- des principes généraux du droit qui sont communs aux différents systèmes juridiques internes et compatibles avec l'ordre international; le juge pouvant s'y référer en l'absence de règle conventionnelle ou coutumière, ils constituent une source supplétive du droit;
- de certains actes unilatéraux des États (conférence de presse d'un président: CIJ, Affaires des essais nucléaires, 1974) ou des organisations internationales (décisions, résolutions, voire recommandations).

Parmi ces instruments, les traités constituent le mode de création privilégié du droit international. Ils sont utilisés depuis qu'il existe des communautés politiques organisées: un des premiers traités dont on a connaissance est le traité de paix conclu par le pharaon Ramsès II et le souverain des Hittites au XIIIe siècle av. J.-C[1]. Il prévoyait notamment l'extradition des criminels en fugue.

L'élaboration d'un traité suppose une négociation bilatérale ou multilatérale par des « plénipotentiaires » c'est-à-dire des représentants munis des pleins pouvoirs. Aucune condition de forme n'est imposée, l'important est d'aboutir à un texte commun aux parties – en cas de textes nombreux, on parle de « paquet » – comprenant en général un préambule énumérant les principes, les buts, les définitions des termes utilisés et les hautes parties contractantes, puis le dispositif rédigé en articles. Le texte devient définitif lors de l'étape de la signature. Dans le cas d'accord en forme simplifiée, d'*executive agreement* pour les Américains, la signature suffit à conférer au traité une force obligatoire. Un traité dit « en forme solennelle » doit en revanche être ratifié. En France, la ratification est de la compétence du président de la République lequel doit, selon l'article 53 de la Constitution, avoir été autorisé par une loi d'habilitation parlementaire ou référendaire. La ratification est un acte discrétionnaire : les Français avaient rejeté la ratification du projet de traité constitutionnel en mai 2005 ; la Convention européenne des droits de l'homme signée en 1950, entrée en vigueur en 1953, n'avait été ratifiée par la France qu'en 1974. Lorsqu'un État n'a pas participé aux négociations, la procédure supplémentaire de l'adhésion lui permet de se lier postérieurement au traité.

Une fois signé et authentifié, un traité ne peut être modifié unilatéralement car il s'agit du fruit de la volonté commune. Toutefois, la portée de l'engagement assumé par les États peut être modulée : la pratique des réserves permet d'exclure ou de modifier l'effet juridique de certaines dispositions du traité avant sa ratification ; après l'entrée en vigueur du traité, la procédure des amendements le permettra également à la condition que tous les États liés par le traité l'acceptent. Cette procédure diffère de la révision car elle est de moindre ampleur.

Une fois entré en vigueur, le traité doit être exécuté de bonne foi par les parties conformément au principe « *pacta sunt servanda* ». Nécessaire au fonctionnement de l'ordre juridique international, une telle règle distingue les traités des simples engagements, des plans d'action ou autres. Elle ne vaut que pour les parties : un traité ne crée ni obligation, ni droit pour un État tiers sans son consentement.

L'intégration de la norme internationale dans l'ordre juridique national a donné lieu à deux théories. La première, dite dualiste, défendue par les partisans de la souveraineté absolue des parlements nationaux, est de plus en plus dépassée par l'évolution du droit international. Elle considère que les ordres juridiques, international et interne, sont autonomes l'un de l'autre obligeant à convertir toute norme internationale en norme interne pour la rendre applicable dans les États. La seconde conception, dite moniste, considère que le droit international et le droit interne forment un seul ordre juridique permettant l'effet direct de la norme internationale dans les États. Cette dernière conception est privilégiée par l'article 55 de la Constitution française qui reconnaît aux « traités ou accords régulièrement… une autorité supérieure à celle des lois » avec une condition de réciprocité. Cependant,

1. Le traité, qui avait été gravé sur une tablette d'argent à l'intention des souverains, figurait sur des tablettes d'argile et sur les murs des palais royaux.

cette supériorité affirmée par les juridictions internationales, telle la Cour de justice de l'Union européenne, peut rencontrer des résistances chez les juges nationaux[1].

L'effet obligatoire d'un traité cesse lorsque celui-ci le prévoit, lorsque toutes les parties sont d'accord pour l'abroger ou lorsqu'un changement de circonstances apporte une modification radicale à la portée des obligations assumées par les parties. Des cas de nullité d'un traité peuvent résulter de vices du consentement ou de violations du droit interne ou international mais ils sont très rares et souvent controversés : erreur d'une des parties sur un fait ou une situation constituant une cause essentielle du consentement (cartes géographiques inexactes), dol, contrainte sur un État lui-même, corruption d'un agent de l'État… La Convention de Vienne de 1969 sur les traités prévoit aussi la nullité d'un traité en cas de conflit avec une norme impérative du droit international général. Toutefois, cette disposition est très controversée : la France a même refusé de ratifier la Convention onusienne de 1969 pour cette raison.

Droit « mou » dépourvu de sanctions, le droit international présente des aspects contradictoires : en privilégiant sa dimension idéologique, il est un droit des faibles mettant l'accent sur l'égalité des États ; en tablant sur sa dimension organisatrice, il repose sur l'engagement des États souverains ; en favorisant sa dimension d'enregistrement, il est alors un droit des puissants qui arrivent à s'imposer par des actes unilatéraux. Ces trois dimensions peuvent se coordonner mais aussi s'opposer : par exemple, le droit élaboré dans le cadre de la CNUCED diffère de celui conçu dans le cadre du FMI.

Le droit international doit concilier les aspirations confuses de la communauté internationale et les ambitions de chaque État de s'affirmer au sein de cette communauté. Aussi, les réflexions à son sujet sont toujours très riches et, même si l'appellation « droit international » n'est apparue qu'à la fin du XIXe siècle, les analyses sont plus anciennes. L'École du droit naturel menée par de Vitoria (1486-1546), Suàrez (1548-1617) puis Grotius (1583-1645) affirme « un droit des gens auquel chaque État devra se soumettre » mais elle est démentie par l'école positiviste fondée par Vattel (1714-1767) qui, plaçant l'État au cœur du droit international, substitue ainsi au droit naturel un droit volontaire supposant le consentement des États. Par la suite, de nouvelles écoles du volontarisme juridique ou positivisme classique ont encore renouvelé les propositions de fondement du droit international.

Constances et divergences des analyses des relations internationales

Edward H. Carr remarquait que le droit international était le plus politique des droits. De fait, les politiques internationales offrent toutes les variantes possibles, de la plus pacifique à la plus agressive. Elles autorisent les discours moralistes désignant

1. En France, l'*arrêt Fraisse* rendu le 2 juin 2000 par la Cour de cassation suit la perspective dualiste conduisant dans l'ordre interne à faire primer la Constitution sur les conventions internationales. Préalablement, la primauté du droit communautaire dérivé sur les lois nationales n'avait été reconnue qu'en 1975 par la Cour de cassation (*arrêt Jacques Vabre*) et en 1989 pour le Conseil d'État (*arrêt Nicolo*).

les bons et les méchants tels ceux présentés presque unanimement pour justifier, par la défense de la souveraineté du Koweït et des droits humains, l'intervention internationale durant la guerre du Golfe. Elles permettent également de formuler des discours extrémistes, par exemple sur la destruction de l'État d'Israël. Il n'est donc pas étonnant que les analyses les plus divergentes puissent être formulées à leur propos : elles-mêmes reflètent des pensées qui n'abordent pas les faits sous la même optique. C'est ainsi que, concernant la chute du mur de Berlin en 1989, Francis Fukuyama a interprété cet événement comme « La fin de l'Histoire ? » en reprenant le concept imaginé par Hegel et développé par Marx. L'auteur défendait l'idée que la progression de l'histoire humaine, envisagée comme un combat entre des idéologies, touche à sa fin grâce à un consensus sur la Démocratie libérale. En réaction, Samuel Huntington a écrit « *A clash of civilizations* » en 1993, soutenant que le XIXe siècle avait été le choc des nations, le XXe le choc des idéologies mais que le XXIe siècle sera le siècle du choc des civilisations, les peuples se rassemblant sur des critères culturels, religieux et ethniques plutôt que sur des concepts politiques.

Étant devenue une discipline universitaire aux États-Unis dès le début du XXe siècle, l'étude des relations internationales prétend depuis devenir une « modélisation d'une pratique politique », voire « l'embryon d'une science ». Comme le relève le professeur Jean-Louis Martres, les paradigmes rivaux « deviennent un lieu d'érudition, une richesse académique, que se doivent de posséder étudiants et chercheurs ». Cela permettrait de distinguer une École française (Bertrand Badie, Pierre Hassner…) d'une École anglaise (Martin Wight, Hedley Bull…).

Le présent chapitre présentera uniquement les approches les plus connues des relations internationales. Au préalable, il faudra écarter une théorie qui, bien qu'absurde, se présente de façon récurrente dans les discours de politique internationale et dans des analyses pseudo-scientifiques à leur propos : la **théorie du complot** a ainsi été développée à l'occasion des attentats du 11 septembre 2001 et a été relayée dans le monde entier ; en Iran, elle permet aux autorités de se dédouaner de leur gestion de l'eau calamiteuse en accusant Israël « d'avoir joué sur le changement climatique » faisant « en sorte que les nuages qui entrent dans le ciel iranien soient incapables de déverser la pluie ». La plus tenace reste celle visant la « juiverie » internationale et sa domination planétaire : on la retrouvait déjà en 1903 dans « Les Protocoles des Sages de Sion » et elle est toujours présente dans les discours au Liban. Le complot des Illuminati de Bavière est quant à lui moins connu puisqu'il concernait quelque 2 000 intellectuels libres penseurs au XVIIIe siècle. Curieusement, la dénomination Illuminati est encore utilisée aux États-Unis pour désigner les conspirateurs du « nouvel ordre mondial ».

L'approche réaliste des relations internationales

Le réalisme est à la fois un courant de recherche et une vision politique des relations internationales. Ses principaux tenants sont : Thucydide, auteur de « L'histoire de la guerre du Péloponnèse », Machiavel, Hobbes, le journaliste Walter Lippmann qui a popularisé le concept de guerre froide et, parmi les hommes politiques, Bismark qui a donné son nom à la Realpolitik (cf. fiche sur l'éthique), de Gaulle, Churchill, Henry Kissinger, Mao Zedong… Parmi les analystes les plus connus, qui sont essentiellement anglo-saxons, figurent le Britannique Edward H. Carr, auteur de l'ouvrage « *The Twenty Years' Crisis* » (1939), et l'Américain Hans Morgenthau, auteur de « *Politics Among Nations* » (1948). Le premier s'est intéressé à la possibilité de la politique internationale de transformer pacifiquement les rapports de force tandis que le second s'est attaché au concept d'intérêt défini en termes de puissance.

Plusieurs postulats distinguent le courant réaliste. Le premier est que les acteurs les plus importants de la politique internationale sont les États. Les autres acteurs des relations internationales ne sont pas ignorés mais leur rôle est considéré comme subalterne du fait de leur autonomie relative due à leur mode de financement. Le deuxième postulat tient à l'absence d'autorité politique supérieure capable d'imposer un ordre international (anarchie internationale). Les acteurs internationaux peuvent ainsi ne pas respecter la parole donnée obligeant les États à ne compter que sur eux-mêmes pour protéger leurs intérêts. De ce fait, le recours à la force armée ou à la menace de la puissance militaire s'avère un instrument capital des relations internationales. Enfin, l'action des dirigeants politiques est conditionnée par les efforts menés pour maximiser la sécurité de leur pays ou la puissance étatique.

Deux sortes de réalisme sont distinguées : le **réalisme offensif** exposé par Hans Morgenthau estime que les États s'efforcent de maximiser leur puissance politique en l'étendant à l'extérieur et que ce sont les États les plus puissants qui exigent plus du système international ; le **réalisme défensif** développé par Kenneth Waltz considère au contraire que les États cherchent avant tout à survivre en préservant leur intégrité territoriale et leur souveraineté, qu'ils maximisent en conséquence leur sécurité. Mais, dans les deux cas de figure, le réalisme ne peut pas être considéré comme belliciste ou impérialiste comme le montre le fait que Hans Morgenthau et Kenneth Waltz ont été parmi les premiers opposants à la guerre du Viêt Nam.

L'approche idéaliste des relations internationales

L'idéalisme est une approche des relations internationales qui considère possible et souhaitable la réforme du système international. Partant du postulat métaphysique de la nature fondamentalement bonne de l'être humain, les idéalistes récusent le concept « *homo homini lupus* (l'homme est un loup pour l'homme) » de Hobbes en privilégiant l'adage utilisé par Grotius « *canis caninam non est* (le chien ne mange pas le chien) ». Toutefois, ils ne vont pas jusqu'à considérer que les peuples sont intrinsèquement pacifistes. Aussi, est-il nécessaire pour eux d'éduquer les populations de même que les élites politiques pour leur faire prendre conscience de la futilité du recours à la force. Ils considèrent que c'est l'imperfection des institutions sociales qui est à l'origine essentielle des guerres. C'est pourquoi, **l'idéalisme tend à réformer les institutions internationales**. L'idéalisme se différencie ainsi du libéralisme en appelant à une régulation des relations internationales, d'une part **en établissant des règles juridiques impératives** dont le respect peut nécessiter le recours à la force, d'autre part **en encadrant le commerce international**.

L'idéalisme a constitué une approche dominante des relations internationales durant les quarante premières années du XXe siècle. Bien qu'une des premières théories de l'idéalisme ait été énoncée dès 1795 par Emmanuel Kant dans « Vers la paix perpétuelle », l'idéalisme est principalement associé au président américain Woodrow Wilson qui avait annoncé en 1918, dans son discours en Quatorze points, l'émergence d'un nouvel ordre international dont la Société des Nations aurait constitué l'instrument privilégié. *A posteriori*, l'idéalisme a fait l'objet de nombreuses critiques du fait du recul successif des démocraties en Europe et de l'échec de la SdN. Edward H. Carr, a même attaché à la notion d'idéalisme une connotation péjorative considérant que les internationalistes du début du XXe siècle avaient eu tendance à prendre leurs désirs pour des réalités sans tenir compte de l'élément central des relations internationales : celui de la puissance. Toutefois, l'idéalisme porteur d'une volonté de réformer les institutions internationales reste un important courant d'analyse des relations internationales.

La vision libérale des relations internationales

Le libéralisme correspond à toute doctrine tendant à garantir les libertés individuelles dans la société. On le retrouve en économie prônant la libre entreprise, la libre concurrence et le libre jeu des initiatives individuelles. C'est d'ailleurs là que réside une des principales critiques faites au libéralisme, celle de privilégier les égoïsmes individualistes : dans le domaine économique, Bernard de Mandeville (1670-1783) puis Adam Smith (1723-1790) constataient que chacun, en poursuivant même égoïstement son propre intérêt, concourait au bien commun. Toutefois le libéralisme conduit, en prenant en compte la diversité des acteurs internationaux – ONG, multinationales, institutions internationales –, à percevoir beaucoup plus largement les relations internationales. Le fait de ne pas se limiter à la coopération entre États – relations interétatiques – mais de s'intéresser aux relations incluant des sujets de droit interne – relations transétatiques – s'avère particulièrement important au XXIe siècle.

Le terme « libéralisme » a été forgé au XIXe siècle mais la doctrine elle-même a été élaborée dès le XVIIe siècle au temps de la lutte contre les absolutismes en Europe. Le libéralisme international a des points communs avec l'idéalisme : il est synonyme de paix pour les organisations internationales ; il permet de diffuser la démocratie et de développer les échanges commerciaux. Sur un plan philosophique, il s'inspire de la doctrine de John Locke actualisée par le professeur Andrew Moravcsik. Le libéralisme place **l'individu et les groupes privés** au centre des relations internationales. De plus, il accorde une importance primordiale à **la nature du régime politique interne** d'un État : une démocratie et un régime dictatorial n'auront pas le même type de comportement sur le plan international, la démocratie se révélant généralement moins agressive dans ses relations avec les autres États. Cela crée des externalités – résultant de la politique d'un État sur un autre État – qui peuvent être positives ou négatives, avoir des conséquences harmonieuses ou conflictuelles tant au niveau des États, des économies, des populations… Le fait, que les politiques menées peuvent être évaluées – coûts/bénéfices – et faire l'objet de coopérations entre États, signifie qu'il est possible d'**améliorer les relations internationales**.

Dans la pratique, le libéralisme politique a guidé la construction des démocraties dont la diffusion est considérée comme le garant de la paix internationale. Après la Seconde Guerre mondiale, le libéralisme économique a été adopté par les institutions de Bretton Woods, par le GATT, puis par l'OMC en se basant sur la conception développée par Montesquieu selon laquelle « l'effet naturel du commerce est de porter à la paix ». Toutefois, il est aujourd'hui bousculé pour parfois laisser place à l'illibéralisme[1]. De plus, ses différentes interprétations entraînent des politiques variées : tandis que le sociologue-journaliste Raymond Aron (1905-1983) prônait l'adoption de contraintes collectives dans la limite de l'acceptable, le Nobel en économie Friedrich von Hayek (1899-1992) affirmait que l'individu-entrepreneur est la seule mesure de toutes choses. Cette conception, dont le mot d'ordre pourrait être « laissez-faire, laissez-passer », avait abouti au courant néolibéraliste.

L'analyse marxiste des relations internationales

Le marxisme est une doctrine philosophique, sociale et économique qui s'inscrit comme une rupture par rapport aux thèses classiques anglaises d'Adam Smith et de David Ricardo. Même si le marxisme reprend la théorie de la valeur-travail selon laquelle les biens tendent à être échangés en proportion du temps de travail socialement nécessaire à leur production, Karl Marx (1818-1883) était avant tout intéressé – non pas aux rapports quantitatifs d'échange – mais aux véritables rapports sociaux sous-jacents. Marx chercha ainsi à découvrir l'essence cachée des choses pour pouvoir l'analyser sans s'arrêter aux apparences. Cette approche constitua ainsi l'une des plus originales et des plus approfondies concernant les sciences sociales. Parmi les réflexions de Karl Marx puis de Freidrich Engels (1820-1895), celles sur la croissance et les contradictions du capitalisme sont particulièrement importantes pour les relations internationales.

La doctrine marxiste a donné lieu à divers courants tel celui du marxisme-léninisme en Union soviétique ou du maoïsme en Chine. Le trotskisme – Trotski (1879-1940) –, qui s'est opposé sans succès aux choix du pouvoir stalinien, est toujours demeuré marginal en dépit de la tentative de créer en 1938 une IVe internationale socialiste. Dans les faits, les régimes communistes appliquant la doctrine marxiste ont échoué dans la mise en œuvre des buts affichés et ont provoqué des millions de morts : en Europe, le communisme a été remis en cause en 1956 à l'occasion de l'invasion de la Hongrie par l'URSS, en 1968 avec le printemps de Prague, avant d'être balayé suite à l'écroulement du mur de Berlin en 1989 ; en Chine, il reste la doctrine officielle mais il cohabite avec un capitalisme impitoyable.

Le **capitalisme** correspond à un régime économique et social dans lequel les capitaux, source de revenus, n'appartiennent pas en règle générale à ceux qui les font fructifier par leur travail. Marx hésitait à situer le début du capitalisme au XIIIe siècle lorsque le mercantilisme supplante le fief amorçant le déclin de la féodalité occidentale, ou au XVIe siècle correspondant à la Renaissance et à l'affirmation de la religion protestante. Selon le sociologue Max Weber (1864-1920), celle-ci aurait

1. Terme désignant des régimes qui, tout en respectant apparemment les règles de la démocratie électorale, portent atteinte aux libertés individuelles.

permis aux pays y ayant adhéré de connaître un nouveau dynamisme économique. Mais le capitalisme a réellement pris son essor dans les années 1850-1880 avec la mise en place d'un système industriel organisé au sein d'une économie de marché établie dans le cadre d'un État-nation qui en profite pour se lancer dans des politiques d'expansion coloniale.

Selon Karl Marx, le système capitaliste devait disparaître et être remplacé par un ordre social plus rationnel et plus humain : du fait de ses contradictions dans la phase de transformation des biens en valeur monétaire entre la « sur-accumulation » des richesses et la « sous-consommation » résultant des bas salaires et de l'épargne de précaution, le capitalisme serait fatalement destiné à entrer en conflit avec son environnement naturel. Mais au XXIe siècle, loin de disparaître, le capitalisme a été adopté par les pays les plus pauvres. Il a donné lieu au **modèle de Singapour** correspondant à un capitaliste autoritaire développé par l'ex-Premier ministre de Singapour Lee Kuan Yew. Ayant fait de la Cité-État une des économies les plus florissantes au monde, le modèle reposerait désormais sur un autoritarisme bienveillant.

Bilan de l'actualité

Après les révolutions arabes en 2011, après la sécession de la Crimée de l'Ukraine et son rattachement à la Russie en 2014, après l'enclenchement du Brexit en 2016, la pandémie de la covid-19 a rappelé à quel point les relations internationales échappent à toute prédiction : la moitié de la population mondiale avait été confinée au printemps 2020 et, en juin 2021, on comptait 3,8 millions de personnes qui étaient décédées de la maladie.

Accentuant les difficultés économiques et l'essor du numérique, la pandémie de covid-19 aura aussi contribué à tendre davantage les relations internationales, notamment celles impliquant la Chine. Au multilatéralisme qui s'était mis en place après la fin de la guerre froide, un nouveau bilatéralisme se dessinerait désormais entre deux axes dessinés par Pékin et Washington.

Perspectives

L'internationalisme et ses variantes

L'internationalisme est une doctrine prônant l'union internationale des peuples, par-delà les frontières. Il est né du mouvement ouvrier au XIXe siècle refusant les États, les frontières et donc les guerres pour réaliser une communauté d'intérêts et de conditions des travailleurs de tous les pays. La Grande guerre a conduit à la scission entre ceux qui ont rejoint l'Union Sacrée et accepté la guerre mondiale et ceux qui, au nom de l'internationalisme, ont refusé que les peuples se massacrent pour les intérêts des dirigeants et des détenteurs des capitaux. Au XXe siècle s'est affirmé l'internationalisme « institutionnel » recherchant une organisation du monde fondée sur des accords et des échanges entre des États-nations placés sur un pied d'égalité souveraine.

Le solidarisme, développé dans la première moitié du XXe siècle, considère que la société internationale est la composante de groupes plus restreints (les communautés internationales particulières) formés d'individus ayant des rapports de solidarité. En particulier, le commerce international est une source d'interpénétration pour les peuples qui conduira à la formation d'un groupe social universel aussi élaboré que le groupe social étatique. Les rapports de solidarité internationale entraîneront alors la création d'institutions et de règles communes. En attendant cette **institutionnalisation des relations internationales**, ce sont les États qui agissent en vertu de la loi du dédoublement fonctionnel. Le professeur Georges Scelle observait ainsi que les agents et gouvernants étatiques étaient investis d'un double rôle : national lorsqu'ils agissaient dans l'ordre juridique étatique, international lorsqu'ils agissaient dans l'ordre juridique international. Inspirées des travaux de Pierre-Joseph Proudhon (1809-1865) resté célèbre pour sa formule « la propriété, c'est le vol ! » et des thèses du sociologue Émile Durkheim (1858-1917), ces conceptions insistent sur l'interdépendance et la coopération dans les domaines économique et culturel ; elles ont été critiquées d'un point de vue théorique mais elles ont connu des applications pratiques à partir de 1945, notamment avec la méthode Jean Monnet qui s'est basé sur des solidarités de fait pour bâtir une nouvelle forme de coopération intergouvernementale : la construction communautaire.

Le tiers-mondisme correspond à un mouvement apparu dans les années 1950 : la conférence de Bandung de 1955 est considérée comme son acte fondateur. Son but était de revendiquer une place pour les pays dits sous-développés face aux blocs américain et soviétique. La même année Claude Lévi-Strauss publiait « Tristes tropiques » fondant l'anthropologie et conceptualisant la différence, la comparaison, « l'accouchement du Moi par l'Autre ». Le tiers-mondisme a donné lieu au Mouvement des non-alignés dont les principaux leaders ont été le Yougoslave Tito, l'Égyptien Nasser et l'Indien Nerhu. En 1974, le mouvement tiers-mondiste devenu majoritaire à l'Assemblée générale de l'ONU a proclamé un « Nouvel Ordre Économique » mais celui-ci ne s'est pas imposé pour autant. Toutefois, le tiers-mondisme et le mouvement des non-alignés connaissent un nouvel élan au XXIe siècle avec la mise en place des coopérations Sud-Sud.

Le mondialisme, promondialisme ou globalisme, est un mouvement basé sur la solidarité des peuples et ayant pour but l'unité du monde grâce à des institutions supranationales ou fédérales. Basé sur le respect de la diversité des cultures et sur une **meilleure participation des citoyens du monde**, le mondialisme a relancé l'intérêt pour la démocratie participative et les analyses de Jürgen Habermas – « L'espace public » publié en 1962. Il prône notamment le recours aux échanges de vue et à la délibération qui permettent de dégager un intérêt général : les réformes doivent être coproduites par l'ensemble du corps social. Le mondialisme propose ainsi une nouvelle organisation politique impliquant un transfert de compétences nationales au profit d'une **autorité mondiale**. Le mondialisme, apparu au XVIIIe siècle dans l'universalisme des « idéaux de 1789 », se retrouve dans diverses idéologies aussi bien libérales que d'extrême gauche.

Du libéralisme au néolibéralisme

Le néolibéralisme est une forme de libéralisme prônant une intervention limitée de l'État en matière économique mais aussi sociale. Il soumet à la loi du marché de nouveaux domaines tels que la culture ou la santé. L'individu est lui-même considéré comme un « capital humain », la doctrine néolibérale donnant la possibilité à ceux qui savent s'adapter et innover de pouvoir développer et faire fructifier leurs capacités. Forgée au XIXe siècle, l'expression « néolibéralisme » a pris, depuis les années 1980, une connotation péjorative pour dénoncer la radicalisation ou l'« ultralibéralisme » de la politique économique de Margaret Thatcher au Royaume-Uni et celle de Ronald Reagan aux États-Unis. Pourtant, étymologiquement, le terme vient du latin « *neo* », nouveau et « *liberalis* », généreux, noble, digne d'une personne libre.

Le terme néolibéralisme sert aujourd'hui à stigmatiser les politiques économiques internationales résultant des choix faits en 1947-1950. À l'époque, la Charte de La Havane prévoyant d'établir une organisation internationale du Commerce était jugée insuffisamment libérale par le Congrès américain. Elle ne fut pas été ratifiée par les 53 États signataires qui se contentèrent des seules dispositions du *GATT* souscrites en 1947. Plaçant une confiance inébranlable dans les bienfaits de l'ouverture des marchés, celles-ci ne furent pas complétées par des règles établissant un lien entre le commerce et l'emploi, plaçant les relations commerciales des États sous le principe fondamental de l'équilibre des paiements, permettant des restrictions quantitatives à l'importation, prévoyant un contrôle des investissements étrangers et autorisant des régimes spéciaux pour les produits de base.

Les partisans du néolibéralisme considèrent cette doctrine comme une solution consensuelle du fait que « *There Is No Alternative* » – TINA – selon la formule de Margaret Thatcher. Par conséquent, outre les reproches faits au néolibéralisme tenant à l'accroissement des inégalités sociales et de la précarité, à l'exploitation économique des pays en développement, à la transformation de l'homme en marchandise, s'ajoute celui de la pensée unique.

Le malthusianisme rediscuté

Les théories émises par Thomas Robert Malthus (1766-1834) attribuaient la cause de la pauvreté à un rapport déséquilibré entre la croissance de la population et le développement des ressources. Considérant à son époque qu'un milliard d'humains était déjà trop pour l'humanité, il prônait une politique de réduction de la population restée connue sous le nom de malthusianisme. Ses idées, totalement opposées à celle d'Adam Smith concernant un équilibre harmonieux et stable résultant d'un système de libre-échange, ont été radicalement critiquées par des économistes comme John Stuart Mill (1806-1873) qui fut le penseur libéral le plus influent du XIXe siècle. Par la suite, les théories de Malthus sont restées l'exemple des théories économiques, certes brillantes, mais constamment démenties par la réalité économique : les progrès techniques ont jusqu'à présent réussi à ajuster les courbes de demande des ressources et de croissance démographique. Aussi, dans le langage courant, l'adjectif « malthusien » est-il utilisé pour caractériser une position conservatrice qui s'oppose à l'investissement et craint la rareté.

Bien que toujours vivement critiquées[1], les théories de Malthus sont de nouveau discutées au XXIe siècle du fait de la forte augmentation de la population mondiale. D'importantes hausses des denrées alimentaires sont à prévoir, d'autant que la reconversion des terres cultivées se poursuit pour produire de l'éthanol ou pour loger les populations. Déjà en 2007/2008, des crises alimentaires avaient affecté divers pays du monde. Les classes urbaines défavorisées étant les plus touchées, d'importantes conséquences en résultent au niveau de la stabilité politique. Les gouvernements cherchent ainsi à pouvoir garantir la distribution de nourriture à des prix abordables. Certains pays riches et peuplés achètent donc des terres arables dans les pays en développement mais ils y bouleversent aussi les équilibres locaux.

Les tentatives de renouvellement des champs d'études des relations internationales

L'irénologie ou science de la paix avait été ébauchée en 1895 par le pacifiste et financier polonais Jean de Bloch (1836-1902) dans *La guerre de l'avenir*. Elle s'est particulièrement développée en réaction à la guerre du Viêt Nam et du fait des risques d'une guerre nucléaire. Elle est devenue une branche des **études de sécurité** se concentrant sur l'emploi de la force. Son pendant, **la polémologie** ou science de la guerre qui avait été développée à partir de 1945, a au contraire été délaissée à la mort de son concepteur le sociologue français Gaston Bouthoul (1896-1980).

Le post-positivisme correspond à une remise en cause faite dans les années 1980 de la capacité humaine à juger objectivement ce qui existe, et donc du consensus sur l'utilisation d'une quelconque unité d'analyse : État, individu, classe. Les post-positivistes refusent en conséquence les distinctions entre faits-valeurs, théorie-pratique, sujet-objet ; ils refusent de séparer le sujet et l'objet de la recherche. Toutefois, les grilles de lecture proposées par les analystes ne peuvent avoir de valeur universelle, que cela soit dans le temps – les théories de Malthus critiquées pendant 200 ans ont tout à coup ressurgi sous un jour nouveau au XXIe siècle –, ou dans l'espace : les États-Unis peuvent percevoir l'Iran comme étant un État-voyou mais les Iraniens peuvent aussi estimer que leur État est encerclé par des pays hostiles et rappeler qu'en 1953, la CIA avait aidé à réaliser un putsch pour installer un gouvernement favorable aux intérêts anglo-américains. Aussi, en l'absence de débouchés, et en raison de nombreuses divergences, l'analyse post-positiviste des relations internationales a été délaissée.

Le constructivisme apparaît à la fin des années 1980 avec Nicholas Onuf, en partant de la constatation qu'aucune école de pensée n'avait permis de prévoir les grands changements intervenus dans les relations internationales et qu'il fallait donc trouver une autre approche : le constructivisme énonce que l'on doit se concentrer sur les « faits sociaux » tels que l'argent, la souveraineté, les droits. Cette approche part du postulat que « les acteurs agissent sur la base des significations que les

1. Par exemple, Amartya Sen dénonce la pensée malthusienne considérant la population comme un ensemble inerte, qui se contente de produire et de consommer pour satisfaire des besoins et non comme un ensemble d'individus doués d'une liberté d'action. Ses travaux ont démontré que les famines étaient surtout créées par l'absence de démocratie.

objets ont pour eux (et que) les significations sont des constructions sociales». Alexander Wendt, auteur en 1992 d'un article «*Anarchy is What States Make of It*» tentait ainsi de faire du constructivisme une «alternative conceptuelle majeure en théorie des relations internationales». En fait, le constructivisme renvoie aux grands débats d'ontologie (science de l'être) qui privilégie la perspective sociologique de la politique internationale. Mettant en avant les interactions entre États et le concept d'identité, l'étude constructiviste a essentiellement porté sur la notion d'anarchie, sur les origines de l'intérêt national et sur la façon dont sont décidées les politiques de sécurité.

Les analyses actuelles de la remise en cause du système westphalien

L'ordre westphalien avait été établi au XVIIe siècle selon l'ordre géopolitique homogène des États européens et d'après l'équilibre des rapports de forces. Engendrant des relations internationales monopolisées par des États souverains dictant la paix ou la guerre, pactisant et établissant entre eux un équilibre plus ou moins durable, il instaurait un *statu quo*. Même si celui-ci s'avérait en règle générale plus profitable aux grandes puissances, elles ont pu le remettre en cause pour chercher à s'imposer en tant que «superpuissances»: la France de Louis XIV ou de Napoléon Bonaparte, l'Allemagne hitlérienne, l'Union soviétique...

Le système westphalien a aussi été ébranlé par les systèmes de sécurité collective instaurés avec la SdN et l'ONU visant un autre système de gestion de la puissance. Encore incarné par le système de la guerre froide d'équilibre bipolaire, il a ensuite été mis à mal dans les années 1970 par le rapprochement opéré par les deux superpuissances américaine et soviétique lesquelles commençaient à perdre le contrôle de la situation où elles se trouvaient engagées, aussi bien sur le plan politique que sur le plan économique. Aujourd'hui, le système international est profondément hétérogène politiquement, culturellement et économiquement. Les relations internationales échappent, tout au moins partiellement, à l'autorité et au contrôle des États, de par l'action des acteurs locaux ou privés, des réseaux (firmes transnationales, ONG, diaspora, réseaux criminels) ou des organisations internationales, comme l'OMC ou l'Union européenne. Cela a conduit à revisiter la notion de souveraineté nationale et le principe de non-ingérence bousculant un peu plus le système westhpalien.

Le recours à la «*soft law*» est une des conséquences de cette remise en cause. Celle-ci a pour principale caractéristique d'être faiblement contraignante et largement dépourvue de sanctions. Elle permet donc une nouvelle acception de la norme qui, perdant quelque peu sa valeur de droit positif, gagne en contenu moral et humain. Des normes peuvent ainsi être formulées dans le domaine de la gouvernance mondiale alors que le droit international se prête très mal au traitement des grands enjeux sociaux transversaux. Pour faciliter la production de «*soft law*», la Méthode ouverte de coordination a été ainsi introduite en 2000 en droit européen puis insérée dans le Traité de Lisbonne en 2007. Cependant, cette promotion de la «*soft law*» est souvent un pis-aller face à l'incapacité d'édicter une norme contraignante (cf. fiches sur l'éthique et le développement durable). De plus, comme l'avait affirmé B. Obama en recevant le prix Nobel fin 2009, « dire que la force est parfois nécessaire n'est pas un appel au cynisme, c'est une reconnaissance de l'histoire, des imperfections de l'homme et des limites de la raison ». Il a ainsi rappelé que « pour développer des alternatives à la violence [...], la parole de la Communauté internationale doit valoir quelque chose. Ceux qui enfreignent les règles doivent rendre des comptes. Les sanctions doivent vraiment porter. (Mais) les sanctions sans la main tendue, la condamnation sans le dialogue peuvent prolonger un *statu quo* bancal ».

Cette volonté de revaloriser la norme internationale doit cependant être rapproché d'une pratique qui se diffuse : celle de l'**application provisoire des traités internationaux** avant que ceux-ci ne soient dûment ratifiés. L'UE l'avait par exemple décidée pour l'accord d'association signé avec l'Ukraine en 2014 et pour l'accord économique signé avec le Canada en 2016.

L'évolution du concept de puissance étatique accompagne la remise en cause du système westphalien. Les forces militaires, économiques d'un État sont toujours prises en compte mais, également, sa réputation, ses capacités de communication, son attractivité culturelle et idéologique ainsi que son rayonnement scientifique et technologique. La place d'un État au sein des institutions internationales importe également lui permettant de figer des rapports de puissance au moment le plus favorable. Développant cette analyse en 1990 dans son ouvrage *Bound to Lead* qui contestait la thèse du déclin de la suprématie américaine, le prof. Joseph Nye a ainsi formulé le concept de ***soft power***, c'est-à-dire d'une puissance douce capable de séduire et de persuader les autres États sans avoir à user de la force ou de la menace.

Cette substitution de l'usage de la force par des instruments consensuels rapproche du concept d'hégémonie qui signifie une domination souveraine au moins en partie consentie, voire désirée. Dans la pratique, le *soft power* constitue également un vecteur de l'impérialisme c'est-à-dire la politique d'un État qui vise à réduire d'autres États sous sa dépendance politique, économique ou militaire, mais aussi comme une tendance à la domination morale, psychique et intellectuelle. En effet, même si l'impérialisme sous-tend l'usage de la force ou la mise en place de gouvernements clients, il emporte une part d'acceptation volontaire. Le concept d'impérialisme a d'ailleurs lui-même évolué : si au départ l'expression avait été forgée pour définir la politique d'expansion coloniale britannique au XIXe siècle, elle avait pris une connotation péjorative au début du XXe siècle avec Lénine et d'autres penseurs néo-marxistes ; désormais, elle ne se limite plus au colonialisme et au protectorat mais s'applique à une réalité multiforme.

La judiciarisation et la médiatisation des relations internationales marquent également significativement l'évolution des relations internationales. Les recours au juge – national ou international – s'intensifient. À l'OMC, au lieu de négocier, les États saisissent l'Organe de règlement des différends qui connaît désormais un engorgement presque structurel. Les instances régionales ou arbitrales sont également sollicitées. Par exemple, le Polisario a entrepris en 2012 de contester judiciairement au Maroc sa souveraineté sur les ressources naturelles du Sahara occidental. La CJUE lui a partiellement donné raison fin 2016 jugeant que l'accord de libéralisation agricole entre l'UE et le Maroc était valide mais qu'il ne pouvait s'appliquer « au territoire du Sahara occidental » qui a un « statut séparé et distinct ». L'exemple de l'Argentine est également significatif : en 2014, les accords de règlement de ses dettes conclus en 2005 et 2010 ont été invalidés du fait de l'action intentée par des fonds spéculatifs devant les juges américains.

Des mécanismes de règlement des différends investisseurs-États (ISDS en anglais) sont de plus en plus fréquemment insérés dans les traités internationaux. Cela permet aux multinationales de recourir à des arbitrages privés pour contester les réglementations étatiques si elles s'estiment « expropriées ». Les condamnations peuvent être très lourdes : selon l'ONG Corporate, 51,2 milliards de dollars d'indemnités étaient réclamés en 2018 au titre du Traité sur la Charte de l'Énergie signé en 1994. Ces arbitrages sont contestés car ils mettent en jeu le pouvoir de régulation des États. Pour ceux revêtant un caractère intra-européen, ils ont été déclarés contraires au droit de l'UE dans l'affaire Achmea du 6 mars 2018. Mais ils restent prisés pour leur célérité et leur discrétion, laquelle est d'autant plus recherchée que **la puissance des médias et le développement des réseaux sociaux** constituent un autre phénomène modifiant profondément les relations internationales. Capables de mobiliser les individus, de leur permettre de s'organiser, ils influencent les politiques internationales des États. Leur contrôle est donc un enjeu très important pour tous les acteurs de la société internationale (cf. fiche sur la mondialisation). De même, la fabrication d'infox, à même d'influencer opinions publiques et électeurs à travers le monde, est devenue une menace très sérieuse pour les démocraties.

Les scénarios de l'état du monde envisagés pour les futures décennies confirment tous cette remise en cause de l'ordre westphalien en estimant que la dispersion de la puissance sera l'un des principaux facteurs de restructuration du système international. Figurent aussi parmi les « *Global Trends 2030* » ébauchés en 2012 par le National Intelligence Council (NIC) de la CIA, la libération de l'individu – « *individual empowerment* » –, l'augmentation et le vieillissement de la population mondiale ainsi que les problématiques posées par l'énergie, par l'eau et par l'alimentation. Toutefois, leur impact sera altéré par des variables-clés telles que le rôle des États-Unis, l'économie et la gouvernance mondiales, les conflits armés et la technologie.

Les trois scénarios envisagés pour 2030 sont dès lors très hétéroclites. Le plus probable, selon le NIC, est celui d'un monde « désintégré » dans lequel l'Occident sera affaibli au profit de l'Asie. La stabilité mondiale serait alors menacée par la volatilité des marchés et le changement climatique mais aussi par l'absence généralisée de volonté politique pour résoudre les problèmes mondiaux : les organisations internationales seraient marginalisées et les risques de conflits très importants. En 2019, le Secrétaire général des Nations unies Antonio Guterres alertait ainsi sur « l'émergence possible de deux blocs concurrents (États-Unis et Chine) chacun avec sa propre monnaie dominante, ses règles commerciales et financières, son propre Internet et sa stratégie d'intelligence artificielle, ainsi que des points de vue géopolitiques et militaires contradictoires. » Le 2e scénario se base sur l'hypothèse d'un monde instable dans lequel les États-Unis n'auront plus la capacité de se projeter sur la scène internationale pour des raisons budgétaires. Favorablement accueilli par les pays émergents, ce retrait entraînera ensuite la transformation des tensions ethniques et géopolitiques en Asie et au Moyen-Orient en conflits ouverts. Le dernier scénario envisagé est quant à lui basé sur la coopération de la Chine et des États-Unis. De ce binôme, naîtrait un monde fraternel ouvrant un nouvel âge d'or pour les relations internationales.

La complexité, l'interdépendance et l'imprévisibilité croissantes du système international rendent ces différents scénarios très discutables. Auteur de l'ouvrage *Le cygne noir: la puissance de l'imprévisible* publié en 2007, le mathématicien philosophe Nassim Nicholas Taleb soulignait ainsi à propos de l'éclatement des révolutions arabes que l'incapacité à prévoir ce type d'événements n'est pas imputable à de supposés dysfonctionnements des services de sécurité. Elle résulte en fait de la volonté permanente de privilégier la stabilité au désordre et de celle d'éliminer artificiellement l'aléa. Les mesures adoptées en ce sens sont d'autant plus courantes que la logique politique et médiatique entretient le biais de l'action, c'est-à-dire l'illusion que faire quelque chose est toujours mieux que de ne rien faire. Ces politiques conduisent à soutenir les pouvoirs en place – quand bien même ceux-ci seraient de sinistres dictateurs ou des banques irresponsables comme en 2007 – et elles produisent généralement des effets indésirables.

Au final, elles rendent le monde moins prévisible et plus dangereux en augmentant paradoxalement la probabilité qu'un événement extrême provoque une crise majeure. N. Taleb rappelle ainsi que l'avenir de systèmes complexes ne peut être prévu et que les analyses *a posteriori* d'événements inattendus s'apparentent en fait à des recherches de leur confirmation et à leur réécriture logique.

Principaux chiffres

La publication de statistiques est très souvent contestée dans les relations internationales du fait des erreurs et des manipulations possibles. Le livre *How to Lie with Statistics* de Darrell Huff l'avait démontré avait succès en 1954.

Pour éviter de telles manipulations en Europe, le règlement 1173/2011 a été adopté à la suite des déclarations erronées des autorités grecques à la fin des années 2000 pour adhérer à l'euro. Il a attribué à l'Eurostat d'importants pouvoirs d'enquête et permet au Conseil d'infliger des amendes aux États membres en cas de manipulation des statistiques relatives au déficit public et à la dette publique.

En 2014, les nouvelles normes du système européen des comptes (SEC) préconisées par l'Eurostat avaient intégré les activités illicites (trafic de drogue, prostitution, contrebande) dans le calcul du PIB des États membres de l'Union européenne: le PIB espagnol a été réévalué de 4 %, le PIB italien de 10 %.

Source: *Le Monde* du 18 juin 2014.

La population mondiale comptait environ 2,6 milliards d'individus en 1950, 7,7 milliards en 2019. Elle devrait augmenter de 2 milliards de personnes au cours des trente prochaines années et atteindre 9,7 milliards en 2050 et un nombre proche de 11 milliards d'individus vers l'an 2100. D'ici à 2050, plus de la moitié de la croissance démographique dans le monde aura lieu en Afrique où la population d'Afrique subsaharienne devrait doubler.

Source : *https://www.un.org/fr/sections/issues-depth/population/index.html* consulté le 5 avril 2021.

Le nombre de personnes âgées de plus de 60 ans passera d'environ 600 millions à près de 2 milliards en 2050, leur proportion dans la population mondiale de 10 à 21 %. Le nombre des adultes obèses est passé de 100 millions en 1975 à 671 millions en 2016, outre les 1,3 milliard d'adultes en surpoids. D'ici 2022, le nombre des enfants et des adolescents obèses dans le monde sera supérieur à celui des enfants dont le poids est insuffisant.

Sources : ONU, *Rapport de la 2e Assemblée mondiale sur le vieillissement*, avril 2002, A/CONF.197/9 et *Le Monde* du 10 janvier 2018.

En 2018, 3,8 milliards de personnes avaient une adresse e-mail envoyant chaque jour 281 milliards de mails (hors spam). Toutes les 20 minutes, s'échangeaient dans le monde sur Facebook, 2,7 millions de messages et de photos, 1 million de liens, 10 millions de commentaires.

Source : *Le Figaro* du 12 mars 2019., l'*Obs* n° 2827 du 10 janvier 2019, et *Arobase.org* citant The Radicati Group Inc.

En 2019, le PIB des États-Unis s'élevait à 21 400 milliards $, celui de l'Union européenne (sans le Royaume-Uni) à 15 600 milliards $, celui de la Chine à 14 300 milliards $.

Source : Banque mondiale.

Ouvrages récents

- Ardavan Amir-Aslani, *Le siècle des défis – Grands enjeux géostratégiques internationaux*, Éditions l'Archipel, 2021.
- Pascal Boniface, *Géopolitique de l'intelligence artificielle*, Eyrolles, 2021.

Exemples de sujets

- Les relations internationales sont-elles conflictuelles par nature ?
- Les relations internationales à l'heure du numérique
- La philosophie aide-t-elle à analyser les relations internationales ?
- La judiciarisation des relations internationales
- La pandémie de la covid-19 : un tournant dans les relations internationales ?

14 La répartition mouvante des rôles sur la scène internationale

Les États, dont le nombre a presque quadruplé depuis 1945, demeurent encore les acteurs principaux des relations internationales. Mais qu'on les conçoive en tant qu'État-gendarme, État-nation ou État providence, ils se trouvent aujourd'hui concurrencés par d'autres acteurs intervenant sur le plan international : organisations gouvernementales ou non gouvernementales, entreprises multinationales, individus regroupés en réseaux… La mondialisation modifie également la perception de l'État qui est davantage vu comme un obstacle dans les échanges transnationaux affaiblissant le lien gouvernants-gouvernés et la conception traditionnelle – territoriale et pyramidale – du pouvoir.
Cette redistribution des rôles marquerait, selon les uns, la naissance d'une nouvelle société civile capable de contrôler les options retenues en matière de gouvernance mondiale : sortie du domaine de l'utopie ou de l'idéalisme, celle-ci correspondrait ainsi à des mutations positives, réellement vécues au niveau international. Selon d'autres, ces mutations constitueraient une « reféodalisation » du monde imposant un régime jusqu'alors inconnu de soumission des peuples aux intérêts de grandes sociétés transcontinentales.

Historique

Les premiers États ou cités-États se constituent en Mésopotamie et en Égypte au IIIe millénaire av. J.-C.

L'Ordre de Malte peut être considéré comme une des premières ONG. Créé en 1099 pour accompagner les pèlerins en Terre Sainte et évangéliser les populations locales, il avait un rôle dans les domaines médical, caritatif et humanitaire. Revêtant un caractère à la fois religieux et militaire, l'organisation a perdu ses territoires en 1798. Une centaine d'États reconnaissent l'Ordre de Malte comme un sujet de droit international et il a un statut d'observateur permanent à l'ONU.

La Ligue hanséatique est fondée par des villes marchandes d'Europe du Nord à partir de 1241. Elle a parfois été considérée comme une préfiguration de la Communauté Économique Européenne créée en 1957.

L'État moderne remplace l'État féodal basé sur le lien personnel entre le vassal et son seigneur aux XIVe-XVe siècles. Machiavel (1469-1527) lui donne sa définition actuelle : celle d'une organisation dotée de la capacité d'exercer et de contrôler l'usage de la force sur un peuple et un territoire déterminés.

La conception de souveraineté est théorisée par Jean Bodin (*De la République*, 1576). Il établit une équivalence entre souveraineté et indépendance absolue en affirmant que l'État n'est subordonné à aucune autre forme de pouvoir. À l'époque, il s'agissait d'affirmer la suprématie du Roi sur les grands feudataires en récusant la conception patrimoniale du pouvoir et d'affirmer aussi l'indépendance de la Couronne à l'égard du Saint-Siège et du Saint-Empire romain-germanique : « Le Roi ne tient sa couronne que de Dieu seul ; le roi est empereur en son royaume ». Aujourd'hui, cela signifie encore que l'État ne se reconnaît pas de supérieurs mais qu'il a des égaux.

Les premières organisations internationales font leur apparition en Europe au XIXe siècle : la Commission centrale du Rhin en 1831, l'Union internationale des télécommunications en 1836, l'Union postale universelle en 1874…

Le droit d'ingérence humanitaire est popularisé par l'ONG Médecins sans frontières qui, présente au Biafra (Nigeria) en 1970, remet en cause l'obligation d'obtenir l'accord préalable des États concernés pour venir en aide à des populations souffrantes. Le droit d'assistance humanitaire sera reconnu par une résolution de l'Assemblée générale de l'ONU le 8 décembre 1988. Kofi Annan tentera ensuite de le faire évoluer vers un devoir d'ingérence humanitaire.

L'émergence du concept de gouvernance mondiale durant les années 1980-1990 traduit l'érosion du rôle des États et des organisations internationales face à la montée en puissance des multinationales, ONG et individus organisés en réseaux.

Connaissances de base

Synthèse

En droit international, seuls sont reconnus en tant que sujets de la société internationale, les États et les organisations internationales. Les États, qui sont définis comme les sujets originaires de la société internationale, sont sur le plan juridique considérés comme souverains et égaux en dépit d'une hétérogénéité de fait. Leur rôle a tendance à s'affaiblir : d'une part, ils se regroupent au sein d'organisations internationales constituant les sujets dérivés de la société internationale à qui ils transfèrent des éléments importants de leurs compétences (notamment dans le cas de l'Union européenne) ; d'autre part, ils délèguent à des ONG ou à des sociétés commerciales certaines fonctions sociales ou paramilitaires qu'ils ne peuvent plus assumer. Parfois, cette perte de compétences s'opère du fait de l'impuissance des États concernés : cas de certaines multinationales ou des réseaux criminels.

Le concept de gouvernance mondiale traduit dès lors cette nouvelle répartition des rôles sur la scène internationale ainsi que la constante évolution de la place à accorder à la société civile. Les télécommunications jouent un rôle majeur en ce sens. Mais, la gouvernance mondiale est dénuée de fondements juridiques et d'institutions propres. Elle reste davantage un souhait qu'une réalité.

Les États

Un État se définit comme une collectivité composée d'un territoire et d'une population soumis à un pouvoir politique organisé exerçant la souveraineté. Il y a au moins 193 États dans le monde mais ce nombre, qui correspond à celui des membres des Nations-Unies, exclut les différentes entités, telle la Palestine, ne faisant pas l'objet d'une reconnaissance de l'intégralité de la Communauté internationale.

Un État réunit trois éléments constitutifs :

- Le **territoire** est l'étendue géographique délimitée par des frontières sur laquelle s'exerce l'autorité souveraine d'un État. Tous les États ont un espace terrestre (sol et sous-sol) et un espace aérien (au-dessus du territoire terrestre et de la mer territoriale). La majorité d'entre eux dispose également d'un espace maritime.
- La **population** d'un État est la communauté humaine liée à son territoire et soumise à l'autorité et au droit interne de cet État. Elle se différencie de la nation (cf. fiche sur le nationalisme et le postnationalisme). La population d'un État comprend donc les nationaux et les étrangers résidant sur son territoire. Ces derniers ont des droits plus restreints que les nationaux : ils n'ont pas le droit de vote ; l'État peut leur interdire l'exercice de certaines professions et il peut les contraindre à quitter son territoire.
- Une **autorité effective et exclusive** doit régir la population et le territoire en question : le gouvernement doit, sans concurrence ou aide étrangère, assumer réellement et pratiquement l'ordre public et l'administration du territoire. Le droit international ne prend pas en compte la question de sa légitimité. De même, les structures internes de l'État sont d'ordre secondaire, l'État pouvant être unitaire ou composé (fédération d'États).

Lorsqu'un des trois éléments constitutifs fait défaut, il n'y a pas d'État au sens du droit international. On parle alors de situation étatique incomplète.

Tout État dispose d'organes spécifiques chargés des relations extérieures. La politique étrangère était à l'origine menée par les seuls souverains qui disposaient, pour les y aider, de conseillers diplomatiques. En France, la première nomination d'un secrétaire d'État à un « département » des étrangers remonte à 1589 en la personne de Louis de Revol. Un véritable ministère se constituera peu à peu. D'abord situé au Louvre, il emménagera en 1853 au quai d'Orsay dont il prendra la dénomination.

Le Quai d'Orsay conservera au cours de ses évolutions la même structure fortement hiérarchisée et centralisée. Celle-ci est d'ailleurs universelle puisque les relations extérieures d'un État impliquent une symétrie basée sur la réciprocité.

Une telle centralisation confère un rôle primordial au Chef de l'État ou au Chef de gouvernement. En France, les présidents de la République ont toujours cherché à maintenir leur prépondérance en matière de défense et d'affaires étrangères. Elle s'est seulement trouvée atténuée en période de cohabitation. La Constitution de 1958 fait en effet du Chef de l'État français le garant de l'indépendance nationale, de l'intégrité du territoire et du respect des accords de Communauté et des traités (article 5). En tant que chef des armées (article 15), c'est lui qui décide de l'usage de la force nucléaire. Toutefois, le gouvernement détermine et conduit la politique de la Nation et il dispose de la force armée (article 20). Le Premier ministre exécute les axes de politique étrangère fixés par le président. Quant au Parlement, il « détermine les principes fondamentaux de la Défense nationale » (article 34) et vote le budget. Enfin, le président négocie les traités ; il les ratifie sous réserve de l'habilitation donnée par le Parlement ou par un référendum populaire (articles 52 et 53).

Placé sous l'autorité du Chef de l'État ou du gouvernement, le ministère de l'Europe et des Affaires étrangères est l'appareil spécialisé dans les relations extérieures. Il a plusieurs fois changé d'appellation sous la Ve République. Le ministre placé à sa tête engage pleinement la responsabilité de l'État pour tous ses actes et déclarations. Jean-Yves Le Drian occupe la fonction depuis mai 2017.

Les États sont délimités par des frontières. Depuis le passage à l'État moderne aux XIVe-XVe siècles et l'abandon progressif de la frontière-zone de l'époque féodale, la frontière peut se définir comme la ligne d'arrêt des compétences étatiques. Souvent utilisé, le concept de frontières « naturelles » est un concept politique : il a été forgé sous le règne de Louis XIV pour sacraliser le Royaume et pour justifier une politique d'expansion territoriale ; il a ensuite été théorisé sous la révolution française. D'un point de vue culturel, la référence à des éléments tirés de la nature pour définir la frontière linéaire et décrire sa fonction juridique de séparation des souverainetés, est absurde : la frontière résulte en règle générale d'une définition issue d'un conflit ou de négociations ayant abouti à un traité, suivie d'une délimitation plus précise opérée par les cartographes, puis d'une démarcation effectuée sur le terrain. L'exemple du territoire des États-Unis est particulièrement probant ayant été constitué par les conquêtes réalisées au détriment des tribus indiennes et des Mexicains et par des achats auprès d'États étrangers : Louisiane à la France en 1803, Floride à l'Espagne en 1819 et Alaska aux Russes en 1867. Mais, comme le relevait déjà le juriste Paul de Lapradelle en 1928, l'habitude de diviser les limites des États en deux catégories, naturelle et artificielle « s'est transmise jusqu'à nous dans la doctrine, comme une clause de style. Certains auteurs se contentent même de renfermer dans cet énoncé toute leur théorie des frontières ». De fait, la frontière dite « naturelle » est difficilement remise en cause car elle incarne le modèle de la bonne limite permettant aux dirigeants d'entretenir des antagonismes extérieurs pour mieux justifier leur propre légitimité.

La délimitation des espaces territoriaux est une question de grande importance pour la Communauté internationale qui, en cherchant à favoriser la stabilité des relations internationales, a affirmé le **principe de l'intangibilité des frontières**. La frontière assume une triple fonction : outre la délimitation de l'aire géographique dans laquelle s'applique le droit positif d'un État, elle assume une fonction fiscale matérialisée par l'imposition de taxes lors de l'importation de produits étrangers et elle permet un contrôle sur les mouvements de personnes ou de biens. Tant qu'un État existe, la frontière ne peut disparaître : elle peut juste être très affaiblie dans le cadre de regroupements d'États, tel l'espace Schengen.

La délimitation de l'**espace maritime**[1] pose encore de nombreux problèmes. Revendiqué à l'origine par la République de Venise et par les Flandres aux XIVe-XVe siècles, cet espace était limité à ce que l'État était capable de contrôler, soit la profondeur d'une vue ou le tir d'un canon. Il a été réglementé par les conventions de Genève de 1958 puis par la Convention de Montego Bay de 1982 qu'une trentaine d'États a refusé de signer et/ou de ratifier. Parmi eux figurent les États-Unis, la Turquie et Israël qui, après la prise de contrôle de Gaza par le Hamas

1. Celui de la France se place au 2e rang mondial derrière celui des États-Unis grâce à ses régions et collectivités d'outre-mer. Certaines, telles les îles Éparses, sont revendiquées par des pays voisins : Madagascar, Maurice, Comores.

en 2007, a unilatéralement élargi ses eaux territoriales à 40 milles nautiques… En dehors des eaux intérieures (cours d'eau, ports et espace maritime contenu dans les petites échancrures de la côte) qui sont assimilées au territoire terrestre, la Convention de Montego Bay prévoit différentes zones maritimes calculées à partir d'une « ligne de base » marquant la fin des eaux intérieures. Ces zones sont essentiellement composées des :

- eaux territoriales fixées à un maximum de 12 milles marins (1 mille nautique = 1 852 mètres). Les États exercent une souveraineté limitée par le seul droit de passage inoffensif des navires civils.
- zone contiguë de 24 milles marins. Les États exercent des compétences en matière douanière, fiscale, sanitaire ou de police.
- zone économique exclusive de 200 milles marins. Les droits souverains sont limités aux seules ressources économiques (pêche, gisements des fonds marins).
- plateau continental constituant un prolongement des côtes jusqu'à un maximum de 350 milles marins. L'État y exerce des droits d'exploration et d'exploitation des ressources naturelles.

La **zone de haute-mer**, qui représente 64 % des océans, obéit quant à elle au principe de liberté. Mais les fonds marins s'y trouvant prêtent à divergences selon qu'on accepte ou non de les considérer comme un patrimoine commun de l'humanité. Allant en ce sens, la Convention de Montego Bay de 1982 a confié leur gestion à une Autorité internationale des fonds marins et a instauré un Tribunal international du droit de la mer établi en 1996 à Hambourg. Cependant, les États industrialisés n'ont ratifié la convention qu'après un accord modificatif conclu en 1994 tandis que les États-Unis persistaient à refuser une gestion commune. De même, la Convention de l'Unesco sur la protection du patrimoine culturel subaquatique du 2 novembre 2001 concernant plus de 3 millions d'épaves n'a été ratifiée que par une quarantaine d'États et elle n'est entrée en vigueur qu'en janvier 2009. Aussi, l'idée de doter les eaux internationales d'un cadre juridique contraignant sur la conservation et l'utilisation durables de la biodiversité marine est discutée mais elle avance très lentement.

L'**espace aérien** correspond à l'espace atmosphérique surjacent au territoire terrestre et à la mer territoriale. Il est assimilé au territoire terrestre car il est soumis de façon exclusive à la souveraineté des États. Ceux-ci peuvent donc en refuser l'accès. Ainsi, en 2013, quatre États européens, dont la France, avaient interdit leur espace aérien à l'avion du président bolivien Evo Morales en provenance de Moscou car il aurait pu cacher Edward Snowden recherché par les États-Unis. Une telle décision, de nature politique, peut conduire à une crise diplomatique mais elle ne viole pas les règles du droit international fixées par la Convention de Chicago du 7 décembre 1944, par laquelle les États ont accepté des limitations de compétences. La même convention a conduit à la mise en place de l'Organisation de l'aviation civile internationale (OACI) qui est une institution spécialisée de l'ONU édictant des « spécifications techniques » directement applicables (sans ratification). Aucune délimitation de l'**espace extra-atmosphérique** n'a été fixée mais plusieurs conventions sur son utilisation pacifique ont été conclues à partir des années 1960.

Elles posent le principe de son internationalisation et de l'impossibilité pour les États d'y revendiquer une quelconque souveraineté.

La nationalité est un lien juridique rattachant une personne physique ou morale à un État qui fixe un statut objectif comportant des pouvoirs (ou des droits) et des devoirs tant pour l'État que pour la personne concernée (par exemple, les droits de résidence et de vote, le devoir d'accomplir ses obligations militaires). Seuls, les États-Unis et l'Érythrée prétendent le paiement de l'impôt par leurs ressortissants à travers le monde.

L'**attribution de la nationalité** résulte en général d'une combinaison de critères tirés de la filiation (*jus sanguinis*) et du lieu de naissance (*jus soli*). Chaque État est souverain pour les déterminer. De 1913 à 1999, l'Allemagne ne retenait ainsi que les seuls critères de filiation ce qui excluait de la nationalité allemande les Turcs immigrés depuis plusieurs générations. Le droit du sol a été adopté en 1999 mais il a d'abord été couplé à l'exigence de renoncer à la nationalité d'origine.

En France, « Est français l'enfant, dont l'un des parents au moins est français au moment de sa naissance… ou lorsque l'un de ses parents au moins y est lui-même né. » L'acquisition de la nationalité française résulte également de la naissance et de la résidence en France. La nationalité française s'obtient enfin par décret de naturalisation. Depuis la loi du 26 novembre 2003, l'étranger doit justifier de son « assimilation à la communauté française » lors d'un entretien individuel.

Si l'État est souverain pour conférer sa nationalité, celle-ci ne sera **opposable** à un autre État que si elle a été attribuée pour des raisons effectives. Dans l'arrêt « Nottebohm » du 6 avril 1955, la Cour internationale de justice a ainsi rejeté le recours du Liechtenstein qui avait naturalisé un ressortissant allemand à la veille de la Seconde Guerre mondiale et entendait lui prêter une protection diplomatique. Le Guatemala n'avait pas pris en compte la nouvelle nationalité du sieur Nottebohm et l'avait placé dans un camp de rétention durant la guerre. La CIJ considère que le lien de nationalité octroyé n'était pas opposable au Guatemala car il ne reposait sur aucun élément effectif (enfants, séjours, travail…). Cette jurisprudence a été écartée par la Cour de justice des Communautés européennes dans l'arrêt très critiqué Micheletti du 7 juillet 1992 considérant qu'il n'appartient pas « à la législation d'un État membre de restreindre les attributions de la nationalité d'un autre État membre en exigeant une condition supplémentaire pour la reconnaissance de cette nationalité en vue des libertés fondamentales reconnues par le traité ».

La **perte de la nationalité** intervient en général sur la base d'une renonciation volontaire. Aux États-Unis, celle-ci est conditionnée au règlement d'un éventuel arriéré d'impôts. L'article 15 de la déclaration universelle des droits de l'homme de 1948 énonce en effet que : « Tout individu a droit à une nationalité. Nul ne peut être arbitrairement privé de sa nationalité, ni du droit de changer de nationalité. » Cependant, l'article 27 § 2 du Code civil français prévoit qu'un décret de naturalisation peut être rapporté, s'il est démontré que la nationalité a été obtenue par « mensonge ou par fraude. » De plus, l'article 25 du Code civil prévoit la déchéance de la nationalité française pour les étrangers naturalisés depuis moins de 10 ans ayant commis certains crimes ou délits, tels ceux constituant « une atteinte aux intérêts fondamentaux de la Nation ou constituant un acte de terrorisme » ou « des actes au profit de puissances étrangères et incompatibles avec la nationalité française ». L'extension des cas de déchéance aux Français de naissance a été débattue en 2016 suite aux attentats terroristes de Paris et de Saint-Denis. Mais les stigmates de l'Histoire constituent un important obstacle : la loi du 22 juillet 1940 avait permis la révision des naturalisations obtenues après 1927 par avis d'une simple commission avec effet rétroactif ce qui avait livré 15 000 personnes dont 6 000 juifs aux occupants nazis ; la loi du 23 juillet 1940 qui prévoyait la déchéance par décret de la nationalité des Français ayant quitté la France entre le 10 mai et le 30 juin 1940 avait, entre autres, fait de Charles de Gaulle un apatride.

L'apatridie repose sur l'absence de lien juridique entre un État et un individu, celui-ci n'étant considéré par aucun État comme son ressortissant par application de sa législation. Cette situation, qui résulte en général de successions d'États ou encore de l'attribution très restrictive du lien de nationalité par certains États, concernait au moins 10 millions de personnes dans le monde en 2017. Ils étaient 15 millions en 2007 car certains pays, tel le Népal, ont notablement réduit les cas d'apatridie. En 2011, le régime de Bachar al-Assad aux abois avait accordé la nationalité syrienne à environ un tiers des 300 000 Kurdes apatrides que comptait le pays. L'apatridie se trouve principalement en Asie et en Afrique – Thaïlande, Myanmar, Côte d'Ivoire, Zimbabwe… – mais sont également concernés, les russophones en Estonie, les Roms en ex-Yougoslavie, les réfugiés palestiniens, les pays du Golfe persique où ils sont connus sous l'appellation de « Bidoun » – d'une abréviation phonétique arabe signifiant sans (nationalité)…Transmettant souvent leur statut à leur descendance, les apatrides ne bénéficient pas des droits liés à la nationalité. C'est pourquoi leur sort a été lié à celui des réfugiés et fait l'objet d'une protection prévue par la Convention de New-York du 28 septembre 1954. Une Convention des Nations Unies sur la réduction des cas d'apatridie a également été adoptée le 30 août 1961.

À l'opposé, les cas de double nationalité entraînent également des difficultés. Des conventions bilatérales en limitent les effets ; elles permettent principalement de s'accorder sur les obligations militaires.

La nationalité se distingue de la citoyenneté. Celle-ci se définit comme le lien juridique entre un État et une personne physique permettant à celle-ci d'exercer un ensemble de droits politiques. Ainsi, un navire ou un avion auront une nationalité mais ils n'auront jamais une citoyenneté. Toutefois, la distinction peut être brouillée. Par exemple, l'Union soviétique prévoyait une citoyenneté soviétique, la nationalité se rattachant à un choix individuel parmi les 150 catégories nationales recensées. Toutes les ex-Républiques soviétiques ayant repris cette distinction après 1990, on parle dans la région de problèmes de double citoyenneté ou de déni de citoyenneté.

Par ailleurs, il peut y avoir **superposition de deux citoyennetés** (française/néo-calédonienne ; française/européenne…) et des cas d'attribution de la citoyenneté par un État à des étrangers comme au Portugal ou au Royaume-Uni. À l'opposé, des nationaux peuvent se voir privés de la citoyenneté.

Deux principes juridiques s'appliquent à la situation internationale de l'État : le **principe de souveraineté** et son corollaire le **principe d'égalité** des États.

Le principe de **souveraineté** a une double signification : sur un plan interne, la souveraineté signifie que l'État est seul maître chez lui, qu'il est le seul à légiférer, à rendre la justice, à battre monnaie, à lever et à entretenir une armée, à conférer la nationalité ; en droit international, la souveraineté de l'État signifie qu'il dispose de quatre compétences : celle d'entretenir des relations diplomatiques, celle de conclure des traités, celle de présenter une réclamation internationale et celle d'user de la contrainte.

Depuis la conception de la souveraineté exprimée par Bodin en 1576 affirmant l'indépendance de l'État, la conception de la souveraineté s'est beaucoup restreinte. Néanmoins, la souveraineté reste protégée par deux types de règles. En premier lieu, le droit international ne s'applique pas au **domaine réservé des États**. Même s'il a beaucoup diminué depuis 1945, le domaine réservé reste prévu par l'article 2 § 7 de la Charte de l'ONU : « Aucune disposition de la présente Charte n'autorise les Nations unies à intervenir dans des affaires qui relèvent essentiellement de la compétence nationale d'un État, ni n'oblige les Membres à soumettre des affaires de ce genre à une procédure de règlement aux termes de la présente Charte. » L'Afrique du Sud avait invoqué cet article à propos des discriminations raciales de l'*apartheid* ; la France avait fait de même durant la guerre d'Algérie. En second lieu, la souveraineté des sujets du droit international (États, organisations internationales) est protégée par l'**immunité de juridiction** qui leur évite d'être traduit devant les tribunaux nationaux. Ce principe s'applique à toutes les activités relevant de la puissance publique ou entrant dans le cadre d'une mission de service public. Les biens et fonds publics nécessaires aux missions de service public à l'étranger bénéficient quant à eux de l'**immunité d'exécution** qui les protège d'une saisie.

Le principe d'égalité des États est fondamental en droit international mais il coïncide avec une hétérogénéité de fait. En 1952, le démographe Alfred Sauvy avait ainsi dégagé le concept de pays du Tiers-Monde pour désigner les pays ne parvenant pas à satisfaire les besoins fondamentaux de leur population et n'étant de ce fait que faiblement insérés dans l'économie mondiale. Alfred Sauvy opposait alors le Tiers-Monde aux blocs de l'Est et de l'Ouest. La catégorie de Pays en Voie de Développement (PVD) introduite dans les années 1970 ne suffisant plus, une distinction a été introduite parmi les PVD désormais appelés pays en développement : les pays les moins avancés (PMA), au nombre de 47 depuis la sortie de la Guinée-Équatoriale en 2017, diffèrent des pays émergents (Inde, Chine, Brésil…) que la croissance économique réussit à tirer de la grande pauvreté. Ces pays sont sélectionnés par le Comité des politiques de développement de la CNUCED selon trois critères : celui tiré du revenu national brut par habitant, celui du capital humain (pourcentage de la population sous-alimentée, taux de mortalité infantile et taux de mortalité maternelle, taux brut de scolarisation dans l'enseignement secondaire, taux d'alphabétisation des adultes) et celui de la vulnérabilité économique.

La Banque mondiale classe elle aussi les pays en développement dans différentes catégories pour réaliser ses programmes : celle des pays pauvres très endettés, celle des pays à revenus intermédiaires, celle des pays à faibles revenus en difficulté, et celle des petits États.

Cette notion de petits États varie elle-même selon les critères retenus car s'il s'agit en général d'États ayant une population maximum de 1,5 million d'habitants, l'indicateur PIB/habitant peut varier de moins de 400 $ pour certains petits États africains à 9 000 $ pour les Bahamas, Brunei, Chypre, Malte et le Qatar. Il y a lieu pour terminer de mentionner la catégorie des États sans littoral qui, du fait de ce désavantage, bénéficient parfois de traitements différenciés dans les relations internationales.

Les regroupements d'États

Des regroupements informels permettent la confrontation et le rapprochement des points de vue en dehors des cadres institutionnels. Bénéficiant d'une grande souplesse de fonctionnement, ces « non-institutions » coordonnent ainsi l'action de la Communauté internationale. En 1955, le **Mouvement des non-alignés** regroupa les États qui refusaient la politique des blocs ; il évolua en 1964 en transposant son action dans le domaine économique pour devenir le Groupe des 77 et s'institutionnaliser. À l'opposé, le **G7** a été formé dans les années 1970 par les 7 pays les plus industrialisés de la planète : l'Allemagne, le Canada, les États-Unis, la France, l'Italie, le Japon et le Royaume-Uni. Il avait été transformé en G8 après l'admission de la Russie en 2003. En 2007, le G8 était devenu le G13 en incluant l'Inde, la Chine, le Brésil, le Mexique et l'Afrique du Sud. En 2008, il était devenu **G20**. Sa montée en puissance est parfois jugée très utile car, comme le constate la Prof. Agnès Bénassy-Quéré, « même si cette institution n'est pas représentative de la planète, c'est un moyen d'insuffler un esprit de coopération dans des institutions internationales qui peinent à aller de l'avant ». Pareillement, les **BRIC** (Brésil, Russie, Inde, Chine), BRICS (avec l'Afrique du Sud depuis 2011) ou BRIICS (avec l'Indonésie rajoutée en 2012) pourraient constituer une nouvelle force politique. Leur volonté d'exister en tant que groupe les a conduits en 2012, à conclure une union boursière inédite leur permettant d'échanger des contrats à terme sur leurs indices domestiques depuis tous les autres marchés partenaires. En juillet 2015, ils ont créé une banque destinée aux pays émergents. Enfin, il convient de citer le **Groupe de Visegrád** (également appelé **V4**) qui a été formé en 1991 par la Hongrie, la Pologne, la République tchèque et la Slovaquie pour accélérer l'intégration européenne. Le V4 s'est renforcé en 2014 à la suite des troubles en Ukraine pour résister aux pressions russes.

Par ailleurs, le **Club de Paris**, créé en 1956 pour restructurer la dette argentine, regroupe une vingtaine d'États créanciers. La Chine n'en fait pas partie alors qu'elle est devenue le plus important bailleur de fonds en Afrique. Le **Club de Londres**, formé en 1976 pour rééchelonner les dettes du Zaïre, regroupe les créanciers privés des États emprunteurs. Leur activité s'est trouvée réduite depuis 1989 et la titrisation des dettes d'État.

Les unions personnelles concernent deux pays qui ont le même souverain, les **unions réelles** ceux qui mettent en commun les affaires étrangères, l'armée et les finances. Ces unions ont existé par le passé – Pologne/Lituanie en 1569, Autriche/

Hongrie en 1867 – mais elles apparaissent désormais surannées. Toutefois, de 1958 à 1961, l'Égypte et la Syrie s'étaient unies pour former l'éphémère République arabe unie ; par ailleurs, en 1973, l'union entre la Libye et la Tunisie avait été officiellement annoncée suite aux accords signés à Djerba entre Mouammar Kadhafi et Habib Bourguiba.

La confédération est une association de type égalitaire entre États au sein de laquelle ceux-ci acceptent de coopérer en un certain nombre de domaines, tout en conservant à titre principal, leur souveraineté. Cette alliance fait l'objet d'un traité ; les décisions importantes sont prises à l'unanimité des membres et *ad referendum* et doivent donc être transcrites dans l'ordre interne (ratification et publication) ; les structures intergouvernementales sont rudimentaires et résistent mal en cas de différend. Contrairement à la fédération, la confédération ne crée pas une structure étatique supérieure et tout État-partie peut s'en retirer. Les confédérations deviennent généralement des fédérations telle la Confédération helvétique. Cela n'est pas toujours le cas comme le montre la Communauté des États indépendants (CEI) créée en 1991. De même, le *Commonwealth of Nations* est resté une simple association intergouvernementale : créé en 1931 mais initié à la fin du XIXe siècle, il réunit une cinquantaine de pays ayant presque tous été membres de l'Empire britannique.

La fédération d'États est une union d'États, au sens du droit interne (constitutionnel), au sein de laquelle un nouvel État se superpose à ces derniers en les réunissant. Le transfert de compétences réalisé sous une bannière étatique aboutit ainsi à une structure à deux étages : les unités fédérées se retrouvent englobées mais non absorbées par l'État fédéral comme l'illustre la devise des États-Unis « Unité dans la pluralité ». Très répandue sur le continent américain (États-Unis, Canada, Brésil…), en Europe (Allemagne, Russie…) et en Asie (Inde, Malaisie…), la fédération d'États existe rarement en Afrique (Afrique du Sud, Nigeria et Comores).

Les fédérations d'États sont organisées selon trois principes : le **principe de superposition** permet de faire cohabiter les organes fédéraux et ceux des unités fédérées ; le **principe d'autonomie** laisse des compétences d'auto-organisation aux unités fédérées tandis que l'État fédéral reçoit les compétences externes (diplomatiques, militaires, économiques, attribution de la nationalité), les problèmes juridiques entre unités fédérales relevant du droit interne ; le **principe de participation** associe les unités fédérées à l'organisation de l'État fédéral ainsi qu'à toute révision du pacte fédéral.

Les États, qui se regroupent en une fédération, disparaissent du point de vue des relations internationales. Mais il peut y avoir quelques exceptions : par exemple, lorsqu'elles étaient encore des Républiques incluses dans l'URSS, l'Ukraine et la Biélorussie occupaient des sièges à l'ONU. De même, les *Länder* allemands ont une compétence exclusive pour certaines politiques comme l'éducation.

Les organisations internationales sont apparues au XIXe siècle mais elles se sont particulièrement développées entre les deux guerres mondiales. Leur nombre est à l'heure actuelle d'environ 300. Une organisation internationale se définit comme un « groupement permanent d'États, créé par eux au moyen d'un traité et doté d'organes permanents, qui agit indépendamment des États membres pour la poursuite d'intérêts communs». Sujets dérivés de la société internationale, les organisations internationales ont une personnalité juridique reconnue par le droit international leur permettant d'entretenir des relations diplomatiques, de conclure des traités, d'avoir accès aux juridictions internationales et, pour certaines, de recourir à la force. Elles ont en outre une personnalité juridique en droit interne et jouissent de prérogatives précisées par l'accord de siège. Malgré de grandes différences, les organisations internationales disposent toutes de moyens en personnel et de moyens budgétaires provenant de contributions ou de cotisations annuelles des États membres et, éventuellement, de ressources propres.

Les organisations internationales jouent un rôle déterminant dans la création du droit international même si elles sont très rarement compétentes pour édicter une véritable législation internationale. L'Union européenne fait donc exception avec ses normes directement applicables et ayant une primauté sur les règles internes. Il en est de même pour les règlements sanitaires de l'OMS.

Les personnes morales de droit privé

Les organisations non gouvernementales (ONG), qui ont pris cette appellation en 1945, sont des associations privées sans but lucratif œuvrant en faveur du développement, de la solidarité entre les peuples et de l'équilibre entre nations industrielles et pays en voie de développement. Elles relèvent du droit de l'État où elles ont leur siège. Les ONG sont reconnues par l'article 71 de la Charte de l'ONU donnant compétence au Conseil économique et social pour «consulter les ONG» et leur accorder le statut d'organisation consultative pour trois ans renouvelable. Ce statut permet aux ONG d'intervenir dans les discussions en cours, parfois en modifiant l'ordre du jour. Dans le cadre du Conseil de l'Europe, la Convention du 24 avril 1986 ratifiée par la France en 1999 prévoit la reconnaissance mutuelle des ONG établies dans un des pays signataires.

Les quelque 20 000 ONG existant dans le monde sont en principe financées par des individus, par des entreprises ou par des institutions privées. Les ONG du Sud souffrent donc d'un manque de ressources d'autant que le recours à l'opinion publique internationale et aux médias leur est moins accessible. La contribution financière des États ou des organisations internationales peut aussi s'avérer très consistante, les ONG devenant leurs relais sur le terrain par le biais de contrats de partenariat. L'indépendance d'action et la clarté budgétaire des ONG peuvent donc prêter à discussion comme cela peut être le cas pour les ONG affirmant une dimension religieuse.

Les sociétés multinationales sont des entreprises qui adoptent une politique stratégique commune pour plusieurs pays et qui sont liées entre elles par des participations financières ou autres. Elles se distinguent en cela des sociétés internationales et transnationales qui ont juste des activités réparties sur au moins deux pays. Dans les années 1960, les grandes multinationales ont commencé à inspirer de la crainte car leurs chiffres d'affaires devenaient comparables au PNB de certains États. Ces craintes se sont ensuite apaisées avec les revers subis à l'occasion des nationalisations commencées en 1956 avec le leader égyptien Nasser, puis lors de la récession économique des années 1970. Dans les années 1990, de nouvelles inquiétudes ont vu le jour du fait de la multiplication des fusions de grande ampleur. Les opérations pratiquées par les multinationales peuvent de plus perturber le fonctionnement du système monétaire international – on a pu constater qu'un mouvement de 1 % des avoirs financiers de ces multinationales suffisait – et les tentatives de réglementation internationale en ce domaine sont restées à ce jour inopérantes. Désormais, ce sont les multinationales du numérique, aussi bien américaines (GAFAM pour Google, Amazon, Facebook, Apple et Microsoft) que chinoises (BATX pour Baidu, Alibaba, Tencent, Xiaomi), qui inquiètent du fait de leur fulgurante montée en puissance.

Les individus et les groupes d'individus

L'individu est un sujet de droit international dont la reconnaissance reste contestée. Le juriste Georges Scelle (1878-1961) affirmait quant à lui sa prééminence considérant ainsi que la société universelle, la communauté humaine globale, était à l'origine d'un droit objectif – le droit des gens – qui était supérieur au droit objectif des États. De nombreuses conventions sont consacrées à l'autonomie ou à la protection des individus. Dans le domaine des relations internationales, les individus ont acquis une place incontestable. Cela peut résulter de leurs richesses puisqu'environ mille personnes détiennent à elles seules près de 50 % du patrimoine mondial. Leurs capacités financières leur permettent ainsi d'interpeller les responsables politiques et d'influer sur les relations internationales. En 2015, le milliardaire George Soros promettait ainsi d'investir près d'un milliard de dollars en Ukraine si les Occidentaux renforçaient leur soutien aux autorités de Kiev face à la Russie. La force des individus peut aussi résulter de leurs capacités d'organisation lorsqu'ils forment un groupe, une diaspora ou lorsqu'ils agissent en réseau. Leur rôle s'avère loin d'être négligeable : par exemple, l'abolition du franc CFA annoncée en décembre 2019 par les présidents français et ivoirien et actée en mai 2020 avait été déclenchée par les mobilisations portées par des mouvements sociaux pan-africanistes et des intellectuels. Des actes singuliers peuvent également avoir d'énormes répercussions sur un plan politique telle l'immolation du Tunisien Mohammed Bouazizi déclenchant les révolutions arabes de 2011 ; des personnes s'avèrent également capables de mobiliser à une échelle planétaire telle la jeune Suédoise Greta Thunberg devenue, à son corps défendant, une icône de la lutte contre le réchauffement climatique.

De plus, les individus forment l'**opinion publique** qui, bien que non matérialisée juridiquement, constitue un élément politique important des relations internationales notamment depuis l'avènement des réseaux sociaux internet (voir perspectives).

Les peuples relèvent du principe d'auto-détermination ou du droit des peuples à disposer d'eux-mêmes. Invoqué lors de la Révolution française, ce principe a été formulé par le président américain Wilson lors de son discours au congrès du 11 février 1918. Solennellement réaffirmé par l'article 1 § 2 de la Charte des Nations unies du 26 juin 1945, il a été repris et développé par l'Assemblée générale de l'ONU et dans les deux pactes internationaux de 1966 : « tous les peuples peuvent disposer librement de leurs richesses et de leurs ressources naturelles. » Pourtant le concept de peuple est resté un concept politique sans force juridique : bien qu'étant un principe sacro-saint de l'ONU, il n'a été appliqué dans la pratique que dans le contexte politique précis des peuples colonisés qui revendiquaient leur indépendance.

Le droit des minorités a fait l'objet de quelques traités après la première guerre mondiale : les États ont dû s'engager à garantir les libertés essentielles aux individus appartenant à une minorité religieuse, ethnique et à protéger leurs particularismes, notamment culturels. La protection des minorités est également l'objet de la Charte européenne des langues régionales ou minoritaires du Conseil de l'Europe de 1992 – que la France n'a pas ratifiée – et de la Convention cadre du Conseil de l'Europe sur la protection des minorités de 1994. Un haut-commissaire pour les minorités nationales a en outre été nommé en 1992 dans le cadre de la Conférence sur la sécurité et la coopération en Europe (CSCE).

Bilan de l'actualité

À l'occasion de la pandémie de covid-19, les États ont récupéré une place prépondérante dans les relations internationales. Exerçant de nouveau la plénitude de leurs pouvoirs, ils ont fermé les frontières, confiné les populations et adopté de vastes plans économiques. Cela amplifie le mouvement amorcé en 2008 à l'occasion de la crise économique mondiale ayant succédé à celle des *subprimes*. Les banques centrales commencent, quant à elles, à émettre des monnaies numériques. Il s'agit pour les États de ne pas perdre leurs droits de seigneuriage et de garder la main sur leurs instruments de politique monétaire. Pour la Chine qui a lancé l'e-yuan en 2021, il s'agit de prendre de l'avance avec l'espoir de rebattre les cartes de l'usage des devises dans les échanges internationaux.

Mais le rôle des peuples ne doit pas être oublié. En Nouvelle-Calédonie, un nouveau référendum d'autodétermination s'est tenu en octobre 2020. Son issue très serrée – 53,3 % contre l'indépendance et 46,7 % en sa faveur – pourrait être inversée à l'occasion d'une 3e consultation devant être organisée fin 2021.

De même, le rôle des personnes, physiques ou morales, reste important. On retiendra ainsi qu'en 2020, la société privée SpaceX a permis aux États-Unis et à la Nasa de recouvrer leur autonomie en matière d'exploration spatiale.

Quant aux ONG, leur rôle continue de prêter à polémiques, du moins en Europe : prenant part au sauvetage des migrants en Méditerranée, elles sont pour les uns, les seules à prendre part au sauvetage de vies humaines tandis que, pour d'autres, elles jouent les taxis de la mer et sont de connivence avec les passeurs.

Perspectives

De nouveaux États ?

Il y a aujourd'hui près de quatre fois plus d'États qu'en 1945 et la naissance de nouveaux États par sécession de territoire est toujours possible comme le montre la création du Timor oriental en 2002, du Monténégro en juin 2006, du Soudan du Sud en 2011. De nombreuses entités pourraient encore devenir des États mais elles n'y parviennent pas faute de pouvoir réunir les trois conditions nécessaires à l'existence internationale d'un État : une population stabilisée sur un territoire et soumise à une autorité effective et exclusive. On parle alors d'**entités étatiques incomplètes** ou de **nations sans État**. Leurs situations sont très variées.

L'ONU répertorie 17 **territoires non autonomes**. Ils concernent principalement les États européens, dont la France avec la Polynésie française et la Nouvelle-Calédonie. En outre, la création d'un nouvel État peut être évoquée pour la Catalogne et Gibraltar ; la division latente de la Belgique pourrait aboutir à un État flamand et un État wallon ; de plus, le vote des Anglais en faveur du « Brexit » en 2016 pourrait favoriser la sécession de l'Écosse du Royaume-Uni. Au Groenland, territoire autonome du Danemark depuis 1979, l'indépendance est également évoquée.

Dans le monde, le cas le plus discuté reste celui de la **Palestine**. Associant un territoire (Cisjordanie et Gaza) et une population de 2,5 millions de personnes, elle dispose depuis les accords d'Oslo II de 1995 d'un gouvernement. Mais celui-ci n'exerce les pleins pouvoirs que sur une zone représentant seulement 20 % de la population et 6 % du territoire. De plus, Israël a gardé la haute-main sur l'eau, l'électricité, le téléphone, l'espace hertzien et le droit d'entrée et de sortie de Palestine. L'État palestinien est toutefois reconnu par plus de 130 États.

Un autre cas est celui des Kurdes qui comptent 25 à 30 millions de personnes réparties pour moitié en Turquie, pour moitié en Iran, en Irak et en Syrie. Le Traité de Sèvres en 1920 qui démembrait l'Empire ottoman préconisait la création d'un **État kurde** et d'un État arménien mais ses dispositions ont été annulées par le Traité de Lausanne en 1923. Depuis la chute du dictateur irakien en 2003 et les révolutions arabes de 2011, les possibilités de voir naître un État kurde se concrétisent et inquiètent particulièrement la Turquie qui a engagé des actions militaires pour éviter une telle issue.

La création de la **République arabe sahraouie démocratique** (RASD) est également en latence. En 1975, le Maroc avait annexé les territoires de la colonie espagnole dont le Polisario revendiquait l'indépendance : la « marche verte » permit à environ 350 000 Marocains d'envahir pacifiquement la partie du territoire revenant à la Mauritanie. Le référendum sur l'autodétermination prévu par l'ONU dès 1965 n'a jamais été organisé faute d'un accord sur la composition du corps électoral. Des décennies plus tard, il subsistait encore des mouvements de révolte durement réprimés. Même si la région bénéficie d'importantes subventions et pourrait évoluer vers une autonomie au sein du Royaume marocain, la question oppose toujours l'Algérie et le Maroc. Elle est à l'origine de la fermeture de leur frontière commune en 1994 et de la paralysie de l'Union du Maghreb arabe (UMA) depuis 1995. En 2011, la chute du régime de M. Kadhafi a privé la République sahraouie de son principal soutien financier et politique la poussant à changer de stratégie et à contester judiciairement l'accaparement de ses ressources naturelles par le Maroc. En 2020, la réouverture du bureau de liaison israélien au Maroc a entraîné la reconnaissance, par les États-Unis, de la souveraineté de Rabat sur le Sahara occidental.

Depuis 2016, les revendications autonomistes de certaines provinces d'Afrique ont évolué en velléités sécessionnistes réprimées par le pouvoir central. En 2020, elles ont généré des tragédies dans la région septentrionale du **Tigré** en Éthiopie et dans les **zones anglophones du Cameroun** faisant frontière avec le Nigeria.

Enfin, sont délibérément ignorées de la Communauté internationale, certaines entités enclavées dans des États en déliquescence alors qu'elles prétendent à un statut d'État indépendant. Le **Somaliland** et le **Puntland** se sont ainsi autoproclamés indépendants de la Somalie en 1991. Le Somaliland, qui a connu plusieurs élections libres, qui dispose d'une monnaie propre et qui connaît une relative prospérité, est isolé et n'est pas reconnu internationalement.

À l'opposé, **des États peuvent présenter des faiblesses ou des situations de dépendance telles que leur souveraineté et leur qualité d'État prêtent à débat**. Par exemple, le **Lesotho** rencontre de si grandes difficultés économiques et sanitaires qu'il est question de l'intégrer à l'Afrique du Sud au sein de laquelle il se trouve enclavé.

De même, certains petits ou micro-États sont considérés comme des États et ont pu adhérer à l'ONU. Mais, dans les faits, ils ont renoncé à leur souveraineté au profit d'un voisin plus puissant : le Liechtenstein vis-à-vis de la Suisse, la Micronésie qui, en 2002, a signé un nouveau pacte de libre association avec les États-Unis jusqu'en 2022 ou encore Porto Rico qui a un statut d'État libre associé aux États-Unis depuis 1952.

La reconnaissance de l'État, définie comme l'acte par lequel un État constate l'existence d'un autre État, se heurte dans la pratique au fait que l'ordre international s'accommode mal des changements et au principe de l'intangibilité des frontières. La reconnaissance n'est certes pas indispensable en droit international. Le cas de Taïwan le démontre amplement. Il s'agit d'un État dont l'existence matérielle est incontestable mais qui n'est plus considéré comme tel par la Communauté internationale. Du fait des pressions exercées par la Chine, seuls 17 petits États le reconnaissaient encore en 2018.

Intervenant quand il y a eu un changement complet du statut de territoire et de la population qui l'occupe, la reconnaissance revêt un caractère discrétionnaire. Deux tendances se sont cependant esquissées : d'une part, il s'agit de ne pas reconnaître des situations acquises par l'usage de la force – en 1990, le Conseil de sécurité avait demandé aux États de ne pas reconnaître l'annexion du Koweït par l'Irak – ; d'autre part, le respect des droits humains doit être pris en compte – la Communauté européenne avait imposé ce critère de reconnaissance des États de l'ex-Yougoslavie en décembre 1991. Il ne s'agit que de tendances et la reconnaissance conserve un caractère éminemment politique. Le Kosovo, créé en 2008, a été reconnu par une centaine de pays alors que la Serbie continue de considérer le Kosovo comme l'une de ses provinces. Son indépendance avait conduit Moscou à reconnaître expressément l'indépendance de l'Abkhazie et de l'Ossétie du Sud qui se sont séparées de la Géorgie. L'Ossétie du Sud devrait à terme intégrer la Fédération russe. Quant à la République autoproclamée de Transnistrie ou République moldave du Dniestr, son détachement de la Moldavie l'a placée sous domination de la Russie et il l'a livrée à la criminalité organisée.

L'affaiblissement des États

L'érosion du modèle westphalien de la souveraineté et l'affaiblissement du rôle de l'État correspondent à des réalités complexes. Non seulement les États continuent d'être créés mais ils peuvent reprendre la main dans des domaines dont ils s'étaient volontairement exclus. Ainsi, le durcissement de la crise financière mondiale en 2008-2009 avait conduit à un retour de l'interventionnisme étatique : nombreux sont les États qui ont choisi la nationalisation pour prévenir l'effondrement de leur système bancaire ou qui ont lancé des plans de sauvetage pour relancer le crédit à la consommation et aux entreprises et renflouer certains secteurs économiques. La mobilisation de la société civile ou d'acteurs autres que les États est toutefois de plus en plus forte. En matière d'environnement, des entités publiques telles que des unités fédérées ou des villes se sont ainsi constituées en réseau, tel « Cités et gouvernements locaux unis » (CGLU) ou « *International Council for Local Environmental Initiatives* » (ICLEI). En 2015, la convention mondiale des maires pour le climat et l'énergie avait rassemblé 71 000 villes de 119 pays favorisant la réussite de la COP21.

Les difficultés financières des États s'inscrivent désormais dans un contexte de globalisation financière initiée dans les années 1970. Le recyclage des excédents pétroliers avait permis à certains États de s'endetter sans contrôle avant que les taux d'intérêt et la valeur du dollar n'augmentent fortement. Les pays à revenu intermédiaire d'Amérique latine, certains pays d'Europe de l'Est et les pays africains à bas revenu ont alors été confrontés à une crise de solvabilité et non plus de simple liquidité.

Subséquemment à la crise mexicaine de 1982, les dettes souveraines prirent une nouvelle physionomie lorsqu'en 1989, le plan Brady – du nom du secrétaire d'État aux Finances des États-Unis – en facilita la titrisation : les créances bancaires furent converties en titres obligataires garantis après avoir subi une décote. Alimentant la constitution d'un marché secondaire des créances étatiques, les grandes banques internationales purent se dégager au profit d'autres acteurs du marché s'avérant moins enclins à négocier avec les États endettés.

Jusqu'en 2000, les crises monétaires et financières se multiplièrent parmi les États émergents alors que les mouvements de capitaux avaient été libéralisés. Pour des raisons diverses, le Mexique fut de nouveau frappé en 1994-1995 puis les pays du Sud-Est asiatique en 1997, la Russie en 1998 avec d'importants effets de contagion. En 2001, l'Argentine, qui avait vu sa dette multipliée par 20 depuis 1976, s'est retrouvée en défaut de paiement entraînant des émeutes, le prononcé de l'état de siège et la succession en dix jours de quatre présidents.

Tandis que, dans les années 2000, les pays émergents réduisaient leurs dettes publiques – celle de l'Indonésie est par exemple passée de 95 % de son PIB en 2000 à 27 % en 2011 –, l'endettement des trente pays les plus avancés du globe augmentait drastiquement, celui du Japon atteignant ainsi 233 % de son PIB en 2011, celui de la Grèce 166 %. Les possibilités de financement pour certains pays peuvent s'en trouver affectées d'autant que l'irrationalité des marchés financiers se combine à un engrenage de crises : crise des « *subprimes* » de 2007, crise du marché interbancaire, crise bancaire, crise boursière et économique, crise de l'euro…

La rivalité entre l'État gendarme et les entreprises privées s'est accentuée depuis la chute du mur de Berlin en 1989. Les États ont de plus en plus sous-traité à des entreprises militaires et de sécurité privées, des fonctions dont ils s'acquittaient habituellement : soutien logistique des opérations militaires, entretien des systèmes d'armes, protection des biens et des personnes, formation des forces militaires et de police, collecte et analyse de renseignements, garde et interrogatoire de prisonniers et, parfois, participation aux combats. Cette « externalisation » des tâches militaires et de sécurité a augmenté après le 11 septembre 2001 lorsque la demande en prestations liées à la sécurité a elle-même augmenté. Cela a abouti à un nombre considérable de gardes privés employés par des entreprises existant de longue date mais travaillant aussi pour de nombreuses nouvelles sociétés. Cette évolution pose des problèmes quant au respect du droit international humanitaire mais la sous-traitance par le secteur privé est destinée à durer (cf. fiche sur la transformation de la nature des conflits).

La rivalité entre l'État providence (*welfare state*) et les ONG s'accentue depuis la décolonisation et la fin de la guerre froide. Alors qu'en se fondant sur un système de garanties sociales financé par des assurances obligatoires, l'État était devenu au cours du XXe siècle un acteur économique et social primordial pour les individus, il tend à se dessaisir au profit des ONG d'une partie de ses attributions dans les domaines d'aide alimentaire, médicale, d'instruction, de protection de l'environnement, de développement… Ce phénomène devrait aller croissant. Selon Bertrand Badie, « les États devront se résoudre à associer de plus en plus étroitement les acteurs non étatiques s'ils ne veulent pas avoir à faire face à des coûts insurmontables ». Cela est d'autant plus vrai que le budget de certaines ONG dépasse ceux de certaines organisations internationales intergouvernementales. L'exemple d'Haïti pointe cependant les travers de cette évolution. L'aide internationale, qui représentait jusqu'à 80 % des ressources du pays, s'est avérée inefficace, contribuant même à affaiblir le gouvernement national et à transformer le pays en une « république des ONG ». Celles-ci ont multiplié les structures parallèles, en particulier dans l'éducation et dans la santé. Faute d'État exerçant ses prérogatives régaliennes – ou d'une structure internationale provisoire adéquate –, l'île est toujours livrée au chaos et ne parvient pas à se reconstruire depuis le séisme de janvier 2010.

La restructuration des organes étatiques chargés de la politique extérieure se constate dans de nombreux pays. Depuis 2018, la Chine est devenue le pays détenant le plus d'ambassades, de consulats et de missions permanentes dans le monde devant les États-Unis. La France a le 3e réseau diplomatique au monde même si ces organes apparaissent encore pour beaucoup surdimensionnés. De façon très limitée, quelques bureaux communs d'ambassades ou de « colocalisation » d'ambassades ont été ouverts à partir de 1998 avec l'Allemagne dans des pays présentant peu d'enjeux : Bosnie-Herzégovine, Monténégro, Kazakhstan…

Cette restructuration est également justifiée par la mise en place depuis 2010 du **Service européen pour l'action extérieure (SEAE)** comprenant environ 140 délégations à l'étranger. Elle entraîne des fusions de structures consulaires et culturelles, des transferts de compétences aux préfectures frontalières, l'externalisation d'opérations telle la constitution de dossiers de demande de visas… L'organigramme du Quai d'Orsay reste celui fixé par le décret du 10 décembre 1998 mais il connaît des changements. Oscillant encore entre le critère géographique et le critère fonctionnel, il prévoit un secrétariat général et une dizaine de directions générales (affaires politiques et de sécurité, mondialisation et développement…). Des pôles structurent ces divisions : celui « Affaires du Parquet » a par exemple été supprimé tandis qu'un pôle « Religions » a été créé en 2009.

L'importance des ONG

L'accréditation actuelle d'environ 2 000 ONG auprès de l'ONU, contre 400 en 1970, leur permet de jouer un rôle décisif dans le processus d'élaboration des règles de droit : affirmation du principe d'ingérence humanitaire, édiction de la Convention d'Ottawa sur les mines anti-personnel, du Protocole de Kyoto, du Traité sur la Cour pénale internationale, de la campagne sur la dette Jubilé 2000… Le processus d'Oslo visant à interdire les bombes à sous-munitions a été lancé en 2007 grâce aux ONG alors que de nombreux gouvernements – dont celui de la France – freinaient l'adoption de règles contraignantes. Les ONG comme Amnesty international, Human Rights Watch, Attac sont le principal moteur de dénonciation des agissements contraires aux droits humains, d'atteintes à l'environnement ou d'abus économiques… Leur action gagne en efficacité car les riches ONG du Nord et les ONG du Sud collaborent davantage, les premières mettant à la disposition des secondes des moyens matériels et d'expertise pour appuyer leurs actions à un niveau local. De plus, les ONG du Sud s'organisent, coopèrent et investissent les débats internationaux sur des sujets tels que le climat.

Toutefois, pour empêcher les ONG de participer à l'élaboration des normes internationales, certains États – Chine, Cuba… – ont créé des ONG qu'ils contrôlent entièrement de manière à pouvoir discréditer et marginaliser les ONG indépendantes. Cette pratique est devenue si familière qu'on parle de GONGO (*Governmental Operated Non Governmental Organization*) à leur propos. De plus, les ONG peuvent ne pas s'avérer plus vertueuses que les États comme le rappellent les dérives antisémites de la conférence de Durban sur le racisme en 2001.

Une autre difficulté pour les ONG provient du fait qu'elles prennent pour cible les multinationales et les gouvernements alors qu'en fait elles bénéficient du cadre sécuritaire des États de droit et qu'elles ont du mal à intervenir dans les États mafieux ou autoritaires. Cela a été notamment le cas au Myanmar et en Indonésie après le tsunami du 26 décembre 2004. Depuis 2012, des États tels que l'Azerbaïdjan, le Mexique, le Pakistan, la Russie, le Soudan et le Venezuela ont adopté des lois classifiant les ONG recevant des fonds de l'étranger comme « agents de l'étranger » ce qui restreint leur action. Enfin, l'émergence d'un partenariat public-privé, très nette au sommet de la Terre de Johannesburg en 2002, représente pour certains une marginalisation des ONG.

Très efficaces quant à la formulation des règles de droit et quant à leur capacité d'alerte sur les erreurs et abus des États ou organisations internationales, les ONG présentent en revanche un bilan mitigé lors des situations d'urgence : les ONG – principalement occidentales – fonctionnent selon la règle du « premier arrivé-premier parti » pour drainer le plus possible de dons. En 2017, leur rôle a également fait l'objet d'importants questionnements : pour sauver des migrants en Méditerranée, des ONG seraient intervenues dans les eaux territoriales libyennes en contact avec les réseaux de passeurs ; les ONG WWF et WCS, actives dans la protection de la nature, auraient été à l'origine de violences contre les populations pygmées dans le bassin du Congo. De même, l'ONG Sea Sheperd est accusée d'éco-terrorisme par les autorités japonaises mais noue, depuis 2016, des partenariats avec des pays africains pour lutter contre la pêche illégale. En outre, l'augmentation du nombre des ONG et leur intervention dans le cadre de programmes bénéficiant de financements internationaux les ont conduites à se livrer une concurrence féroce et à devoir se plier à une gestion d'entreprise. Leur transparence très limitée pose donc la question de la mise en place d'une instance d'évaluation des ONG.

Souveraineté étatique et gouvernance mondiale

La Charte de l'ONU reposait sur la notion de non-ingérence. Le droit et le devoir d'ingérence humanitaire ont peu à peu été affirmés avant de devenir un élément de la gouvernance mondiale.

La limitation volontaire de compétences de la part des États est de plus en plus fréquente car ils doivent se regrouper pour affronter des problèmes qu'ils sont incapables de résoudre isolément. Lors du Traité de Maastricht signé en 1992, douze États européens avaient ainsi volontairement accepté de perdre un attribut essentiel de leur souveraineté : celui de battre monnaie. Lorsqu'ils vont plus loin et se regroupent dans une structure fédérale, les États perdent alors la qualification même de sujet international. À l'opposé, il peut aussi y avoir des limitations de compétences temporaires très réduites. L'exemple le plus insolite remonte au 17 juillet 1945 lorsque le Royaume-Uni avait renoncé à sa souveraineté sur une chambre d'hôtel à Londres pour 24 heures afin d'éviter à l'héritier au trône de Yougoslavie de naître sur le sol britannique. Plus récemment, les Pays-Bas avaient accepté de renoncer à leurs droits souverains sur un camp militaire le temps d'y accueillir un tribunal de droit écossais constitué en 1999 pour juger deux officiers libyens soupçonnés d'avoir commis l'attentat de Lockerbie en 1988. À leur arrivée aux Pays-Bas, les deux hommes avaient été arrêtés et extradés au camp de Zeist.

L'érosion du concept de souveraineté en droit international s'est accélérée au XXe siècle avec le développement du droit international qui a limité la souveraineté des États par le devoir de ne pas porter préjudice à d'autres États. On peut ainsi citer la sentence arbitrale de l'« affaire de la fonderie de Trail » du 12 mars 1941 qui, en obligeant les États à prévenir des pollutions transfrontalières, est revenue sur la doctrine Harmon de souveraineté absolue : celle-ci avait été formulée par les États-Unis en 1895 à la suite de la réclamation du Mexique sur le détournement des eaux du Rio Grande et prévalait. De même, un droit de regard sur la conduite des gouvernements à l'égard de leur population a été introduit en 1948 par la déclaration universelle des droits de l'homme inspirée par René Cassin.

En 1986, dans l'affaire des activités militaires et paramilitaires au Nicaragua, la Cour internationale de justice établit que l'**assistance humanitaire** devait « se limiter aux fins consacrées par la pratique de la Croix-Rouge, à savoir prévenir et alléger les souffrances de l'homme, protéger la vie et la santé et faire respecter la personne humaine ». Deux ans plus tard, la résolution 43/131 du 8 décembre 1988 de l'Assemblée générale de l'ONU affirma que les organisations humanitaires devaient avoir accès aux victimes de catastrophes naturelles et lors de situations d'urgence du même ordre. Obtenue à l'initiative du professeur de droit Mario Bettati et de Bernard Kouchner, cette consécration en droit international fut popularisée sous l'appellation de « **droit d'ingérence** ». En décembre 1990, le Conseil de sécurité invoqua la résolution 43/131 pour ouvrir un couloir humanitaire aux Kurdes fuyant l'Irak. Il les multiplia ensuite pour assurer le transit des convois d'aide internationale : en Yougoslavie et en Somalie en 1992, en Sierra Leone en 1999, au Liberia en 2003. En avril 1999, le « droit d'ingérence », transformé en « **devoir d'ingérence** », justifia l'intervention de l'Otan dans les affaires internes d'un État tiers afin d'empêcher la purification ethnique au Kosovo.

À la suite du rapport 2001 intitulé « la **responsabilité de protéger** » de la Commission canadienne présidée par Garett Evans sur l'intervention et sur la souveraineté de l'État, Kofi Annan avait affirmé qu'il ne s'agissait plus « du problème du droit à l'intervention, mais plutôt de celui de la responsabilité de tous les États qui doivent protéger leurs propres populations, [...] celle de la totalité des hommes qui doivent protéger leurs semblables contre les abus les plus graves, partout et chaque fois que cela s'avère nécessaire ». Mais ce qui a été appelé la « **doctrine Annan** » n'a jamais été appliqué faute de moyens. Pire, la « responsabilité de protéger » invoquée pour justifier l'intervention en Libye en 2011 a affaibli la portée du concept : les Russes et les Chinois considèrent qu'ils ont été dupés car la volonté d'empêcher le massacre de populations rebelles s'était transformée en un processus de changement de régime. Aussi, la « responsabilité de protéger » dépend de l'adoption d'une résolution du Conseil de sécurité pour bénéficier d'une base légale incontestable.

Le concept de gouvernance mondiale était au départ associé à l'État : il résultait de la transposition du vocabulaire du monde de l'entreprise (*corporate governance*) effectuée par la Banque mondiale dans les années 1980 pour consentir des prêts : la « bonne gouvernance » était synonyme d'État de droit, de saine gestion économique, de responsabilité politique des gouvernants, de transparence et de sécurité. Ce concept s'est alors imposé à tous les bailleurs de fonds internationaux qui ont fait de la gouvernance un processus d'analyse d'efficacité de leurs politiques dans lesquelles les acteurs privés occupaient une place fondamentale : par exemple, les politiques agricole et régionale qui constituent à elles deux environ 85 % des dépenses de l'Union européenne, impliquent la participation des exploitations agricoles, des entreprises, des communes, des autorités locales puis nationales. Cette utilisation du concept de gouvernance (*multi-level governance* dans le cas européen) à des fins d'analyse politique s'avère fondamentale.

Lorsque le concept de gouvernance a été transposé au niveau mondial en 1995 par la « *Commission on global governance* » créée à l'instigation de Willy Brandt, cela a permis de ne plus percevoir les relations internationales comme une interaction entre gouvernements mais de prendre en compte les autres acteurs de la société internationale (ONG, multinationales, etc.). La notion de gouvernance s'est alors trouvée davantage associée aux ONG qu'aux États d'autant que la mondialisation et les TIC permettaient aux individus de coordonner leurs activités et leurs initiatives. La recherche de concertations et de compromis aboutit donc à une décentralisation des décisions. Mais ce processus est encore limité et il suppose la participation active de tous les individus pour arriver à une prise en charge d'enjeux sociaux globaux.

Même si la gouvernance mondiale tient encore essentiellement d'une réflexion sur les normes à introduire pour arriver à un monde meilleur, elle serait d'ores et déjà, selon certains analystes tel Bertrand Badie, sortie du domaine de l'utopie ou de l'idéalisme : d'une part, elle correspond à un moyen auquel l'État aura de plus en plus recours pour réduire ses dépenses en acceptant volontairement de renoncer à certains de ses pouvoirs ; d'autre part, elle correspond à des mutations réellement subies par la vie internationale. Mais cette vision très optimiste ne résout pas le défi posé qui serait de gouverner sans gouvernement et de résoudre les conflits sans utilisation de la contrainte. L'absence de règles juridiques ne peut certes être compensée par des obligations morales dont la violation serait sanctionnée par le « *shaming* » – de l'anglais « *shame* » la honte. La mise à l'index par l'opinion publique ne peut en effet devenir un mode de gouvernement (cf. fiche sur l'éthique).

Les réseaux

Complétant la notion de gouvernance qui insiste davantage sur les liens et les interactions plutôt que sur les acteurs, l'approche en termes de réseau met l'accent sur le rôle des individus dans les relations internationales. Créant des espaces de mobilisation allant au-delà des espaces nationaux, les acteurs privés organisés en réseaux gèrent et distribuent des ressources parfois très importantes, diffusent des valeurs et des pratiques – parfois criminelles – en contournant les États.

Les réseaux sociaux sur internet deviennent des acteurs indiscutables des relations internationales. Ils sont parfois considérés comme des États car ils disposeraient d'un système juridique (les conditions d'utilisation), un territoire (les serveurs) et une population (les inscrits qui peuvent dépasser le milliard). Leurs facultés de mobiliser les personnes et de faire bouger les opinions publiques sont capables d'influer sur des éléments de politique internationale. En 2012, le fort retentissement d'une vidéo diffusée sur internet par une ONG californienne avait ainsi décidé les Américains à envoyer une centaine de militaires pour aider les forces ougandaises à capturer Joseph Kony recherché depuis 2005 par la Cour pénale internationale (CPI). La diffusion de l'information par les réseaux sociaux a parfois des répercussions capables de menacer des régimes politiques : contestations dans les régimes totalitaires, révolutions arabes, contestations égyptiennes ou tunisiennes contre les islamistes... Elle peut leur donner une dimension mondiale et renforcer les collaborations internationales du fait de la quantité de données à analyser et de leur caractère transfrontalier. On retiendra les révélations de *WikiLeaks* sur les dessous de la diplomatie américaine, celles de « l'*Offshore*[1] » et des « *Panama papers* » sur les paradis fiscaux, celles d'Edward Snowden sur l'espionnage des services secrets américains, les « *Paradise Papers* »...

Le Forum de Davos en Suisse (*European Management Forum* devenu *Word Economic Forum* en 1986) est conçu comme un espace d'échanges interdisciplinaires rassemblant quelque 3 000 personnalités du monde des affaires, des sciences, de la politique et même du spectacle. Ayant pour ambition de préparer et d'accompagner les grandes évolutions socio-économiques du monde, ce forum devenu un indicateur de tendances propose aussi des solutions sur le plan pratique : il avait notamment été à l'origine du rapprochement entre Frederik de Klerk et Nelson Mandela (1918-2013), et du retour de l'Afrique du Sud dans les relations internationales.

Le Forum social mondial a été créé par le mouvement altermondialiste (cf. fiche sur la mondialisation) en réaction au sommet de Davos. Conçu comme un « laboratoire de recherches », ce Forum a réuni 20 000 personnes la 1re année en 2001, 50 000 en 2002, 100 000 en 2003, 133 000 en 2009 à Porto Allegre puis à Belem au Brésil.

Les experts internationaux sont de plus en plus sollicités dans les enceintes internationales car celles-ci se retrouvent confrontées à des interrogations scientifiques (pandémies, OMG, réchauffement climatique...). De ce fait, les décisions politiques sont souvent fondées sur des expertises (cf. fiche sur le développement durable). Outre la question fondamentale de l'indépendance des experts[2], on notera qu'en cas de désaccord entre l'élu et l'expert, c'est l'élu qui a le dernier mot : ainsi, dans l'arrêt Pfitzer et Alpharma du 11 novembre 2002, le Tribunal de première instance de l'Union européenne a considéré que l'avis du Comité scientifique – obligatoire mais non conforme – pouvait être écarté au nom du principe de précaution. Toutefois, les experts internationaux deviennent parfois de véritables « **oracles** » au jugement infaillible comme dans le cas de certains directeurs des banques centrales les plus importantes – Alan Greenspan surnommé en son temps « l'homme qui murmurait à l'oreille des marchés » – ou certains présidents d'ONG...

Les « Nobel » constituent une catégorie d'individus médiatiques très influents car le prix reçu les convertit en dépositaires de savoirs ou de valeurs morales universelles. Ils utilisent alors leur légitimité dans leur domaine de connaissance pour

1. En juin 2013, le consortium de journalisme d'investigation (ICIJ) a mis en ligne des données révélant l'existence de 120 000 sociétés opérant dans les paradis fiscaux.
2. L'indépendance des experts de l'OMS vis-à-vis des laboratoires pharmaceutiques a ainsi été questionnée en janvier 2010, à propos du virus de la grippe A (H1N1).

intervenir dans la politique internationale. En 2011, 18 d'entre eux participaient ainsi au « procès de l'humanité » pour alerter sur le réchauffement climatique alors qu'en 1992, ils étaient 52 à signer l'appel de Heidelberg pour s'opposer à ce que l'écologie puisse freiner le progrès scientifique.

La criminalité internationale joue aujourd'hui un véritable rôle géopolitique. Elle a connu une hausse spectaculaire depuis la chute du mur de Berlin et du fait de la mondialisation car elle a été favorisée par l'allégement des contrôles frontaliers, les nouvelles technologies et la mobilité accrue des personnes, des capitaux et des entreprises. Les trafics les plus importants concernent les stupéfiants (opium et héroïne d'Afghanistan, cocaïne de Colombie, ecstasy d'Europe…), les contrefaçons avec de possibles dangers pour la santé humaine lorsqu'elles portent sur les médicaments, les pièces détachées, etc. ainsi que le trafic d'êtres humains qui, qualifié de « crime silencieux », atteint les femmes pour la prostitution, les enfants pour la pédophilie, les adultes pour leur force de travail. D'autres formes de crimes connaissent également des dimensions planétaires (cf. chiffres). Ils s'ajoutent encore à la criminalité numérique (clonage de cartes de crédit et *phishing* ou vol d'identité), au faux-monnayage, à l'espionnage industriel, au trafic de matières nucléaires, de déchets toxiques au commerce d'organes humains et au blanchiment des profits du crime.

Les organisations criminelles sont particulièrement puissantes en Russie où leur collusion avec les autorités publiques se vérifie à tous les niveaux de l'État, en Europe de l'Est, en Asie centrale, en Chine, au Nigeria et au Brésil. Elles constituent une menace mondiale car elles blanchissent leurs capitaux illégaux dans l'économie, pratiquent la corruption qui constitue un fléau considérable dans les pays pauvres, se traduisant par l'affaiblissement des institutions et la perte de confiance dans la primauté du droit. Elles se jouent des frontières comme les cartels de la drogue capables de passer du Mexique au Guatemala. L'Afrique est également devenue la plaque tournante du trafic de cocaïne en transit vers l'Europe et une destination de choix pour les déchets toxiques. En particulier, la Guinée-Bissau s'apparente à un narco-État désigné par les Nations-Unies en 2010 comme le maillon faible en Afrique.

La criminalité organisée

La criminalité organisée a atteint de tels niveaux de puissance que des États d'Amérique latine demandent qu'elle entre dans les compétences de la CPI (cf. fiche sur la justice pénale internationale). Depuis 2011, les narco-trafficants recourent communément à des sous-marins pour livrer communément des tonnes de cocaïne entre la Colombie, l'Équateur et l'Europe. En 2020, certains cartels de la drogue ont déclaré la guerre au gouvernement mexicain.

La collaboration internationale est indispensable pour disposer de moyens de lutte efficaces contre la criminalité organisée mais, dans les faits, les polices sont peu disposées à échanger leurs informations. Pour des raisons électorales, les autorités politiques préfèrent employer leurs forces de police à lutter contre la criminalité locale même si celle-ci est alimentée par le banditisme international. Aussi la coopération policière résulte surtout d'accords bilatéraux. Mais il existe également des organismes régionaux, tel Europol à La Haye pour l'Union européenne. Au niveau mondial, Interpol créé en 1923 réunit désormais 190 États ; son secrétariat général est situé à Lyon depuis 1989. Toutefois, leurs compétences sont limitées car aucun de leurs agents n'est habilité à procéder à des arrestations. Selon l'ancienne juge Eva Joly, les organismes supranationaux sont « faibles car ils fonctionnent sur le consensus. Par nature, ce sont des lieux propices aux collusions d'intérêts et aux jeux d'alliances ». Mais elle rappelle que « s'ils n'existaient pas, la situation serait encore pire ». C'est pourquoi en 2009, elle proposait de considérer la grande corruption comme une violation des droits humains, et de créer également un tribunal européen chargé de la criminalité économique transfrontières.

Diverses conventions internationales ont été adoptées pour lutter contre la criminalité internationale depuis 1961. Elles visent à établir des unités de renseignement financier sur les blanchiments d'argent et de favoriser les liaisons entre les organismes correspondants dans les pays partenaires, de permettre la confiscation des avoirs détenus par des criminels et de lutter contre la corruption. Après la convention des Nations unies contre le crime organisé transnational de Palerme de 2000 qui traite de la coopération internationale en matière d'enquêtes, de poursuite judiciaire et d'extradition, dans les affaires de blanchiment d'argent, de corruption et d'entrave à la justice, trois protocoles additionnels ont conduit les États à réviser leur arsenal juridique et à adopter des lois contre le trafic d'êtres humains. La France l'a fait en 2003. La Convention des Nations unies contre la corruption de Mérida de 2003 vise tant le secteur privé que le secteur public ; elle prévoit aussi bien des mesures préventives que la pénalisation des actes de corruption (trafic d'influence et blanchiment d'avoirs provenant de la corruption, entrave au bon fonctionnement de la justice) et la restitution d'avoirs illicites résultant de la corruption. Elle a été ratifiée par 165 pays qui se sont dotés d'une législation anticorruption.

En matière de drogues, la stratégie répressive des États a été reprise par diverses conventions internationales. Toutefois, le fiasco est tel qu'une remise en question s'est dessinée : après le rapport de la Commission mondiale sur la politique des drogues de 2011, divers États tels que l'Uruguay et le Canada ont dépénalisé ou légalisé le cannabis. L'intérêt des investisseurs modifie les paramètres jusque-là pris en compte, entraînant des débats politiques auparavant tabous. La dépénalisation ou la légalisation de toutes les drogues est désormais évoquée. De plus, en avril 2016, l'Assemblée générale de l'ONU a marqué un tournant en préconisant une approche préventive et non plus répressive. Si celle-ci était appliquée, les rapports internationaux s'en trouveraient modifiés (cf. chiffres).

Le pouvoir des multinationales

Les tentatives de réglementation des multinationales poursuivies dans le cadre de l'ONU à partir de 1972, de l'OCDE en 1976, de l'OIT en 1979 n'ont pratiquement débouché sur aucune norme juridique. En 1999, au Forum de Davos, les mille grands patrons réunis avaient unanimement signé le Pacte global établi par le secrétaire général de l'ONU Kofi Annan comportant un engagement de respecter neuf principes relatifs aux droits humains, au droit du travail et au respect de l'environnement. Quand il s'est agi en 2004 à New-York d'en dresser le bilan, et que Kofi Annan a proposé de créer un mécanisme international de surveillance, sa proposition a été rejetée à l'unanimité.

Faute d'une réelle réglementation internationale, les partisans de la « bonne gouvernance » mondiale peuvent donc invoquer le concept d'entreprise socialement responsable respectant un triple niveau d'exigence : les bénéfices, l'impact sur l'environnement et l'impact sur les communautés dans lesquelles elles sont implantées. Il est vrai que certaines entreprises ont incité à plus de transparence, qu'elles ont demandé aux États-Unis des lois plus strictes pour protéger l'environnement et qu'elles ont elles-mêmes réduit leurs émissions de gaz à effet de serre sans contraintes administratives. Des entreprises œuvrent via des fondations philanthropiques, telle celle de Bill et Melinda Gates contre le paludisme. Ces ONG particulières sont critiquées car elles jouent un rôle d'organe de communication d'entreprises commerciales mais elles demeurent marginales. De plus, ce mécénat privé ne compense pas forcément le manque de contribution fiscale, comme dans le cas des armateurs grecs qui ont régulièrement pallié les défaillances de l'État et qui étaient encore intervenus en 2012 pour amortir les restrictions budgétaires en matière d'éducation et de santé. Selon l'ancien rapporteur spécial de l'ONU pour le droit à l'alimentation Jean Ziegler, « les seigneurs de la guerre économique ont mis en coupe réglée la planète », « aucun État-national, aucune organisation supranationale, aucun mouvement démocratique ne résiste à cette offensive ».

Les « seigneurs de la guerre économique » : le pot de terre contre le pot de fer... Certaines multinationales ont atteint un tel niveau de puissance qu'elles rivalisent avec les États – pas seulement les Républiques bananières – et avec les organisations internationales. Ainsi, l'entreprise Microsoft/Alphabet a facilement tenu le bras de fer engagé contre elle par la Commission européenne depuis le début des années 2000. Après la crise économique de 2008, ce sont les pratiques d'optimisation fiscale poursuivies par les grands groupes qui sont en cause et contre lesquelles les autorités réunies au G8 de juin 2013 ont commencé à réagir. De plus, les développements des TIC permettent à des sociétés, telle l'américaine Google ou Facebook, d'accumuler des données sensibles remettant en cause la conception même de la vie privée des individus. Mais là encore, les premières procédures n'ont été ouvertes dans des États européens qu'en 2012.

Quant aux actions de « *shaming* », elles restent quasi-anecdotiques telle celle qui a concerné Nestlé en 1979 ou Google en 2006. Cela est moins vrai pour les actions judiciaires engagées par les particuliers mais, même si elles sont mobilisatrices, elles restent très déséquilibrées et aléatoires. Après la catastrophe de Bhopal en 1984 qui avait provoqué plus de 8 000 décès immédiats et 100 000 blessés, Union Carbide avait pu conclure en 1989 un accord extrajudiciaire en Inde pour 470 millions de dollars et les condamnations intervenues en juin 2010 n'ont concerné que des dirigeants locaux. En 2007, la multinationale Chiquita Brands avait passé un accord avec le Département américain de la justice : accusée d'avoir financé des groupes paramilitaires colombiens, elle a échappé à toute poursuite contre le paiement d'une amende de 25 millions de dollars. On note toutefois, que l'impunité cède peu à peu le pas devant la justice. Ainsi, en 2009, Royal Dutch Shell avait payé 15,5 millions de dollars pour clore une procédure aux États-Unis visant la corruption d'un tribunal nigérien ayant condamné à mort l'écrivain Ken Saro-Wiwa. Celui-ci défendait des populations du delta du Niger dans les années 1990.

Principaux chiffres

En 2019, le réseau diplomatique français comptait 182 ambassadeurs, 89 consuls et consuls généraux. Elle accueillait 186 ambassades accréditées – résidentes ou non –, 651 postes consulaires, 70 organisations internationales, 250 délégations et représentations étrangères permanentes auprès de l'Unesco, l'OCDE et le Conseil de l'Europe, soit environ 25 000 personnels diplomatiques et consulaires.

Source : *Le Monde* du 15 février 2019.

En 2017, la société SpaceX dirigée par Elon Musk est devenue le 1er lanceur de satellites avec 18 tirs et 110 tonnes envoyées devant Arianespace, 11 tirs, 59 tonnes envoyées dans l'espace.

Source : *Science & Vie*, n° 1207 d'avril 2018.

Le trafic mondial des contrefaçons génère un revenu estimé de 923 à 1 130 milliards $, celui des stupéfiants de 426 à 652 milliards de $, des êtres humains à 150,2 milliards, des connexions illégales de 52 à 157 milliards, des produits illicites de la pêche à 15,5 à 36,4 milliards, des produits illicites des mines de 12 à 48 milliards, de la contrebande de pétrole brut de 5,2 à 11,9 milliards, des espèces sauvages de 5 à 23 milliards, des armes légères de 1,7 à 3,5 milliards, des organes humains de 840 millions à 1,7 milliard.

Source : *Global Financial Integrity*, 2017.

L'Afghanistan est le 1er producteur d'opium (6 400 tonnes) loin devant la Birmanie (670 tonnes) ; les consommateurs sont en Asie (12,14 millions de personnes en ayant consommé au moins une fois en un an), en Amérique du Nord (12,01). Le Pérou est le 1er producteur de coca (49 800 ha), devant la Colombie (48 000 ha) ; les consommateurs de cocaïne sont en Amérique du Nord (5,29 millions) devant l'Europe et l'Amérique du Sud (3,68). Le Maroc est le 1er producteur de cannabis (47 196 hectares) devant la Mongolie (15 000 ha) ; les consommateurs se trouvent en Asie (55,51 millions), en Afrique (45,8) et en Europe (23,67).

Les dépenses pour lutter contre le trafic de drogues sont évaluées à 1 000 milliards de dollars par an à l'échelle mondiale, dont environ 50 milliards de dollars pour les États-Unis. Ces trafics généraient un chiffre d'affaires de 300 milliards de dollars.

Source : Organe international de contrôle des stupéfiants (OICS), *Rapport 2015*.

De 2010 à 2014, les actes de piraterie sont passés de 220 à 41 dans le golfe d'Aden et de 29 à 36 dans le Golfe de Guinée. Le montant des rançons réclamé dans le Golfe d'Aden était passé de 150 000 dollars en moyenne en 2005 à plus de cinq millions de dollars en 2011.

Source : ONU (*Rapport Jack Lang*) du 18 janvier 2011 et *The Economist* du 29 novembre 2014.

Dans 158 pays étudiés par le FMI de 1991 à 2015, la part de l'économie souterraine représentait environ 31,9 % de leur PIB. Au Nigeria et en Bolivie, cette part dépassait 60 % du PIB. En Autriche et en Suisse, la part était respectivement de 8,9 % et 7,2 %.

Source : FMI, *Working Paper n° 18/17*, janvier 2018.

Ouvrages récents

- Jean-François Daguzan, *La fin de l'État-nation ? De Barcelone à Bagdad*, CNRS Éditions, 2015.
- Mireille Delmas-Marty, *Une boussole des possibles. Gouvernance mondiale et humanismes juridiques*, Collège de France, 2020.

Exemples de sujets

- Le poids des réseaux dans les relations internationales
- La gouvernance globale
- L'impact des technologies de l'information sur les relations internationales
- La criminalité est-elle un acteur des relations internationales ?

15 La transformation de la nature des conflits

Les conflits armés ont émaillé l'histoire de l'humanité depuis ses origines. De profondes évolutions les ont fait passer du stade de batailles glorieuses à des boucheries anonymes, de guerres pour l'honneur à des guerres idéologiques, des guerres de princes à des guerres de peuples. Après les deux guerres mondiales, les nations ont mis en place des organisations destinées à éviter de semblables conflits et prévu des moyens de règlement pacifique des différends.

Après la fin de la guerre froide et le risque existant de cataclysme nucléaire entre les puissances soviétique et américaine, la fragmentation des empires a entraîné la dissémination des armes de destruction massive, l'affirmation de violentes revendications identitaires ainsi que le renouvellement du terrorisme international. La mondialisation a également changé de fond en comble les conditions de sécurité qui prévalent aujourd'hui. Le monde est devenu à la fois plus complexe mais aussi plus interdépendant. Par ailleurs, de nouvelles préoccupations économiques ou environnementales – accès aux matières premières, gestion de l'eau, migrations climatiques… – rappellent aux nations leur vulnérabilité quelle que soit leur puissance économique ou militaire.

Historique

Depuis qu'il y a des hommes… Si la violence n'est pas liée à la nature animale de l'homme, la guerre ne peut non plus recevoir une explication matérialiste : bien avant le néolithique (production et capitalisation de biens) de 9 000 à 2 000 av. J.-C., des traces de cannibalisme trouvées en Croatie datent d'environ 100 000 ans av. J.-C. (paléolithique moyen) ; les premières traces d'un massacre collectif trouvées au Soudan datent de 12 000 à 10 000 av. J.-C.

« ***L'art de la guerre*** » écrit par Sun Zi entre le ve et le ive siècle av. J.-C est l'un des plus célèbres traités de stratégie et ce, même si la Chine impériale n'est jamais devenue une grande puissance militaire.

Les canons font leur apparition à la bataille de Crecy opposant Français et Anglais en 1346. Mais les armes à feu ne deviennent décisives qu'au xvie siècle quand, à la bataille de Pavie en 1525, les arquebusiers de Charles Quint déciment les troupes de François Ier.

La guerre de Trente Ans (1618-1648) s'est avérée extrêmement meurtrière notamment pour les civils entraînant la mort des trois quarts des habitants de certaines régions allemandes. Cette guerre fut provoquée par l'antagonisme religieux des catholiques et des protestants ainsi que par les réactions aux ambitions du Saint-Empire.

La guerre nationale remonte à la bataille de Valmy qui opposa, le 20 septembre 1792, 24000 Français et 100000 Austro-Prussiens. Goethe écrivit à son sujet, « de ce lieu, de ce jour, débute une nouvelle ère de l'histoire de l'humanité ». Valmy inaugure en effet le passage des armées féodales aux armées de conscription. Elle montre que la puissance d'une armée ne réside plus dans la seule capacité « technique » des soldats mais aussi dans leur degré de motivation et de cohésion idéologique. Cette bataille de Valmy fit moins de 500 victimes.

« ***De la guerre*** » est une compilation des écrits de Carl von Clausewitz de 1816 à 1830. On doit, à cet officier et théoricien militaire prussien, la célèbre formule : « La guerre n'est rien d'autre que la poursuite de la relation politique par d'autres moyens ».

Les guerres de l'opium, de 1839 à 1860, furent déclenchées par les Britanniques au nom de la liberté du commerce. Elles obligèrent la Chine à légaliser les importations d'opium et à signer des traités inégaux.

Les conflits armés modernes impliquant des armées de masse bénéficiant d'une puissance industrielle commencent avec la Guerre de Sécession (1861-1865) aux États-Unis : les ressources et les moyens de transport de l'ère industrielle sont alors utilisés à grande échelle pour faire la guerre. Ce conflit préfigure les guerres du XXe siècle en faisant appel à une mobilisation nationale puisant profondément dans les ressources de la société civile.

La Grande guerre de 1914 à 1918 implique des nations du monde entier. De nouvelles armes de destruction sont utilisées, notamment des gaz. Sur le front occidental, il s'est agi d'une guerre de position conduisant les soldats à s'enterrer dans des tranchées dans des conditions abominables. Une grande différence marquait ainsi la vie au front et la vie à l'arrière.

La guerre froide fut qualifiée par Raymond Aron de guerre improbable et de paix impossible. Reposant sur un équilibre entre les puissances antagonistes américaine et soviétique, elle commence vers 1947 et a duré, selon les points de vue, jusqu'au début de la *glasnost* en 1985 ou jusqu'à la chute du mur de Berlin en 1989. En 1961, l'Inde de Nehru, la Yougoslavie de Tito, l'Égypte de Nasser refuseront cette logique des blocs pour former le mouvement des non-alignés et instaurer une forme voisine de la neutralité : le neutralisme ou le non-alignement. Émaillée de guerres bipolaires, une coexistence pacifique se dessina de la crise des missiles soviétiques à Cuba en 1962 à la signature du Pacte d'Helsinki en 1975. La Guerre froide a aussi entraîné un intérêt accru pour les études de sécurité comprenant aussi bien l'irénologie – science de la paix – que la tentative délaissée de formuler une science de la guerre, la polémologie (cf fiche n° 1).

Le concept de la guerre « zéro mort pour les militaires » devient un objectif après le retrait précipité des Américains en Somalie en 1993. Constituant une contrainte importante pour les interventions à venir des Occidentaux, il trouve une application avec le recours extensif aux armes à distance.

Connaissances de base

Synthèse

Les conflits sont définis par Lewis Coser comme des « affrontements entre acteurs collectifs sur des valeurs, des statuts, des pouvoirs ou des ressources rares et dans lequel l'objectif de chaque protagoniste est de neutraliser, d'affaiblir ou d'éliminer ses rivaux ». Ils ont subi de profondes transformations au cours du XXe siècle : confinés aux cas de légitime défense et mis pratiquement hors la loi par le droit international, les conflits armés sont devenus le recours ultime, alors que des mécanismes de règlement pacifique des différends étaient mis en place. Il y a de moins en moins de conflits transfrontaliers mais de plus en plus de guerres civiles déclenchées et entretenues pour des enjeux économiques.

Prévenir les conflits : les relations diplomatiques et consulaires

Célébré par Montesquieu, le « doux commerce » peut jouer un rôle pacificateur des relations internationales. Mais la diplomatie reste l'instrument fondamental pour prévenir les conflits.

Les relations diplomatiques sont très anciennes puisque, dès l'Antiquité, les souverains envoyaient des émissaires pour mener des négociations spécifiques. Au Moyen Âge, l'ambassade mandée par Charlemagne en 797 demeure célèbre pour être revenue cinq ans plus tard chargée de magnifiques cadeaux, dont un éléphant albinos, offerts par le calife de Bagdad. Celle du Vénitien Marco Polo légua « le devisement du monde » en 1298 considéré comme l'ancêtre des rapports diplomatiques. C'est d'ailleurs à cette époque que la diplomatie s'institutionnalise et que les relations consulaires font leur apparition, lorsque les Républiques marchandes italiennes cherchèrent à protéger les intérêts de leurs commerçants se rendant en Orient.

Peu à peu, la diplomatie se développe ; elle se professionnalise après le Congrès de Vienne de 1815 puis se modernise au XXe siècle touchant alors au commerce et à la culture. Les nouveaux moyens de communication et de transport entraînent une moindre autonomie des diplomates et une multiplication des contacts directs au plus haut niveau de l'État. Ils permettent aussi de pallier les blocages étatiques. Ainsi, les États-Unis puis Israël ont-ils ouvert des « ambassades virtuelles » s'adressant aux Iraniens ou aux ressortissants des pays du Golfe persique avec lesquels les relations diplomatiques sont inexistantes ou très limitées. En 2013, la France a nommé un représentant spécial pour les négociations internationales sur le numérique, poste aux compétences larges transformé en celui d'ambassadeur du numérique fin 2017.

La diplomatie constitue un « instrument essentiel de coopération efficace dans la Communauté internationale, qui permet aux États, nonobstant les différences de leurs systèmes constitutionnels et sociaux, de parvenir à la compréhension mutuelle et de résoudre leurs divergences par des moyens pacifiques » comme le soulignait la Cour internationale de Justice de La Haye dans l'arrêt du 24 mai 1980 relatif au personnel diplomatique et consulaire des États-Unis à Téhéran. Toutefois la diplomatie secrète qui correspond aux missions officieuses et aux tractations confidentielles ayant lieu en marge des entretiens officiels, peut s'avérer un instrument délétère. Son remplacement par une « diplomatie franche et transparente » avait ainsi été prôné le 8 janvier 1918 par Woodrow Wilson dans son discours en Quatorze points car il y voyait l'une des principales causes de la Grande guerre. Il rejoignait en cela les Bolcheviks qui avaient publié la correspondance diplomatique révélant les motivations cachées de l'entrée en guerre des diverses puissances (conquête des détroits méditerranéens et de Constantinople pour l'Empire russe, de la Dalmatie pour les Italiens, etc.). En 1939, le pacte germano-soviétique démontra leur volte-face sur la question. Plus récemment, les révélations de WikiLeaks ont relancé le débat en le modifiant : en matière diplomatique, la transparence absolue constitue-t-elle un mythe tenant d'un « totalitarisme masqué » ? (position exprimée par l'ex-ministre des Affaires étrangères Hubert Védrine le 1er décembre 2010)

La codification, coutumière puis conventionnelle, a été parachevée par les Nations unies. Les conventions de Vienne du 18 avril 1961 sur les relations diplomatiques et du 24 avril 1963 sur les relations consulaires reposent sur le principe juridique d'égalité souveraine des États. Elles rejettent la formule d'un droit de légation au profit de l'accord mutuel des États. La procédure d'agrément pour les diplomates, de l'exequatur pour les consuls, en constitue le pivot et il est prévu que les effectifs des missions diplomatiques doivent être maintenus dans « des limites raisonnables ». Aussi, un État peut-il demander, en vertu du principe de réciprocité, la réduction des effectifs de l'ambassade d'un pays étranger jugés excessifs par rapport à ceux de ses propres représentations.

Les fonctions diplomatiques et consulaires peuvent être cumulées mais elles diffèrent : contrairement aux consuls, l'ambassadeur est un représentant de l'État accréditant. Il est chargé de négocier avec l'État accréditaire (d'accueil). Il contribue au développement des relations amicales sur le plan économique, culturel et scientifique. Son rôle d'observateur, particulièrement important dans le passé, faisait alors du diplomate un « espion privilégié », selon la formule « les ambassadeurs sont les yeux et les oreilles des États ». Il agit comme un intermédiaire qui porte à la connaissance du gouvernement étranger les notes de communication de son gouvernement et réciproquement. Dans la pratique, les instructions gouvernementales s'avèrent souvent très précises dans les relations multilatérales tandis qu'elles sont limitées aux très grandes affaires pour les relations bilatérales. Aussi la personnalité du diplomate a-t-elle une grande influence sur l'accomplissement de sa mission. L'exemple le plus célèbre est celui du Suédois Raoul Wallenberg, devenu un héros durant la Seconde Guerre mondiale en sauvant 97 000 juifs de Budapest grâce à la délivrance de laissez-passer suédois et à l'ouverture d'extensions de l'ambassade intitulées « maisons de la Suède ». Exceptionnellement, un ambassadeur peut représenter et veiller à la protection des intérêts d'un État tiers à condition que l'État accréditaire l'accepte. De 1939 à 1945, la Suède a ainsi assumé la représentation de 19 États auprès de l'Allemagne nazie et la Suisse de 35 États.

Le consul, qui ne représente pas son État d'origine, a une compétence territoriale limitée à celle de la circonscription consulaire qui peut correspondre à une simple ville portuaire. Il exerce de nombreuses fonctions dont celles d'état civil, d'assistance judiciaire et parajudiciaire des ressortissants, des navires, aéronefs et équipages, de délivrance de passeports et de visas…

Afin d'exercer leurs missions, les ambassadeurs et consuls bénéficient d'**immunités**. Autrefois justifiées par la théorie formulée par Grotius de l'extraterritorialité – c'est-à-dire la fiction de l'enclave étrangère non soumise à la souveraineté du pays accréditaire ou de résidence –, les immunités ne sont plus justifiées que par la nécessité de garantir aux diplomates l'indépendance de leurs fonctions sans subir l'emprise de l'État d'accueil. La non-imposition fiscale dans l'État de résidence relève pour sa part de la simple courtoisie (privilège fiscal). Les immunités couvrent la liberté de communication (incluant l'envoi de documents officiels par le biais de la valise diplomatique), l'inviolabilité interdisant l'arrestation du diplomate ou l'intervention non sollicitée dans l'hôtel de l'ambassade, l'immunité de juridiction interdisant les poursuites judiciaires dans l'État d'accueil. Leur étendue varie selon les fonctions : très larges pour les ambassadeurs et leur famille, beaucoup plus restreintes pour les consuls et pour les agents administratifs ou techniques.

Le respect des immunités diplomatiques pèse sur l'État accréditaire. De leur côté, les diplomates et les consuls sont tenus de ne pas s'immiscer dans les affaires intérieures de l'État d'accueil, de respecter ses lois et de ne pas exercer d'activités commerciales. En cas contraire, l'État accréditaire peut déclarer le diplomate « *persona non grata* », c'est-à-dire « personne qui n'est pas appréciée ». Un délai lui est alors imparti pour quitter le pays sous peine d'expulsion. Cette décision, considérée comme grave, expose à une mesure équivalente de l'État accréditant. Elle est toutefois loin d'être exceptionnelle. L'État accréditaire peut également demander la levée de l'immunité du diplomate à l'État accréditant. Ce dernier, qui est le seul à pouvoir l'accorder, peut aussi sanctionner son ressortissant une fois revenu sur son territoire.

La réduction ou la rupture des relations diplomatiques intervient pour des causes jugées très graves même si la mesure peut rester symbolique. On rappellera que, sous la pression de la Chine, la majorité des pays n'a plus d'ambassadeur à Taïwan mais un simple « représentant ». Seuls 17 petits pays dont le Saint-siège ont maintenu leurs relations diplomatiques. Généralement, la rupture est brève. Ainsi, en 2018-2019, le Canada a rappelé la moitié de son personnel en poste à Cuba à la suite de maux de tête graves et inexpliqués depuis 2017. Les diplomates américains étaient également affectés depuis 2016. Pour d'autres raisons, les ambassadeurs des pays membres de l'Union européenne avaient été rappelés suite à la fatwa de l'ayatollah Khomeini ordonnant en 1989 l'assassinat de l'écrivain Salman Rushdie, auteur des Versets sataniques. Autre exemple plus récent, Ankara avait rappelé en mai 2006 ses ambassadeurs à Paris et Ottawa « pour consultation pour une courte durée » afin d'appuyer ses mises en garde contre l'adoption d'une loi pénalisant tout déni du génocide arménien. L'ambassadeur peut aussi être convoqué par l'État accréditaire pour lui faire des « représentations », c'est-à-dire lui exprimer un vif mécontentement. Les contacts officiels peuvent être gelés ou, cas exceptionnel, rompus. Dans cette hypothèse, les États concernés mettent sous scellés leurs archives et ouvrent en général une section d'intérêt sous pavillon d'un État ami. Il est très rare que l'État d'accueil procède à l'occupation des bâtiments diplomatiques. L'ambassade de France à Bagdad est ainsi restée vide de 1991 à 2004. La rupture des relations diplomatiques n'entraîne pas *ipso facto* celle des relations consulaires.

Éviter les conflits : proposer des modes de règlement pacifique des différends

En cas de désaccord entre sujets de la société internationale sur une question de droit ou de fait, l'égalité souveraine des États ne permet pas à l'un d'eux d'imposer son point de vue. Afin d'aider les États à régler pacifiquement leur différend, le droit international prévoit différentes procédures. Certaines n'auront pas d'effets obligatoires mais permettront aux parties d'y voir plus clair ou de négocier ; d'autres judiciaires ou arbitrales produiront des effets obligatoires pour les parties, une fois acceptée la compétence juridictionnelle. Sous certaines conditions, la responsabilité de l'État pourra être retenue en cas de dommage occasionné à un autre État.

La responsabilité internationale de l'État correspond à l'obligation, qui incombe à tout État auquel est imputable un acte ou une omission contraire à ses obligations internationales, de réparer le dommage causé à un autre État du fait de cet acte ou de cette omission. Si le dommage a été subi par un de ses ressortissants, un État pourra mettre en œuvre sa protection diplomatique : par une décision discrétionnaire, il prend à son compte la réclamation de l'un de ses ressortissants, engage des négociations puis, éventuellement, une procédure de règlement pacifique des différends.

La procédure d'enquête consiste à faire établir par des commissaires désignés à cet effet, selon un rapport objectif qu'ils préparent, la matérialité de faits qui ont donné lieu à l'existence d'un différend. Cette procédure imaginée à la première conférence de La Haye en 1899 avait été utilisée avec succès en 1904-1905 lorsque la flotte russe avait coulé des navires anglais pour avoir cru qu'il s'agissait de torpilleurs japonais. La procédure d'enquête a été reprise par l'article 34 de la Charte des Nations unies car, comme le constatait Richard Goldstone, président de la Commission d'enquête sur l'opération « plomb durci » menée par Israël du 27 décembre 2008 au 18 janvier 2009 dans la bande de Gaza, « la paix et la réconciliation dépendent dans une large mesure de la reconnaissance publique des souffrances des victimes ». Un autre procédé est celui des **bons offices** résultant de l'action amicale d'un tiers qui intervient pour rapprocher les parties et faciliter les négociations. Ce procédé très en vogue au XVIIIe siècle est toujours très utilisé. Quant à la **médiation**, elle intervient lorsqu'un mandat est établi préalablement. Différents médiateurs sont ainsi intervenus pour négocier la libération d'otages des FARC en Colombie : le président vénézuélien H. Chávez en 2007, la Croix-Rouge et l'Église en 2009 puis les autorités cubaines. Souvent, le secrétaire général de l'ONU est choisi à ce propos.

Les procédés juridictionnels ont une portée obligatoire. En dehors de cas spéciaux comme la création en 1991 d'une commission d'indemnisation de l'ONU pour l'Irak (UNCC) décidant de l'indemnisation des victimes au Koweït, il s'agit du

règlement judiciaire et de l'arbitrage. Dans le premier cas, il s'agit de tribunaux universels ou régionaux : la Cour internationale de justice ; la Cour européenne des droits de l'homme et la Cour de justice de l'Union européenne accessibles tant aux États qu'aux individus ; dans le cadre de l'OSCE, des mécanismes de conciliation et, à titre exceptionnel, des possibilités de requête unilatérale qui n'ont pas bien fonctionné dans les faits ; dans le cadre de l'OEA, le Pacte de Bogota de 1948 prévoit un système de règlement pacifique des différends très limité ; enfin, dans le cadre de l'UA, des mécanismes de règlement pacifique des différends et une commission de conciliation depuis 1964 qui est intervenue dans le cadre de divers différends frontaliers.

Quant à l'**arbitrage**, défini à la Conférence de La Haye de 1907 comme le mode de « règlement des litiges entre États par des juges de leur choix et sur la base du respect du droit », il a beaucoup évolué. Rendu à l'origine par des personnalités telle que le pape, l'empereur ou le roi, l'arbitrage a ensuite été confié à des commissions mixtes puis à des commissions arbitrales comprenant un tiers de membres devant départager. Une Cour permanente d'arbitrage – en fait, un bureau permanent et une liste d'arbitres – a été créée à la suite de la première conférence de La Haye de 1899. Par la suite, le Traité de Locarno de 1928 a établi un règlement arbitral de litiges non juridiques. Les sentences arbitrales, obligatoires et définitives, sont en général exécutées par les États.

Ces procédés politiques et juridictionnels peuvent se compléter : l'affaire du *Rainbow Warrior*, survenue en 1985 entre la France et la Nouvelle-Zélande, avait été réglée grâce à la médiation du secrétaire général de l'ONU Perez de Cuellar et grâce à un arbitrage franco-britannique confidentiel pour l'indemnisation de l'ONG Greenpeace ; elle avait en outre fait l'objet d'un accord amiable avec la famille du journaliste portugais décédé.

Sécurité, renseignements et espionnage international

Consistant à acquérir des renseignements par des moyens humains, techniques ou opérationnels, l'espionnage en temps de guerre et en temps de paix est pratiqué plus ou moins agressivement par tous les États. La Prusse avait été le premier pays à constituer des services spéciaux dédiés à cette activité dès la fin du XIXe siècle. Chaque État organise sa protection en classifiant certaines de ses données et en réprimant l'espionnage. Ainsi, l'article 411 du Code pénal français prévoit que l'espionnage – ou la trahison lorsque les faits incriminés viennent d'un Français ou d'un militaire au service de la France – est constitutif d'un crime passible de la détention criminelle à perpétuité.

Prohibé par les droits internes, l'espionnage n'est pas interdit par le droit international conventionnel et coutumier. D'une part, les États y voient un moyen de prévention et de gestion de crises et ils n'ont prévu aucune règle commune ; d'autre part, l'espionnage peut être difficile à punir lorsqu'il est pratiqué sous couverture diplomatique ou au moyen d'interceptions satellitaires faites à partir de l'espace extra-atmosphérique hors de la juridiction des États. Dans la pratique, l'espionnage peut générer de fortes tensions internationales dont les juges internationaux ne seront que très exceptionnellement saisis mais qui pourront venir à la connaissance du public. Le plus souvent menée par des États autoritaires comme la Russie ou la Chine, la surveillance est générale. En témoigne le programme d'écoutes de la *National Security Agency* révélé par E. Snowden en 2013.

L'encadrement du recours à la force : le jus ad bellum

Seule l'agression place un État en état de **légitime défense** prévu par la Charte de l'ONU, et lui permet de réagir. Toutefois, le recours à la force n'est pas limité à cette seule hypothèse dans les relations internationales ce qui pousse les États à prétendre défendre une « cause juste » (cf. fiche sur l'éthique).

La guerre préemptive se distingue de la guerre préventive. La guerre préemptive consiste à contrer une agression jugée imminente en anticipant un conflit au moment le plus favorable. Dans le cas de la guerre préventive, la menace ne s'avère que potentielle et susceptible de se concrétiser dans un temps beaucoup plus lointain. La guerre préventive peut dès lors apparaître comme un moyen pour un État de profiter de sa supériorité présente pour empêcher un adversaire de renforcer ses capacités militaires qui le rendraient dangereux.

C'est pourquoi, la guerre préemptive est considérée comme légitime ce qui n'est pas le cas pour la guerre préventive. Cette différence, entre ces deux types de guerre qui anticipent toutes deux un conflit, a pris toute son importance à propos de l'intervention en Irak en 2003 : ses partisans soutenaient qu'il s'agissait d'une guerre préemptive alors qu'il s'agissait pour ses opposants d'une guerre préventive. L'absence de découverte d'armes de destruction massive a donné raison à ces derniers.

La diplomatie coercitive ou la guerre psychologique est l'appellation donnée à des pressions diplomatiques ou psychologiques intenses, éventuellement assorties d'une intervention militaire. Les bombardements effectués en 1999 par l'Otan en République fédérale de Yougoslavie pour obliger les dirigeants serbes à accepter les exigences diplomatiques décisives ont ainsi été rangés dans cette catégorie. Pour d'autres, il s'agit d'une arme impérialiste. Les autorités iraniennes ont ainsi développé cette thèse en 2007 à propos du bras de fer engagé par les diplomates occidentaux contre leur programme nucléaire.

La diplomatie coercitive se caractérise par le caractère en partie divulgué de la planification d'une intervention militaire. Sacrifiant ainsi à un complet effet de surprise, elle consiste à diffuser des messages et non à conduire une guerre conventionnelle. Une autre caractéristique réside dans l'étroit contrôle politique et diplomatique sur les actions militaires qui se traduit par l'approbation systématique des cibles et des frappes par les autorités politiques. Cette forte « politisation » de l'usage de la force limite l'autonomie relative des militaires. Elle est difficilement acceptée par les Européens qui considèrent que les institutions ou les accords internationaux permettent de garantir la paix dans le monde. En revanche, les Américains sont beaucoup moins réticents à le penser.

Le recours à des armes psychologiques est très ancien : les Mongols avaient ainsi pour usage de terroriser les populations pour les pousser à se rendre sans combattre. De nos jours, il s'agit davantage d'instrumentaliser les médias et les organisations capables de toucher les opinions publiques. Dès 1967, la diffusion des photos de la guerre du Viêt Nam dans la presse américaine avait contribué à rendre la guerre impopulaire et objet de contestations. Aussi, même la stratégie verbale est savamment pesée et, depuis l'invasion de Panama par les Américains en 1989, les armées ont renoué avec la tradition consistant à affubler les opérations militaires de noms de code susceptibles d'influencer positivement l'opinion. Dans les conflits asymétriques, l'utilisation de ces armes psychologiques s'avère particulièrement importante comme le souligne l'attention portée par les organisations terroristes sunnites de Syrie et d'Irak à filmer et à diffuser les exécutions de prisonniers et les atteintes portées au patrimoine culturel. La guerre psychologique peut aussi constituer un substitut de la guerre proprement dite comme ce fut le cas lors des mois précédant la guerre du Golfe ou la guerre irakienne.

La guerre hybride allie quant à elle toutes sortes de moyens, conventionnels ou non, réguliers et irréguliers, visibles ou dissimulés. Reflétant la porosité entre la guerre régulière et la guerre irrégulière, le terme renvoie à certaines manœuvres aux niveaux opératif et tactique. Il avait été employé à propos de la stratégie du Hezbollah lors de la guerre du Liban en 2006 et était devenu, après l'intervention russe en Ukraine en 2014, synonyme d'une supposée stratégie intégrale russe contre l'Occident. Le terme est désormais utilisé à tout va.

Bilan de l'actualité

Au Sahel, où étaient déployés 25 000 militaires, l'État français met fin à l'opération Barkhane en 2021 (cf. fiche sur l'antiterrorisme). Malgré huit années d'engagement massif, la France n'est jamais parvenue à mettre fin à la violence jihadiste au Sahel. Cela inquiète car les armées locales ne sont pas en état de reprendre le relais et les États européens tardent à renforcer le groupement de forces spéciales européennes Takuba, qui rassemble au Mali 600 militaires, dont la moitié de Français. Ceux-ci reconfigurent leurs forces en privilégiant une alliance avec le Niger.

Partout, les drones prennent de l'importance et affichent des résultats probants. Ainsi, fin 2020, ce sont eux qui ont permis aux Azerbaïdjanais de reconquérir le Haut-Karabagh. Cet usage, qui se banalise, modifie les questions sécuritaires d'autant qu'en mars 2020, un drone autonome létal a été utilisé en Libye selon une signalisation de l'ONU faite un an plus tard.

Une autre évolution est celle de la guerre invisible menée sur le web. Elle est pour l'instant menée par le biais de manipulations électorales, d'attaques par « rançongiciels » qui sont principalement attribuées à la Russie, à la Chine et à la Corée du Nord. En 2021, aux États-Unis, de grandes entreprises ont été touchées et des secteurs économiques ont été impactés provoquant des tensions entre les États-Unis, la Chine et la Russie. La question s'avère de plus en plus brûlante alors que déjà, en 2019, l'armée israélienne avait revendiqué avoir opposé une riposte physique à une attaque informatique menée par des « cyberagents du Hamas » et qu'en 2020, l'Australie avait dénoncé une vaste cyberattaque d'un « acteur étatique ».

Perspectives

L'évolution des types de conflits

Les conflits territoriaux entre États ont le plus souvent été remplacés par des conflits internes très complexes mais ils n'ont pas totalement disparu. Ils pourraient même prendre un nouvel élan du fait du développement des drones et une nouvelle dimension avec la **colonisation des océans** ou les **programmes de colonisation de l'espace**. Celui des Chinois visant à établir une base lunaire habitée inquiète ainsi les autres États qui soupçonnent Pékin de vouloir s'approprier les ressources de la Lune. Mais, au printemps 2020, ce sont les États-Unis qui, ayant retrouvé leur autonomie spatiale grâce à la société SpaceX, ont édicté un décret présidentiel visant à « encourager le soutien international pour la récupération et l'utilisation des ressources spatiales » puis une liste de dix grands principes pour un avenir dans l'espace « sûr, pacifique et prospère ». Rejetant le régime partagé et multilatéral de la Lune prévu par les traités onusiens de 1967 et 1979, il s'agit d'un premier pas à l'établissement de zones de sécurité sur la Lune. Les Russes avaient réagi comparant ces tentatives de privatisation de la Lune à une invasion.

Pour l'heure, ce sont surtout d'anciennes revendications territoriales à générer des conflits ou, dans une moindre mesure, des accrochages. Une des situations les plus inquiétantes concerne le tracé de la frontière entre l'Inde et la Chine et celui entre l'Inde et le Pakistan. Objet de guerres par le passé, ces frontières font encore l'objet d'escarmouches militaires. Même si la perspective d'accords de libre échange a marqué un apaisement en 2013, l'Himalaya demeure un enjeu stratégique tant militaire qu'économique du fait de ses réserves en eau. De même, la contestation des frontières maritimes est souvent attisée par la découverte de champs gaziers ou pétroliers dans les zones litigieuses. Sans avoir dégénéré en conflit, les litiges persistent entre le Kirghizistan, l'Ouzbékistan et le Tadjikistan, entre le Myanmar et le Bangladesh, le Congo et l'Angola, le Cameroun et le Nigeria, le Gabon et la Guinée équatoriale… Le conflit entre l'Arménie et l'Azerbaïdjan à propos du Haut-Karabagh a quant à lui été entretenu par la soif de reconquêtes territoriales de l'Azerbaïdjan et par sa capacité financière à acquérir des armes. Après de nouveaux affrontements en 2016 et un conflit très meurtrier à l'automne 2020 l'Azerbaïdjan a reconquis sept districts perdus dans les années 1990 sans toutefois obtenir le contrôle politique sur toute l'enclave.

Parfois, les conflits empruntent un caractère inédit d'ordre environnemental du fait que les États peuvent localiser leurs activités les plus polluantes dans leurs zones frontalières : parmi les contentieux existant, citons celui opposant la Colombie et l'Équateur à propos de l'épandage aérien d'herbicides toxiques sur les plantations de coca et celui de la « guerre des papeteries » opposant l'Uruguay à l'Argentine.

Ils ont tous deux été soumis à la Cour internationale de justice sans que celle-ci y apporte de résultats notables.

La Cour internationale de justice peut être sollicitée dans le règlement des conflits territoriaux, complétant les procédés diplomatiques et les règlements d'arbitrage. Aussi, ces conflits territoriaux peuvent trouver une solution pacifique actée par la conclusion d'un traité : le différend opposant la Lettonie et la Russie a ainsi été résolu en 2007 ; celui entre la Roumanie et la Moldavie en 2010 après sept années de négociation ; celui entre la Chine et le Viêt Nam, qui s'étaient brièvement affrontés en 1979, a finalement abouti à un accord fin 2008 délimitant leur frontière terrestre. En revanche, les deux pays se contestent toujours l'archipel Paracel et les îles des Spratleys puisque le partage de la mer de Chine méridionale divise encore tous les États riverains. Le Japon et la Russie se disputent les îles Kourine ; le Cambodge et la Thaïlande s'accrochent militairement depuis cinquante ans à propos du temple de Preah Vihear... En Europe, la question des « conflits gelés » dans l'espace postsoviétique est encore latente ; la Turquie et la Grèce s'opposent à propos de la mer Égée et de la division de Chypre tandis que l'Espagne et le Royaume-Uni se contestent la souveraineté de Gibraltar... La France est elle-même concernée par différentes revendications territoriales d'anciennes colonies : quatre îles éparses par Madagascar et l'île Tromelin par Maurice.

Les juridictions arbitrales peuvent être également être sollicitées mais leurs décisions doivent ensuite être appliquées. Ainsi celle rendue par la Cour permanente d'arbitrage de La Haye en faveur des Philippines en juillet 2016 déclarant illicites les revendications de Pékin en mer de Chine a été déclarée par la Chine « nulle et non avenue », rejetant « tout règlement du litige par une partie tierce ou toute solution imposée. »

Par ailleurs, la région de l'**Arctique** est briguée par le Canada, qui a fait valoir sa souveraineté dès 1880, par la Russie, le Danemark, les États-Unis, la Norvège et le Japon lequel n'est pas un État riverain. Les contestations et les prétentions se renforcent car la fonte des glaces facilite la navigation et rend plus accessibles le pétrole, le gaz et les minerais du sous-sol arctique. Aussi, même si les États riverains sont réunis depuis 1996 au sein de la structure informelle du Conseil arctique, la militarisation de la région, commencée par les États-Unis dans les années 1950, s'accélère sous l'impulsion du Canada et de la Russie. La Chine y renforce sa présence en développant d'intenses activités, scientifiques, diplomatiques et géopolitiques.

À l'opposé du globe, l'**Antarctique** fait également l'objet de diverses revendications de souveraineté – dont celle de la France – mais le traité signé en 1959 les a gelées pour imposer l'exercice d'activités exclusivement scientifiques.

Les conflits internes sont devenus majoritaires. Même s'ils revêtent toujours une dimension internationale, ils ne sont plus liés à la décolonisation ou à la domination d'une superpuissance. Ils sont caractérisés par le rôle important des acteurs non gouvernementaux, par la fragmentation de la violence entre terroristes, « seigneurs de guerre » et soldats livrés à eux-mêmes. L'intervention militaire classique et les schémas de la guerre interétatique ne sont pas adaptés et doivent alors être remplacés par des stratégies de contre-insurrection tendant à sécuriser les lieux les plus importants et à couper les liens des insurgés avec les civils.

Affectant la société civile, ces affrontements perdurent du fait de leurs enjeux économiques : aux réseaux de contrebande et aux organisations de crime organisé, à l'aide humanitaire détournée s'ajoutent aussi le pillage et le trafic des œuvres d'art que l'on a constaté sur une grande échelle en Syrie. Le recrutement par la force d'enfants-soldats, la circulation des armes légères et la multiplication des violences sexuelles participent également à la prolongation des conflits.

Sortir des conflits nécessite de déterminer au préalable quels seront les interlocuteurs admis à négocier. Ce problème très difficile se conjugue avec la nécessité de circonscrire la zone de conflit qui est souvent mal définie et peut dépasser l'ensemble du territoire d'un pays. Face à de telles situations, la Communauté internationale est de plus en plus amenée à créer les structures élémentaires de paix et de sécurité, et à assumer des responsabilités qui relèvent des affaires intérieures des États en cause. Cela suppose dès lors de modifier le dispositif existant de maintien de la paix. Il ne peut plus s'agir de s'interposer entre États, ni de faire observer l'application d'un traité de paix auquel toutes les parties adhéraient ou d'envoyer des soldats de la paix patrouiller à proximité de frontières contestées.

Une autre difficulté tient au fait que l'intervention de groupes non étatiques pousse les gouvernements à nier l'existence d'un conflit en mettant en avant les éléments criminels et terroristes. C'était le cas des Français en Algérie de 1954 à 1962 ou des Russes à propos des guerres de Tchétchénie dans les années 1990. La Communauté internationale n'interviendra en principe pas dans ce qui sera considéré comme les affaires intérieures d'un État.

Enfin, la distinction traditionnelle faite entre les phases de conflit et de postconflit est de plus en plus remise en cause car les violences non étatiques tendent à perdurer malgré des accords de paix formels. Dans la RD Congo, les violences commises par les milices et la réintégration hésitante des anciens combattants ont ainsi miné les efforts de reconstruction dans la région. De même, la signature d'un accord de paix en mai 2006 pour trouver une issue au conflit du Darfour n'a pas arrêté les hostilités entre les factions et les groupes tribaux.

Des armes au cœur des conflits

La limitation des armements tient à la volonté d'interdire légalement l'agression et de la rendre matériellement impossible. La SdN et l'ONU avaient ainsi associé la sécurité collective à un désarmement général et complet. Celui-ci n'ayant pas eu la moindre chance d'aboutir, les deux Grands ont imposé le concept de maîtrise des armements qui permettait d'instaurer un *statu quo* et la dissuasion. D'importants accords ont été signés tels que l'accord multilatéral *FCE* de novembre 1990 sur la limitation des armements classiques en Europe et les traités bilatéraux *SALT* signés par les États-Unis et l'URSS en 1972, 1979 et 1985 remplacés par les accords *START* 1, 2 puis *NEW START* signés respectivement en 1991, en 1993 et en 2010. Difficiles à négocier, ces accords s'avèrent très fragiles. Ils posent aussi un important problème de surveillance car les services secrets sont en effet loin d'être infaillibles : rappelons que, jusqu'en 1953, les États-Unis pensaient à tort être les seuls détenteurs de la bombe atomique. Il n'est donc pas surprenant que l'Agence internationale de l'énergie atomique (AIEA) ait été créée quatre ans plus tard à Vienne pour veiller à l'utilisation pacifique de l'énergie nucléaire. Dépassant son statut d'organisation à vocation technique, elle est devenue lors de la crise irakienne en 2002-2003 un acteur politique majeur. Son rôle s'est confirmé pour déterminer la nature civile ou militaire du programme nucléaire iranien. En 2005, le prix Nobel de la paix lui a été attribué ainsi qu'à son directeur de l'époque Mohamed el-Baradei. L'extension des compétences de l'organisation est à présent envisagée car ses moyens d'investigation s'avèrent extrêmement limités dans un grand nombre de pays. Elle détient de plus la majorité de ses informations des services de renseignements occidentaux ce qui l'expose à des risques d'erreur ou de manipulation.

Par ailleurs, l'interdiction des armes chimiques ou biologiques fait l'objet de diverses conventions internationales, parfois fort anciennes (cf. la fiche n° 10 sur la progression de l'éthique dans les relations internationales). L'utilisation de telles armes constituerait une violation du *jus cogens* international. Ainsi, en 2013, l'utilisation de gaz sarin contre les insurgés et des populations civiles par les forces syriennes de Bachar al-Assad avait conduit les États-Unis suivis de la France à envisager une intervention militaire. Une intervention diplomatique russe avait permis d'éviter cette option militaire d'une légalité douteuse. Le président syrien avait accepté la destruction de ses stocks et la Syrie avait ratifié la convention de 1993 interdisant l'usage d'armes chimiques. Toutefois, les autorités mentaient sur l'état réel de leur arsenal et elles ont poursuivi les attaques au baril de chlore ou au sarin. En janvier 2019, cela a été au tour de l'Indonésie d'être accusée d'avoir utilisé des bombes au phosphore en Papouasie. Par contre, l'utilisation de munitions à uranium appauvri n'est pas dénoncée alors qu'elle est courante…

La réglementation du commerce des armes devient le nouveau défi posé à la Communauté internationale après l'échec relatif de la limitation des armements. Outre l'interdiction de certains types d'armes (cf. fiche sur l'éthique), il s'agit de rendre plus transparent un commerce international qui demeure secret et opaque. C'est pourquoi un collectif d'ONG avait lancé la campagne « Contrôlez les armes » en 2003. Elle a abouti à ce que l'Union européenne adopte une position commune le 8 décembre 2008 remplaçant le code de conduite européen et définissant les huit critères à suivre pour les États membres en matière de contrôle des exportations de technologie et d'équipements militaires. Surtout, le 2 avril 2013, l'Assemblée générale de l'ONU a adopté un traité sur le commerce des armes conventionnelles malgré l'opposition de la Russie et de la Chine.

Les risques de conflits posés par la prolifération nucléaire ont été l'objet de divers traités à portée universelle mais, ayant en pratique, une importance limitée. Après un traité d'interdiction partielle des essais nucléaires conclu en 1963, le Traité de non-prolifération (TNP) des armes nucléaires avait été signé en 1968 par les États-Unis, l'URSS et le Royaume-Uni. Il n'a pas été respecté : les grandes puissances nucléaires ont parfois favorisé la prolifération des armes nucléaires ; elles n'ont fait que très peu d'effort pour réduire leur armement alors que d'autres États de moindre importance y renonçaient. En 1987, le traité sur les forces nucléaires intermédiaires (FNI) avait entraîné la destruction d'environ 2 700 missiles mais il a été dénoncé par les Américains en 2019. Quant au Traité d'interdiction complète des essais nucléaires (TICE) conclu en 1996, il n'est toujours pas entré en vigueur faute des ratifications nécessaires. Enfin, le traité sur l'interdiction des armes nucléaires a été adopté en 2017 dans le cadre de l'ONU. Entré en vigueur en janvier 2021, il pourrait stigmatiser la possession d'armes nucléaires et contribuer à modifier l'architecture mondiale de la sécurité même s'il n'a été signé par aucun des neuf pays détenteurs de l'arme nucléaire.

Ces neuf pays sont les cinq membres permanents du Conseil de sécurité de l'ONU, l'Inde et le Pakistan, la Corée du Nord et Israël qui n'a jamais reconnu, ni démenti. Actuellement, des États comme l'Iran revendiquent le droit de se doter de l'arme nucléaire.

En soi, l'acquisition du nucléaire militaire ne représente pas un grand risque pour la stabilité en Asie du Sud-Est ou au Moyen-Orient, l'exiguïté des territoires rendant l'hypothèse d'un conflit nucléaire généralisé hautement improbable. Mais, la détention de l'arme atomique donne une position de force dans les négociations internationales et créée de nouveaux équilibres régionaux. De plus, les risques liés à la sécurité des sites de fabrication ou de stockage ne peuvent être ignorés. En Corée du Nord, le manque total de fiabilité des installations constitue une très grande menace pour la région.

L'ajournement des capacités de défense

La robotisation, l'application de nouvelles technologies innovantes aux opérations militaires modifient la façon de combattre : lorsque la guerre est conduite à distance, aucune perte humaine n'est à déplorer pour le pays qui la mène. L'usage des drones militaires se multiplie après avoir été systématisé sous l'administration Obama. Leur efficacité avait pu être controversée du fait du nombre souvent très élevé de victimes collatérales mais les conflits en Libye ou au Haut-Karabagh en 2021 ont clairement montré les avantages procurés sur le terrain militaire. Voulant aller plus loin, l'armée de terre française vise avec le projet Vulcain la robotisation d'ici 2040. Mais, du point de vue du droit international, ces nouvelles technologies posent des problèmes de légalité car elles visent souvent des pays n'étant pas en guerre, tels le Yémen avant 2015 et le Pakistan. En 2013, des parents de victimes avaient ainsi porté le cas en justice à Londres ou à Peshawar.

Le concept de « soldat augmenté » recouvre tout ce qui concerne l'amélioration des performances au combat. Il recouvre aussi bien le recours à des exosquelettes, à un certain nombre d'objets connectés ou à des robots tueurs que le recours, encore plus discuté, aux techniques dites « invasives » pour améliorer les performances physiques ou cognitives du corps humain telles que l'injection ou l'absorption de substances, les opérations chirurgicales pour entendre des fréquences très élevées ou très basses, l'intégration de puces sous la peau pouvant envoyer ou recevoir des informations à distance. Le concept de soldat augmenté fait déjà l'objet de recherches tenues secrètes mais largement diffusées. En 2017, la Russie avait ouvertement annoncé cibler l'avènement d'un soldat « génétiquement modifié » et la France a fait de même fin 2020.

La sécurité des systèmes d'information constitue une préoccupation essentielle. Le risque mondial d'une « cyberguerre » s'est peu à peu étayé après 1982 lorsqu'un gazoduc soviétique avait explosé du fait de l'utilisation d'un code informatique volé à une compagnie canadienne contenant une application piégée installée par la CIA. Dans les années 1990, la notion de « *netwar* » a été forgée en incluant des acteurs non étatiques et asymétriques. Au XXIe siècle, elle s'est concrétisée avec le développement d'attaques coordonnées menées aussi bien par l'armée populaire chinoise que par les États-Unis. Israël, à qui a été attribué le ver informatique Stuxnet ayant paralysé en 2009 une bonne partie des centrifugeuses utilisées par les Iraniens pour développer l'arme nucléaire, a dix ans plus tard revendiqué une riposte physique à une attaque informatique du Hamas. Les Russes se voient quant à eux imputer le piratage du réseau électrique ukrainien en 2015 et 2016 ainsi que la manipulation d'élections en Occident tandis que la diffusion de « rançongiciels » est principalement attribuée à la Corée du Nord.

Ces attaques dans le cyberespace, qui ne remplacent pas les guerres conventionnelles, peuvent en constituer un substitut ou un complément. Depuis 2013, l'application du droit de la guerre au cyberespace est ainsi débattue âprement au sein du groupe onusien et les initiatives publiques ou privées se multiplient : pour les Anglo-Américains, « une coalition d'États affinitaires » devrait faire respecter les normes en dénonçant publiquement les attaques informatiques ; une initiative russo-chinoise prône l'adoption d'une convention internationale sur la cybersécurité ; Microsoft propose une « convention de Genève numérique » ; enfin, « l'Appel de Paris pour la confiance et la sécurité dans le cyberespace » a été lancé fin 2018.

Les États font une priorité du renforcement de leurs unités de défense informatique. La France avait ainsi créé en 2009 l'Agence nationale de la sécurité des systèmes d'information (ANSSI) et, en 2017, un commandement dédié (CYBERCOM). Au niveau de l'Otan, un centre de cyberdéfense avait été ouvert en 2008 à Tallinn en Estonie. Outre ses missions techniques, il est aussi chargé des aspects légaux : à quel seuil d'intensité doit-on considérer une cyberattaque comme un acte de guerre ? Quels types de contre-mesures seraient légitimes pour faire cesser une attaque ? Au niveau de l'ONU, les discussions sur la question sont bloquées alors qu'en 2013 et 2014, l'organisation avait réussi à faire admettre que le droit international s'appliquait au cyberespace et promulgué une Charte de bonne conduite pour les États. Suivant une position adoptée par les Américains en 2011, la France a affirmé dans le Livre blanc sur la défense et la sécurité nationale de 2013 qu'une attaque informatique peut constituer « un véritable acte de guerre » pouvant déboucher sur l'utilisation de moyens conventionnels. Depuis 2008, elle affirme aussi pouvoir mener une « lutte informatique offensive ».

De plus, les États veulent protéger en amont leur sécurité nationale. Après 2015, l'administration américaine a ainsi bloqué à plusieurs reprises la fusion de fabricants de microprocesseurs craignant que des pays étrangers ne s'immiscent dans leurs services de communications ultrarapides.

La militarisation de l'espace et du cyberspace s'amplifie car elle touche à des enjeux économiques fondamentaux (communications, collecte de renseignements). Comme de nouvelles menaces peuvent aussi résulter d'un monde connecté qui décuple les possibilités d'actions subversives, les États sont conduits à développer des forces spécifiques.

Déjà, durant la confrontation bipolaire entre États-Unis et URSS, les défenses antimissiles avaient constitué un problème lancinant étroitement lié à la dissuasion nucléaire et à la paralysie stratégique qu'elle entraînait. L'idée d'établir un système de défense contre les missiles balistiques était née dans les années 1950 avec les premiers ICBM soviétiques et le lancement du Spoutnik. Abandonnés les uns après les autres, les projets de défense antimissiles avaient été relancés par le programme de « la guerre des étoiles » de Ronald Reagan, puis lors de la guerre du Golfe donnant aux Américains une suprématie stratégique à même de structurer leurs alliances diplomatiques en Europe, en Asie et au Moyen-Orient. Toutefois, fin 2019, les Russes avaient annoncé la mise au point de nouvelles armes MHD qui, selon eux, mettraient fin à la suprématie américaine.

Enfin, depuis 2013, l'ONU s'est saisie de l'application du droit de la guerre au cyberespace. Les initiatives publiques ou privées se multiplient également : pour les Anglo-Américains, « une coalition d'États affinitaires » devrait faire respecter les normes en dénonçant publiquement les attaques informatiques ; une initiative russo-chinoise prône l'adoption d'une convention internationale sur la cybersécurité ; Microsoft propose une « convention de Genève numérique » ; enfin, « l'Appel de Paris pour la confiance et la sécurité dans le cyberespace » a été lancé fin 2018.

La privatisation de la guerre

L'évolution des activités mercenaires est spectaculaire. Elles ont été converties en entreprises militaires et de sécurité privées légalement constituées dans des États démocratiques. Même l'ONU y a de plus en plus recours. Cela a été le cas en Afghanistan, en Somalie, en Haïti puis en Syrie. Or, la sous-traitance de tâches militaires dont personne ne veut prendre la responsabilité pose le problème fondamental de la **divergence des intérêts entre les États ou regroupements d'États et les sociétés de mercenaires** : tandis que les premiers sont là pour gagner une guerre, les secondes ont intérêt à ce que la situation sécuritaire d'un pays se détériore ; les militaires tentent de rallier les populations civiles tandis que les mercenaires n'en ont que faire. Alors qu'ils sont constamment en contact direct avec les civils et des prisonniers, il s'avère souvent que ces agents ne respectent ni les lois locales, ni leur contrat. On notera cependant qu'en 2018, des patrons de sociétés militaires privées ont été condamnés en Russie où le mercenariat est officiellement interdit.

Il se pose également le **problème du contrôle exercé sur la qualité et l'effectivité des services** que ces entreprises peuvent fournir. Engagée pour un programme clandestin de la CIA en Irak 2004, la société Blackwater-X^{e} s'est illustrée pour ses dérives ; la société russe Wagner pour les lourdes pertes subies en en Syrie 2018 et par la violation des droits humains en République centrafricaine en 2021 La privatisation des conflits pose également la question des éventuelles procédures administratives que les entreprises doivent respecter. Seuls quelques États ont prévu des procédures spécifiques que cela soit pour obtenir l'autorisation de travailler à l'étranger ou pour pouvoir travailler sur le territoire de l'État en question. En France, la loi de 2003 sur le mercenariat reste très restrictive et les entreprises de sécurité demandent qu'aboutisse la révision initiée en 2012. Au plan international, il n'existe pas de cadre réglementaire même si, en 2007, la Suisse avait lancé une réflexion sur les règles de droit qu'il conviendrait d'adopter.

Le développement des activités mercenaires concerne les pays en proie à un conflit armé, sous occupation étrangère ou aux mains de dictateurs ne pouvant se fier à leurs armées nationales. Mais la tendance à sous-traiter les tâches militaires concerne aussi les démocraties. En 2006, les gardes de sécurité constituaient ainsi presque la moitié du personnel des firmes sous-traitantes engagées en Irak ; en 2009, ils étaient plus nombreux que le personnel militaire américain en Afghanistan, soit 74 000 salariés.

Le mercenariat est par ailleurs favorisé par la mondialisation car celle-ci augmente les risques politiques pour les grandes entreprises internationales. Recourant souvent à des contrats extérieurs, elles ont aussi intégré dans leur organisation, une fonction sécurité. Dans le secteur des matières premières, la guerre économique qui s'y joue entraîne en effet une multiplication des cas d'arrestations suspectes d'expatriés, d'enlèvements, d'exils forcés. De même, dans le secteur du transport international, les actes de piraterie ont conduit tant à l'armement de simples navires de commerce qu'au recours à des services de corsaires par des États et des armateurs. Cela a permis d'éradiquer la piraterie dans le Golfe d'Aden mais elle sévit désormais dans le Golfe de Guinée.

Les conséquences pour les non-combattants tiennent à leur absence de protection au titre des conventions de Genève de 1949 qui visent les conflits internationaux classiques. Il a donc fallu qu'en 1977, des Protocoles additionnels établissent une protection des victimes dans les guerres civiles. Outre la réglementation de la conduite des hostilités ainsi que les méthodes et les moyens de guerre devant être utilisés, ces protocoles distinguent les civils et les combattants et les biens de caractère civil et les objectifs militaires.

Mais cette protection n'empêche pas que 70 % des personnes ayant trouvé la mort dans les conflits récents étaient des civils. En Somalie en 1993, les Américains avaient ainsi pu se fixer un objectif de « zéro mort pour les militaires ». Avec l'utilisation extensive de drones, les femmes et les d'enfants ne sont pas épargnés. Et que la guerre soit ou non menée à distance n'épargne ni les écoles, ni les hôpitaux. Au lieu d'être des abris sûrs, ils sont la cible des groupes armés. C'est pourquoi, du fait des connotations religieuses, culturelles ou politiques attribuées à la Croix-Rouge et au Croissant-Rouge, un 3e Protocole additionnel avait été adopté en 2005, établissant un emblème additionnel – le Cristal-Rouge – jouissant du même statut international.

Le concept de sécurité globale

Les menaces à la paix ne sont plus considérées dans les seuls termes de conflits armés et d'agressions territoriales mais englobent diverses menaces telles que le terrorisme, la prolifération d'armes de destruction massive, la raréfaction des ressources de base ainsi que les pandémies.

Le réchauffement climatique – montée des océans, affaissement de villes côtières, manque d'eau potable, chute des rendements agricoles – pourrait provoquer une très forte hausse du nombre de « réfugiés climatiques » créant une pression migratoire de nature à déstabiliser des régions entières : en Afrique australe, au Sahel, en Méditerranée, dans le sous-continent indien, en Chine, dans les Caraïbes et le golfe du Mexique, dans les Andes et en Amazonie. Des États fragiles et vulnérables, qui sont déjà aujourd'hui assez mal gérés, pourraient imploser sous la pression du réchauffement global, puis générer des ondes de choc vers d'autres pays. Historiquement, cela avait été le cas pour des sociétés dépendantes de l'agriculture, telle celle des Hittites ou des Mayas : elles s'étaient effondrées après de longues sécheresses qui avaient elles-mêmes favorisé les famines et les avaient rendues plus vulnérables aux invasions.

Cette vulnérabilité climatique constitue donc un facteur important des relations internationales. Elle est capable de mobiliser collectivement – la Convention sur la protection de la couche d'ozone est devenue en 2009, le premier traité de droit international à être universellement ratifié – mais elle multiplie les conflits liés à la raréfaction des ressources. La distinction entre réfugiés et déplacés étant désormais dépassée, il faudrait trouver de nouvelles règles et définir des protections pour les victimes du changement climatique. L'ex-Haut-commissaire des Nations unies pour les réfugiés, Antonio Guterres, rappelait ainsi en 2009 que « dans le contexte actuel, marqué par des débats émotionnels sur les migrations, rouvrir la convention (de Genève de 1951 sur les réfugiés) risquerait de la fragiliser ». Il conviendrait ainsi de créer des instruments et des mécanismes « plus flexibles… mais qui imposent des obligations aux États, comme une convention de protection temporaire ».

Le « travail social armé » tente de répondre aux nouvelles menaces apparues depuis la fin de la guerre froide : moins visibles, moins massives, elles n'ont pas uniquement un aspect militaire et ne peuvent pas être traitées également par des moyens uniquement de cet ordre. La sécurité ne peut donc plus être débattue en termes de puissance et d'idéologie, ni être conçue uniquement en termes de force militaire et de dissuasion nucléaire. À la fin des années 1960, la « doctrine-Harmel » opéra le premier rapprochement entre le sécuritaire et l'humain. En 1975, l'Acte final d'Helsinki réunit la sécurité, l'économie et la dimension humaine – soit trois « corbeilles » – ouvrant ainsi la voie à de nouveaux modèles de défense et de sécurité. Le concept de « sécurité globale » affirmé ensuite dans le cadre de l'OSCE repose ainsi sur les hommes, les cultures et le multilatéralisme : la reconnaissance mutuelle des peuples et des différentes cultures évite les frustrations et les humiliations et donc les conflits de nature ethnique ou religieuse ; elle permet aux groupes de se réconcilier en allant plus loin qu'une simple fin des hostilités. Ce concept de sécurité globale se retrouve dans la doctrine de sécurité formalisée par l'Otan à partir de

1999 et, en décembre 2003, par l'Union européenne : celle-ci constatait que chacune des nouvelles menaces requérait des moyens mixtes incluant le commerce et le développement.

Guerre ou reconstruction ? Dans la pratique, le concept de « sécurité globale » est difficile à cerner : même si en Afghanistan et en Irak, l'armée américaine a recouru à des anthropologues selon un programme démarré en 2003, l'échec de l'Otan face aux talibans et son isolement de la population démontrent le caractère extrêmement marginal de ce que l'Australien David Kilcullen qualifiait de « travail social armé ». Mais il n'est pas non plus négligeable : par exemple, les recrues de l'armée afghane – plus de 70 000 hommes en 2010 – doivent obligatoirement suivre un programme d'alphabétisation.

Les pandémies peuvent faire davantage de victimes que les plus grands conflits armés : au XIVe siècle, la peste noire avait tué 30 à 50 % de la population européenne ; de 1918 à 1920, la grippe espagnole avait causé 20 à 40 millions de morts ; la tuberculose continue de tuer (1,7 million de morts en 2016) notamment en Inde, en Chine, aux Philippines, au Nigeria, au Pakistan et en Afrique du Sud, de même que le paludisme ou malaria (445 000 morts en 2016), essentiellement en Afrique. Ces pandémies sont surpassées par celle du sida qui, en dépit d'une baisse des décès et infections, a causé plus de 34 millions de morts jusqu'en 2015, en plus de 36 millions de personnes infectées. Quant à la pandémie de covid-19, elle aurait provoqué au moins 4 millions de décès en 2020 et 2021.

Les pandémies devraient encore se multiplier au XXIe siècle du fait de l'augmentation de la population mondiale et des échanges internationaux mais aussi de facteurs environnementaux. En 2008, le Livre blanc sur la défense et la sécurité nationale annonçait le « risque plausible [...] d'une pandémie massive à forte létalité dans les quinze années à venir » ; en 2013, « Le risque existe d'une nouvelle pandémie [...] hautement pathogène, résultant de l'émergence d'un nouveau virus qui aura franchi la barrière des espèces ou qui aura échappé d'un laboratoire ». Alors que la peste, le choléra, le sida sévissent encore, que la grippe aviaire en 2006 et la grippe porcine H1N1 en 2009 avaient pu être contenues, la covid-19 avait conduit en 2020 au confinement de la moitié de la population mondiale. Ayant entraîné des répercussions économiques massives, elle a montré les inégalités face à la production ou à l'achat des vaccins. Ceux-ci ont, comme les traitements, souvent un coût inabordable pour les populations des PVD.

La criminalité organisée n'épargne aucun continent. Elle constitue une menace telle que certains États d'Amérique latine demandent que les crimes liés au trafic de drogue relèvent de la compétence de la Cour pénale internationale. Ils considèrent que la lutte contre les narcotrafiquants ou autres réseaux maffieux doit être assimilée à une guerre. Ils font ainsi appel à l'armée pour maintenir l'ordre dans certaines régions ou certains quartiers. Mais la multiplication des victimes civiles du fait des abus commis par les militaires pose à son tour un réel problème.

La dimension économique des conflits

La population planétaire devrait s'accroître de 4 milliards de personnes d'ici à 2100 passant de 7 à 11 milliards d'habitants. De plus, même si la Chine verra sa population baisser, son irréversible montée en puissance économique et politique aura des conséquences considérables. Selon Henry Kissinger « quand le centre de gravité du monde bouge d'une région à une autre, et qu'un autre pays devient soudain très puissant, l'histoire enseigne qu'un conflit est inévitable. Ce que nous devrons apprendre, c'est que la coopération est indispensable ».

L'augmentation de la population mondiale posera d'autant plus de problèmes qu'elle devra se conjuguer avec le changement climatique et les risques de dégradation des eaux douces, du déclin de la production alimentaire, de l'augmentation des tempêtes et inondations ainsi que des migrations environnementales. Les parties du monde présentant le plus de risques sont celles ayant une population importante ou très dense, connaissant des transitions politiques et un bas niveau d'activité économique : le sud de l'Afrique, la région du Sahel, la Méditerranée, l'Asie centrale, l'Inde, le Pakistan, le Bangladesh, la Chine, certaines parties des Caraïbes et du golfe du Mexique ainsi que les régions andines et amazoniennes de l'Amérique latine.

Des États comme l'Inde ou la Chine devraient connaître des problèmes supplémentaires très particuliers du fait de leur *ratio* anormal de naissances entre garçons et filles. En sont à l'origine, la pratique de la dot, la politique de l'enfant unique et les coutumes qui rendent préférable d'avoir un garçon (transmission du nom, entretien du culte des ancêtres, départ des filles pour leur belle-famille). Que la sélection se fasse avant ou après la naissance, le manque de femmes commence à se faire sentir à une vaste échelle : 40,9 millions en Chine, 40 millions en Inde, 8,4 millions en Afrique subsaharienne, 3,7 millions au Bangladesh, 3,2 millions au Moyen-Orient, 1,3 million en Égypte, 900 000 en Afghanistan, 700 000 en Turquie, 500 000 à Taïwan… Seule la Corée du Sud a réussi à inverser la tendance depuis 1995. Le prix Nobel d'économie Amartya Sen avait lancé l'alarme dès 1990 : cette situation générera ses pleins effets de frustrations et de violences à partir de 2030. Ceux-ci sont essentiellement présumés car, à l'exception du *far west*, le monde a surtout connu des périodes d'après-guerre présentant un excès de femmes. Mais ces problèmes, spécifiques à certains États, auront aussi des répercussions en dehors de leurs frontières.

La course aux matières premières va de pair avec l'augmentation de la population mondiale et la forte croissance des « BRIICS ». Elle peut toutefois être ralentie par une crise économique majeure et même être contrebalancée par les innovations technologiques qui sont de nature à modifier les équilibres mondiaux. Le gaz de schiste est ainsi beaucoup mieux réparti que les gisements conventionnels. Son exploitation a pu faire des États-Unis le 1er producteur de pétrole au monde contribuant à faire chuter drastiquement les prix du pétrole. Aussi le « *peak oil* », c'est-à-dire l'instant marquant le début de l'effondrement de la production pétrolière mondiale faute de réserves suffisantes, n'est plus craint comme par le passé. Il reste qu'en dehors de nouvelles découvertes, le chiffrage des réserves pétrolières est très opaque alors que, depuis 1985, les pays membres de l'OPEP[1] indexent leurs quotas de production de pétrole sur le montant des réserves déclarées.

La sécurisation des approvisionnements concernant les principales matières premières demeure une priorité. La décision des autorités chinoises de réduire à l'automne 2010 de plus de 70 % leurs exportations de minerais rares illustre ce problème. L'accès au pétrole, au gaz et la sécurisation de leur acheminement ont été à la base des conflits en Irak, en Afghanistan et dans la région du Caucase et dans certaines régions d'Afrique. Le contrôle des minerais a également alimenté les guerres qui ont déchiré l'Afrique subsaharienne. Certains ont un usage traditionnel (diamant, or, cuivre...) ; d'autres présentent un intérêt nouveau : la colombo-tantalite (coltan nécessaire aux téléphones portables), la tourmaline (pierre de joaillerie), la monazite, le niobium...

La répartition de la manne financière est également à l'origine de conflits car elle se fait presque toujours au détriment des populations locales. L'exploitation des ressources peut même ruiner leur cadre de vie et réduire leurs moyens de subsistance comme c'est le cas dans le delta du Niger. De tels mécanismes contribuent à faire basculer des régions entières dans la guerre ou l'insécurité. On notera donc l'initiative pour la transparence des industries extractives « Publiez ce que vous payez ». Lancée en 2003 par le Royaume-Uni sous la pression de diverses ONG, elle concerne une vingtaine de pays même si son bilan est très mitigé.

Des conflits pour les ressources hydriques se profilent, le XXIe siècle annonçant une crise planétaire de l'eau. L'achat ou la location de terres arables dans les pays en développement se concentre dans les régions les plus riches en eau. Elle pourrait, selon certaines ONG (Oakland Institute et Grain de sable, rapports de 2011 et 2012) conduire à un « suicide hydrologique » dont pâtiraient les populations les plus vulnérables. L'« or bleu » risque de ne plus être considéré comme un bien public et de devenir un bien privé. Déjà, 1,7 milliard de personnes vivent dans des pays qui souffrent du manque d'eau. À moins qu'un traité international ne réglemente l'exploitation des cours d'eau transfrontaliers, un pays en amont peut utiliser toutes les ressources hydriques d'un bassin : les digues que la Turquie continue d'ériger peuvent assécher l'Euphrate avant qu'il ne parvienne en Syrie ou en Irak ; les barrages chinois et laotiens sur le Mékong risquent d'avoir des répercussions terribles en Thaïlande, au Viêt Nam et au Cambodge ; les États-Unis prélèvent pratiquement toute l'eau du Rio grande et du fleuve Colorado avant qu'ils n'arrivent au Mexique ; les eaux du Jourdain sont surexploitées par Israël, la Palestine et la Jordanie. Le Nil

1. L'Organisation des pays producteurs de pétrole (OPEP) a été créée lors de la conférence de Bagdad en 1960. Basée à Vienne, elle réunit 14 membres depuis l'adhésion de la République du Congo et le retrait du Qatar en 2018 : l'Arabie saoudite, les Émirats arabes unis, l'Irak, l'Iran, le Koweït, l'Algérie, la Libye, l'Angola, le Gabon, le Nigeria, l'Équateur et le Venezuela. La Russie, qui est le plus gros producteur, n'en fait pas partie. L'OPEP, qui pompait environ 35 % du brut mondial en 2013, doit coordonner les politiques pétrolières des États membres, afin de peser sur la fixation des prix du pétrole tout en assurant l'approvisionnement des pays consommateurs. L'OPEP a de tout temps été dominée par les Saoudiens. Mais, en 2011, ceux-ci ont été mis en minorité par un front mené par les Iraniens et les Vénézuéliens montrant les divisions profondes au sein de l'organisation. Depuis, la découverte de nouveaux gisements et l'utilisation de nouvelles techniques d'extraction ont encore diminué l'influence de l'OPEP.

est une source de tension régionale. Représentant 95 % de son approvisionnement en eau, le Nil constitue pour l'Égypte une question de sécurité nationale. Les accords de partage signés en 1929 et 1959 par l'Égypte, le Royaume-Uni et le Soudan sont comparés par les autres États à des reliques coloniales. Ils sont contestés tout comme celui signé en 2010 par l'Éthiopie, l'Ouganda, le Rwanda et la Tanzanie, de même que le nouvel accord conclu en 2015 par le Soudan, l'Égypte, et l'Éthiopie. Cette dernière a entrepris en 2011 la construction d'un barrage hydroélectrique. Sa mise à eau en 2020 renforce les tensions. L'Europe est quant à elle épargnée car les problèmes ne dépassent pas les cadres nationaux de l'Italie, de l'Espagne, de Chypre et de Malte. Les risques les plus importants de conflit concernent les pays d'Asie centrale qui se livrent à une surexploitation agricole et ne réalisent pas les investissements nécessaires pour la gestion de l'eau. C'est ainsi que l'Ouzbékistan et le Kirghizistan connaissent des querelles de frontière pour l'accès à l'eau faisant parfois des morts lors des affrontements entre villageois. De même, la pollution et la raréfication de l'eau rendent la situation extrêmement préoccupante au Pakistan qui en rend responsable son voisin indien.

La guerre des monnaies est très ancienne même si l'expression a été forgée par le ministre brésilien des Finances Guido Mantega en 2010. Elle correspond aux dévaluations compétitives opérées par les pays pour baisser la valeur de leur monnaie nationale par rapport aux autres devises. Favorisant ainsi leurs exportations et renchérissant leurs importations, les pays sont censés enclencher un cercle économique vertueux. Mais si la pratique se généralise, la création monétaire massive entraîne une inflation mondiale non maîtrisable. Actuellement, les politiques de sous-évaluation monétaire de pays comme la Chine, mais aussi l'Arabie saoudite, la Russie et les États-Unis sont régulièrement mises à l'index mais ces dénonciations sont elles-mêmes très controversées (cf. fiches régionales).

Principaux chiffres

Chaque année, 1,3 million de personnes meurent dans des accidents de la route à travers le monde et entre 20 et 50 millions de personnes subissent des traumatismes non mortels. Le taux de décès dus à des accidents de la circulation est de 18,2 pour 100 000 habitants, avec des variations considérables liées aux revenus des régions (9,3 à 26,6 pour 100 000 habitants).

Source : OMS, *Rapport sur la sécurité routière dans le monde 2018*.

Sur les 526 000 morts violentes survenues en 2011, 55 000 étaient dues à une guerre ou à une action terroriste, 396 000 à un homicide volontaire, 54 000 à un homicide dit « involontaire », 21 000 à une intervention légale.

Source : *Le fardeau mondial de la violence armée 2011*, Secrétariat de la déclaration de Genève.

En 2020, il y avait 82,4 millions de déplacés dans le monde, dont 48 millions de déplacés internes, 4,1 millions de demandeurs d'asile et 3,9 millions de Vénézuéliens exilés.

Source : HCR, juin 2021.

En 2019, la Chine avait 276 ambassades, consulats, missions permanentes dans le monde, les États-Unis 273, la France 267, le Japon 247, la Russie 242, la Turquie 235, l'Allemagne 224, le Brésil 222, l'Espagne 215 et l'Italie 209.

Source : Lowy Institute, *Global Diplomacy Index* 2019.

309 diplomates russes ont été expulsés d'Europe ou d'Amérique du Nord depuis 2017, soit plus que les Soviétiques déclarés « *non grata* » entre 1971 et 1991.

Source : *Le Monde* du 30 avril 2021.

2 000 à 4 000 mercenaires russes opéraient en Syrie début 2018. En 2016, un de leurs patrons Dimitri Outkine avait conclu un contrat avec les autorités syriennes lui assurant 25 % des revenus des champs de gaz et de pétrole repris à l'État islamiste.

Source : *Libération*, 13 mars 2018.

De 2015 à 2019, le volume des ventes d'armes sur la planète a crû de 5,5 % par rapport à la période 2010-2014. Les 1ers exportateurs d'armes sont les États-Unis (36 % de parts de marché), la Russie (21 %), la France (7,9 %), l'Allemagne (5,8 %), la Chine (5,5 %).

Les 1ers importateurs sont l'Arabie saoudite (12 % de parts de marché), l'Inde (9,2 %), l'Égypte (5,8 %), l'Australie (4,9 %), la Chine (4,3 %).

Source : Stockholm International Peace Research Institute, *SIPRI Yearbook*, 2020.

Au Sahel, les dépenses françaises – essentiellement militaires – sont passées de 580 millions d'€ à 1,35 milliard d'€ entre 2012 et 2018.

Source : Cour des comptes, avril 2021.

Ouvrages récents

- Nicholas Arpagian, *La cybersécurité*, Que sais-je ?, 2018.
- Éric Martel, *Robots tueurs*, Favre, 2018.

Exemples de sujets

- Prévenir les guerres.
- Le droit de la guerre peut-il, doit-il s'appliquer au cyberspace ?
- Savoir terminer une guerre.
- Existe-t-il des guerres humanitaires ?
- L'exigence de transparence est-elle une nécessité ou un danger pour les relations internationales ?

16 Les interprétations des politiques anti-terroristes

S'inscrivant dans le cadre d'une stratégie « du faible contre le fort », le terrorisme est une méthode de lutte reposant sur l'emploi de la terreur. Aucune définition universelle n'a pu être adoptée au niveau du droit international, et les multiples résolutions des Nations unies en la matière se sont révélées dans les faits inefficaces. Les attentats contre les tours jumelles de New-York en septembre 2001 ont donné lieu à la désignation d'un nouveau type de risque qui a été appelé « hyper-terrorisme ». Pour y faire face, les États ont durci leur arsenal législatif et renforcé leurs liens de coopération policière et judiciaire. Avec les guerres en Irak, Libye et Syrie qui ont propagé la menace terroriste, de nouvelles mesures sont prises suscitant bien des interrogations quant à leur opportunité et leur efficacité.

Historique

Avant l'ère moderne, le recours systématique à la terreur fut pratiqué au Ier siècle par les Zélotes pour s'opposer à l'occupant romain en Palestine. Aux XIIIe et XIVe siècles, en Iran et en Syrie, la secte ismaélienne des Assassins – Hashashins – commit des attentats retentissants démontrant qu'un groupe terroriste pouvait perdurer sans jamais réussir à conquérir le pouvoir politique.

La Terreur correspond à la politique menée par les Comités révolutionnaires en 1793 et 1794. Elle a donné son nom au terrorisme.

Le terrorisme visant les élites politiques apparaît à la fin du XIXe siècle. Fruit des mouvements nihilistes en Russie ou d'actions anarchistes, ce terrorisme moderne demeure encore circonscrit au cadre de chaque nation. En seront victimes, Alexandre II en 1881, le président Carnot en 1894, le prince héritier de l'Empire austro-hongrois en 1914 à Sarajevo…

Le terrorisme d'inspiration marxiste-léniniste s'appuie sur la théorie des *focos* (foyers) de Che Guevara (1928-1967) prônant l'action terroriste « pour mobiliser les masses ». L'Organisation de libération de la Palestine (OLP), la Rote Armee Fraction et les Brigades Rouges y recourent se livrant à des détournements d'avions, à des enlèvements et à des assassinats de journalistes, de chefs d'entreprise et d'hommes d'État, tel le président du Conseil italien Aldo Moro en 1978. Selon la théorie élaborée par l'extrême gauche européenne, l'État capitaliste et démocratique agit en réalité comme un État répressif car, sous une apparence d'État de droit, il exerce une violence insidieuse favorisant inégalités et exploitation. L'action terroriste permet d'amener un tel État à dévoiler son véritable visage.

Le terrorisme islamiste prend ses racines dans la Révolution iranienne et l'intervention soviétique en Afghanistan en 1979. Des mouvements islamistes radicaux sont créés lors de la décennie suivante : chiites pour le Hezbollah au Liban, sunnites pour Al-Qaïda. L'organisation dont le nom est lié au Saoudien Oussama ben Laden est née en Afghanistan avec des moudjahidin armés par les Américains mais aussi par les Chinois. Elle s'est ensuite déterritorialisée en fédérant les jihadistes internationaux et en devenant une référence pour les groupes prônant la charia et recourant à des attentats sacrificiels.

Les groupes terroristes sévissent dans un nombre croissant d'États. En Russie, les terroristes tchétchènes organisent des prises d'otage spectaculaires à Moscou en 2002 et à Beslan en Ingouchie en 2004 ; des attentats perpétrés par des séparatistes musulmans touchent aussi bien l'Inde que la Thaïlande et le Nigeria ; en Italie encore, les « Nouvelles Brigades rouges » assassinent des personnalités politiques en 1999 et 2002…

Connaissances de base

Synthèse

À l'exception du cas de l'État islamique qui, de 2014 à 2017, avait réussi à s'emparer de vastes territoires en Syrie, le terrorisme existant depuis les années 1970 est surtout le fruit de groupes d'individus dénués de véritables capacités militaires : cette forme de violence sociale se substituait ainsi à la guérilla. Les conséquences du terrorisme sont ainsi souvent très limitées sur le plan militaire mais elles sont en revanche très importantes sur le plan psychologique et médiatique. À la suite des attentats de septembre 2001, la coopération internationale a été renforcée et nombre de législations nationales ont été durcies. Privilégiant les politiques sécuritaires au détriment des libertés publiques existantes, certains États autoritaires en ont profité pour criminaliser toute contestation politique, économique ou sociale de l'ordre établi tandis que les démocraties occidentales en sont arrivées à mettre en danger leurs valeurs fondatrices. Susceptible de frapper partout, le terrorisme est devenu une des préoccupations sociétales majeures.

La définition du terrorisme et son incrimination

Plusieurs dizaines de définitions du terrorisme sont officiellement utilisées dans le monde. C'est pourquoi, si le terrorisme résulte en pratique d'un conflit entre un gouvernement et des groupes clandestins qui se livrent à des assassinats, « enlèvements, prises d'otages, détournements d'avions, provocation d'incendies ou d'inondations, libération de substances dangereuses », il n'est toujours pas défini à l'échelle mondiale car le terme en lui-même véhicule une charge émotionnelle et politique très grande. Dès lors, faute d'accord sur le sujet en 1998, la Cour pénale internationale n'a toujours pas reçu de compétence en la matière.

Néanmoins, au niveau de l'Union européenne, une décision-cadre du 6 décembre 2001 a défini l'infraction terroriste comme étant celle commise « dans le but de gravement intimider une population ou contraindre indûment des pouvoirs publics ou une organisation internationale à accomplir ou à s'abstenir d'accomplir un acte quelconque, ou gravement déstabiliser ou détruire les structures fondamentales politiques, constitutionnelles, économiques ou sociales d'un pays ou d'une organisation internationale ».

À l'échelon national, l'incrimination peut s'effectuer sur des bases plus larges puisqu'elle peut s'appliquer au seul fait d'être membre d'un « groupe terroriste » et ceci, même si l'individu ne commet aucun acte illégal. Toutefois, l'expression « groupe terroriste » est elle-même rarement définie, ou l'est de manière si vague qu'elle peut être interprétée comme s'appliquant à des groupes politiques, religieux ou ethniques pacifiques. Dans un tel contexte, les libertés d'opinion et d'association peuvent être mises à mal.

Les divers types de terrorisme

Les mouvements terroristes peuvent être répertoriés en fonction de leur contexte stratégique, même si une telle classification s'avère éminemment délicate :

Le terrorisme politique constitue l'outil armé de partis politiques officiels : l'Irish Republican Army (IRA) en Irlande, l'Euskadi Ta Askatasuna (ETA) au Pays basque, les Tigres de libération de l'Eelam tamoul (LTTE) au Sri Lanka...

Le terrorisme marginal est mené par une poignée d'individus qui ne disposent pas de support populaire mais qui veulent entamer un processus révolutionnaire. Il a surtout concerné les années 1970, avec la Bande à Baader (Rote Armee Fraktion), les Brigades Rouges ou Action Directe.

Le terrorisme de « droit commun » a recours à la terreur pour atteindre des objectifs essentiellement criminels et lucratifs : Mafia, Camorra et 'Ndrangheta en Italie, narco-terrorisme en Amérique centrale... Partout, les terroristes développent des liens étroits avec les criminels de droit commun ou dissimulent leurs activités illégales sous des oripeaux idéologiques ou religieux.

Le terrorisme d'extrême droite ne vise pas la désagrégation de l'État mais son renforcement : en créant une situation de chaos, les terroristes espèrent qu'il en résultera par la suite l'instauration d'un régime dictatorial. Observé sous cette forme en Italie durant les années 1980, il est actuellement le fait de suprématistes blancs à l'origine d'actions racistes et misogynes.

Le terrorisme de guérilla bénéficie d'un large soutien populaire et s'inscrit dans le contexte d'une guerre de libération ou d'un processus révolutionnaire : Résistance contre l'occupant nazi durant la Seconde Guerre mondiale, Irgoun israélien, terrorisme palestinien...

Le terrorisme religieux n'est pas limité aux organisations islamistes même si elles sont les plus nombreuses : al-Qaïda, État islamique, Front al-Nosra, Hamas (bande de Gaza), Hezbollah (Liban), Ansar Eddine (Sahel), Boko Haram (Nigeria)... Nées à partir des années 1980, elles réclament l'instauration d'un califat et de la charia. En Inde, le « terrorisme safran », qui avait frappé le pays en 2006-2008, était l'œuvre de fondamentalistes hindous. Au Japon, la secte Aum Shinri Kyo, qui avait sévi de 1989 à 1995, annonçait la fin du monde.

Le terrorisme militarisé est l'œuvre de groupes ayant atteint de telles capacités logistiques qu'ils obligent à recourir à la voie militaire et à des campagnes de guerre pour les combattre. Ainsi, en 2014, le groupe État islamique contrôlait près d'un tiers des territoires irakien et syrien. Cela contribue à brouiller les points de repère. La Cour suprême de Russie a ainsi pu débouter en juin 2018 dix ressortissants syriens de leur demande d'asile au motif qu'il n'y avait « pas de guerre en Syrie » mais une « opération antiterroriste ».

Le terrorisme à cause unique a un objectif limité : raciste, écologiste, anti-vivisection ou anti-avortement. Développé dans les pays anglo-saxons durant les années 1980 et au début des années 1990, il perdure malgré son absence de perspectives : Michigan Militia, Aryan Nations, Ku Klux Klan. En Norvège, la tuerie d'Utoya en 2011 visait à contrer la supposée islamisation de la société norvégienne.

L'hyper-terrorisme et le bio-terrorisme introduisent un nouveau type de risque : celui de l'utilisation d'armes de destruction massive, d'armes biologiques ou encore le déclenchement d'attentats pouvant avoir de très grandes conséquences telle l'attaque de centrales nucléaires.

Le terrorisme d'État est à l'origine une expression marxiste-léniniste désignant la politique des États totalitaires d'extrême droite et, par extension, toutes les formes de répression étatique. Elle s'applique plus justement aux méthodes illégales (enlèvement, assassinat…) motivées par une raison d'État « supérieure », celle de « terroriser les terroristes » : escadrons de la mort en Amérique du Sud, Groupe Anti-terroriste de Libération (GAL) espagnol utilisé pour lutter contre l'ETA, assassinats ciblés commis par divers pays, affaire du *Rainbow warrior* par les services secrets français en 1985…

La distinction entre actes terroristes et actes politiques

À l'exception des nihilistes russes dont l'impact fut quasiment nul, les groupes terroristes ont un projet politique, réaliste ou non, reposant sur une idéologie marxiste, anarchiste, fasciste, nationaliste ou fondamentaliste religieuse. En fonction de l'une ou l'autre de ces idéologies, le « terroriste » des uns est un « combattant de la liberté » pour les autres : l'ANC (African National Congress) et Nelson Mandela ont été considérés comme des terroristes par les États-Unis jusqu'en 2008 ; de même, la confrérie des « Frères musulmans » a été déclarée organisation terroriste par la justice égyptienne en 2013. Également, le capitalisme et l'impérialisme occidentaux auraient constitué un « terrorisme d'État » justifiant durant la guerre froide, la lutte armée pour déstabiliser les pays occidentaux.

De nos jours, être répertorié ou non en tant qu'organisation terroriste aura pour conséquence la possibilité ou non d'exercer des activités politiques, de détenir des comptes bancaires, etc. Aussi les dissensions restent importantes et les contestations sont portées devant les tribunaux nationaux ou européens. Par ailleurs, pour permettre la répression des actes terroristes, les systèmes démocratiques doivent les identifier clairement par rapport aux actes politiques puisqu'ils refusent de sanctionner les délits d'opinion. Ainsi, la Convention d'extradition adoptée le 27 janvier 1977 dans le cadre du Conseil de l'Europe a écarté toute qualification politique s'agissant de crimes ou de délits terroristes impliquant le recours à la violence. Les États restent libres d'inclure les actes terroristes dans le droit commun ou de considérer qu'ils relèvent de lois spécifiques. Les différentes législations nationales dans l'Union européenne montrent d'ailleurs que celle-ci est encore très loin de réussir à les harmoniser. La France fait ainsi figure d'exception avec sa définition très large de ce qu'est « l'association de malfaiteurs en relation avec une entreprise terroriste », clé de voûte de son système préventif.

L'adoption de mesures de lutte contre le terrorisme

Les stratégies de lutte contre le terrorisme visent plutôt les effets du terrorisme (anti-terrorisme) que ses causes (contre-terrorisme). Elles conduisent les États à instaurer des législations de plus en plus répressives ce qui risque de pénaliser leur propre population et de justifier ainsi la légitimité de la lutte armée. C'est le but recherché par les groupes terroristes qui connaissent la force des médias pour influencer l'opinion en leur sens. Le caractère inédit des actions terroristes d'Al-Qaïda – déterritorialisation, nouvelles armes et actions kamikazes – lui aurait ainsi permis d'espérer que le Moyen-Orient s'embrase à la nouvelle des attentats du 11 septembre 2001 ; de même la large utilisation des réseaux sociaux par l'État islamique pour publiciser ses exactions en Irak ou en Syrie, lui permet de recruter des terroristes étrangers. Une autre difficulté tient au fait que les États sont tentés de mettre en place des programmes de surveillance très coûteux alors que la lutte peut être sans fin, car relevant plutôt du maintien de l'ordre que d'un conflit spécifique entre États. Enfin, les stratégies antiterroristes résistent difficilement aux renversements d'alliances et l'utilisation des « ennemis d'ennemis » pour parvenir à ses fins. Ainsi, après la multiplication des frappes aériennes américaines contre Al-Qaïda au Yémen après 2017, Washington aurait soutenu la participation de l'organisation à la coalition soutenue par l'Arabie saoudite et les Émirats.

Les moyens de lutte contre le terrorisme ont évolué depuis les années 1990, lorsqu'il s'agissait de punir des actes de détournements, de prises d'otages et d'attentats à l'explosif en matière de transport aérien. En Europe, le « Groupe TREVI » avait été instauré en 1975 pour réunir les ministres des Affaires étrangères des États membres. Toutefois la répression des actes terroristes relevant du droit pénal restait entièrement de la compétence des différents États qui n'ont agi qu'après avoir été confrontés à une menace précise (cf. perspectives). L'organisation des services suit ces évolutions. En 2008, une plate-forme nationale de renseignement technique a été créée et la Direction générale de la sécurité extérieure (DGSE) et la Direction générale de la sécurité intérieure (DGSI) issue des Renseignements généraux ont été fusionnées. Fin 2014, un Service central du renseignement territorial (SCRT) a été reformé pour renseigner le gouvernement sur l'état de l'opinion et les mouvements sociaux.

L'extrême complexité du terrorisme tient à son internationalisation et à l'implication de nombreux individus offrant des profils atypiques. De groupes professionnels des années 1970, le terrorisme a évolué pour toucher les populations sensibles comprenant des individus pouvant se transformer en kamikazes. Face à ces dangers, les solutions communes recherchées par les États s'avèrent peu adaptées ou toujours insuffisantes. Après la chute du mur de Berlin et la nécessité de redéfinir les missions de l'Otan, l'organisation est devenue un instrument de la lutte contre le terrorisme. Les attaques du 11 septembre 2001 ont conduit ses membres à invoquer pour la première fois la clause de défense collective figurant à l'article 5 du Traité de Washington. Outre l'intervention en Afghanistan, cela a conduit au déploiement de l'opération *Active Endeavour* en Méditerranée : déployant des éléments des forces navales de l'Otan pour patrouiller et escorter des navires non militaires, le mandat de l'opération est régulièrement réexaminé et sa portée accrue depuis octobre 2001. De la même façon, l'Organisation de coopération de Shanghai effectue des manœuvres anti-terroristes bilatérales et multilatérales, terrestres et maritimes.

L'Union européenne s'est elle-même dotée en 2001 d'un mécanisme communautaire de protection civile regroupant les trente pays de l'Espace économique européen (EEE). L'Union a aussi commencé à financer des programmes de formation et de simulation de scénarios terroristes. Elle a décidé, au sommet de Laeken de décembre 2001, l'introduction de passeports biométriques, la conservation des données téléphoniques, le fichage des personnes et groupes terroristes… Le Conseil peut geler leurs avoirs, établir un contrôle des organismes à but non lucratif, vérifier les virements, et d'une manière générale s'assurer de la transparence des transactions financières. Après les attentats de 2004 à Madrid, un coordinateur européen chargé du dossier terrorisme a été désigné.

Le mandat d'arrêt européen introduit en 2004 a remplacé, pour certains crimes et délits, la procédure d'extradition qui fonctionnait très mal : depuis 1976, environ 300 membres des Brigades rouges et d'autres groupes terroristes avaient pu se réfugier en France avec la promesse de ne pas être extradés tant que leur refuge ne servait pas de base arrière pour des actions violentes. Cette « doctrine Mitterrand » affirmée en 1985 était dénuée de valeur juridique mais les chambres d'accusation françaises refusèrent l'extradition, considérant que la procédure pénale italienne ne permettait pas à l'époque à un condamné par contumace d'être à nouveau jugé. En 2002, l'extradition du « brigadiste » Paolo Persichetti vers l'Italie avait donc opéré un revirement radical de conception de la France à qui les Britanniques opposaient des motifs procéduraux pour refuser l'extradition de Rachid Ramda, détenu à Londres depuis 1995, alors qu'il était accusé d'avoir financé des attentats dans les transports parisiens.

Les critiques concernant la lutte anti-terroriste

En 2001, la déclaration de « guerre contre le terrorisme » émise par Washington – à peine plus adroite qu'avaient pu l'être les déclarations de V. Poutine en 1999 voulant « buter les terroristes jusque dans les chiottes » – a suscité diverses critiques. Outre son coût très élevé, elle accordait à tort aux terroristes un traitement analogue à celui réservé aux soldats dans une guerre ; la fausse idée d'une victoire finale a été propagée alors qu'elle ne pouvait avoir lieu ; elle a entraîné une intrusion dans la vie privée des gens, la détention de suspects sans jugement, le renvoi forcé de personnes dans leurs pays d'origine pratiquant la torture...

Après le 11 septembre 2001, l'« hyper-réaction » des États-Unis intervenant en Afghanistan et en Irak avait passé outre l'élan de solidarité internationale bloquant alors l'adoption de nouvelles règles de droit international. L'équipe du président George W. Bush a été accusée d'avoir utilisé « la guerre mondiale contre le terrorisme » pour commettre un « *hold-up* sur les champs pétroliers irakiens » et augmenter les dépenses militaires. Au final, les connexions établies par le président Bush entre le terrorisme, les armes de destruction massive et l'agitation politique dans le monde islamique n'ont pas été admises ailleurs qu'aux États-Unis.

Une autre critique, non encore citée, est celle tenant à la pression psychologique imposée aux populations civiles. Des niveaux d'alerte sont établis par les gouvernements ; les contrôles de sécurité sont multipliés ; des limitations de circulation sont établies dans certains territoires tels que le Sahara... Les médias jouent un rôle très important dans ce domaine pour maintenir la pression sur les populations et les convaincre du danger terroriste. Dans la réalité, l'augmentation du risque peut s'avérer très faible. En Israël par exemple, les accidents de la route continuent de faire plus de victimes que les attentats : la pression médiatique est ainsi dénoncée pour son inefficacité sur le plan de la sécurité. Même s'il s'avère que, plus un pays est préparé à faire face à un attentat terroriste moins celui-ci a d'impact sur la psyché collective, la pression psychologique quant au danger terroriste constitue un moyen efficace pour les pouvoirs politiques pour renforcer leur pouvoir et maintenir leur autorité. Certains soupçonnent ainsi la lutte antiterroriste d'être avant tout un mode de contrôle des populations et une occasion unique de désigner un ennemi contre lequel s'unir.

Le *Patriot Act*, adopté en 2001 par les États-Unis pour lutter contre le terrorisme, a ainsi servi à espionner des centaines de milliers de citoyens à travers le monde tant sous la présidence G.W.Bush que celle de B. Obama. En Europe, la directive 2006/24 sur la conservation des données de connexion ne servirait pas seulement à combattre le terrorisme mais elle répondrait aux intérêts économiques des industries du disque et du cinéma. Ces buts cachés sont encore plus évidents dans les régimes totalitaires ou les démocraties imparfaites. Ainsi, la législation russe adoptée en janvier 2010 pour répondre au terrorisme permet en fait la répression pénale de personnes participant à des manifestations non autorisées. Il s'agit de mettre fin au « précédent de Pikaliovo » petite ville près de Saint-Pétersbourg dont les ouvriers avaient bloqué la voie d'accès en juin 2009.

Bilan de l'actualité

Alors que les attentats terroristes continuent d'ensanglanter la planète, le fulgurant retour des talibans en Afghanistan en août 2021 fait craindre la constitution d'un nouveau sanctuaire pour les terroristes islamistes et un effet galvanisant pour leurs réseaux internationaux.

Au Sahel où plus d'un million de personnes ont fui les zones d'attaques jihadistes, le massacre de 160 villageois à Solhan (Burkina Faso) au printemps 2021 a particulièrement choqué. Censée assurer la sécurité de la sous-région, l'opération Bakhrane menée par la France a été suspendue en juin 2021. Justifiée par le double coup d'État intervenu au Mali, l'opération Bakhrane faisait l'objet de lourdes interrogations : même si elle avait permis l'élimination de chefs militaires et de combattants jihadistes, elle n'avait pas stoppé l'augmentation de leurs attaques.

En Europe, le rapatriement en Europe des jihadistes et de leurs familles partis en Syrie pour rejoindre l'organisation Daech fait toujours débat. En 2021, plus de 22 000 enfants étrangers d'au moins 60 nationalités étaient toujours internés dans des camps du nord-est de la Syrie. Suscitant l'hostilité des populations européennes, ils plongent leurs gouvernements dans l'embarras.

La France, qui depuis 2020 a été touchée par sept attentats islamistes, a renforcé encore et encore son arsenal législatif. Le Conseil constitutionnel a censuré certaines des mesures projetées. Dans le même temps, la « doctrine Mitterrand » a pris fin au printemps 2021 avec l'arrestation de sept Italiens condamnés pour des homicides ou des actes de terrorisme réfugiés en France depuis les années 1970/1980.

Perspectives

Le respect du droit international

Le terrorisme s'internationalise, les terroristes visant les intérêts ou les ressortissants d'États ennemis n'importe où dans le monde. Cela impose à la Communauté internationale de développer des règles communes.

Mais, au nom de la lutte anti-terroriste, de nombreux États n'hésitent pas à bafouer le droit international. Ainsi, le mur construit par Israël en territoire palestinien est présenté comme une « clôture anti-terroriste » alors que la Cour internationale de justice en a demandé le démantèlement dans un avis rendu le 9 juillet 2004. Du point de vue sécuritaire, l'action israélienne est également considérée comme disproportionnée par rapport au but recherché. Motivés officiellement par la lutte anti-terroriste, l'invasion de l'Irak par les États-Unis en 2003 et les bombardements sur Tripoli en 1996 étaient également contraires au droit international. C'était aussi le cas de l'organisation secrète appelée Gladio pilotée par la CIA : la « stratégie de la tension » développée dans les années 1970 en Italie visait alors, par le biais d'attentats mis sur le compte de l'extrême gauche, à empêcher le PCI d'accéder au pouvoir. De même, les États-Unis ainsi que la Chine avaient aidé des groupes musulmans radicaux en Afghanistan durant l'occupation soviétique. Les États-Unis avaient financé les Contras au Nicaragua ; en 2006, leur soutien à l'invasion de la Somalie par l'Éthiopie avait contribué à radicaliser une partie de la diaspora somalienne et donné de l'importance à Al-Qaïda dans le pays.

La manipulation du terrorisme par des États qualifiés de « voyous » est encore plus fréquente. Elle permet en effet de prolonger l'action politique dans des circonstances où la guerre ouverte s'avère impossible. Mais les alliances passées entre États et groupes terroristes sont des alliances d'opportunité et de courte durée. L'État « voyou » considère en effet le terrorisme auquel il a recours comme un coup tactique au sein d'une négociation entre acteurs qui ne recherchent pas forcément la disparition de l'autre ou le renversement de l'ordre établi.

Avec les conquêtes des sunnites extrémistes en Syrie et en Irak, l'anti-terrorisme change de dimension face à un mouvement bénéficiant d'un vaste ancrage local, de revenus autonomes tirés du pétrole, du trafic d'œuvres d'art et d'autres forfaits.

Le besoin d'une définition universelle du terrorisme

Les approches divergentes rendent très délicates toute tentative de classification d'agissements terroristes : Le démantèlement par Pékin en 2009 de « cellules terroristes » ouïgoures n'était-il pas une forme de répression des visées séparatistes de la province du Xinjiang ? Les autorités centrales irakiennes et des pechmergas kurdes n'invoquent-ils pas réciproquement le terrorisme pour intervenir militairement dans les zones contestées du Kurdistan ? En Afghanistan, les talibans désormais considérés comme des terroristes par la majorité de la Communauté internationale, étaient à l'origine les élèves peu instruits des écoles religieuses sunnites. Elles s'étaient multipliées pendant les dix ans d'occupation soviétique et le mouvement, qui en était sorti, bénéficiait souvent du soutien des chefs de guerre. Le gouvernement des talibans, en place de 1996 à 2001, avait été reconnu par le Pakistan, l'Arabie saoudite et les Émirats arabes unis.

En Europe, la légitimité des formes de lutte violente et minoritaire peut plus difficilement être acceptée. En Irlande, l'IRA a déposé les armes après les accords de Stormont en 1998 mais cela n'empêche pas la persistance de brutalités. Toutefois, ces actes s'apparentent plus à un mode de régulation des rapports sociaux qu'à des revendications nationalistes. C'est aussi le cas en Corse où les attentats qui sont toujours commis épisodiquement ressortent de violences de droit commun. En Espagne, l'ETA avait pu, malgré une fonte de ses effectifs et le tarissement de ses sources de financement, poursuivre des actions violentes et parfois meurtrières grâce à une véritable culture de rue. Ces formes de « routine terroriste » frappent encore la Grèce depuis le sursaut contestataire de sa jeunesse en 2008. En 2009-2010, plusieurs attentats avaient été revendiqués par des groupes d'idéologie d'extrême gauche visant des bâtiments de la police, de l'administration et des banques.

La recherche d'une définition du terrorisme se poursuit faute de consensus au sein de la Communauté internationale. Les États membres de l'Union européenne s'étaient accordés sur une définition commune en décembre 2001, mais la notion de « terrorisme » n'a pas été précisée par les conventions internationales de New York du 15 décembre 1997 pour la répression des attentats terroristes à l'explosif et du 9 décembre 1999 pour la répression du financement du terrorisme.

En 2004, le groupe de « sages » réuni sous l'égide des Nations unies avait pris en considération les civils en tant que cible privilégiée de groupes ayant pour but « d'intimider une population, ou d'obliger un gouvernement ou une organisation internationale à agir, ou à ne pas agir. » Mais cette définition fut critiquée, en raison notamment de l'insistance trop marquée dans le distinguo civils-militaires. De nombreux commentateurs auraient préféré, quant à eux, faire prévaloir la discordance entre les effets psychologiques recherchés et les moyens physiques employés par les terroristes : c'est une des caractéristiques des actes terroristes qui cherchent à déstabiliser le pouvoir politique en place, en jouant dans le même temps avec une opinion publique particulièrement sensible aux situations d'insécurité. On retrouverait dès lors la définition donnée par Raymond Aron selon laquelle il y a acte terroriste « lorsque ses effets psychologiques sont hors de proportion avec ses résultats purement physiques ».

Plusieurs pays arabes avaient exprimé certaines réticences. Kofi Annan, alors secrétaire général de l'ONU, réclamait une définition du terrorisme comportant une condamnation universelle et sans équivoque de toute action contre des civils, et donc une condamnation des attentats-suicides. La signature d'une convention espérée en 2006 n'est pas survenue. Or, la définition du terrorisme est importante puisqu'elle est nécessaire pour étendre les compétences de la Cour pénale internationale. Cette absence de consensus a également des conséquences pratiques puisqu'elle aboutit à ce que certains États classent ou non des mouvements ou groupes comme des réseaux terroristes. Le Hezbollah a ainsi divisé les pays de l'Union européenne jusqu'en 2013.

Le respect des droits fondamentaux et des libertés individuelles

L'absence de normes mondiales s'appliquant à la détention des personnes suspectées d'actes terroristes n'est pas palliée par le droit international humanitaire. Celui-ci ne constitue un cadre juridique obligatoire que dans la mesure où il s'agit d'un conflit armé. Ce n'est pas le cas lorsque la situation de violence revêt une intensité moindre ou lorsqu'il s'agit d'attaques terroristes non qualifiées par les États d'actes de guerre. Le CICR lui-même a ainsi adopté une approche au cas par cas pour qualifier juridiquement les situations de violence résultant de la lutte contre le terrorisme.

La distinction entre combattants armés et terroristes entraîne en effet une différence au niveau des règles juridiques à appliquer. Toutefois, l'article 3 commun aux quatre **conventions de Genève** – adoptées en 1949 et fixant des règles applicables aux conflits armés non internationaux pour protéger les civils – est devenu une norme de référence à laquelle il est interdit de déroger, en toutes circonstances. Il s'applique au traitement de toutes les personnes se trouvant aux mains de l'ennemi, quelles que soient leur qualification sur les plans politique ou juridique et l'identité des parties qui les détiennent.

La violation des droits humains est souvent couverte par l'application à mauvais escient de lois anti-terroristes. C'est le cas pour la Convention d'Alger de 1999 et de son protocole additionnel de 2004 en Afrique qui sont critiqués par Fédération internationale des droits de l'Homme. Au Chili, la loi de la dictature Pinochet, autorisant des détentions préventives de plusieurs mois et permettant aux témoins à charge de rester anonymes, est toujours utilisée par les autorités démocratiques pour réprimer les revendications des Indiens mapuches. La violation des droits humains a été systématique dans le cadre de la « guerre au terrorisme » menée après le 11 septembre 2001. Même si la jurisprudence de la Cour suprême a posé certaines limites, il a fallu attendre l'investiture du président Barack Obama en 2009 pour voir interdire les pratiques assimilables à la torture, telle la simulation de noyade.

Au niveau de l'Union européenne, la large définition du terrorisme établie par la décision-cadre de décembre 2001 vise des actes qui pourraient, dans un contexte répressif, inclure des revendications syndicales ou politiques. Par ailleurs, la création du mandat d'arrêt européen a permis la remise quasi-automatique d'un individu au pays requérant pour autant que les faits incriminés y soient passibles d'une peine d'au moins quatre ans de prison. Les juges nationaux peuvent toutefois s'opposer à l'extradition. Cela est d'autant plus important que le pays demandeur n'est pas lié par la qualification fournie dans le mandat. Un individu peut théoriquement être poursuivi pour d'autres faits que ceux incriminés lors de la requête. Aucun mécanisme de contrôle particulier n'étant prévu pour s'assurer que de telles dispositions ne sont pas utilisées dans un sens contraire au respect des droits de la personne, le risque de dérive sécuritaire est également dénoncé au niveau des institutions européennes. Les pays européens peuvent eux aussi être tentés d'apporter des réponses uniquement sécuritaires au problème du terrorisme, quitte à limiter l'exercice des libertés civiles. L'Union européenne doit donc trouver un équilibre entre le respect des libertés et la recherche de la sécurité.

Au niveau de l'ONU, le Comité des sanctions créé en 1999 contre Al-Qaïda sert, depuis le 11 septembre 2001, à neutraliser des individus présumés dangereux sans devoir se conformer à des procédures judiciaires : l'inscription sur la liste des terroristes se fait à la demande d'un membre du Conseil de sécurité à la condition qu'aucun des autres membres ne s'y oppose dans un délai de cinq jours. Les motifs passibles de sanctions restent flous et les personnes sont souvent sanctionnées sur des vagues soupçons sans en être informées ni avoir accès aux éléments les incriminant. Peu respectueuse des droits individuels, la pratique onusienne a été modifiée en 2005 pour permettre aux personnes concernées de demander directement leur radiation de la liste. Un Bureau du médiateur a en outre été instauré en 2009.

Besoin ou opportunisme politique : le renforcement des législations anti-terroristes

Le durcissement des peines infligées aux terroristes et des moyens de lutte à leur encontre avait été demandé en 2019 par le Conseil de sécurité du fait des insuffisances constatées dans la majorité des pays. Pourtant, depuis 2001, tous les pays touchés par le terrorisme avaient durci leur législation. Au niveau de l'Union européenne, la décision-cadre de décembre 2001 avait introduit des sanctions pénales minimales que les États pouvaient alourdir : quinze ans de prison pour la direction d'un groupe terroriste, huit ans pour leur financement ou la fourniture d'informations. En France, la législation prévoyait dès 1986 un régime dérogatoire au droit commun se caractérisant par la centralisation de la lutte anti-terroriste, la criminalisation de certains actes liés au terrorisme et la compétence des cours d'assises composées de magistrats professionnels. Elle incrimine l'association de malfaiteurs en vue de préparer des actes de terrorisme permettant de punir les actes préparatoires. Elle peut s'appliquer aux actes terroristes commis à l'étranger ; elle incrimine le recrutement terroriste et la consultation de sites faisant l'apologie des crimes terroristes ; elle autorise le retrait de leur passeport aux candidats jihadistes ainsi que l'interdiction d'entrée ou de sortie du territoire. Certaines mesures issues du droit d'exception de l'état d'urgence ont également été pérennisées. De plus, les conditions de déchéance de la nationalité française sont entendues plus largement.

Le recours accru aux moyens de surveillance se constate en Europe depuis la directive sur la conservation des données de connexion du 15 mars 2006. En 2016, l'instauration d'un fichier des données des voyageurs – Passenger Name Record (PNR) – a été adoptée sur le modèle instauré par les Américains. Leur programme Prism avait conduit à intercepter toutes sortes de communications avant que les révélations d'E. Snowden en 2013 n'attirent des protestations.

Des mécanismes permettant de tarir les sources de financement des organisations terroristes ont été adoptés par de nombreux pays : criminalisation du financement et de l'aide matérielle apportée au terrorisme, gel des avoirs des financiers et des réseaux de soutien, obligation de signalisation de toute opération suspecte par les huissiers, notaires, assurances, banques... Mais, la difficulté nouvelle est l'utilisation par les terroristes des cryptomonnaies. Devenue la norme pour effectuer des transferts de devises, elle complique la tâche des services de renseignement financier.

Précédemment les transferts d'argent étaient principalement le fait des associations caritatives qui ont fait l'objet d'une surveillance accrue. En France, conformément aux recommandations de la Commission de l'Union européenne, elles doivent obtenir un arrêté d'autorisation du ministre de l'Intérieur après avis du ministre des Affaires étrangères lorsqu'elles veulent effectuer un versement à un établissement ou un État étranger.

Toujours pratiquées, les prises d'otages posent la question du paiement des rançons. En effet, les pays, qui ont la réputation de ne pas négocier (Chine et pays anglo-saxons), sont relativement épargnés. Depuis 2013, la France s'est officiellement alignée sur cette politique mais cette version ne coïncide pas avec la pratique, laquelle est couverte par une comptabilité publique du ministère de la Défense non soumise à publication.

Contrer l'idéologie radicale des terroristes s'impose comme une nécessité face au profil des terroristes se réclamant de l'Islam : leur audience sur les réseaux sociaux leur permet d'endoctriner de nouveaux jihadistes en diffusant leur interprétation du Coran promettant un lupanar divin à ceux qui mourront en martyr. Dénonçant ce « porno-islamisme » brandi par les terroristes, l'écrivain algérien Kamel Daoud, objet d'une *fatwa* dans son pays, observe également la complicité des autorités arabes qui gouverneront plus facilement des bigots plutôt que des citoyens. Selon lui, Daech a une mère : l'invasion de l'Irak. Mais il a aussi un père :

l'Arabie saoudite et son industrie idéologique. L'intervention occidentale aurait ainsi donné des raisons aux désespérés dans le monde arabe mais le royaume saoudien leur avait donné croyances et convictions. Aussi, la lutte idéologique est-elle jugée d'autant plus nécessaire que les terroristes islamistes peuvent s'agréger à des luttes locales comme au Sahel. La riposte militaire apportée est jugée incapable d'assécher le vivier terroriste.

En Europe, une journée internationale d'hommage aux victimes du terrorisme est fixée le 11 mars en référence aux attentats de Madrid de 2004 et dans la suite de la commémoration organisée par la Commission européenne depuis 2005.

Le contrôle des juges

Les régimes dérogatoires des infractions terroristes préoccupent car ils ont tendance à s'étendre à d'autres infractions. Certes, dans les États démocratiques les juges protègent les droits et les libertés des étrangers, y compris ceux des contestataires radicaux. Ils veillent en outre au respect du principe de proportionnalité entre les mesures prises et le risque encouru. Au Royaume-Uni, la disposition de la loi anti-terroriste de 2001 autorisant la détention illimitée avait ainsi été jugée illégale. De même, au Canada, la Cour suprême a invalidé en 2007 les « certificats de sécurité » permettant la détention sans procès des étrangers soupçonnés de terrorisme. Aux États-Unis, la Cour suprême s'était basée sur l'*habeas corpus* et l'article 3 des conventions de Genève pour censurer la définition de la torture donnée en 2002 par l'administration Bush qui la circonscrivait à une douleur physique « d'une intensité telle qu'elle s'accompagne de blessures physiques sérieuses comme la défaillance d'organes ou la mort ». En Europe, la protection exercée par les juges nationaux est complétée par les jurisprudences de la Cour de Strasbourg et de la Cour de l'Union européenne. Le 8 avril 2014, celle-ci avait ainsi invalidé la directive du 6 mars 2006 sur la protection des données électroniques qui avait été rédigée au nom de la lutte anti-terroriste car elle constituait « une ingérence dans les droits fondamentaux de la quasi-totalité de la population européenne ». À partir de 2014, la Cour européenne des droits de l'homme avait jugé des pays européens s'étant prêtés aux activités illégales des Américains de rapts et de transferts illégaux de prisonniers. La Pologne avait été le premier pays condamné à ce titre.

Toutefois, l'affaire des Moudjahidin du peuple (OMPI) illustre les difficultés. Le 13 décembre 2006, la Cour de justice de l'Union européenne avait annulé le gel des avoirs de l'OMPI en constatant l'absence de motivation de la décision du Conseil et la violation les droits de la défense. Mais l'OMPI avait de nouveau été inscrite sur les deux nouvelles « listes noires » en 2007 et ce n'est qu'après une nouvelle bataille judiciaire close en 2009 que le Conseil avait dû obtempérer. De plus, les juges eux-mêmes reconnaissent les nécessités de limiter les libertés pour lutter contre le terrorisme. L'arrêt de la Cour de cassation belge du 27 juin 2007 est significatif. Alors qu'une association dénommée « Groupe islamique combattant marocain » contestait sa qualification d'organisation terroriste du fait qu'elle n'avait pas menacé de commettre une infraction terroriste, les juges ont considéré que la seule « vocation » à perpétrer de tels actes suffisait.

L’évolution des mouvements terroristes

Même si son efficacité reste encore à démontrer, le terrorisme ne disparaît pas : il se renouvelle.

L’utilisation intensive d’internet permet aux terroristes de bénéficier des atouts offerts par les médias et réseaux sociaux qui facilitent le recrutement de terroristes « maison » dans les pays industrialisés et le rapprochement des mouvements nationaux. De plus, en assurant leur propagande, la diffusion d’images sur les réseaux sociaux pousse les terroristes à une surenchère de l’horreur avec la décapitation d’otages et l’immolation de prisonniers. Les jihadistes ont développé des compétences informatiques et, en 2014, ils ont eu recours à des drones. Ces compétences, conjuguées avec la **territorialisation** des mouvements terroristes, visent de plus en plus les femmes, nécessaires pour la vie dans les territoires gérés par ces mouvements ou pour commettre des actions suicides. **La féminisation du terrorisme** devrait ainsi se confirmer.

Le terrorisme intérieur ou « *Homegrown Terrorism* » est devenu, depuis 2004 avec les attentats de Madrid, la majeure préoccupation pour les Occidentaux. Mais, les raisons de cette montée du terrorisme intérieur divisent le monde académique : tandis que Gilles Kepel développait le concept de « jihadisme d’atmosphère » agrégeant les formes d’idéologie hostiles à la République, Olivier Roy soutenait qu’il s’agissait essentiellement d’une révolte générationnelle, individualiste et nihiliste. Pilotée sur internet par des groupes salafistes, elle correspondrait ainsi à une « islamisation de la radicalité » qui, au moins en France, ont aussi pu toucher les revendications sociales ordinaires : Des employés en instance de licenciement avaient ainsi versé de l’acide sulfurique dans la Meuse en 2000, des pains de sodium dans le Canal de la Deule et du ferromanganèse à Boulogne sur mer en 2003. Ils avaient également pu menacer de détruire des usines par explosion.

Quoi qu’il en soit, ce terrorisme intérieur, dû à des nationaux ou des individus souvent bien insérés socialement, implique une stratégie de lutte à même de contrer les idéologies mortifères le portant. La lutte idéologique doit ainsi être privilégiée sur la lutte armée.

Le rapprochement de groupes terroristes leur permet de se renforcer mutuellement et constitue donc une menace réelle. Après le 11-Septembre, l’organisation terroriste Al-Qaïda avait ainsi formé une triple alliance inédite avec les talibans afghans et pakistanais réussissant à tenir en échec les forces de l’Otan. En 2004, après l’invasion de l’Irak par les Américains, le chef d’Al-Qaïda Oussama ben Laden avait accepté l’affiliation du groupe alors appelé « al-Qaïda en Irak ». En 2014, lorsque son chef Abu Bakr al-Baghdadi se proclama calife, une rupture intervint avec Al-Qaïda et un conflit avec « Front al-Nostra ». L’organisation fut encore renommée « État islamique ». Tandis que le groupe terroriste nigérian Boko Haram lui prêta alors allégeance après avoir échoué à créer son propre « émirat », les organisations « Front al-Nosra » en Syrie, Al-Shabbaab en Somalie ainsi que les branches d’Al-Qaïda au Maghreb, au Yémen, en Égypte, restèrent liées à Al-Qaïda. Ces rapprochements n’empêchent toutefois pas les scissions pouvant déboucher, comme au Nigeria, sur des **conflits inter-djihadistes**.

L'utilisation potentielle par des terroristes d'armes de destruction massive constitue une hypothèse que Mohamed el-Baradei considérait, avant son départ de l'AIEA fin 2009, comme la plus sérieuse menace existante. Outre le terrorisme nucléaire, l'utilisation du numérique pourrait provoquer des pannes dans des lieux stratégiques. L'hypothèse du bio-terrorisme ne peut, elle non plus, être écartée. La secte Aum Shihrikyo avait pu perpétrer un attentat dans le métro de Tokyo en 1997 en employant le gaz sarin qui avait fait 12 morts et 200 blessés. En 2001, des lettres volontairement contaminées par des bacilles de la maladie du charbon anthrax avaient provoqué cinq décès aux États-Unis.

La capacité pour les terroristes d'organiser des attaques nucléaires a été longtemps controversée. Un des arguments tenait au fait que l'utilisation d'armes de destruction massive par des terroristes n'était pas indispensable puisque la force du terrorisme ne consiste pas à frapper fort mais à frapper là où cela fait le plus mal et où on s'y attend le moins. Cependant, l'hypothèse n'est plus écartée et les États engagés dans la lutte anti-terroriste y consacrent désormais des moyens importants.

Intégrer la dimension économique du terrorisme

Le coût du terrorisme : le terrorisme international étant appelé à perdurer, les acteurs de la société internationale doivent en intégrer la dimension économique. D'abord parce que les mouvements terroristes le font eux-mêmes pour atteindre les objectifs qu'ils se sont fixés ; ensuite parce que les racines du terrorisme sont, de façon discutable, dues à des raisons de misère ou d'injustice sociale ; enfin, parce que le terrorisme entraîne divers types de coûts pour les États et leur population. Les coûts de type direct résultant de la destruction de biens sont relativement faibles – le *World Trade Center* ne représentait « que » 4 % de la superficie totale des bureaux disponibles à Manhattan – mais ils bouleversent néanmoins les représentations traditionnelles de risque.

Les effets indirects sont beaucoup plus difficiles à évaluer car ils dépendent des effets induits par les modifications de comportements humains. En dehors du coût humain inestimable, ils peuvent faire baisser l'activité économique d'un pays : le secteur du tourisme est affecté ; les coûts des transports aériens augmentent du fait de mesures de sécurité très onéreuses et de l'allongement des temps d'attente ; les investisseurs étrangers peuvent délaisser un pays frappé par des attentats ; les marchés financiers sont chahutés ; la crainte du futur décourage l'épargne et pénalise la croissance. Le coût peut être élevé pour les petits pays dotés d'une économie très ouverte aux échanges internationaux s'ils sont régulièrement frappés par des actes terroristes : dans les années 1990, le coût du terrorisme basque avait été évalué à 10 % du PIB régional. Les pays dépendant du tourisme sont aussi particulièrement touchés. En revanche, l'impact d'un attentat reste plus limité pour les plus grands pays.

Pour les pays membres de l'Union européenne, l'article 42-7 du traité de Lisbonne a introduit une clause de solidarité en cas d'attaque terroriste. La France avait demandé son activation fin 2015 pour tenir compte des conséquences financières des mesures prises après les attentats de Paris.

La marchandisation de la prise d'otages est relativement récente alors que cette pratique remonte à l'Antiquité. Les souverains élevaient alors à leur cour des descendants de rois vaincus pour s'assurer de leur fidélité. Utilisées comme moyen de rétorsion pour renforcer la docilité des populations conquises, les prises d'otages s'avèrent aussi l'arme du faible par excellence : l'Iran y a eu recours en 1979 pour riposter au soutien que les États-Unis, la France et Israël apportaient à ses ennemis. En Libye, le colonel Kadhafi s'était servi de 1999 à 2007 des accusations d'empoisonnement portées à des infirmières bulgares et à un médecin palestinien pour obtenir sa réintégration dans les échanges économiques et diplomatiques mondiaux. Dans tous ces cas, l'inhumanité du procédé est dictée par un mobile politique. Mais les fins pécuniaires s'avèrent souvent primordiales que cela soit en Colombie, en Irak, en Afghanistan, au Yémen et au Niger. Les rançons augmentent également.

La lutte contre les réseaux terroristes transnationaux

La collecte et l'échange d'informations sont très onéreux et doivent surmonter la culture de cloisonnement des services de renseignement. La masse d'informations complique la hiérarchisation et la gestion des données. Les manipulations doivent aussi être dépistées : en 2003, le secrétaire d'État américain Colin Powell avait ainsi présenté au Conseil de sécurité de l'ONU des éléments sur la fabrication d'armes de destruction massives par l'Irak qui s'étaient tous révélés être faux. La lutte anti-terroriste doit encore tenir compte du rôle des opérateurs Facebook, Twitter, Google et des structures de surveillance d'État, telle la Plateforme nationale de cryptage et de décryptement (PNCD) mise en place en France dans les années 2000.

Toutefois, les progrès sont notables et différentes expériences de judiciarisation de données provenant de théâtres de guerre ont été menées. En particulier, le programme Tedac (*Terrorist Explosive Device Analytical Center*) permet, depuis 2003, le recueil et la comparaison de toute trace papillaire ou génétique retrouvée sur des bombes artisanales en provenance de cinquante pays. La lutte anti-terroriste a aussi changé de dimension avec l'opération « Gallant Phoenix » qui, conçue en 2013 et démarrée en 2016, est menée par les États-Unis et 26 autres États dont la France. Ce programme archive et centralise en Jordanie, dans un lieu tenu secret, des « preuves de guerre » laissées sur le terrain par des groupes jihadistes, ou retrouvées sur des prisonniers. Grâce à l'encadrement et à la systématisation des méthodes de recueil des indices, le programme permet leur utilisation dans des poursuites judiciaires.

La coopération internationale progresse sur le terrain. En Afrique, le processus est lent et entravé par le manque de moyens. En 2014, le Burkina Faso, le Mali, la Mauritanie, le Niger et le Tchad se sont regroupés au sein du G5 Sahel et, en 2017, ils ont lancé une force conjointe de 5 000 hommes. En Europe, la coopération est plus ancienne du fait des initiatives prises dans les années 1970 : le « Groupe TREVI » réunissait des ministres et des hauts fonctionnaires de police, le club de Berne les principaux responsables des services de renseignement. En 1999, l'Office européen de police a été créé à La Haye, complété en 2001 et 2017 par un parquet européen Eurojust. Des accords de coopération entre Eurojust et des pays tiers ont été signés en 2006 (avec l'Islande, la Norvège et les États-Unis), avant d'être étendus à d'autres États. La collaboration inter-étatique s'en est trouvée améliorée sans être parfaite : l'ex-brigadiste Marina Petrella, visée par une procédure d'extradition vers l'Italie, a été autorisée à rester en France en 2008 ; Cesare Battisti, condamné en 1990 en Italie pour quatre assassinats, a pu sortir de France et trouver asile au Brésil en 2009. Les agences nationales de renseignements ne peuvent être contrôlées par l'Union européenne et le coordinateur européen chargé du dossier terrorisme depuis les attentats de Madrid en 2004 relève plus de l'ambassadeur que du responsable opérationnel. Après 2004, les Européens ont lancé divers programmes pour améliorer les échanges d'informations concernant la radicalisation, le recrutement des individus par les réseaux terroristes, les activités illégales d'organisations caritatives. Ils imposent à chaque État membre de désigner un « correspondant national » chargé de transmettre à Eurojust les informations sur les procédures et les condamnations. Cherchant à centraliser les mécanismes anti-terroristes à un niveau européen, la Commission a également mis au point un système d'alerte rapide et un dispositif de protection civile.

Les initiatives européennes n'ont pas convaincu tous les États membres. Europol est laissée en retrait des enquêtes conduites au niveau national par les différents services de sécurité. Des pays comme la France doutent de l'opportunité de partager systématiquement entre les 27, nombre de renseignements. Ils misent avant tout sur un cadre bilatéral : sur le modèle des équipes communes d'enquête franco-espagnoles pour lutter contre les actions des islamistes et des Basques de l'ETA, des coopérations bilatérales ont été créées avec les Belges, les Allemands, les Marocains, les Américains… Des groupes restreints se constituent également : le G5 comprenant la France, l'Allemagne, le Royaume-Uni, l'Italie et l'Espagne a permis d'intensifier les échanges de listes de jihadistes. Un système d'alerte a également été mis en place pour signaler les vols d'armes ou d'explosifs. Pour lutter contre le trafic de faux documents, les membres du G5 ont adopté la biométrie sur les cartes d'identité ainsi que les visas accordés.

D'autres collaborations sont mises en œuvre mais elles sont tenues secrètes. Ainsi, un centre spécial « Alliance Base » avait été mis en place en 2002 à Paris entre les États-Unis, la France, Royaume-Uni, l'Allemagne, le Canada et l'Australie pour échanger des informations sur les réseaux jihadistes internationaux. Son existence était restée cachée jusqu'à la parution d'un article du Washington Post en 2005. De même, l'Union européenne et les États-Unis ont réussi à encadrer le partage des données bancaires (Swift) dans les années 2000. Malgré le démantèlement de plusieurs réseaux terroristes, cette question reste sensible en Europe. En 2013, elle avait été relancée lors des révélations sur l'existence du programme d'espionnage américain Prism. Car, faute d'une capacité de sélection, beaucoup d'informations sont transmises.

Principaux chiffres

Depuis 2013, le terrorisme islamiste est la cause de près de 2/3 des morts par terrorisme dans le monde.

Source : *Le Point* n° 2541 du 29 avril 2021 citant le *Center for Strategic and International Studies*.

L'année 2014 avait constitué l'année la plus sanglante avec 32 685 morts. En 2019, il y a eu 13 826 victimes. Le coût des attaques terroristes était estimé à 26,4 milliards $, en baisse de 25 % par rapport à 2018.

En 2019, le terrorisme a principalement touché l'Afghanistan qui totalisait 41 % des morts dans le monde (5 725). L'Irak est classé comme 2e pays le plus impacté mais avec moins de morts (564) que le Nigeria (1 245). La Syrie en comptait 517, la Somalie 239.

Source : Institute for Economics and Peace, *Global Terrorism Index 2020*.

En 2019, selon le HCR, de 11 000 à 12 000 membres des familles des jihadistes étrangers de l'EI issus de 30 à 40 pays attendaient un éventuel rapatriement alors qu'ils étaient détenus dans des camps administrés par les Kurdes en Syrie. Selon l'Unicef, il y avait 29 000 enfants de combattants étrangers en Syrie et en Irak.

Sources : *Le Monde* du 24 juin et du 6 septembre 2019.

En 2020, Tracfin a comptabilisé 111 671 déclarations de soupçon d'infraction, soit 17 % de plus qu'en 2019.

Sources : *Le Figaro* du 7 juillet 2021.

Ouvrages récents

- Xavier Raufer, *À qui profite le djihad ?*, Cerf, 2021.
- Marc Hecker et Elie Tenenbaum, *La guerre de vingt ans. Djihadisme et contre-terrorisme au XXIe siècle*, Robert Laffont, 2021.

Exemples de sujets

- La lutte contre le terrorisme justifie-t-elle des lois liberticides ?
- Quelles différences entre lutte anti-terroriste et conflits armés ?
- La menace terroriste en Europe
- Les dimensions économiques du terrorisme
- Quels critères convient-il d'adopter pour définir le terrorisme ?

17 L’avenir de la mondialisation

Ne concernant plus seulement le monde économique mais aussi la culture, la politique ou la protection de l’environnement, la mondialisation est devenue une évidence depuis les années 1990 : outre les profonds bouleversements entraînés par la révolution des technologies de l’information et de télécommunications (TIC), le système économique mondial s’est alors unifié sous la bannière du libéralisme après la conversion de la Chine à l’économie de marché et l’effondrement du bloc soviétique.

De ce fait, la manière dont la mondialisation est gérée est devenue un des enjeux très controversé du XXIe siècle : tandis que l’idéologie mondiale dominante présente la mondialisation comme la victoire du libéralisme économique et de la démocratie, seuls vecteurs de progrès économiques et sociaux, des contestations parfois très virulentes se sont manifestées pour exiger au minimum une répartition plus équitable des profits de la mondialisation.

Ces oppositions idéologiques tendent à se focaliser sur la seule libéralisation du commerce mondial mais la disparition du système monétaire international tel qu’il est conçu à ce jour, apparaît de plus en plus probable dans le futur.

Historique

La 1re mondialisation remonte à la colonisation de l’Amérique aux XVe et XVIe siècles et à la création d’empires à l’échelle du monde par l’Espagne et le Portugal. Les premières entreprises multinationales développent un commerce triangulaire avec l’Afrique et les Amériques. Prospérant du fait de l’augmentation de la demande en sucre des Européens au XVIe siècle, la traite transatlantique et l’esclavage atteindront par voie de conséquence des proportions terribles au XVIIe siècle.

La 2e mondialisation démarre avec la révolution industrielle initiée au Royaume-Uni au XVIIIe siècle. Appliquant les thèses du libéralisme économique développées par Adam Smith (1723-1790) et David Ricardo (1772-1823), Londres abroge en 1846 la législation protégeant les céréaliers (*corn laws*) et signe en 1860 le traité de libre-échange avec la France. Une courte période de désarmement douanier s’était alors ouverte en Europe. Au nom de la liberté du commerce, les Britanniques déclenchent les **guerres de l’opium** entre 1839 et 1860 contraignant la Chine à autoriser les importations d’opium et à s’ouvrir au commerce international. Facilités par la révolution des transports, les échanges internationaux, augmentent vertigineusement.

La crise économique de 1929 atteint une dimension mondiale touchant tant l’Europe encore bouleversée par la Grande guerre que les États-Unis où un quart de la population active se retrouve au chômage. L’économiste britannique John Maynard Keynes expliquera le phénomène par l’insuffisance de la demande globale en soulignant que les États auraient pu y remédier en augmentant les dépenses publiques ou en baissant les impôts.

Les premières institutions financières internationales sont mises en place : la Banque des règlements internationaux (BRI) en 1930, le Fonds monétaire international (FMI) et la Banque mondiale avec les accords de Bretton Woods de juillet 1944. En matière commerciale, l'Organisation internationale du commerce (OIC) projetée en 1946 par la Charte de La Havane ne voit pas le jour et c'est l'Accord général sur les tarifs douaniers et le commerce (*General Agreement on Tariffs and Trade – GATT*) signé en 1947 qui s'appliquera. Concernant à l'origine les seuls produits industriels, il sera étendu par des *rounds* de négociations, dont le *Kennedy Round* (1964-1967), le *Tokyo Round* (1973-1979) et l'*Uruguay Round* (1986-1994).

Les désordres monétaires internationaux et les deux chocs pétroliers résultent de la décision du président Nixon en 1971 de ne plus assurer la convertibilité du dollar en or prévue par les accords de Bretton Woods et du quadruplement des prix du pétrole décidé par le cartel de l'OPEP lors de la guerre du Kippour de 1973. Ce 1er choc pétrolier, source d'inflation et de chômage dans les pays industrialisés, de misère dans les pays en développement importateurs de pétrole, est suivi par un second choc pétrolier lors de la révolution iranienne de 1979. En 1976, les accords de la Jamaïque officialisent le système des taux de change flottants.

La 3e mondialisation débute dans les années 1980 avec les technologies de l'information et communication qui favorisent la croissance économique et la constitution d'un marché mondial intégré des capitaux. Tandis que Ronald Reagan et Margaret Thatcher se font les chantres du libéralisme économique, la conversion des pays communistes à l'économie de marché marque une rupture : elle unifie l'économie du monde sous le signe du libéralisme. Celui-ci domine les accords de Marrakech signés en 1994 qui intègrent les accords du GATT de 1947 dans une Organisation Mondiale du Commerce, l'OMC.

La mondialisation change de dimension au XXIe siècle : tandis que les BRIICS s'affirment comme le futur moteur de l'économie mondiale, les enjeux environnementaux et sociétaux modifient la perception de la mondialisation. L'interdépendance générée par la spécialisation des économies nationales s'accompagne de fragilités illustrées lors de l'éruption d'un volcan islandais en 2010, de la pandémie de covid-19 et d'un accident survenu dans le canal de Suez en 2021.

Connaissances de base

Synthèse

Après deux grandes phases de mondialisation au XVe et au XIXe siècles, une troisième a vu le jour au cours des années 1980. Se caractérisant par un très important accroissement des échanges économiques, la mondialisation actuelle se distingue des deux précédentes par le rôle spécifique joué par les technologies de l'information et de la communication : celles-ci entraînent généralement des interactions culturelles, politiques très fortes entre individus de différentes nationalités. La mondialisation est ainsi devenue un thème très mobilisateur pour les opinions publiques aboutissant à multiplier les acteurs intervenant dans ce domaine (ONG, réseaux, entreprises…).

Mais, il existe un décalage entre une économie mondialisée et l'absence de gouvernance mondiale pour encadrer cette mondialisation. Les principales institutions existantes ont des compétences parcellaires : le Fonds monétaire international et la Banque mondiale instaurés par les accords de Bretton Woods de 1944 et l'OMC qui a intégré les accords du GATT au 1er janvier 1995. Par ailleurs, appliquant les règles du libéralisme économique, elles soulèvent des contestations parfois violentes de leurs politiques. Aucune des diverses propositions de réforme avancées ne réussit à faire l'unanimité.

Qu'est-ce que la mondialisation ?

La mondialisation se définit comme un phénomène d'ouverture des économies nationales sur un marché mondial, lié aux progrès des communications et des transports ainsi qu'au démantèlement des barrières douanières. Bien que correspondant à un phénomène ancien, le terme « mondialisation » n'est lui-même apparu que dans les années 1980 aux États-Unis avant d'être généralisé durant la décennie suivante par des mouvements anti-mondialistes et altermondialistes à partir des thèses d'Herbert Marshall McLuhan (1911-1980). Ce sociologue canadien avait lancé l'idée d'un « village planétaire » engendré par les progrès des médias. Précédemment, le père jésuite Pierre Teilhard de Chardin (1881-1955) parlait de « planétarisation humaine » et Fernand Braudel d'économie-monde, concept ne correspondant pas à l'économie mondiale mais en une économie constituant un monde en soi, un espace économique cohérent. En français, le terme « mondialisation » traduit de l'américain (globalization) est utilisé indistinctement avec « globalisation ».

Entraînant une interdépendance croissante des pays, la mondialisation se caractérise principalement par l'augmentation des échanges commerciaux – 1er pilier – et des investissements directs internationaux – 2e pilier. Le processus de mondialisation est à la base déclenché par une amélioration des moyens de communication (caravelle au XVe siècle, chemin de fer et clipper à la fin du XIXe, internet et transport low cost à la fin du XXe). Il se caractérise par la hausse du niveau de vie des populations qui débouche elle-même sur une hausse de la demande de biens et de services. La déréglementation mondiale accompagne alors le processus conduisant à une explosion du commerce international et des investissements directs étrangers. Les entreprises effectuent des choix stratégiques à l'échelle mondiale selon les règles fiscales ou sociales de chaque État : dans les années 1980, les firmes automobiles japonaises ont ainsi privilégié les investissements directs en Europe et aux États-Unis pour contourner leurs barrières douanières élevées, tandis qu'à partir des années 1990, les multinationales se sont mises à privilégier les pays pratiquant des tarifs douaniers bas pour les utiliser comme des plates-formes de ré-exportation.

Les migrations humaines constituent le 3e pilier de la mondialisation. Devenue un phénomène majeur depuis la fin du XXe siècle, la présence d'immigrés est très variable selon les pays : 3 % en Finlande, 9,3 % aux USA, 23 % au Canada, 54 % à Bahreïn et jusqu'à 80 % à Dubaï. En France, elle serait de 12,2 % mais, en ajoutant les enfants d'immigrés nés sur le territoire français, près du quart de la population française aurait un lien avec l'immigration. Les flux migratoires ont radicalement changé depuis le XIXe siècle : tandis que les immigrants européens partaient en général sans jamais revenir, les moyens modernes de transport et de télécommunication ont complètement modifié cette situation d'alors. Au XXIe siècle, l'importance des migrations internationales pousse les pays d'accueil à durcir leur législation. Le « Pacte de Marrakech » conclu fin 2018 dans le cadre de l'ONU a cherché à établir une gouvernance mondiale des migrations en promulguant une approche managériale des migrations. Mais, ce Pacte a un caractère non contraignant et se heurte aux réalités nationales contradictoires. Aussi, ce n'est pas parce que la mobilité d'un nombre sans cesse croissant de personnes s'est instaurée que la mondialisation a abattu les frontières : l'idée d'être citoyen du monde serait de ce point de vue une illusion.

La mondialisation : mythes et réalités

Au cours de la décennie 1990, la mondialisation a acquis une dimension culturelle et politique nouvelle du fait de l'écroulement des régimes communistes et de leur conversion à l'économie de marché, du fait également des technologies de l'information et de la communication (TIC) et des transports à bas coût.

Toutefois, elle ne doit pas être surestimée. En effet, la mondialisation est souvent confondue avec l'internationalisation. Or, la mondialisation suppose un processus d'expansion géographique suffisamment avancé pour que l'ensemble des activités plurinationales d'une entreprise soit soumis à une stratégie unique. De ce fait, le pourcentage des entreprises qui sont mondialisées demeure relativement bas. Cependant, leur influence sur l'économie s'avère considérable d'autant que celle-ci est caractérisée par le passage d'une société industrielle à une société postindustrielle. L'économie se caractérise désormais par une structure de coût totalement atypique basée sur la première unité fabriquée : les coûts fixes sont très importants alors que les coûts de fabrication et de commercialisation sont faibles, voire quasi-inexistants. L'économie est aussi conditionnée par l'usage des TIC. Ainsi, les transactions effectuées sur le site d'ebay entre deux résidents français permettent à cette société californienne d'encaisser une commission alors que le paiement, effectué par l'intermédiaire des services de Paypal, passera par Singapour. Plus généralement, les TIC favorisent les multinationales qui peuvent s'organiser au niveau planétaire pour réaliser des économies d'échelle en répartissant leurs coûts de recherche et de développement et en sous-traitant la fabrication des produits à l'étranger.

De la même façon, on a tendance à confondre la mondialisation et la régionalisation. Or, le commerce international – 1er pilier de la mondialisation – portait il y a un siècle essentiellement sur des produits lointains : par exemple, l'Angleterre importait du thé d'Asie et exportait des textiles. Aujourd'hui, la mondialisation concerne principalement les pays riches et voisins dont les consommateurs ont des goûts similaires. L'Union européenne représente à elle seule plus de 40 % du commerce mondial et 65 % du commerce extérieur français. De plus, les échanges portent essentiellement sur des produits de la même nature (voitures, vêtements griffés...).

Concernant les investissements directs étrangers – 2e pilier de la mondialisation –, on constate, en dépit de la circulation massive de capitaux, dans toutes les positions et les transactions financières, ce qu'on appelle un « biais domestique » c'est-à-dire une proximité géographique. S'expliquant par le fait que la performance des investisseurs locaux est généralement plus élevée que celle des investisseurs internationaux, ce biais domestique varie néanmoins : moins de 50 % pour le CAC 40 mais jusqu'à 93 % pour la composition des portefeuilles d'investissements institutionnels grecs. Dans certains pays, notamment asiatiques, il augmente avec le renforcement du capitalisme d'État.

Mondialistes et altermondialistes

La mondialisation n'apparaît ni bonne ni mauvaise en soi : au XIXe siècle, l'invention du clipper et la baisse du coût du transport avaient fait perdre à la Russie son rôle de grenier à blé de l'Europe mais elles avaient permis à l'Amérique de tirer profit de cette manne ; dans les années 1980, la mondialisation a mis au chômage des ouvriers occidentaux peu qualifiés mais elle a permis à des centaines de milliers d'Asiatiques de sortir de la pauvreté. Ce n'est pas tant la mondialisation qui est débattue mais la façon dont elle est conduite qui oppose les mondialistes aux altermondialistes.

Pour les premiers, la mondialisation est définie comme l'unification du monde lequel se transformera en un « village planétaire ». Selon eux, l'absence de barrières permet à chacun de faire valoir ses atouts grâce à cette mise en concurrence. Mettant en avant l'interpénétration des cultures, des technologies et des économies qui permettrait de garantir la paix mondiale, ses tenants prônent donc plus d'ouverture. S'agissant de la conception dominante des pouvoirs en place, les expressions telles que culture mondiale ou civilisation mondiale, gouvernance mondiale, économie mondiale, voire même citoyen mondial sont de plus en plus utilisées.

Pour les seconds, la façon dont la mondialisation est menée constitue la source des maux planétaires : elle conduit à la déréglementation des économies nationales, à la libéralisation exagérée des échanges, à l'hégémonie des grandes entreprises multinationales, à l'émergence d'un standard culturel unique. Dans les pays industrialisés, la mondialisation est associée à une augmentation de l'insécurité, aux délocalisations, à la précarité sociale, à l'immigration, au changement climatique. Mettant en avant une approche de coopération entre les peuples plutôt que de mise en concurrence, le mouvement altermondialiste est toutefois très hétérogène : les positions adoptées vont du réformisme à la rupture dans le cas des antimondialistes « *no global* ». Mais le mouvement a néanmoins réussi en 1997 à faire échouer la signature de l'Accord multilatéral sur les investissements élaboré dans le cadre de l'OCDE : cet accord prévoyait notamment qu'une entreprise aurait pu demander des dédommagements à un État si celui-ci prenait des mesures de nature à contrarier la rentabilité de son investissement direct sur son territoire. Les radicalisations du mouvement altermondialiste ont abouti à des manifestations très violentes en 1999 à Seattle et en 2001 au sommet du G8 à Gênes. Mais, le développement de réseaux internationaux (forums sociaux) a aussi permis d'établir des synergies entre pays en développement et certaines ONG (Oxfam, Attac...). La gestion de la mondialisation est également devenue l'objet d'un débat public qui n'est plus réservé aux seules instances économiques mondiales.

Les organisations de Bretton Woods

Deux organes de régulation mondiale – le Fonds monétaire international (FMI) et la Banque mondiale (BM) – ont été établis lors de la conférence de Bretton Woods en 1944. Il s'agissait d'organiser un marché mondial unique fondé sur la libre convertibilité monétaire et la libéralisation des échanges et d'aider à la reconstruction économique des États dévastés par la Seconde Guerre mondiale. Siégeant à Washington, le FMI et la BM subissent une très forte influence du Trésor américain et leur adhésion aux thèses du libéralisme n'est donc jamais remise en question.

Le Fonds monétaire international a été instauré pour favoriser la stabilité monétaire et éviter au monde une nouvelle grande crise économique comme celle de 1929 : il était chargé de veiller à la stabilité des taux de change que les États ne devaient pas laisser fluctuer de plus de 1 %. Le FMI a été conçu comme une sorte de tontine internationale : chaque membre du FMI – 189 États depuis l'adhésion de Nauru en 2016 – adhère en versant une quote-part dont le montant est calculé sur la base du poids relatif de chaque pays membre dans l'économie mondiale. Ce système de tontine soulève des problèmes de ressources : soit à devoir affronter trop de crises – en 1996 à la veille de la crise asiatique, le FMI voulait s'impliquer dans le traitement des pays en « situation de postconflit » comme le Cambodge, le Rwanda ou la Bosnie-Herzégovine – soit, comme en 2006-2007, à ce que le FMI se retrouve sans « clients ». Le système est également jugé peu démocratique car le montant de la quote-part détermine le nombre de voix attribuées ainsi que la possibilité d'obtenir ou non des prêts en cas de difficultés monétaires[1]. L'**aide dite inconditionnelle** peut être complétée par une **aide dite conditionnelle** car soumise à l'engagement du pays de respecter certains objectifs de politique économique. Dans le cas des pays en développement ayant un accès limité à l'aide inconditionnelle, le FMI obtient alors un droit d'ingérence en contraignant ces pays à effectuer des « ajustements » conjoncturels.

Les prêts consentis par le FMI et par la Banque mondiale se sont transformés en moyens de pression politique de même que les consultations effectuées au titre de l'article IV de la Charte du FMI : ces consultations annuelles consistent officiellement à s'assurer que chaque État permet la convertibilité des devises à des fins commerciales mais ces consultations aboutissent en fait à un rapport avec une note d'ensemble et des recommandations. Alors que les pays riches peuvent

1. La France avait été le premier pays emprunteur en 1947.

les ignorer – ce qu'ont fait les États-Unis dans les années 1980 –, les pays pauvres ne peuvent se le permettre. Une restructuration ou un rééchelonnement de leurs dettes par le Club de Paris ou de Londres nécessite en pratique l'aval du FMI.

Le groupe de la Banque mondiale comprend différentes institutions :

- La **Banque internationale pour la reconstruction et le développement** (BIRD) agit comme intermédiaire entre les États détenteurs des capitaux et les utilisateurs de capitaux dans d'autres pays. Elle doit lutter contre la pauvreté en œuvrant à la reconstruction et au développement des pays à qui elle prête des fonds destinés à des projets porteurs pour l'économie. L'essentiel de l'action de la Banque mondiale a porté sur de grands travaux – ceux concernant la mer d'Aral ont été particulièrement remarqués – ; elle a développé les investissements privés à l'étranger au moyen de garantie ou de participation à des prêts et autres investissements effectués par des investisseurs privés.
- La **Société financière internationale** (SFI), créée en 1954 sur le modèle de la BIRD, met l'accent sur le caractère privé des opérations et son activité est dominée par la notion de rentabilité.
- L'**Association Internationale de Développement** (AID) a été créée en 1960, pour financer le développement d'un État ou d'une zone géographique, que le projet soit rentable ou non. S'adressant aux 79 pays les plus pauvres de la planète, elle a connu des difficultés graves du fait de la diminution des contributions américaines.
- L'**Agence multilatérale de garantie des investissements**, créée en 1988, a quant à elle pour mission spéciale d'encourager les prises de participations et autres flux d'investissements directs en faveur des PVD en éliminant les obstacles non commerciaux.

Le **Centre international pour le règlement des différends relatifs aux investissements** (CIRDI) complète le groupe depuis 1965. Il a pour but d'améliorer les procédures de règlement des différends entre États et personnes privées en tenant compte de la nature des contrats. Le consentement des parties à l'arbitrage du CIRDI emporte renonciation à toute autre forme de recours.

Les institutions de Bretton Woods ont une indépendance statutaire qui leur permet de s'opposer aux orientations adoptées par l'Assemblée générale des Nations unies dominée par les pays en développement. Elles ont pu dès lors orienter leur action en suivant leurs propres règles. Inspirées jusqu'en 2008 du modèle économique ultra-libéral, elles reprenaient les recettes utilisées dans les années 1980 pour répondre aux problèmes de l'Amérique latine dont les États étaient confrontés à d'énormes déficits budgétaires. Ces règles, qui résultaient d'un accord tacite du FMI et de la Banque mondiale associant le Trésor américain, étaient connues sous l'appellation « consensus de Washington ».

Le « consensus de Washington » consistait en des mesures imposant l'austérité, la privatisation et la libéralisation. Devenu un véritable dogme économique et monétaire, il conduisait à n'accorder des aides financières qu'à la condition que les pays bénéficiaires tempèrent leur intervention étatique et réduisent leurs déficits extérieurs. Jusqu'à la crise de 2008, ces pays devaient donc appliquer les règles suivantes : libérer les prix intérieurs, réduire les dépenses publiques, libéraliser leur commerce extérieur. Mais en se concentrant sur des problèmes macroéconomiques, le FMI en est arrivé à prescrire des mesures ayant eu parfois des effets très négatifs pour les pays concernés. De plus, le FMI a exercé sa mission d'assistance de façon très disparate : laxiste avec la Russie en 1995-1998, très conciliante avec le Pakistan en 2001 dans son aide contre les talibans, très sévère avec l'Argentine en 2001 alors que ce pays avait appliqué strictement ses principes.

Le remboursement anticipé d'emprunts consentis par le FMI lors de ces crises avait posé la question de l'utilité de ladite institution avant que la crise mondiale de 2008 et la réorientation de l'organisation ne balayent ces interrogations.

L'Organisation mondiale du commerce (OMC)

Conçue au terme de l'*Uruguay round*, l'OMC a été créée par les accords de Marrakech de 1994 y intégrant les accords du *GATT* de 1947. Ce système commercial multilatéral intégré, ne vise plus uniquement le commerce des marchandises mais également les services et la propriété intellectuelle. L'OMC, dont le siège est à Genève, regroupe 164 États membres depuis l'adhésion de l'Afghanistan en 2016. Elle a pour directrice générale la Nigériane Ngozi Okonjo-Iweala élue pour 4 ans début 2021. Les décisions sont adoptées par consensus, à défaut par un vote à la majorité. Chaque État dispose d'une voix. Étant une enceinte mondiale des négociations commerciales, l'OMC doit poursuivre la libéralisation des échanges. Après le *millenium round* qui s'était soldé par l'échec de Seattle en 1999, l'OMC mène les négociations du « cycle de Doha » tirant son nom de la 4e conférence tenue au Qatar fin 2001. Les pays en développement y tiennent un rôle important alors que, jusque-là, les négociations n'avaient lieu qu'entre les États-Unis et l'Europe. Seules les barrières douanières des produits industriels avaient été réduites.

Outre son rôle de législateur, l'OMC exerce une fonction de juge et de gendarme du commerce international. Il s'agit là d'un changement radical par rapport au GATT : en cas de contentieux sur l'application des accords de l'OMC, les États membres doivent obligatoirement saisir l'organe de règlement des différends et ils ne peuvent pas recourir à des mesures de rétorsion unilatérales. Ce système, fondé sur des règles établies et non sur des rapports de force, encouragerait ainsi les bonnes pratiques de gouvernement, et contribuerait à maintenir la paix en permettant de traiter les différends de façon constructive. De 1995 à 2009, environ 400 procédures ont été déclenchées devant l'**Organe de Règlement des Différends** (ORD) de l'OMC contre environ 300 pour le GATT de 1947 à 1994. Pour éviter les blocages, la procédure, qui prévoit un recours possible devant un organe d'appel, est organisée selon des délais de 30 ou 60 jours entre chaque phase et les décisions sont prises automatiquement, sauf en cas de « consensus négatif ». De nombreuses procédures font l'objet d'accord amiable ; certaines restent au stade de la phase de consultation prolongée. Enfin, l'ORD peut autoriser l'une des parties à relever ses tarifs douaniers en compensation du préjudice subi ou l'obliger à accorder des compensations sous forme de réduction de droits de douane.

Bilan de l'actualité

En 2020, la mondialisation avait permis la diffusion fulgurante d'un nouveau coronavirus ce qui avait entraîné la fermeture des frontières et le confinement de la moitié de la population mondiale. À présent, on constate des tensions sur les matières premières et sur les transports, une amplification des migrations humaines et une radicalisation des guerres commerciales en cours. Pour aider à sortir de la crise, en août 2021, les gouverneurs du FMI ont approuvé, dans une décision qualifiée d'historique, une allocation exceptionnelle de d'environ 456 millards de DTS à répartir entre les États membres (cf. perspectives).

À ces difficultés économiques s'était ajouté en juin 2021, l'échouage d'un porte-conteneurs dans le canal de Suez a bloqué durant six jours cette voie de navigation par laquelle passent 10 % des marchandises échangées mondialement.

Ces évènements ou phénomènes illustrent à quel point le monde est interconnecté. Ils rappellent aussi la nécessité d'édicter des règles communes pour encadrer le système d'échanges existant. Le retour du multilatéralisme s'avère donc capital alors que celui-ci reste entravé. À l'OMC, l'organe d'appel de l'ORD est ainsi bloqué depuis décembre 2019 faute de confirmation par les administrations Obama et Trump de la nomination des juges. Une quarantaine de pays dont la Chine a alors mis en place une « procédure provisoire multipartite » mais une solution pérenne s'impose.

À l'OCDE, la conclusion en juin 2021, la conclusion d'un accord sur l'imposition d'une taxe de 15 % aux acteurs du numérique a été saluée comme historique. Jusqu'à présent, ces multinationales échappent à l'impôt dans les pays où elles réalisent des bénéfices substantiels. Mais, la mise en œuvre du traité pourrait s'avérer longue et semée d'embûches.

Perspectives

Vers un village planétaire ?

Les migrations humaines internationales vont s'accroître en provenance d'Asie méridionale, de Chine, d'Europe de l'Est et d'Afrique en direction des pays OCDE avec une tendance qui se confirme à la féminisation des flux. Les pays riches seront marqués par le vieillissement de leur population tandis que les pays émergents seront confrontés à un surplus de jeunes privés de débouchés économiques. Ces mouvements de population ne seront plus réductibles au couple immigration/émigration mais se rapprocheront d'un modèle de grande mobilité aboutissant à un remodelage géographique : des pôles urbains reliés entre eux par des moyens de transport rapides ou peu coûteux qui seront de plus en plus détachés du monde rural. Ces mouvements de populations ont conduit à des politiques d'expulsion des immigrés clandestins que cela soit dans les pays industrialisés, en Arabie saoudite ou en Israël.

Le tourisme est également en très forte expansion, y compris le tourisme médical qui a conduit des pays comme la Thaïlande et l'Inde, l'Afrique du Sud, à développer des politiques favorisant l'exportation des soins de santé.

Les délocalisations des activités économiques auraient, selon les économistes, atteint un plateau. Depuis 2012, elles perdaient du terrain soit avant 2020 et la crise de la covid-19 qui a souligné la fragmentation extrême des processus de production et la fragilité qui en résultait. Dans les années 1970, l'Europe et les États-Unis avaient délocalisé des secteurs entiers de l'industrie manufacturière dans des pays à faible coût de main-d'œuvre faisant de la Chine un des premiers pays exportateurs au monde de produits manufacturés. En raison de la forte pression sur les prix des produits et sur les salaires, les délocalisations avaient ensuite touché les pays peu industrialisés et le secteur des services. En 2004, Siemens, qui réalisait alors 2,4 milliards de profits nets, avait ainsi pu utiliser la menace de la délocalisation pour obtenir des syndicats allemands le rétablissement de la semaine de 40 heures de travail sans augmentation de salaire.

Même si les énormes réserves de main-d'œuvre, notamment chinoise et indienne, orientent toujours le marché international du travail vers le sous-emploi de longue durée, les délocalisations ont évolué. Avec le rattrapage des salaires en Chine, elles profitent désormais à des pays comme le Kenya ou le Viêt Nam et, dans des secteurs comme l'agriculture, les employeurs des pays riches peuvent également recourir à une main-d'œuvre étrangère sous-payée en se jouant des frontières : la Suède accorde par exemple des visas de courte durée à quelques milliers de Thaïlandais pour la cueillette des baies.

De plus, le mouvement de **relocalisation** démarré à la fin des années 2000, gagne en importance. Touchant aussi bien les services que la production de biens industriels, il progresse car certaines délocalisations perdent leur rentabilité économique du fait de la robotisation permettant l'automatisation des procédures de fabrication, des augmentations de salaire réclamées par les ouvriers des pays à bas coût de main-d'œuvre, du renchérissement des prix des transports, des délais de livraison, des difficultés à coordonner les activités d'un pays à l'autre, des problèmes de qualité et des difficultés liées à l'espionnage industriel.

Le développement des technologies de l'information et de la communication (TIC) depuis les années 1980 touche directement les individus après avoir favorisé le développement des entreprises multinationales et l'établissement de marchés financiers intégrés au niveau international. Bouleversant tout, la révolution du numérique place le monde à un moment de bascule de civilisation selon le philosophe Michel Serres. Portée par les TIC mais aussi par les avantages sociaux et économiques que la maîtrise de l'anglais/américain occasionne, l'**anglicisation** n'est qu'un élément infime des changements à venir. En Chine, les TIC posent des problèmes de compatibilité avec les idéogrammes dont l'usage devient difficile pour une majorité de la population. Les TIC permettent l'usage de la **monnaie électronique** qui connaît une croissance rapide. Dans les pays du Tiers-Monde, elle permet à une population pauvre de stocker de l'argent sans compte bancaire et d'effectuer des transferts. Favorisant la déterritorialisation monétaire, elle pourrait même devenir une concurrente des monnaies conventionnelles et affaiblir les leviers de politique monétaire. Les inquiétudes en matière de droits de seigneuriage se sont encore renforcées avec l'apparition des cryptomonnaies depuis la création du bitcoin en 2008. Liées à la technologie des registres décentralisés – **blockchain** –, les cryptomonnaies constituent des actifs spéculatifs à haut risque. Au printemps 2021, les autorités chinoises ont interdit leur usage aux institutions financières. Leur minage a également été prohibé pour des raisons environnementales ou énergétiques, en Chine et, provisoirement, en Iran. Le Salvador a au contraire converti le bitcoin en monnaie légale. De même, les TIC conduisent à une **plateformisation de l'économie** qui devient plus horizontale que verticale. Les TIC favorisent également l'économie collaborative privilégiant l'usage plutôt que la possession, ce qui entraînera, selon l'économiste canadien Jeremy Ritkins, un changement sociétal et la disparition du capitalisme. Par ailleurs, en facilitant l'accès à l'information, les TIC encouragent la **démocratie participative** ce qui constitue une menace pour les régimes dictatoriaux. Ceux-ci font beaucoup pour surveiller et filtrer les liaisons internet. Après la Chine, la Russie a ainsi adopté en 2019 un cadre légal pour un « internet souverain ». Les autorités américaines, qui financent des programmes de technologie de maillage permettant d'opérer en dehors des réseaux officiels, avaient elles-mêmes tenté de bloquer la divulgation en 2010 de centaines de milliers de documents par le site WikiLeaks créé par l'Australien Julian Assange.

Au niveau mondial, la maîtrise même de la **gestion du cœur du réseau** internet fait débat du fait qu'elle reste sous domination des États-Unis. Même si la gestion du système de noms de domaine a été confiée par le gouvernement américain à une organisation privée à but non lucratif basée en Californie – l'**ICANN** (*Internet Corporation for Assigned Names par and Numbers*) – les États-Unis gardent le pouvoir de couper l'extension à un pays et donc de le « rayer » de l'internet. Aussi, les Européens ont réclamé la transformation de l'ICANN en une organisation intergouvernementale tandis que les Chinois – et plus difficilement les Russes – ont réclamé et mis en place un contrôle national.

La mondialisation de la finance

Les flux de capitaux spéculatifs passant d'un pays à l'autre ont été favorisés par la libéralisation des échanges. Les *hedge funds*, dont le premier fut créé en 1949, se sont développés après la crise mexicaine de 1982. Venant du verbe « *to hedge* : se couvrir » – ce qui est une imposture sémantique puisque ces fonds se livrent surtout à des spéculations – ils ne sont pas répertoriés par les organismes de tutelle des marchés boursiers. Pouvant mobiliser des sommes colossales avec une mise de fonds minimale sur les marchés dérivés, ils spéculent sur les devises, les matières premières, l'immobilier et désormais les matières premières agricoles. Les « *private equity funds* » se sont, quant à eux, spécialisés dans le rachat d'entreprises sous-évaluées en pratiquant des opérations de « *leverage buy out* » (*LBO*) c'est-à-dire d'achat à crédit des actions de ces entreprises dans le seul but d'une revente rapide en réalisant d'importantes plus-values.

Les fonds d'investissement privés se sont concentrés sur le marché secondaire de la dette souveraine des pays en développement d'Amérique latine dans les années 1990, puis d'Afrique à partir des années 2000. En profitant d'annulations de dettes consenties par des créanciers institutionnels et de l'application de lois anglo-saxonnes favorables aux titulaires d'obligations, ces fonds réussissent à obtenir le remboursement intégral des dettes, intérêts et pénalités parfois rachetées à 10 % de leur valeur nominale. Leurs pratiques pouvant même aboutir à la saisie d'une partie de l'aide publique au développement, ils ont été surnommés fonds « vautours ». Aucune convention internationale n'a été édictée à leur sujet et les quelques lois nationales adoptées depuis 2007 s'avèrent limitées face à la concurrence juridictionnelle.

Les paradis fiscaux et l'optimisation fiscale « agressive » ne sont redevenus une préoccupation internationale qu'avec la crise financière mondiale de 2008 et la nécessité de récupérer les impôts manquant aux budgets nationaux. L'OCDE avait alors proposé un nouveau forum fiscal destiné à revoir les règles mondiales mises en place dans l'entre-deux-guerres par la Société des Nations. En 2009, trois listes (blanche, grise, noire) furent établies selon la fiscalité des États, l'absence de transparence et l'éventuelle réticence à communiquer des renseignements fiscaux aux administrations de pays tiers. L'idée d'une réglementation internationale fut ensuite relancée par les révélations de l'*Offshore Leaks* en 2013, le scandale des *Panama papers* en 2016, qui impliquait 12 chefs d'État ou de gouvernement, dont 5 en exercice, et des *Paradise papers* en 2017.

Malgré les atermoiements du Royaume-Uni, des États-Unis et de l'Inde, une convention multilatérale d'échange automatique de renseignements fiscaux fut formalisée en 2017. Anticipé brièvement par la France en 2019, le projet de règles mondiales pour taxer les entreprises du numérique a fait l'objet d'un accord dans le cadre de l'OCDE en 2021 mais il devra encore être concrétisé.

Dans une moindre mesure, l'idée de ponctionner les mouvements de capitaux d'une taxe de 0,05 % à 1 % suggérée dès 1972 par le prix Nobel d'économie James Tobin progresse également. Cette idée a été reprise et popularisée par l'organisation altermondialiste ATTAC. Cela avait fait dire à James Tobin en 2001 qu'il défendait le libre-échange et qu'il soutenait le Fonds monétaire international, la Banque mondiale et l'Organisation mondiale du commerce.

Les résistances à la globalisation

L'évolution de la mondialisation ne dépend pas seulement de la poursuite du démantèlement des barrières douanières : elle pourrait se trouver menacée par un éventuel changement dans les politiques gouvernementales et un retour au protectionnisme. Dépossédés de leurs compétences, les États pourraient en effet réagir en invoquant le « patriotisme économique » d'autant que la mondialisation peut entraîner un renouveau du sentiment d'appartenance nationale. Ainsi, en 2006/2007, la Thaïlande considérée comme une des économies les plus ouvertes du monde avait pris des mesures protectionnistes visant à établir une « économie d'autosuffisance ». Ces mesures doivent toutefois être compatibles avec les règles de l'OMC, son organisme de règlement des différends pouvant imposer le démantèlement des mesures nationales et décider de pénalités. De plus, le frein au libre-échange mondial peut répondre à des motifs de sécurité : limitation du commerce avec certains pays, restriction aux exportations de produits de haute technologie ou de denrées alimentaires comme en 2008…

Juridiquement, la limitation du libre-échange n'est pas une hypothèse irréaliste. La Charte de La Havane, signée en 1948 mais non ratifiée car n'étant pas assez libérale, établissait ainsi un lien entre le commerce et l'emploi ; elle affirmait le principe fondamental de l'équilibre des paiements dans les relations commerciales des États ; elle autorisait les restrictions quantitatives ; elle promouvait des normes de travail équitables ; elle permettait de contrôler les investissements étrangers ; elle acceptait enfin des régimes spéciaux pour les produits de base notamment alimentaires. L'abandon de cette Charte au profit des accords du GATT puis de l'OMC a donc été placé sous le signe du libéralisme économique, à même d'offrir un meilleur choix et des prix plus bas aux consommateurs tout en stimulant la croissance économique et l'augmentation des revenus.

Ce choix très libéral est remis à présent en question et les altermondialistes voudraient exclure des négociations commerciales, l'éducation, la santé, les services sociaux, la culture ainsi que l'agriculture pour garantir la souveraineté et la sécurité alimentaire. Selon eux, la mondialisation ne peut se faire en appliquant les lois du commerce à l'environnement, à la culture et aux droits sociaux. Plus radicalement, certains préconisent la démondialisation selon le concept forgé par l'économiste philippin Walden Bello au début des années 2000. S'appuyant sur le principe de souveraineté locale, il s'agit de favoriser le développement autocentré et une politique de substitution aux importations et, même, de démanteler les organisations économiques internationales.

Le « localisme » s'oppose à la globalisation en prônant le développement d'une économie locale. Formulée au début du XXe siècle, cette doctrine économique a été redécouverte dans les années 1980 afin de contribuer à diminuer l'empreinte écologique liée au transport de marchandises mais, également, de favoriser la démocratie participative, la cohésion sociale et l'emploi local. Le localisme diffère des relocalisations en proposant de répondre par une offre locale aux besoins locaux afin de reconstruire progressivement une économie plus diversifiée. S'inscrivant ainsi à l'encontre de la spécialisation des économies, le localisme se limite à une « économie résidentielle et présentielle »

La globalisation du commerce et de la culture inquiète plus qu'elle ne séduit. Les mêmes produits sont proposés et achetés sur tous les continents. La suprématie de la culture et des services américains a conduit à une américanisation du monde ; les produits « *made in RPC* » contribueraient de plus en plus à sa sinisation, le marché chinois étant devenu un élément structurant de l'économie mondiale. L'espionnage et la domination du monde par les Américains demeurent mais la Chine inquiète plus encore : son régime autoritaire ignore largement la sécurité des consommateurs et les droits individuels. Dans cette mondialisation sinisée succédant au système international de 1944, les démocraties libérales sont placées au même niveau que les autocraties.

La religion est également concernée. Le christianisme avait été associé aux premières mondialisations ; l'islam est à présent concerné : bouleversant les traditions musulmanes locales, les normes les plus strictes se diffusent, imposant l'idée que tout est interdit sauf ce qui est permis. Cela serait, selon l'anthropologue Florence Bergeaud-Blackler, le symptôme d'une culture islamiste mondialisée, à la fois séparatiste et prosélyte.

Le contrôle des fonds publics, dits souverains, se pose du fait de leur montée en puissance et de leur activisme. En 2007 et 2008, la Russie, la Chine, l'Arabie saoudite avaient créé leurs fonds. La France, qui ne dispose pourtant pas d'excédents commerciaux, a fait de même avec le Fonds stratégique d'investissement (FSI) placé sous le contrôle de la Caisse des dépôts et consignations. Conçu pour aider l'innovation, il a changé de rôle pour sauver de grandes entreprises françaises. Jusqu'à une époque récente, les fonds souverains étaient composés de quelques prises de participations souvent très minoritaires dans des entreprises privées et surtout de bons du Trésor américain. Aussi, lorsqu'en 2006, la société britannique P&O voulut vendre six terminaux maritimes américains à un fonds des Émirats arabes unis, cela avait fait naître une tempête politique aux États-Unis. La même année, l'Europe commença aussi à se préoccuper lorsqu'une banque publique russe acheta 5 % du capital du consortium aéronautique EADS. En effet, les fonds souverains ont souvent une gestion opaque obéissant à une logique plus politique qu'économique.

La question se pose donc de savoir si les fonds souverains, ou plus largement des investisseurs contrôlés par des gouvernements étrangers, doivent faire l'objet d'un traitement différent des fonds et des capitaux privés. Au début 2007, les États-Unis avaient renforcé leur contrôle des investissements publics étrangers ; l'Union européenne étudiait une possible réglementation pour se protéger contre « les investissements déterminés par des motivations autres que les seules motivations économiques ». Parmi les pistes envisagées figuraient notamment l'instauration d'une « clause de réciprocité » – en Russie et en Arabie saoudite, les entreprises européennes connaissent de sévères restrictions à l'investissement –, l'attribution à la Commission d'un droit de contrôle dans les secteurs « stratégiques » tels que les banques, les services postaux, les télécommunications, les secteurs logistiques et énergétiques. Ces questions de sécurité liées à l'opacité des fonds souverains avaient cependant été mises de côté fin 2008. En 2019, elles ont fait l'objet d'un premier règlement de filtrage des investissements étrangers directs.

Des mesures protectionnistes permettant de répondre à des facteurs sociaux pourraient résulter des réactions suscitées par la gestion de la mondialisation : barrières à l'importation de produits pour des raisons sociales telle la protection des agriculteurs ou la « taxe carbone » pour des préoccupations environnementales. Si les revenus moyens baissent, si les conditions de vie se détériorent obligeant les gens à travailler plus pour des salaires moindres, les populations demandent davantage de protection. Au lieu d'affaiblir la protection sociale en accordant des réductions d'impôts aux plus riches, les pays industrialisés devraient – selon le prix Nobel d'économie Joseph E. Stiglitz – avoir des filets de protection sociale performants, développer le savoir-faire et la formation, reconnaître que la liberté du commerce peut faire baisser les salaires correspondant à des tâches peu qualifiées et qu'elle peut augmenter les inégalités.

Cette menace d'un retour au protectionnisme pour des raisons sociales dans les pays riches est à rapprocher de ce qui a été dénommé la guerre des pauvres : elle oppose des mal lotis qui voient des plus démunis qu'eux s'installer et « vivre sur l'habitant » lequel aurait lui-même besoin d'aide pour subsister. Dans les *townships* sud-africains où s'entasse dans des conditions déplorables une population laissée pour compte à laquelle s'ajoutent quelque cinq millions d'immigrants, des incidents à caractère xénophobe ont éclaté à partir du ralentissement économique de 1990. En 2008, 2015 et 2019, d'importantes violences avaient ciblé les immigrants illégaux principalement issus du Zimbabwe, du Nigeria ou de la RD Congo de la part des Sud-africains noirs un peu moins pauvres qui voyaient en ces immigrants la cause de la perte de leur emploi. Ces phénomènes se répètent chaque année mais à une moindre ampleur. Ils ont également concerné Naples en 2008, des populations roms à Belfast et les quelque 30 000 expatriés chinois en Algérie en 2009, des sans-abri étrangers de Bolivie, du Paraguay et du Pérou en Argentine en 2010, quelque 60 000 immigrés clandestins d'Afrique de l'Est en Israël en 2012… Les situations de rejet se multiplient et favorisent la montée des partis populistes ou d'extrême droite.

La réforme des institutions à caractère économique

Les institutions économiques sont l'objet de vives dissensions.

L'élargissement des organisations à vocation mondiale se poursuit permettant à certaines de réunir pratiquement tous les États de la planète. Ainsi l'Organisation mondiale des douanes (OMD), qui comptait 17 États lors de sa création en 1952, en compte 182 depuis l'adhésion en 2017 d'Antigua-et-Barbuda couvrant 98 % des échanges commerciaux mondiaux. De même, l'OMC continue à négocier avec une vingtaine d'États ayant encore le statut d'observateur en vue de leur adhésion à l'organisation.

À l'opposé, des organisations ou groupes resteront des clubs très sélectifs et très restreints. Forums de dialogue sur les questions économiques, financières, commerciales et environnementales, ces organisations peuvent avoir des sphères d'influence très importantes. Comptant 35 États membres depuis 2010, l'Organisation de coopération et de développement économiques (OCDE) a accueilli le Chili puis Israël, l'Estonie et la Slovénie L'organisation poursuit les négociations d'adhésion avec la Russie. L'Afrique du Sud, le Brésil, l'Inde, l'Indonésie et la Chine sont également concernés à plus long terme. Le budget de l'OCDE de 374 millions d'euros pour 2017 est alimenté à 21 % par les États-Unis, 11,9 % par le Japon, 7,5 % par l'Allemagne, 5,5 % par la France, 5,2 % par le Royaume-Uni…

La démocratisation des institutions de Bretton Woods reste encore à faire. La pratique instaurée veut que le directeur de la BM soit un Américain et celui du

FMI, un Européen. En 2011, la démission de Dominique Strauss-Kahn aurait pu être l'occasion de voir cette règle évoluer mais ce fut la Française Christine Lagarde qui a été nommée directrice générale du FMI en bénéficiant de l'appui de pays tels que la Chine, la Russie ou le Brésil. Depuis 2019, l'Américain David Malpass dirige la Banque mondiale et la Géorgienne Kristalina Georgieva le FMI.

Le fonctionnement des conseils et l'attribution des droits de vote sont également critiqués. La Banque mondiale et le FMI sont fréquemment présentés comme étant l'émanation de l'impérialisme américain plutôt que des organisations indépendantes chargées de promouvoir le développement. La réalité est peut-être plus nuancée mais, de fait, seuls les États-Unis disposent d'un droit de veto au sein du FMI : ils détiennent 16,74 % du total des voix attribuées alors que les décisions importantes nécessitent une majorité de 85 % des voix. De leur côté, les Européens sont surreprésentés. Fin 2010, une réforme a été approuvée au sein du FMI mais, du fait d'un blocage des Républicains, les États-Unis ont été le dernier État membre à la ratifier en décembre 2015. La réforme double les quotes-parts du Fonds (à 659 milliards de dollars) et transfère aux pays en développement 6 % des droits de vote des pays industrialisés ou producteurs de pétrole. Les États-Unis possèdent donc 17,41 % des quotes-parts – ce qui leur laisse la minorité de blocage –, le Japon 6,46 %, la Chine 6,07 % contre 3,65 % précédemment, l'Allemagne 5,59 %, la France et le Royaume-Uni 4,23 % chacun. La réforme supprime en outre le « G5 » (États-Unis, Japon, Allemagne, France et Royaume-Uni), ces pays qui avaient statutairement le droit à un siège pour eux seuls au conseil d'administration. Il s'ouvre aux « BRIICS » (Brésil, Russie, Inde, Indonésie, Chine, Afrique du Sud) qui sont cependant divisés.

À la BIRD, le rééquilibrage résulte d'une augmentation de capital décidée en 2010 – la 1re depuis 20 ans – qui a été couplée à une modification des droits de vote permettant aux pays en développement d'en détenir 47,19 %. La Chine se hisse à la 3e place avec 4,42 % des voix après les États-Unis (15,85 %) et le Japon (6,84 %). La France détient 3,75 % des voix contre 4,17 % auparavant. En 2018, une nouvelle augmentation de capital a été liée au remplacement de la tarification unique par des taux plus élevés pour les pays plus riches. De plus, il a été convenu que les fonds additionnels bénéficient en priorité aux plus pauvres parmi les États à revenus intermédiaires.

Par ailleurs, la nomination des 24 administrateurs avantage toujours les Occidentaux. En outre, les représentants des États sont les ministres de l'Économie et des Finances au FMI, les gouverneurs des banques centrales à la BM, les ministres du Commerce à l'OMC. Chacun défend ainsi ses propres intérêts. Les institutions de Bretton Woods s'avèrent donc dominées par les pays les plus riches et par les intérêts commerciaux et financiers. De plus, les organes directeurs de ces organisations ne jouent souvent que le rôle de chambre d'enregistrement d'accords extérieurs conclus au sein du G7.

S'affranchir des institutions de Bretton Woods, alors que leur démocratisation tardait à venir, a conduit les organisations régionales à aller de l'avant. En 2005, les membres de l'ASEAN + 3 ont créé un réseau d'échanges de devises. En octobre 2014, ils ont mis en place la Banque asiatique pour les investissements en infrastructures (AIIB). Les Chinois, qui en sont le moteur, détiennent 30 % du capital et 27,5 % des droits de vote. Tandis que des États européens ont participé à sa transformation statutaire, les Japonais et les États-Unis sont restés à l'écart ou ont cherché à bloquer l'évolution du système. En Amérique du Sud, le président vénézuélien Hugo Chávez (1954-2013) a convaincu en 2009 les États de la région – à l'exception du Chili et du Pérou – à créer la Banque du Sud. Quant aux Européens, ils ont créé, après la crise grecque de 2010/2011, le Fonds européen de stabilité financière (FESF) puis le Mécanisme européen de stabilité (MES) qui est toutefois adossé au FMI.

Le FMI a changé ses pratiques en dépassant le « consensus de Washington » après la crise de 2008. Étant fondé sur le postulat que les marchés sont capables d'agir immédiatement pour répondre aux besoins économiques, ce consensus avait conduit le FMI à imposer aux pays « clients » des privatisations à réaliser très rapidement sans qu'une réglementation de la concurrence soit préalablement instaurée. Appliqué aux pays pauvres qui n'avaient pas la capacité de résister aux conditions exigées par le FMI, le consensus de Washington a entraîné des conséquences néfastes désormais reconnues, telles que la progression des inégalités, la régression des protections sociales et de l'éducation. Il a même été retenu responsable du recul de l'espérance de vie de certaines populations.

La transition économique de la Russie après 1991 en est un exemple : le FMI ayant imposé une privatisation immédiate des entreprises publiques, des monopoles privés se sont constitués. La libéralisation tout aussi rapide des marchés financiers et le système d'enchères hypothécaires mis en place par le pouvoir ont permis aux banques de devenir propriétaires des entreprises d'État. Les nouveaux enrichis russes ont aussi pu facilement faire sortir leurs capitaux. La politique de soutien des taux monétaires imposée par le FMI a endetté le pays tout en garantissant un taux de change intéressant à ceux qui faisaient sortir leurs capitaux : alors que la Russie cessait de payer les retraites, les oligarques russes exilés à Londres pouvaient racheter des clubs de foot britanniques. La gestion catastrophique de cette crise s'est répétée en Asie, puis en Argentine, le FMI préconisant encore la liberté des échanges et des flux financiers, la maîtrise des dépenses publiques et la stabilité monétaire. Ses initiatives en matière d'allégement de la dette ont en fait encore renforcé son influence : la Banque mondiale, la Communauté européenne et les pays donateurs conditionnent leur aide au rapport établi par le FMI sur le pays demandeur.

Après la crise asiatique de 1997 et l'endettement en dollars des pays touchés, ceux-ci ont pris conscience que leur développement dépendait entièrement des pays développés. Ils ont réorienté leurs politiques en dépréciant leurs monnaies et en axant leurs économies sur l'exportation. Les excédents commerciaux leur ont permis de rembourser leurs dettes et de se dégager de la tutelle du FMI.

Après la crise de 2008, les préceptes économiques de Keynes ont été de nouveau appliqués alors que le FMI était sollicité par de nombreux pays pour obtenir des aides d'urgence : l'Islande, la Hongrie, l'Ukraine, le Pakistan, le Mexique, la Roumanie… En 2009 et 2012, le Fonds a été renfloué et il a pu lancer un vaste plan d'aide destiné aux pays les plus pauvres dont les 2/3 sont africains. L'octroi de prêts supplémentaires présentait des conditions très souples : dispense de paiement des intérêts, prêts de précaution « *stand by* » payables uniquement en cas d'utilisation, prêts d'urgence, abandon des conditions de politique monétaire et d'inflation observées par le passé. Fin 2013, le FMI a même prôné l'adoucissement des politiques d'austérité, le relèvement des taux d'imposition des tranches supérieures de l'impôt et la création d'un impôt « *one-shot* » sur le capital. En 2016, c'était le FMI qui demandait à l'eurogroupe d'alléger la dette grecque alors que l'Allemagne s'y opposait.

Cette nouvelle politique a été contestée par les milieux conservateurs pour qui le FMI délaisse son rôle de gardien de la stabilité économique et financière mondiale pour empiéter sur les compétences de la Banque mondiale et des banques régionales de développement. Cela n'a pas empêché le FMI de décider, en août 2021, d'aider l'ensemble des États membres à surmonter la pandémie de covid-19 en leur octroyant une allocation de 456 milliards de DTS proportionnellement à leur quote-part.

Par ailleurs, les contrôles quinquennaux des secteurs financiers de 25 pays d'importance systémique sont devenus obligatoires depuis 2010. Cela concerne notamment la quinzaine d'États représentant à eux-seuls presque 90 % du système financier mondial et 80 % de l'activité économique planétaire. Le FMI devrait jouer un rôle d'alerte avancée sur les risques macro-économiques mondiaux mais le résultat des évaluations reste délicat à manier : si le Fonds rend publics les dangers qui menacent un pays, il peut en déstabiliser le gouvernement ; s'il se contente de n'alerter que celui-ci, on lui reprochera de ne pas jouer son rôle de vigie.

Enfin, la question de transformer le FMI en arbitre des conflits monétaires entre ses membres les plus importants reste latente. Les pays accusés de manipuler les taux de change comme la Chine dénoncent une manœuvre politique des Américains. Une plus grande liberté d'action lui a certes déjà été donnée pour surveiller les politiques de taux de change mais ses capacités s'avèrent limitées.

La réforme de l'OMC est réclamée par les Européens et par les Américains. Ceux-ci menacent depuis le début de quitter l'organisation. Autrefois critiquée pour ne prévoir de règles que dans les secteurs dans lesquels les pays industrialisés sont les plus compétitifs alors que celui des services ou des denrées agricoles et ait peu concerné, c'est désormais l'absence de règles adéquates à discipliner la Chine et son capitalisme d'État (subventions, comportement des entreprises publiques, transferts forcés de technologie) qui est visée. Certes, la libéralisation des échanges s'avère dans les faits excessivement complexe et piétine à un niveau global : en matière agricole, les producteurs des pays les plus pauvres ne résisteraient pas aux géants de l'agroalimentaire et se verraient privés de l'accès privilégié aux marchés occidentaux. L'édiction de nouvelles règles communes en vue de libéraliser davantage les échanges commerciaux s'avère donc très compliquée. Le « paquet de Bali » conclu fin 2013 concernant la réduction des subventions aux exportations agricoles et des taxes sur les exportations des PMA n'a représenté que 10 % du programme lancé à Doha en 2001 : d'une part, les PVD affichent désormais des points de vue différenciés sur la mondialisation ; d'autre part, les tentations protectionnistes se sont multipliées. C'est pourquoi les négociations bilatérales ont désormais pris le dessus. De plus, les administrations Obama et Trump avaient bloqué le processus de sélection des juges à l'instance d'appel de l'organe de règlement des différends (ORD). En 2020, une « procédure provisoire multipartite » et un tribunal d'appel parallèle ont été mis en place par une quarantaine d'États pour contourner la paralysie.

L'organe de règlement des différends (ORD), point d'orgue de l'OMC, est ainsi devenu l'organe à sauver alors que ses décisions avaient toujours été critiquées. Elles permettent en effet de prendre en otage des entreprises étrangères aux conflits opposant leurs pays : les États décident eux-mêmes des produits sur lesquels les compensations douanières seront prélevées et ils choisissent en général les plus symboliques pour la partie adverse (taxes américaines de 100 % à 300 % sur le roquefort, le foie gras ou la moutarde).

Mais le blocage de l'OMC risquerait d'aggraver les effets de la forme actuelle de la mondialisation – rendre les riches plus riches et les pauvres plus pauvres – et favoriser les pays les plus puissants capables d'imposer leurs lois.

La place de l'Organisation internationale du travail a été renforcée lorsqu'elle a obtenu en 2010 d'assister aux sommets mondiaux à côté du FMI, de la BIRD et de l'OMC. Mais l'organisation reste globalement fragilisée depuis la chute du communisme qui avait été à l'origine même de sa création. Également, l'expansion des multinationales et la faiblesse du syndicalisme sapent sa structure tripartite rassemblant des représentants des gouvernements, des employeurs et des travailleurs. Pourtant, grâce à cette spécificité, l'OIT avait su se démarquer des thèses libérales en vigueur dans les institutions financières. Les dégâts sociaux engendrés par la mondialisation – et actuellement par la crise sanitaire de covid 19 – réactualisent encore les débats sur la place de l'organisation et l'importance des règles de justice sociale.

Principaux chiffres

De la fin des années 1980 à 2017, la part des pays riches de l'OCDE dans le commerce mondial a été ramenée de 80 % à environ 55 %.

Source : *Le Monde* du 12 septembre 2019.

En 2017, 258 millions de personnes vivaient dans un pays dans lequel ils n'étaient pas nés. Le nombre d'immigrés s'élève à 3,4 % de la population mondiale, dont 16,6 millions d'Indiens, 13 millions de Mexicains, 10,6 millions de Russes, 10 millions de Chinois, 7,5 millions de Bangladais, 6,9 millions de Syriens, 6 millions de Pakistanais, 5,9 millions d'Ukrainiens, 5,7 millions de Philippins, 4,9 millions de Britanniques.

Source : *Science & Vie* n° 1218, mars 2019, ONU, 2017.

En 2016, la dette mondiale avait atteint 164 000 milliards de $ soit 225 % du PIB mondial. L'accroissement de 12 % par rapport à 2009 est surtout dû à la Chine. Dans les pays avancés, la dette atteint 106 % du PIB, 50 % dans les pays à revenu intermédiaire et 40 % dans les pays en développement.

Source : *FMI, Moniteur des finances publiques*, avril 2018.

En 2019/2020, le minage des bitcoins était très majoritairement réalisé en Chine (71,7 %). Il était aussi fait en Russie (6,08 %), aux États-Unis (5,29 %), en Malaisie (3,82 %), au Kazakhstan (3,14 %) et en Iran (2,67 %). Pour des raisons environnementales ou énergétiques, il a été interdit ou suspendu en Chine et en Iran en 2021.

Source : Cambridge Centre for Alternative Finance, *https://cbeci.org/mining_map,* consulté le 23 juin 2021

Avec les *Offshore Leaks* en 2013, *Panama papers* en 2016 et *Paradise papers* en 2017, le forum fiscal de l'OCDE au budget annuel de 5 millions d'€ a rapporté en dix ans plus de 100 milliards d'€ dans les caisses des États. Les dépôts bancaires *offshore* ont diminué de 34 % sur cette période, soit 489 milliards d'€.

Source : *Le Monde* du 2 décembre 2019.

Le prix du baril de pétrole (158 litres) avait atteint 144 $ en juillet 2008 avant de s'effondrer à 33 $ en février 2009. Après un nouveau pic à 113 $ en juillet 2014, il avait chuté à 26,79 $ en janvier 2016 pour remonter à 84,55 $ en octobre 2018 et de nouveau s'effondrer à 25,30 $ en mars 2020.

Sources : *Le Monde* du 30 juillet 2009 et du 20 mars 2020.

En 2017, le dollar américain était utilisé pour 40 % des échanges internationaux, l'euro 30 %, la livre sterling 7 %, le yuan 2 %. Le dollar américain représentait 63,5 % des réserves de change des banques centrales, l'euro 20 %, le yen 4,52 %, la livre sterling 4,49 %, le dollar canadien 1,77 %, le yuan 1,1 %.

Source : *Le Monde* du 18 janvier 2018 citant le FMI et SWIFT.

En 2017, il y a eu 1,322 milliard de voyages touristiques. 1,8 milliard sont prévus en 2030.

Source : Organisation mondiale du Tourisme, 18003/15 janvier 2018.

Ouvrages récents

- Delphine Acloque et autres, *La mondialisation contemporaine. Rapports de force et enjeux*, Nathan 2021.
- Gilles Dufrénot, Anne Levasseur-Franceschi, *Crises épidémiques et mondialisation. Des liaisons dangereuses ?*, Odile Jacob 2021.

Exemples de sujets

- La mondialisation au temps des pandémies
- Allons-nous vers un village planétaire ?
- Le système monétaire international est-il viable ?
- Protectionnisme et mondialisation
- Mondialisation et environnement

18 La portée du développement durable

Alors que l'environnement était considéré dans les années 1970 comme un luxe de nantis que les riches voulaient imposer aux pauvres – Indira Gandhi disait ainsi que la pauvreté était la pire des pollutions –, le lien entre environnement et développement a depuis lors considérablement évolué : l'adoption du concept de développement durable a réduit dans ce domaine l'opposition existante entre pays riches et PVD en reconnaissant à ces derniers le droit de se développer tout en préservant l'environnement.
Il s'agit de pouvoir transmettre aux générations futures les ressources planétaires. Or, celles-ci risquent de ne plus suffire en raison du niveau d'activités humaines atteint et de l'accroissement prévu de la population mondiale. C'est pourquoi le développement durable est devenu un enjeu mondial reconnu par l'ONU. Mais, supposant une solidarité sans faille, la poursuite de ce nouveau modèle économique reste encore balbutiante et soulève bien des interrogations.

Historique

Le premier dommage à l'environnement imputable aux activités économiques de l'homme, dont on a connaissance, remonte à l'Empire romain : outre le déboisement de l'espace méditerranéen pour les thermes et la capture d'espèces animales pour les jeux du Cirque, l'exploitation des mines de plomb en Espagne avait entraîné une pollution dont des traces furent retrouvées dans la calotte glaciaire au Groenland.

Les atteintes à l'environnement se multiplient par la suite : la désertification de l'Irak est due à un mode d'irrigation effectué avec les eaux riches en sel du Tigre et de l'Euphrate ; l'affaissement de la Louisiane a commencé avec la canalisation du Mississippi engagée au XVIIe siècle par les colons français.

La révolution industrielle marque, à partir du XVIIIe siècle, le début d'une longue prise de conscience des dommages que l'activité humaine occasionne à la biosphère. Certains mythes disparaissent : la terre inépuisable, la nature qu'il faut dompter, le progrès porteur de bonheur.

La notion d'écologie fait son apparition en 1866 avec Haeckel pour traiter des relations des êtres vivants – animaux et plantes – avec leurs milieux. Le souci de préservation des sites et espèces, qui dominera jusqu'au début des années 1970, conduit à l'élaboration des premiers instruments du droit international de l'environnement tels que la Convention de Paris de 1883 sur les phoques à fourrure de la mer de Béring. **Le principe du pollueur-payeur** est énoncé dans les années 1920 : le Britannique Pigou (1877-1959) est le premier économiste à s'intéresser spécifiquement à l'environnement dans « *The Economics of Welfare* ».

La sentence arbitrale de l'« affaire de la fonderie de Trail » du 12 mars 1941 énonce le principe de prévention en droit international.

Le miracle économique des « Trente Glorieuses » (1950/60/70) bouleverse le niveau de vie des Occidentaux et leurs habitudes de consommation. En naissent des débats sur les relations entre les taux de croissance démographique, l'utilisation des ressources et les pressions occasionnées à l'environnement. Les courants de pensée en découlant aboutissent à des évaluations divergentes quant au futur de l'humanité mais aucun ne fait alors de propositions normatives.

Le droit du développement est formulé à partir des années 1960 dans le cadre des Conférences des Nations unies sur le commerce et le développement (CNUCED) relayant les revendications des États issus de la décolonisation.

En 1972, l'affirmation d'un droit du développement préservant les droits des générations futures est favorisée par certains phénomènes de pollution : les pluies acides dans les pays nordiques, les particules de métaux lourds dans l'air des villes (en 1952, le Grand smog de Londres avait déjà causé 4 000 décès), l'assèchement de la mer d'Aral, ou encore des accidents industriels (Seveso en 1976, Bhopal en 1984, Tchernobyl en 1986). Les chocs pétroliers rappellent également à l'opinion publique le caractère limité des ressources naturelles.

Le rapport « Meadows », établi en 1972 pour le Club de Rome par le *Massachusetts Institute of Technology* et intitulé « Halte à la croissance », marque un point d'interrogation sur les modèles de développement retenus : ceux de la croissance économique indispensable pour l'équilibre social. Le rapport sera traduit dans 13 langues et vendu à plus de 9 millions d'exemplaires. Par ailleurs, le **Sommet des Nations unies sur « l'environnement humain »** réunissant 110 pays à Stockholm établit les premiers principes d'un développement préservant l'environnement des générations futures et crée le Programme des Nations unies pour l'environnement (PNUE). 1972 marque aussi la naissance du droit européen de l'environnement.

Les engagements internationaux se multiplient dans les années 1990. Le Sommet de la Terre « de l'environnement et du développement » tenu à Rio de Janeiro en 1992 popularise la notion de développement durable. Il établit, avec l'Agenda 21 (ou action 21), un programme de développement durable pour le XXIe siècle proposant une stratégie d'action pour tous. En 1997, le Protocole de Kyoto vise à réduire les émissions de gaz à effets de serre.

Connaissances de base

Synthèse

Réunissant les concepts de développement et d'environnement largement étudiés par les économistes, le concept de développement durable a été adopté par les responsables politiques au Sommet de Stockholm de 1972 avant d'être définitivement consacré et popularisé au Sommet de Rio vingt ans plus tard. Le développement durable a alors permis aux États de trouver un terrain d'entente s'agissant de la reconnaissance du droit au développement et de la nécessité de préserver l'environnement.

Mais les prélèvements sur les ressources non renouvelables augmentent ; les effets du changement climatique au niveau mondial se renforcent ; les prévisions environnementales empirent. Pour autant, les solutions qu'il convient d'appliquer restent encore très contestées. Faut-il continuer d'augmenter les productions économiques pour faire face à l'augmentation de la population mondiale ou doit-on admettre que le faire serait une forme de prédation du patrimoine des futures générations ? Dans le même esprit, les nouvelles technologies et les mécanismes des marchés permettront-ils de trouver des solutions à la raréfaction des ressources ?

Qu'est-ce que le développement durable ?

La formulation du concept doit beaucoup à la Commission onusienne dite « Brundtland ». En 1987, elle définit le développement durable comme celui « répond(ant) aux besoins du présent sans compromettre la capacité des générations futures à répondre aux leurs ». Le concept comprend trois éléments principaux : le développement, l'environnement et la durabilité qui est souvent substituée par la prise en compte des besoins sociaux des populations.

Le développement est l'amélioration qualitative et durable d'une économie et de son fonctionnement. Il se distingue donc de la « croissance », qui a trait à l'augmentation du PIB. Il réserve une place proportionnelle à de nouveaux secteurs plutôt qu'à d'autres et y associe des indicateurs, non strictement économiques, qui distinguent les sociétés plus avancées : niveau d'éducation, système de retraite adéquat, bien-être, système de soins, sécurité. C'est ainsi que, depuis 1993, l'ONU utilise pour ses programmes de développement un indice résultant du croisement du PIB, de l'espérance de vie et du taux d'alphabétisation d'un pays. Un tel indice place la Norvège au 1er rang mondial depuis plusieurs années.

Un droit du développement, devenu droit au développement, a été élaboré au sein d'un organe subsidiaire de l'ONU : les Conférences des Nations unies sur le commerce et le développement (CNUCED). La première s'est tenue à Genève en 1964 ; elle a permis d'affirmer le principe de souveraineté sur les ressources naturelles, l'abandon du principe d'égalité pour celui de la spécificité. L'énonciation que le développement doit être l'affaire de toute la « communauté internationale » impliquait un droit pour les pays de Sud à une assistance technique et financière pour s'industrialiser ainsi que des mesures permettant la stabilisation du cours des produits primaires. Lors des CNUCED de New-Delhi en 1968 puis de Santiago en 1972, l'affirmation du principe d'inégalité compensatoire a ouvert la voie à un double standard de droit. Diverses conventions internationales l'utilisent, tel le Protocole de Kyoto de 1997 prévoyant des obligations de réduction d'émission de gaz à effet de serre pour les pays industrialisés et non pour les pays du Sud. Le principe d'une aide au développement et de transferts de technologie des pays riches a également été énoncé.

Affirmé au nom de la solidarité internationale et d'une certaine idée de la justice, le droit du développement a néanmoins une valeur avant tout morale et politique. Il a donc reçu peu d'applications concrètes. De fait, le nouvel ordre économique international proclamé par l'Assemblée générale de l'ONU en 1974 n'a jamais été accepté par les pays industrialisés et est resté lettre morte. Aussi, à partir de la CNUCED de Nairobi de 1976 qui avait mis l'accent sur le problème des dettes des PVD, le droit du développement s'est affaibli. Les contentieux générés par les nationalisations ont privilégié le principe de délocalisation, repoussant la théorie des « bénéfices excessifs » et le droit local au profit du droit international et de la *lex mercatoria*. Avec le triomphe du libéralisme économique au cours des années 1980/1990, les CNUCED se sont transformées en outil d'assistance technique. La XIIe CNUCED tenue à Accra en 2008 était ainsi intitulée : « contrer les effets négatifs de la mondialisation ».

L'environnement correspond au milieu dans lequel l'homme évolue en termes d'espace et aux ressources disponibles qu'il contient. Au cours des siècles, la majeure partie des ressources naturelles ont été appropriées. En étant soumises aux droits de propriété, elles ont pu être associées à des prix d'échange. Il est important de comprendre que ce mécanisme a essentiellement dépendu du niveau de densité de la population : dans une société de type nomade, les prairies suffisent à tout le monde et sont donc considérées comme un bien public. Si la population croît à l'excès et que les besoins alimentaires augmentent en conséquence, des clôtures apparaissent et les prairies sont privatisées. La raréfaction des ressources les transforme ainsi en biens dotés de valeur marchande.

Selon le modèle économique standard, l'échange de biens à des prix concurrentiels permet l'utilisation plus efficace de ces ressources. Les économistes se sont donc attachés à la persistance des ressources utilisées gratuitement : l'air, l'eau, les milieux naturels perçus comme des sources de bien-être et dotés de valeur paysagère... Techniquement, il est difficile de définir des droits de propriété sur ces ressources, souvent définies de biens publics : en absence de prix, le mécanisme d'allocation du marché ne peut fonctionner. Le **concept d'externalité** – ou effet externe – a été créé pour analyser ces aspects : le prix d'échange des biens privés tient compte des utilisations qu'en tirent les acheteurs et les vendeurs mais il ne reflète pas forcément les effets sociaux – externes – produits par ces biens. Par exemple, les hauts-fourneaux utilisent gratuitement la ressource d'air pur mais le prix de l'acier n'intègre pas les conséquences sur la santé pour la population environnante ; celles-ci sont alors supportées par les systèmes sociaux – cotisations sociales des entreprises et des salariés. Les externalités sont loin d'être marginales : elles sont au contraire si nombreuses et si importantes que les considérations théoriques des économistes sur l'efficacité des marchés ont été remises en cause. Aussi, de nombreuses tentatives ont été entreprises – certaines avec succès – pour attribuer des prix d'échange à des biens publics.

La durabilité : même lorsqu'il s'agit de ressources non renouvelables, seuls les consommateurs actuels sont en mesure d'exprimer leur préférence. Quel que soit le mécanisme imaginé, celui-ci ne tient pas compte de l'avis et de l'utilité des consommateurs du futur. Le prix du baril de pétrole intègre la demande actuelle et les réserves estimées, mais non le prix que les individus seront disposés à payer le siècle prochain. Si dans 100 ans une alternative au pétrole n'a pas été développée, il est probable qu'une partie des consommateurs d'alors sera disposée à payer jusqu'à 20 fois le prix actuel. Dans ces conditions, il pourrait être plus efficace d'augmenter les prix actuels et de diminuer la consommation pour arriver à une offre adaptée à la demande future. Mais la difficulté tient au fait que les marchés des ressources fonctionnent en grande majorité à très court terme selon la formule du fameux économiste Keynes: « Cela ne vaut pas la peine de se préoccuper du long terme puisque nous serons alors tous morts ».

L'aspect anthropologique est par ailleurs important : au cours des millénaires, l'espèce humaine a développé des stratégies communes et des comportements individuels avec beaucoup de succès en termes de domination des espèces. Ceux-ci convenaient très bien lorsque notre densité et notre impact sur l'environnement étaient négligeables mais, depuis le XVIIIe/XIXe siècle, le contexte a changé sans que l'espèce humaine ait eu le temps d'apprendre à tenir compte de cette limite et de ces dangers. L'usage actuel des ressources naturelles et le modèle de développement occidental ne sont probablement pas compatibles avec la préservation de l'environnement dans lequel nous vivons depuis des centaines de milliers d'années. Ceci nous conduit à évoquer le concept de durabilité qui invite à tenir compte de la limitation des ressources et des biens publics et qui cherche à introduire des mécanismes pour assurer à la fois le développement et la préservation des ressources.

Un concept politique galvaudé

Très difficile à mettre en œuvre dans la pratique, le concept de développement durable ne s'est pas imposé facilement sur le plan international. Au départ, c'est le concept d'écodéveloppement qui avait été proposé afin de rassurer les PVD. Ceux-ci s'inquiétaient de devoir affronter une nouvelle idéologie favorable à l'environnement mais hostile à leur industrialisation et à leur croissance économique. Selon Ignacy Sachs, ce fut Henry Kissinger qui, en 1974, écarta cette manière de voir d'autant plus facilement que, la même année, les PVD lançaient le Nouvel ordre économique mondial.

L'Union internationale pour la conservation de la nature relança le sujet par une initiative qui associait le PNUE, le WWF, l'Unesco et la FAO. Des compromis furent trouvés dans le but de concilier la volonté de préserver la nature ainsi que l'activité économique des hommes. Dès lors, la notion de développement durable perdit une partie de son fort potentiel de contestation : elle appelait, moins que l'écodéveloppement, une rupture radicale avec les modèles dominants de croissance.

Le concept de développement durable sortit dès lors des publications scientifiques pour gagner les rapports officiels, tel celui du Sommet du G7 en 1989. Ce concept a été inclus dans les huit objectifs du Millénaire que l'ONU s'était fixés pour 2015. Selon certains, le terme développement durable a alors été tellement galvaudé qu'il serait devenu un emplâtre utilisé pour continuer comme précédemment et éviter une douloureuse remise en cause du mode de vie actuel : on réfléchit aux manières de réparer les dégâts et aux solutions technologiques « nettoyantes » comme le stockage du gaz carbonique liquéfié dans des puits souterrains. La géoingénierie solaire, soit le recours à une ingénierie climatique à grande échelle pour freiner le réchauffement climatique, est également évoquée. Certaines entreprises se livrent au « *green washing* » ou écoblanchissement même si, pour la première fois en 2015, une entreprise – General Motors France – était passée en correctionnelle pour ce type de pratique commerciale trompeuse. Les gouvernements ne sont pas en reste : en France, les livrets d'épargne réglementés appelés Comptes pour le développement industriel (CODEVI) avaient été rebaptisés en 2007 « Livrets de développement durable ». Toutefois, ces comportements ne doivent pas minimiser les innovations techniques à même de résoudre certains problèmes environnementaux majeurs. C'est par exemple le cas de la mise au point non transgénique en 2012 d'un blé adapté à une culture en sol salin, sachant que la salinisation affecte 20 % des sols au niveau planétaire.

Il reste que le concept de développement durable pâtit d'un grand décalage entre les discours et les faits. Aussi, les écologistes français réfutent parfois la notion de développement durable, traduit de l'anglais « *sustainable development* », pour préférer celle de développement soutenable ou développement viable : l'industrie automobile qui, de part son caractère centenaire, s'avère l'archétype du développement durable n'est sans doute pas soutenable à terme.

Les outils du développement durable

Les expertises sont utilisées pour toutes les politiques environnementales. Elles jouent un rôle déterminant et doivent donc être menées en toute indépendance des *lobbies* industriels ou financiers. Le groupe d'experts intergouvernemental sur le réchauffement climatique (GIEC) est à cet égard exemplaire : 195 États sont membres de cet organisme créé dans le cadre de l'ONU en 1988 pour évaluer et synthétiser l'information scientifique disponible dans le monde sur le réchauffement climatique. Il avait servi de modèle pour la création en 2012 de la Plateforme intergouvernementale sur la biodiversité et les services écosystémiques (IPBES). Les expertises peuvent établir des indices qui seront utilisés pour évaluer l'environnement. Par exemple, l'indice Planète vivante est un indicateur d'état de la diversité biologique mondiale. Établi par le WWF, il est utilisé notamment par l'ONU. Au niveau régional, les programmes des mers régionales pour la protection des milieux marins initiés en 1974 par le Programme des Nations unies pour l'environnement (PNUE) réalisent tous des évaluations des milieux à protéger. Elles permettent alors l'élaboration de normes environnementales et/ou l'établissement de régimes d'interdiction ou d'autorisation préalable à certaines activités polluantes. De la même façon les organisations régionales de gestion des pêches (ORGP) développent des connaissances scientifiques et des capacités d'expertise même si toutes ne parviennent pas à protéger les ressources halieutiques dont elles ont la gestion. Au sein de l'Union européenne, des **études d'impact** sont nécessaires pour les grands travaux ou installations classées ; les **évaluations environnementales** sont devenues obligatoires depuis 2006 pour les plans et programmes concernant l'aménagement du territoire et la gestion des déchets ; les grandes entreprises doivent également intégrer des **audits environnementaux** en vertu d'une directive européenne du 29 juin 1993. Au niveau local, les expertises sont rendues obligatoires avant d'autoriser certaines activités industrielles ou pour les contrôler. Malheureusement, de telles prescriptions sont fréquemment contournées, notamment dans des pays en développement.

L'évaluation du caractère soutenable d'une activité économique suppose de pouvoir mesurer l'impact d'un comportement sur l'environnement. Le modèle établi par M. Wackernagel et W. Rees mesure « l'empreinte écologique », celle-ci étant égale à la surface correspondante de terres productives et d'écosystèmes aquatiques nécessaires pour produire les ressources utilisées. L'utilisation de ce modèle montre qu'en 2017, un Luxembourgeois ou un Qatari avait besoin de plus de 7 planètes, un Américain de 5, un Français de 3 et un Érythréen de 0,3[1]. Dérivé de ce modèle, celui calculé par l'ONG américaine Global Footprint Network est celui du jour du dépassement de la Terre. Correspondant à la date de l'année où l'humanité est supposée avoir consommé l'ensemble des ressources renouvelables, il est passé du 31 décembre en 1986 au 29 juillet en 2019.

L'établissement de prévisions est nécessaire pour adopter des plans de développement durable. L'anticipation du futur peut alors se forger grâce à un raisonnement basé sur l'extrapolation d'une courbe ou d'une tendance établie sur plusieurs années. Elle peut aussi résulter de corrélations faites à partir d'au moins deux variables : par exemple, l'augmentation des transports permet d'anticiper une hausse de la consommation d'essence. Se distinguant des prédictions qui annoncent avec certitude la réalisation de tels événements, les prévisions permettent d'élaborer des prospectives qui, s'intéressant à un futur plus lointain, permettent de concevoir différents scénarios.

La planification et le recours au contrat : L'Agenda 21 adopté à Rio en 1992 a établi une planification de mesures pour le XXIe siècle devant être adoptées aux différents niveaux international, national et local. Ce recours à la planification cherche à canaliser le développement des activités économiques et à organiser la sauvegarde des milieux naturels, la gestion des ressources en eau, la qualité de l'air, la gestion des transports, l'exploitation des carrières, etc. Il n'empêche pas, à ces mêmes niveaux, de recourir à des contrats avec des opérateurs ou des propriétaires privés.

L'accès à l'information permet de faciliter les échanges entre les acteurs (États, villes…) pour développer les savoir-faire collectifs et permettre l'adoption des meilleurs modes de gestion. Le renforcement de la participation est un des éléments indispensables d'une planification réussie. Il permet également un contrôle démocratique des collectivités. La Convention d'Aarhus du 25 juin 1998 porte ainsi sur la participation du public au processus décisionnel et sur l'accès à la Justice en matière d'environnement.

Les enjeux du développement durable : le changement global

Le développement économique adopté par l'homme a conduit à des types de nuisances ou de comportements qui concernent l'ensemble de la biosphère et aboutissent à un phénomène de « changement global » – en anglais *global change* – que l'adoption d'un modèle de développement durable pourrait réduire.

1. Pour les Occidentaux, ces chiffres peuvent être sous-évalués jusqu'à 23 % car ils ne tiennent pas compte des émissions de CO_2 liées aux produits importés.

Les **pluies acides** touchant à l'origine les forêts du Nord ont pour origine les combustions fossiles qui conduisent à des accumulations de particules acides dans l'atmosphère : par l'effet des pluies, elles provoquent des dégâts variés touchant les milieux marins, la végétation ou la pierre.

La **diminution de la couche d'ozone** : un « trou » dans la couche d'ozone avait été découvert en 1985 au-dessus de l'Antarctique puis de l'Arctique en 1991. Servant de filtre au rayonnement des rayons ultraviolets, la couche d'ozone est détruite par les chlorofluorocarbones (CFC) utilisés à l'époque dans les circuits de réfrigération, la fabrication des mousses synthétiques et des aérosols.

L'**effet de serre** provenant des combustibles fossiles (charbon, pétrole) est responsable du **réchauffement climatique**. L'idée que celui-ci est lié à l'activité humaine avait été avancée dès la fin du XIXe siècle par le chimiste suédois Svante Arrhenius mais elle n'a été prise au sérieux qu'à la fin des années 1980. Le réchauffement produit des effets en cascade : celui de l'Arctique entraîne une hausse des températures de l'air et de l'eau faisant fondre plus de glace et aggravant le réchauffement ; la fonte du pergélisol (ou permafrost) qui représente 25 % des terres émergées dans l'hémisphère Nord, libère dans l'atmosphère deux puissants gaz à effet de serre (dioxyde de carbone et méthane).

La **pollution chimique** résulte d'une utilisation massive et de l'incinération des substances chimiques. Utilisées à large échelle pour l'extraction du gaz de schiste, on les retrouve tant dans les pesticides que dans les additifs alimentaires ou les cosmétiques, dans le trafic routier et aérien. Leurs conséquences sur la santé ont fait émerger ainsi le concept de santé environnementale.

La perte de biodiversité s'accélère avec la dégradation des écosystèmes, l'extinction d'espèces, la multiplication des espèces envahissantes exogènes.

Les thèses économiques sur la compatibilité de la croissance et de l'environnement

Les thèses néoclassiques confèrent toutes deux à l'État un rôle important. La première a été développée par Arthur Cecil Pigou qui, au début des années 1920, a proposé de corriger, par un système de taxes, les effets négatifs que le pollueur impose à la société. La deuxième thèse néoclassique a été formulée dans les années 1930, par l'économiste américain Harold Hotelling qui préconisait une surveillance des marchés pour que les prix reflètent bien la rareté croissante des ressources renouvelables.

Les thèses prônant la décroissance ou la croissance « zéro » ont été formulées dans les années 1960 par deux économistes américains, Kenneth Boulding, d'origine anglaise, et Nicholas Georgescu-Roegen, d'origine roumaine. Leurs travaux ont été repris dans le rapport Meadows en 1972 qui prédisait des limites physiques de croissance dans les cent prochaines années.

Ces thèses préconisaient l'adoption de mesures draconiennes en matière démographique – limitation de deux enfants par couple – et, sur le plan économique, de taxer l'industrie afin d'en stopper la croissance et de réorienter les ressources ainsi prélevées vers l'agriculture, les services et la lutte contre la pollution. Elles prévoyaient une répartition des richesses nécessaires à la satisfaction des principaux besoins humains. La décroissance n'aurait concerné ainsi, selon l'économiste Christian Coméliau, que les pays occidentaux qui avaient déjà largement couvert leurs besoins de base tandis que les pays du Sud se devaient de poursuivre leur croissance pour combler leurs nombreuses carences. Prophétisant des évolutions catastrophiques, les tenants les plus radicaux de la décroissance ont vu leurs thèses vivement contestées.

Le courant dit des « anticipations rationnelles » ou des « nouveaux classiques » doit beaucoup au théorème de Coase qui avait réfuté en 1960 toute régulation étatique de la création de richesses : le pollueur et le pollué trouvaient eux-mêmes un compromis satisfaisant résultant de la combinaison des prix que le pollué était prêt à payer pour que le pollueur réduise sa pollution, et du prix exigé par le pollueur pour le faire. Des travaux postérieurs – Robert Ayres ou Daniel Yergin – établissaient le rôle des prix : ceux-ci serviraient à signaler les pénuries suffisamment à l'avance et accéléreraient les innovations permettant de faire face aux pénuries dans le secteur énergétique.

La combinaison de ces différentes approches – dont celle d'externalité de Pigou – est à l'origine du principe du pollueur-payeur et des marchés de permis de polluer. Elle représente un espoir important du développement durable même si ces approches demeurent encore critiquées par certains économistes. Robert Barro considère par exemple qu'elles laissent trop de place à l'État puisque celui-ci endosse le rôle de représentant des pollués et fixe les quantités de permis mis en vente.

Bilan de l'actualité

La pandémie de covid-19 s'est imposée en matière d'environnement. Elle a en effet entraîné, au moins temporairement, un changement sociétal profond. Sa nécessité avait été soulignée par les rapports du Giec. En 2020, le « jour du dépassement de la Terre » avait ainsi reculé de trois semaines. Mais, la pandémie a aussi entraîné d'autres problèmes comme l'usage intempestif de matériels jetables tels 130 milliards de masques jetables consommés chaque mois dans le monde.

La pandémie a rappelé la question du respect de la biodiversité : son apparition pourrait être liée à la commercialisation d'espèces menacées (le pangolin) que la Chine s'était engagée à interdire et qui, au contraire, prospérait sur ses marchés locaux grâce à un trafic international en provenance du Nigeria.

La pandémie a également servi d'avertissement face au réchauffement climatique : celui pourrait être à l'origine d'autres pandémies.

L'urgence climatique est d'autant plus ressentie que les signes d'alerte se multiplient. En juin 2021, un dôme de chaleur faisait monter la température à 49,6° en Colombie britannique (Canada) et les incendies se multipliaient. Mais, la communauté internationale n'est pas encore pleinement mobilisée : lors du Sommet onusien tenu en septembre 2019, moins de 70 États avaient adhéré à l'objectif de neutralité carbone d'ici 2050 et avaient pris l'engagement de revoir leurs plans climat à la hausse. Certes, en 2021 la donne du financement des politiques de lutte contre le réchauffement climatique s'est trouvée modifiée avec le retour les États-Unis dans l'Accord de Paris. De plus, la Chine a ouvert un marché carbone qui devrait devenir le plus important du monde. Mais, la Chine était aussi le pays qui prévoyait le plus grand nombre d'ouvertures de nouvelles centrales à charbon (cf. chiffres).

Il reste, dans les démocraties, l'espoir suscité par les actions citoyennes et judiciaires. En 2021, la justice néerlandaise a condamné la société Shell à réduire ses émissions de dioxyde de carbone de 45 % par rapport à 2019 d'ici fin 2030 tandis que le Conseil ordonnait au gouvernement français toutes mesures utiles d'ici 31 mars 2022, pour atteindre l'objectif de réduction des émissions de gaz à effet de serre auquel l'État français s'est engagé dans le cadre de l'Accord de Paris.

Enfin, ces questions ne doivent pas faire oublier qu'en 2021, le Japon a décidé de rejeter en mer l'eau contaminée de Fukushima.

Perspectives

Le concept de développement durable appelle aussi bien des développements techniques capables de répondre aux défis démographiques et environnementaux que des mesures juridiques et fiscales pour les encourager.

Un concept menacé par la croissance démographique

Un développement qui ne peut être qualifié de durable... Des trois piliers du développement durable, seul le 1er concernant le développement fonctionne à peu près puisque la proportion de personnes en situation de très grande pauvreté diminue. Le 2e pilier tenant à l'environnement reste catastrophique : le réchauffement climatique devrait atteindre environ 2 °C jusqu'en 2040, quelle que soit l'évolution des émissions de gaz à effet de serre en raison de l'inertie du système climatique. Ensuite, selon les politiques mises en œuvre, le thermomètre pourrait grimper en moyenne de 6,5 °C à 7 °C en 2100. Le monde serait alors tellement différent qu'il serait « difficile de le décrire » du fait des inondations, des sécheresses, l'augmentation de la malnutrition... La fonte du pergélisol (ou permafrost), qui elle-même accélérera le réchauffement climatique, pourrait aussi libérer des virus dangereux. L'élévation du niveau des océans, qui touchera au premier plan certains archipels, les côtes du Mozambique, de l'Égypte, les deltas du Gange et du Mékong, les îles Caraïbes, la Louisiane, entraînera des mouvements conséquents de population du fait qu'un milliard d'habitants habitent dans les zones côtières. Quant à la durabilité, elle s'avère également désastreuse : 20 % des habitants de la planète consomment 86 % des ressources naturelles sans pouvoir les renouveler. La voie du développement durable n'est donc pas encore engagée puisque les États s'efforcent d'en réduire le coût pour eux-mêmes et leur population. Dans le cas de la réduction des émissions de gaz à effets de serre, soit ils n'ont pas adopté de mécanismes obligatoires, soit ils ont réussi à disposer du plus grand nombre de permis de polluer possibles aboutissant à des objectifs inappropriés.

La croissance démographique menace le concept de développement durable : la population mondiale, estimée à 7,8 milliards d'individus en 2020, n'en comptait que 1,75 milliard il y a cent ans. Selon les Nations unies, la pression démographique continuera de s'accroître inexorablement : la population planétaire ne devrait pas se stabiliser autour de 9 milliards d'individus vers 2050 mais atteindre onze milliards en 2100.

Présentant des liens complexes et encore mal connus avec la croissance économique, la croissance démographique conditionne toutes les perspectives en matière de développement durable. Dans les régions de forte natalité comme en Afrique sahélienne, l'activité économique ne permettra pas de fournir suffisamment d'emplois aux jeunes générations. Cela créera « une forte insatisfaction sociale et une pression élevée à l'immigration » entraînant des risques d'instabilité et de conflits. L'Europe devrait être le seul continent dont la population diminuerait, phénomène qui devrait se vérifier également en Chine et au Japon.

La hausse démographique renforcera **l'urbanisation et l'étalement urbain**. Ils constituent déjà le modèle courant : depuis 2007, la moitié de la population mondiale vit dans les villes même si de très fortes disparités existent entre l'Europe qui compte environ 70 % de citadins, l'Argentine 92 %, les États-Unis 82 %, l'Inde 34 %... Or, l'urbanisation et l'étalement urbain renforcent la consommation énergétique des individus (75 % de l'énergie consommée dans les villes). Certaines villes sont particulièrement polluées, notamment en Asie (au Pakistan, en Inde, en Chine) mais aussi en Afrique et au Moyen-Orient.

Les prélèvements sur les ressources naturelles croissent avec la hausse de la population mondiale et l'occidentalisation des modes de vie. En particulier, les ressources halieutiques sont excessivement sollicitées car les règles interdisant la surpêche sont souvent violées. Témoignant de ces prélèvements excessifs, le « jour du dépassement de la Terre » correspondant à la date à laquelle l'humanité a déjà consommé l'ensemble des ressources que la planète peut produire en une année est passé du 21 décembre en 1971 au 13 octobre en 1990 et au 29 juillet en 2019. Mais, en 2020, sous l'effet du confinement imposé par la pandémie de la covid-19, le « jour du dépassement de la Terre » reculait au 22 août.

La hausse démographique augmente également les **flux touristiques internationaux**. Passés de 25 millions en 1960 à 1,5 milliard de personnes en 2019, ils s'avèrent responsables de plus de 8 % des émissions mondiales de CO_2. Le tourisme spatial débuté en 2021 devrait encore aggraver ce bilan. À certains endroits du globe, les pressions environnementales exercées par l'homme se renforceront comme en Antarctique ou dans les villes d'art comme Venise qui compte 50 000 habitants et avait reçu 30 millions de visiteurs en 2019. Dans les pays comme l'Islande ou la Nouvelle-Zélande où le tourisme repose sur les ressources naturelles, des changements de modèle commencent seulement à être discutés.

L'octroi de services de base

L'accès à la terre : agrocarburants, besoins alimentaires, étalement urbain. En 2019, 770 millions de personnes restaient sans accès à l'électricité et 2,6 milliards dépendaient du bois ou autre biomasse pour cuire leur nourriture. L'augmentation démographique va donc renforcer la pression sur la biodiversité, renchérir les prix agricoles et le coût des importations des pays les moins avancés. En outre, les impacts du changement climatique sur l'agriculture pourraient être sévères sur certaines zones et certaines productions. L'explosion de la demande en agrocarburants dont la production a été multipliée par cent en vingt ans, essentiellement aux États-Unis et au Brésil, va accroître ces phénomènes et faire baisser davantage les réserves alimentaires mondiales. De plus, ce seront les grandes multinationales qui profiteront le plus de la bioénergie puisque celle-ci facilitera la mécanisation.

L'accès à la terre va également devenir plus difficile dans les pays en développement, du fait de l'extension sans cesse croissante des villes et de l'augmentation de la population mondiale. En 1960, la superficie de terres arables par habitant dans le monde était de 0,32 hectare ; elle devrait se réduire à 0,12 hectare en 2050. S'accompagnant de la réduction des zones d'expansion des crues, l'urbanisation accroît considérablement la vulnérabilité aux risques d'inondation. Elle contribue à la déforestation qui renforce le réchauffement climatique. Par ailleurs, la recherche de terres arables à l'étranger devient une priorité pour certains pays tels que la Chine, la Corée du Sud, l'Arabie saoudite et les Émirats arabes unis. Ils investissent là où la propriété foncière est mal protégée : à Madagascar, au Soudan, en Zambie, au Zimbabwe, en Ouganda, en Tanzanie, en Mongolie, au Laos, aux Philippines, en Indonésie, au Pakistan, en Russie, au Brésil… C'est pourquoi la FAO estime que la protection des moyens de subsistance ruraux et l'utilisation responsable des ressources en terres et en eau doivent inclure systématiquement des droits d'usage coutumiers et traditionnels dans les lois nationales. En 2016, le Maasaï Edward Loure avait ainsi reçu le prix Goldman pour l'environnement pour le remarquable mécanisme instauré en Tanzanie : rompant avec l'approche conventionnelle consistant à attribuer des terrains à des individus, ce mécanisme de certificats d'occupation coutumière confère des droits fonciers indivisibles à une communauté entière. Il y a urgence car les achats s'amplifient alors qu'ils posent déjà des problèmes locaux graves : à Madagascar, l'annonce de la location au groupe sud-coréen Daewoo de 1,3 million d'hectares (soit près de la moitié des terres arables du pays) avait contribué aux émeutes survenues dans l'île en 2009.

Des tensions majeures sur les ressources en eau s'accentuent. Aujourd'hui, la pénurie et la mauvaise qualité de l'eau constituent le premier facteur de mortalité dans le monde. La moitié environ des rivières et des fleuves mondiaux est gravement polluée du fait du modèle d'agriculture intensive partout privilégié. En France, cette politique avait été l'objet d'une 1re procédure en manquement devant la CJUE en 2012. La concentration de nitrates observée conduira à une augmentation des maladies de l'appareil digestif et une hausse du coût de traitement de l'eau. Dans le monde, en 2019, une personne sur trois n'avait déjà pas accès à de l'eau salubre. La demande en eau augmente avec l'industrialisation mais elle est surtout le fait de l'irrigation en agriculture. Or, celle-ci devra répondre à la forte croissance démographique et aux ressources insuffisantes. De plus, la déforestation diminue l'évapotranspiration et augmente les sécheresses.

D'ici 2025, la moitié de la population mondiale vivra dans des régions soumises au stress hydrique, c'est-à-dire lorsque la demande en eau dépasse les ressources en eau disponibles. C'est déjà le cas de 17 pays dans le monde dont l'Inde, la Libye, le Qatar, le Botswana, les Émirats arabes unis, le Maroc, la Jordanie, le Pakistan, le Liban. Des tensions peuvent alors affecter les relations entre États voisins.

Actuellement, le manque d'eau résulte surtout d'importants gaspillages et d'un manque technique localisé. L'économie d'eau doit être accompagnée d'une compensation car augmenter le prix de l'eau s'avère une option politiquement dangereuse : souvent inabordables pour les millions de petits agriculteurs concernés, les équipements d'économie en eau sont néanmoins nécessaires car les politiques adoptées pour augmenter l'offre d'eau par des grands travaux (barrages, aménagements, transferts, dessalements) ont un coût prohibitif et entraînent de surcroît des effets environnementaux négatifs : le dessalement, dont la production mondiale connaît un fort développement depuis 2000, requiert la consommation d'énergies fossiles et rejette de la saumure tandis que les grands barrages, comme celui des trois gorges en Chine, ont des effets néfastes sur les écosystèmes.

La gestion et l'élimination des déchets plus nombreux et plus toxiques sont devenues un problème mondial. Même l'espace n'est pas épargné du fait des épaves d'engins spatiaux et de leurs débris lorsque ceux-ci ne sont pas immergés dans une zone du Pacifique sud autour du point « Nemo » correspondant au point le plus éloigné de toute terre émergée.

Les déchets d'équipements électriques et électroniques (DEE) contenant du mercure ou du cadmium arrivent à un niveau de saturation ; les pays riches ne savent qu'en faire et la criminalité organisée s'est emparée de ce secteur très lucratif. Les entreprises chargées de traiter les déchets les plus dangereux s'en débarrassent au meilleur coût en violant les règles applicables. Le Ghana accueille ainsi la plus grande décharge de DEE à Agbogbloshie qui est un des lieux les plus pollués du monde.

En outre, les déchets plastiques se retrouvent dans les mers et les océans à tel point qu'ils forment, en convergeant, des gyres océaniques. En dépit d'organismes vivants les ayant colonisées, ces « plastifères » demeurent des problèmes écologiques majeurs. De plus, depuis qu'en 2018, la Chine a cessé d'importer les déchets plastiques pour « ne plus être la poubelle du monde », certains pays occidentaux se sont trouvés totalement dépourvus obligeant à repenser le marché mondial du plastique recyclé.

Dans l'idéal, il faudrait limiter la production de déchets. Le Kenya, le Bangladesh, la Tanzanie ou le Rwanda ont ainsi été les parmi premiers pays à bannir les sacs en plastique du fait des nombreux problèmes environnementaux posés. Il faut aussi traiter les déchets ce qui est par exemple l'objet de la Convention pour la protection du milieu marin de l'Atlantique du Nord-Est (OSPAR) de 1992 interdisant l'abandon des installations pétrolières et gazières *off shore* et obligeant à leur démontage et élimination. Ce traitement des déchets devrait intervenir près du lieu de production mais le principe de proximité est peu respecté. La Convention de Bâle de 1989 regroupant près 180 États parties a par ailleurs interdit aux 35 pays de l'OCDE d'exporter leurs déchets vers les pays pauvres. Son application a été améliorée en 2011 grâce au renforcement du «*Ban amendment*» mais ces règles peuvent être contournées. De nombreux biens électroniques sont ainsi présentés comme du matériel d'occasion pour être envoyés dans les PVD alors qu'ils sont inutilisables et qu'ils y finissent en e-déchets. En 2006, la mise en décharge illégale de 500 tonnes de déchets chimiques à Abidjan impliquait un navire-citerne grec battant pavillon panaméen loué par une société néerlandaise; elle avait entraîné la mort d'une dizaine de personnes et rendu nécessaires plusieurs dizaines de milliers de consultations médicales. Près de Naples, l'enfouissement par la criminalité organisée de déchets toxiques dans des zones habitées ou cultivées est à l'origine de la multiplication de cancers parmi les habitants.

Enfin, la question des déchets et de la dangerosité de l'**énergie nucléaire** continue de faire débat: cette énergie est-elle compatible avec la sécurité des populations actuelles et futures? En dépit de la fin de l'euphorie ayant régné dans les années 1960 et de l'existence de vastes sites irrémédiablement pollués (Hanford aux États-Unis, Mayak ou Tchernobyl dans l'ex-URSS…), la question reste obérée par l'absence de transparence des politiques publiques. Ainsi, pour pouvoir relancer l'activité nucléaire, le Japon a feint d'ignorer les conséquences de la dévastation de la centrale nucléaire de Fukushima en 2011 et choisi d'augmenter les seuils de tolérance autorisés. Dans le monde, la production d'énergie nucléaire s'avère en hausse constante alors qu'il n'a toujours pas été trouvé de solution pour en traiter les déchets qui, au mieux, font l'objet d'un enfouissement. En 2021, les autorités japonaises ont décidé de déverser dans l'océan les millions de m^3 d'eau encore contaminée de Fukushima. De plus, le démantèlement des centrales en fin de vie représentera au XXIe siècle un coût faramineux.

Des règles faisant une large place au volontarisme

Si le développement durable nécessite des règles mondiales, celles-ci sont rarement assorties de sanctions. Outre l'établissement d'agendas qui montrent un chemin à suivre et invitent tous les acteurs publics, privés à s'engager, les conventions conclues ressortent le plus souvent de la *soft law*.

Les objectifs de développement durables (ODD) établissent un «nouveau référentiel du développement du monde». Portés par le PNUD et s'inscrivant dans le cadre de l'Agenda 21 établi à Rio en 1992, 17 objectifs ont été approuvés par 193 États en septembre 2015: l'Agenda 2030 détaille 169 cibles à atteindre avant 2030 pour éliminer la pauvreté et la faim, assurer à tous une éducation équitable, parvenir à l'égalité des sexes, lutter contre les changements climatiques, préserver et restaurer les écosystèmes terrestres…

Les quelque 500 conventions internationales, dont 300 environ à caractère régional, s'avèrent parfois très utiles au succès des luttes écologiques. Ainsi, les conventions signées à partir des années 1950 par les pays riverains du Rhin ont réduit les substances chimiques et les chlorures produits par les Mines de potasse d'Alsace et ont réglé le contentieux franco-hollandais vieux de 15 ans. De même, le Protocole de Montréal sur la protection de la couche d'ozone est considéré comme un net succès (les habitants des régions polaires risquent encore d'être exposés à des brûlures) : depuis sa conclusion en 1987, l'accord a permis de stopper totalement la production des chlorofluorocarbures (CFC). Toutefois, en raison de leur longévité, ce n'est que vers 2065 que la couche d'ozone devrait se reconstituer. En attendant, les habitants des régions polaires risquent encore d'être exposés à des brûlures. Le Protocole de Montréal a été complété en 2007 et 2016 par l'engagement d'éliminer les principaux substituts des CFC (hydrofluorocarbones) d'ici à 2045. Il est devenu en 2009 la première convention universellement ratifiée. La Convention de Minamata, qui a été signée le 19 janvier 2013 dans le cadre du Programme des Nations unies pour l'environnement (PNUE), devrait quant à elle mettre fin à l'extraction du mercure et la disparition d'une série de produits contenant ce métal au plus tard en 2020.

L'absence de sanctions est souvent un pis-aller pour permettre l'édiction de règles difficiles à accepter. Ainsi, dans le cadre de l'Union européenne, il s'agit souvent d'une étape intermédiaire avant de passer à des règles contraignantes. Mais le droit à un environnement sain pourrait, s'il est entendu comme un « **droit créance** », obliger les pouvoirs publics à agir pour assurer sa protection. Ainsi, dans une décision très commentée rendue le 24 juin 2015, la Cour du district de La Haye a ordonné à l'État néerlandais de réduire davantage les émissions de gaz à effet de serre dans le pays en jugeant que la politique poursuivie s'avérait insuffisante pour assurer la sécurité de l'environnement. Lancées sans succès aux États-Unis dans les années 2000, ces actions se multiplient dans divers pays européens, notamment en France où le Conseil d'État a une première fois condamné le gouvernement en 2017.

L'affirmation des droits de la nature renverse la vision occidentale diffuse de l'homme qui domine son environnement. En mars 2017, le Parlement de Nouvelle-Zélande a octroyé la personnalité juridique au fleuve Whanganui : ses droits et ses intérêts pourront être défendus devant la justice en étant représenté par un membre de la tribu Maori et un membre du gouvernement. L'Équateur, la Bolivie, quelques comtés des États-Unis et la ville de Mexico, les droits de la nature ont été inscrit dans des législations locales.

Les éco-citoyens ont un devoir personnel de protéger l'environnement. Ce devoir est facilité par les principes d'information et de participation figurant dans la Convention d'Aarhus du 25 juin 1998. Les éco-citoyens ont également un rôle à jouer par leurs actions quotidiennes. Ils sont de plus en plus sollicités en tant que « consomm-acteurs » avec l'idée qu'en décidant des produits qu'ils achètent, les consommateurs sont aussi des « acteurs ». L'attention devrait d'abord porter sur le secteur bancaire du fait de son impact considérable – certaines banques financent le charbon tandis que d'autres privilégient l'économie locale – mais ce sont surtout les choix du quotidien qui sont médiatisés. En particulier, le choix du régime alimentaire est un problème au niveau mondial : alors que notre système de production alimentaire est déjà à l'origine de 80 % de la déforestation, de 30 % des émissions de gaz à effet de serre, de 50 % des pertes de biodiversité en eau douce, la diffusion des usages occidentaux inquiète car ils incorporent plus de protéines animales et requièrent davantage de ressources naturelles.

Le choix du consommateur, qui aura une influence sur les producteurs et distributeurs, peut être guidé par la fiscalité environnementale en renchérissant les produits les plus nocifs à l'environnement. Il peut aussi être facilité par les labels et logos. Toutefois, en dépit d'un fort développement, ces démarches restent encore minoritaires et les changements peu profonds : la volonté de réduire le trafic automobile n'empêche pas des publicités trompeuses présentant des voitures roulant sur des routes désertes. Bien que moins polluants, les véhicules vendus sont plus nombreux, plus lourds et plus puissants, donc moins économes de carburant. Ils sont aussi davantage utilisés pour les loisirs.

La justice internationale peut cependant sanctionner les abus. La Cour européenne des droits de l'homme a plusieurs fois condamné des atteintes graves au droit de vivre dans un environnement compatible avec la dignité et la santé humaine[1].

Fiscalité et financement du développement durable

Alors que d'importantes subventions sont encore accordées aux énergies fossiles – après une baisse pluriannuelle, elles étaient reparties à la hausse en 2017 –, le financement du développement durable s'avère problématique.

L'action des *lobbies* et des multinationales a contrecarré, durant des années, la production d'énergies renouvelables les plus compatibles avec le développement durable. En France, le lobby du nucléaire a ainsi entravé, voire interdit leur développement jusqu'en 2007, année de la libéralisation du marché européen de l'électricité.

Désormais, les multinationales de l'industrie pétrolière investissent massivement dans la production et la distribution d'énergies vertes. L'Union européenne offre un soutien politique facilitant l'exportation de ces énergies (achat de l'énergie photovoltaïque grecque par l'Allemagne) et renforce les investissements par le biais de la Banque européenne d'investissements.

La fiscalité est utilisée pour inciter à la réduction des émissions polluantes selon deux options possibles. La première, qui consiste à appliquer des **taxes environnementales (écotaxes ou taxes écologiques)**, avait été inaugurée par les Suédois en 1991. Elle revient à confier à l'État le rôle de déterminer le coût social de la pollution. Sans avoir connu de résultats miracles, les taxes environnementales permettent d'intégrer les externalités d'un bien et de pénaliser financièrement les produits ou les services qui ont un effet négatif sur l'environnement. La seconde option est celle du **marché de permis d'émission** qui, organisant des transactions privées, permet la conclusion d'accords basés sur une évaluation optimale. Les États-Unis sont les premiers à l'avoir adoptée avec succès en 1990 pour réduire leurs émissions de gaz SO_2. Cette approche a également été privilégiée dans le cadre de l'application du Protocole de Kyoto, mais elle demeure limitée.

1. Voir par exemple, l'arrêt Öneryıldız c. Turquie du 30 novembre 2004.

Dans la pratique, les politiques économiques et fiscales font encore une place limitée aux critères environnementaux. De 1999 à 2009, la part de la fiscalité verte a même reculé dans l'Union européenne à 2,4 % du PIB (2,1 % du PIB en France). Souverains en matière fiscale, les États entendent protéger leur industrie et profiter d'un modèle européen de type productiviste. Celui-ci permet l'existence de zones franches douanières favorisant la ré-exportation de biens[1]. Il domine toujours la politique agricole commune même si des critères environnementaux conditionnent désormais le versement des aides. Les activités polluantes peuvent bénéficier de subventions publiques, tels les transports « *low-cost* » percevant des aides régionales. Or, le développement durable nécessiterait de renchérir les prix du transport aérien et ceux du transport routier alors que les directives européennes interdisent l'augmentation unilatérale des péages autoroutiers. Contrairement à la Suisse, l'Autriche n'a pu qu'assister impuissante au doublement des transits internationaux sur son territoire depuis son entrée dans l'Union européenne et la région du Tyrol a été à deux reprises condamnée par les juges européens pour avoir interdit le transport de produits lourds ou polluants. L'idée ancienne d'une « bourse du transit » reste donc en suspens.

Le financement du développement durable se heurte à la crainte du *dumping* environnemental. Le **principe du pollueur-payeur** est très peu appliqué, l'application de taxes ou de redevances ne reportant pas le véritable coût de la pollution aux pollueurs. Par exemple, le transport aérien est exempté des taxes sur les carburants depuis la Convention de Chicago de 1944. D'autres sources de financement sont donc recherchées. En 2009 (COP15), les pays développés s'étaient engagés à mobiliser 100 milliards de dollars par an d'ici à 2020 afin de financer l'adaptation aux impacts du changement climatique des PVD. Un Fonds vert avait ensuite été créé et placé sous l'égide de l'ONU. Son Conseil d'administration siège à Songdo, en Corée du Sud. De même, après l'échec en 2013 du Fonds Yasuni imaginé par le PNUD pour l'Équateur, la rémunération de la conservation des forêts tropicales a, en 2019, fait l'objet d'un premier accord de financement : la Norvège paiera au Gabon pour le carbone séquestré grâce aux mesures prises pour lutter contre la déforestation ou préserver des forêts naturelles.

Les « **financements innovants** » comme des « taxes sur les transactions financières » peinent en effet à être trouvés bien qu'ils aient été réclamés de longue date par des ONG telle Attac. Un « Groupe pilote sur les contributions internationales de solidarité en faveur du développement » de 55 États a été mis en place en 2006 pour étudier les possibilités de prélèvement volontaire sur les paiements par carte de crédit, la création d'une loterie mondiale, la taxation sur les transactions de change ou l'allégement du coût des transferts de l'épargne des salariés émigrés. Mais l'opacité de la gestion de Unitaid fondée en 2006 pour financer les vaccinations et traitements dans les PVD montre le chemin encore à accomplir : bénéficiant de la taxe « Chirac » sur les billets d'avion, Unitaid a fait l'objet d'un rapport accablant de la Cour des comptes en 2011.

1. Par exemple, les crevettes pêchées en mer du Nord sont exportées au Maroc pour être décortiquées à bas coût avant d'être réimportées en Europe.

Les États et les organisations internationales font également appel aux **investissements privés**. Certaines entreprises disposent en effet de moyens supérieurs à ceux de l'ONU. La question est particulièrement cruciale dans le domaine de l'eau où 10 % des multinationales – la Suisse Nestlé, les Françaises Suez et Veolia – se partagent 90 % des réseaux privés d'approvisionnement en eau potable. Face à de tels opérateurs qui justifient leurs prix élevés par les risques d'instabilité économique et politique locaux, les collectivités locales se retrouvent très démunies. En Bolivie, la privatisation voulue par la Banque mondiale en 2 000 avait conduit à des insurrections puis à l'instauration de la loi martiale avant que le gouvernement ne fasse marche arrière. L'intervention d'autorités de régulation est ainsi fréquemment invoquée.

Le principe d'un financement mixte a triomphé au Sommet de Johannesburg en 2002 avec l'idée que l'utilisation de fonds publics garantissait, par effet de levier, la mobilisation de fonds privés. Certains y ont vu un phénomène très positif « d'appropriation du phénomène de développement durable par les entreprises » ; d'autres comme Attac y ont vu un « délire idéologique de justification du libéralisme des investissements privés » malgré des synergies prometteuses dans certains secteurs.

Des avancées juridiques pour le développement durable

Le Protocole de Kyoto, signé le 10 décembre 1997 et entré en vigueur en 2005, réunit 191 États et l'Union européenne. Les États-Unis ne l'ont pas ratifié ; le Canada l'a ratifié mais l'a violé éhontément avant de sortir du dispositif en 2012. Il imposait de réduire pour 2008/2012 l'émission de gaz à effet de serre par rapport aux niveaux de 1990 : moins 8 % pour l'Europe, moins 7 % pour les États-Unis, moins 6 % pour le Japon. Sous la pression de la Chine, les PVD ont été exemptés de tout engagement. Seuls 38 pays industrialisés ont donc été concernés par un objectif de réduction moyenne de 5,2 % alors que, selon le rapport de l'économiste Nicholas Stern publié en 2006, il fallait d'ici 2050 une réduction mondiale de 30 % (80 % en Europe) pour ne pas dépasser 2 °C de réchauffement climatique. Le Protocole de Kyoto a ensuite été prolongé.

Les règles de comptage des émissions ont été précisées en 2001. Chaque pays a été autorisé à défalquer le gaz carbonique absorbé par les forêts et par l'agriculture. Afin de favoriser les transferts de technologie vers les pays du Sud, un pays et une entreprise peuvent également défalquer de leurs émissions la quantité de gaz à effet de serre qu'ils ont aidée à réduire dans un autre pays : un fond d'adaptation a été créé pour aider les pays en développement ainsi qu'un organe de contrôle des émissions. Mais ces **mécanismes de développement propre (MDP)** sont critiqués car ils participent à une délocalisation des efforts et car ils sont très mal répartis puisque la Chine capte près de la moitié des projets, suivie de loin par l'Inde et le Brésil. De plus, un problème de crédibilité du système s'est posé jusqu'à ce que les données satellites puissent être utilisées. Les déclaration d'émissions de CO_2 étant fournies par les pays eux-mêmes, des pays comme l'Inde ou Chine en profitaient pour minorer d'environ 30 % leurs émissions.

Avec la COP7 de 2001, les modalités de mise en œuvre du protocole de Kyoto sont devenues un texte juridiquement contraignant. Un pays qui ne respecte pas son objectif de réduction doit encore plus réduire ses émissions l'année suivante et il perd la possibilité de participer au marché des droits d'émission.

Le système d'échange de quotas d'émission de gaz à effet de serre a été choisi par l'Union européenne pour atteindre les objectifs de Kyoto. Il suppose l'établissement de plans nationaux d'affectation des quotas (PNAQ) qui doivent être acceptés par la Commission européenne. Au départ limité aux centrales électriques, aux sidérurgistes, aux papetiers, aux cimentiers, soit environ 12 000 sites européens dont 1 500 sites français, le système permet aux entreprises rejetant du dioxyde de carbone CO_2 d'acheter des permis d'émissions si elles dépassent leurs quotas ou, au contraire, de les revendre si leurs investissements dans des technologies propres les conduisent à polluer moins. Des amendes sont encourues lorsque les droits ne couvrent pas les émissions. En France, c'est la Caisse des Dépôts et Consignations qui vérifie cette correspondance tandis que l'inspection des installations classées contrôle la conformité des volumes de rejet déclarés. Sept bourses ont été ouvertes en 2005, dont Powernext Carbon établie à Paris.

Des objectifs de neutralité carbone à horizon 2050 ont été fixés par l'Union européenne en décembre 2020. Les objectifs intermédiaires pour 2030 fixés en 2014 ambitionnent quant à eux de réduire l'émission des gaz à effets de serre d'au moins 55 % par rapport à 1990. Il s'agit d'un objectif collectif pour l'UE car il s'avère inatteignable pour certains pays comme la Pologne dont l'économie est encore très dépendante du charbon. Aussi, l'accord est-il jugé insuffisant même si chaque État peut aller plus loin en développant des projets domestiques complétant le dispositif européen. Un échelonnement reste prévu et les activités exposées aux risques de délocalisation bénéficieront de quotas gratuits jusqu'à l'instauration d'un système mondial de taxes annihilant les distorsions de concurrence. L'UE joue en effet un rôle de pionnier puisque sa politique a réussi à faire baisser les émissions de gaz à effet de serre de 18 % (2014 par rapport à 1990) tandis que les États-Unis et la Chine augmentaient les leurs de 8 % et 24 %. En 2021, la Commission a annoncé la prochaine extension du marché carbone à l'aviation et au maritime ainsi que la création d'un second marché carbone pour le transport routier et le chauffage. L'établissement d'un mécanisme contraignant à l'échelle globale est encore lointain mais l'idée est avancée pour le fret maritime qui représente 3 % des émissions mondiales de CO_2 et 10 % pour les émissions de soufre (SO_2).

Enrayer l'érosion de la biodiversité, gérer les ressources de manière durable et restaurer les écosystèmes sont les objectifs de la Convention des Nations unies sur la diversité biologique (CDB) de 1992. Cela impliquerait d'amener d'ici à 2030, à 30 % le taux d'aires terrestres et aires marines protégées, dont 10 % des zones protégées en « protection stricte » excluant toute activité humaine. Jusqu'en 2020, les accords passés dits « objectifs d'Aïchi » qui n'étaient pas chiffrés ont constitué des échecs.

Le règlement européen *REACH* (*Registration, Evaluation, Authorization of Chemicals* ou Système d'enregistrement, d'évaluation et d'autorisation des produits chimiques) adopté en 2 006 est à la fois un instrument de politique environnementale et de santé publique : la France, qui est le 3e utilisateur mondial de pesticides au monde et qui possède le 1er parc européen d'incinérateurs de déchets et de stockage de déchets nucléaires, a aussi un des taux de cancer le plus élevé chez l'homme en Europe.

Le règlement REACH oblige les industriels à rassembler progressivement les données requises sur leurs produits et à les enregistrer dans une base de données centrale gérée par l'Agence européenne des produits chimiques créée en Finlande. Celle-ci doit coordonner l'évaluation des substances dangereuses afin d'amener les entreprises à les remplacer progressivement.

Des 30 000 substances chimiques mises sur le marché ne sont concernées que celles dont le tonnage est supérieur à une tonne par an. Aussi, REACH ne constitue pas une solution miracle. Il n'intègre pas non plus de campagnes d'information concernant la toxicité des produits en circulation même si des données gérées par l'Agence sont accessibles au public. Le problème des incinérateurs a lui aussi commencé à être affronté fin 2006 grâce à la directive 2000/76/CE limitant les émissions polluantes. Quant à la mise sur le marché des additifs alimentaires, elle a fait l'objet d'un meilleur encadrement en avril 2009.

Le règlement REACH permet déjà une prise de conscience de la possible toxicité de substances mises sur le marché. Il affirme le principe de substitution en inversant la charge de la preuve : celle-ci ne repose plus sur la victime mais sur l'industriel qui doit prouver l'innocuité du produit commercialisé. Le règlement REACH est accusé de délocaliser la pollution d'autant que l'UE continue d'autoriser l'exportation de pesticides contenant des substances interdites en Europe. Mais le règlement s'impose à tous ceux qui veulent avoir accès au marché européen. Son adoption avait d'ailleurs été fortement combattue par l'administration et l'industrie américaines. Depuis 2008, les normes communautaires ont commencé à entraîner une nouvelle formulation de produits chimiques à une échelle mondiale même si la force des *lobbies* de la pétrochimie freine le processus. Ainsi, le 16 décembre 2015, la Commission européenne avait été condamnée par la CJUE pour sa carence à définir les perturbateurs endocriniens.

Réduire l'extrême pauvreté

Basé sur la solidarité entre générations, le développement durable suppose également une solidarité entre les individus et entre les populations. La réduction de l'extrême pauvreté était ainsi l'un des premiers objectifs de l'ONU pour le Millénaire.

La réduction de la dette a été admise comme une nécessité lorsque la Communauté internationale a reconnu que certains États étaient insolvables. Les restructurations de dette sont régulièrement négociées au sein des institutions financières internationales et au sein du Club de Paris bien qu'elles restent controversées : ne profitant pas aux populations pauvres, elles pousseraient leurs dirigeants à la gabegie ; elles inciteraient les pays à s'endetter pour atteindre les critères éligibilité à l'annulation ; elles obéiraient souvent à des motifs politiques (Irak en 2004, Myanmar en 2013…). Enfin, elles ne régleraient pas la question des procédures de recouvrement engagées par les fonds « vautours » (cf. fiche sur l'éthique) et des créances privées qui prennent de plus en plus d'importance.

Deux problèmes récents compliquent encore la question. Le premier est que la Chine ne fait pas partie du Club de Paris au sein duquel les créanciers publics peuvent se coordonner et accorder des annulations de dette. Or, elle est devenue le 1er bailleur de fonds en Afrique et a fortement contribué à augmenter l'endettement des pays pauvres et émergents qui est passé de 114 % du PIB en 2010 à 168 % en 2018. Ces prêts chinois, dont les clauses sont confidentielles, peuvent être assortis d'exigences de « collatéralisation » (cf. fiche sur l'Afrique). Le second problème vient du fait qu'une part croissante de la dette publique des pays pauvres et émergents est détenue par des investisseurs étrangers (43 % à la fin 2018). Contrairement aux banques de développement, ils imposent des délais de remboursement plus courts et des taux d'intérêt plus élevés.

Certains pays peuvent ainsi dépenser davantage pour rembourser leur dette que pour l'entretien des services sociaux. Comme les dettes se rapportent rarement à des investissements productifs, le sort du pays se retrouve conditionné par l'irresponsabilité de gouvernements non démocratiques. Le concept de dette illégitime et odieuse avait ainsi été mis en avant en 2008 par le président d'alors de l'Équateur Rafael Correa qui avait obtenu la réaffectation de 7 milliards de $ de dettes en projets sociaux. Il avait été imité en 2012 par le gouvernement tunisien de transition. Plus délicate s'avère la reconnaissance du concept de dette écologique que les pays industrialisés accumuleraient en émettant des gaz à effet de serre : ces coûts environnementaux imposés au Tiers-Monde représenteraient, selon des études universitaires californiennes, l'équivalent des 2/3 de la dette extérieure des pays en développement. Les campagnes menées – dont celle de Jubilé 2000 – mettaient donc l'accent sur la responsabilité partagée des débiteurs et des créanciers.

L'aide publique au développement (APD) devrait représenter 0,7 % du revenu national brut des pays industrialisés. Cet objectif ressort d'une déclaration prise en 1958 par Comité central du Conseil œcuménique des Églises. À l'origine fixé à 1 %, il avait été rediscuté dans les années 1970 au sein de la Banque mondiale et de la CNUCED pour tenir compte des apports privés et des réalités pratiques. De fait, encore aujourd'hui, seuls cinq pays nord-européens respectent cet engagement : le Danemark, le Luxembourg, la Norvège, les Pays-Bas et la Suède. L'aide publique au développement fonctionne si mal qu'on l'accuse souvent de « prendre aux pauvres des pays riches pour donner aux riches des pays pauvres ». Le nombre de pays les moins avancés (PMA) est donc passé de 25 en 1971 à 47 aujourd'hui, seuls cinq pays ayant été capables de sortir de cette catégorie : le Botswana, le Cap-Vert, les Maldives, Samoa et la Guinée équatoriale. En outre, la vague libérale des années 1980 ayant démantelé les mécanismes de stabilisation du cours des matières premières, la chute du mur de Berlin a nettement fait baisser l'intérêt de l'aide au développement du fait que les PVD ont cessé de constituer un enjeu. Aussi, l'aide versée par les immigrés à leurs familles restées au pays s'avère plus importante que l'APD. Elle peut atteindre le tiers du PIB de certains pays comme la Guinée-Bissau, l'Érythrée, le Tadjikistan, le Laos…

De plus, l'aide publique au développement reste encore très impliquée dans le secours d'urgence aux populations, dans les dépenses de santé et d'éducation alors qu'il faudrait, selon le rapport de la CNUCED (2010), « réhabiliter les investissements productifs seuls à même de créer les emplois formels qui sont une nécessité vitale » pour les PMA. Tout le monde, y compris la Banque mondiale, est d'accord pour réformer l'APD. Pourtant, l'idée d'une taxe mondiale, seule à même de garantir des entrées financières régulières et prévisibles, ne s'est toujours pas concrétisée malgré des promesses répétées.

Le microcrédit est un outil important qui est même utilisé dans les pays riches. Il a fait ses preuves au Bangladesh où il a été développé par l'Indienne Ela Bhatt qui avait fondé la Sewa Bank (*Self Employed Women's Association Bank*) en 1974 et par l'économiste Muhammad Yunus qui avait créé la Grameen Bank en 1983 (prix Nobel de la Paix 2006). Ayant pour principe d'accorder aux exclus des systèmes bancaires des microprêts remboursables à court terme et à faible taux d'intérêts, le microcrédit concernait en 2007 environ 60 millions de clients, principalement les paysans les plus pauvres, et en particulier les femmes. Après des controverses, Muhammad Yunus a été évincé de la Grameen Bank en 2011 permettant à l'État bangladais de récupérer son empire alors estimé à 1,6 milliard de dollars. Quant aux résultats du microcrédit, ils ne permettent pas, selon l'économiste Joseph Stiglitz, d'établir les bases d'un développement d'une certaine importance comme cela a pu être constaté en Corée du Sud ou dans les pays de l'Asie du Sud-Est : les femmes, qui étaient des paysans très pauvres, deviennent simplement des paysans pauvres. Toutefois, 100 % des filles des clientes bangladaises de la Grameen Bank étaient scolarisées contre 60 % pour les autres et de 1992 à 2010, le taux de pauvreté dans le pays était tombé de 56,6 à 31,5 % de la population.

Principaux chiffres

En 2018, 9,6 % de la population mondiale vivaient sous le seuil de pauvreté – fixé à 1,90 dollar par jour et par personne –. En 2012, ils représentaient près de 13 % de la population mondiale et 29 % en 1999.

Source : Banque mondiale, septembre 2018

L'aide publique au développement s'élevait à 149,3 milliards $ en 2018. Elle représente 0,31 % du revenu national brut (RNB) combiné des donneurs du Comité d'aide au développement de l'OCDE. La France y consacrait 0,43 % du RNB.

Source : OCDE, avril 2019.

Entre 1950 et 2016, la production de plastiques est passée de 1 million de tonnes par an à 320 millions. La part des plastiques recyclés est de 31 % en Europe.

Source : *Alternative économique*, n° 394, novembre 2019.

La consommation électrique mondiale annuelle due au fonctionnement du digital est de 2000 térawattheures, soit l'équivalent de la demande russe et indienne réunie.

Source : *Science & Vie* n° 1219, avril 2019.

Les 3/4 du charbon utilisé en 2019 l'ont été en Asie-Pacifique. 600 nouvelles centrales à charbon sont projetées en Chine, Inde, Indonésie, Japon et Viêt Nam pour une puissance cumulée de 300 gigawatts. À elle seule, la Chine a 368 nouvelles centrales en cours de construction pour une capacité de 187 gigawatts.

Source : *Le Figaro* du 1er juillet 2021.

Entre 1970 et 2016, les populations mondiales de vertébrés ont décliné en moyenne de 68 %. La baisse atteinte 94 % en Amérique centrale, 65 % en Afrique.

Source : WWF, *Living Planet Report – 2020: Bending the curve of biodiversity loss*, septembre 2020.

L'Arctique représente deux millions de km^2 (près de quatre fois la superficie de la France) recouverts à 85 % de glace. Considéré comme le climatiseur de la planète, il a perdu 38 % de son volume de glace depuis 1979.

Source : expédition Mosaic (2020/2021) citée par futura-sciences.com

En 2019, le couvert forestier a reculé de 24 millions d'hectares dans le monde, dont 3,8 millions d'hectares dans les forêts primaires tropicales humides.

Source : *Le Monde* du 3 juin 2020, Global Forest Watch ONG Global Witness, juin 2020.

En 2019, 212 personnes ont été assassinées pour avoir défendu l'environnement, notamment en Colombie (64) aux Philippines (43) et au Brésil (24). En 2018, elles avaient été 164 ; en 2017, 207.

Source : ONG Global Witness, 2020.

Ouvrages récents

- Frédéric Durand, *Le réchauffement climatique : enjeu crucial du XXIe siècle*, Ellipses, 2020.
- Guillaume Pitron, *La guerre des métaux rares. La face cachée de la transition énergétique et numérique*, Les liens qui libèrent, 2018.

Exemples de sujet

- Faut-il renoncer à la croissance économique pour sauver la planète ?
- Le droit international est-il un outil du développement durable ?
- Le financement du développement durable.
- Le développement durable et la régulation des marchés.

19 Les espoirs de la justice pénale internationale

S'exerçant dans un environnement très politisé, la justice pénale internationale était demeurée un mythe jusqu'à la chute du mur de Berlin en 1989. Mais, les conflits en ex-Yougoslavie et le génocide au Rwanda ont renforcé la pression grandissante de l'opinion publique et permis la remise en cause l'impunité de fait des criminels internationaux. La création de juridictions internationales *ad hoc* et l'affirmation de la compétence universelle des juridictions nationales ont alors fait naître de nouveaux espoirs. En 2002, le Traité de Rome instaurant la Cour pénale internationale est entré en vigueur. Les longues aspirations de la communauté internationale à se doter d'une juridiction permanente spécialisée se voyaient enfin concrétisées.

Historique

Les premières esquisses d'une juridiction internationale compétente pour juger les violations du droit international humanitaire ont été proposées par le Suisse Gustave Moynier en 1872, au lendemain de la guerre franco-allemande de 1870. En 1919, la création d'un tribunal international devant juger Guillaume II fut prévue par une disposition du Traité de Versailles. Elle ne fut pas appliquée par manque de volonté politique des alliés.

Le Tribunal de Nuremberg et le Tribunal de Tokyo sont créés en 1945 et 1946 pour juger les crimes commis par les puissances de l'Axe durant la Seconde Guerre mondiale. Ils définissent un nouveau type de crimes dirigés contre l'humanité. Mais, en dehors de la signature de la Convention de Genève du 9 décembre 1948 sur la prévention et la répression du crime de génocide, ces avancées de la justice pénale internationale sont bloquées par la guerre froide et par les craintes nées de la décolonisation.

Le procès Eichmann permet en 1961 de juger un des responsables de la Shoah. Il évoque les questions juridiques posées par la justice d'exception du fait de l'enlèvement d'Eichmann en Argentine par des agents israéliens.

La création de juridictions pénales internationales est relancée après la chute du mur de Berlin. Le Conseil de sécurité de l'ONU la concrétise en 1993 et 1994 avec les tribunaux pénaux internationaux *ad hoc* pour juger les crimes commis en ex-Yougoslavie (TPIY) et au Rwanda (TPIR). La Cour pénale internationale sera instaurée par le Traité de Rome du 17 juillet 1998, dit Statut de Rome.

Le réveil des juridictions nationales s'esquisse en 1998 et 1999 lorsque la Chambre des lords britannique déclare recevable la demande d'extradition vers l'Espagne de l'ancien président chilien Pinochet (1915-2006) pour torture et complicité de torture.

Connaissances de base

Synthèse

Quatre types de crimes relèvent de la justice pénale internationale sans revêtir nécessairement un caractère transnational : les crimes de génocide, les crimes contre l'humanité, les crimes de guerre et les crimes d'agression. Portant atteinte à la dignité humaine, ils concernent l'ensemble de l'humanité en raison de leur gravité exceptionnelle et présentent dès lors une dimension internationale. Très mal assurée à un niveau national, la répression de ces crimes a entraîné l'instauration de tribunaux internationaux *ad hoc* et de la Cour pénale internationale. Représentant des avancées juridiques spectaculaires susceptibles de mettre fin à une situation d'impunité lourde de conséquences, leur expérience devrait pouvoir influer sur les procédures nationales. En effet, ces nouvelles juridictions ne constituent que l'un des aspects d'une justice pénale internationale devant nécessairement reposer sur la collaboration des États.

La définition des crimes internationaux

La répression de crimes « à caractère international » tels que la piraterie était depuis longtemps inscrite dans les législations étatiques. De nouvelles infractions ne revêtant pas forcément un caractère transnational ont été définies pour la première fois par les statuts des Tribunaux de Nuremberg et de Tokyo. Ces infractions peuvent en effet être commises à l'encontre des ressortissants d'un État par des agents de cet État mais elles acquièrent une dimension internationale lorsque les crimes commis portent atteinte à des valeurs universelles de dignité humaine et donc à l'ensemble de la communauté internationale.

Les crimes de génocide ont été définis en 1948 par la Convention pour la prévention et la répression du crime de génocide. Ils supposent « l'intention de détruire, en tout ou en partie, un groupe national, ethnique, racial ou religieux » par des moyens tels que des « meurtres ou atteinte grave à l'intégrité physique ou mentale de membres du groupe », la « soumission intentionnelle du groupe à des conditions d'existence devant entraîner sa destruction physique totale ou partielle », des « mesures visant à entraver les naissances au sein du groupe », ou un « transfert forcé d'enfants du groupe à un autre groupe. » Mais cette définition omet l'élimination d'un groupe social, d'un groupe sexuel ou d'un groupe politique conduisant des auteurs, tel le politologue R.J. Rummel, à préconiser son élargissement en proposant la notion de « démocide ».

Les crimes contre l'humanité ont d'abord été circonscrits au seul contexte de guerre par les statuts du Tribunal de Nuremberg et du Tribunal pour l'ex-Yougoslavie. À partir de 1994, une définition extensive a prévalu incluant les actes « commis dans le cadre d'une attaque généralisée ou systématique lancée contre toute population civile et en connaissance de cette attaque... » tels que des meurtres, des déportations, des tortures, des grossesses ou stérilisations forcées, des disparitions forcées de personnes, des crimes d'*apartheid*, des campagnes de viols... Ces dernières ont, pour la 1re fois, été reconnues comme un « instrument de terreur » et un crime contre l'humanité à propos de la guerre de Bosnie (1992-1995).

Les crimes de guerre ont été définis par les quatre conventions de Genève en 1949 complétées en 1977 par le 2e protocole additionnel relatif à la protection des victimes de conflits armés à caractère non international. Les statuts des juridictions pénales internationales se réfèrent à ces traités. Bien que l'énumération des crimes varie, ceux-ci recouvrent généralement la torture, l'enrôlement forcé, la destruction de biens civils, l'utilisation d'armes prohibées. Leur liste a été étendue en juin 2010 aux armes empoisonnées ou gaz, y compris dans les guerres civiles.

Les crimes d'agression se rapprochent du « crime contre la paix » retenu en 1946 par la Charte du Tribunal de Tokyo. Ils ont été définis en 1974 par la résolution 3314 de l'Assemblée générale de l'ONU et lors de la conférence de Kampala en 2010 comme « l'envoi par l'État de bandes ou de groupes armés, de forces irrégulières ou de mercenaires qui se livrent à des actes de force armée d'une gravité telle qu'ils équivalent aux actes énumérés ci-dessus, ou le fait de s'engager d'une manière substantielle dans une telle action ».

Selon le Statut de la CPI, tous ces crimes internationaux sont imprescriptibles ce qui a permis, des décennies après les faits, de juger des auteurs de la Shoah. Pour les crimes de guerre, l'adaptation du Code pénal français réalisée en 2010 prévoit pourtant, une prescription de trente ans.

L'imputation de crimes internationaux aux États

La mise en jeu de la responsabilité internationale des États connaît des limites, les États ne pouvant être jugés par des juridictions d'autres États. Par ailleurs, la compétence obligatoire de la Cour internationale de justice (CIJ), organe principal de l'ONU chargé de régler les conflits juridiques entre États, n'est reconnue que par environ qu'un tiers des membres de l'ONU. Bien que la CIJ connaisse un nombre très restreint d'affaires, son petit rôle en matière de justice pénale ne peut être ignoré. D'une part, elle peut trancher des conflits de compétence entre les juridictions nationales : elle a par exemple été saisie en 2007 par le Rwanda d'une demande contre la France pour voir annuler les actes d'une instruction visant des potentiels responsables de l'attentat commis contre l'avion présidentiel rwandais en 1994. D'autre part, la CIJ peut statuer sur la responsabilité pénale des États : saisie par la Bosnie-Herzégovine, la CIJ a ainsi jugé que la Serbie n'était pas responsable du génocide des 8 000 Bosniaques musulmans perpétré en juillet 1995 à Srebrenica car, en dépit de son implication manifeste dans ce massacre, elle n'avait pas planifié ou ordonné le génocide. Il est vrai que la reconnaissance de la responsabilité pénale des États par la CIJ est difficile à établir. D'une part, il faut démontrer le lien de causalité entre un fait ou une omission d'agir contraire au droit international public et un État. Ainsi, le rôle de la Syrie dans l'attentat suicide qui avait coûté la vie à 58 parachutistes français au Liban en octobre 1983 n'a jamais été officiellement établi. De plus, la responsabilité pénale d'un État est souvent considérée comme injuste car elle fait reposer sur l'ensemble d'une collectivité les crimes commis par une minorité. Par exemple, la condamnation de l'Ouganda par la CIJ le 19 décembre 2005 à devoir payer 10 milliards de dollars à la RD Congo a pénalisé l'ensemble de l'État ougandais alors que seuls quelques proches du pouvoir avaient bénéficié des exactions commises. Dans les faits, l'arrêt rendu n'a pu avoir d'autres conséquences juridiques faute de moyens coercitifs.

Au niveau régional, la Cour européenne des droits de l'homme de Strasbourg concerne les États membres du Conseil de l'Europe ayant violé la Convention européenne du 4 novembre 1950. Conçue comme un instrument capable de sanctionner les atteintes graves à l'État de droit, elle est submergée de requêtes individuelles (voir la fiche sur l'influence du régionalisme).

La création de juridictions pénales internationales

Depuis la fin de la Seconde Guerre mondiale, une dizaine de juridictions pénales internationales a été mise en place pour juger les personnes physiques responsables de crimes internationaux. Statutairement indépendantes, elles fonctionnent ou ont fonctionné grâce aux contributions financières des États ou aux ressources allouées par l'ONU.

Leur compétence rétroactive permet d'appréhender des crimes commis durant une période passée et un territoire déterminés :

Le Tribunal pénal international pour l'ex-Yougoslavie (TPIY), créé en 1993 à La Haye, et le **Tribunal pénal international pour le Rwanda** (TPIR) créé en 1994 à Arusha en Tanzanie, ont été les deux premières juridictions *ad hoc*. Elles étaient des organes subsidiaires du Conseil de sécurité de l'ONU. Avec leurs règlements de procédure de type anglo-saxon, les juges n'avaient aucune connaissance du dossier avant le procès ; ils ne jugeaient que d'après ce qu'ils entendaient au prétoire sans instruction préalable.

En raison des pertes de temps importantes qui en découlaient, les règlements de procédure des juridictions postérieures ont davantage mixé les systèmes juridiques et emprunté aux droits locaux. Des peines de prison à perpétuité peuvent être prononcées et les arrêts peuvent être déférés à une chambre d'appel.

En 2010, le **Mécanisme résiduel de l'ONU pour les tribunaux internationaux** (IRMCT) a été créé pour relayer le TPIR fermé en 2015 et le TPIY fermé en 2017.

Le Tribunal spécial pour la Sierra Leone (TSSL), qui a siégé de 2002 à 2013 pour juger les crimes commis durant la guerre civile de Sierra Leone dans les années 1990, avait été intégré au système judiciaire sierra-leonais. Il a associé le droit international et le droit local.

Le Tribunal dit « Chambres extraordinaires au sein des tribunaux du Cambodge » a été difficilement mis en place de 1997 à 2007. Contrairement aux autres juridictions *ad hoc*, le tribunal est national et placé « sous patronage de l'ONU ». Majoritairement composé de juges cambodgiens, le tribunal peut seulement juger les hiérarques et non les cadres intermédiaires. Il a servi de modèle à l'établissement des **Chambres africaines extraordinaires** mises en place en 2012 par le Sénégal pour juger l'ex-dictateur tchadien Hissène Habré.

Le Tribunal pour le Timor oriental, créé en juin 2000, a interrompu ses activités en mai 2005 du fait d'un manque de moyens et de coopération de la part de l'Indonésie. Il est donc considéré comme un échec important par les ONG humanitaires.

Le Tribunal spécial pour le Liban, créé en 2007, connaît en 2021 d'importants problèmes de financement. En août 2020, il a condamné l'un des assassins de l'ancien Premier ministre Rafic Hariri (14 février 2005). Il a jugé qu'il s'agissait d'un acte terroriste mais il n'a pas établi de lien avec les dirigeants du Hezbollah ou la Syrie.

Les **Chambres spécialisées pour le Kosovo** ont été créées en 2016 pour juger les responsables de crimes commis durant la guerre du Kosovo (1998-2000). Financé par l'UE, le Canada, la Norvège, la Suisse, la Turquie et les États-Unis, il s'agit d'un tribunal hybride composé de juges internationaux et basé à La Haye mais qui est partie intégrante du système judiciaire kosovar.

Contrairement aux juridictions *ad hoc* créées par une résolution du Conseil de sécurité de l'ONU, la **Cour pénale internationale (CPI)** créée par le Traité de Rome du 17 juillet 1998 et établie à La Haye, dispose d'une compétence permanente pour les crimes commis après le 1er juillet 2002. La Cour est financée par les 123 États membres (juin 2021) selon un système de quote-part fondé sur le barème de l'ONU Après le Japon (22 millions d'euros en 2016), les plus gros bailleurs étaient ainsi l'Allemagne, la France, le Royaume-Uni, le Brésil, l'Italie, le Canada, l'Espagne et l'Australie.

La Cour est compétente pour juger les crimes commis sur le territoire des États signataires et/ou par un de leurs ressortissants. Les nationaux d'un pays non-signataire peuvent donc être jugés dès lors que les crimes dont on les soupçonne ont été commis dans un État ayant ratifié le traité. La compétence est en outre élargie à tous les pays si la Cour est saisie par le Conseil de sécurité. Le procureur peut prendre l'initiative d'ouvrir une enquête mais une chambre préliminaire de juges doit autoriser l'ouverture de l'instruction. Les victimes peuvent se porter partie civile ; des indemnités peuvent leur être allouées et un Fond d'affectation spéciale a été créé pour parer aux cas d'insolvabilité des personnes condamnées. Toutefois, dans la pratique, les victimes peinent à obtenir réparation.

Le principe de compétence universelle des juridictions nationales

Les juridictions pénales internationales ont été créées pour pallier les déficiences des États membres même si, de par leur statut, leur action dépend de la coopération financière des États ou de la volonté du Conseil de sécurité. Par ailleurs, l'assistance des États leur est indispensable pour rechercher et préserver les preuves, arrêter les inculpés, protéger les témoins et exécuter les arrêts rendus.

Dans la pratique, l'action des juridictions pénales internationales est complémentaire de celle des juridictions nationales : même dans le cas des TPIY et TPIR qui pouvaient obliger les autorités nationales à leur laisser l'exclusivité des poursuites, les juridictions internationales ne s'intéressent qu'aux crimes les plus graves. Selon le Statut de Rome, la CPI ne doit intervenir que si les États ne peuvent ou ne veulent réprimer des crimes internationaux : les juridictions nationales sont en effet les premières compétentes en la matière. En 2006, le choix de faire juger Saddam Hussein par une juridiction nationale irakienne avait été très critiqué mais il était conforme à cette logique.

En application du droit international, les États ont l'obligation de réprimer les crimes contre l'humanité en modifiant éventuellement leur législation. C'est ainsi que la France a dû définir plus largement le crime de génocide en modifiant son Code pénal en 1994. Elle a dû ne plus limiter ce crime aux seules exactions commises lors de la Seconde Guerre mondiale par les puissances de l'Axe. L'arrêt « Boudarel » de la Cour de cassation du 1er avril 1993 avait considéré en effet que les persécutions infligées aux prisonniers français du Viêt-minh pendant la guerre d'Indochine n'étaient pas des crimes contre l'humanité. Cette jurisprudence s'appliquait dès lors aux crimes commis à Madagascar ou durant la guerre d'Algérie.

Les conventions internationales comme la Convention sur la répression du crime de génocide de 1948 ou la Convention de New-York sur la torture de 1984 permettent de juger des étrangers. Les lois nationales exigent en principe un lien de rattachement tel que la résidence du présumé coupable ou la nationalité d'une victime. La justice française avait ainsi condamné par contumace en 1990 l'ex-capitaine de la marine argentine Arturo Aziz car il était responsable de l'assassinat de deux religieuses françaises durant la dictature. Faute de convention entre les deux pays, il n'avait pas été extradé. Pour aller plus loin, certains États ont adopté des **lois dites de compétence universelle** qui n'exigent pas un tel lien de rattachement. En vertu de deux lois nationales de 1993 et de 1999, la Cour d'assises de Bruxelles avait condamné quatre Rwandais pour génocide le 8 juin 2001. Mais la multiplication des plaintes contre des responsables politiques posait des problèmes diplomatiques à la Belgique qui accepta de s'en remettre à la Cour internationale de justice de La Haye. Celle-ci avait été saisie par la RD Congo à propos de la légalité du mandat d'arrêt international belge contre son ex-ministre des Affaires étrangères Abdoulaye Yerodia. Dans un arrêt rendu le 14 février 2002, la CIJ reconnut à l'ex-ministre congolais l'immunité du fait de sa fonction officielle et de son absence de liens avec l'État belge, lequel abrogea de ce fait ses lois de compétence universelle en matière de crimes contre l'humanité.

En France, l'arrêt de la Cour de cassation rendu le 13 mars 2001 à propos de la responsabilité du chef de l'État libyen dans l'attentat du DC-10 d'UTA commis en 1989 a rappelé que « la coutume internationale s'oppose à ce que les chefs d'État en exercice puissent faire l'objet de poursuites devant les juridictions pénales d'un État étranger » et « qu'en l'état du droit international, le crime dénoncé, quelle qu'en soit la gravité, ne relève pas des exceptions au **principe de l'immunité** des Chefs d'État étrangers en exercice ».

Outre les difficultés juridiques et les **lois d'amnistie** pouvant être votées, les justices nationales connaissent des **difficultés matérielles** certaines : soit elles exigent des moyens d'enquête considérables lorsque le crime a été commis en territoire étranger, soit l'institution judiciaire est défaillante notamment dans les pays à peine sortis des combats. De plus l'impartialité et l'équité des juridictions nationales posent souvent des problèmes. Au Guatemala, pays confronté à une terrible guerre civile de 1960 à 1996, rien n'est fait car les autorités sont gangrenées par la corruption. La Commission internationale contre l'impunité au Guatemala (CICIG) mise en place en 2006 s'est ainsi avérée être le seul espoir de la population. Au Rwanda, les **tribunaux populaires *gacaca***, ayant fonctionné de 2005 à 2012 ont jugé 2 millions de personnes impliquées dans le génocide de 1994, avec un taux de 65 % de condamnation. Leur bilan, jugé mitigé par l'ONG *Human Rights Watch*, a cependant contribué aux efforts de réconciliation nationale. En Afrique du Sud, la mise en place de **commissions-vérité** en 1995 a quant à elle plus participé d'un choix que d'une nécessité : Nelson Mandela, élu chef de l'État, avait préféré donner à l'Afrique du Sud une transition démocratique malgré une trentaine d'années passées en captivité pour sa lutte contre le régime d'*apartheid*. De même, en Sierra Leone, la commission-vérité créée en 2000 a pu établir un rapport impartial rendu à l'ONU fin 2004. Même si ses recommandations n'ont pas été suivies, le rapport reste une référence dans l'histoire du pays. En Colombie, des **tribunaux spéciaux** avaient été mis en place en vertu de l'accord de paix signé en 2016. En janvier 2021, ils ont mis en accusation huit anciens chefs des FARC pour avoir séquestré plus de 21 000 personnes durant le conflit armé. Ils ne peuvent prononcer des peines de prison traditionnelles mais des sentences autres, comme par exemple le déminage.

Bilan de l'actualité

Prémisse d'une justice pénale internationale, la collecte des preuves d'atteintes aux droits humains se renforce. Commencée en 2017, l'enquête judiciaire des Nations-Unies sur les crimes commis par l'EI en Irak a par exemple confirmé le génocide de la minorité yézidie.

Quant à la Cour pénale internationale, en février 2021, elle s'est déclarée compétente pour juger les faits survenus en 2014 dans la bande de Gaza. En août 2021, elle a été saisie par l'Association brésilienne des peuples autochtones (Apib) d'une nouvelle plainte contre le président brésilien Jair Bolsonaro.

La CPI a également condamné l'ancien milicien congolais Bosco Ntaganda et l'ancien chef de guerre congolais Dominic Ongwen. Elle devrait juger l'ancien président Omar al-Bachir que les autorités soudanaises ont décidé de lui livrer. De même, le supposé financier du génocide rwandais Félicien Kabuga a été arrêté en France en 2020 après plus de vingt ans de cavale.

Toutefois, les difficultés de rendre la justice pénale internationale demeurent considérables et les fiascos enregistrés par les acquittements de J.-P. Bemba (RD Congo) en appel en juin 2018 et de Laurent Gbagbo (Côte d'Ivoire) en janvier 2019, sont difficilement excusables.

En Gambie, les recommandations de la Commission vérité et réconciliation, chargée d'enquêter sur les exactions du régime de l'ancien autocrate Yahya Jammeh (1994-2017) devraient constituer l'un des enjeux de la campagne électorale mais trois Gambiens doivent d'ores et déjà répondre de ces crimes devant des tribunaux étrangers, dont Ousman Sonko, ministre de l'intérieur de 2006 à 2016, incarcéré en Suisse.

Perspectives

En matière de droits humains, la préservation des acquis n'est pas certaine. Aussi, le renforcement de la justice pénale internationale nécessite encore de fortes mobilisations.

Le renforcement de la justice pénale internationale

La justice internationale reste un thème porteur. Il avait conduit plus de 2000 ONG à se coaliser pour l'instauration d'une cour pénale internationale mais, depuis sa création, celle-ci doit faire à l'opposition/obstruction de certains pays. Cela est vrai de ceux qui craignent cette justice pour leurs ressortissants : les Philippines se sont retirées de la CPI en 2019, la Russie n'a pas ratifié le Statut en 2017 ; la Chine, l'Inde et les États-Unis ne sont jamais liés et les autorités américaines avaient mené une véritable bataille diplomatique pour conclure des accords bilatéraux évitant à leurs ressortissants d'être extradés pour être jugés par la CPI ou par une juridiction nationale étrangère. Surnommés « conventions d'impunité », ces accords ont été mentionnés pour la première fois par une résolution du Conseil de sécurité de 2005 saisissant la Cour pénale internationale à propos des crimes du Darfour. En 2020, après la décision de la CPI d'ouvrir une enquête pour crimes de guerre et crimes contre l'humanité en Afghanistan, les États-Unis refusaient un visa et prenaient des mesures de restriction financière à l'égard de la procureure Fatou Bensouda et d'un collaborateur.

La CPI rencontre également des oppositions des pays qui prennent le prétexte de tropisme africain dans les enquêtes de la juridiction pour quitter l'organisation, tel le Burundi fin 2017.

Pour contourner ces blocages, lorsque le Conseil de sécurité est lui-même paralysé par le veto d'un État permanent, les juridictions nationales deviennent la seule possibilité de condamner les présumés auteurs de crimes internationaux. Ainsi, depuis 2018, les plaintes se multiplient à propos des crimes commis en Syrie.

La Convention internationale sur les disparitions forcées de 2006 illustre également l'intérêt et les résistances rencontrés. Négociée depuis 1992, elle est entrée en vigueur en 2010. Cette convention qualifie de « crimes contre l'humanité » les enlèvements pour des motifs politiques, non suivis de revendications, et dont les auteurs agissent pour le compte ou avec l'aval de l'État. Un nouveau Comité international sur les disparitions forcées pourra traiter les plaintes déposées par les victimes ou en leur nom contre les autorités des États signataires. Ceux-ci s'avèrent encore très peu nombreux à accepter la compétence du Comité mais l'arsenal juridique international se renforce.

L'adaptation des règles de procédure des juridictions internationales

L'action des TPIY et TPIR avait été très critiquée : les procès étaient trop éloignés des lieux des crimes et des victimes ; l'établissement des faits à juger y était trop lent ; les actes d'accusation portaient sur un domaine trop large tandis que les inculpations étaient sélectives ; les peines prononcées étaient par ailleurs peu hiérarchisées. Des améliorations techniques s'imposaient pour corriger l'**importance excessive du système accusatoire anglo-saxon**.

Celle-ci reste encore critiquée mais la création d'une **chambre préliminaire de la CPI** a modifié les règles de l'instruction : le procureur dispose de moins de pouvoir mais il est moins isolé dans des contextes politiques parfois très hostiles. Par ailleurs, la CPI peut dorénavant rendre des **arrêts par contumace**. Cette compétence avait constitué un point de négociation juridique difficile – elle n'est pas donnée aux juridictions internationales *ad hoc* – mais était réclamée pour pouvoir contourner la mauvaise volonté de certains États à rechercher des personnes inculpées.

La place plus importante faite aux victimes, qui peuvent désormais participer à la procédure et obtenir **droit à réparation**, donne en outre une nouvelle dimension à la justice pénale internationale.

La possible extension des compétences de la CPI

La CPI est le résultat d'un compromis politique destiné à évoluer. Ainsi, les États ont pu décliner la compétence de la CPI en matière de crimes de guerre pendant une durée de sept ans après leur adhésion. De même, il a fallu attendre décembre 2017 pour que les 123 États parties décident d'ajouter les crimes d'agression aux compétences de la Cour.

En 2016, la procureure de la CPI avait annoncé des enquêtes sur les crimes d'écocide et, la même année, la CPI avait rendu la première ordonnance de réparation pour la destruction de biens culturels comportant « des réparations individuelles, collectives et symboliques pour la communauté de Tombouctou ». La Cour pourrait bientôt s'intéresser à d'autres crimes débattus lors des travaux préparatoires : les crimes de terrorisme réclamés par l'Inde et la Turquie, les crimes de trafic de drogues voulus par des pays d'Amérique latine, les crimes à caractère économique. Ces velléités d'étendre les compétences de la CPI se heurtent néanmoins à ses capacités matérielles de les juger. En effet, à la différence des juridictions *ad hoc* créées par une résolution du Conseil de sécurité, les ressources de la Cour pénale internationale dépendent de la contribution des États parties fixée ou encore de contributions volontaires. Or, les procédures sont jugées trop longues et inutilement coûteuses conduisant à s'interroger sur la pertinence du système actuel qui reste dominé par le droit anglo-saxon.

Les perspectives des juridictions *ad hoc*

La Cour pénale internationale n'ayant pas de compétences rétroactives, la création de juridictions *ah hoc* peut encore s'avérer nécessaire. Cela sera ainsi indispensable pour juger les crimes commis lors de la guerre éclatée en Syrie en 2011. Cela avait été le cas pour le tribunal spécial pour le Liban destiné à juger les responsables de l'assassinat de Rafic Hariri. Il s'agit de la première juridiction internationale incriminant un crime de terrorisme, et ce conformément à ses statuts. Établi à la demande du gouvernement libanais qui le finance en partie, le tribunal est installé à Leidschendam (près de La Haye) depuis 2009. En 2011, il a délivré des mandats d'arrêt contre des dirigeants du Hezbollah et a commencé à les juger en 2014. En 2016, il a condamné une personne physique et, pour la première fois, une société de presse pour avoir publié des informations confidentielles sur des témoins.

Les nouvelles juridictions *ad hoc* tiennent compte des expériences passées. Depuis le Tribunal spécial pour la Sierra Leone, elles tendent à être hybrides en empruntant aux systèmes juridiques locaux. Les tribunaux pour l'ex-Yougoslavie et pour le Rwanda, fermés avec quelques aménagements en 2015 et 2017, avaient en effet été critiqués pour leur maigre bilan et dénoncés comme étant le symbole de l'incohérence du fait de leurs supposées prétentions de morale universelle. Surnommée le « mécanisme », une juridiction avait été mise en place pour juger les dossiers résiduels.

Le Tribunal instauré au Cambodge, qui était la seule juridiction internationale *ad hoc* ayant permis aux victimes de porter plainte pour obtenir des réparations collectives et morales, avait également été durement critiqué pour les difficultés rencontrées par les parties civiles, la corruption généralisée et les interférences politiques du gouvernement. Les potentielles représailles envers les témoins sont mieux prises en compte. Les Chambres spécialisées pour le Kosovo créées en 2016 ont été dotées d'un Bureau de protection et de soutien des témoins (WPSO).

La justice pénale internationale primera-t-elle sur la diplomatie ?

Dans le passé, le recours à la diplomatie a toujours été préféré à la saisine de la justice. La rare exception a été celle du TPIY dont la création avait précédé les accords de paix de Dayton de 1995. Faire primer la diplomatie sur la justice traduit la volonté de mettre un terme aux conflits en privilégiant la réconciliation mais elle garantit alors l'impunité aux bourreaux et oublie leurs victimes comme en Algérie, au Népal, au Burundi… En Uruguay, c'est ce qui avait été voulu par la population lorsqu'en 1989 et 2009, elle avait rejeté par référendum l'annulation de l'amnistie des militaires.

Tenant compte de ces nécessités politiques, le Statut de la CPI permet au Conseil de sécurité de suspendre une enquête ou de bloquer la poursuite d'une affaire pour une durée maximale de deux ans. Même si un membre permanent du Conseil peut à lui seul s'opposer à l'usage de cette disposition, cette mesure reste très critiquée car elle relègue l'action de la justice internationale derrière les processus de paix négociés par les diplomates. En 2009, la décision de la CPI de lancer un mandat d'arrêt international pour crimes contre l'humanité contre le président soudanais en exercice Omar al-Bachir avait ainsi été saluée comme une avancée notable de la justice pénale internationale. Toutefois, les ONG opérant au Soudan avaient été chassées du pays. Le secrétaire général Ban Ki-moon s'était même inquiété pour la sécurité des casques bleus présents dans le pays. Par la suite, Omar al-Bachir avait pu se rendre en Asie ou au Moyen-Orient sans être inquiété. Au sommet de l'UA en Afrique du Sud en 2015, il avait toutefois été l'objet d'une interdiction judiciaire de quitter le territoire sans que celle-ci ne soit rendue effective. En 2021, le Soudan a accepté son transfèrement à la CPI.

Après les procès intentés aux présidents Slobodan Milosevic (Serbie), Khieu Samphan (Cambodge), Laurent Gbagbo (Côte d'Ivoire), Charles Taylor (Liberia), Hissène Habré (Tchad), les dirigeants de l'Union africaine ont limité les pouvoirs de la Cour africaine de justice, en votant en juin 2014 une résolution leur garantissant l'immunité.

Il reste qu'au niveau national, la justice pénale progresse. En 1998-1999, l'affaire Pinochet n'avait pu aller à son terme en Grande-Bretagne mais elle avait sonné le réveil des juridictions nationales et brisé le tabou de l'immunité-impunité. En France, la Cour de cassation avait, dans l'arrêt Ely Ould Dah du 23 octobre 2002, validé la procédure contre un tortionnaire mauritanien séjournant en France alors qu'il bénéficiait d'une loi d'amnistie dans son pays. En avril 2018, Mohammed Jabbateh a été condamné aux États-Unis à trente ans de prison pour fraude à l'immigration et parjure du fait qu'il avait tu son passé de responsable de la guerre civile au Liberia.

Renforcer la coopération judiciaire des États

Le développement d'outils communs conditionne largement les perspectives de la justice pénale internationale. Mais le simple respect de ceux qui existent de longue date apparaît également essentiel. Ainsi, les arrêts de la CIJ ayant réaffirmé l'illégalité d'interventions militaires d'un État étranger dans un autre État restent sans effets juridiques. Cela signifie qu'il faut revoir le rôle et les moyens que les États entendent donner à cette juridiction et sa relation avec le Conseil de sécurité. Au niveau régional, l'implication des États à l'égard de la justice pénale internationale s'intensifie. Outre les décisions d'extradition de criminels internationaux qui se multiplient en Afrique et en Amérique latine, on note des avancées importantes en Europe. C'est le cas en France après sa condamnation par la Cour de Strasbourg pour non-respect du « délai raisonnable » du fait de plaintes non traitées visant des génocidaires rwandais : en dépit d'un arrêt de la Cour de cassation refusant les extraditions en se basant sur la non-rétroactivité de la loi pénale, les cours d'appel (voir en particulier CA Paris, 13 novembre 2013) ont accédé à ces demandes.

Les biens mal acquis sont également une question centrale de la justice pénale internationale. Leur saisie peut être ordonnée par la Cour pénale internationale mais elle résulte en général de procédures nationales. En dépit de difficultés, quelques signes positifs se dessinent dans un nombre croissant d'États. La Suisse s'est dotée d'une loi sur la restitution des avoirs illicites qui inverse la charge de la preuve, les titulaires de compte devant désormais prouver leur légalité. Les avoirs d'anciens dictateurs – le philippin Ferdinand Marcos, le nigérian Sani Abacha, l'haïtien Jean-Claude Duvalier – et ceux du clan de l'ancien président mexicain Carlos Salinas ont pu être restitués après 13 ans de procédure. Les États-Unis ont restitué certains biens alors que d'autres pays comme le Royaume-uni, le Luxembourg, l'Indonésie tendent à geler ce type d'avoirs. En France, après la condamnation de personnalités politiques telles Teodoro Obiang ou l'oncle de Bachar al-Assad, Rifaat al Assad, les « facilitateurs » (banques, agences immobilières, notaires...) ont commencé à faire l'objet de poursuites judiciaires en 2019 pour recel et complicité. La restitution des fonds, jusqu'à lors gérés par l'Agence de gestion et de recouvrement des avoirs saisis et confisqués (Agrasc) a fait l'objet d'une loi au printemps 2021 prévoyant leur redistribution sous forme d'aide au développement.

Principaux chiffres

Plus d'une cinquantaine de génocides ont été commis depuis la fin de la Seconde Guerre mondiale : 1/3 de la population du Timor oriental, soit environ 200 000 personnes tuées par l'armée indonésienne de 1970 à 1995 ; 2 millions de Cambodgiens victimes des Khmers rouges de 1975 à 1979 ; plus de 250 000 victimes des « purifications ethniques » en ex-Yougoslavie de 1989 à 1996 ; 800 000 victimes au Rwanda en 1994 ; 200 000 morts en Sierra Leone dans les années 1990...

Source : Le livre noir de l'humanité, sous la direction d'Israël W. Charny, Privat, septembre 2001.

161 personnes ont été mises en accusation devant le TPIY. 19 ont été acquittées ; 90 ont été condamnées sont 30 pour violences sexuelles. 4 650 témoins ont été entendus. Il y a eu 10 800 jours de procès et 2,5 millions de pages de comptes rendus d'audience.

Source : *http://www.icty.org, décembre 2017.*

En 2007, 100 États avaient conclu des « accords d'impunité » avec les États-Unis, protégeant ainsi les ressortissants de ce pays contre d'éventuelles poursuites judiciaires.

Source : Amnesty international, 2007.

De 1973 à 1990, 3 200 personnes avaient été assassinées et 38 000 torturées sous la dictature du général Pinochet. À partir de 1981, le dictateur avait caché près de 20 millions de dollars aux États-Unis. En 2004, près de cinq millions de dollars avaient été saisis. En 2018, la Cour suprême du Chili en a réduit le montant à 1,6 million de dollars.

Source : *Le Monde* du 25 août 2018.

Ouvrages récents

- Dindio Konaté, *La Cour pénale internationale : Entre nécessité de justice et impératif de paix*, Éditions universitaires européennes, 2019.
- Olivier Beauvallet et autres (dir.), *Dictionnaire encyclopédique de la justice pénale internationale*, Éd. Berger Levrault, 2017.

Exemples de sujets

- La justice pénale internationale doit-elle prévaloir sur la diplomatie ?
- La délocalisation de la justice pénale internationale
- La justice pénale internationale participe-t-elle à l'effort de paix entre États ?
- Y a-t-il un juge pour sauver l'humanité ?

Thèmes sanitaires et sociaux

20 Santé et santé publique

I. La santé

A. Définitions de la santé

Il existe de nombreuses définitions de la santé, qu'on peut schématiquement classer en quatre grandes catégories :

- **L'approche adaptative** : la santé est la capacité pour un individu de s'adapter à son environnement et à ses déficiences. C'est l'approche que retient par exemple Canguilhem qui définit la santé comme la normativité, c'est-à-dire la capacité à imposer ses normes à l'environnement naturel ou social, donc pas simplement s'adapter à son environnement mais aussi adapter son environnement à soi en le transformant, être créateur de normes vitales.
- **L'approche fonctionnelle de la santé ou approche biomédicale** : la santé est définie comme la capacité de l'individu à fonctionner. Elle se définit négativement comme l'absence de maladie ou de déficience.
- **L'approche perceptuelle de la santé** : elle renvoie à la notion de bien-être. L'angle ici adopté est celui de la subjectivité du patient, qu'on va chercher à mesurer à travers des indicateurs de qualité de vie.
- **L'approche conjuguant les deux précédentes** : elle allie les notions biomédicales et psychologiques de bien-être. C'est notamment la définition de la santé donnée par l'OMS qui la définit comme « un état de complet de bien-être physique, mental et social, qui ne consiste pas seulement en une absence de maladie ou d'infirmité ».

B. Un droit à la santé

Parce qu'elle est de nature à la fois individuelle et sociale, la santé renvoie aussi à des droits spécifiques. Le droit à la santé est ainsi un droit particulier qui se rapporte à la fois à l'individu, en ce qu'il a de plus personnel, et à l'organisation sociale en ce qu'elle a de plus essentiel.

La Déclaration universelle des droits de l'homme de 1948, ratifiée par l'Assemblée générale des Nations unies stipule ainsi dès son article 2 que « Tout individu a droit à la vie, à la liberté et à la santé de sa personne », mais aussi, à l'article 25 que « Toute personne a droit à un niveau de vie suffisant pour assurer sa santé, son bien-être et ceux de sa famille. »

De même, l'institution internationale qui agit pour favoriser la santé de tous les hommes s'appelle l'Organisation mondiale de la santé (OMS), et a été créée le 22 juillet 1946. Le but de l'OMS est d'amener tous les peuples au niveau de santé le plus élevé possible. Dès sa création en 1946, l'Organisation mondiale de la santé énonce ainsi dans l'article 1 de sa Constitution : « La possession du meilleur état de santé qu'il est capable d'atteindre constitue l'un des droits fondamentaux de tout être humain, quelle que soit sa race, sa religion, ses opinions politiques, sa condition économique ou sociale. »

En France, c'est dans le préambule de la Constitution de 1946 (qui crée la IVe République) qu'est affirmé un droit à la protection de la santé : « la nation garantit à tous, notamment à l'enfant, à la mère ou aux vieux travailleurs la protection de la santé ». Le droit à la santé a donc une valeur constitutionnelle en France.

Ce droit a été réaffirmé par la loi du 4 mars 2002 « relative aux droits des malades et à la qualité du système de santé ». Cette loi affirme en particulier que « le droit fondamental à la protection de la santé doit être mis en œuvre par tous les moyens disponibles au bénéfice de toute personne. Les professionnels, les établissements et réseaux de santé, les organismes d'assurance-maladie ou tout autre organisme participant à la prévention et aux soins, et les autorités sanitaires contribuent, avec les usagers, à développer la prévention, garantir l'égal accès de chaque personne aux soins nécessités par son état de santé et assurer la continuité des soins et la meilleure sécurité sanitaire possible. » (Article L. 1110-1 du Code de santé publique). Elle affirme aussi que toute personne a le droit d'être informée sur son état de santé, d'accéder à son dossier médical, et de prendre les décisions concernant sa santé.

C. Les déterminants de la santé

L'état de santé d'une personne se caractérise par des interactions complexes entre plusieurs facteurs individuels, socio-environnementaux et économiques. Il existe divers modèles explicatifs de ces déterminants de la santé : certains privilégient le rôle des conditions de naissance et de vie dans la petite enfance qui, lorsqu'elles sont défavorables, poseraient les fondements créateurs des inégalités. D'autres se fondent sur l'effet cumulatif de déterminants sociaux et économiques défavorables se combinant et interagissant au cours de la vie.

Un exemple souvent utilisé pour schématiser les déterminants de la santé est le modèle de Dahlgren et Whitehead (1991), qui se présente sous la forme d'un arc-en-ciel et distingue cinq niveaux interdépendants des déterminants de la santé.

1. Le premier niveau « **Facteurs liés au sexe, à l'âge et à l'héritage** » concerne les particularités physiques de la personne qui sont en fait des déterminants non modifiables mais qui constituent souvent des facteurs de risque pour certaines maladies.
2. Le deuxième niveau « **Réseaux sociaux et communautaires** » comprend les influences sociales et collectives : la présence ou l'absence d'un soutien mutuel dans le cas de situations défavorables, notamment le contact des enfants avec les adultes, a des effets positifs ou négatifs.
3. Le troisième niveau « **Habitudes de vie** » concerne les comportements et styles de vie personnels. Ces conduites peuvent être favorables ou défavorables à la santé. Les personnes désavantagées ont tendance à montrer une prévalence plus élevée des facteurs comportementaux comme le

tabagisme ou la consommation de drogues en général, une alimentation médiocre, mais peuvent avoir aussi une vie sexuelle plus à risque.

4. Le quatrième niveau « **Conditions de vie et de travail** » se rapporte à l'accès au travail, l'accès aux services et aux équipements essentiels : eau, habitat, services de santé, nourriture, éducation mais aussi conditions de travail.
5. Le cinquième niveau « **Conditions socio-économiques, culturelles et environnementales** » englobe les facteurs qui influencent la société dans son ensemble. Ces conditions, comme la situation économique du pays ont une incidence sur toutes les autres strates.

Modèle de Dahlgren et Whitehead

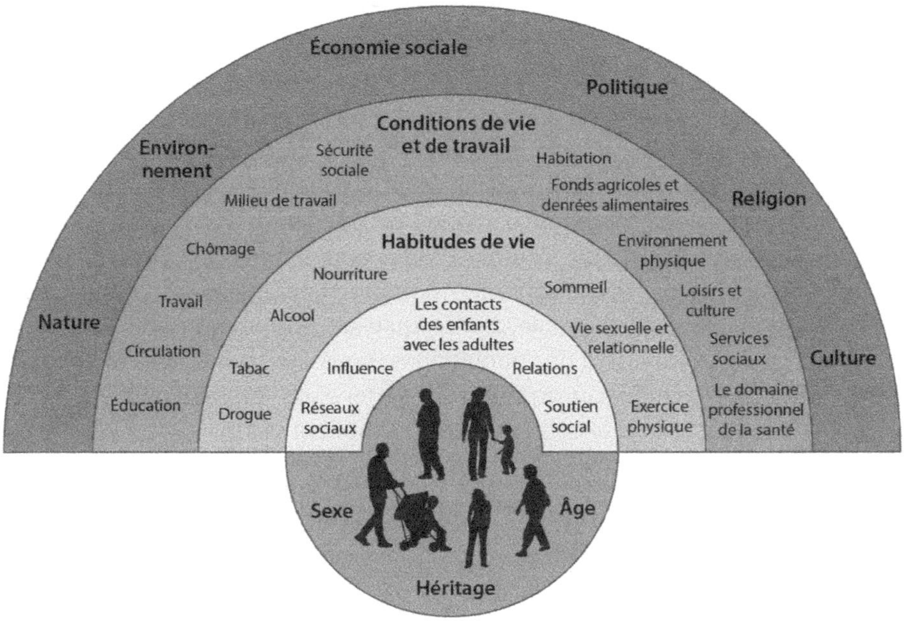

II. La santé publique

A. Définition

En 1952, l'OMS propose une définition de la santé publique qui fait aujourd'hui consensus : « La santé publique est l'art et la science de prévenir la maladie, de prolonger la vie, d'améliorer la santé physique et mentale des individus par une action collective et concertée qui vise à assainir le milieu, lutter contre les épidémies, enseigner les règles d'hygiène personnelle, organiser des services médicaux et infirmiers en vue d'un diagnostic précoce et du traitement préventif des maladies, mettre en œuvre des mesures sociales propres à assurer à chaque membre de la collectivité un niveau de vie compatible avec le maintien de sa santé. »

La santé publique est ainsi une discipline qui vise à protéger et promouvoir la santé des populations. Elle fonde sa démarche sur une analyse des besoins de santé, de la mesure des risques pour la santé et des capacités de prévention, de détection et de prise en charge des problèmes de santé. C'est pourquoi elle fait appel à des spécialités multiples comme l'épidémiologie, l'hygiène, la sécurité sanitaire, l'environnement, les sciences humaines (sociologie, anthropologie, économie), l'information, la prévention, l'éducation, l'évaluation.

Elle implique donc nécessairement tous les professionnels de santé ; mais également les gestionnaires et administrateurs des structures de santé, ainsi que les responsables politiques et les décideurs de politique de santé. Elle doit aussi prendre en compte les besoins et les attentes des citoyens qui doivent être impliqués et informés des choix des politiques de santé. L'engagement de la responsabilité des pouvoirs publics constitue le fondement des politiques de santé et représente la part incessible de l'État pour assurer l'égalité des droits en matière de santé, et favoriser la réduction des inégalités de santé.

On a coutume d'ailleurs d'opposer la santé publique à la médecine clinique. Santé publique et médecine clinique apparaissent en effet comme les deux visages de la médecine : d'un côté, nous avons un colloque singulier entre un patient et un médecin, au sens où la médecine clinique s'occupe avant tout de gens qui sont malades ; de l'autre, il s'agit de s'adresser à des populations et la particularité de ces populations est qu'elles ne sont pas nécessairement malades : il s'agit plutôt, à travers la prévention par exemple, d'éviter qu'elles ne tombent malades. Or dans la mesure où l'on s'adresse à des populations, nous quittons la sphère privée et secrète de la relation médecin-malade pour entrer dans la sphère publique, où ce n'est plus le médecin mais le politique qui prescrit et proscrit.

	Médecine clinique	**Santé publique**
Cible	Individu	Population
État de santé de la cible	Malade	Saine
Sphère d'exercice	Privée (colloque singulier)	Publique (dispositifs publics)
Professionnel responsable	Médecin	Politique
Méthode	Thérapeutique	Épidémiologique
Objectif	Traiter la maladie	Promouvoir la santé, prévenir l'apparition de la maladie

Un exemple concret permet de mieux comprendre les liens entre médecine clinique et santé publique, mais aussi de montrer l'efficacité de la santé publique, notamment quand elle s'organise à un niveau mondial. Cet exemple est celui de la variole. La variole est une maladie infectieuse et très contagieuse, due à un virus à ADN de grande taille, le Poxvirus. Les manifestations cliniques de la variole, aussi appelée petite vérole, consistent en des éruptions cutanées violentes avec des pustules, éruptions qui conduisent le plus souvent au décès de la personne ou, qui, si elle a la chance de survivre, la laissent défigurée, aveugle ou stérile. Depuis l'Antiquité, en Orient, les hommes se prémunissent de cette maladie par la technique de la variolisation : il s'agit d'inoculer du pus ou des croûtes de varioleux sous la peau d'un individu sain de manière à l'immuniser contre cette maladie. Le problème est que parfois, cette inoculation produit l'effet inverse et contamine la personne. Intervient alors Edward Jenner (1743-1823), médecin anglais, qui va mettre au point une nouvelle méthode de protection contre la variole. Au lieu d'inoculer le virus de la variole, Jenner utilise celui des vaches, la vaccine (*cow pox* en anglais), qui présente moins de danger pour une immunité comparable. Il observe en effet les filles qui traient les vaches atteintes de la vaccine (de « vacca » : la vache, en latin) et constate que ces vachères sont exemptes de la maladie humaine. Il prélève alors la substance d'un bouton de *cow pox* sur la main de la trayeuse Sarah Nelmes et l'inocule au jeune James Phipps : c'est la première vaccination, qui a lieu le 14 mai 1796. La vaccination devient alors progressivement obligatoire dans de nombreux pays (1840 en Angleterre, 1902 en France). En 1967, l'Organisation mondiale de la santé met en place un programme d'éradication de la variole, qui faisait encore 2 millions de morts par an dans le monde. Dix ans plus tard, en 1980, l'OMS déclare l'éradication totale de la variole, le dernier cas de variole contractée de manière naturelle ayant été diagnostiqué en Somalie le 26 octobre 1977.

B. Les domaines de la santé publique

La santé publique couvre ainsi un champ très large et il apparaît donc décisif de circonscrire précisément son domaine d'action. En France, c'est la loi du 9 août 2004 « relative à la politique de santé publique » qui a défini les dix domaines qui relèvent de la politique de santé publique :

1. La surveillance et l'observation de l'état de santé de la population et de ses déterminants.
2. La lutte contre les épidémies.
3. La prévention des maladies, traumatismes et incapacités.
4. L'amélioration de l'état de santé de la population et de la qualité de vie des personnes malades, handicapées, et dépendantes.
5. L'information et l'éducation à la santé de la population et l'organisation de débats publics sur les questions de santé et de risques sanitaires à travers les Conférences régionales de santé.
6. L'identification et la réduction des risques éventuels pour la santé liée à des facteurs d'environnement, aux conditions de travail ou de transport, à l'alimentation ou à la consommation de produits et de services susceptibles de l'altérer.
7. La réduction des inégalités de santé par la promotion de la santé à travers le développement de l'accès aux soins et aux diagnostics sur l'ensemble du territoire.
8. La qualité et la sécurité des soins et des produits de santé.

9. L'organisation du système de santé et sa capacité à répondre aux besoins de prévention et de prise en charge des maladies et handicaps.
10. La démographie des professions de santé.

C. Les outils de la santé publique

1. Les disciplines

La médecine clinique et l'épidémiologie occupent évidemment une place centrale dans la santé publique, tout comme la démographie pour caractériser les populations dont on va chercher à améliorer la santé. De nombreuses autres disciplines issues des sciences humaines et sociales comme la sociologie (connaissances et représentations de la santé, inégalités sociales), l'économie (plus spécifiquement l'économie de la santé qui va traiter du coût des pathologies, des études coût-efficacité de prises en charge, mais aussi plus largement des dépenses de santé et de protection sociale) ou encore le droit (notamment le droit de la santé, inscrit dans le Code de santé publique) jouent aussi un rôle central en santé publique. Néanmoins, un des outils méthodologiques essentiels de la santé publique, en tant qu'elle étudie des populations, est la méthode statistique, que l'on va retrouver aussi bien en épidémiologie qu'en démographie.

L'épidémiologie se définit comme l'étude de la fréquence et de la répartition dans le temps et l'espace des problèmes de santé dans des populations humaines, et des facteurs qui les déterminent. Traditionnellement, on distingue entre trois types ou trois branches de l'épidémiologie, qui représentent les trois temps ou les trois phases d'une action de santé publique :

- **L'épidémiologie descriptive** : elle a pour objectif d'étudier la fréquence et la répartition des problèmes de santé dans les populations. Elle vise à établir des taux en rapportant le nombre de personnes présentant tel problème de santé à la population concernée.
- **L'épidémiologie analytique (ou explicative)** : il s'agit de mettre en évidence la relation causale entre les facteurs de risque et la maladie. On va mener soit des enquêtes de cohorte, soit des enquêtes cas-témoin.
- **L'épidémiologie évaluative** : dans le domaine médical, on évalue en général aussi bien les structures sanitaires (le bon fonctionnement d'un hôpital par exemple), les stratégies médicales (coût/efficacité, coût/bénéfice), que les actions de santé publique en termes de mortalité, de morbidité ou de qualité de vie.

Selon la définition de l'Institut national des études démographiques (INED), la **démographie** se définit comme l'étude des populations, de leur effectif, de leur composition par âge, sexe, statut matrimonial… et de leur évolution future. Elle vise donc à décrire la composition et l'évolution d'une population, mais aussi à établir des comparaisons de populations entre elles. La démographie est donc la base pour la définition de politiques démographiques et de politiques de santé. Les données démographiques constituent en effet le premier niveau d'informations à recueillir pour caractériser une population. Ainsi les politiques de santé seront différentes si la population du pays est majoritairement jeune ou si elle est âgée car les problèmes de santé ne seront pas les mêmes.

2. Les sources de données

Pour établir des statistiques démographiques et sanitaires fiables, il est évidemment nécessaire de disposer de données elles-mêmes fiables. Si l'état civil est la principale source de données démographiques (naissances, mariages, décès), la surveillance épidémiologique se fait quant à elle à plusieurs niveaux.

Tout d'abord, il existe un recueil permanent et exhaustif d'un certain nombre de problèmes de santé qui se fait selon différentes modalités et selon différentes structures. En premier lieu, il faut noter que certaines maladies sont à déclaration obligatoire : tout médecin (généraliste, hospitalier ou biologiste) qui diagnostique une maladie appartenant à ce groupe doit obligatoirement la déclarer aux autorités sanitaires, c'est-à-dire à l'Agence Régionale de Santé, les informations étant centralisées à l'agence Santé Publique France. En 2018, il existe 34 maladies à déclaration obligatoire : 32 sont des maladies infectieuses (poliomyélite, rougeole, tétanos, tuberculose, infection par le VIH, infection aiguë symptomatique par le virus de l'hépatite B…) et 2 maladies sont non infectieuses (mésothéliomes, saturnisme de l'enfant mineur). Si le Covid-19 ne fait pas partie de la liste des maladies à déclaration obligatoire, il est néanmoins une maladie à déclaration obligatoire, dans un système spécifique et temporaire : le médecin qui diagnostique un cas de Covid-19 doit ainsi le déclarer sur la plateforme « Contact Covid », avec les informations personnelles. Il est aussi fortement encouragé à recenser les personnes vivant sous le même toit que la personne malade, mais il n'est pas tenu légalement de le faire. « Contact Covid » constitue ainsi un système d'information (SI) utilisé par tous les professionnels de santé (médecins, pharmaciens, biologistes des laboratoires de dépistage COVID), qui aide à la prise en charge des cas Covid-19. Il permet d'aller au plus vite dans l'identification des personnes-contacts autour d'un cas Covid-19. Il permet de vérifier que chacun a été appelé, informé, testé, et accompagné. Deux autres systèmes d'information sont utilisés dans le cadre de la pandémie de Covid-19 :

- Le SI-DEP (Système d'Informations de DEPistage) : c'est une plateforme sécurisée où sont systématiquement enregistrés les résultats des laboratoires de tests Covid-19. Elle permet de s'assurer que tous les cas positifs sont bien pris en charge.
- Le SI-CIV : créé en 2016 suite aux attentats de Paris, le système d'information pour le suivi des victimes d'attentats et de situations sanitaires exceptionnelles (SI-VIC) est déclenché lorsque des évènements et des catastrophes de ce type se produisent. Il a pour objectif d'assurer l'identification et le dénombrement hospitalier, d'offrir une visibilité de l'impact de l'événement sur l'offre de soins (ventilation des patients dans les hôpitaux et leur gravité) et de faciliter l'accompagnement des victimes par leurs proches. SI-VIC permet de renseigner et de mettre à jour les informations relatives à l'identité du patient pris en charge ; la prise en charge (hospitalière ou médico-psychologique) du patient ; la personne à contacter. Il est accessible via un site web sécurisé, ouvert à des utilisateurs

identifiés dans différentes entités : les établissements de santé, les SAMU, les cellules d'urgences médico-psychologiques et les agences régionales de santé.

Il en est de même pour les causes de décès : tous les décès enregistrés en France font l'objet d'une transmission obligatoire. Ainsi chaque médecin qui remplit un certificat de décès (obligatoire pour toute personne décédée) doit envoyer une partie de ce certificat à l'état civil (nominative) et l'autre partie (anonyme) au Centre d'épidémiologie sur les causes médicales de décès (Cépi-DC), qui va pouvoir ainsi déterminer les causes des 660 000 décès enregistrés chaque année en France. C'est grâce à ces certificats de décès que les Français ont pu suivre en temps réel la mortalité due au Covid-19 ; qui a fait environ 111 000 morts jusqu'à présent.

On peut signaler aussi l'existence de registres de maladie, qui recueillent en continu et de façon exhaustive les données épidémiologiques nominatives concernant un problème de santé (par exemple le cancer) dans une population bien définie (par exemple une région). En 2016, il existait en France 62 registres de morbidité répartis comme suit :

- 18 registres de cancer généraux.
- 13 registres de cancer spécialisés.
- 6 registres de maladies cardio ou neuro vasculaires.
- 6 registres de malformations congénitales.
- 7 registres portant sur des pathologies diverses.
- 12 registres de maladies rares.

Depuis 2014, le Comité d'évaluation des registres (CER), comité indépendant, est chargé de l'évaluation scientifique des registres.

Enfin, au sein des hôpitaux existe ce que l'on appelle le Programme de médicalisation des systèmes d'information (PMSI) : il permet le recueil des diagnostics principaux et des actes pour tous les patients hospitalisés, ainsi que le recueil de tous les signalements d'événements indésirables liés aux soins. De même, le Répertoire national interrégimes des bénéficiaires de l'assurance-maladie (RNIAM) permet d'avoir accès à l'historique médical de tous les assurés sociaux et constitue à ce titre une mine d'informations quant à l'état de santé des Français.

Certaines enquêtes de morbidité peuvent porter sur un âge spécifique. Ainsi, les certificats de santé des enfants constituent une source de données fondamentale pour ce qui concerne la santé infantile : entre la naissance et 16 ans, 20 examens de santé sont obligatoires, dont 3 donnent lieu à un certificat (8e jour, 9e mois, 24e mois). Ces données sont recueillies par le médecin traitant (formulaire dans le carnet de santé), et adressées au service départemental de la PMI (Protection maternelle et infantile) puis informatisées et disponibles au niveau national.

On peut noter aussi des enquêtes qu'on appelle « Un jour donné » : par exemple, un jour de juin 2003, les autorités sanitaires ont décidé d'enquêter sur les personnes détenues atteintes par le VIH et VHC en milieu pénitentiaire afin d'évaluer leur nombre.

Inversement, on peut faire des enquêtes de morbidité périodiquement comme l'Enquête décennale santé, qui permet d'évaluer l'état de santé perçue des Français tous les 10 ans et ainsi de voir son évolution. L'Enquête santé et protection sociale (ESPS), réalisée tous les deux ans par l'IRDES, en est aussi un bon exemple.

3. Les indicateurs

Voici les principaux indicateurs présentés sous la forme d'un tableau. Nous avons distingué ici indicateurs démographiques et indicateurs épidémiologiques même si, en pratique, les épidémiologistes utilisent des indicateurs démographiques comme les différents taux ajustés de mortalité (infantile, néonatale, prématurée, etc.), alors que les démographes n'utilisent pas les indicateurs comme la prévalence ou l'incidence. Nous avons ajouté 2 indicateurs épidémiologiques qui ont beaucoup été utilisés pendant la pandémie de Covid-19 : le fameux R_0, ou taux de reproduction de base ; et le taux de létalité.

Indicateurs démographiques

Nom	Définition
Natalité	Ensemble des naissances vivantes.
Taux (brut) de natalité	Proportion de naissances vivantes enregistrées pendant une année pour 1 000 habitants. Indicateur imparfait de la fécondité des populations car sa valeur dépend non seulement du niveau de la fécondité mais aussi de la structure par âge de la population.
Indicateur conjoncturel de fécondité	Somme des taux de fécondité d'une année donnée. Mesure le nombre moyen d'enfants qu'aurait une femme tout au long de sa vie si les taux de fécondité observés l'année considérée à chaque âge demeuraient inchangés.
Taux de mortalité	Rapport du nombre de décès de l'année à la population totale moyenne de l'année.
Taux de mortalité maternelle	Nombre de mères décédées suite à des complications de grossesse, d'accouchement enregistrées au cours d'une période rapporté au nombre de naissances vivantes.
Taux de mortalité infantile	Rapport entre le nombre d'enfants décédés à moins d'un an et l'ensemble des enfants nés vivants.
Taux de mortalité néonatale	Rapport du nombre d'enfants décédés à moins de 28 jours à l'ensemble des nés vivants.
Taux de mortalité périnatale	Nombre de mort-nés et d'enfants décédés à moins de 7 jours à l'ensemble des nés vivants et mort-nés.
Taux de mortinatalité	Rapport du nombre de mort-nés à l'ensemble des nés vivants et mort-nés.
Mortalité prématurée	Nombre de décès survenus avant 65 ans.

Indicateurs épidémiologiques

Nom	Définition
Prévalence	Nombre de cas de maladies présents à un moment donné dans une population rapportée à la population totale. Mesure de l'état de santé d'une population à un instant donné. Est une proportion. Exprimée en pourcentage.
Incidence	Nombre de nouveaux cas d'une maladie sur une période donnée Mesure de la vitesse de survenue d'une maladie dans une population.
Incidence cumulée	Nombre de nouveaux cas d'une maladie survenant sur une période définie dans un groupe d'individus stable divisés par l'effectif du groupe sur la même période. Définit la probabilité d'être malade.
Taux d'incidence ou densité d'incidence	Nombre de nouveaux cas d'une maladie survenant sur une période définie dans un groupe d'individus dont l'effectif peut changer durant cette période, divisés par le nombre de personnes-temps à risque sur la même période. Taux exprimé en nombre de nouveaux cas par personnes-temps à risque.
Odds ratio (rapport des cotes)	Mesure statistique permettant de mesurer le degré de dépendance entre des variables aléatoires qualitatives (par exemple entre une exposition et une maladie). Se définit comme le rapport des chances qu'un événement arrivant, par exemple une maladie, à un groupe de personnes A arrive également à un autre groupe B. Toujours supérieur ou égal à zéro. Proche de 1, la maladie est indépendante du groupe. Supérieure à 1, la maladie est plus fréquente dans le groupe A. S'il devient très élevé, la maladie est beaucoup plus fréquente dans le groupe A. S'il tend vers zéro la maladie est beaucoup plus fréquente dans le groupe B.
Risque relatif	Mesure statistique du risque de survenue d'un événement entre deux groupes. Détermine la différence de risque d'avoir une maladie (cancer du poumon par exemple) dans une population exposée à un facteur de risque (tabac chez une population de fumeurs) et chez une population témoin (non-fumeur). Si le RR est > 1, le risque est beaucoup plus élevé (par exemple, si RR $= 3$ cela signifie qu'on a trois fois plus de chances d'avoir la maladie). Si RR < 1, alors on a moins de chances d'avoir la maladie (on parle de facteur protecteur).
Risque attribuable	Quantifie la probabilité additionnelle de la maladie dans la population associée à l'exposition. Mesure la proportion correspondante rapportée à la probabilité globale de la maladie dans la population. Par exemple, la part attribuable du tabac dans le cancer est de 24 %, c'est-à-dire que 24 % des cancers seraient causés par le tabac.

Nom	Définition
R_0 (Taux de reproduction de base)	Nombre moyen de nouveaux cas générés par un sujet infectieux dans une population susceptible Si R0 > 1 : épidémie Si R0 = 1 : endémie Si R0 < 1 : disparition de la maladie Valeurs de R_0 pour différentes maladies - Rougeole : R_0 = 15-20 - Variole : R_0 = 3-5 - SRAS : R_0 = 2-3 - Grippe : R_0 = 2-3 Le R_0 dépend de 3 facteurs : - La période de contagiosité du coronavirus (approximativement 10-14 jours pour le SARS-CoV-2) ; - Le nombre de personnes avec qui l'on est potentiellement en contact ; - La capacité de transmission (les vecteurs par lesquels le pathogène peut se transmettre). Concernant le Covid-19, le R_0 était estimé à presque 3 (2,8) début mars, soit avant les mesures de confinement : cela signifie qu'une personne contaminée en contamine 3 autres, qui elles-mêmes en contaminent 3 autres, et ainsi de suite ; d'où une hausse exponentielle des cas. Au moment du déconfinement, le 11 mai, le R_0 était à 0,8, puis à 0,9 le 25 juin, selon Santé Publique France. Depuis il oscille autour de 1, avec des pics à 1,5. Le fameux variant Delta aurait un R à 8 mais cela reste à vérifier.
Taux de létalité	Nombre de personnes qui, ayant contracté une maladie, meurent de cette maladie pour 1 000 personnes, pour une année donnée. Quantifie le risque qu'une maladie entraîne la mort. Le taux de létalité du Covid-19 se situerait entre 0,5 et 1 (contre 0,1 pour la grippe saisonnière). Un taux à 1 signifie qu'1 personne sur 1 000 personnes infectées meurt de cette maladie. Il y aurait néanmoins de grandes disparités en fonction notamment de l'âge ou de présence de comorbidités (le risque de mourir peut ainsi être 20 à 30 fois supérieur pour une personne de plus de 80 ans avec des comorbidités comme des maladies cardio-vasculaires).

21 La démographie mondiale

I. La population mondiale en 2021

En 2021, la population mondiale est estimée à 7,87 milliards d'êtres humains, contre 3 milliards environ en 1960. Elle devrait augmenter de près d'un milliard de personnes au cours des douze prochaines années, pour atteindre 8,5 milliards en 2030 et 9,7 milliards en 2050. C'est la Chine qui compte la plus grande population avec 1,44 milliard d'habitants, juste devant l'Inde qui compte 1,39 milliard d'habitants.

En 2019, le monde a enregistré 58,3 millions de décès environ, pour environ 140 millions de naissances, soit un décès pour plus de deux naissances, d'où l'augmentation rapide de la population mondiale. L'Inde est le pays qui enregistre le plus de naissances avec 24,1 millions de nouveau-nés en 2019 (devant la Chine, qui compte 16,5 millions de naissances environ). La Chine est le pays qui enregistre le plus de décès avec 10,4 millions de décès en 2019, devant l'Inde avec 9,9 millions de décès (source : Ined, *Population & Sociétés*, n° 569, septembre 2019).

II. Répartition géographique de la population dans le monde

En 2019, c'est en Asie que réside plus de la moitié de la population mondiale (60 % environ), avec 4,6 milliards d'habitants. Le continent européen n'arrive qu'en 3e position avec 747 millions d'habitants, soit environ 10 % de la population mondiale, juste derrière l'Afrique qui compte plus de 1,3 milliard d'habitants.

Répartition par continent de la population mondiale en 2019

Continent	Population	Pourcentage de la population mondiale
Asie	4 641 055 000	59 %
Afrique	1 340 598 000	17 %
Europe	747 636 000	10 %
Amérique latine et Caraïbes	653 962 000	8 %
Amérique du Nord	368 870 000	5 %
Océanie	42 678 000	1 %
Monde	7 794 799 000	100,0 %

Source : ONU, *World Population Prospects*, 2019

III. Structure de la population dans le monde

De façon assez logique, la structure de la population par âge varie en fonction des différents continents et du niveau de richesse de chacun. Les pays d'Afrique sont ainsi ceux qui comptent proportionnellement le plus de jeunes de moins de 15 ans dans leur population : presque 41 % des Africains ont ainsi moins de 15 ans, alors que cette proportion n'est que de 23,7 % en Asie, et de 16,1 % en Europe, et de 17,8 % en France, pour une moyenne mondiale de 25,4 %. Ceci explique pourquoi le continent africain est plus dynamique dans le monde d'un point de vue démographique, malgré l'épidémie de Sida qui y sévit. À l'inverse, les populations des pays les plus riches sont ceux qui comptent proportionnellement le plus de personnes âgées de plus de 65 ans dans leur population : ainsi, 18,8 % de la population européenne a plus de 65 ans. À l'inverse cette proportion n'est que de 3,5 % en Afrique, et elle est en moyenne de 9,3 % dans le monde, avec une tendance à l'augmentation de cette proportion dans toutes les régions du monde à part l'Afrique. Ceci traduit aussi bien le fait que la natalité soit plus élevée dans les pays d'Afrique par exemple, que le fait que l'espérance de vie y soit plus courte.

Ainsi, d'ici 2050, une personne sur six dans le monde aura plus de 65 ans (16 %), contre une sur onze en 2019 (9 %). Les régions où la proportion de la population âgée de 65 ans ou plus devrait doubler entre 2019 et 2050 comprennent l'Afrique du Nord et l'Asie occidentale, l'Asie centrale et du Sud, l'Asie de l'Est et du Sud-Est, l'Amérique latine et les Caraïbes. D'ici 2050, une personne sur quatre vivant en Europe et Amérique du Nord pourrait avoir 65 ans ou plus. En 2018, pour la première fois dans l'histoire, les personnes âgées de 65 ans ou plus étaient plus nombreuses que les enfants de moins de cinq ans dans le monde. Le nombre de personnes âgées de 80 ans ou plus devrait tripler, passant de 143 millions en 2019 à 426 millions en 2050.

Structure par âge de la population dans le monde en 2019 en %

Continent	2019		
	Moins de 15 ans	15 à 64 ans	65 ans ou plus
Afrique	40,6	56	3,5
Amérique du Nord	18,3	65,4	16,4
Amérique latine, Caraïbes	24,2	67,1	8,7
Asie	23,7	67,7	8,6
Europe	16,1	65,2	18,8
Océanie	23,7	63,8	12,5
Monde	25,4	65,3	9,3

Source : ONU, *World Population Prospects*, 2019

IV. Une démographie symbolique des inégalités sociales et économiques

Si l'on regarde un certain nombre d'indicateurs qui sont aussi bien démographiques que sanitaires, on s'aperçoit que qu'il y a de grandes disparités géographiques en termes d'espérance de vie, de taux de mortalité et de taux de mortalité infantile.

En effet, on remarque qu'il y a presque 20 ans d'écart d'espérance de vie entre les pays d'Afrique et les pays d'Europe : l'espérance de vie d'une personne vivant en Europe ou en Amérique du Nord se situe en effet autour de 79 ans (78,7 ans exactement) alors que celle d'une personne vivant en Afrique subsaharienne n'excède pas 61,1 ans ; la moyenne mondiale se situant autour de 72,6 ans. En 2019, l'espérance de vie à la naissance dans les pays les moins avancés accuse un retard de 7,4 ans par rapport à la moyenne mondiale, principalement en raison de la persistance de taux de mortalité infantile et maternelle élevés, de violences, de conflits et de l'impact persistant de l'épidémie de VIH.

Les nouvelles perspectives démographiques indiquent que plus de la moitié de la croissance projetée de la population mondiale d'ici 2050 se concentrera dans neuf pays : Inde, Nigéria, Pakistan, République démocratique du Congo, Éthiopie, République-Unie de Tanzanie, Indonésie, Égypte et les États-Unis d'Amérique (en ordre décroissant de l'augmentation attendue). Vers 2027, l'Inde devrait dépasser la Chine en tant que pays le plus peuplé du monde.

L'indice synthétique de fécondité global, qui a baissé de 3,2 naissances par femme en 1990 à 2,5 en 2019, devrait encore diminuer pour s'établir à 2,2 en 2050. En 2019, la fécondité reste supérieure à 2,1 naissances par femme en moyenne au cours de la vie en Afrique subsaharienne (4,6), en Océanie à l'exception de l'Australie/Nouvelle-Zélande (3,4), en Afrique du Nord et Asie de l'Ouest (2,9), et en Asie centrale et du Sud (2,4) (Un niveau de fécondité de 2,1 naissances par femme est nécessaire pour assurer le remplacement des générations et éviter le déclin de la population à long terme en l'absence d'immigration.)

Les écarts en termes de mortalité des enfants de moins de 5 ans sont encore assez importants : un enfant né en Afrique sub-saharienne (taux de mortalité infantile de 74,2 ‰) a ainsi 20 fois plus de chances de mourir avant 5 ans qu'un enfant né en Australie (3,7 ‰).

La migration est devenue une composante majeure de l'évolution de la population dans certains pays. En effet, entre 2010 et 2020, quatorze pays ou territoires ont connu une entrée nette de plus d'un million de migrants, tandis que dix pays ont connu une sortie nette d'ampleur similaire. Certains des flux migratoires les plus importants sont motivés par la demande de travailleurs migrants (Bangladesh, Népal et Philippines) ou par la violence, l'insécurité et les conflits armés (Myanmar, Syrie et Venezuela). La Biélorussie, l'Estonie, l'Allemagne, la Hongrie, l'Italie, le Japon, la Fédération de Russie, la Serbie et l'Ukraine connaîtront un afflux net de migrants au cours de la décennie, contribuant à compenser les pertes de population causées par un excès de décès par rapport aux naissances. La Syrie a ainsi vu ainsi plus de 5 millions de ses habitants émigrer vers des pays en paix, tandis que les États-Unis ont accueilli 10 millions de migrants et l'Allemagne 5 millions entre 2010 et 2020. Bien évidemment, les flux de migrants se font essentiellement des pays les plus pauvres vers les pays les plus riches.

22 La santé dans le monde

Les années 2020-2021 ont été le théâtre de la plus grave crise sanitaire depuis l'épidémie de grippe asiatique de 1956-1957, qui a fait entre 2 et 3 millions de morts dans le monde (contre près de 50 millions de morts pour la grippe espagnole de 1918-1919, et 35 millions de morts du SIDA depuis le début des années 1980). Avec plus de 4 millions de morts et plus de 200 millions de personnes contaminées (contre 530 000 morts et plus de 10 millions de personnes contaminées un an auparavant, en juillet 2020), et plus de la moitié de la population mondiale qui a été confinée plusieurs mois chez elle, la pandémie de Covid-19, malgré une campagne de vaccination massive qui a vu plus de 4 milliards de doses administrées dans le monde, a durablement changé la face du monde, d'autant qu'elle a pour conséquence la plus grave crise économique que le monde ait jamais connue, crise que certains appellent la « crise du Grand Confinement ». D'un point de vue politique, cette crise a aussi conduit à de nombreuses tensions, notamment avec l'OMS qui a été mise sur la sellette dans la gestion de cette crise, tout comme le gouvernement de la République populaire de Chine, qui a paradoxalement été le premier pays à se sortir de cette crise, tout en en étant à l'origine. À l'inverse, les États-Unis sont en juillet 2021 (comme en juillet 2020) le pays le plus touché au monde avec plus de 34 millions de cas cumulés depuis le début de l'épidémie et environ 610 000 décès (contre 3 millions de cas et plus de 130 000 morts en juillet 2020), d'après le Coronavirus Resource Center de l'Université Johns Hopkins (https://coronavirus.jhu.edu/map.html). Ils sont talonnés par l'Inde, avec plus de 31 millions de cas et plus de 410 000 décès, et le Brésil (environ 20 millions de cas et plus de 540 000 décès). La France quant à elle comptait en juillet 2021 environ 6 millions de cas cumulés et plus de 111 000 décès dus au Covid-19.

I. La situation actuelle

A. Les causes de décès dans le monde

Tout d'abord, il peut paraître intéressant de connaître le nombre de personnes qui meurent chaque année et les 10 principales causes de mortalité dans le monde.

D'après l'OMS, sur les 58,3 millions de décès survenus dans le monde en 2019, plus de la moitié (54 %) est due aux 10 causes suivantes :

1. Les cardiopathies ischémiques sont responsables de 16 % des décès dans le monde, soit près de 9 millions de personnes. Elles constituent la première cause de décès dans le monde depuis au moins 15 ans et leur proportion ne cesse d'augmenter.
2. Les accidents vasculaires cérébraux (AVC) arrivent à la deuxième place avec 11 % des décès dans le monde, soit plus de 6 millions de personnes.
3. Viennent ensuite les broncho-pneumopathies chroniques qui représentent 6 % des décès, soit un peu plus de 3 millions de morts.
4. Les infections des voies respiratoires inférieures constituent la 4e cause de décès, avec 2,6 millions de morts. À noter que ces infections constituent la maladie transmissible la plus mortelle dans le monde.

5. Le cinquième groupe de maladies renvoie aux maladies et aux conditions néonatales (malformations congénitales, hypoxies et asphyxies, syndrome de détresse respiratoire…) : 2 millions de nouveau-nés et de jeunes enfants sont morts dans le monde en raison de ces maladies.
6. Les cancers des bronches, de la trachée et des poumons arrivent en 6e position avec 1,8 million de morts.
7. En 7e position, on trouve la maladie d'Alzheimer et les autres démences, qui ont tué environ 1,6 million de personnes, majoritairement (à 65 %) des femmes.
8. Ensuite, ce sont les maladies diarrhéiques qui sont responsables de 1,5 million de morts, soit 1 million de morts en moins qu'il y a 20 ans.
9. Le diabète sucré est entré récemment dans les 10 principales causes de mortalité, avec environ 1,4 million de morts.
10. Enfin, les maladies du foie constituent la dixième cause de mortalité dans le monde avec 1,3 million de morts.

De nombreuses maladies qui étaient dans cette liste en l'an 2000 n'y sont plus : les morts liées VIH/sida sont ainsi passées de la 8e à la 19e cause de mortalité dans le monde.

Enfin, avec plus de 4 millions de morts, le Covid-19 deviendrait la 3e cause de mortalité dans le monde

B. Des inégalités de santé criantes

Cela montre que les inégalités persistent entre les différents pays, et notamment entre les pays du Nord et ceux du Sud. Ainsi, plus de la moitié des décès dans les pays à faible revenu en 2019 sont dus aux maladies transmissibles, à des pathologies survenant pendant la grossesse et l'accouchement ou à des carences nutritionnelles. En revanche, elles ne comptent que pour 7 % des décès dans les pays à revenu élevé. Les infections des voies respiratoires inférieures font partie des principales causes de mortalité dans tous les pays, quel que soit leur niveau de vie.

Ainsi, les habitants des pays à faible revenu sont beaucoup plus susceptibles de mourir d'une maladie transmissible que d'une maladie non transmissible. Dans les pays à faible revenu, six des 10 principales causes de mortalité sont des maladies transmissibles, malgré le recul de ces dernières à l'échelle mondiale : les affections néo-natales constituent par exemple la 1re cause de décès dans les pays à faibles revenus, avec plus de 550 000 décès en 2019 ; suivies par les infections des voies respiratoires basse (un peu plus de 400 000 décès en 2019). À l'inverse, dans les pays à revenu élevé, les affections néo-natales ne font pas partie des 10 principales causes de décès, et les infections des voies respiratoires basses ne pointent qu'à la 6e place, loin derrière les maladies cardio-vasculaires et les cancers.

Le paludisme, la tuberculose et le VIH/sida continuent de compter parmi les 10 principales causes de mortalité dans ces pays, quoiqu'ils reculent tous considérablement.

Les maladies diarrhéiques se placent au cinquième rang des principales causes de décès dans les pays à faible revenu, jouant ainsi un rôle plus important dans la mortalité dans ces pays. Elles sont néanmoins en recul, et représentent le deuxième déclin le plus important enregistré parmi les 10 principales causes de mortalité (avec 231 000 décès de moins).

De même, concernant les accidents de la route, l'OMS estime qu'environ 1,3 million de personnes perdent la vie dans un accident de la route, avec plus de 20 à 50 millions de blessés chaque année. Mais la répartition géographique des accidents fait apparaitre de nombreuses inégalités : plus de 90 % des décès sur les routes surviennent dans les pays à revenu faible ou intermédiaire et c'est dans la Région africaine que le taux de mortalité par accidents de la route est le plus élevé. Même dans les pays à revenu élevé, les personnes appartenant aux classes socio-économiques défavorisées risquent davantage d'être impliquées dans un accident de la route. De plus, concernant le sexe, près des trois quarts (73 %) des tués sur les routes sont des hommes de moins de 25 ans qui courent près de trois fois plus de risques d'être tués dans un accident de voiture que les jeunes femmes.

Ainsi, on ne meurt ni de la même façon ni avec la même intensité en fonction du niveau de richesse de la région du globe où l'on habite.

C. Bilan de la santé dans le monde

Ainsi, on peut à présent dresser un bilan de l'état de santé des populations dans le monde, bilan qui loin d'être satisfaisant.

- **Les inégalités de santé sont criantes** : les besoins de base ne sont pas couverts dans de nombreux pays. La mortalité infantile avant 5 ans en est un bon indicateur : le nombre d'enfants qui décèdent avant 5 ans a certes reculé, passant de 12,5 millions en 1990 à 5,2 millions en 2019, mais la pauvreté demeure le premier facteur à combattre pour protéger la santé.
- **La situation nutritionnelle est très déséquilibrée** : on assiste aussi bien à des situations chroniques de malnutrition et de carence, que des situations d'obésité et de pléthores. On estime qu'il y a, dans le monde, à peu près autant de personnes en surpoids ou obèses que de personnes dénutries (environ 1 milliard de personnes en surpoids ou obèses, et 1 milliard de personnes dénutries).
- **Des maladies et des risques émergent** : la sécurité sanitaire dans le monde doit prendre en compte l'émergence de menaces nouvelles qui exigent une solidarité mondiale. La mondialisation des échanges, l'accroissement important de la circulation des biens et des personnes, les développements industriels, sources de pollution massive ou de risques nouveaux, l'émergence d'épidémies nouvelles, comme celle du Covid-19, dans un contexte de fragilités et de bouleversements économiques, politiques, sociologiques et démographiques sont les principaux éléments à prendre en compte qui menacent la santé des populations, exposant toujours de façon plus importante les pays les plus

pauvres. Les systèmes de soins sont très insuffisants et la couverture par une assurance-maladie le plus souvent inexistante.

Face à ce constat très préoccupant, la communauté internationale s'est mobilisée au début des années 2000. Sous l'égide des Nations unies, des dispositifs pour promouvoir la santé ont vu le jour, en particulier la création en 2002 du Fonds mondial dédié à la lutte contre les 3 grandes pandémies : Sida, paludisme et tuberculose.

II. Les acteurs de la santé à l'échelle mondiale

- **L'OMS** : pour le compte des Nations unies, l'OMS est en charge de promouvoir une politique de santé à l'échelon mondial, pour toutes les populations. L'Assemblée mondiale de la santé, qui se réunit une fois par an, arrête la politique de l'OMS. L'OMS emploie près de 4000 personnes et dispose d'un budget de plus de 3 milliards de dollars. Elle est composée d'un siège à Genève, et de six bureaux régionaux : Asie du Sud-Est, Méditerranée orientale, Pacifique occidental, Amérique, Afrique, Europe. Ses principales missions sont :
  - Aider les gouvernements à renforcer les services de santé ;
  - Fournir l'assistance technique appropriée ;
  - Établir des services d'épidémiologie et de statistiques ;
  - Faire progresser les actions pour la maîtrise des maladies (épidémiques en particulier) ;
  - Favoriser l'amélioration de la nutrition, du logement, de l'assainissement et des conditions de travail ;
  - Favoriser les actions dans le domaine de l'hygiène mentale.

Néanmoins, de nombreuses autres structures des Nations unies concourent à la santé, en particulier :

- **L'Unicef** : il s'agit du Fonds des Nations unies pour l'enfance. Ses missions principales concernent la santé des nouveau-nés, les vaccinations, la protection de l'enfance, la lutte contre le Sida, l'éducation des filles ;
- **La FAO** : il s'agit de l'Organisation des Nations unies pour l'alimentation et l'agriculture. Son objectif est de libérer le monde de la faim, comme l'atteste sa devise : « Fiat panis » (Du pain pour tous). Elle fournit une assistance technique aux pays en développement et collabore avec l'OMS pour sécuriser l'alimentation ;
- **Le PNUD** : il s'agit du Programme des Nations unies pour le développement. Ses objectifs sont de réduire la pauvreté, d'aider à la gestion des ressources, de promouvoir le développement humain et de promouvoir une gouvernance démocratique ;
- **Le PAM** : il s'agit du Programme alimentaire mondial. Chaque année le PAM contribue à l'alimentation des populations les plus défavorisées dans 80 pays. Son objectif principal est de répondre aux aides d'urgence, en particulier face aux catastrophes et en faveur des réfugiés et des populations déplacées. Sa

mission est d'éliminer la faim dans le monde, de contribuer à lutter contre les carences alimentaires, en particulier chez les femmes et les enfants. Il dispose d'un budget de 3 millions de dollars.

III. Les 17 Objectifs de développement durable

En septembre 2015, les 193 États membres de l'ONU ont convenu d'atteindre à l'horizon 2030 17 objectifs de développement durable (ODD). Pratiquement tous ont une composante sanitaire ou contribueront à améliorer la santé mondiale.

Les 17 objectifs de développement durable (2015-2030)	
1	Éliminer la pauvreté sous toutes ses formes et partout dans le monde.
2	Éliminer la faim, assurer la sécurité alimentaire, améliorer la nutrition et promouvoir l'agriculture durable.
3	Permettre à tous de vivre en bonne santé et promouvoir le bien-être de tous à tout âge.
4	Assurer l'accès de tous à une éducation de qualité, sur un pied d'égalité, et promouvoir les possibilités d'apprentissage tout au long de la vie.
5	Parvenir à l'égalité des sexes et autonomiser toutes les femmes et les filles.
6	Garantir l'accès de tous à l'eau et à l'assainissement et assurer une gestion durable des ressources en eau.
7	Garantir l'accès de tous à des services énergétiques fiables, durables et modernes à un coût abordable.
8	Promouvoir une croissance économique soutenue, partagée et durable, le plein emploi productif et un travail décent pour tous.
9	Bâtir une infrastructure résiliente, promouvoir une industrialisation durable qui profite à tous et encourager l'innovation.
10	Réduire les inégalités dans les pays et d'un pays à l'autre.
11	Faire en sorte que les villes et les établissements humains soient ouverts à tous, sûrs, résilients et durables.
12	Établir des modes de consommation et de production durables.
13	Prendre d'urgence des mesures pour lutter contre les changements climatiques et leurs répercussions.
14	Conserver et exploiter de manière durable les océans, les mers et les ressources marines aux fins du développement durable.
15	Préserver et restaurer les écosystèmes terrestres, en veillant à les exploiter de façon durable, gérer durablement les forêts, lutter contre la désertification, enrayer et inverser le processus de dégradation des terres et mettre fin à l'appauvrissement de la biodiversité.
16	Promouvoir l'avènement de sociétés pacifiques et ouvertes à tous aux fins du développement durable, assurer l'accès de tous à la justice et mettre en place, à tous les niveaux, des institutions efficaces, responsables et ouvertes à tous.
17	Renforcer les moyens de mettre en œuvre le Partenariat mondial pour le développement durable et le revitaliser.

IV. Veille et sécurité sanitaire dans le monde

La sécurité sanitaire regroupe l'ensemble des dispositifs de surveillance, d'alerte et d'intervention qui doivent permettre de répondre et de maîtriser les menaces pour la santé des populations. Elle constitue une responsabilité incessible de l'État, garant de la sécurité des citoyens. Les politiques de veille et de sécurité sanitaire ont été beaucoup renforcées ces dernières années dans le monde. La pandémie de Covid-19 a montré que ces politiques n'étaient pas assez fortes dans la plupart des pays, et n'avaient pas permis d'endiguer ou d'empêcher le virus de se répandre : la seule option a été celle du confinement, qui est la plus efficace certes, mais aussi la plus brutale, avec des conséquences psychologiques, économiques et sociales dévastatrices. Il s'agit là d'un échec de la sécurité sanitaire, en France comme dans le monde.

Depuis 2005 il existe un Règlement sanitaire international, ratifié par les tous les États membres de l'OMS : le RSI est un instrument juridique qui oblige les États membres de l'OMS à notifier toutes les urgences sanitaires de portée internationale afin de renforcer la sécurité sanitaire nationale, régionale et mondiale. Les premières maladies concernées ont été la peste, le choléra et la fièvre jaune. Le RSI tentera de diminuer les pertes économiques liées aux urgences sanitaires de portée internationale.

Face aux menaces d'épidémies émergentes, en particulier dans le domaine des zoonoses (maladies qui peuvent toucher l'homme et les animaux), l'OMS a défini 6 niveaux d'alerte en fonction de l'importance des risques.

Pandémie : les 6 niveaux d'alerte de l'OMS

<table>
<tr><th>Niveau d'alerte</th><th>Situation épidémique</th><th>Chronologie du Covid-19</th></tr>
<tr><td>1</td><td>Nouveau virus détecté chez les animaux, sans danger pour les humains.</td><td></td></tr>
<tr><td>2</td><td>Nouveau virus chez les animaux, potentiellement dangereux pour l'homme.</td><td></td></tr>
<tr><td>3</td><td>Quelques personnes infectées, mais pas de transmission d'homme à homme.</td><td>Le premier cas de Covid-19 a été détecté à Wuhan le 1er décembre 2019.
Le 4 janvier 2020, l'OMS signale sur les médias sociaux l'existence d'un groupe de cas de pneumonie – sans décès – à Wuhan, dans la province du Hubei.
Le 10 janvier, l'OMS considère qu'il « n'y a pas de transmission interhumaine ou que celle-ci est limitée ».</td></tr>
<tr><td>4</td><td>Montée en puissance du risque : infection entre humains localement vérifiée.</td><td rowspan="2">Le 13 janvier 2020, les autorités confirment un cas de COVID-19 en Thaïlande, premier cas signalé hors de Chine.
Les 22-23 janvier 2020, le Directeur général de l'OMS convoque un comité d'urgence au titre du Règlement sanitaire international (RSI 2005) pour déterminer si la flambée constitue une urgence de santé publique de portée internationale. Aucun consensus ne se dégage.
Le 30 janvier 2020, le Directeur général de l'OMS convoque à nouveau le comité d'urgence. Cette fois, le comité d'urgence parvient à un consensus et considère, dans l'avis qu'il transmet au Directeur général, que la flambée constitue une urgence de santé publique internationale (USPPI).</td></tr>
<tr><td>5</td><td>Risque important de pandémie : foyers infectieux dans plus de deux pays.</td></tr>
<tr><td>6</td><td>Début de la pandémie : hausse des infections entre humains dans plusieurs régions.</td><td>Le 11 mars 2020, l'OMS reconnaît que l'épidémie de Covid-19 est une pandémie.</td></tr>
</table>

23 La démographie de l'Union européenne

Le 31 janvier 2020 à minuit, le Royaume-Uni a officiellement quitté l'Union européenne, après être entré dans le Marché commun en 1973. L'Union européenne ne compte donc plus que 27 membres et a perdu plus de 66 millions de personnes, alors même que le Royaume-Uni comptait parmi les pays les plus dynamiques de l'UE en termes d'accroissement naturel. L'UE ne compte donc plus désormais que 447,7 millions d'habitants. Mais le principal problème démographique de l'Union européenne se situe dans son vieillissement global, auquel s'ajoute le fait qu'elle compte plus de décès que de naissances, ce qui fait que sa population doit baisser mécaniquement. Heureusement, l'apport de l'immigration permet à l'UE de gagner des habitants : sa population a ainsi augmenté de 0,9 million de personnes en 2020. Au plan politique, les élections européennes de 2019 ont modifié le visage aussi bien de la Commission Européenne, ainsi que du Parlement et des autres institutions, et l'année 2020, avec la crise due au Covid-19 constitue sans nul doute une année charnière pour l'Union européenne où, pour dire les choses clairement, se joue sa survie même. En effet, l'épidémie de Covid-19 a montré l'absence totale d'union politique au niveau européen, ainsi que l'absence de solidarité : quand ils ne se volaient pas les cargaisons de masques entre eux, les pays de l'UE ont agi de façon unilatérale et nombre d'entre eux, comme l'Italie, ont dû faire appel à la Russie ou à la Chine (et même à Cuba) pour les aider à gérer cette crise sans précédent. Si au plan économique, l'Union européenne a mis en place un plan de relance de 750 milliards d'euros, il est difficile de savoir si cela suffira. Dans tous les cas, avec la montée des souverainismes et des nationalismes un peu partout en Europe, l'Union européenne n'a sans doute jamais été aussi proche de mourir. Et il faut malheureusement constater qu'elle n'a pas fait grand-chose pour éviter cela, alors même qu'elle avait (et qu'elle a toujours) de nombreux atouts à faire valoir.

I. Bilan démographique

Au 1er janvier 2021, la population de l'Union européenne (UE) est estimée à près de 447,7 millions, contre 446,9 millions d'habitants au 1er janvier 2019 (hors Royaume-Uni). Si l'on ajoute le Royaume-Uni la population de l'UE comptait 513,5 millions de personnes : le Brexit a donc amputé l'UE de 13 % de sa population. Au cours de l'année 2020, plus de décès que de naissances ont été enregistrés dans l'UE (5,2 millions de décès et 4 millions de naissances), ce qui signifie que la variation naturelle de la population de l'UE a été négative pour la troisième année consécutive, avec – 312 000 habitants. Parmi les États membres, l'Allemagne est le plus peuplé avec 83,2 millions de résidents soit 19 % de la population totale de l'UE au 1er janvier 2021, suivis par la France (67,4 millions, soit 15,0 %), l'Italie (59,3 millions, soit 13 %), l'Espagne (47,4 millions, soit 11 %) et la Pologne (37,8 millions, soit 9 %). Quatorze États membres ont une part comprise entre 1 % et 5 % dans la population totale de l'UE, tandis que huit ont une part inférieure à 1 %.

II. La natalité

Entre les années 1960 et le début du XXIe siècle, le nombre de naissances vivantes dans l'UE a fortement diminué, passant de 7,5 millions à un niveau plancher de 5,0 millions en 2002. La sortie du Royaume-Uni a bien évidemment fait toucher un nouveau plancher, à 4 millions.

Au cours de l'année 2020, 4 millions de naissances ont été enregistrées dans l'UE, soit 2,2 % (hors Royaume-Uni) de moins que l'année précédente. Parmi les États membres, les taux bruts de natalité les plus élevés en 2020 ont été enregistrés par l'Irlande (11,2 pour 1 000 résidents), Chypre (11,1‰), la France (10,9‰) et la Suède (10,9‰). À l'autre extrémité de l'échelle, les taux de natalité les plus faibles ont été enregistrés en Italie (6,8 ‰), en Espagne (7,1 ‰), et en Grèce (7,9 ‰). À l'échelle de l'UE, le taux brut de natalité était de 9,1 naissances pour 1 000 résidents.

III. La mortalité

5,2 millions de décès ont été comptabilisés dans l'UE au cours de l'année 2020, soit 11 % de plus que l'année précédente, essentiellement en raison du Covid-19 : il s'agit du plus grand nombre de décès observés depuis une cinquantaine d'années. Les taux bruts de mortalité les plus faibles ont été enregistrés en Irlande (6,4 décès pour 1 000 résidents), à Chypre (7,2 ‰), au Luxembourg (7,3 ‰) et à Malte (7,9 ‰). À l'opposé, le taux de mortalité le plus élevé a été enregistré en Bulgarie (18 ‰), suivis par la Lituanie (15,6 ‰), la Roumanie (15,4 ‰), la Lettonie (15,2 ‰) et la Hongrie (14,5 ‰).

Le taux brut de mortalité pour l'UE est de 11,6 décès pour 1 000 résidents.

IV. La structure de la population

L'impact du vieillissement de la population au sein de l'UE devrait prendre une importance majeure dans les décennies à venir. Les taux de natalité systématiquement bas et l'augmentation de l'espérance de vie vont modifier la forme de la pyramide des âges de l'Union européenne. Le changement le plus important sera probablement la transition marquée vers une population beaucoup plus âgée, et cette tendance apparaît déjà clairement dans plusieurs États membres. En conséquence, la proportion de personnes en âge de travailler dans l'UE-27 diminue tandis que le nombre relatif de personnes retraitées augmente.

Ainsi, la population européenne continue de vieillir : au 1er janvier 2021, la part des 65 ans ou plus représente 21 % de la population contre 16 % 20 ans plus tôt. C'est en Italie (23 %), puis en Grèce, en Finlande, en Allemagne, en Bulgarie et au Portugal que cette part est la plus élevée (22 % pour tous ces pays) et en Irlande la plus faible (14 %). La France, avec 20,7 %, se situe légèrement au-dessus de la moyenne européenne.

Ainsi, au cours de la dernière décennie pour laquelle des données sont disponibles, l'âge médian de la population de l'UE-28 a augmenté pour atteindre 44 ans en 2020 (contre 38 ans en 2001, soit 6 ans de plus en 20 ans). Au 1er janvier 2021, l'âge médian de la population était inférieur à 40 ans dans seulement trois États membres de l'UE : l'Irlande et Chypre (38 ans pour les 2). En revanche, deux États membres enregistraient des âges médians particulièrement élevés : l'Italie (47 ans), l'Allemagne et le Portugal (46,0 ans), la Bulgarie et la Grèce (45 ans).

Selon les dernières projections d'Eurostat, l'Union européenne continuerait à perdre des habitants : Eurostat considère ainsi qu'elle perdra 31 millions d'habitants entre aujourd'hui et 2100. La population européenne continuerait à vieillir : la population âgée de plus de 65 ans passerait ainsi de presque 20 % de la population en 2019 à 30 % en 2100, tandis que la population active passerait de 65 % en 2019 à 55 % en 2100. L'âge médian atteindrait quant à lui 48,8 ans en 2100 : la moitié de la population européenne aurait alors moins de 48,8 ans, et l'autre plus de 48,8 ans.

24 La santé des Français

Le 11 mai 2017, la Direction de la recherche, des études, de l'évaluation et des statistiques (Drees) et Santé publique France ont publié la 7e édition du rapport sur « L'état de santé de la population en France ».

Globalement, les Français sont en bonne santé…

- L'espérance de vie est élevée : 85 ans pour les femmes, 78,9 ans pour les hommes, et l'écart entre les sexes se réduit comme dans d'autres pays européens.
- La mortalité toutes causes continue à diminuer, pour toutes les classes d'âges, pour les hommes et les femmes. Cette réduction de la mortalité concerne la plupart des maladies chroniques : cancers, maladies cardio-vasculaires, maladies respiratoires, diabète…
- La baisse de la mortalité prématurée observée depuis 15 ans se poursuit, et la mortalité évitable liée aux comportements à risques continue à baisser notamment chez les hommes.

… mais le poids des décès prématurés reste important, et la morbidité par maladies chroniques ne régresse pas

- Près d'un décès sur cinq est prématuré (décès avant 65 ans).
- La mortalité prématurée est deux fois plus élevée chez les hommes que chez les femmes.
- La mortalité évitable par une réduction des comportements à risques représente 30 % de cette mortalité prématurée, elle est plus de trois fois supérieure chez les hommes comparé aux femmes.
- L'incidence des maladies chroniques ne régresse pas, et la prévalence, déjà importante, est en forte hausse, notamment du fait du vieillissement de la population et de l'allongement de l'espérance de vie.

I. Une espérance de vie élevée mais de fortes disparités entre les hommes et les femmes

Au 1er janvier 2021	
Population totale	67,4 millions d'habitants (65,3 millions en métropole et 2,1 millions dans les cinq départements d'outre-mer)
Natalité	736 000 naissances
Mortalité	669 000 décès
Solde naturel	+67 000 personnes par an
Solde migratoire	+87 000 personnes
Espérance de vie à la naissance tous sexes confondus	82,1 ans
Espérance de vie à la naissance pour les femmes	85,1 ans
Espérance de vie à la naissance pour les hommes	79,1 ans

Au 1er janvier 2021	
En tête des pays européens en termes de fécondité	Indice Conjoncturel de Fécondité = 1,84/femme
Taux de mortalité infantile	3,6/1 000 enfants nés vivants

Avec la pandémie de Covid-19, l'état démographique et sanitaire de la France s'est nettement dégradé : les naissances ont baissé, comme les mariages, tandis que les décès ont augmenté, faisant baisser l'espérance de vie.

Ainsi, en 2020, 736 000 bébés sont nés en France, soit 17 000 naissances de moins qu'en 2019 (–2,3 %). Le nombre de naissances diminue chaque année depuis six ans : en 2020, il y a eu 83 000 naissances de moins qu'en 2014. Ce nombre de naissances est le plus bas observé depuis la fin de la Seconde Guerre mondiale et inférieur au point bas de 1994. La baisse du nombre des naissances s'explique par la diminution de la population féminine en âge de procréer et par la baisse de sa fécondité. Les femmes âgées de 20 à 40 ans, les plus fécondes, sont de moins en moins nombreuses depuis le milieu des années 1990. Elles sont environ 8 millions en 2020, contre 9,3 millions en 1995.

En 2020, l'indicateur conjoncturel de fécondité (ICF) s'établit à 1,84 enfant par femme. Il était de 2 en 2014. Ces 6 années de baisse font suite à huit années de relative stabilité, autour de 2 enfants par femme. En France, la fécondité reste malgré tout globalement élevée. En 2019, la France reste le pays de l'Union européenne (UE) le plus fécond (ICF de 1,86), suivie par la Roumanie (1,77). Aussi fécondes que la France il y a quelques années, l'Irlande et la Suède ont un ICF désormais plus bas : 1,71 en 2019, comme la République tchèque. Trois pays méditerranéens ont des ICF inférieurs à 1,3 : Malte, l'Espagne et l'Italie. L'Allemagne, qui faisait partie il y a dix ans des pays les moins féconds de l'UE, figure désormais dans la moyenne (ICF de 1,54, contre 1,53 pour l'ensemble de l'UE).

En 2020, l'âge moyen à la maternité se stabilise à 30,8 ans, contre 29,8 en 2008.

Concernant la mortalité, 669 000 personnes sont décédées en France en 2020, d'après l'INSEE : c'est 56 000 de plus qu'en 2019. En raison de l'arrivée des générations nombreuses du *baby-boom* à des âges où la mortalité est plus élevée, le nombre de décès augmente chaque année depuis 2010. La hausse observée en 2020 est cependant sans commune mesure avec celle des années passées. À espérance de vie constante depuis 2019, l'augmentation de la population et son vieillissement en 2020 auraient entraîné un accroissement des décès d'environ 14 000. Si les gains d'espérance de vie s'étaient prolongés au même rythme que ceux observés lors de la dernière décennie, l'augmentation aurait été moindre, de l'ordre de 6 000. L'essentiel de la hausse des décès en 2020 est donc porté par l'augmentation des taux de mortalité aux âges élevés du fait de l'épidémie de Covid-19. Cette dernière entraîne une diminution marquée de l'espérance de vie à la naissance, d'un peu plus de 6 mois par rapport à 2019. On peut distinguer deux vagues distinctes de mortalité : la première a eu lieu en mars-avril 2020, et la seconde de septembre à décembre 2020 : En mars-avril 2020, 27 300 décès supplémentaires sont survenus par rapport à la même période de 2019 (+ 27 %). L'excédent de décès entre septembre et décembre est, quant à lui, moins intense mais a duré plus longtemps : il s'avère au final plus important que celui de la première vague (+ 34 300, soit + 17 %).

Le taux de mortalité globale (taux brut de 9,9 pour 1 000 en 2020, contre 9,1 en 2019) reste l'un des plus faibles d'Europe, seuls l'Irlande et les Pays-Bas ayant un taux plus faible. En corollaire, on assiste un accroissement spectaculaire du nombre de centenaires : 27 497 au 1er janvier 2021 (d'après l'INSEE), alors qu'ils n'étaient que 3 760 en 1990. La France est le pays d'Europe qui compte le plus de centenaires.

De même le taux de mortalité infantile (3,6‰ en 2020 pour la France métropolitaine, 3,8‰ pour la France entière) est l'un des plus faibles d'Europe, seules la Suède, la Finlande et la République tchèque ayant un taux plus faible (entre 2 et 3 pour 1 000).

II. Une surmortalité importante avant 65 ans : la mortalité prématurée

Au sein de l'Union européenne, la France bénéficie d'une position relativement favorable en matière de maladies cardiovasculaires. En revanche, la mortalité prématurée, définie comme *la mortalité survenue avant l'âge de 65 ans,* est importante puisqu'elle concerne un décès sur 6, soit 106 000 décès environ. Les décès avant 65 ans représentent environ 19 % de l'ensemble des décès et concernent à 70 % des hommes.

Le taux de mortalité prématurée observée en France (240 pour 100 000 pour les hommes, et 124 pour 100 000 pour les femmes en 2020) est, à structure d'âge égale, inférieur à la moyenne européenne, qui s'élève à 282 pour 100 000 pour les hommes et 140 pour 100 000 pour les femmes. La France occupe ainsi le 16e rang des pays européens.

Les taux de mortalité prématurée varient beaucoup en fonction des régions. Ainsi, en 2019, le taux de mortalité prématurée tous sexes confondus est de 230 pour 100 000 dans les Hauts-de-France, alors qu'il n'est que de 150 pour 100 000 en Île-de-France.

Néanmoins, la part des décès avant 65 ans dans l'ensemble des décès a baissé de 1990 à 2015 : en France métropolitaine, le taux de mortalité prématurée a diminué de 28 % chez les femmes et de 40 % chez les hommes.

Le taux de mortalité prématurée est deux fois plus élevé chez les hommes que chez les femmes. Les causes essentielles de la mortalité prématurée chez les hommes sont des décès dus à des conduites à risque, essentiellement la consommation de tabac et d'alcool. Les principales causes de mortalité prématurée chez les femmes sont les tumeurs du sein et du poumon. Il est à noter que la part des décès pour tumeurs du poumon chez les femmes avant 65 ans est passée de 1,5 % à 8,7 % et que cet accroissement a été constant sur toute cette période. Les femmes relaient les hommes sur les conduites à risque.

Au sein de cette mortalité prématurée, on distingue la « mortalité prématurée évitable » (estimée à 32 000 décès/an, soit 30 % de la mortalité prématurée) :

- **liée aux comportements à risque** : ce sont les causes de décès dont la fréquence pourrait être diminuée essentiellement par une action sur les comportements individuels (tabagisme, alcoolisme, conduite dangereuse)
- **liée aux systèmes de soins** : ce sont les causes de décès dont la fréquence pourrait être diminuée essentiellement par une meilleure prise en charge par le système de soins, notamment à travers la prévention et le dépistage. Il s'agit ici essentiellement des maladies cardiovasculaires, des cancers féminins, et de la mortalité maternelle et périnatale.

Chez l'homme, la mortalité évitable liée aux comportements est trois fois supérieure à celle liée aux systèmes de soins. Chez la femme, la mortalité évitable liée aux systèmes de soins est la plus fréquente.

III. Causes de mortalité et morbidité

A. Les principales causes de décès

Principales causes de décès en 2016 en France

	Femmes		Hommes		Ensemble	
	Effectif	en %	Effectif	en %	Effectif	en %
Tumeurs	72 740	25,1	95 324	33	168 064	29
Maladie de l'appareil circulatoire	75 447	26	64 977	22,5	140 424	24,2
Autres causes	62 383	21,5	53 247	18,4	115 620	20
Démences	28 163	9,7	12 173	4,2	40 336	7
Causes externes (y compris Suicides et Accidents de la route)	14 397	5	20 719	7,1	35 116	6,1
Cause inconnue	11 846	4,1	12 743	4,4	24 589	4,2
Maladies respiratoires chroniques	4 704	1,6	6 452	2,2	11 156	1,9
Maladies infectieuses et parasitaires (y compris SIDA)	5 355	1,8	4 822	1,7	10 177	1,8
Total	290 304	100	288 926	100	579 230	100

Champ : France métropolitaine.

Source : Inserm-CépiDc (Centre d'épidémiologie sur les causes médicales de décès).

Les **causes de décès** les plus fréquentes sont les **tumeurs** (29 % des causes de décès), les **maladies de l'appareil circulatoire** (24,2 % des causes de décès), les **démences** (7 %, soit environ un décès sur quinze), et les **morts violentes** (accidents, suicides et autres causes extérieures de décès, 6,1 % des causes de décès).

B. La morbidité : de quoi souffrent les Français ?

La morbidité désigne le fait d'être malade et permet d'apprécier l'état de santé des Français, en fonction de l'âge et du sexe. Tout d'abord, concernant le sexe, il faut noter que, quel que soit l'âge, les femmes déclarent en moyenne plus de maladies ou de troubles de la santé que les hommes (3,3 contre 2,3 en 2008).

Concernant l'âge, on peut constater que les jeunes âgés de moins de 25 ans déclarent peu de maladies, qui sont de plus pour la plupart bénignes. Entre 25 et 64 ans, les affections le plus souvent déclarées sont les maladies de l'œil et les troubles de la vue (58 % des hommes et 72 % des femmes en déclarent). Puis viennent les affections ostéo-articulaires, qui touchent plus de 35 % des personnes, et les maladies de l'appareil circulatoire, dominées par l'hypertension artérielle.

Au-delà de 64 ans, les Français déclarent 6,4 affections en moyenne pour les femmes et 5,5 pour les hommes. Presque les trois quarts des enquêtés présentent au moins une maladie de l'appareil circulatoire ; la seule hypertension artérielle est déclarée par la moitié des personnes de cette tranche d'âge, tandis que les maladies du système ostéo-articulaire (arthropathies, ostéoporose, lombalgies, etc.) viennent au troisième rang de fréquence des maladies déclarées (53 % chez les hommes et 72 % chez les femmes).

En France, on estime que **15 millions de personnes souffrent de maladies chroniques**, soit une prévalence de 20 % de la population, maladies qui représenteraient 60 % des décès. Sur ces 15 millions, 7 millions de personnes souffrent d'hypertension artérielle, 3,7 millions de diabète, 3,5 millions d'asthme, 3 millions de bronchite chronique et autant d'insuffisance rénale chronique, ou encore 700 000 de cancer. Or, en 2017, 10,7 millions de personnes, sont prises en charge à 100 % par l'assurance-maladie car elles bénéficient de l'exonération du ticket modérateur au titre d'une affection de longue durée (ALD). Cela représente donc près d'un français sur sept, avec une incidence qui ne cesse de s'accroître. On estime que cette population concentre près de 64 % des remboursements de l'assurance-maladie.

La transition épidémiologique, qui désigne le changement intervenu au XXe siècle dans les pays occidentaux qui voient les maladies non transmissibles, aussi appelées maladies chroniques (maladies cardio-vasculaires, cancers, maladies pulmonaires obstructives chroniques, diabète) remplacer, sans les faire disparaître, les maladies infectieuses comme problèmes de santé dominants sous l'effet du progrès économique et social, mais aussi du vieillissement de la population, constitue donc aujourd'hui le principal défi pour le système de santé français.

IV. Les inégalités de santé

A. Les inégalités géographiques de santé

La France se caractérise par des disparités géographiques encore marquées. Ainsi, en France métropolitaine, entre les régions les plus et moins favorisées, l'espérance de vie à la naissance varie d'environ 5 ans pour les hommes et de 3 ans pour les femmes. Pour les deux sexes, c'est dans la région Nord-Pas-de-Calais que cet indicateur est le plus faible. Globalement, la situation est plus favorable au sud qu'au nord de la France. En 2013 ce sont les régions Rhône-Alpes et Pays de la Loire qui détiennent le record de longévité féminine et l'Île-de-France celui de l'espérance de vie masculine. Les différences d'espérance de vie entre régions sont en outre plus élevées pour les hommes que pour les femmes : 6 ans d'écart environ pour les hommes, contre 4 ans d'écart environ pour les femmes (cartes pages suivantes).

Disparités départementales d'espérance de vie à la naissance chez les femmes en 2013

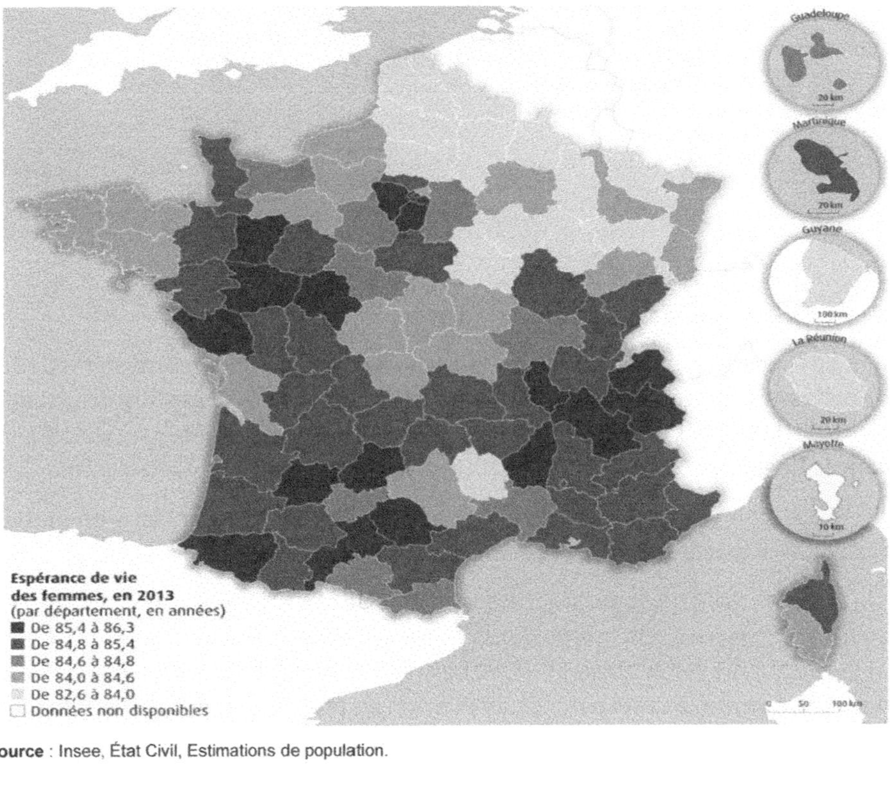

Source : Insee, État Civil, Estimations de population.

Disparités départementales d'espérance de vie à la naissance chez les hommes en 2013

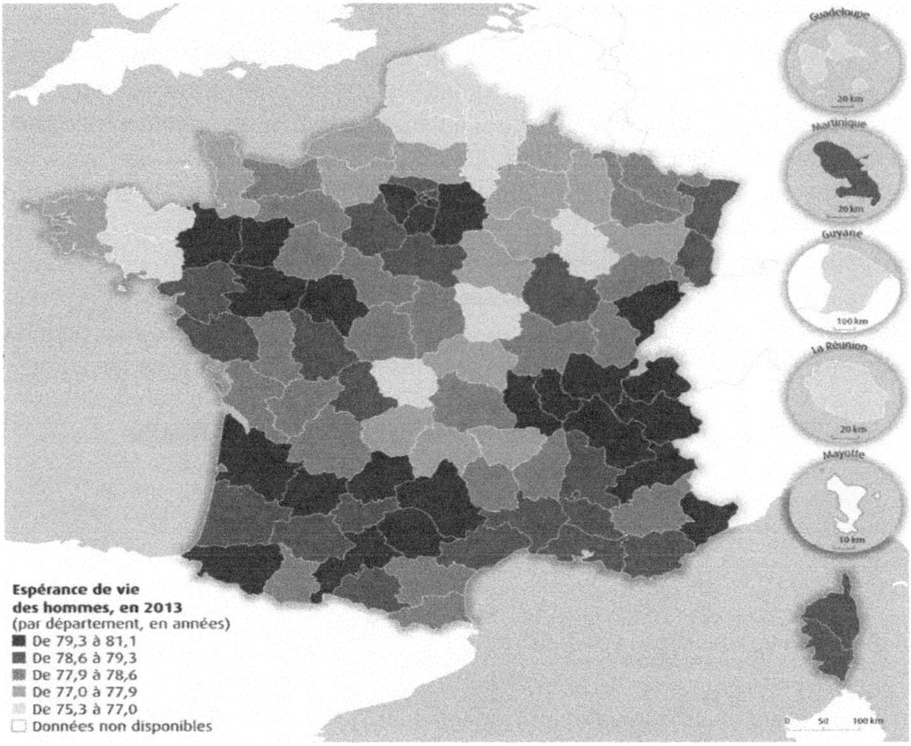

B. Les inégalités sociales de santé

Les inégalités de santé sont définies comme des « différences systématiques, évitables et importantes dans le domaine de la santé » observées entre des groupes sociaux. Malgré des résultats globaux satisfaisants, des disparités sociales significatives demeurent tant en matière d'état de santé que de recours aux soins.

Tout d'abord, on constate des disparités entre milieux sociaux en matière d'espérance de vie et de causes de décès.

En effet, les principaux indicateurs d'état de santé s'améliorent continûment au fur et à mesure qu'on monte dans « l'échelle sociale ». Par exemple, l'espérance de vie augmente selon la catégorie socioprofessionnelle. De même, avec le nombre d'années d'étude, la santé perçue s'améliore et les prévalences déclarées de maladie chronique et de limitation d'activité diminuent. Ce phénomène est connu sous le terme de « **gradient social de santé** ». Les classes les plus favorisées économiquement et/ou les plus diplômées bénéficient d'un meilleur état de santé, d'une capacité d'appropriation des messages de prévention plus adéquate et d'un accès au système de santé, notamment de recours aux soins plus adapté. Les indicateurs de position sociale sont ainsi considérés comme des déterminants structurels de la santé et utilisés dans la mesure des inégalités sociales de santé ; on observe en effet des différences entre catégories socioprofessionnelles pour pratiquement l'ensemble des activités humaines et par conséquent l'ensemble des déterminants de santé : conditions de travail et de logement, comportements (sociabilité et reconnaissance sociale, alimentation et consommation de substances psychoactives, recours aux soins...). La société contribue très largement aux inégalités sociales de santé, au-delà des contraintes budgétaires qui pèsent par exemple sur les pratiques alimentaires ou le recours aux soins. Pour de nombreux indicateurs (à l'exception entre autres du surpoids et de l'obésité), les inégalités sociales de santé sont beaucoup plus marquées entre les hommes qu'entre les femmes. Ces inégalités, déjà présentes dès les premières années de l'enfance et même avant la naissance, se cumulent tout au long de la vie.

Les inégalités sociales de mortalité qui demeurent stables depuis plusieurs décennies témoignent de ce cumul : sur la période 2009-2013, l'écart d'espérance de vie à 35 ans entre cadres et ouvriers est de 6,4 ans pour les hommes et de 3,2 ans pour les femmes, en légère augmentation depuis la période 2000-2008. Ainsi, à 35 ans, un homme cadre peut espérer vivre jusqu'à 84 ans, contre 77,6 ans pour un ouvrier. Une femme cadre peut quant à elle espérer vivre jusqu'à 88 ans, contre 74,8 pour une ouvrière.

Si l'on se réfère au seul niveau de revenu, les inégalités sont encore plus marquées. Ainsi, selon une étude de l'INSEE parue en février 2018, parmi les 5 % les plus aisés, l'espérance de vie à la naissance des hommes est de 84,4 ans, contre 71,7 ans parmi les 5 % les plus pauvres, soit 13 ans d'écart. Chez les femmes, cet écart est plus faible : 8 ans séparent les plus aisées des plus pauvres. Aux alentours d'un niveau de vie de 1 000 euros par mois, 100 euros supplémentaires sont associés à 0,9 an d'espérance de vie en plus chez les hommes et 0,7 an chez les femmes, tandis que l'écart n'est plus que de 0,3 an et 0,2 an aux alentours d'un niveau de vie de 2 000 euros par mois. Les personnes les plus aisées ont plus souvent un diplôme du supérieur, mais cela n'explique qu'en partie les écarts d'espérance de vie selon le niveau de vie. Avec ou sans diplôme, plus on est aisé, plus l'espérance de vie augmente.

En réalité, les inégalités sociales de santé apparaissent avant même la naissance, avec des différences de suivi prénatal et de comportements à risque pour l'enfant à naître. Ainsi, selon l'étude « France, portrait social. Édition 2020 », effectuée par l'INSEE, 94 % des femmes cadres déclarent ne pas avoir fumé pendant leur grossesse, contre 66 % des ouvrières. Dès la petite enfance, des inégalités de santé se développent. À 6 ans, les enfants de milieu social modeste sont plus souvent en surcharge pondérale et celle-ci persiste plus souvent au cours de l'enfance et de l'adolescence. En ce sens, si les inégalités sociales de santé apparaissent avant la naissance, elles se creusent durant l'enfance.

Les habitudes de vie, les facteurs culturels et économiques, ainsi que l'exposition environnementale contribuent à creuser les inégalités de santé durant l'enfance. Ainsi, les enfants de familles favorisées ont une alimentation meilleure pour la santé, pratiquent plus souvent une activité sportive extra-scolaire et passent moins de temps devant les écrans. En 2015, 8 % des enfants de cadres contre 16 % des enfants d'ouvriers en CM2 passent au moins deux heures par jour devant un écran en semaine. Consulter un dentiste à titre préventif est moins fréquent chez les enfants de familles modestes et, en CM2 comme en troisième, les élèves en éducation prioritaire ont deux fois plus souvent que les autres des troubles non corrigés de la vision de loin (10 % contre 5 % hors éducation prioritaire en troisième en 2017).

En revanche, à la sortie de l'adolescence, la consommation de substances psychoactives, en particulier de boissons alcoolisées, est plus fréquente dans les milieux sociaux favorisés, à l'exception du tabagisme quotidien. À 17 ans, les adolescents issus de familles favorisées se perçoivent aussi plus souvent en bonne santé que ceux de familles défavorisées.

Ce sont donc souvent les mêmes populations, les moins favorisées (faible revenu, peu diplômées), qui cumulent les expositions aux différents facteurs de risque pour la santé, dans l'environnement professionnel (exposition au travail physiquement pénible, au travail de nuit, aux produits toxiques, etc.) ou familial (bruit, mauvaise qualité de l'air ou de l'eau, etc.). Ce sont aussi celles dont les comportements (alimentaires, d'activité physique, de prévention, etc.) sont les moins favorables à la santé. Les inégalités de recours aux soins contribuent à la plus grande fréquence des problèmes de santé, mais aussi à leur retentissement plus important pour les plus démunis.

Ainsi, en France, dans la population masculine, les ouvriers ont deux fois plus de chances de mourir entre 35 et 64 ans que les cadres et les professions libérales et intellectuelles (9 contre 18 %), et la situation est encore pire pour les inactifs : ils ont 5 fois plus de chances de mourir entre 35 et 64 ans que les cadres (48 % contre 9 %). À niveau de diplôme donné, l'espérance de vie augmente aussi avec le niveau de vie, pour les hommes comme pour les femmes. L'augmentation de l'espérance de vie avec l'aisance financière ne s'explique donc pas seulement par le niveau d'éducation. Par exemple, chez les non-diplômés, l'espérance de vie à 35 ans des hommes parmi les 25 % les plus aisés est de 46 ans, contre 39 ans pour ceux appartenant aux 25 % les plus modestes, soit 7 ans d'écart. Chez les diplômés du supérieur, l'écart est de 8 ans entre les hommes faisant partie des 25 % les plus aisés et ceux parmi les 25 % les plus modestes. Par ailleurs, les hommes les plus aisés sans diplôme vivent plus longtemps au-delà de 35 ans que les diplômés du supérieur les plus modestes (46 ans contre 42 ans). Le tableau ci-dessous illustre ces inégalités :

Espérance de vie à 35 ans des hommes en fonction de niveau de vie mensuel et diplôme

Diplôme	Niveau de vie mensuel moyen par quartile[1]				Écart d'espérance de vie à 35 ans[2]
	921 €	1 464 €	1 957 €	3 501 €	
Sans diplôme[2]	38,9	43,0	44,0	45,9	7,0
Brevet, CEP[2]	39,8	43,7	46,4	47,2	7,4
CAP, BEP, Baccalauréat[2]	41,2	44,4	46,9	48,6	7,4
Supérieur au baccalauréat[2]	41,8	45,9	47,8	50,3	8,5
Ensemble[2]	**40,4**	**44,1**	**46,5**	**49,0**	**8,6**

Espérance de vie à 35 ans des femmes en fonction de niveau de vie mensuel et diplôme					
Diplôme	**Niveau de vie mensuel moyen par quartile[1]**				**Écart d'espérance de vie à 35 ans[2]**
	921 €	**1464 €**	**1957 €**	**3501 €**	
Sans diplôme[2]	46,7	48,6	50,0	51,1	4,4
Brevet, CEP[2]	48,6	51,0	52,2	52,0	3,4
CAP, BEP, Baccalauréat[2]	48,1	51,4	52,0	53,7	5,6
Supérieur au baccalauréat[2]	48,5	51,0	51,9	53,6	5,1
Ensemble[2]	**48,0**	**50,6**	**51,8**	**53,1**	**5,1**

1. En euros.

2. En années.

Lecture : en 2012-2016, parmi les 25 % les plus aisés, dont le niveau de vie moyen est de 3 500 euros par mois, l'espérance de vie à 35 ans des hommes ayant un diplôme supérieur au baccalauréat est de 50,3 ans.

Champ : personnes âgées de 35 ans ou plus, France hors Mayotte.

Source : Insee-DGFIP-Cnaf-Cnav-CCMSA, Échantillon démographique permanent.

Le lien entre le milieu social et les conséquences des maladies et accidents que sont les incapacités et les handicaps a aussi été clairement mis en évidence. Des études ont ainsi montré que les écarts d'espérance de vie entre milieux sociaux sont accrus si l'on décompte les années de vie passées en incapacité : les ouvriers ont donc non seulement une durée moyenne de vie inférieure (41 ans pour ouvrier, 47 ans pour un cadre), mais passent en outre un plus grand nombre d'années de vie en incapacité que les cadres. À 35 ans, un ouvrier peut espérer vivre 24 ans sans incapacité, un cadre peut espérer vivre 34 ans sans incapacité. Le premier n'atteindra pas l'âge de la retraite (60 ans) sans incapacité, le second bénéficiera de 9 ans de retraite sans incapacité. Le travail est donc le déterminant essentiel de la santé.

25 La protection sociale en France

Le « trou de la sécu » se creuse suite à la pandémie de Covid-19

Suite à une baisse des recettes, due à l'arrêt forcé d'une bonne partie de l'activité économique en raison du confinement, ainsi qu'à une hausse des dépenses pour financer l'hôpital et les arrêts de travail, le trou de la sécu a atteint en 2020 presque 45 milliards d'euros, après une chute brutale du PIB de 8 % en 2020. Il faudra du temps à la protection sociale pour retrouver un équilibre, alors même que les comptes de la protection sociale commençaient à s'améliorer, un certain nombre de branches étant, avant la crise, en excédent. Pendant ce temps, la création d'une cinquième branche de la sécurité sociale, consacrée à l'autonomie, a été actée par la loi du 7 août 2020 relative à la dette et à l'autonomie. La Caisse nationale de solidarité pour l'autonomie (CNSA) est chargée de la gestion de cette nouvelle branche de la sécurité sociale, qui va gérer les dépenses liées à l'autonomie des personnes âgées et des personnes handicapées : Allocation Adulte Handicapé (AAH), Allocation personnalisée d'autonomie (APA), prestation de compensation du handicap (PCH), financement des établissements et services médico-sociaux… Elle devrait être dotée d'un budget d'environ 40 milliards d'euros.

I. Définition

La **protection sociale** peut être définie comme un *ensemble de mécanismes de prévoyance collective qui permettent aux individus, selon un principe de solidarité nationale, de faire face à des risques sociaux pouvant entraîner une diminution de ressources ou une augmentation de dépenses.*

Il s'agit donc de garantir une sécurité contre les différents risques que peut comporter l'existence. Quand le risque se réalise, les institutions de la protection sociale versent alors des prestations sociales (ou transferts sociaux), c'est-à-dire des prestations versées en nature ou en espèce (les prestations *en nature* correspondent au remboursement des soins ou médicaments nécessaires à l'assuré alors que les prestations *en espèce* désignent les indemnités journalières versées pendant les congés maladie, maternité ou invalidité ou encore les allocations familiales) à des individus ou à des familles afin de réduire la charge financière que représente la protection contre divers risques.

Ces prestations sont associées à six grandes catégories de risques :

1. La *vieillesse* et la *survie* (pensions de retraite, pensions de réversion, prise en charge de la dépendance) ;
2. La *santé* (prise en charge totale ou partielle de frais liés à la maladie, à l'invalidité, aux accidents du travail et aux maladies professionnelles) ;
3. La *maternité-famille* (prestations familiales : prestations liées à la maternité, allocations familiales, aides pour la garde d'enfants) ;
4. La perte d'*emploi* (indemnisation du chômage) et les difficultés d'insertion ou de réinsertion professionnelle ;

5. Les difficultés de *logement* (aides au logement) ;
6. La *pauvreté et l'exclusion sociale* (minima sociaux : revenu minimum d'insertion ou RMI, minimum vieillesse, etc.).

En France, depuis 1945, la protection sociale s'appelle la Sécurité sociale (même si le champ de la protection sociale est plus large que celui de la Sécurité sociale). Ses principes sont définis dans le Code de la Sécurité sociale.

« L'organisation de la Sécurité sociale est fondée sur le **principe de solidarité nationale**. Elle garantit les travailleurs et leur famille contre les risques de toute nature susceptibles de réduire ou de supprimer leur capacité de gain. [...]. » (art. L. 111-1 du Code de la Sécurité sociale).

II. Histoire de la protection sociale en France

Avant la Seconde Guerre mondiale, la France dispose d'un système fondé sur les assurances sociales. Les lois du 5 avril 1928 et du 30 avril 1930 garantissent ainsi aux salariés titulaires d'un contrat de travail une assurance pour les risques maladie, maternité, invalidité, vieillesse et décès ; et la loi du 30 avril 1928 un régime spécial pour les agriculteurs.

Mais le système français de Sécurité sociale, tel que nous le connaissons aujourd'hui, naît en 1945 sous l'égide du général de Gaulle, chef du gouvernement provisoire, et de Pierre Laroque, le fondateur de la Sécurité sociale, en s'inspirant du programme du Conseil national de la Résistance.

L'ordonnance du 4 octobre 1945 prévoit un réseau coordonné de caisses se substituant à de multiples organismes. Voici l'exposé des motifs de cette ordonnance qui institue la Sécurité sociale :

« La Sécurité sociale est **la garantie donnée à chacun qu'en toutes circonstances il disposera des moyens nécessaires pour assurer sa subsistance et celle de sa famille dans des conditions décentes**. Trouvant sa justification dans un souci élémentaire de justice sociale, elle répond à la préoccupation de débarrasser les travailleurs de l'incertitude du lendemain, de cette incertitude constante qui crée chez eux un sentiment d'infériorité et qui est la base réelle et profonde de la distinction des classes entre les possédants sûrs d'eux-mêmes et de leur avenir et les travailleurs sur qui pèse, à tout moment, la menace de la misère. Envisagée sous cet angle, la Sécurité sociale appelle l'aménagement d'une **vaste organisation nationale d'entraide obligatoire** qui ne peut atteindre sa pleine efficacité que si elle présente un caractère de très grande généralité à la fois quant aux personnes qu'elle englobe et quant aux risques qu'elle couvre. Le but final à atteindre est la réalisation d'un plan qui couvre l'ensemble de la population du pays contre l'ensemble des facteurs d'insécurité. »

La Sécurité sociale va progressivement se généraliser à l'ensemble de la population et des risques, tout en restant éclatée entre de nombreux régimes. Voici l'historique de cette construction :

Ordonnance du 19 octobre 1945	Protection contre les risques maladie, maternité, invalidité, vieillesse, décès.
Loi du 22 août 1946	Extension des allocations familiales à pratiquement toute la population.
Loi du 22 mai 1946	Principe de la généralisation de la Sécurité sociale à l'ensemble de la population mais les professions non salariées non agricoles s'y opposent.
Ordonnance du 21 août 1967	Institution pour le régime général des trois caisses nationales (CNAMTS, CNAVTS, CNAF) et de l'ACOSS.
Loi du 4 juillet 1975	Généralisation à l'ensemble de la population active de l'assurance vieillesse obligatoire.
Loi du 22 juillet 1993	Création de la Contribution sociale généralisée (CSG) assise sur l'ensemble des revenus d'activité, de remplacement et du patrimoine pour financer la Sécurité sociale.
Ordonnance du 24 janvier 1996	Création de la Contribution au remboursement de la dette sociale (CRDS).
Loi du 28 juillet 1999	Institution d'une Couverture maladie universelle (CMU) : protection de base sur le seul critère de résidence et protection complémentaire (CMUC) pour les plus démunis.
Loi du 26 janvier 2016	Instauration de la Protection Universelle Maladie (PUMA) qui vient remplacer la CMU : prise en charge des frais de santé sans rupture de droits en cas de changement de situation professionnelle, familiale ou de résidence.

III. Les principaux risques couverts

- **Le risque vieillesse** : il s'agit des pensions de retraite et de réversion, et des frais d'hébergement (aide sociale). C'est le poste le plus important en raison du poids des retraites, dû au vieillissement de la population. En 2019, il représente 45,4 % des prestations, soit 346,6 milliards d'euros.
- **Le risque santé** : il couvre les maladies (remboursement des soins de santé et indemnités journalières en cas d'arrêt maladie), les pensions d'invalidité, les accidents du travail et maladies professionnelles (AT). En 2019, il représente 35,1 % des prestations, soit 267,7 milliards d'euros.
- **Le risque famille** : il couvre le congé maternité (indemnités journalières) l'allocation pour jeune enfant, les aides à la garde d'enfant, les allocations familiales, et l'essentiel des aides au logement. En 2019, il représente 7,4 % des prestations, soit 56,5 milliards d'euros.
- **Le risque emploi** : il couvre l'allocation-chômage, la formation et la réadaptation professionnelle. En 2019, il représente 6,1 % des prestations, soit 46,2 milliards d'euros.
- **Le risque pauvreté/exclusion sociale** : il couvre notamment le RSA (Revenu de solidarité active). En 2019, il représente 3,8 % des prestations, soit 28,8 milliards d'euros.

- **Le risque logement** : il couvre les aides au logement. En 2019, il représente 2,2 % des prestations, soit 16,9 milliards d'euros.

IV. Le poids économique de la couverture des risques

Il est mesuré chaque année dans le compte de la Protection sociale, compte satellite des comptes nationaux de l'INSEE. Il décrit :

- L'organisation de son financement, essentiellement les cotisations (les ressources) dont le montant en 2019 est de 823,2 milliards d'euros ;
- La dépense de Protection sociale (812,5 milliards d'euros en 2019) consiste essentiellement en prestations dont le montant en 2019 est de 762,8 milliards d'euros (94 % des dépenses). Ces prestations impliquent des acteurs à différents niveaux : pour la couverture de base : les différents régimes (à un niveau national, régional, local) de Sécurité sociale, et le régime d'assurance chômage ; pour la couverture complémentaire : les mutuelles, les régimes complémentaires (de santé ou de retraite), les compagnies d'assurances et sociétés d'assurance ; et, pour l'aide sociale : l'État et les collectivités locales (régions, départements…). Cela représente plus de 10 000 € par Français en 2019.

Décomposition des prestations totales de protection sociale en 2019 par risque

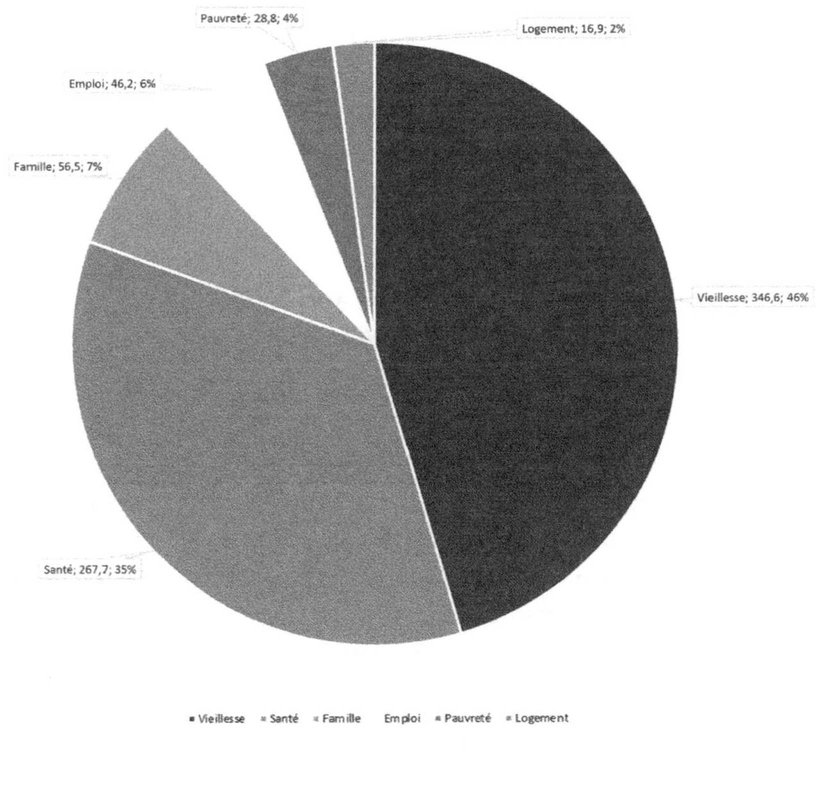

V. Les régimes

La mise en œuvre de la Sécurité sociale passe par l'affiliation des personnes physiques qui en relèvent à un ou plusieurs régimes légaux obligatoires, dits de base.

Un régime peut être défini comme l'ensemble des dispositions légales et réglementaires applicables à un groupe d'assurés, déterminés selon des critères professionnels (ex : exploitants agricoles) ou catégoriels (ex : artisans, salariés). On distingue donc, au titre des régimes de base :

1. Le régime général, qui couvre désormais près de 90 % de la population française. En effet, le régime social des indépendants (RSI), qui couvrait les artisans, les commerçants et industriels indépendants, ainsi que les professions libérales, a été supprimé au 1er janvier 2018 et ses bénéficiaires rattachés au régime général.
2. Le régime des agriculteurs, géré par la MSA, qui représente environ 8 % de la population française.
3. Les régimes spéciaux, qui se divisent en de multiples régimes et qui concernant la fonction publique et militaire, les collectivités locales, les mines, la SNCF, la RATP, la Banque de France, les marins, le Sénat, l'Assemblée nationale, l'Opéra de Paris, les Cultes, etc. Il en existerait 167 qui couvrent environ 5 % de la population.

VI. Les branches

À cette organisation par régime s'ajoute une organisation par branche, qui transcende les régimes. Chaque branche compte une caisse nationale, et des caisses locales. Nous ne parlerons que du régime général. Les branches de la Sécurité sociale sont les suivantes :

A. La branche maladie et la branche accidents du travail-maladies professionnelles

La CNAM (Caisse nationale d'assurance-maladie des travailleurs salariés) gère la branche maladie du régime général de la Sécurité sociale et pilote le réseau des CPAM (Caisses primaires d'assurance-maladie).

- Le régime général compte 59,2 millions de bénéficiaires (y compris personnes affiliées à une section locale mutualiste).
- 88 % de la population est assurée par la Cnam qui finance 90 % de l'ensemble des dépenses d'assurance maladie.
- 202,8 milliards d'euros de prestations nettes ont été versées en 2019.
- Les dépenses totales de santé représentent 11,2 % du PIB en 2019.
- Le déficit de la branche maladie est de 1,5 milliard d'euros en 2019.

La CNAM gère également, au plan national, la réparation des accidents du travail et des maladies professionnelles des salariés du régime général de la Sécurité sociale et pilote le réseau des CARSAT (Caisses d'assurance retraite et de la santé au travail) en ce qui concerne la gestion de ces prestations :

- 2,2 millions d'établissements cotisent à l'assurance accidents du travail – maladies professionnelles (AT-MP) en 2019 et emploient 19,6 millions de salariés (soit les deux tiers de la population employée).
- 801 800 sinistres ont donné lieu à un arrêt de travail en 2019, dont 655 700 accidents du travail, 99 000 accidents de trajet et 47 100 maladies professionnelles.
- 9,4 milliards d'euros de prestations nettes ont été versés en 2019.
- L'excédent de la branche AT-MP est de 1 milliard en 2019.

B. La branche vieillesse

La CNAV (Caisse nationale d'assurance vieillesse) gère la retraite du régime général et pilote le réseau des CARSAT (Caisses d'assurance retraite et de la santé au travail) en ce qui concerne le service des pensions :

- 14,5 millions de personnes sont retraitées du régime général en 2019.
- 129,2 milliards d'euros de prestations nettes ont été versées en 2019 par la Cnav.
- Les dépenses de l'ensemble des régimes de retraite de base et complémentaire représentent 13,6 % du PIB en 2018.
- Le déficit de la branche vieillesse est de 1,4 milliard d'euros en 2019.

C. La branche famille

La CNAF (Caisse nationale d'allocations familiales) gère les prestations familiales et de logement du régime général et pilote le réseau des CAF (Caisses d'allocations familiales).

- 13,8 millions d'allocataires soit environ 32 millions de personnes couvertes en 2019.
- 37 milliards d'euros de prestations familiales, d'action sociale et en faveur du logement versées par la Cnaf en 2019.
- L'ensemble de ces prestations représente 1,7 % du PIB.
- L'excédent de la branche famille est de 1,5 milliard d'euros en 2019.

D. La branche recouvrement

L'Agence centrale des organismes de Sécurité sociale (ACOSS) est la caisse nationale de la branche de recouvrement du régime général de la Sécurité sociale. Elle est la banque de la Sécurité sociale : elle assure donc la gestion de la trésorerie de celle-ci et coordonne l'action des 22 Unions de recouvrement des cotisations de Sécurité sociale et d'allocations familiales (Urssaf) qui assurent l'encaissement des cotisations et des contributions.

- 9,8 millions de comptes cotisants sont gérés en 2019.
- 532 milliards d'euros de recettes sont recouvrées en 2019.

- Les produits consolidés du régime général s'élèvent à 402,5 milliards d'euros en 2019

VII. Le financement

Les ressources de la protection sociale sont en progression constante. Elles suivent la croissance des dépenses de protection sociale. Elles se répartissent en trois catégories : cotisations sociales, « impôts et taxes affectés » et contributions publiques de l'État. Depuis quelques années, on assiste à une diminution du poids des cotisations sociales (qui restent quand même la première source de financement), et à une augmentation de la part des ressources fiscales, liée notamment à la montée en puissance de la contribution sociale généralisée (CSG). La France s'est ainsi rapprochée de la structure moyenne de financement de la protection sociale des pays de l'Union européenne.

1. Les cotisations sociales s'élèvent à 452,7 milliards d'euros en 2019 et représentant 55 % des ressources de la Sécurité sociale ;
2. Les impôts et taxes affectés (ITAF) s'élèvent à 247 milliards d'euros en 2019 et représentent 30 % des recettes de la Sécurité sociale ;
3. Les autres ressources, dont les contributions publiques de l'État, enfin, s'élèvent à 123,5 milliards d'euros en 2019, soit 15 % des ressources de la Sécurité sociale.

Il faut préciser que les contributions publiques diffèrent des impôts et taxes affectés. En effet, pour les premières, la ressource est une dotation décidée par l'administration publique qui est financée sur son budget global alors que pour les impôts et taxes une ressource prédéfinie est allouée à la protection sociale.

VIII. Le déficit de la Sécurité sociale

À chaque fin d'année, lors du vote de la loi de financement de la Sécurité sociale (LFSS) ressurgit dans les médias le fameux « trou de la Sécu » avec sa litanie de commentaires plus ou moins désabusés sur l'état désastreux de la Sécurité sociale française et son cortège de réformes douloureuses mais nécessaires. C'est devenu un tel lieu commun qu'on est bien incapable de remettre ce chiffre en perspective, tout le monde ayant oublié que de 1999 à 2001, ce déficit n'existait tout simplement pas puisqu'en 2001, la Sécurité sociale était excédentaire. D'ailleurs, si l'on considère la protection sociale et pas seulement la sécurité sociale, il se trouve qu'en 2019, le solde de la protection sociale était excédentaire à +10,7 milliards d'euros, pour la troisième année consécutive.

Ainsi, par exemple, en 2019, le montant du déficit n'est que de 1,4 milliard d'euros, alors même qu'il était de 30 milliards en 2010. Bien évidemment la crise liée au Covid-19 a fait replonger le déficit de la sécurité sociale, qui s'élève à 45 milliards d'euros en 2020, et qui baisserait à 25 milliards d'euros en 2021.

Néanmoins, si la croissance repart, le déficit baissera mécaniquement, puisque l'essentiel du financement de la protection sociale en France repose sur les cotisations (55 %). De plus il est fort probable que c'est aussi cette protection sociale qui a permis de préserver la vie et la santé des français, malgré les 110 000 morts.

Cette crise a aussi fait prendre conscience à la population aussi bien de la nécessité d'avoir un système de santé performant et gratuit, que de la déliquescence des hôpitaux et du personnel de santé en général, sans même parler de la situation des EHPAD et des maisons de retraite. Un « Ségur de la santé » a eu lieu en mai 2020 : il a permis de revaloriser les salaires d'1,5 million de soignants ou encore d'ouvrir des places supplémentaires pour les étudiants en Institut de Formations en Soins Infirmiers (IFSI) ou en Institut de Formation d'Aide-Soignant (IFAS). Néanmoins, nul doute que cela sera insuffisant et ne compensera pas la casse de l'hôpital public qui est menée depuis une vingtaine d'années.

26 L'assurance-maladie en France

> Les principes de l'assurance-maladie sont définis par l'ordonnance du 4 octobre 1945, qui crée la Sécurité sociale en France, et précisés dans l'article L. 111-2-1 du Code de la Sécurité sociale : « La Nation affirme son attachement au caractère **universel**, **obligatoire** et **solidaire** de l'assurance-maladie. Indépendamment de son âge et de son état de santé, chaque assuré social bénéficie, contre le risque et les conséquences de la maladie, d'une protection qu'il finance **selon ses ressources**. »

L'assurance-maladie française possède donc trois caractéristiques essentielles :

- **Elle est universelle** : cela a été rendu possible par la progressive couverture des différentes professions au cours de la deuxième moitié du XXe siècle, mais surtout grâce à l'instauration de la Couverture maladie universelle (CMU) par la loi du 28 juillet 1999 qui permet à chaque citoyen français ou étranger résidant régulièrement en France depuis plus de trois mois de disposer d'une protection de base, et aux plus démunis de disposer d'une complémentaire à travers la Couverture maladie universelle complémentaire (CMUC). L'assurance-maladie n'est donc plus seulement un attribut du travailleur, comme dans le système bismarckien, mais aussi du citoyen, au cas où celui-ci n'aurait pas de travail et ne cotiserait pas à la Sécurité sociale. Cela marque l'évolution du système de santé français d'un modèle bismarckien vers un modèle beveridgien. Ce système permet à 99,9 % de la population française d'être couverte par une assurance-maladie. Il évite donc les phénomènes d'exclusion et permet un accès de tous aux soins.
- **Elle est obligatoire** : tout personne française ou résidant en France a l'obligation de cotiser à la Sécurité sociale à partir du moment où elle travaille. Cela permet d'éviter ce qu'on appelle le phénomène d'anti-sélection, c'est-à-dire que seuls les mauvais risques s'assurent (par exemple, dans un système où l'assurance-maladie serait purement privée, seuls ceux qui risquent d'avoir de graves problèmes de santé, ou qui en ont déjà, vont prendre une assurance). Cela permet aussi de garantir la troisième caractéristique de l'assurance-maladie française, à savoir la solidarité.
- **Elle est solidaire** : cela signifie que les riches paient pour les pauvres et les bien-portants pour les malades. En effet, chacun finance l'assurance-maladie selon ses ressources, et non selon ses risques, comme cela serait le cas si l'assurance-maladie était privée. En effet, une assurance privée fixe le montant de la prime d'assurance (c'est-à-dire ce que l'assuré paie par mois ou par an) en fonction du risque prévisible d'événement indésirable : ainsi un automobiliste paiera son assurance-automobile plus cher s'il habite à Paris que dans une petite ville de province, car le risque d'accident ou de vol y est plus élevé. De même s'il a beaucoup d'accidents, l'assurance augmentera ses tarifs, jusqu'à éventuellement ne plus l'assurer du tout. Cela est évidemment impossible dans le cas d'une assurance publique et solidaire : une personne ayant des comportements à risque (tabac, alcool) ou qui tombe souvent malade ne paiera pas plus cher qu'une personne ayant une vie saine.

I. Le fonctionnement de l'assurance-maladie

C'est la Caisse nationale de l'assurance-maladie des travailleurs salariés (CNAMTS) qui gère la branche maladie du régime général et la branche accidents du travail-maladies professionnelles. La CNAMTS définit les orientations et pilote le réseau des organismes chargés de les mettre en œuvre. Ce réseau est composé au niveau régional de 16 Caisses régionales d'assurance-maladie (CRAM), et au niveau local et départemental de 101 Caisses primaires d'assurance-maladie (CPAM) en France métropolitaine. On estime le nombre de bénéficiaires pour le régime général à 60 millions de personnes. 85 % de la population est assurée par la CNAMTS, qui finance environ 76 % des dépenses de santé. Pour les autres régimes, l'assurance-maladie est gérée par la CANAM (Caisse nationale d'assurance-maladie des professions indépendantes, désormais appelée Régime social des indépendants) pour les non-salariés non agricoles, c'est-à-dire les professions libérales, les artisans et les commerçants ; et par la Mutualité sociale agricole pour les agriculteurs.

Dans la mesure où le système de protection sociale français est hérité du modèle bismarckien, l'assurance-maladie constitue un attribut du travailleur et de ses ayants droit. Or cela implique que certaines personnes (celles qui ne travaillent pas ou qui ne sont pas ayant droit d'un travailleur) sont exclues de toute couverture maladie. Afin de parvenir à une couverture totale de la population française a été mise en place la Couverture maladie universelle (loi du 28 juillet 1999).

Si jusqu'en 2016, la **CMU de base** couvrait les personnes qui n'étaient pas déjà couvertes par un autre régime obligatoire d'assurance-maladie, cette CMU a été supprimée et remplacée au 1er janvier 2016 par la **Protection universelle maladie (PUMa)**. Cette réforme, prévue par l'article 59 de la loi de financement de la sécurité sociale pour 2016, garantit désormais à toute personne qui travaille ou réside en France un droit à la prise en charge des frais de santé (remboursements des frais de santé hors prestations en espèces), sans démarche particulière à accomplir. Cette réforme vise à moderniser l'assurance maladie pour simplifier la vie des assurés ; ses grandes mesures ayant pour objectif de :

- Garantir un droit au remboursement des soins de manière continue, sans que les changements familiaux ou professionnels n'affectent ce droit.
- Réduire au strict nécessaire les démarches administratives et les situations nécessitant de changer de caisse d'assurance maladie.
- Garantir davantage d'autonomie et de confidentialité à tous les assurés dans la prise en charge de leurs frais de santé.

Ainsi, les personnes qui travaillent n'ont plus à justifier d'une activité minimale, seul l'exercice d'une activité professionnelle est pris en compte. Quant aux personnes sans activité professionnelle, elles bénéficient de la prise en charge de leurs frais de santé au seul titre de leur résidence stable et régulière en France, à savoir résider en France depuis au moins 3 mois à l'ouverture des droits puis au moins 6 mois par an.

En pratique, dans la mesure où une personne travaille ou réside en France de manière stable et régulière, la protection universelle maladie lui garantit un droit à la prise en charge de ses frais de santé en simplifiant ses démarches. Il n'y aura plus de sollicitations pour apporter des justificatifs, parfois chaque année, pour faire valoir ses droits à l'assurance maladie.

De même, cette réforme permet de rester dans son régime d'assurance maladie (en dehors des régimes spéciaux), y compris en cas de perte d'activité ou de changement de situation personnelle. Les éventuelles périodes de rupture dans les droits sont ainsi évitées.

En plus de la PUMa, qui est une couverture de base, s'ajoute le dispositif de la **Complémentaire Santé Solidaire (CSS)**, qui remplace à la fois la CMU complémentaire (CMUC) et l'Aide à l'acquisition d'une complémentaire santé (ACS), depuis le 1er novembre 2019. Les bénéficiaires de la Complémentaire Santé Solidaire n'ont pas de reste à charge et ne font aucune avance de frais pour les consultations chez le médecin, le dentiste, l'infirmier, le kinésithérapeute, l'hôpital, etc. ; les médicaments en pharmacie ; certains dispositifs médicaux, comme les pansements, les cannes ou les fauteuils roulants ; une large gamme de lunettes de vue, prothèses dentaires ou prothèses auditives répondant à tous les besoins. La Complémentaire Santé Solidaire (CSS) pourrait profiter à plus de 10 millions de personnes, mais nous ne disposons pas des chiffres officiels du nombre de bénéficiaires. Dans le détail, la CSS est gratuite pour les personnes seules gagnant moins de 746 € par mois et qui bénéficiaient de la CMU-C. Pour ceux qui gagnent entre 746 et 1 007 € par mois, ils doivent payer une participation en fonction de leur âge :

- moins de 29 ans : 8 €/mois ;
- de 30 à 49 ans : 14 €/mois ;
- de 50 à 59 ans : 21 €/mois ;
- de 60 à 69 ans : 25 €/mois ;
- 70 ans et plus : 30 €/mois.

Enfin, il existe un dispositif spécifique pour les étrangers en situation irrégulière qui résident en France depuis plus de trois mois, qui se nomme l'**Aide médicale de l'État** (AME). L'AME est accordée pour un an sous les mêmes conditions de ressources que la CSS. La loi de finances pour 2020 prévoit un délai de carence de 3 mois pour bénéficier pour bénéficier de la prise en charge des frais de santé non urgents. Les soins de maladie et de maternité sont pris en charge à 100 % pour les bénéficiaires de l'AME, de même que le forfait hospitalier. Le financement de l'AME est assuré à 100 % par l'État. En 2020 on estime le nombre de bénéficiaires de l'AME à environ 350 000 personnes.

II. Les comptes de l'assurance-maladie

Le déficit de la CNAM s'est progressivement réduit depuis 2010, passant de 11,7 Md€ à 1,5 Md€ en 2019. Avec la pandémie de Covid-19 il est néanmoins estimé à 30 Md€ en 2020.

L'essentiel des recettes de l'assurance-maladie provient à part presque égale des cotisations sociales (34 % des recettes environ) et de la CSG (34 % des recettes environ). Les autres prélèvements (contributions sociales, impôts et taxes divers) représentent environ 28,5 % des recettes, le reste des recettes provenant de remboursements par d'autres organismes.

III. Les différentes réformes de l'assurance-maladie

Le déficit de l'assurance-maladie, constant depuis maintenant au moins une trentaine d'années, a conduit les gouvernements successifs à réformer le fonctionnement et le financement de l'assurance-maladie, manifestement sans grand succès. Voici un rapide historique des réformes les plus importantes.

A. La réforme « Juppé » de 1996

La principale réforme est mise en place par la loi organique du 22 juillet 1996 qui institue les lois de financement de la Sécurité sociale (LFSS). La LFSS fixe, pour l'ensemble des régimes obligatoires de base, l'Objectif national des dépenses d'assurance-maladie (ONDAM), c'est-à-dire une large partie des dépenses de santé prises en charge par la Sécurité sociale. Le gouvernement prépare le projet de LFSS en s'appuyant sur les recommandations du Haut Comité de santé publique et sur les conclusions de la Conférence nationale de santé et le Parlement vote la LFSS, le budget de la santé et l'ONDAM.

Ainsi, depuis 1996, le Parlement vote chaque année en décembre l'ONDAM, c'est-à-dire les ressources et les dépenses de l'assurance-maladie, qui représentent environ 75 % de la dépense courante de soins et de biens médicaux. L'Objectif national des dépenses d'assurance-maladie est en effet un nombre en % qui fixe le taux d'évolution annuel des dépenses de santé : il s'agit donc d'une évolution anticipée des dépenses de l'année suivante (l'ONDAM voté en 2020 porte sur l'année 2021), et c'est pourquoi c'est un objectif. Il s'agit ainsi de mettre en place un contrôle du système grâce à une planification prévisionnelle des ressources du système. Pour 2021, l'ONDAM est fixé à 225,4 milliards d'euros, avec une augmentation de 2,3 % par rapport à 2020.

L'Objectif national des dépenses d'assurance-maladie comprend pour la métropole et les DOM les dépenses de soins de santé (prestations en nature et en espèces) remboursées pour les risques maladie, maternité et accidents du travail, par les régimes obligatoires de base. En sont exclues les prestations en espèces du risque maternité et les prestations en espèce d'incapacité permanente liée au risque « accidents du travail ». Le gouvernement décompose l'ONDAM en trois enveloppes :

- **les soins de ville** : cela comprend les honoraires de tous les professionnels exerçant à titre libéral (conventionnés avec l'assurance-maladie), ainsi que les biens médicaux et les indemnités journalières. L'ONDAM « Soins de ville » est fixé à 98,9 milliards d'euros, avec un objectif de 5,4 % d'augmentation ;
- **le secteur hospitalier public et privé** : il est fixé à 92,9 milliards d'euros, avec un objectif de 3,3 % d'augmentation ;

- **le secteur médico-social (établissement pour personnes âgées et handicapées)** : il est fixé à 26 milliards d'euros, avec un objectif de 2,4 % d'augmentation ;
- Il faut ajouter le Fonds d'intervention régional (FIR) dont l'objectif de dépenses est de 3,8 milliards d'euros (baisse de 2,3 %) et les autres prises en charge (soins à l'étranger, établissements accueillant des personnes confrontées à des difficultés spécifiques, notamment en matière d'addictologie) qui correspondent à 3,8 milliards d'euros (baisse de 47,8 %), pour parvenir à 225,4 milliards d'euros.

Il faut noter que depuis 2010 l'ONDAM est systématiquement respecté, alors qu'il avait été systématiquement dépassé depuis son instauration en 1996. Avec la crise du Covid-19, L'ONDAM pour 2020, dont le montant initial était de 205,6 milliards d'euros, a été revalorisé suit à la crise du Covid à 218,9 milliards d'euros, soit une hausse de 7,6 % pour cette année, contre +2,45 % dans le projet de loi de finances de la Sécurité sociale initial voté fin 2019.

B. La réforme « Douste-Blazy » du 13 août 2004 « relative à l'assurance-maladie »

1. La baisse des dépenses : la « maîtrise médicalisée » des dépenses de santé :

- Instauration du médecin traitant : cela réduit le nomadisme médical et a une incitation financière négative forte. En effet, un patient qui consulte son médecin traitant (c'est-à-dire qui suit le parcours de soins) est remboursé à hauteur de 70 % du prix de la consultation, alors qu'il n'est remboursé que 30 % du prix de la consultation s'il consulte un médecin hors du parcours de soins.
- Mise en place du dossier médical personnel informatisé.
- Encadrement de la qualité et la coordination des soins des patients atteints d'une affection de longue durée (ALD). Ces ALD représentent 2/3 des dépenses totales de l'assurance-maladie car les soins nécessaires à ces ALD sont remboursés à 100 %.
- Lutte contre les abus et encadrement des pratiques : évaluation des pratiques médicales par la HAS, contrôle renforcé des arrêts de travail, photographie d'identité sur la carte Vitale (carte Vitale 2) et possibilité d'exiger la carte d'identité de son détenteur.
- Incitation à la prescription des médicaments génériques : les médicaments sont ainsi remboursés sur la base du prix des génériques.
- Diminution des coûts de gestion de l'assurance-maladie par le pilotage clarifié de l'assurance-maladie. Ce pilotage s'opère à travers :
  - La création de la Haute Autorité de la santé (HAS) ;
  - La création d'un Comité d'alerte sur l'évolution des dépenses de l'assurance-maladie ;
  - La création de l'Union nationale des caisses d'assurance-maladie (UNCAM), qui regroupe la CNAMTS, la CANAM, la MSA ;
  - La création de nombreux autres comités, dont on a du mal à voir comment elle clarifie le pilotage de l'assurance-maladie.

2. L'augmentation des recettes :
   - Création de la participation forfaitaire non remboursée de 1 € : elle s'applique à toutes les consultations ou tous les actes réalisés par un médecin (généraliste ou spécialiste) au cabinet, à domicile ou à l'hôpital. Le plafond annuel est de 50 € par an et par personne. Toutes les personnes sont concernées par la franchise et la participation forfaitaire sauf : les enfants et les jeunes de moins de 18 ans, les bénéficiaires de la Couverture maladie universelle complémentaire (CMUC) ou de l'Aide médicale de l'État (AME), et les femmes enceintes dès le 1er jour du 6e mois de grossesse jusqu'au 12e jour après l'accouchement. Attention : la participation forfaitaire de 1 € n'est pas remboursée par les organismes complémentaires de santé (mutuelles et assurances privées).
   - Création des franchises : la franchise est une somme qui est déduite des remboursements effectués par la caisse d'assurance-maladie sur les médicaments, les actes paramédicaux et les transports sanitaires. Le montant de la franchise est de 50 centimes d'euro par boîte de médicaments, 50 centimes d'euro par acte paramédical, 2 euros par transport sanitaire, mais aussi forfait hospitalier de 18 euros pour les interventions dont le coût dépasse 90 euros. La franchise est plafonnée à 50 euros par an pour l'ensemble des actes ou prestations concernés. Un plafond journalier a aussi été mis en place pour les actes paramédicaux et les transports sanitaires, qui font qu'on ne peut pas déduire plus de 2 euros par jour sur les actes paramédicaux et plus de 4 euros par jour pour les transports sanitaires. Attention : les franchises ne sont pas remboursées par les organismes complémentaires de santé (mutuelles et assurances privées).
3. Une nouvelle dépense : l'instauration d'une aide à l'acquisition d'une complémentaire santé.

Enfin, une convention a été signée le 26 juillet 2011 entre les syndicats de médecins et la Caisse nationale d'assurance-maladie (CNAM), convention qui a été renégociée en 2016 (jusqu'en 2021), victime de son succès : cette convention introduit un nouveau mode de rémunération supplémentaire des médecins libéraux. Ce texte prévoit une rémunération à la performance, en parallèle au paiement à l'acte, versée par la Sécurité sociale, qui s'adresse aussi bien aux médecins généralistes qu'aux spécialistes.

Elle est conditionnée par plusieurs objectifs de santé publique remplis par le médecin traitant : modernisation du cabinet médical, réduction des prescriptions d'antibiotiques ou d'arrêts de travail, préférence aux médicaments génériques, réalisation de vaccins saisonniers, gestion du dossier médical personnel informatisé (DMP), etc.

Jusqu'à 29 indicateurs de qualité des pratiques médicale à respecter sont identifiés, même si aucun n'est spécifiquement obligatoire. Chaque indicateur atteint permet d'acquérir des points, jusqu'à 940 points au maximum, chaque point valant environ 7 €.

Par exemple, la mise en place du DMP rapporte 50 points, la vaccination contre la grippe de 3/4 des patients de plus de 65 ans du cabinet vaut 20 points, la prescription sous forme générique de 70 % d'anticholestérols, 60 points... Ce nouveau mode de rémunération du médecin se fait sur la base du volontariat, puisque le praticien signe un contrat avec la CNAM qui ne le rend pas obligatoire mais incitatif. En 2016, la prime moyenne des seuls médecins généralistes atteint par exemple 6 983 euros. Au total, l'assurance-maladie a versé pour 2016 une prime moyenne de 4 593 euros à quelque 90 700 praticiens de ville éligibles (toutes spécialités confondues) au titre de leurs résultats sur les différents indicateurs. La CNAM s'est dite satisfaite, estimant qu'une amélioration globale de 1 % d'un indicateur signifiait que 30 000 patients étaient mieux suivis.

C. La « loi de modernisation de notre système de santé » du 26 janvier 2016

L'axe 2 de la loi de modernisation de notre système de santé, votée au début de l'année 2016, sous l'égide de la ministre de la Santé et des Affaires sociales de l'époque, Marisol Touraine, vise à renforcer la médecine de proximité via différentes mesures qui concernent directement l'assurance-maladie.

La plus emblématique d'entre ces mesures est la généralisation du tiers-payant chez le médecin. En effet, de nombreux Français renoncent à aller chez le médecin parce qu'ils ne peuvent pas avancer les frais ; et beaucoup se rendent aux urgences des hôpitaux parce qu'ils y bénéficient de soins sans avance de frais, alors que, dans certains cas, ils auraient pu aller directement chez leur généraliste ou leur spécialiste, dans un cabinet de ville. Ainsi, le renoncement aux soins pour des raisons financières, y compris à cause de l'avance de frais chez le médecin, concernerait un tiers des Français. Déjà pratiqué chez les pharmaciens, les biologistes et les infirmiers de ville, le tiers-payant est également réalisé pour tous les soins des bénéficiaires de la CMU-C. La loi généralise le tiers-payant, qui sera un droit pour tous les Français, pour la partie remboursée par la Sécurité sociale, à la fin 2017.

Cette loi renforce aussi le rôle du médecin traitant, en en faisant le pivot du développement d'une médecine de proximité. En effet, la loi permet aux professionnels de santé libéraux de s'organiser, au niveau de chaque territoire, pour proposer à la population une offre de proximité en soins primaires, allant de la prévention à la prise en charge. Pour soutenir les initiatives des professionnels de santé libéraux, la loi prévoit la mise en place d'équipes de soins primaires (ESP), organisées autour des médecins généralistes ; ainsi que la constitution de communautés professionnelles territoriales de santé (CPTS), pouvant regrouper des médecins généralistes et spécialistes, des auxiliaires médicaux, des acteurs médico-sociaux et sociaux. La loi crée aussi un numéro d'appel national pour joindre un médecin aux heures de fermeture des cabinets médicaux ; et entend relancer le dossier médical partagé (DMP) pour assurer un meilleur suivi des patients.

27 Les dépenses de santé

L'économie de la santé est une discipline récente qui prend son essor à la fin des années 1970, comme une spécialité à part entière de l'économie, et qui vise à appliquer la science économique au domaine de la santé. Elle vise à mieux gérer les ressources du système de santé, mais aussi à évaluer l'efficacité du système de santé et des politiques de santé. Il s'agit donc ici d'une approche essentiellement macroéconomique qui vise à comprendre les grands équilibres financiers à travers différents agrégats tels que la Consommation de Soins et de Biens Médicaux et la Dépense Courante de Santé (le plus large agrégat des Comptes de la Santé), ou encore la Dépense Totale de Santé, agrégat utilisé par l'OCDE pour les comparaisons internationales. Cette approche permet de comprendre le poids économique de la santé dans l'économie nationale, et les facteurs qui le déterminent.

I. Les trois agrégats des comptes de la santé

Les Comptes nationaux de la santé évaluent rétrospectivement chaque année la consommation et le financement de la « fonction santé » (= ensemble des actions qui concourent au traitement ou à la prévention d'une perturbation de l'état de santé). L'ouvrage *Les Dépenses de santé en 2018, Édition 2019* présentent les résultats des comptes nationaux de la santé pour l'année 2018.

Les montants de l'ensemble des postes de la consommation médicale sont exprimés sous la forme d'agrégats, un **agrégat** étant *une grandeur synthétique qui mesure le résultat d'un ensemble économique.*

A. La consommation de soins et biens médicaux (CSBM) 208 milliards d'euros en 2019 (8,6 % du PIB, 3 102 €/habitant)

1. Définition

La CSBM se définit comme l'ensemble des dépenses effectuées par les consommateurs, c'est-à-dire les patients. Ne sont prises en compte que les dépenses qui concourent au traitement d'une perturbation provisoire de l'état de santé. Sont ainsi exclues les dépenses de soins aux personnes handicapées et aux personnes âgées en établissement.

Elle comprend les soins hospitaliers, les soins ambulatoires (médecins, dentistes, auxiliaires médicaux, laboratoires d'analyses, thermalisme), les transports sanitaires, les médicaments et les autres biens médicaux (optique, prothèses, petits matériels et pansements).

2. Structure

Si l'on s'intéresse à la structure de la CSBM, on remarque que ce sont les soins hospitaliers qui constituent le premier poste de dépenses pour les Français (46,6 % des dépenses, soit environ 97,1 milliards d'euros), ce qui est logique puisque l'hôpital concentre les soins les plus lourds et les plus techniques, donc les plus chers, mais aussi les séjours les plus longs. Viennent ensuite les soins de ville (27,1 % des dépenses, soit 56,5 milliards d'euros environ) et les médicaments (15,6 % des dépenses, soit

32,5 milliards d'euros environ). Enfin viennent les autres biens médicaux (dont l'optique médicale) qui représentent 16,8 milliards d'euros (soit 8 % du total), ainsi que les transports sanitaires (2,4 % du total, soit 5 milliards d'euros). La structure des dépenses reste relativement stable depuis 2000.

3. Structure du financement de la CSBM

L'approche des dépenses de santé par les comptes nationaux de la santé prend en compte :

- Les dépenses prises en charge par l'assurance-maladie (Sécurité sociale) : c'est en effet l'assurance-maladie qui finance l'essentiel des dépenses (78,2 % en 2019). La part de la Sécurité sociale dans son financement est en hausse continue, de 0,3 point en moyenne par an, depuis un point bas à 76,2 % en 2011. En 2019, elle atteint son plus haut point depuis plus de quinze ans.
- Les dépenses de l'État et des collectivités locales : l'État ne participe que de façon infime au financement des dépenses de santé, et sa part reste stable (1,5 % des dépenses en 2019). Il s'agit des prestations versées aux invalides de guerre, des soins urgents ainsi que de l'aide médicale de l'État et des organismes de base au titre des soins des titulaires de la couverture maladie universelle complémentaire (Complémentaire Santé Solidaire, ex CMU-C).
- La part des dépenses des organismes complémentaires (mutuelles, assurances et instituts de prévoyance) est stable autour de 13,5 % ces dix dernières années. Elle atteint 13,4 % en 2019.
- Les dépenses des ménages : c'est ce qui reste à la charge des ménages, c'est-à-dire ce qui n'est pas remboursé. La part des ménages continue de diminuer : elle est passée de 9,4 % en 2008 à 6,9 % en 2019. Le reste à charge (RAC) des ménages s'élève ainsi à 14,3 milliards d'euros, soit 213 euros par habitant en 2019.

Structure du financement de la dépense de soins et biens médicaux en 2019

Financeurs	En %
Sécurité sociale de base	78,2
État et CMU-C	1,5
Organismes complémentaire	13,4
Ménages	6,9
Total	100,0

Champ : France.

Source : Drees, comptes nationaux de la santé.

4. Structure du financement par poste

Si l'on rentre dans le détail du financement de chaque poste, c'est-à-dire en distinguant les soins hospitaliers, les soins de ville (ou soins ambulatoires) et les médicaments, il apparaît que les soins hospitaliers sont ceux qui sont le mieux pris en charge par la Sécurité sociale qui finance ces soins à 91,6 % en 2019, le reste étant financé par les organismes complémentaires (5,2 %) et les ménages (2 %). Les soins de ville, à l'inverse, s'ils restent majoritairement financés par la Sécurité sociale (66 % environ, part en augmentation depuis 2012 en raison de la croissance des exonérations liées à des ALD et à l'introduction de la rémunération sur objectifs de santé publique, ou ROSP) sont mieux pris en charge par les complémentaires (environ 21,5 %), avec un reste à charge pour les ménages assez faible et en baisse depuis 10 ans (de l'ordre de 10,3 %, contre 13,5 % en 2009). Quant aux médicaments, ils sont pris en charge là aussi à hauteur de 74,3 % par la Sécurité sociale, chiffre en augmentation depuis 2009 (67,3 % en 2009), tandis que la part des complémentaires baisse à 12,4 %, tout comme celle des ménages (11,8 %).

B. La dépense courante de santé (DCS) 275,9 milliards d'euros en 2018 (11,7 % du PIB)

1. Définition

C'est l'ensemble des dépenses courantes (les dépenses en capital en sont exclues) effectuées par les **financeurs** du système de santé : Sécurité sociale, État, collectivités locales, organismes de protection complémentaire (mutuelles, sociétés d'assurances, institutions de prévoyance) et ménages.

C'est l'agrégat le plus large utilisé pour établir les Comptes de la santé puisqu'il comprend la CMT. Ainsi la DCS est égale à la CSBM, à laquelle on ajoute :

- les soins aux personnes âgées en établissement ;
- les indemnités journalières (IJ) ;
- les subventions reçues par le système de santé ;
- les dépenses de prévention collective ;
- les dépenses de recherche et de formation médicales ;
- les coûts de gestion de la santé.

Dépense courante de santé en 2018 (au sens français)[1]

	Montant (en milliards d'euros)	Structure (en %)
CSBM	203,5 Mds €	73,7 %
Soins de longue durée aux personnes handicapées et personnes âgées en établissement, y compris SSIAD (Services de soins infirmiers à domicile)	22,8 Mds €	8,2 %
Indemnités journalières	14,5 Mds €	5,5 %
Autres dépenses en faveur des malades	0,8 Mds €	0,3 %
Prévention institutionnelle	6,1 Mds €	2,2 %
Dépenses en faveur du système de soins (Recherche et formation)	12,1 Mds €	4,4 %
Coût gestion de la santé	15,7 Mds €	5,7 %
Dépense courante de santé	275,9 Mds €	100 %

C. La dépense courante de santé au sens international (DCSi) : 11,3 % du PIB en 2018

Pour permettre une comparaison internationale des dépenses de santé, le *System of Health Accounts* (SHA) a été développé. Il est piloté par l'Organisation de coopération et de développement économiques (OCDE), l'Organisation mondiale de la santé (OMS) et Eurostat.

L'agrégat le plus pertinent pour les comparaisons internationales est la **dépense courante de santé au sens international (DCSi)**, qui correspond à la dépense de consommation finale de biens et de services de santé. Cet agrégat correspond à la DCS de laquelle on retranche les indemnités journalières (–14,5 milliards d'euros en 2018), les dépenses de formation et de recherche médicale (–12,1 milliards d'euros en 2018), ainsi que la prévention environnementale et alimentaire. Par contre, la DCSi prend en compte certaines dépenses liées au handicap et à la dépendance.

Avec 11,3 % du PIB consacrés aux dépenses de santé, la France se situe en 3e position, loin derrière les États-Unis (17,8 %) et après la Suisse (plus de 12 %), et l'Allemagne (11,5 %), mais devant le Japon et la Suède (11 % environ pour ces deux pays) ; la moyenne de l'UE-15 étant d'un peu plus de 10 %. Par contre, si l'on rapporte la dépense totale de santé au PIB par habitant, exprimé en Parité de Pouvoir d'Achat (PPA), la France rétrograde aux alentours du 10e rang, avec 3 970 euros par habitant par an dépensés pour la santé, soit deux fois moins que les États-Unis

1. Attention : à partir de l'édition 2020 du *Panorama des comptes de la santé*, d'où sont tirés tous ces chiffres, la DREES privilégie l'agrégat de la dépense courante de santé au sens international (DCSi) qui est harmonisé au niveau international, sur l'agrégat de la « dépense courante de santé » (DCS). C'est pourquoi l'agrégat de la DCS n'a pas été mis à jour cette année et risque de ne plus l'être à l'avenir.

(8 180 euros par habitant), Pour cet indicateur, la France se situe au 7e rang des pays de l'UE-28, à un niveau proche du Canada, de la Belgique ou du Danemark. L'Allemagne y consacre 820 euros de plus par habitant.

Cela permet de relativiser les critiques adressées au modèle français dont le poids des dépenses de santé dans le PIB serait trop élevé selon certains.

II. La maîtrise des dépenses de santé

La maîtrise des dépenses de santé est devenue l'enjeu majeur de ce XXIe siècle et ce, quel que soit le pays ou le système de santé concernés. Les dépenses de santé, en raison de nombreux facteurs comme le vieillissement de la population ou le progrès technologique, ne cessent en effet de croître. Par exemple, le poids de ces dépenses dans le PIB de la France a quasiment triplé en un demi-siècle. De surcroît, en ce qui concerne la situation de la France, le déficit chronique de l'assurance-maladie a rendu nécessaire différentes mesures pour faire des économies. Il s'agit donc d'étudier les déterminants de la croissance de ces dépenses de santé et les solutions proposées pour remédier à cette croissance.

A. Les déterminants de la croissance des dépenses de santé

1. Les déterminants de la demande

a. Les facteurs démographiques : le vieillissement de la population

Il touche la majorité des pays occidentaux. Cela induit des conséquences économiques, sanitaires et épidémiologiques. En effet la consommation médicale aux âges extrêmes est extrêmement importante : elle est maximale dans les premières années de la vie, minimale entre 5 et 15 ans, puis elle augmente au fur et à mesure de l'âge, les personnes âgées souffrant souvent de polypathologies ou de maladies chroniques.

b. Les facteurs psychologiques : le besoin ressenti

Le besoin naît quand l'individu estime que son état de santé a changé par rapport à son état de santé antérieur (morbidité ressentie) ou par comparaison avec les autres. Ce ressenti dépend de la croyance et la confiance dans le système de santé, de la sensibilité à la douleur, et du niveau de connaissance (niveau de culture et d'éducation globale, vulgarisation, Internet). On peut noter une baisse de la tolérance à la douleur qui induit une demande de confort de plus en plus forte. En somme on va plus facilement aller voir le médecin qu'auparavant, même pour des maladies bénignes.

c. Les facteurs socioculturels

- **Le sexe** : les femmes consomment plus de soins que les hommes, même en dehors de la période de fécondité.
- **Le revenu et la catégorie socioprofessionnelle** : la différence est essentiellement qualitative au sens où un cadre ira plus facilement voir un spécialiste alors qu'un ouvrier ira voir un généraliste. On sait aussi que les ouvriers et artisans commerçants ont moins souvent recours au système de soins et consultent moins souvent les spécialistes que les autres catégories socioprofessionnelles (CSP). De même, les employés et ouvriers renoncent davantage aux soins (surtout pour l'optique et le dentiste) que les autres CSP, à âge, sexe et couverture sociale comparable.
- **Le lieu d'habitation** : les urbains consomment plus que les ruraux (demande induite, l'offre médicale étant plus importante en ville qu'à la campagne).
- **La revendication de la population** : la bonne santé est devenue dans l'esprit des gens un droit, un dû, notamment parce que c'est la population qui finance le système de santé à travers l'assurance-maladie.

d. Les facteurs économiques : la couverture sociale et l'« effet prix »

La protection sociale masque le coût réel des soins et facilite la consommation. Ainsi une enquête de l'IRDES sur les complémentaires santé (mutuelles) montre qu'en l'absence de complémentaire, les consultations, les soins dentaires et les soins optiques sont moins fréquents. Ainsi, 28 % des personnes sans complémentaire déclarent avoir déjà renoncé à des soins contre 12 % des bénéficiaires d'une mutuelle privée.

e. Les facteurs épidémiologiques

La prévalence des maladies chroniques (diabète, maladies cardio-vasculaires, maladies ostéo-articulaires...) et des cancers est en constante augmentation en raison :

- du vieillissement de la population ;
- des comportements à risques de plus en plus répandus : tabac, alcool, alimentation déséquilibrée, sédentarité... ;
- des progrès médicaux (« chronicisation » de maladies antérieurement mortelles).

Ces maladies nécessitent des traitements longs et coûteux. Ainsi les affections longue durée (ALD) sont prises en charge à 100 % par l'assurance-maladie.

f. L'offre elle-même

Une augmentation de l'offre (hôpitaux, médecins, lits, équipements) induit une augmentation de la demande (ce que l'on appelle la « demande induite »). Ainsi une augmentation du nombre de lits entraîne une augmentation du nombre d'hospitalisations, et une augmentation de la densité des médecins entraîne une augmentation du nombre de consultations.

2. Les déterminants de l'offre

a. Le nombre d'offreurs et les facteurs de production des soins

La quantité et la qualité du personnel médical et paramédical, ainsi que la quantité et la qualité des différents hôpitaux, laboratoires, pharmacies et des divers équipements (scanner, IRM, radiologie, etc.) constituent des déterminants de l'offre de soins.

b. L'innovation et sa diffusion

Le secteur de la santé est un secteur à progrès technologique rapide. Mais la mise au point de nouveaux moyens diagnostiques et de traitements innovants ainsi que leur diffusion coûtent extrêmement cher. De plus, l'innovation crée aussi la demande. De même, les innovations en matière de traitements dans le secteur pharmaceutique ont un prix: on estime que le développement d'une nouvelle molécule coûte environ 2 milliards d'euros, ce qui explique pourquoi ils en produisent de moins en moins.

c. Les pratiques professionnelles

Face à une situation clinique identique, les praticiens peuvent adopter une stratégie différente en termes de diagnostics ou de traitements, stratégie qui peut s'éloigner de la stratégie optimale en termes de coût ou d'efficacité.

B. Les outils de la régulation

1. La régulation de la demande de soins

L'objectif principal est de responsabiliser les usagers. Cela passe par une redéfinition des règles d'accès pour lutter contre le nomadisme médical à travers les réseaux de soins, le médecin référent (médecin traitant), le carnet de santé, ou la carte Vitale. Cela passe aussi par ce que l'on nomme les instruments de co-paiement à travers par exemple le ticket modérateur ou les franchises. Cela passe aussi par une meilleure information des patients grâce à la prévention et l'éducation à la santé.

2. La régulation de l'offre de soins

Il s'agit ici de limiter l'offre de soins. Cela passe par le contrôle de la démographie médicale et la standardisation des pratiques professionnelles. Par exemple le contrôle de la démographie médicale peut se faire à l'entrée des études en médecine (avec le numerus clausus) ou au cours de ces études par la modulation des filières de formation par spécialistes. Il peut aussi se faire en aval par les autorisations d'installation (numerus clausus à l'installation), par la création de postes hospitaliers (secteur public), ou encore par les incitations au départ en retraite. La standardisation s'opère quant à elle par le biais des procédures de certification des établissements ou de conventionnement des médecins par l'assurance-maladie.

3. La régulation via l'organisation du marché

L'objectif principal consiste ici dans l'introduction de mécanismes de marché dans le secteur de la santé, essentiellement des mécanismes de concurrence qui visent à faire baisser les prix.

Cela peut passer par le contrôle des prix à travers les tarifs conventionnés (afin d'éviter une inflation du prix des consultations), ou par une incitation à la prescription des génériques, ou encore par le déremboursement des médicaments au service médical rendu insuffisant. Ces deux dernières mesures introduisent de la concurrence entre les diverses entreprises pharmaceutiques, ce qui a normalement pour effet de faire baisser le prix des médicaments. Cependant le déremboursement total de certains médicaments peut avoir l'effet inverse puisque l'industrie pharmaceutique est alors libre de fixer le prix qu'elle veut.

Cela peut passer aussi par une mise en concurrence dans le système de santé soit des assureurs, soit des professionnels :

- au niveau des assureurs on peut introduire des mécanismes de concurrence entre les mutuelles (à but non lucratif) et les assurances privées (à but lucratif) : l'objectif est de faire baisser les prix des cotisations, et éventuellement de transférer certains remboursements de l'assurance-maladie publique vers les assurances privées, notamment dans le domaine des soins dentaires ou optiques ;
- quant aux professionnels de santé, on peut agir sur les méthodes de paiement : par exemple un professionnel de santé qui est rémunéré aux coûts réels n'aura aucun intérêt à faire des économies et aura tendance à prescrire plus de médicaments que nécessaire, tandis qu'un professionnel payé par exemple à la capitation (c'est-à-dire qu'une certaine somme est versée au médecin par patient par mois, en fonction de l'âge et du sexe du patient, par exemple 30 euros par patient par mois, quelle que soit sa pathologie), aura tout intérêt à ne pas prescrire trop d'actes ou de biens médicaux, pour ne pas dépasser le budget qui lui est alloué, tout en maintenant évidemment des soins de qualité et un accès aux soins pour tous. En effet, un médecin (ou un hôpital) payé à la performance aura tendance à sélectionner ses patients et à laisser de côté les cas trop graves ou les pathologies trop coûteuses afin de ne pas se retrouver en déficit.

28 Retraite et dépendance

I. Définition

La **retraite**, d'un point de vue social et financier est le fait de se retirer de la vie professionnelle sous certaines conditions d'âge, de durée d'exercice. Ce retrait de la vie professionnelle ouvre le droit de bénéficier d'une pension de vieillesse, appelée retraite, versée par la caisse vieillesse de la Sécurité sociale. Cette retraite est attribuée du fait que la personne retraitée ou son conjoint a exercé une activité professionnelle et a cotisé à un régime d'assurance vieillesse.

Le système des retraites en France est géré par répartition. Ce sont les cotisations prélevées sur les salaires des actifs d'aujourd'hui qui servent à payer les pensions des retraités actuels. Ce système repose sur la solidarité entre les générations : chaque génération paye les retraites des générations précédentes. C'est en effet le principe de la solidarité nationale qui est au cœur de la Sécurité sociale française depuis 1945.

Quant à la dépendance, la loi du 20 juillet 2001 relative à la prise en charge de la perte d'autonomie des personnes âgées et à l'allocation personnalisée d'autonomie a donné une définition légale des personnes dépendantes : ce sont « les personnes qui, nonobstant les soins qu'elles sont susceptibles de recevoir, ont besoin d'une aide pour l'accomplissement des actes essentiels de la vie ou dont l'état nécessite une surveillance régulière ».

La **dépendance** ou la perte d'autonomie est mesurée par la grille Autonomie gérontologie groupes iso-ressources (AGGIR). Comprenant 15 variables « discriminantes », c'est-à-dire relatives à la perte d'autonomie physique et psychique, elle permet de définir des groupes iso-ressources ou GIR.

- **GIR 1** : il correspond aux personnes âgées confinées au lit ou au fauteuil, dont les fonctions mentales sont gravement altérées et qui nécessitent une présence indispensable et continue d'intervenants ;
- **GIR 2** : il concerne les personnes âgées confinées au lit ou au fauteuil, dont les fonctions intellectuelles ne sont pas totalement altérées et dont l'état exige une prise en charge pour la plupart des activités de la vie courante. Ce groupe s'adresse aussi aux personnes âgées dont les fonctions mentales sont altérées, mais qui ont conservé leurs capacités de se déplacer ;
- **GIR 3** : ce groupe réunit les personnes âgées ayant conservé leur autonomie mentale, partiellement leur autonomie locomotrice, mais qui ont besoin quotidiennement et plusieurs fois par jour d'être aidées pour leur autonomie corporelle ;
- **GIR 4** : il s'agit des personnes âgées n'assumant pas seules leurs transferts mais qui, une fois levées, peuvent se déplacer à l'intérieur du logement. Elles doivent parfois être aidées pour la toilette et l'habillage. Ce groupe s'adresse

également aux personnes âgées n'ayant pas de problèmes locomoteurs, mais devant être aidées pour les activités corporelles et pour les repas;

- **GIR 5**: ce sont les personnes qui ont seulement besoin d'une aide ponctuelle pour la toilette, la préparation des repas et le ménage;
- **GIR 6**: les personnes âgées qui n'ont pas perdu leur autonomie pour les actes essentiels de la vie courante.

II. Retraite: les chiffres-clés

A. Nombre de retraités

D'après le rapport de la DREES, intitulé *Les retraités et les retraites, édition 2021,* la France compte, au 31 décembre 2019, 17,8 millions de retraités, dont 1,7 million résident à l'étranger.

16,7 millions de personnes sont titulaires d'une pension de retraite de droit direct (dite aussi de « droit propre ») d'au moins un régime français de retraite de base ou complémentaire. La majorité de ces retraités vivent en France métropolitaine ou dans les DROM, et 1,1 million vivent à l'étranger.

Les régimes français versent également des pensions de droit dérivé (aussi appelées « pensions de réversion ») aux assurés dont le conjoint est décédé. Au 31 décembre 2019, 4,4 millions de personnes en bénéficient, parmi lesquelles 1,1 million qui ne perçoivent pas, par ailleurs, de pensions de droit direct.

En 2019, le nombre de retraités de droit direct a augmenté de 301 000 personnes au cours de l'année, soit une augmentation de +1,8 % par rapport à fin 2018. L'évolution s'inscrit dans la tendance des dernières années: +1,1 % en moyenne annuelle entre 2013 et 2018, ce qui représente 157 000 retraités supplémentaires par an, et +213 000 retraités entre fin 2017 et fin 2018. En 2019, 720 000 personnes ont liquidé pour la première fois un droit direct de retraite.

L'âge légal de la retraite (c'est-à-dire l'âge minimum pour avoir droit à sa retraite de base) est fixé en France à 62 ans pour les personnes nées après 1955. Il varie entre 60 et 62 pour les personnes nées avant 1955. En 2019, l'âge conjoncturel de départ à la retraite s'élève à 62 ans et 2 mois. Il est en progression continue depuis 2010.

B. Montant des pensions de retraite

La pension moyenne de droit direct tous régimes confondus s'établit, fin 2019, à 1 503 euros bruts mensuels parmi les retraités résidant en France, soit 1 393 euros net; et à 1 432 euros pour l'ensemble des retraités, soit 1 329 € nets. Le montant moyen de la pension de droit direct brute des retraités résidant en France diminue de nouveau entre fin 2018 et fin 2019 en euros constants (–1,1 % après –1,0 %). Cette évolution de la pension moyenne des retraités d'une année sur l'autre résulte de deux composantes: le renouvellement de la population de retraités et l'évolution des pensions des personnes déjà retraitées.

Ce chiffre moyen masque des inégalités importantes entre les hommes et les femmes. Ainsi, en 2019, la pension moyenne de droit direct des retraités résidant en France s'élève à 1 145 euros par mois pour les femmes et à 1 924 euros pour les hommes. La pension moyenne des femmes est donc inférieure de 40 % à celle des hommes. Cet écart est en baisse continue ; en 2004, il s'établissait à 50 %. En tenant compte des pensions de réversion, dont les femmes bénéficient en majorité, les écarts se réduisent un peu (à 28 %), mais la retraite moyenne des femmes demeure nettement inférieure à celle des hommes (respectivement 1 399 euros par mois et 1 947 euros par mois en 2019).

En 2020, le minimum vieillesse, ou plutôt le montant minimal de l'Allocation de solidarité aux personnes âgées, ou ASPA, pour les personnes seules est fixé à 868 euros mensuels. Le minimum vieillesse pour les couples s'élève à 1 348 euros mensuels. Fin 2019, 601 600 personnes bénéficient d'une allocation du minimum vieillesse, chiffre en hausse de 5,9 % par rapport à 2019.

Au 31 décembre 2019, la CNAV dénombre 488 226 bénéficiaires du minimum vieillesse ou de l'allocation supplémentaire d'invalidité.

C. Coût de la retraite

La CNAV (Caisse nationale d'assurance vieillesse) gère la retraite du régime général et pilote le réseau des CARSAT (Caisses d'assurance retraite et de la santé au travail) en ce qui concerne le service des pensions :

- 14,5 millions de personnes sont retraitées du régime général en 2019.
- 129,2 milliards d'euros de prestations nettes ont été versées en 2019 par la Cnav.
- Les dépenses de l'ensemble des régimes de retraite de base et complémentaire représentent 13,6 % du PIB en 2018.
- Le déficit de la branche vieillesse est de 1,4 milliard d'euros en 2019.

Si l'on additionne tous les coûts liés au risque vieillesse dans la dépense de protection sociale (pensions de retraite et de réversion, frais d'hébergement, allocations, etc), le poste vieillesse représente en 2019 45,4 % des prestations, soit 346,6 milliards d'euros. Cela représente environ 15 % du PIB.

III. Autonomie et dépendance

A. L'allocation personnalisée d'autonomie (APA)

L'allocation personnalisée d'autonomie (APA) est une mesure sociale en faveur des personnes âgées et dépendantes. Elle constitue un droit universel dont l'objet est la prise en charge des personnes âgées en perte d'autonomie. Elle permet de bénéficier des aides et services nécessaires à l'accomplissement des actes essentiels de la vie. C'est une aide personnalisée qui répond aux besoins particuliers de chaque bénéficiaire.

Elle concerne aussi bien les personnes âgées résidant à domicile que les personnes âgées hébergées en établissement. Elle est entrée en vigueur en France au 1er janvier 2002.

En 2019, 1,31 million de personnes bénéficient de l'allocation personnalisée d'autonomie (APA), dont 54 % à domicile et 46 % en établissement, pour un montant total de 8,5 milliards d'euros. Les trois quarts des allocataires sont des femmes. 17 % des personnes âgées de 75 ans ou plus sont allocataires de l'APA. En moyenne, les allocataires de l'APA ont 83 ans à l'ouverture du droit. Près d'un allocataire de l'APA sur deux a plus de 85 ans (et un quart des allocataires a plus de 89,5 ans). Seuls 5 % des allocataires ont moins de 70 ans.

La durée moyenne de perception de l'APA est de 4 ans et 5 mois pour les femmes et de 2 ans et 11 mois pour les hommes.

B. L'impact de la dépendance sur la société française

1. Les personnes dépendantes

La dépendance chez les personnes âgées de 60 à 79 ans ne concerne que 2,7 % des personnes de cette tranche d'âge, soit 273 000 individus et la forte dépendance 0,6 % soit 61 000 personnes (ces dernières sont touchées par des limitations motrices absolues, plus de huit sur dix déclarent une paralysie complète ou partielle et plus de la moitié sont confinées au lit ou au fauteuil). L'ensemble des personnes de ce groupe déclarent d'ailleurs être aidées par l'entourage et les trois quarts par des professionnels, notamment pour la toilette, l'habillage, les transferts et les tâches ménagères.

Les personnes âgées de 60 à 79 ans restent majoritairement autonomes : 83 %, soit 8,5 millions, peuvent être considérées comme telles. Si une part notable d'entre elles (20 %) déclare quelques altérations dans la motricité des membres inférieurs (se baisser/s'agenouiller), aucune restriction d'activité n'est toutefois constatée.

Pour les plus de 80 ans, les personnes dépendantes représentent 11,2 % des personnes âgées de 80 ans ou plus, soit 277 000. Près de 70 % déclarent une paralysie complète ou partielle. Les difficultés cognitives graves sont aussi très fréquentes (80 %). 53 % souffrent d'au moins une restriction absolue dans les activités essentielles de la vie quotidienne, le plus souvent pour se laver ou s'habiller. L'aide des professionnels est prépondérante pour la toilette et les tâches ménagères.

La forte dépendance touche quant à elle 2,5 % des personnes très âgées vivant à domicile (62 000 personnes). Les personnes de ce profil cumulent différents types de difficultés. Elles déclarent une restriction totale dans la quasi-totalité des tâches de la vie courante, à l'exception de l'alimentation : les deux tiers sont en mesure de manger et de boire sans aide, une fois la nourriture préparée. Plus des deux tiers sont confinés au lit ou au fauteuil et 80 % souffrent d'une paralysie complète ou partielle. 91 % présentent au moins une limitation cognitive grave. Toutes ces personnes sont aidées au quotidien par l'entourage et dans plus de huit cas sur dix les professionnels assistent la personne pour la toilette, l'habillage, mais aussi assurent les tâches ménagères et la préparation des repas.

Il est à noter surtout que près de six personnes sur dix âgées de 80 ans ou plus, soit 1,5 million, vivent à domicile et sont relativement autonomes, malgré quelques difficultés d'audition et de motricité générale, notamment pour se baisser ou s'agenouiller.

2. L'aide aux personnes dépendantes

Ces évolutions ont un impact direct sur la vie familiale. Selon le sondage mené chaque année par la Sofres depuis 2007, près des deux tiers des Français de 35 à 75 ans, soit environ 21 millions, seraient actuellement ou auraient déjà été confrontés par le passé à la dépendance d'une personne âgée dans leur foyer ou leur entourage familial. En tout, on estime que 8,3 millions de personnes de 16 ans ou plus aident de façon régulière et à domicile un ou plusieurs de leurs proches pour raison de santé ou de handicap, dont 3,6 millions de personnes qui seraient des aidants familiaux de personnes de plus de 60 ans et près de 3 millions qui apporteraient une aide à la vie quotidienne dont la durée varierait entre 1 h 30 par jour (avec deux enfants aidant) et 8 h 30 lorsque la personne aidante est le conjoint.

Dans un quart des cas, ces aidants familiaux ont encore des enfants à charge et 41 % occupent un emploi. Dans plus de la moitié des cas, l'aidant est un enfant (une fille dans 69 % de ces situations).

En 2016 a été instauré un droit au répit pour l'aidant familial, qui permet à ces aidants de se reposer ou de dégager un peu de temps pour eux.

3. Le coût social de la dépendance

En 2019, les dépenses publiques de prise en charge de la perte d'autonomie pour les personnes âgées ont atteint 24 milliards d'euros, soit 1 point de PIB. Le nombre de personnes âgées dépendantes, et donc les dépenses d'autonomie, devrait augmenter de 75 % d'ici 2040 et doubler d'ici 2060.

IV. EHPAD et maisons de retraite

A. Les différents établissements d'accueil pour personnes âgées

Les établissements d'hébergement pour personnes âgées (EHPA) regroupent l'ensemble des établissements médico-sociaux ou de santé qui accueillent des personnes âgées de façon permanente, temporaire, de jour ou de nuit. On distingue traditionnellement trois grands types d'établissements :

- les maisons de retraite, lieux d'hébergement collectif qui assurent une prise en charge globale de la personne âgée, incluant l'hébergement en chambre ou en logement, les repas et divers services spécifiques ;
- les logements-foyers, groupes de logements ou de chambres autonomes assortis d'équipements ou de services collectifs dont l'usage est facultatif ;
- les unités de soins de longue durée des hôpitaux (USLD), structures très médicalisées destinées à l'accueil des personnes les plus dépendantes ;

- à ces établissements, s'ajoutent les établissements d'hébergement temporaire (HT), les centres d'accueil de jour (AJ) depuis 2007 et les établissements expérimentaux.

Depuis 2002, une nouvelle catégorie d'établissement est apparue : les Établissements d'hébergement pour personnes âgées dépendantes (EHPAD). Les établissements accueillant des personnes âgées dépendantes ont signé des conventions tripartites avec leur Conseil général et l'assurance-maladie, devenant ainsi des EHPAD. Ils se sont engagés sur les conditions de fonctionnement de l'établissement au plan financier de même que sur la qualité de la prise en charge des personnes et des soins qui leur sont prodigués. La détermination de la nature de l'établissement (EHPA ou EHPAD) s'opère en fonction du niveau de dépendance des résidents qui y sont accueillis.

Fin 2019, 599 991 lits sont proposés dans les 7519 établissements d'hébergement pour personnes âgées dépendantes (EHPAD) , contre 27 000 lits en établissements d'hébergement pour personnes âgées (EHPA) n'ayant pas le statut d'EHPAD. Depuis 2009, le nombre de lits en EHPA a fortement diminué (–8,5 % par an en moyenne). Inversement, le nombre de lits en EHPAD a augmenté (+2,0 % par an en moyenne). Ce changement radical s'explique en premier lieu par des transferts entre EHPA et EHPAD et des conversions d'unités de soins de longue durée (USLD) en EHPAD, ainsi que par un facteur démographique : la proportion de personnes âgées très dépendantes (classées en GIR 1 et 2), qui nécessitent un accompagnement médical plus conséquent, s'accroît tendanciellement au sein de la population hébergée en institutions.

B. Le coût de l'hébergement pour les personnes âgées

En 2018, la dépense de soins de longue durée aux personnes âgées s'élève à 11,3 Md€. L'essentiel de cette dépense se concentre sur les personnes âgées vivant en établissement : 9,6 Md€, soit 85 % de la dépense totale. Cette dépense en établissements se répartit pour 90 % en établissements d'hébergement et 10 % en soins en USLD. Son dynamisme (+2,9 % en moyenne par an depuis 2010, après +10,4 % entre 2008 et 2010) provient des dépenses en EHPA/EHPAD (+3,3 % en moyenne par an depuis 2010, après +16,0 % entre 2008 et 2010), la dépense en USLD étant quasiment stable depuis 2010 (+0,1 % en moyenne par an depuis 2010, après –13,3 % entre 2008 et 2010). Les établissements d'accueil public représentent 41 % de la dépense totale et les établissements privés (à but lucratif ou non) 36 %. Cependant, depuis 2012, la part des dépenses des établissements publics recule tendanciellement au profit des établissements privés, qu'ils soient ou non à but lucratif.

Si les tendances démographiques et l'amélioration de l'état de santé se poursuivaient, la France hors Mayotte compterait 4 millions de seniors en perte d'autonomie en 2050, soit 16,4 % des personnes âgées de 60 ans ou plus (contre 15,3 % en 2015). Les personnes très dépendantes représenteraient alors 4,3 % de la population des 60 ans ou plus (contre 3,7 % en 2015).

C. Portrait des personnes accueillies en établissement d'hébergement pour personnes âgées

Selon la DREES, en 2016 :

- 728 000 résidents vivent en structure d'hébergement pour personnes âgées, soit 35 000 de plus qu'en 2011. La moitié d'entre eux ont plus de 87 ans et 5 mois, soit un an de plus qu'en 2011.
- Les hommes vivant en institution sont plus jeunes que les femmes. En moyenne, ils ont 82 ans et 3 mois tandis que les femmes ont 87 ans, ce qui correspond à la différence d'espérance de vie entre les femmes et les hommes.
- En quatre ans, la proportion de personnes âgées de 90 ans ou plus parmi les résidents en institution passe de 29 % à 35 %.
- Les EHPAD accueillent les résidents les plus âgés. La moitié des personnes accueillies dans ces établissements ont 88 ans ou plus et seuls 18 % ont moins de 80 ans, alors que les moins de 80 ans représentent un tiers des résidents accueillis en résidence.
- Les femmes sont plus souvent sans conjoint que les hommes : 91 % pour les premières contre 75 % pour les seconds. Les femmes sont en effet plus nombreuses à connaître le veuvage en raison de leur plus grande longévité. Par ailleurs, à domicile, elles sont davantage confrontées à la perte d'autonomie de leur conjoint que l'inverse. Par conséquent, elles se trouvent plus fréquemment aidantes que les hommes. Le décès du conjoint peut constituer l'élément déclencheur d'une entrée en institution.
- Le niveau moyen de dépendance des résidents s'accroît entre 2011 et 2015. En 2011, toutes catégories de structure confondues, 81 % des résidents étaient en perte d'autonomie au sens de la grille AGGIR2 ; en 2015, ils sont 83 %.
- Deux tiers des sorties définitives sont causées par le décès de la personne accueillie ; dans 75 % des cas, ce dernier survient dans l'établissement. En USLD (Unité de soins longue durée), ces structures accueillant le public le plus dépendant, les décès représentent 80 % des sorties de l'établissement. En EHPAD, sur les 223 000 sorties enregistrées en 2015 – tous modes d'hébergement confondus (permanent ou temporaire) –, 68 % correspondent à des décès.

29 Chômage et précarité

I. Définitions

La précarité se définit, selon l'État, comme « l'absence d'une ou plusieurs des sécurités permettant aux personnes et familles d'assumer leurs responsabilités élémentaires et de jouir de leurs droits fondamentaux. L'insécurité qui en résulte peut être plus ou moins grave et définitive. Elle conduit le plus souvent à la grande pauvreté quand elle affecte plusieurs domaines de l'existence, qu'elle tend à se prolonger dans le temps et devient persistante, qu'elle compromet gravement les chances de reconquérir ses droits et de réassumer ses responsabilités par soi-même dans un avenir prévisible ».

Selon l'INSEE, le chômage représente « l'ensemble des personnes de 15 ans et plus, privées d'emploi et en recherchant un ».

II. Le chômage : chiffres-clés

La crise économique provoquée par le confinement dû à la pandémie de Covid-19 est sans précédent : le PIB de la France chute ainsi de 8,3 %, du jamais vu en temps de paix.

Néanmoins, le taux d'emploi des personnes de 15-64 ans ne diminue que de 0,3 point en moyenne sur l'année. Le repli de l'emploi a été plus prononcé au deuxième trimestre. Il est plus important pour les jeunes, les salariés les moins qualifiés et ceux en emploi à durée limitée (CDD, intérim).

Le recours au chômage partiel ou technique est inédit : 6,2 % des personnes en emploi sont concernées en moyenne sur l'année et jusqu'à un quart des personnes en emploi pendant le premier confinement. Il permet de contenir largement le recul de l'emploi. En revanche, le volume moyen d'heures travaillées recule nettement (– 7,4 % en moyenne sur l'année par rapport à 2019).

Le taux de chômage au sens du Bureau international du travail (BIT) a nettement reculé pendant le premier confinement. Cette baisse, en trompe-l'œil, est principalement imputable aux difficultés à rechercher un emploi lorsque l'activité est à l'arrêt. Le taux de chômage a ensuite rebondi, pour reculer à nouveau au dernier trimestre, en partie pour les mêmes raisons que durant le premier confinement. Au total, le taux de chômage atteint en moyenne 8,0 % en 2020, soit 0,4 point de moins qu'en 2019.

En contrepartie de cette baisse, le halo autour du chômage augmente en 2020. Au total, la part de personnes sans emploi souhaitant travailler, qu'elles soient au chômage ou dans son halo, augmente nettement en 2020 et retrouve son niveau de 2018.

La perte d'emploi (indemnisation du chômage) et les difficultés d'insertion ou de réinsertion professionnelle constituent un des risques couverts par la protection sociale, mais non par la Sécurité sociale. En France, c'est l'UNEDIC qui gère l'assurance chômage ainsi que la formation et la réadaptation professionnelle.

En 2018, les prestations liées au risque emploi représentent 40,8 milliards d'euros, soit moins de 2 % du PIB.

Après un déficit estimé à –1,7 Md€ en 2019, l'Unedic enregistre un déficit record de 19,2 milliards d'euros à la fin 2020, soit une augmentation de 872 %. Cette augmentation du déficit est due autant à une baisse des recettes, en raison notamment de la baisse de la masse salariale en 2020 (–5,7 %) combinée à une diminution de la CSG sur les revenus d'activité de –8,3 %, qu'à une augmentation des dépenses : les allocations de retour à l'emploi (ARE) évoluent de +12,9 % tandis que le nombre moyen de demandeurs d'emploi indemnisés passe de 2 766 791 allocataires en 2019 à 2 917 831 en 2020.

Au premier trimestre 2021, le nombre de chômeurs au sens du BIT atteint 2,4 millions de personnes en France (hors Mayotte), en hausse de 18 000 personnes sur le trimestre. Le taux de chômage au sens du BIT est ainsi quasi stable (+0,1 point), à 8,1 % de la population active, après un recul de 1,1 point le trimestre précédent. Il se situe 0,3 point au-dessus de son niveau un an auparavant et retrouve son niveau de fin 2019, avant la crise sanitaire.

Les demandeurs d'emploi inscrits à Pôle emploi ne s'identifient pas aux chômeurs au sens du BIT : certains font partie des chômeurs au sens du BIT, d'autres sont dans le halo autour du chômage, d'autres encore peuvent être en emploi ou être inactifs au sens du BIT (hors halo). Ainsi, en France (y compris les départements-régions d'outremer, hors Mayotte), le nombre de demandeurs d'emploi s'élève à 3 800 700 pour la catégorie A (+6,3 % sur un an). Pour les catégories A, B, C ce nombre s'établit à 6 012 600. Si l'on ajoute les chômeurs de catégorie D et E, qui ne sont pas tenus de chercher un emploi (675 900 personnes selon Pôle Emploi), le nombre total de chômeurs en France au 1er trimestre 2021 est de 6,8 millions de personnes.

III. La précarité : chiffres-clés

En 2018, selon l'enquête Emploi, la population active au sens du Bureau international du travail (BIT) est estimée à 29,8 millions de personnes de 15 ans ou plus en France (hors Mayotte). Elle regroupe 27,1 millions d'actifs ayant un emploi et 2,7 millions de personnes au chômage. Le reste de la population âgée de 15 ans ou plus constitue la population dite « inactive », c'est-à-dire les personnes ne travaillant pas et ne recherchant pas activement un emploi ou n'étant pas disponibles rapidement pour en occuper un.

En moyenne en 2018, 84,7 % des salariés sont en contrat à durée indéterminée (CDI) ou fonctionnaires ; les autres sont en emploi à durée limitée : 10,5 % sont en contrat à durée déterminée (CDD), 3,0 % sont en intérim et 1,8 % sont apprentis. Cela signifie que 13,5 % des salariés ont un emploi précaire.

Les deux seules catégories épargnées sont celles qui disposent d'un statut protecteur et celles qui détiennent un diplôme leur permettant de retrouver un emploi en cas de licenciement. Le marché du travail se fissure en deux univers opposés : des instables qui passent de CCD en intérim et des salariés qui occupent des emplois stables (fonctionnaires, salariés qualifiés, etc.).

Il faut noter aussi que ce sont les plus jeunes qui sont le plus concernés par la précarité de l'emploi. En effet, 55,1 % des actifs âgés de 15 à 29 ans ont un contrat à durée déterminée (CDD), un contrat aidé, sont en stage ou en apprentissage, contre 7,9 % des 30-49 ans. Leur inexpérience, mais aussi leur arrivée dans une période difficile où chacun s'accroche à son emploi, explique en partie cette précarité. Même avec des salaires inférieurs, l'entrée dans le monde du travail reste un parcours d'obstacles, souvent fait de stages nombreux et de longues périodes d'instabilité. Si la majorité des jeunes qui ont un emploi occupe un contrat à durée indéterminée (62 %), 4,9 % exercent un emploi temporaire (intérim) – contre 1,7 % des actifs de 30 à 49 ans – et 17,7 % sont en CDD contre 5,3 % des 30-49 ans. Au total, un million de jeunes occupe un emploi à durée limitée.

La précarisation de l'emploi a été particulièrement forte entre le début des années 1980 et le début des années 2000. Le taux de précarité chez les jeunes est passé de 17,2 % en 1982 à 47,2 % en 2000, de 2,9 à 9,2 % chez les 25-49 ans. La progression ne s'est interrompue que durant quelques années à la fin des années 1980. Sur la même période, le taux a un peu plus que doublé pour la moyenne de la population, de 5,3 à 11,8 % (12,3 % aujourd'hui).

IV. Les travailleurs pauvres

En ces temps de chômage de masse, on pourrait penser que l'emploi constitue un rempart essentiel contre la misère. Or, aujourd'hui, même l'emploi ne représente plus une garantie absolue contre la pauvreté. Si l'exercice d'une activité diminue évidemment le risque de pauvreté et d'exclusion sociale, cela ne constitue plus aujourd'hui une protection absolue, puisque 10,8 % des personnes actives en emploi perçoivent des revenus inférieurs à 837 euros par mois en 2017, selon l'enquête « France, portrait social. Édition 2019 ».

Ainsi, si le SMIC (Salaire minimum interprofessionnel de croissance) est fixé à 10,25 € brut de l'heure, soit 1 554, 48 € bruts par mois, soit 18 655 euros brut par an, sur la base de 35 heures par semaine (soit en net, environ 8,11 € de l'heure, 1 231 € par mois et 14 772 euros net par an), tout le monde n'a pas la chance de travailler à temps complet.

En effet, représentant à peine plus d'un emploi sur vingt à la fin des années 1960, le travail à temps partiel concerne près d'un emploi sur cinq en 2018. Le taux de temps partiel en France (19 % en 2018) est proche de la moyenne de l'Union européenne (20 %) mais en deçà de celui du Royaume-Uni (26 %), de l'Allemagne (28 %) ou des Pays-Bas, qui culmine à 51 %. Comme dans l'ensemble de l'Europe, le travail à temps partiel est majoritairement féminin en France. Parmi les salariés hors apprentis, il concerne 30 % des femmes contre 8 % des hommes. Dans une forte proportion (42 %), le temps partiel est « subi » et constitue une composante du sous-emploi . Les emplois à temps partiel sont souvent occupés aussi par les jeunes, les seniors et les salariés peu qualifiés et faiblement diplômés. Ainsi, en 2018, près de 5,0 millions de personnes sont à temps partiel, soit 19 % des personnes en emploi. De même, en moyenne en 2018, 1,6 million de personnes sont en situation de sous-emploi, soit 6,0 % des personnes en emploi. Le sous-emploi concerne essentiellement des personnes à temps partiel souhaitant travailler davantage et disponibles pour le faire mais qui, pour la plupart, ne recherchent pas un autre emploi. Ceci explique pourquoi certaines personnes sont pauvres, alors même qu'elles travaillent. De même, les 2,3 millions de Français qui touchent un SMIC à temps complet n'arrivent pas toujours à s'en sortir, étant donné l'augmentation du coût de la vie.

Cette nouvelle catégorie de travailleurs pauvres regroupe 2,1 millions de personnes en 2017 (contre 1,9 million en 2016), dont 1,6 million sont salariés et 500 000 sont non-salariés. Au total, ce sont presque 4,5 millions de personnes qui seraient touchées par ce phénomène, 2,35 millions de personnes vivant aux côtés d'un travailleur pauvre. La pandémie de Covid-19, et la crise économique qui la suit, risquent sans doute d'aggraver ce phénomène.

Au-delà des facteurs aggravants liés à la précarité de l'emploi, plusieurs études mettent également en évidence l'influence déterminante de la structure des ménages : on constate par exemple que plus du tiers des travailleurs pauvres perçoivent un revenu individuel supérieur au SMIC, qui excède de 16 % le seuil de pauvreté. Ces travailleurs ne sont donc pas pauvres en raison de la précarité de leur emploi mais parce que la répartition du revenu disponible au sein du ménage qu'ils font vivre aboutit à la pauvreté de chacun des membres qui le composent. À l'inverse, trois quarts des travailleurs dont les revenus sont inférieurs à un SMIC ne sont pas pauvres, parce qu'ils bénéficient, du fait de leur situation familiale, de revenus complémentaires (salaires de leur conjoint, transferts sociaux, etc.).

La structure familiale apparaît donc comme un facteur déterminant dans l'appréciation des situations individuelles au regard de la pauvreté. C'est pourquoi une approche complémentaire, fondée sur la notion de « pauvreté économique individuelle », permet de neutraliser l'effet de la composition familiale sur les revenus du ménage et d'apprécier la situation de pauvreté d'une personne à partir de ses seuls revenus individuels d'activité.

Selon cette approche, 3,7 millions de personnes seraient considérées comme pauvres, soit 15 % de l'ensemble des travailleurs : un sur cinq est indépendant ou alterne période de chômage et d'activité, un tiers travaille à temps partiel et seulement 14 % travaillent à temps complet toute l'année.

V. Logement et précarité

L'augmentation de la précarité et la crise du logement sont étroitement liées, l'une aggravant l'autre et inversement.

Ainsi d'après le rapport annuel de 2019 sur le mal-logement de la Fondation abbé Pierre, on estime que 4 millions de personnes sont non ou très mal logées en France. 902 000 personnes sont privées de logement personnel et 2,8 millions vivent dans des conditions de logement très difficiles (privation de confort et surpeuplement accentué). Le mal-logement ne se réduit pas pour autant aux situations extrêmes. Une fraction considérable de la population au sein des couches modestes et moyennes (notamment chez les jeunes) loge dans des conditions qui ne répondent pas à leurs aspirations : détériorations, mauvaise insonorisation, surface trop faible, quartier dégradé, etc. L'idéal pavillonnaire, rêve de nombreuses familles, est loin d'être la norme en France. Au total, en effet, ce sont plus de 12,1 millions de personnes qui sont fragilisées par rapport au logement, soit qu'ils ont du mal à payer leur loyer ou à rembourser leur crédit, soit que leur logement est surpeuplé, soit qu'ils sont en situation de précarité énergétique.

La Fondation abbé Pierre estime que ce sont plus de 3 380 000 ménages qui sont en situation de précarité énergétique. La Fondation a initié en ce sens une étude sur ses impacts sanitaires, qui a confirmé la perception plus forte d'une santé dégradée par les personnes qui y sont exposées, une fréquence accrue de pathologies chroniques (bronchites, arthrose, anxiété, dépression, maux de tête...) et aiguës (rhumes, angines, grippe, diarrhées...) ainsi que des symptômes associés (sifflements respiratoires, crises d'asthme, rhumes des foins, irritations oculaires...).

Quant aux personnes sans domicile, selon l'INSEE, la France en compte 141 000, dont plus de 30 000 enfants : en réalité, il y aurait 200 000 SDF en France. Le nombre de SDF a doublé en 10 ans. La durée de vie moyenne d'un SDF est estimée à 48 ans tandis qu'elle est de 82 ans pour le reste de la population française. En 2018, 566 personnes sans domicile ont été recensées mortes dans la rue en France, un chiffre en augmentation par rapport aux années précédentes. Le nombre réel de victimes se situerait autour de 3 000.

Enfin, on compte 582 bidonvilles en France et 17 929 personnes qui y vivent. 37 % de ces personnes sont situées en Île-de-France et 21 % au Nord Pas de Calais.

30 Les inégalités économiques et sociales

Chaque année, avant la tenue du Forum de Davos en Suisse, l'ONG britannique OXFAM dénonce dans son rapport l'effarante concentration des richesses dans le monde. Ainsi dans son rapport de 2020, Oxfam démontre, chiffres à l'appui, l'ampleur des inégalités en France et dans le monde :

- Les richesses des 1 % les plus riches de la planète correspondent à plus de deux fois la richesse de 90 % de la population (6,9 milliards de personnes).
- Les milliardaires du monde entier, c'est-à-dire seulement 2 153 personnes, possèdent plus de richesses que 4,6 milliards de personnes, soit 60 % de la population mondiale.
- En France, 7 milliardaires possèdent plus que les 30 % les plus pauvres et les 10 % les plus riches possèdent 50 % des richesses.
- Si quelqu'un avait pu économiser l'équivalent de 8 000 euros par jour depuis la prise de la Bastille (14 juillet 1789), il n'arriverait aujourd'hui qu'à 1 % de la fortune de Bernard Arnault.
- Dans le monde, les hommes détiennent 50 % de richesses en plus que les femmes.
- Les femmes assurent plus des 3/4 du travail domestique non rémunéré et comptent pour 2/3 des travailleurs dans le secteur du soin.
- Les 2/3 des milliardaires tirent leur richesse d'une situation d'héritage, de monopole ou de népotisme.
- La pandémie de coronavirus est venue frapper un monde déjà profondément inégalitaire. Pour la première fois, les inégalités ont augmenté simultanément dans la quasi-totalité des pays du monde : ainsi, les dix hommes les plus riches du monde – dont fait partie le français Bernard Arnault – ont vu leur fortune totale augmenter de plus de 500 milliards de dollars depuis le début de la pandémie.

En France, la situation n'est guère plus favorable : Oxfam montre que depuis 2018, les inégalités sont reparties à la hausse, et la pauvreté aussi.

- En France, 7 milliardaires possèdent plus que les 30 % les plus pauvres, ils étaient 8 l'année dernière.
- Les 10 % les plus riches possèdent 50 % des richesses du pays.
- La France compte 41 milliardaires en 2019. C'est 4 fois plus qu'après la crise financière de 2008 ! Sur ces 41 personnes, plus de la moitié ont hérité de leur fortune, et seules 5 sont des femmes.
- Les milliardaires français sont ceux qui ont vu leur richesse le plus augmenter l'année dernière, devant les américains ou les chinois.
- Le PDG du groupe Sanofi, grand groupe pharmaceutique français, gagnait en 2018 plus de 343 fois le salaire moyen d'un·e aide-soignant·e.
- Parmi les mères de famille monoparentale qui travaillent, plus d'une sur quatre est pauvre.
- Pendant la crise du Covid-19, les milliardaires français ont bénéficié d'une reprise exceptionnelle : ils ont en effet vu leur fortune se reconstituer à hauteur de 175 milliards d'euros, dépassant le niveau d'avant la crise ! **C'est la troisième plus forte progression après les États-Unis et la Chine. 175 milliards d'euros, c'est aussi l'équivalent de deux fois le budget de l'hôpital public français**. Malgré la crise, la fortune de Bernard Arnault a même augmenté de 44 milliards d'euros entre mars et décembre 2020, soit un bond de 41 %. Dans le même temps, un million de personnes seraient tombées dans la pauvreté en France en 2020 selon les associations caritatives.

I. Définition

A. La notion d'inégalité

Une inégalité sociale est le résultat d'une distribution inégale, au sens mathématique de l'expression, entre les membres d'une société des ressources de cette dernière, due aux structures mêmes de cette société et faisant naître un sentiment d'injustice au sein de ses membres. La référence à la notion d'inégalité mathématique offre le double avantage de la simplicité et de l'univocité : elle est sans ambiguïté. Elle s'impose donc à ce titre, et toute définition des inégalités sociales y fait implicitement ou explicitement référence. Une unité de mesure étant définie (mètre, année, franc, etc.), il y a inégalité mathématique entre deux grandeurs quand l'une est supérieure à l'autre. Par analogie, on peut dire qu'il y a inégalité entre deux membres d'une même société dès lors que l'un se trouve davantage doté de ressources qu'un autre : les ressources de l'un sont en quantité supérieure à celles de l'autre. Par exemple, A dispose d'un revenu annuel supérieur à B ; ou encore l'espérance de vie d'A est supérieure à celle de B.

B. La pauvreté

Selon l'INSEE, « un individu est considéré comme pauvre quand son niveau de vie (après impôts et prestations sociales) est inférieur au seuil de pauvreté ».

Il existe trois façons différentes de mesurer la pauvreté :

- **La mesure relative** : jusque récemment, on considérait comme pauvre toute personne vivant avec la moitié du revenu médian (après impôts et prestations sociales), revenu qui partage l'effectif des ménages en deux (autant gagne plus, autant gagne moins). Cette mesure est dite « relative » car la pauvreté est mesurée par rapport au revenu médian. Souvent on utilise l'expression du seuil à 50 %. Mais la France est passée à une définition plus extensive, souvent utilisée par les institutions européennes : le seuil est fixé à 60 % du revenu médian.
- **Le choix des seuils a un impact considérable sur l'amplitude de la population que l'on étudie** : en 2018, 5,2 millions de personnes (soit 8,3 % de la population) vivent sous le seuil de pauvreté à 50 % ou 9,3 millions sous celui à 60 % (soit 14,8 % de la population). Le seuil de pauvreté monétaire, qui correspond à 60 % du niveau de vie médian de la population, s'établit à 1 063 euros par mois pour une personne seule en 2018.
- **Les titulaires de minima sociaux** : on peut aussi mesurer le nombre de pauvres à partir de celui des titulaires de minima sociaux. On comptabilise alors les personnes « reconnues » comme démunies au sein de la société par l'administration. Au total, 4,25 millions de personnes étaient allocataires de l'un des 10 dispositifs de minima sociaux en 2018. En comptabilisant les ayants droit (conjoints, enfants…), 6,9 millions d'individus vivent d'une allocation de ce dispositif.
- **La pauvreté en termes de conditions de vie** : les mesures précédentes ne reposent que sur des critères monétaires ou administratifs. Or, la conséquence

de la pauvreté, c'est l'exclusion de certaines pratiques ou de certaines consommations. Pour mieux comprendre le phénomène de l'intérieur, l'INSEE a mesuré les privations dont souffre une partie de la population, ce que les chercheurs appellent « la pauvreté en conditions de vie ». L'institut établit une longue liste et pose la question aux ménages : « Pouvez-vous chauffer votre logement ? Recevoir des amis ? Remplacer les meubles ? », etc. Ainsi, une étude de l'Insee porte sur l'évolution de la pauvreté en conditions de vie entre 2004 et 2017. Elle exploite les résultats de l'enquête « Statistiques sur les ressources et les conditions de vie » (SRCV). L'indicateur français de pauvreté en conditions de vie des ménages « mesure la part de la population incapable de couvrir les dépenses liées à au moins huit éléments de la vie courante sur 27 considérés comme souhaitables, voire nécessaires, pour avoir un niveau de vie acceptable ». Globalement, la pauvreté en conditions de vie a atteint, en 2017, son plus bas niveau depuis quinze ans. Elle touche 11 % des ménages de France métropolitaine, contre 14,6 % en 2004. Après une forte baisse entre 2004 et 2007 (de 14,6 % à 12,5 %), la tendance a ensuite été plus irrégulière, mais la baisse a néanmoins repris à partir de 2014. La tranche d'âge la plus touchée par la pauvreté en conditions de vie est celle des 45-59 ans (13,9 % en 2017) et la plus épargnée celle des 75 ans et plus (7 %). Les jeunes de 16 à 29 ans se situent à un niveau intermédiaire (10,4 %), mais sont plus affectés par les difficultés liées au logement. La composition du ménage est également un facteur déterminant. Sur ce point les familles monoparentales apparaissent particulièrement touchées. Elles sont ainsi 26 % à être pauvres en conditions de vie, loin devant les familles nombreuses (18,1 % pour les couples avec au moins trois enfants), les personnes seules (13,7 %), les couples avec un ou deux enfants (7 % environ) et les couples sans enfant (4,6 %).

C. Les minima sociaux

Selon la définition de l'INSEE, les minimas sociaux visent à assurer un revenu minimal à une personne (ou à sa famille) en situation de précarité. Ce sont des prestations sociales non contributives, c'est-à-dire qu'elles sont versées sans contrepartie de cotisations. Le système français de minima sociaux comporte divers dispositifs dont un spécifique aux départements d'outre-mer (Dom). Il en existe dix en France. En 2018, les minima sociaux comptent au total 4,25 millions d'allocataires. Avec les conjoints et les enfants à charge, ils couvrent 6,9 millions de personnes, soit 10 % de la population française (et une personne sur trois dans les départements et régions d'outre-mer).

1. Le revenu de solidarité active (RSA), en vigueur depuis le 1er juin 2009 en France métropolitaine et depuis le 1er janvier 2011 dans les départements d'outre-mer (et le 1er janvier 2012 à Mayotte) remplace le revenu minimum d'insertion (RMI), l'allocation de parent isolé (API) et les dispositifs associés d'intéressement à la reprise d'activité. Le RSA apporte également un complément de revenu à des travailleurs pauvres qui n'auraient pas pu bénéficier de ces aides. Depuis le 1er septembre 2010, le RSA est étendu au moins de 25 ans (RSA jeunes) sous condition de justifier de deux ans d'activité

en équivalent temps plein, au cours des trois dernières années. Le montant du RSA socle au 1er avril 2021 est de 565,34 € pour une personne seule sans enfant, 848,01 € pour une personne seule avec un enfant, 1 017,61 € pour une personne seule avec deux enfants, 848,01 € pour un couple sans enfant, 1 017,61 € pour un couple avec un enfant, 1 187,21 € pour un couple avec deux enfants. En octobre 2020, suite aux confinements, plus de 2,1 millions de foyers touchent le RSA, pour un montant total de plus de 11 milliards d'euros.

2. L'allocation de solidarité spécifique (ASS), instituée en 1984, est une allocation-chômage s'adressant aux chômeurs ayant épuisé leurs droits à l'assurance chômage, et qui justifient d'au moins cinq années d'activité salariée au cours des dix dernières années précédant la rupture de leur contrat de travail. Fin septembre 2020, le nombre d'allocataires de l'ASS s'élève à 380 400 personnes, soit une hausse de 6,0 % par rapport à septembre 2019
3. L'allocation équivalente retraite de remplacement (AER-R), créée en 2002, est une allocation-chômage qui constitue un revenu de remplacement ou de complément au profit des demandeurs d'emploi qui totalisent le nombre de trimestres à l'assurance vieillesse requis pour bénéficier d'une retraite à taux plein avant l'âge de 60 ans. L'AER est supprimée à compter du 1er janvier 2011 et remplacée par l'allocation transitoire de solidarité (ATS). Seules les personnes qui en bénéficiaient déjà à cette date continuent de la percevoir au-delà du 1er janvier 2011 : cela concerne 900 personnes.
4. L'allocation d'insertion (AI), créée en 1984, est une allocation-chômage, d'une durée maximale d'un an, réservée depuis 1992 aux personnes ayant demandé l'asile en France, aux salariés expatriés non affiliés à l'assurance chômage ou aux réfugiés, ainsi qu'aux anciens détenus libérés depuis moins de douze mois, aux victimes d'un accident du travail ou d'une maladie professionnelle. L'allocation temporaire d'attente (ATA), créée en 2005, remplace l'allocation d'insertion (AI) pour les entrées à compter du 16 novembre 2006. Outre des conditions rénovées de versement aux demandeurs d'asile, l'ATA est ouvert à de nouvelles catégories de personnes : bénéficiaires de la protection subsidiaire, bénéficiaires de la protection temporaire ou victimes de la traite des êtres humains ou du proxénétisme. Excepté les réfugiés, les anciens bénéficiaires de l'AI peuvent également bénéficier de l'ATA. Cela concerne 1 600 personnes fin 2018.
5. L'allocation aux adultes handicapés (AAH), instituée en 1975, s'adresse aux personnes handicapées ne pouvant prétendre ni à un avantage vieillesse ni à une rente d'accident du travail. Le titulaire doit justifier d'un taux d'incapacité d'au moins 80 %, ou d'au moins 50 % si la CDAPH (Commission des droits et de l'autonomie des personnes handicapées) reconnaît qu'il lui est impossible de travailler en raison de son handicap. Elle concerne plus de 1,2 million de bénéficiaires en 2019 pour un montant total de plus de 10 milliards d'euros.

6. L'allocation supplémentaire d'invalidité (ASI), créée en 1957, s'adresse aux titulaires d'une pension d'invalidité servie par le régime de Sécurité sociale au titre d'une incapacité permanente et leur assure un niveau de revenu égal au minimum vieillesse. Elle est versée jusqu'à ce que l'allocataire atteigne l'âge requis pour bénéficier de l'allocation de solidarité aux personnes âgées (ASPA). Jusqu'au 1er janvier 2009, l'ASI assurait un niveau de revenu égal au minimum vieillesse. Depuis le 1er avril 2009, la revalorisation du minimum vieillesse est supérieure à celle de l'ASI. Cette allocation concerne 82 200 personnes fin 2018.
7. L'allocation veuvage, créée en 1980, s'adresse aux conjoints survivants d'assurés sociaux décédés. C'est une allocation temporaire versée pendant deux ans au maximum. Le titulaire doit être âgé de moins de 55 ans. Cela concerne 7 100 personnes fin 2018.
8. Les allocations du minimum vieillesse (ASV et ASPA) : l'allocation supplémentaire vieillesse (ASV), créée en 1956, s'adresse aux personnes âgées de plus de 65 ans (60 ans en cas d'inaptitude au travail) et leur assure un niveau de revenu égal au minimum vieillesse. Une nouvelle prestation, l'allocation de solidarité aux personnes âgées (ASPA) est entrée en vigueur le 13 janvier 2007. Cette allocation unique se substitue, pour les nouveaux bénéficiaires, aux prestations de premier étage du minimum (qui ne font pas partie des minima sociaux) et à l'allocation supplémentaire vieillesse. Elle concerne 568 100 personnes fin 2018.
9. Le revenu de solidarité (RSO), créé en décembre 2001 et spécifique aux départements d'outre-mer (DOM), est versé aux personnes d'au moins 55 ans, bénéficiaires du RSA depuis au moins deux ans, qui s'engagent sur l'honneur à quitter définitivement le marché du travail. En 2018, 8 900 foyers environ bénéficient du RSO pour un montant total de 55 millions d'euros.
10. L'allocation pour demandeur d'asile (ADA), mise en place le 1er novembre 2015, s'adresse aux demandeurs d'asile, aux étrangers couverts par la protection temporaire et aux étrangers victimes du proxénétisme ou de la traite des êtres humains.

II. Pauvreté : les chiffres-clés

A. La pauvreté en France

Depuis la crise économique de 2008, les inégalités se sont creusées, éloignant davantage encore dans l'échelle des revenus disponibles les 10 % des Français les plus modestes des 10 % des Français les plus aisés.

En 2018, en France métropolitaine, le niveau de vie médian de la population s'élève à 21 250 euros annuels, soit 0,3 % de plus qu'en 2017 en euros constants. Il poursuit sa lente progression depuis cinq ans, après avoir diminué à la suite de la crise économique de 2008. Les 10 % de personnes les plus modestes ont un niveau de vie inférieur à 11 210 euros. Les 10 % les plus aisées ont un niveau de vie au moins 3,5 fois supérieur, au-delà de 39 130 euros.

En 2018, les niveaux de vie évoluent de façon contrastée. Celui des ménages les plus aisés augmente nettement. Il bénéficie de la progression des revenus du patrimoine, liée à la forte hausse des dividendes dans un contexte de fiscalité plus incitative à leur distribution plutôt qu'à leur capitalisation et d'une hausse des revenus d'activité. Celui des ménages les plus modestes se replie, principalement en raison d'une baisse des allocations logement.

La France compte en 2018 5,2 millions de personnes (soit 8,3 % de la population) vivant sous le seuil de pauvreté à 50 % ou 9,3 millions sous celui à 60 % (soit 14,8 % de la population).

Sans surprise, ce sont les familles monoparentales qui sont les plus exposées à la pauvreté. Le niveau de vie des familles monoparentales, très présentes parmi les familles pauvres, a été davantage pénalisé par la réforme des aides au logement : une famille monoparentale sur deux (50,4 %) bénéficie d'une allocation logement, contre 22 % de l'ensemble des ménages. Pour les membres d'une famille monoparentale, le taux de pauvreté augmente fortement en 2018 (35,3 % après 33,6 % en 2017), sans tenir compte de la baisse des loyers dans le parc social. Le taux de pauvreté des personnes vivant dans un ménage composé d'un couple avec un ou deux enfants s'accroît bien plus faiblement (9,3 % après 8,9 % en 2017), Le taux de pauvreté des enfants de moins de 18 ans augmente de 0,9 point pour atteindre 21,0 % en 2018.

La pauvreté n'affecte pas non plus l'ensemble du territoire de manière identique. La proportion de personnes dont le niveau de vie est inférieur au seuil de pauvreté national est deux à quatre fois plus élevée dans les quatre départements d'outre-mer (DOM) historiques (Guadeloupe, Martinique, Guyane et La Réunion) qu'en France métropolitaine, et cinq fois plus à Mayotte. En France métropolitaine, le taux de pauvreté atteint 27,9 % en Seine-Saint-Denis et est important dans la plupart des départements du pourtour méditerranéen, en Corse et le long de la frontière belge. À l'inverse, il est relativement plus faible dans les départements de l'ouest, de l'ancienne région Franche-Comté et du nord des Alpes. Le taux de pauvreté est inférieur à 10 % en Vendée, en Savoie, Haute-Savoie et dans les Yvelines.

Les prestations sociales dans leur ensemble ont une incidence forte sur la réduction de la pauvreté monétaire. En 2017, la proportion de personnes situées sous le seuil de pauvreté, qui correspond au taux de pauvreté, est ainsi réduite de 8 points : en d'autres termes, ce ne sont pas 14,1 % de la population qui seraient pauvres mais plus de 22,1 % si ces minima sociaux n'existaient pas. L'effet de la redistribution est particulièrement marqué pour les familles monoparentales (–20,9 points pour celles avec au moins 2 enfants), pour les personnes de moins de 20 ans (–12,9 points) et pour les personnes en situation de handicap ou de perte d'autonomie (–13,1 points). En effet, les prestations sociales non contributives représentent au total 41 % de leur revenu disponible (13 % de minima sociaux, 14 % d'aides au logement, 11 % de prestations familiales et 3 % de prime d'activité). Elles augmentent le niveau de vie des personnes pauvres de 346 euros par mois en moyenne. Leur fonction redistributrice n'est donc plus à démontrer.

B. La pauvreté dans le monde

Quelques chiffres donnés par le Programme des Nations unies pour le développement permettant de se faire une idée de la pauvreté et des inégalités massives qui existent dans le monde actuel. Ainsi, le PNUD estime que 20 % de la population mondiale détient 90 % des richesses. Pis, selon l'ONG Oxfam, 8 personnes détiennent autant de richesse que les 3,5 milliards de personnes les plus pauvres de la planète soit la moitié de la population.

À l'inverse, plus d'un milliard d'êtres humains vivent avec moins d'un dollar par jour, et 2,8 milliards de personnes, soit près de la moitié de la population mondiale, vivent avec moins de 2 dollars par jour.

De même 448 millions d'enfants souffrent d'insuffisance pondérale, tandis que plus d'un milliard de personnes n'ont pas accès à de l'eau salubre. Ainsi, chaque jour, 30 000 enfants de moins de cinq ans meurent de maladies qui auraient pu être évitées

La pandémie de Covid-19 risque malheureusement d'aggraver la situation. En effet, pour la première fois depuis plus de vingt ans, le taux mondial d'extrême pauvreté devrait augmenter en 2020, prévoit la Banque mondiale, en mettant en lumière les conséquences aggravantes de la pandémie de coronavirus (COVID-19) sur la réduction de la pauvreté, déjà freinée par les conflits et le changement climatique.

Selon le rapport bisannuel sur la pauvreté et la prospérité partagée publié aujourd'hui, la pandémie risque d'entraîner environ 120 millions de personnes supplémentaires dans l'extrême pauvreté cette année et jusqu'à 160 millions d'ici à 2021, en fonction de la gravité de la récession économique. L'extrême pauvreté, dont le seuil est fixé à moins de 1,90 dollar par jour, devrait ainsi toucher entre 9,1 % et 9,4 % de la population mondiale en 2020, soit un retour en arrière de l'ordre du taux de 9,2 % enregistré en 2017. Sans les bouleversements induits par la pandémie à travers le monde, ce chiffre aurait dû tomber à 7,9 % en 2020.

III. Pauvreté, inégalités de santé et Covid-19

A. Inégalités sociales et inégalités de santé

À âge et à sexe égal, l'existence et l'importance des problèmes de santé sont d'abord liées à la position sociale et au niveau d'études. Tous les indicateurs, que ce soit l'état général de santé déclaré, la mortalité, la mortalité prématurée, l'espérance de vie, la morbidité déclarée ou mesurée ou le recours aux soins, font apparaître un gradient selon la catégorie professionnelle ou le niveau d'études. On observe une diminution graduelle du risque-tout au long de la hiérarchie sociale sans aucun effet de seuil. Ce phénomène est connu sous le terme de « gradient social de santé ».

En fait, le gradient sociale de santé et les inégalités sociales de santé apparaissent avant même la naissance, avec des différences de suivi prénatal et de comportements à risque pour l'enfant à naître. Ainsi, selon l'étude « France, portrait social. Édition 2020 », effectuée par l'INSEE, 94 % des femmes cadres déclarent ne pas avoir fumé pendant leur grossesse, contre 66 % des ouvrières. Dès la petite enfance, des inégalités de santé se développent. À 6 ans, les enfants de milieu social modeste sont plus souvent en surcharge pondérale et celle-ci persiste plus souvent au cours de l'enfance et de l'adolescence. En ce sens, si les inégalités sociales de santé apparaissent avant la naissance, elles se creusent durant l'enfance.

Les habitudes de vie, les facteurs culturels et économiques, ainsi que l'exposition environnementale contribuent à creuser les inégalités de santé durant l'enfance. Ainsi, les enfants de familles favorisées ont une alimentation meilleure pour la santé, pratiquent plus souvent une activité sportive extra-scolaire et passent moins de temps devant les écrans. En 2015, 8 % des enfants de cadres contre 16 % des enfants d'ouvriers en CM2 passent au moins deux heures par jour devant un écran en semaine. Consulter un dentiste à titre préventif est moins fréquent chez les enfants de familles modestes et, en CM2 comme en troisième, les élèves en éducation prioritaire ont deux fois plus souvent que les autres des troubles non corrigés de la vision de loin (10 % contre 5 % hors éducation prioritaire en troisième en 2017).

En revanche, à la sortie de l'adolescence, la consommation de substances psychoactives, en particulier de boissons alcoolisées, est plus fréquente dans les milieux sociaux favorisés, à l'exception du tabagisme quotidien. À 17 ans, les adolescents issus de familles favorisées se perçoivent aussi plus souvent en bonne santé que ceux de familles défavorisées.

Ce sont donc souvent les mêmes populations, les moins favorisées (faible revenu, peu diplômées), qui cumulent les expositions aux différents facteurs de risque pour la santé, dans l'environnement professionnel (exposition au travail physiquement pénible, au travail de nuit, aux produits toxiques, etc.) ou familial (bruit, mauvaise qualité de l'air ou de l'eau, etc.). Ce sont aussi celles dont les comportements (alimentaires, d'activité physique, de prévention, etc.) sont les moins favorables à la santé. Les inégalités de recours aux soins contribuent à la plus grande fréquence des problèmes de santé, mais aussi à leur retentissement plus important pour les plus démunis.

Si l'on se réfère au seul niveau de revenu, les inégalités sont très marquées. Ainsi, selon une étude de l'INSEE parue en février 2018, parmi les 5 % les plus aisés, l'espérance de vie à la naissance des hommes est de 84,4 ans, contre 71,7 ans parmi les 5 % les plus pauvres, soit 13 ans d'écart. Chez les femmes, cet écart est plus faible : 8 ans séparent les plus aisées des plus pauvres. Les personnes les plus aisées ont plus souvent un diplôme du supérieur, mais cela n'explique qu'en partie les écarts d'espérance de vie selon le niveau de vie. Avec ou sans diplôme, plus on est aisé, plus l'espérance de vie augmente.

Les inégalités sociales de mortalité demeurent stables depuis plusieurs décennies : sur la période 2009-2013, l'écart d'espérance de vie à 35 ans entre cadres et ouvriers est de 6,4 ans pour les hommes et de 3,2 ans pour les femmes, en légère augmentation depuis la période 2000-2008. Ainsi, à 35 ans, un homme cadre peut espérer vivre jusqu'à 84 ans, contre 77,6 ans pour un ouvrier. Une femme cadre peut quant à elle espérer vivre jusqu'à 88 ans, contre 74,8 pour une ouvrière.

Le lien entre le milieu social et les conséquences des maladies et accidents que sont les incapacités et les handicaps a aussi été clairement mis en évidence. Des études ont ainsi montré que les écarts d'espérance de vie entre milieux sociaux sont accrus si l'on décompte les années de vie passées en incapacité : les ouvriers ont donc non seulement une durée moyenne de vie inférieure (41 ans pour ouvrier, 47 ans pour un cadre), mais passent en outre un plus grand nombre d'années de vie en incapacité que les cadres. À 35 ans, un ouvrier peut espérer vivre 24 ans sans incapacité, un cadre peut espérer vivre 34 ans sans incapacité. Le premier n'atteindra pas l'âge de la retraite (60 ans) sans incapacité, le second bénéficiera de 9 ans de retraite sans incapacité. En relation avec le revenu, le travail est donc un déterminant essentiel de la santé.

B. Le confinement : miroir des inégalités sociales de santé

La crise du Covid-19 a été un révélateur de ces inégalités, en même temps qu'elle les a aggravées. Ainsi, en France, en mars-avril 2020, un surcroît de 27 000 décès (+ 27 %) est survenu, toutes causes confondues, par rapport à la même période en 2019, essentiellement en raison de la surmortalité provoquée par la Covid-19. L'Île-de-France (+ 91 %) et le Grand Est (+ 55 %) ont été les régions les plus affectées. Les personnes les plus âgées, celles nées à l'étranger et celles habitant dans les communes les plus pauvres et les plus denses ont été les plus touchées. Ainsi les personnes nées au Maghreb ont subi une surmortalité de +54 %, celles nées en Asie de +91 % et celles nées en Afrique de +114 %, tandis que la surmortalité des personnes nées en France était de +22 %.

Le risque d'exposition au virus varie selon les milieux sociaux : ouvriers et employés ont plus souvent continué à se rendre au travail à l'extérieur, les personnes les plus modestes vivent plus souvent dans des communes denses et des logements surpeuplés. De plus, ces dernières souffrent plus souvent d'obésité ou d'une pathologie associée à un risque élevé de développer une forme grave de Covid-19.

715 000 emplois ont été détruits au premier semestre 2020, en premier lieu dans l'intérim. Cependant, la chute de l'activité économique provient essentiellement des personnes restées en emploi : leur temps de travail s'est réduit de 34 % en moyenne du 16 mars au 10 mai par rapport à la même période en 2019. Le chômage partiel a concerné principalement les ouvriers (54 %) et les employés (36 %), tandis que les cadres ont plus largement travaillé à leur domicile (81 %). Un quart des ménages estime que sa situation financière s'est dégradée avec le confinement, plus particulièrement ceux qui ont réduit leur activité, ceux ayant des enfants et ceux dont les revenus étaient initialement bas. Pour l'avenir, un quart des personnes pensaient, fin avril, rencontrer des difficultés pour payer leur loyer, leur crédit immobilier ou leurs charges dans les douze prochains mois.

Les personnes vivant seules ont, plus souvent que les couples, trouvé le confinement pénible (31 % contre 24 %). L'accès à un espace extérieur privatif et la taille du logement ont également pesé sur ce ressenti, plus particulièrement sur les ménages modestes ou avec enfants.

En confinement, les femmes ont continué d'assumer l'essentiel des tâches domestiques et parentales, même quand elles travaillaient à l'extérieur : 19 % des femmes et 9 % des hommes de 20 à 60 ans ont consacré au moins quatre heures par jour en moyenne aux tâches domestiques ; 43 % des mères et 30 % des pères ont passé plus de six heures quotidiennes à s'occuper des enfants. 13 % des personnes en couple se sont disputées plus fréquemment que d'habitude.

Un tiers des élèves du second degré ayant des difficultés scolaires ont consacré trois heures ou plus à leur scolarité, contre la moitié des bons élèves. Les élèves de milieu modeste ou en difficulté scolaire ont plus souvent rencontré des difficultés matérielles ou pour se faire aider par leurs parents.

Durant le confinement, plus de personnes ont pratiqué la musique, la danse, le dessin, la peinture et la sculpture, le montage audio ou vidéo ou encore des activités scientifiques ou techniques. Les écarts sociaux dans les pratiques culturelles en amateur se sont réduits.

Ainsi, alors que la morbidité est inversement proportionnelle au niveau de revenu, au sens où plus on est pauvre et plus on est malade, on constate que les plus pauvres ont de plus en plus de mal à accéder aux soins, ce qui a pour effet général d'aggraver leur situation sanitaire, qui est déjà moins bonne que la moyenne des Français. Les inégalités de santé constituent ainsi le miroir des inégalités sociales.

31 Les inégalités homme-femme

Les élections législatives de juin 2017 ont profondément modifié le visage de l'Assemblée nationale à tous points de vue. Surtout, la véritable nouveauté de cette Assemblée, censée représenter le peuple français, est qu'elle n'a jamais comporté autant de femmes : 223 femmes ont été élues, soit 38,65 % des député(e)s, alors qu'à l'issue du quinquennat 2012-2017, l'hémicycle était composé de seulement 155 femmes, soit 26,9 % des élu(e)s.
Danielle Bousquet, présidente du Haut Conseil à l'Égalité entre les hommes et les femmes a commenté ainsi cet évènement : « Cette évolution sans précédent de la part des femmes élues à l'Assemblée nationale est une avancée remarquable pour un partage effectif des responsabilités entre les femmes et les hommes, preuve que la parité n'est plus une option mais une exigence démocratique. »
Néanmoins, si l'on peut se féliciter que l'Assemblée nationale soit plus représentative de la société française, beaucoup de chemin reste encore à parcourir pour les femmes en France et dans le monde.

I. Définition

Une inégalité sociale est le résultat d'une distribution inégale, au sens mathématique de l'expression, entre les membres d'une société des ressources de cette dernière, due aux structures mêmes de cette société et faisant naître un sentiment d'injustice au sein de ses membres. La référence à la notion d'inégalité mathématique offre le double avantage de la simplicité et de l'univocité : elle est sans ambiguïté. Elle s'impose donc à ce titre, et toute définition des inégalités sociales y fait implicitement ou explicitement référence. Une unité de mesure étant définie (mètre, année, franc, etc.), il y a inégalité mathématique entre deux grandeurs quand l'une est supérieure à l'autre. Par analogie, on peut dire qu'il y a inégalité entre deux membres d'une même société dès lors que l'un se trouve davantage doté de ressources qu'un autre : les ressources de l'un sont en quantité supérieure à celles de l'autre. Par exemple, A dispose d'un revenu annuel supérieur à B ; ou encore l'espérance de vie d'A est supérieure à celle de B.

En matière d'inégalité homme-femme, on parle en général de parité : la parité est un concept d'égalité d'état ou d'équivalence fonctionnelle, et renvoie au nombre 2 (une paire), que l'on retrouve aussi en mathématiques et dans d'autres domaines, mais qui désigne en sociologie l'égalité des sexes.

La notion de parité constitue en effet le fondement des politiques de lutte contre les inégalités entre les hommes et les femmes. Au nom de ce principe ont été édictées plusieurs lois visant à réduire les disparités dans les domaines des salaires, de l'emploi, de l'éducation, de la représentation des femmes dans les instances de pouvoir politique et économique.

II. Historique du droit des femmes

Ainsi, depuis la Révolution française, un certain nombre de personnages et de lois ont permis de faire avancer la parité :

- **1791** : Olympe de Gouges rédige la « Déclaration des droits de la femme et de la citoyenne ».
- **1792** : la loi permet le divorce par consentement mutuel.
- **1804** : le Code civil prévoit que : « le mari doit protection à la femme, la femme doit obéissance à son mari ».
- **1850** : création obligatoire d'écoles de filles dans les communes de 800 habitants (loi Falloux).
- **1876** : Hubertine Auclert fonde la société « *Le droit des femmes* » qui soutient le droit de vote pour les femmes.
- **1903** : Marie Curie reçoit le prix Nobel de physique.
- **1924** : uniformisation des programmes scolaires masculins et féminins et création d'un baccalauréat unique.
- **1938** : suppression de l'incapacité juridique de la femme mariée.
- **1944** : droit de vote et d'éligibilité pour les femmes.
- **1946** : suppression de la notion de « salaire féminin ».
- **1956** : fondation de « la maternité heureuse » qui devient, en 1960, Mouvement français pour le planning familial.
- **1965** : les femmes mariées peuvent exercer une profession sans l'autorisation de leur mari.
- **1967** : loi Neuwirth autorisant la contraception.
- **1970** : l'autorité parentale remplace la puissance paternelle.
- **1972** : reconnaissance du principe « à travail égal, salaire égal ». L'école polytechnique devient mixte : huit femmes sont reçues.
- **1974** : Françoise Giroud première secrétaire d'État à la condition féminine.
- **1975** : loi Veil pour l'Interruption volontaire de grossesse.
- Réintroduction dans la loi du divorce par consentement mutuel.
- **1976** : la mixité devient obligatoire pour tous les établissements scolaires publics.
- **1980** : Marguerite Yourcenar est la première femme élue à l'Académie française.
- **1981** : Yvette Roudy est ministre déléguée des Droits de la femme.
- **1983** : la loi Roudy pose le principe de l'égalité professionnelle entre les femmes et les hommes.
- **1984** : le congé parental est ouvert à chacun des parents.
- **1991** : Édith Cresson est la première femme à être Premier ministre.
- **1993** : la loi du 8 janvier affirme le principe de l'exercice conjoint de l'autorité parentale à l'égard de tous les enfants, quelle que soit la situation des parents (mariés, concubins, divorcés, séparés).

- **2000** : promulgation de la première loi sur la parité politique.
- **2002** : création du congé de paternité.
- Reconnaissance de l'autorité parentale conjointe, de la garde alternée et de la coparentalité.
- L'enfant peut porter le nom de ses deux parents.
- **2004** : la loi du 26 mai relative au divorce introduit la procédure d'éviction du conjoint violent.
- **2005** : la loi du 12 décembre relative au traitement de la récidive des infractions pénales donne la possibilité au juge pénal d'ordonner à l'auteur de violences de résider hors du domicile ou de la résidence du couple.
- **2006** : loi du 4 avril renforçant la prévention et la répression des violences au sein du couple ou commises contre les mineurs ajoutent le partenaire « pacsé » et les « ex » au titre des circonstances aggravantes.
- Introduction de la notion de respect dans les obligations du mariage.
- Alignement de l'âge légal du mariage pour les garçons et les filles à 18 ans.
- Loi relative à l'égalité salariale entre les femmes et les hommes.
- **2008** : inscription dans la Constitution de « l'égal accès des femmes et des hommes aux mandats électoraux et fonctions électives, ainsi qu'aux responsabilités professionnelles et sociales ».
- **2010** : vote de la loi relative aux violences faites spécifiquement aux femmes, aux violences au sein des couples et aux incidences de ces dernières sur les enfants : création de l'ordonnance de protection des victimes et du délit de harcèlement moral au sein du couple.
- **2012** : vote de la loi du 6 août 2012 relative au harcèlement sexuel.
- **2013** : création du Haut Conseil à l'égalité entre les hommes et les femmes.
- **2014** : loi du 4 août 2014 relative à l'égalité réelle entre les hommes et les femmes.
- **2016** : premier plan interministériel de l'égalité professionnelle entre les hommes et les femmes.

III. Les inégalités dans l'éducation, la culture, le sport et les médias

A. L'éducation

Les écoles et les établissements sont devenus mixtes dans les années 1970, mais des disparités subsistent dans les parcours scolaires des filles et des garçons. Les études révèlent des différences de performance des élèves selon les sexes, souvent à l'avantage des filles, et ce dès le premier degré.

D'après le Rapport du Secrétariat d'État chargé de l'Égalité entre les hommes et les femmes, intitulé « Vers l'égalité réelle entre les hommes et les femmes », et publié en 2017, en moyenne, les filles ont de meilleurs résultats scolaires que les garçons, et ce, quel que soit leur milieu social d'origine. Elles sont scolarisées plus longtemps alors même qu'elles redoublent moins. Ces dernières obtiennent un meilleur taux de réussite au brevet des collèges et au baccalauréat général, technologique ou professionnel, ainsi qu'au CAP et BEP, toutes filières confondues.

Les filles sont majoritaires dans l'ensemble du second cycle général et technologique (53,8 %) et se répartissent entre les séries générales de la manière suivante : elles sont très majoritaires dans la série littéraire (80 % en terminale L), majoritaires en terminale économique et sociale (60 % en terminale ES) et pratiquement à parité avec leurs camarades masculins en terminale scientifique (47 % en terminale S). Cependant, contrairement à certaines représentations, à l'issue de la classe de seconde, les filles se répartissent de façon assez équilibrée entre les différentes séries du second cycle général (L, ES et S) et technologique. Ce sont les garçons, au contraire, qui se concentrent fortement dans la série scientifique, délaissant la série littéraire et, dans une moindre mesure, la série économique et sociale. La part des filles ne résulte donc pas d'un choix qu'elles feraient en fin de seconde mais du fait que les garçons ne se dirigent que très peu dans cette série, ceux-ci se concentrant majoritairement dans la série S (53 %). De même, les garçons empruntant moins la filière générale que les filles à la fin du collège, une division sexuée des filières scolaires et de formation apparaît de fait. Cette différence est notamment liée à la meilleure réussite scolaire des filles : 40 % des garçons contre 29 % des filles s'orientent en lycée professionnel.

Concernant l'enseignement supérieur, si les filles représentent 55,1 % des étudiant·e·s du supérieur, la répartition des femmes et des hommes dans les différentes filières est inégale. Malgré une diversification des choix d'orientation scolaire par les filles dans le secondaire et leurs excellents résultats, particulièrement au bac S (taux de réussite des filles 93 % ; taux des garçons 90 %), les jeunes femmes se dirigent moins vers les filières les plus valorisées à l'issue du baccalauréat, notamment les filières scientifiques et techniques. À série de bac égale, les choix d'études divergent et de nombreuses formations de l'enseignement supérieur sont peu mixtes. Les jeunes femmes sont par exemple 74 % en cursus de langues, 70 % en lettres et sciences du langage et 65 % en droit et sciences politiques. À l'inverse elles ne sont que 25 % en sciences fondamentales et application et 29 % en Staps (sciences et techniques des activités physiques et sportives). De même, après l'obtention du bac S, les jeunes femmes sont peu présentes (29 %) dans les classes préparatoires aux grandes écoles scientifiques (CPGE). Les étudiantes ne représentent que 27 % des effectifs des écoles d'ingénieurs, toutes filières confondues. Dans les IUT, elles représentent 7,7 % des étudiant·e·s en informatique et 7 % en génie électrique et informatique industriel. Elles se concentrent en génie biologique (64,5 % des effectifs) ou en information communication (77,8 %). À l'inverse, elles sont très majoritaires dans les filières menant aux professions de santé, représentant 64 % des effectifs.

B. La communication et la culture

La place des femmes dans les médias reste marginale. Quant au sport féminin il représente aujourd'hui entre 16 et 20 % des retransmissions sportives à la télévision, chiffre en nette progression.

Dans les éditions d'information, les femmes sont majoritairement présentes en tant que présentatrices et restent minoritaires dans la conception des sujets, même si cela est moins vrai dans les chaînes d'information en continu ou à la radio. En 2016, les femmes restent encore minoritaires à la télévision, notamment dans le sport, où elles ne représentent que 17 %. Les expert·e·s invité·e·s sur le plateau des émissions de télévision sont très majoritairement des hommes, malgré une nette amélioration pour certaines émissions (52 % de femmes pour l'émission « Philosophie » d'Arte en 2016). Pourtant, cette faible présence des femmes dans les médias est contradictoire avec le nombre de journalistes possédant la carte de presse, puisque 40 % de femmes en sont bénéficiaires en 2000, et 46 % en 2015.

Si aujourd'hui, les pratiques culturelles des hommes et des femmes sont très semblables, on note encore quelques exceptions. La pratique de la lecture, par exemple, est majoritairement féminine (2/3 des femmes ont lu un livre en 2009 contre moins de la moitié des hommes), tout comme les visites de musées et d'expositions (les femmes ont 20 % de chances supplémentaires que les hommes de visiter une exposition ou un musée). En revanche, d'autres loisirs sont davantage pratiqués par les hommes, comme l'utilisation d'internet (59 % l'utilisent à des fins personnelles, contre 50 % des femmes) ou les jeux vidéo (43 % jouent contre 29 % des femmes).

Ces données mettent en avant le poids des stéréotypes : les femmes sont davantage valorisées dans les médias pour leur image que pour leur expertise (télé et radio), la création artistique reste encore une affaire d'hommes. Le Conseil supérieur de l'audiovisuel (CSA) et chargé de veiller à la juste représentation des femmes et à l'image des femmes dans tous les programmes, notamment en luttant contre les stéréotypes, les préjugés sexistes, les images dégradantes ou les violences faites aux femmes.

C. Le sport

La part des femmes parmi les licencié·e·s n'a cessé d'augmenter sur la période 2001-2016, pour atteindre 38 % en 2016. Cependant, on note encore une segmentation selon les disciplines. Certaines fédérations sont à très forte dominante féminine : l'équitation (82,9 %), l'éducation physique et la gymnastique volontaire (92,1 %), les sports de glace (87,6 %) ou la danse (85,8 %). D'autres au contraire, sont majoritairement masculines, comme le football (94,3 %), le rugby (93,2 %) ou le tennis (71 %). Si, de manière générale, la pratique sportive des femmes augmente, dès que l'on atteint la pratique de haut niveau, la part de ces dernières reste sous-représentée. Dans les disciplines reconnues de haut niveau, 13 847 sportives sont inscrits sur les listes ministérielles des sportif·ve·s de haut niveau, en 2016. Parmi ces sportif·ve·s, 5 226 sont des femmes, soit 37,7 %. Cette proportion est proche de celles des femmes parmi les licenciés (38 %). Ainsi, les femmes s'inscrivent de plus en plus dans la compétition et obtiennent désormais une reconnaissance de leur statut.

III. Emploi et précarité des femmes

Dans la continuité de la stratégie « Europe 2020 », la France s'est donné pour objectif de porter à 75 % le taux d'emploi entre les femmes et les hommes âgés de 20 à 64 ans et d'annuler à l'horizon 2025 l'écart de taux d'emploi entre les deux sexes. En 2018, 68,2 % des femmes âgées de 15 à 64 ans sont actives, contre 53,1 % en 1975. L'élévation du niveau d'études et la diminution du nombre d'enfants par femme ont permis une progression rapide de la participation des femmes au marché du travail à partir des années 1960. Cette progression a été d'autant plus marquée pour la classe d'âge des 50 à 64 ans. En effet, en 1975, seules 41,1 % d'entre elles étaient actives, contre 62,1 % en 2016. Cette évolution s'explique en partie par le recul de l'âge du départ à la retraite. Inversement, l'activité des jeunes femmes âgées de 15 à 24 ans diminue.

Selon Eurostat et l'INSEE le taux de chômage des femmes en 2018 a atteint 9,1 % contre 9 % pour les hommes. Dans l'Union européenne, l'écart est similaire avec un taux de chômage de 7,2 % pour les femmes, contre 6,8 % pour les hommes.

A. Mixité des métiers

Les femmes et les hommes n'exercent pas les mêmes métiers. Près de la moitié des femmes en emploi se concentrent dans seulement 12 familles professionnelles sur 87 : elles sont très largement majoritaires au sein des métiers des services (aides à domicile, assistantes maternelles), parmi les enseignants et les agents d'entretien ; tandis que les hommes se répartissent dans plus de vingt familles professionnelles.

Les métiers mixtes sont rares : en 2011, sur 87 familles professionnelles, seules 19 sont mixtes. En 2009, 12 % des personnes en emploi occupent des métiers « mixtes » (c'est-à-dire entre 40 et 60 % de chaque sexe). Il s'agit en majorité de métiers très qualifiés du tertiaire : cadres administratifs, comptables ou financiers, cadres de la fonction publique, des banques et des assurances, des professionnels du droit et des médecins.

B. Temps partiel

Les femmes sont très massivement présentes parmi les employés, qu'elles travaillent à temps complet (70 %) ou à temps partiel (90 %). Elles constituent plus de 80 % des travailleurs à temps partiel et on estime que 29,3 % des femmes travaillent à temps partiel, contre 8,4 % des hommes en 2018.

L'accord national interprofessionnel du 11 janvier 2013 fixe à 24 heures par semaine la durée minimale du travail salarié, ce qui permettra aux salariés et aux salariées d'accéder à une couverture sociale de qualité et la majoration heures complémentaires pour chaque heure accomplie dans la limite d'1/10 de celles prévues au contrat. D'autres progrès ont été accomplis pour lutter contre la précarité induite par les petits temps partiels, qui concernent principalement les femmes : abaissement du plafond pour valider un trimestre de cotisation à 150 heures de travail ; ouverture aux salariés et salariées en petit temps partiel de l'accès aux indemnités journalières en cas de maladie, d'invalidité ou de congé maternité.

C. Création d'entreprises

La part de femmes entrepreneurs stagne depuis plusieurs années au-dessous de 30 % alors même que les sondages montrent que l'envie d'entreprendre est aussi répandue chez les femmes que chez les hommes. Les porteuses de projet ont plus souvent que les hommes des difficultés à accéder au crédit bancaire ou à articuler leur projet professionnel avec leur vie familiale. Néanmoins, le nombre de créatrices d'entreprises est passé de 141 227 en 2012 à 212 521 en 2016.

D. Pauvreté

En France, en 2016, le taux de pauvreté des femmes excède de 0,8 point celui des hommes (14,4 % pour les femmes contre 13,6 % pour les hommes), quelle que soit la tranche d'âge. Par ailleurs, 23 % des ménages les plus pauvres sont des familles monoparentales, dont 85 % des femmes seules avec enfants. 54 % des bénéficiaires du revenu de solidarité active (RSA) sont des femmes.

La loi pour l'égalité réelle entre les femmes et les hommes engage également la construction d'une garantie publique contre les impayés de pensions alimentaires. On estime à 40 % la part des pensions alimentaires qui ne sont aujourd'hui pas versées alors qu'elles représentent près d'un cinquième du revenu des familles monoparentales les plus pauvres.

IV. Les inégalités professionnelles

A. Écarts de salaires

Les écarts de salaires entre les femmes et les hommes traduisent pour partie les inégalités professionnelles. Dans le privé, tous temps de travail confondus, en 2015 la rémunération annuelle des femmes est inférieure de 24 % à celle des hommes. À temps de travail égal, le salaire net mensuel moyen d'une femme est dans le secteur privé et public inférieur de 18,6 % à celui d'un homme en 2014.

Dans la fonction publique d'État et la fonction publique territoriale, les écarts sont un peu plus faibles (respectivement de 15 % et 10,8 %). C'est dans la fonction publique hospitalière que l'écart est le plus important avec un salaire inférieur en moyenne de 21,9 % à celui des hommes.

Si le principe « à travail de valeur égale, salaire égal » est inscrit dans le Code du travail depuis 1972, trop longtemps il est demeuré inappliqué et les sanctions dépourvues de toute effectivité. Le cadre juridique a été modifié par le décret du 18 décembre 2012 qui renforce les exigences et les attentes vis-à-vis des entreprises en augmentant le nombre de thèmes devant être traités par les accords et plans d'action et en rendant obligatoire celui de la rémunération pour enfin s'attaquer à la réduction des écarts de salaires.

Une stratégie globale de contrôle a été définie pour que l'inspection du travail puisse effectivement mettre en œuvre tous les outils à sa disposition : lettres d'observation, mises en demeure et, en cas d'absence manifeste de volonté de mise en conformité, l'engagement de la procédure de pénalité. Le taux de couverture par un accord d'entreprise ou un plan d'action est de 61,9 % pour les entreprises de plus de 1 000 salariés, et de 50 % pour celles de plus 300 salariés et de moins de 1 000 salariés.

B. Articulation des temps de vie

L'augmentation de la part des femmes dans la population active n'a pas eu d'impact négatif sur le taux de fécondité, qui se maintient en 2018 autour de deux enfants. Le taux d'activité des femmes sans enfant est assez proche de celui des hommes (66,4 %), il baisse néanmoins légèrement dès le second enfant, et fortement au troisième enfant quand les enfants sont en bas âge.

La proportion de femmes à temps partiel s'accroît avec le nombre d'enfants. Aujourd'hui, si 83,8 % des femmes entre 25 et 50 ans sont actives, elles continuent d'assurer majoritairement les soins aux enfants et aux personnes dépendantes au sein de la famille et les charges domestiques. Les femmes y consacrent en moyenne 3 h 52 par jour, contre 2 h 24 pour les hommes.

S'il reste de fortes disparités territoriales, au cours des dernières années, la couverture assurée par les modes de garde n'a cessé de progresser. Le nombre de places d'accueil rapporté à la population des enfants âgés de moins de trois ans est passé de 47,7 % en 2006 à 52,2 % en 2011.

C. Retraites

Même si l'écart se réduit progressivement, les niveaux de pensions de droit propre des femmes sont très inférieurs à ceux des hommes. En 2014, la pension moyenne de droit direct (hors avantage accessoire) s'élève à 1 660 euros pour les hommes contre 1 007 euros pour les femmes. La pension moyenne des femmes est donc inférieure de 39,3 %. Les inégalités professionnelles entre les femmes et les hommes se répercutent sur le niveau des pensions. Ainsi, pour résorber les écarts salariaux entre les femmes et les hommes, les obligations des entreprises en matière de négociation collective ont été renforcées. Par ailleurs, depuis la loi du 20 janvier 2014 garantissant l'avenir et la justice du système de retraites, les salariés travaillant à temps partiel ou percevant une rémunération inférieure de 2 145 € bruts par mois peuvent désormais valider un trimestre de cotisation sur la base de 150 heures payées au SMIC au lieu de 200 heures, ce qui doit permettre notamment aux femmes de cotiser quatre trimestres dans l'année et valider ainsi des annuités complètes.

Par ailleurs, les femmes sont davantage bénéficiaires du minimum vieillesse. Plus d'un titulaire sur deux est une femme seule (célibataire, veuve ou divorcée). Les personnes isolées représentent 73 % des allocataires, contre 42 % pour l'ensemble des 61 ans ou plus. Les femmes représentent 70 % des allocataires isolées et leur part augmente de façon continue avec l'âge : de 56 % pour les personnes de moins de 65 ans, elle passe à 89 % pour les 90 ans ou plus.

V. La santé des femmes

A. Espérance de vie en bonne santé

Si les femmes ont une espérance de vie à la naissance de 85,3 ans contre 79,4 ans pour les hommes, l'écart se resserre si l'on considère l'espérance de vie en bonne santé à la naissance (64,9 ans pour les femmes et 62,6 ans pour les hommes en 2018). Ainsi les femmes vivent avec une limitation d'activités et/ou des incapacités en moyenne 20,4 ans, contre 16,9 ans pour les hommes. Trois fois plus de femmes que d'hommes sont atteintes par la maladie d'Alzheimer (400 000 cas sur 600 000 en 2004).

B. Une augmentation des accidents du travail chez les femmes

Les accidents du travail (AT) ayant entraîné un arrêt sont en baisse sur l'ensemble de la population. Toutefois, si les accidents du travail et les accidents de trajet restent plus importants chez les hommes, l'analyse sexuée réalisée par l'Agence nationale pour l'amélioration des conditions de travail (Anact) des données compilées par la Caisse nationale de l'assurance maladie des travailleurs salariés (Cnam-TS) révèle une évolution, inverse depuis une quinzaine d'années : une baisse continue chez les hommes et une augmentation pour les femmes.

Selon la photographie statistique de l'Anact, publiée en mars 2017, « si les accidents du travail avec arrêt baissent globalement de 15,3 % entre 2001 et 2015, ils progressent pour les femmes. Sur cette période de quatorze ans, les accidents du travail ont augmenté de 28 % pour les femmes tandis qu'ils ont baissé de 28,6 % pour les hommes ». Cette hausse concerne d'abord les secteurs où se concentrent les femmes en situation de précarité, où le recours au CDD, au temps partiel et aux horaires atypiques est important.

En 2015, les activités de services de type santé, nettoyage et travail temporaire, représentent près de la moitié (41,3 %) des accidents du travail qui ont concerné des femmes, soit 91 379 accidents du travail ayant entraîné un arrêt. Les accidents du travail dans cette branche d'activité ont connu une augmentation de 81 % depuis 2001. Comme pour les hommes, ces accidents se concentrent dans les catégories socioprofessionnelles des ouvrières (44,4 % des AT en 2012) et des employées (16,1 % des AT).

C. Santé sexuelle et reproductive

La France occupe la première place mondiale pour l'utilisation de méthodes médicales de contraception (pilule et stérilet). Une femme sur trois ayant eu recours à l'IVG utilisait un moyen pour éviter une grossesse. 17,8 % d'entre elles usaient d'une méthode ou barrière naturelle dont l'efficacité n'est pas garantie. La moitié des femmes (46,3 %) utilisait un moyen de contraception au moment où elles se sont retrouvées enceintes : le plus souvent (26 %) la pilule, qui est la méthode la plus utilisée par les femmes en France ; ou le préservatif (16 %).

Malgré ce développement, le nombre d'IVG reste relativement stable depuis 2006. Cette situation résulte d'un double phénomène : d'un côté on enregistre une baisse des grossesses non prévues grâce à la diffusion des méthodes de contraception, de l'autre on observe une augmentation du recours à l'IVG en cas de grossesse non désirée afin de choisir le moment de devenir parents.

Plus d'une femme sur trois aura recours à une IVG au cours de sa vie en métropole et près d'une femme sur deux dans les Dom. Aujourd'hui, plus de la moitié des IVG sont médicamenteuses. Depuis 2012, l'IVG est remboursée à 100 % et son tarif a été augmenté pour couvrir la totalité des coûts supportés par les établissements lors des actes d'IVG instrumentale. Depuis 2013, la contraception des mineures de plus de 15 ans est remboursée à 100 %.

Enfin, un nouveau site Internet (ivg.gouv.fr) a été lancé pour apporter une information fiable et de qualité sur l'IVG.

D. Suivi de grossesse et déclaration tardive de grossesse

Les femmes ont un taux de renoncement aux soins pour des raisons financières plus important. On constate de fortes disparités sociales notamment en matière de santé génésique et dans le suivi des grossesses. Ainsi parmi les femmes n'ayant pas déclaré leur grossesse au 1er trimestre, 20 % bénéficient de la Couverture maladie universelle (CMU) ou de l'Aide médicale de l'État (AME) et 39 % n'ont pas de couverture sociale. De même, parmi les femmes ayant eu moins de sept visites prénatales, 15 % n'ont pas de couverture sociale et 12 % bénéficient de la CMU/AME.

E. IST et VIH

Même si l'incidence du Sida chez les femmes reste inférieure à celle observée chez les hommes, la part des femmes a progressivement augmenté depuis le début de l'épidémie pour plusieurs raisons.

Elles présentent des risques accrus d'infection par le VIH au cours d'un rapport sexuel en raison de facteurs biologiques et de leur vulnérabilité socio-économique entraînant des difficultés tant dans l'accès à l'information et à la prévention, que dans la négociation de la prévention avec leurs partenaires.

Les femmes sont également plus nombreuses que les hommes à déclarer avoir contracté une Infection sexuellement transmissible (IST). L'augmentation des IST témoigne d'un relâchement des comportements sexuels de prévention pour les femmes comme pour les hommes. Les cas de nouveaux diagnostics concernent principalement les femmes âgées de 25 à 29 ans. À tous les âges, les femmes sont plus touchées par l'incidence cumulée des IST. Les femmes qui ont contracté une IST ne ressentent pas forcément de symptômes, ce qui augmente le risque de transmission, notamment du VIH.

VI. Femmes et politique

A. Parité en politique

Suite à l'adoption de la réforme constitutionnelle de 1999 et des lois dites de parité, une progression de la place des femmes en politique est en cours.

En 2017 ont eu lieu les élections présidentielles et législatives. 19 ministres, 4 secrétaires d'État rattachés auprès du Premier ministre et 6 secrétaires d'État rattachés auprès des ministres composent le gouvernement. Avec 11 femmes ministres et 4 secrétaires d'État, la parité est respectée. De plus, deux femmes occupent des ministères régaliens, la Justice et les Armées. Les résultats des élections législatives ont permis une avancée considérable de la place des femmes au sein de l'Assemblée nationale. En effet, la part des femmes députées passe de 26,9 % à 39 %.

Même si la progression est moins visible dans les élections sénatoriales, la part des femmes passe de 21 % à 31 %.

Les partis présentant le plus de femmes élues sont le Parti radical de gauche (100 %), suivi par la République en marche (46,7 %) et le Modem (45,2 %).

B. Accès aux responsabilités dans le secteur public

Les femmes sont largement majoritaires dans la fonction publique, où elles représentent 62 % des effectifs en 2014. Cependant, il existe un écart important entre les emplois d'encadrement supérieur et de direction et le reste des emplois. Dans ce secteur, plus les postes deviennent à hautes responsabilités (comme les emplois d'encadrement supérieur et de direction), plus la part des femmes diminue, et ce dans chacun des versants de la fonction publique. Si les femmes en catégorie A représentent 61 % dans la fonction publique territoriale (FPT), elles ne sont que 28 % parmi les postes d'encadrement et direction. Concernant la fonction publique d'État (FPE) ces chiffres sont respectivement de 61 % et 31 % pour les postes à responsabilité. Enfin, dans la fonction publique hospitalière (FPH), où les femmes sont le plus représentées (à hauteur de 74 %), la part des femmes dirigeantes atteint 45 %.

C. Accès aux responsabilités dans le secteur privé

Le taux de féminisation des entreprises cotées en bourse a sensiblement progressé puisqu'il est estimé à 38 % en 2016 contre 22,3 % en janvier 2012. La loi relative à la représentation équilibrée des femmes et des hommes au sein des conseils d'administration et de surveillance et à l'égalité professionnelle du 27 janvier 2011 a instauré une obligation de représentation équilibrée des femmes et des hommes au sein des conseils d'administration et de surveillance des grandes entreprises, cotées ou non, publiques ou privées. Depuis 2017 les entreprises concernées sont tenues de respecter un quota minimum de 40 % de femmes.

Le taux de femmes parmi les dirigeants salariés d'entreprise atteint 18,1 % en 2011. Cette proportion varie selon le secteur d'activité de 7,4 % dans la construction, à 19,9 % dans le commerce et 20,9 % dans les services. Elle diminue avec l'augmentation de la taille ou du chiffre d'affaires.

D. Accès aux responsabilités dans tous les secteurs de la vie sociale

Depuis 2008, la loi doit favoriser l'égal accès des femmes et des hommes aux responsabilités sociales. Les inégalités demeurent toutefois fortes. La place des femmes dans les postes à responsabilité dans les secteurs culturels et sportifs a peu évolué. À l'issue des dernières élections des instances dirigeantes des fédérations sportives pour la période 2013-2016, les femmes représentent 12,5 % des présidences, 23 % des secrétariats généraux et 13,5 % des trésoriers. L'évolution est donc très faible par rapport aux précédentes élections. Les femmes représentent 26,5 % des membres élus des comités directeurs. Seules sept femmes sont directrices techniques nationales dans les 117 fédérations.

VII. Violences faites aux femmes

Si l'on sait qu'une femme meurt tous les 3 jours à la suite de violences conjugales, les résultats des enquêtes réalisées démontrent que l'ensemble des faits de violences (physiques, sexuelles, psychologiques) reste sous-déclaré et donc sous-évalué. Qu'il s'agisse de violences au sein du couple, de mutilations sexuelles féminines, de mariages forcés, de violences au travail, de viols et agressions sexuelles ou bien encore de prostitution, les données existantes sur les faits déclarés et les enquêtes de victimation réalisées depuis plus de 10 ans révèlent que ces violences se caractérisent par leur ampleur et leur gravité.

A. Violences conjugales ou sexuelles

En ce qui concerne les violences conjugales, on estime qu'1 femme décède tous les 3 jours, victime de son conjoint ou ex-conjoint : 121 femmes ont ainsi été tuées en 2018.

D'après les résultats des enquêtes Cadre de Vie et Sécurité 2012-2017, menées par l'Insee et l'Observatoire national de la délinquance et des réponses pénales depuis 2007, la proportion de femmes se déclarant victimes de viol ou de tentative de viol au cours de l'année précédant l'enquête (0,4 %, soit 93 000 « victimes déclarées ») est plus de six fois supérieure à celle des hommes (0,07 %, soit environ 15 000 hommes « victimes déclarées »). La proportion de ces violences est plus importante au sein du ménage : 1 % des femmes de 18 à 75 ans se déclarent ainsi victimes d'au moins un acte de violences physiques ou sexuelles sur l'année précédant l'enquête, par leur conjoint ou ex, contre 0,4 % des hommes, soit une estimation de 225 000 femmes et 84 000 hommes victimes sur l'ensemble de la population.

Au cours de l'année 2018, une femme est décédée tous les trois jours, victime de son partenaire ou ex-partenaire de vie (conjoint, concubin, pacsé ou « ex » dans les trois catégories) et un homme tous les 17,5 jours, en France métropolitaine et dans les départements d'outre-mer (dont 109 femmes par leur conjoint officiel, 14 par leur conjoint non officiel et 29 hommes par leur conjointe officielle, 5 par une conjointe non officielle). Ces morts violentes représentent 15,49 % des homicides non crapuleux et violences volontaires ayant entraîné la mort sans intention de la donner, constatés au plan national en 2016. Ces violences concernent également les enfants : 9 enfants sont décédés concomitamment à l'homicide de leur mère ou père (plus qu'en 2014 avec 7 enfants victimes).

Suite aux violences, 12 enfants sont devenus orphelins de père et de mère, 54 orphelins de mère et 22 orphelins de père. À ces chiffres s'ajoute le nombre de suicides des auteurs de violences conjugales. Sur les 20 femmes auteures d'homicide commis sur des hommes, 8 d'entre elles étaient victimes de violences de la part de leur partenaire, soit 40 %.

En incluant les suicides des auteurs et les homicides de victimes collatérales, ces violences ont occasionné au total 196 décès.

En 2016, 16 916 hommes et 744 femmes ont été condamnés pour crime ou délit sur conjoint ou concubin.

Face à ces violences, la législation s'est renforcée pour mieux protéger les victimes et punir les auteurs de violences. L'engagement des pouvoirs publics s'est traduit par la mise en œuvre de plusieurs plans interministériels de lutte contre les violences faites aux femmes. Pour 2017-2019, le 5e plan de mobilisation et de lutte contre les violences faites aux femmes, engageant 125 millions d'euros (2017-2019), fixe 3 objectifs :

- Sécuriser et renforcer les dispositifs qui ont fait leurs preuves pour améliorer le parcours des femmes victimes de violences et assurer l'accès à leurs droits.
- Renforcer l'action publique là où les besoins sont les plus importants.
- Déraciner les violences par la lutte contre le sexisme, qui banalise la culture des violences et du viol.

Il existe un numéro d'urgence pour les violences faites aux femmes : le 3919.

B. Mutilations sexuelles féminines

Selon les estimations de l'Ined formulées à partir des données issues de l'« Étude de l'histoire familiale », 53 000 femmes de plus de 18 ans ayant subi une mutilation sexuelle vivaient sur le territoire national en 2004. Elles sont principalement originaires de pays où se pratique l'excision (Mali, Sénégal, Côte d'Ivoire, Burkina-Faso). La perpétuation de la pratique entre mère et fille diminue très fortement en contexte migratoire : 11 % des filles de femmes excisées interrogées sont elles-mêmes excisées. Ce chiffre varie très fortement selon que la fille est née en France ou dans un pays à risque. Dans le premier cas, 3 % des filles sont excisées, dans le second, ce chiffre croît à 45 %.

C. Mariages forcés

En 2008, les mariages forcés concernaient 4 % des femmes immigrées vivant en France et 2 % des filles d'immigrés nées en France. L'enquête de l'Ined souligne trois points particuliers sur ce phénomène :

- le recul du mariage forcé d'une génération à l'autre, et d'autant plus chez les filles nées en France, en contexte migratoire ;
- deux facteurs de risque : l'influence de l'origine géographique et le faible niveau d'instruction des parents et des victimes.

D. Prostitution et traite des êtres humains

Depuis le 3 janvier 2013, il existe une Mission interministérielle de protection des femmes contre les violences et de lutte contre la traite des êtres humains (MIPROF), qui est une structure qui a pour objet de rassembler, analyser et diffuser les informations et données relatives aux violences faites aux femmes.

Selon la MIPROF, entre 30 000 et 37 000 personnes sont prostituées en France, dont 85 % de femmes, 10 % d'hommes, et 5 % de personnes transgenres.

85 % des personnes prostituées en France sont des femmes. 93 % sont étrangères, principalement originaires d'Europe de l'Est (Roumanie et Bulgarie), d'Afrique de l'Ouest (Nigéria) et de Chine.

51 % des personnes prostituées ont subi des violences physiques dans le cadre de la prostitution (au cours des 12 derniers mois), 64 % des insultes et/ou des actes d'humiliation ou stigmatisation. 38 % des personnes prostituées ont subi un viol au cours de leur vie, contre 6,8 % pour les femmes en population générale.

29 % des personnes prostituées ont eu des pensées suicidaires au cours des 12 derniers mois.

3,1 % des hommes ont eu recours à une prostituée au cours des 5 dernières années.

L'Office central pour la répression de la traite des êtres humains estime que les réseaux de proxénétisme et de traite des êtres humains génèrent chaque année un gain estimé à 530 millions d'euros.

32 Procréation médicalement assistée et gestation pour autrui

Le 12 juin 2019, le Premier ministre Édouard Philippe annonçait que le projet de loi sur la bioéthique serait débattu à l'Assemblée nationale « dès la fin septembre ». Plus de deux ans plus tard, la loi sur la bioéthique a finalement été adoptée par l'Assemblée nationale le 29 juin 2021. C'est une loi importante car elle permet la légalisation de l'Assistance médicale à la procréation pour les couples de femmes ainsi que pour les femmes célibataires. Le texte de loi précise ainsi : « L'assistance médicale à la procréation est destinée à répondre à un projet parental. Tout couple formé d'un homme et d'une femme ou de deux femmes ou toute femme non mariée ont accès à l'assistance médicale à la procréation après les entretiens particuliers des demandeurs avec les membres de l'équipe médicale clinicobiologique pluridisciplinaire ». Les opposants à ce projet de loi, et notamment ceux qui étaient du mouvement de la « Manif pour tous », vont sans doute se mobiliser et brandissent déjà le spectre de la gestation pour autrui, tandis que les partisans de cette extension, et notamment le mouvement LGBT, saluent une avancée qui en appelle d'autres.

I. Définition

« L'assistance médicale à la procréation (AMP) se définit comme un ensemble de pratiques cliniques et biologiques permettant la conception *in vitro*, le transfert d'embryons et l'insémination artificielle, ainsi que toute technique d'effet équivalent permettant la procréation en dehors du processus naturel. » (Art. L. 152-1 du Code de la santé publique)

La gestation pour autrui (GPA) est une méthode de procréation qui se pratique généralement en cas d'infertilité féminine liée à l'absence d'utérus, ou à sa déformation. La mère porteuse porte l'enfant d'un couple qui a fourni ses embryons et ne fournit aucune contribution génétique, c'est-à-dire un ovule : elle se borne à prendre en charge le développement in utero d'un embryon et, à la naissance, remet l'enfant à la « mère biologique » (ou « sociale » en cas de don d'ovules) et à son père. Dans le cas de recours à la GPA par un couple homosexuel masculin, la problématique est un petit peu différente : en général, le couple homosexuel a aussi eu recours à un ovocyte de donneuse, qui a été fécondé avec du sperme de l'un des deux membres du couple, et après fécondation in vitro, l'embryon est transféré dans l'utérus d'une autre femme que la donneuse, femme qui va, au terme de la gestation, remettre le bébé au couple homosexuel, dont les deux membres seront reconnus comme étant les parents (et les seuls parents) de l'enfant, si bien sûr, la GPA est légale dans le pays considéré.

Le diagnostic préimplantatoire est un diagnostic biologique effectué à partir de cellules prélevées sur l'embryon in vitro, réalisé avant implantation dans l'utérus. Il est autorisé à titre exceptionnel lorsqu'un couple présente une forte probabilité de donner naissance à un enfant atteint d'une maladie génétique grave et incurable et ne peut avoir d'autre objet que de rechercher l'affection en cause ainsi que les moyens de la prévenir et de la traiter. Il se différencie du diagnostic prénatal en ce qu'il est conditionné par la pratique d'une fécondation in vitro.

II. Les techniques

Il existe actuellement plusieurs techniques pour l'AMP : le traitement hormonal (pour remédier à des troubles de l'ovulation), le traitement chirurgical par exemple en cas d'obstacle tubaire, les fécondations artificielles. Parmi les techniques de fécondation artificielle, trois techniques sont particulièrement utilisées aujourd'hui.

A. L'insémination artificielle

L'insémination artificielle est une des techniques les plus courantes dans les centres de traitement de la stérilité. En fonction de l'origine du sperme, il y a deux types d'insémination artificielle : l'Insémination artificielle avec sperme du conjoint (IAC), et l'Insémination artificielle avec sperme de donneur (IAD). La technique consiste à déposer à l'intérieur du vagin, du col utérin ou de la cavité utérine un peu de sperme.

B. La fécondation in vitro et transfert d'embryons (FIVETTE)

La technique de fécondation in vitro (FIV) consiste à faire réaliser la fusion de l'œuf et du spermatozoïde au laboratoire plutôt qu'à l'intérieur de la trompe de Fallope de la patiente. La technique de FIV implique une stimulation de l'ovulation de façon à obtenir plusieurs ovocytes qui conduiront à l'obtention de plusieurs embryons qui donneront un meilleur taux de grossesse. Au moment opportun, les ovaires sont ponctionnés afin d'en aspirer le contenu et en obtenir des ovocytes. Ces ovocytes sont incubés avec des spermatozoïdes du conjoint. La fécondation a lieu dans les 48 heures qui suivent, les embryons obtenus sont déposés dans la cavité utérine entre 2 et 6 jours après la ponction de façon à ce que l'implantation puisse se faire les jours suivants. Réparties sur trois jours ces étapes sont donc : le conditionnement des spermatozoïdes, le conditionnement des ovocytes (stimulation et ponction), la fécondation des ovocytes par les gamètes mâles, la culture des embryons, l'examen et le transfert des embryons obtenus après deux jours de culture in vitro, éventuellement la congélation des embryons surnuméraires pour un transfert différé.

C. L'injection intracytoplasmique de spermatozoïdes (ICSI)

Provenant de sperme éjaculé, épididymaire ou testiculaire et complémentaire de la Fécondation in vitro (FIV), la micro-injection intra-ovocytaire de spermatozoïde (ICSI : *Intra-Cytoplasmic Sperm Injection)* est la « thérapeutique biologique la plus avancée des fécondations dites « assistées » et fait nettement reculer la notion de stérilité masculine. Son but principal est de court-circuiter l'étape de fixation-fusion-pénétration du spermatozoïde dans l'ovule lorsqu'existe un dysfonctionnement au niveau d'une ou plusieurs de ces phases. Elle consiste en une introduction mécanique sous microscope d'un et un seul spermatozoïde vivant, à l'intérieur de chaque ovule recueilli par ponction ».

III. Le cadre légal de l'AMP et de la GPA

Le cadre légal de l'AMP a été grandement assoupli avec la loi autorisant l'AMP pour toutes. Elle élargit ainsi l'accès à la procréation médicalement assistée (AMP) aux couples de femmes et aux femmes célibataires et supprime le critère médical d'infertilité. Elle était jusqu'à présent réservée aux couples hétérosexuels sur indication médicale. Le remboursement de l'AMP par l'assurance maladie est ouvert à ces femmes.

La demande d'AMP doit néanmoins répondre à un « projet parental », qui peut être celui de « **tout couple formé d'un homme et d'une femme ou de deux femmes** ou de **toute femme non mariée** ».

Lorsqu'il s'agit d'un couple, font obstacle à l'insémination ou au transfert des embryons :

1. Le décès d'un des membres du couple ;
2. L'introduction d'une demande en divorce ;
3. L'introduction d'une demande en séparation de corps ;
4. La signature d'une convention de divorce ou de séparation de corps par consentement mutuel selon les modalités prévues à l'article 229-1 du code civil ;
5. La cessation de la communauté de vie ;
6. La révocation par écrit du consentement prévu au troisième alinéa du présent article par l'un ou l'autre des membres du couple auprès du médecin chargé de mettre en œuvre l'assistance médicale à la procréation.

Les deux membres du couple ou la femme célibataire souhaitant réaliser une AMP en France devront donner leur consentement devant un notaire, préalablement à l'insémination artificielle ou au transfert des embryons.

Le texte prévoit que les personnes nées d'une AMP en France pourront accéder dès leur majorité à des « données non identifiantes » (âge, caractéristiques physiques, situation familiale ou encore professionnelle…) ou à l'identité de leur donneur. Tout donneur de gamètes devra donc consentir à la communication de ces données avant de procéder au don. Les enfants nés d'une AMP avant la promulgation de la loi pourront saisir la nouvelle Commission d'accès aux données du donneur afin qu'elle contacte le donneur et l'interroge sur son souhait de communiquer ses informations personnelles.

Un nouveau mode de filiation fondé sur une déclaration anticipée de volonté est mis en place pour les enfants nés d'une AMP dans un couple de femmes. Les deux femmes du couple devront établir une reconnaissance conjointe de l'enfant avant sa naissance auprès d'un notaire. La filiation ainsi établie aura la même portée et les mêmes effets que la filiation « par le sang » ou la filiation adoptive. En outre, les couples de femmes qui ont eu recours à une AMP à l'étranger avant la publication de cette loi auront un délai de trois ans pour faire une reconnaissance conjointe pour établir la filiation. Pour les enfants nés de gestation pour autrui (GPA) à l'étranger, leur filiation sera appréciée au regard de la loi française, la transcription d'un acte d'état civil étranger sera limitée au seul parent biologique, le second parent devra passer par une procédure d'adoption.

Afin qu'ils puissent plus tard recourir à une AMP, les femmes et les hommes pourront faire congeler leurs gamètes (ovocytes ou spermatozoïdes) sans motif médical. Jusqu'à présent, une femme ne pouvait avoir recours à la congélation de ses propres ovocytes, sauf nécessité médicale. Des bornes d'âge seront posées par décret. Les actes liés au recueil ou au prélèvement des gamètes seront remboursés mais pas le coût de la conservation.

Par ailleurs, même si la nouvelle loi n'est pas claire à ce sujet, l'embryon doit être conçu avec des gamètes provenant d'au moins un des deux membres du couple (ou les gamètes de la femme non mariée). Le double don de gamètes et d'ovocytes est ainsi prohibé par la loi. Néanmoins, les deux membres du couple peuvent aussi consentir par écrit à ce que leurs embryons soient transférés à un autre couple, à condition que le couple d'accueil satisfasse les critères exigés pour toute AMP. Le transfert de l'embryon est subordonné à une décision judiciaire.

Le don d'ovocytes et de gamètes est anonyme et gratuit. Le recueil du consentement du conjoint du donneur de gamètes, obligatoire jusque-là, a été supprimé par la nouvelle loi. Le donneur (ou la donneuse) devra se plier aux examens suivants : recherche de son groupe sanguin, d'infections telles que Sida, syphilis, hépatite B et C. Il est possible de demander une enquête généalogique afin de dépister d'éventuelles maladies génétiques.

La loi ne limite pas le nombre d'ovocytes à féconder en vue de satisfaire la demande parentale du couple ou de la femme afin d'éviter les ponctions ovocytaires à répétition, ce qui implique de congeler des embryons en vue d'un transfert ultérieur, et ce qui conduit à des embryons surnuméraires (puisqu'il y a plus d'embryons créés que d'embryons pouvant être implantés). La loi ne limite pas non plus le nombre d'embryons à transférer in utero. La loi autorise ainsi le transfert sélectif des embryons c'est-à-dire le **diagnostic préimplantatoire** (DPI) qui permet de choisir entre ceux qui ne sont pas atteints de certaines maladies afin d'être implantés.

La loi du 6 août 2013 a modifié les lois du 6 août 2004 et du 7 juillet 2011 en autorisant sous certaines conditions la recherche sur l'embryon et les cellules-souches embryonnaires, alors qu'elles étaient auparavant interdites et seulement autorisées par dérogation. Ainsi l'article L. 2151-5 du Code de santé publique précise qu'« aucune recherche sur l'embryon humain ni sur les cellules-souches embryonnaires ne peut être entreprise sans autorisation. Un protocole de recherche conduit sur un embryon humain ou sur des cellules-souches embryonnaires issues d'un embryon humain ne peut être autorisé que si :

1. La pertinence scientifique de la recherche est établie;
2. La recherche, fondamentale ou appliquée, s'inscrit dans une finalité médicale;
3. En l'état des connaissances scientifiques, cette recherche ne peut être menée sans recourir à ces embryons ou ces cellules-souches embryonnaires;
4. Le projet et les conditions de mise en œuvre du protocole respectent les principes éthiques relatifs à la recherche sur l'embryon et les cellules-souches embryonnaires. »

Ce même article précise qu'une recherche « ne peut être menée qu'à partir d'embryons conçus in vitro dans le cadre d'une assistance médicale à la procréation et qui ne font plus l'objet d'un projet parental. La recherche ne peut être effectuée qu'avec le consentement écrit préalable du couple dont les embryons sont issus, ou du membre survivant de ce couple, par ailleurs dûment informés des possibilités d'accueil des embryons par un autre couple ou d'arrêt de leur conservation. [...]. Le consentement des deux membres du couple ou du membre survivant du couple est révocable sans motif tant que les recherches n'ont pas débuté ». De même il est précisé que « les embryons sur lesquels une recherche a été conduite ne peuvent être transférés à des fins de gestation ».

Les pratiques de la **mère porteuse** (aussi appelée **gestation pour autrui** ou GPA) sont **interdites** en France: c'est la femme qui accouche qui est la mère de l'enfant (hors adoption). Le Code pénal réprime en effet la provocation à l'abandon et l'entremise en vue d'adoption. De plus, au plan civil, les conventions de maternité pour autrui sont prohibées et considérées comme nulles, car elles mettraient à la disposition des demandeurs les fonctions reproductrices de la mère et ont pour objet l'enfant à naître. Il s'agit là de dispositions d'ordre public car elles visent à protéger aussi bien les intéressés que la société, notamment au regard des conséquences sur la filiation, puisque serait remis en cause notamment le principe selon lequel la mère est celle qui accouche.

Les législations sont très diverses sur le territoire européen. L'AMP est autorisée mais réservée aux couples hétérosexuels dans huit pays: Italie, Pologne, Roumanie, République tchèque, Lituanie, Slovaquie, Slovénie et Allemagne. Dans ce dernier cas, le recours à l'AMP pour les femmes seules et les couples lesbiens n'est pas interdit par la loi, mais l'appréciation est laissée aux centres d'assistance à la procréation, qui, dans les faits, leur restent souvent fermés. En revanche, au Portugal, en Espagne, au Royaume-Uni et en Suède, l'AMP est ouverte aux couples de femmes et aux femmes seules, sans limite d'âge précise, si ce n'est l'âge « naturel de procréation ». En Grèce, en Estonie, en Belgique, en Bulgarie, au Danemark, en Irlande, au Luxembourg, en Finlande et aux Pays-Bas, la procédure est également ouverte, mais un âge maximal de recours est fixé par la loi. À Chypre, en Hongrie, en Lettonie et à Malte, le recours à la AMP est autorisé à toutes les femmes, sans limite d'âge. Il en est de même en Autriche, mais la procédure n'est pas ouverte aux femmes seules.

IV. Chiffres-clés de l'AMP et de la GPA

C'est en **1777** que la **première fécondation artificielle** sur des œufs de grenouille est réalisée par l'abbé Spallanzani, qui récidive en 1781 en pratiquant la **première insémination artificielle** sur sa chienne. Par là il ouvre la voie aux procréations artificielles chez l'humain : ainsi la première insémination artificielle chez une femme est réalisée en **1791** par **John Hunter**.

Il faut ensuite attendre plus d'un siècle et demi pour voir apparaître une nouvelle technique : la congélation du sperme. C'est en effet en 1968 que sont créées aux États-Unis les premières banques de sperme congelé. En France, il faut attendre 1973 pour voir apparaître les **CECOS** (Centre d'étude et de conservation des œufs et du sperme humain), qui recueillent les dons de sperme de façon anonyme et gratuite.

Le **25 juillet 1978** se produit un événement décisif pour la communauté scientifique et médicale : **le premier « bébé-éprouvette »**, c'est-à-dire le premier bébé obtenu par fécondation in vitro, naît en Angleterre et se prénomme Louise Brown.

La France n'est pas en reste avec la naissance, le 24 février 1982, à l'hôpital Antoine-Béclère de Clamart, du premier bébé-éprouvette français, prénommée Amandine.

En **1992** est mise au point la technique de l'**ICSI** à Bruxelles. Le premier bébé français conçu grâce à une ICSI naît en 1994 et se prénomme Audrey. Cette nouvelle technique bouleverse le paysage de l'AMP puisque pour la première fois, les hommes souffrant d'une infécondité sévère peuvent concevoir un enfant sans avoir recours au don de sperme.

En France, en 2018, d'après l'Agence de Biomédecine, 148 711 tentatives d'AMP ont été recensées, pour 25 120 enfants nés d'une AMP (soit 16,9 % de réussite). Ces 25 120 enfants représentaient en 2018 3,3 % des naissances en France (contre 2,6 % en 2009).

On note ainsi parmi les 25 120 enfants nés issus d'une AMP réalisée en 2018 :

- 21,9 % (5 495 enfants) ont été conçus par insémination intra-utérine, AMP la plus simple, la moins invasive et la moins coûteuse. L'insémination intra-utérine vient ici confirmer sa place au sein des traitements de l'infertilité.
- 34,6 % (8 693 enfants) sont issus d'une congélation embryonnaire. Ce nombre en constante augmentation (16 % en 2013, 29,2 % en 2017) témoigne de la diminution du nombre moyen d'embryons transférés à chaque transfert et de la place croissante des transferts différés d'embryons dans la stratégie de prise en charge des couples en AMP. Ces évolutions sont favorisées par le développement de la vitrification embryonnaire et la meilleure survie des embryons après réchauffement.

Pour près de 96 % des AMP, les tentatives sont réalisées avec les gamètes des deux membres du couple. Dans 4,3 % des cas, les tentatives utilisent des spermatozoïdes, des ovocytes ou des embryons issus de don.

Notons que 5,1 % des enfants conçus par AMP sont nés grâce à un don, soit 1 270 enfants :

- 3,6 % des enfants sont issus d'un don de spermatozoïdes (906 enfants).
- 1,4 % des enfants sont issus d'un don d'ovocytes (343 enfants).
- 0,08 % des enfants sont issus d'un accueil d'embryon (21 enfants).

Au 31 décembre 2018, on dénombrait 245 590 embryons conservés pour 85 423 couples. Chaque année, des relances sont faites par les centres pour interroger les couples sur leur souhait de poursuivre ou non la conservation. Les embryons peuvent être conservés pendant plusieurs années sans dommage, dans différentes situations :

- Celle d'un projet parental en cours pour 76 % d'entre eux est la situation de loin la plus fréquente (186 691 embryons pour 65 354 couples concernés). Les embryons sont alors destinés à être décongelés/dévitrifiés et transférés, dans les mois ou années suivantes pour la poursuite du projet parental.
- Dans 11,4 % des cas (28 103 embryons), les couples (9 702) n'ont plus de projet parental pour les embryons conservés. Les embryons pourront être accueillis par un autre couple ou donnés pour la recherche si les couples y consentent. Les embryons sont de fait conservés dans les centres d'AMP où ils ont été congelés tant que la mise en œuvre de l'accueil d'embryons ou de la recherche n'est pas effective.
- Pour 12,5 % des embryons conservés (30 796 embryons), les couples ne répondent pas aux relances annuelles ou ne sont pas en accord quant à leur devenir. Dans ces situations, il est mis fin à la conservation dès lors que les embryons sont conservés depuis au moins 5 ans.

Concernant l'accueil d'embryons, 85 transferts ont été réalisés chez 143 couples receveurs et ont conduit à la naissance de 21 enfants en 2018.

L'AMP est entièrement remboursée par l'assurance-maladie. Néanmoins, depuis le 30 mars 2005, l'assurance-maladie ne rembourse pas plus de six tentatives d'inséminations et plus de quatre tentatives de fécondation in vitro (FIV), ni les tentatives réalisées par une femme de plus de 43 ans. On estime en effet le coût de l'AMP pour l'assurance-maladie à 120 millions d'euros par an, le coût d'une insémination artificielle étant estimé par le ministère de la Santé à 450 € et celui d'une FIV ou d'une ICSI à 3 000 €.

V. Les risques liés à l'AMP et à la GPA

Toute la controverse concernant l'AMP, et notamment l'ouverture de l'AMP aux couples homosexuels, interroge la fonction fondamentale de l'AMP : est-ce que cela doit être considéré comme une solution à un problème médical ou bien à un problème sociétal ? C'est là la principale contradiction de l'AMP : en effet, par définition, l'AMP désigne toute technique de procréation « en dehors du processus naturel », et il serait donc parfaitement logique qu'elle puisse être utilisée non pas simplement pour les personnes qui sont malades (infertilité ou risque de transmission d'une maladie grave) mais aussi pour les personnes qui ne peuvent pas naturellement avoir d'enfants, comme précisément les couples homosexuels.

Quant à la GPA, les risques sont évidemment multiples et concernant là aussi tout le monde. En effet, ceux qui sont contre la GPA le sont souvent au nom de l'intérêt de l'enfant à naître et du risque d'instrumentalisation du corps de la femme. L'enfant à naître sera en effet séparé de celle qui l'a porté, et on peut s'interroger sur les risques que les liens mère-enfant qui s'établissent lors de la grossesse soient rompus. De même la grossesse comporte un certain nombre de dangers pour la gestatrice et sa famille.

La controverse est aussi éthique et juridique : la parenté est complètement fragmentée puisque la procédure de GPA peut inclure jusqu'à cinq personnes (un donneur de sperme, une donneuse d'ovocytes et le couple désirant avoir l'enfant). Cela pose évidemment problème quant au risque évident d'exploitation des femmes, de la marchandisation de leur corps, et donc de l'atteinte à leur dignité. De plus, la GPA étant actuellement autorisée dans certains pays, se pose la question du sort réservé aux couples qui y auraient recours en toute légalité à l'étranger et aux enfants qui seraient nés dans ces conditions.

Dans tous les cas, il s'agit de savoir si le désir d'enfant doit être satisfait à tout prix et si des procédures moins coûteuses techniquement, financièrement et humainement ne pourraient pas être mises en place. Ainsi, étant donné le nombre d'orphelins dans le monde, qui est estimé à 150 millions d'enfants de moins de 18 ans, il semblerait assez logique de faciliter les procédures d'adoption, plutôt que d'autoriser une procédure de gestation pour autrui qui paraît assez complexe à mettre en œuvre et qui instrumentalise de fait le corps d'une femme, avec le risque que toute une partie de la population féminine pauvre soit utilisée comme un réservoir d'utérus à toute une partie de la population féminine riche. Les différences de législation entre les pays favorisent de plus le tourisme procréatif qui permet de contourner la loi française et qui en même temps l'affaiblit. De plus enfin, le fait qu'il y ait jusqu'à cinq protagonistes dans le cadre d'une GPA pose des problèmes de filiation et d'identité extrêmement compliqués. Dans tous les cas, il semble contraire aux valeurs françaises de laisser la question de la procréation aux lois du marché, mais il ne faudrait pas qu'en retour cela force des couples Français à partir à l'étranger pour réaliser leur rêve, réservant du même coup cette procédure aux Français les plus fortunés. Il s'agit donc de savoir si au final l'autonomie des personnes, ou des couples, doit être limitée par le bien-être de celui qui est justement tant désiré dans toutes ces procédures : l'enfant.

33 Don du sang, don d'organe, don du corps

Le 1er janvier 2017 sont entrées en vigueur les nouvelles modalités de consentement présumé et de refus de prélèvement d'organes, suite à la loi du 26 janvier 2016 de modernisation de notre système de santé.
Ainsi si chaque français reste un donneur présumé depuis la loi Caillavet de 1976, trois modalités de refus sont désormais possibles. En effet, si le registre national des refus est le moyen principal d'expression du refus de prélèvement, chaque personne opposée au prélèvement de tout ou partie de ses organes peut aussi faire un écrit, qui devra être confié à un proche. Ce dernier pourra ainsi le transmettre à l'équipe médicale en cas de décès rendant envisageable un prélèvement d'organes-tissus.
Troisième et dernière option : chacun peut faire savoir son opposition de vive voix à ses proches. Dans ce cas, il sera demandé de retranscrire par écrit les circonstances précises de l'expression de ce refus et au proche qui l'a fait connaître de signer cette retranscription.
Depuis janvier 2017, les demandes d'inscription sur le registre national des refus peuvent se faire directement en ligne à l'adresse suivante :
www.registrenationaldesrefus.fr.
Les demandes d'inscription sur le registre national des refus restent également possibles par un formulaire PDF disponible à la même adresse ou sur papier libre, par envoi à l'Agence de la biomédecine.
Le formulaire de refus au prélèvement permet aussi de ne s'opposer au prélèvement que pour certains organes ou tissus.
L'inscription sur le registre national des refus est révisable et révocable à tout moment.
Enfin, le site internet https://www.dondorganes.fr permet vise à donner toutes les informations concernant la législation sur le don d'organes et relayer les campagnes de promotion ou d'information sur le prélèvement et la greffe d'organes.

I. Définitions

Tout d'abord, le don se définit par le fait de céder gratuitement et sans contrepartie quelque chose que l'on possède, à quelqu'un d'autre ou à une institution. De manière générale, quand il s'agit de dons d'organes, de tissus ou d'autres parties du corps humain, le don est non seulement gratuit mais aussi anonyme.

Dans le domaine médical, on distingue différents types de don.

- La transplantation se définit comme le transfert d'un organe entier provenant d'un donneur : elle implique le rétablissement de la continuité vasculaire afférente et efférente de cet organe avec l'appareil circulatoire du receveur.
- La greffe consiste quant à elle en un transfert de tissu ou de partie d'organe, d'un donneur vers un receveur. Cependant dans un sens plus élargi le terme « greffe » est aujourd'hui employé pour parler de transplantation.

  On distingue différents types de greffes :

- **Autogreffe** : elle est effectuée sur le même individu (greffe de peau par exemple) ;
- **Isogreffe** : elle est effectuée sur un individu isogénique (jumeaux monozygotes par exemple) ;

- **Allogreffe** : elle est effectuée sur un individu non isogénique de la même espèce (c'est la greffe la plus courante) ;
- **Xénogreffe** : elle est effectuée sur un individu d'une espèce différente (greffe d'un foie de porc sur un homme par exemple).

Le rejet, enfin, se définit comme un mécanisme de destruction partielle ou totale de l'organe par le corps qui reçoit cet organe et le considère comme un corps étranger qu'il faut détruire.

A. Le don d'organes

En matière de don d'organes, il est impératif de distinguer un prélèvement sur donneur vivant, et un prélèvement sur donneur décédé, car ce ne sont pas les mêmes règles qui s'appliquent.

1. Le prélèvement d'organes sur personne décédée

Le prélèvement d'organes sur une personne décédée ne peut être effectué qu'à des fins thérapeutiques ou scientifiques. Il doit respecter les principes suivants :

- La gratuité, c'est-à-dire l'impossibilité de faire commerce d'organes humains ;
- L'anonymat, c'est-à-dire l'impossibilité pour la famille de la personne décédée de connaître l'identité du receveur et pour le receveur, de connaître l'identité du donneur.

La famille de la personne décédée pourra toutefois prendre connaissance à tout moment du résultat des greffes réalisées. La loi française pose le principe du consentement présumé de toute personne décédée sur le don de ses organes. La loi du 26 janvier 2016 prévoit que la famille du donneur ne sera plus consultée mais simplement informée d'un éventuel prélèvement d'organes. Toutefois, la loi distingue 3 modalités de refus :

1. Le principal moyen de s'opposer au prélèvement de ses organes et tissus après la mort est de s'inscrire sur le registre national des refus. La loi de 2016 rend l'inscription possible en ligne sur le site registrenationaldesrefus.fr.
2. Sinon, il est possible de faire valoir son refus de prélèvement par écrit et de confier le document daté et signé à un proche.
3. Enfin, il est possible de communiquer oralement son opposition à ses proches qui devront en attester auprès de l'équipe médicale.

De plus, le refus peut désormais être partiel, et ne concerner que certains organes ou tissus, ce qui n'était pas possible avant 2016.

Pour pouvoir prélever les organes, il faut que la personne soit considérée comme morte, c'est-à-dire que les médecins établissent un constat précoce de la mort. La mort du donneur doit être médicalement constatée par deux médecins. Ces deux médecins ne doivent pas appartenir aux équipes en charge des greffes. En pratique, le constat de la mort repose sur trois critères cliniques simultanément présents :

- absence totale de conscience et d'activité motrice spontanée;
- abolition de tous les réflexes du tronc cérébral;
- abolition de la respiration spontanée.

Il est confirmé par examen paraclinique qui atteste du caractère irréversible de la destruction du cerveau. On réalise en général soit deux électroencéphalogrammes, chacun d'une durée de 30 minutes et à 4 heures d'intervalle, attestant de la destruction encéphalique par un tracé nul et aréactif, soit une angiographie objectivant l'arrêt de la circulation encéphalique. Il faut ensuite établir un procès-verbal de la mort sur le document prévu à cet effet.

Ensuite, à l'annonce du décès, le corps du défunt est maintenu artificiellement en vie. Des analyses biologiques sont réalisées pour identifier les compatibilités possibles avec des profils de personnes en attente de greffe. La coordination hospitalière des greffes effectue les vérifications nécessaires auprès de la famille du défunt et se met en relation avec les services régionaux de l'Agence de la biomédecine.

La procédure peut être interrompue à tout moment pour raisons médicales (dégradation de l'état des organes) ou sur la connaissance d'un indice du désaccord du défunt. Les organes pour lesquels les besoins sont les plus importants sont, dans l'ordre: le rein, le foie, le cœur, le poumon, le pancréas.

On prélève également souvent les cornées, et parfois des parties de l'intestin ou des tissus comme des os, des artères, des tendons... Les yeux ne sont jamais prélevés à des fins de greffe. Évidemment, les éléments du corps qui, une fois prélevés, peuvent modifier l'aspect du défunt sont remplacés par des éléments artificiels: de fines lentilles à la surface des yeux pour remplacer les cornées, des prothèses en matériaux synthétiques pour les os. Ainsi, le corps rendu aux familles ne porte pas de cicatrices apparentes des prélèvements, seulement des pansements. En effet, les médecins qui procèdent à un prélèvement d'organes sur une personne décédée sont tenus de s'assurer de la meilleure restauration possible du corps. La violation de ce principe peut faire l'objet d'un recours devant la justice.

Enfin, les greffons sont répartis en respectant les principes d'équité, d'éthique médicale et viser l'amélioration de la qualité des soins. C'est l'Agence de biomédecine qui orchestre 24 heures sur 24 la répartition et l'attribution des organes, au travers de son pôle national de répartition des greffons. En effet, tous les malades ayant besoin d'une greffe d'organes sont inscrits par leur médecin sur la liste nationale d'attente gérée par l'Agence de la biomédecine.

La répartition tient compte des priorités médicales et des déplacements géographiques auxquels seront soumis les greffons. Certains patients de la liste d'attente sont prioritaires: les enfants, les receveurs dont la vie est menacée à très court terme, les receveurs pour lesquels la probabilité d'obtenir un greffon est très faible du fait de caractéristiques morphologiques ou immunogénétiques particulières.

En l'absence de receveur prioritaire, l'attribution se fait par échelons géographiques successifs: local, régional, national, selon les règles spécifiques à chaque organe. On s'efforce de réduire le temps entre le prélèvement et la greffe en diminuant au maximum la distance à parcourir pour le greffon. Il s'agit de préserver sa qualité et optimiser les réussites de la greffe.

La répartition des organes s'appuie sur un registre informatisé appelé Cristal et, pour les cas prioritaires, des collèges d'experts chargés d'examiner les demandes individuelles d'inscription de malades en liste d'attente. Lorsqu'un greffon n'est adapté à aucun receveur en attente à ce moment-là en France, il est proposé à l'échelon international aux organismes européens homologues de l'Agence de la biomédecine.

Tous les frais liés au prélèvement d'organes pour le donneur et la transplantation d'organes pour le ou les receveur(s) sont pris en charge par l'établissement de santé qui effectue le prélèvement.

2. Le prélèvement sur donneur vivant

Une personne vivante peut faire un don d'organe dans l'intérêt thérapeutique direct d'un receveur qui ne peut être qu'un membre proche de sa famille. Ainsi, le malade peut recevoir un organe :

- de son père ou de sa mère ;
- de son fils ou de sa fille ;
- de son frère ou de sa sœur ;
- de ses grands-parents, oncles ou tantes, cousins ou cousines germaines ;
- de son conjoint ou d'une personne avec laquelle il vit en couple depuis au moins 2 ans.

En cas d'incompatibilité entre la personne ayant exprimé l'intention de donner un organe et le receveur, le donneur et le receveur peuvent se voir proposer le recours à un don croisé d'organes. Celui-ci consiste à mettre en contact deux couples donneur/receveur et à permettre un don entre le donneur du 1er couple et le receveur du 2e couple et l'inverse. Dans ce cas, l'anonymat entre donneur et receveur est préservé.

Par contre, aucun prélèvement d'organe, en vue d'un don, ne peut avoir lieu sur une personne vivante mineure ou sur une personne vivante majeure faisant l'objet d'une mesure de protection légale (personne incapable de jouir de ses droits du fait d'une mesure de protection juridique).

Chaque procédure de don d'organes entre personnes vivantes doit passer devant un comité d'experts : en France, il existe neuf comités d'experts (nommés par arrêté du ministre chargé de la Santé pour 3 ans) ayant chacun une compétence géographique propre. Le comité concerné est celui dans le ressort duquel demeure le donneur. Si le donneur a dû se rapprocher du lieu d'hospitalisation du receveur, il peut saisir le comité compétent sur cet établissement. Le rôle du comité est d'informer le donneur et d'autoriser le prélèvement.

Avant d'exprimer son consentement, le donneur doit être informé :

- des risques qu'il encourt ;

- des conséquences éventuelles du prélèvement (conséquences prévisibles, d'ordre physique ou psychologique, ainsi que ses répercussions éventuelles sur sa vie personnelle, familiale et professionnelle) ;
- et des résultats qui peuvent être attendus de la greffe pour le receveur.

Cette information est délivrée par le comité d'experts ou, en cas d'urgence vitale, par le médecin prescripteur de la greffe, ou par tout autre médecin du choix du donneur. Le comité d'experts s'assure, au cours d'une audition, que le donneur fait son choix en pleine connaissance de ces informations. Le comité d'experts peut avoir accès aux informations médicales concernant le donneur et le receveur, afin d'apprécier la justification de l'opération. Ses membres sont soumis au secret.

Ensuite, le donneur doit, à sa demande, exprimer son consentement devant le président du tribunal de grande instance ou un magistrat désigné par lui. Le magistrat s'assure du consentement libre et éclairé du donneur.

En cas d'urgence vitale attestée par le médecin responsable du service où le prélèvement est envisagé, le donneur peut adresser par tout moyen au Procureur de la République un document signé faisant part de son consentement au don et attestant de son lien avec le receveur. Le procureur atteste par écrit qu'il a reçu ce consentement et en informe le médecin responsable. Le consentement fait l'objet d'un acte écrit, signé par le magistrat et par le donneur. Il est révocable à tout moment. Ensuite, le donneur doit adresser sa demande d'autorisation du prélèvement au comité d'experts, par écrit. La demande doit être accompagnée de la copie de l'acte par lequel a été recueilli son consentement. Après délibération, la décision autorisant le prélèvement est prise par le comité d'experts à la majorité. Elle est communiquée par tout moyen qui permet d'en garder une trace écrite au donneur, et au médecin responsable du service où le prélèvement est envisagé, qui la transmet au directeur de l'établissement.

Tous les frais engagés par le donneur d'organe sont pris en charge par l'établissement de santé qui réalise le prélèvement.

B. Le don de sang

Le don de sang permet de pratiquer une transfusion sanguine, prescrite en cas de manque de globules rouges, de plaquettes, de facteurs de coagulation, de globules blancs. Il existe trois grands cas de figure d'utilisation de ces produits sanguins : en hématologie, en obstétrique et lors d'une intervention chirurgicale. Pour faire un don de sang, il faut être en bonne santé et peser au minimum 50 kg. Nul ne peut être exclu du don de sang en dehors de contre-indications médicales. Sont notamment exclues du dispositif de don du sang : les personnes qui ont bénéficié d'une transfusion, quelle qu'en soit la date ; les personnes qui ont séjourné au Royaume-Uni pendant au minimum un an entre 1980 et 1996 ; les personnes qui sont susceptibles de transmettre par la voie du sang, une bactérie, un virus ou un parasite entraînant des maladies.

Selon l'âge, la nature du don sera différente : avant 18 ans et après 70 ans, aucun don n'est autorisé, alors que de 18 à 50 ans tous les types de dons sont autorisés. Aucun prélèvement ne peut être réalisé sur un majeur protégé, quel que soit son âge.

On distingue différents types de prélèvements :

- **le don du sang total** : il est utilisé pour des transfusions sanguines et la recherche médicale. Un homme ne peut faire que 6 dons maximum dans l'année, une femme 4. Un intervalle de deux mois minimum doit être respecté entre 2 dons ;
- **le don de plasma** : il est utilisé pour la préparation des vaccins et sérums, remède contre l'hémophilie, prévention de la maladie du nouveau-né liée au rhésus. On peut faire 24 dons maximum dans l'année, avec un intervalle de 2 semaines entre chaque don ;
- **le don de plaquettes sanguines** : il sert notamment à soigner certains cancers, dont la leucémie. On peut faire douze dons maximum dans l'année, avec un intervalle d'1 mois entre chaque don.

C. Le don de sperme et d'ovocytes

Le don de sperme est peu connu mais reste, pour certains couples touchés par l'infertilité masculine, le seul espoir d'avoir un enfant. Pour donner son sperme, il faut être majeur et âgé de moins de 45 ans, être en bonne santé. Si le donneur n'a jamais eu d'enfant, il se voit proposer le recueil et la conservation d'une partie de ses gamètes en vue d'une éventuelle réalisation ultérieure, à son bénéfice, d'une assistance médicale à la procréation. Le don de sperme est anonyme aussi bien pour le couple receveur que pour le donneur. Il n'est pas rémunéré. Les frais de transport ou d'hébergement sont pris en charge sur présentation de justificatifs. Il ne peut se pratiquer que dans un organisme ou établissement de santé à but non lucratif. Ce sont les CECOS (Centre d'étude et de conservation des œufs et du sperme), qui recueillent et conservent les dons.

Le don d'ovocytes est lui aussi peu connu mais reste le seul espoir pour des couples d'avoir un enfant si la femme souffre de problèmes de fertilité. Pour pouvoir donner ses ovocytes, la femme doit être majeure et âgée de moins de 37 ans, elle doit être en bonne santé, et elle donne son consentement par écrit. Si la donneuse n'a jamais eu d'enfant, l'équipe médicale lui propose le recueil et la conservation d'une partie de ses ovocytes en vue d'une éventuelle assistance médicale à la procréation en sa faveur. Le don d'ovocytes est anonyme aussi bien pour le couple receveur que pour la donneuse. Il n'est pas rémunéré. Les frais de transport ou d'hébergement sont pris en charge sur présentation de justificatifs. Ce sont là aussi les CECOS qui recueillent les dons d'ovocytes.

D. Le don de lait maternel

Pour certains enfants, présentant des troubles digestifs des allergies ou des déficiences immunitaires ainsi que pour les prématurés, l'allaitement maternel est un besoin vital. En effet, toutes les mamans n'ont pas toujours la possibilité d'assurer une lactation assez importante pour répondre aux besoins de l'enfant. Le don de lait, bien qu'encore assez peu répandu, répond à ces besoins.

C'est pourquoi il existe des Lactariums : le Lactarium est une banque du lait maternel qui collecte, analyse, contrôle et redistribue ce lait sur prescription médicale à des enfants prématurés, ou présentant certaines maladies digestives immunologiques et allergiques. Les Lactariums peuvent être soit intégrés au Centre hospitalier universitaire, soit indépendants : ce sont des centres de consultations et d'informations en matière d'allaitement maternel. Le lait recueilli provient des mères en maternité ou à domicile qui allaitent entièrement leur bébé et acceptent, une ou plusieurs fois par jour d'offrir leur surplus de lait. Le recueil du lait maternel obéit à des règles strictes : suivi médical, contrôle HIV, hépatite B, hépatite C, examens bactériologiques pratiqués sur le lait de chaque mère Ils consistent à dénombrer la flore totale par millilitre de lait et, en particulier, la présence de staphylocoques. Le don de lait maternel est anonyme et gratuit.

E. Le don de moelle osseuse ou de cellules-souches hématopoïétiques

La moelle osseuse contient des cellules-souches hématopoïétiques à l'origine de la formation des globules rouges, blancs et des plaquettes. La moelle osseuse est prélevée sous anesthésie générale par ponction dans les os du bassin. Le volume du prélèvement est fonction du poids du donneur et des besoins du malade.

En dehors des risques liés à l'anesthésie, le don est sans danger : la moelle est un tissu vivant qui se régénère rapidement. En règle générale ce don sert à soigner les leucémies, mais aussi les anémies.

Tout le monde peut devenir volontaire au don de moelle osseuse : un membre (même mineur) de la famille du patient, un donneur volontaire, inscrit sur un fichier, ou encore une mère après son accouchement (cordon ombilical). Mais il faut impérativement respecter les conditions suivantes : être en parfaite santé, avoir plus de 18 ans et moins de 51 ans lors de l'inscription (même si l'on peut ensuite donner jusqu'à 60 ans), accepter de répondre à un questionnaire de santé et faire une prise de sang.

Certaines contre-indications médicales peuvent rendre le don et donc l'inscription impossible, notamment si le donneur a ou a eu des affections cardiaques, une hypertension artérielle, des affections respiratoires, des maladies du système nerveux, des antécédents de cancers, ou encore des affections métaboliques (diabète, insuffisance hépatique).

Le don de moelle osseuse est évidemment, comme tous les dons, anonyme et gratuit. À ce titre, l'établissement de santé qui réalise le prélèvement prend à sa charge les frais d'examens afférents au prélèvement, la totalité des frais d'hospitalisation, les frais de transport ainsi que, le cas échéant, l'indemnisation de la perte de rémunération subie par le donneur. Ce don nécessite un consentement écrit : ainsi, lorsque le donneur est sollicité par le registre national pour un don de moelle osseuse, il doit se rendre au Tribunal de Grande Instance de son domicile afin de confirmer son consentement au don de moelle osseuse. Cette démarche permet de recueillir le libre accord du donneur pour le prélèvement ainsi que le fait qu'il ait été correctement informé de la procédure. Ce consentement reste révocable à tout moment.

On trouve également des cellules-souches dans le sang et dans le cordon ombilical : c'est ce que l'on appelle le don de sang placentaire. La greffe de sang placentaire constitue une alternative à la greffe de moelle osseuse. Le sang de cordon est prélevé dans les minutes suivant l'accouchement. Il est anonyme, et sans douleur, pour la mère comme pour l'enfant. Une sage-femme recueille le sang placentaire, qui est ensuite acheminé vers l'une des banques de sang de cordon, où il est enregistré, analysé, et stocké.

F. Le don de son corps à la science

Enfin, on peut faire don de son corps à la science : pour cela, il faut s'adresser à la faculté de médecine la plus proche de son domicile. Le donateur doit rédiger une déclaration manuscrite de don, datée et signée. Une carte de donneur est remise à l'intéressé qui doit la conserver avec lui durant toute sa vie. La faculté de médecine peut toujours refuser le don d'un corps si elle n'en a pas l'utilité.

II. Historique de la transfusion sanguine et de la transplantation d'organes

En France, la première expérience de transfusion sanguine remonte à janvier 1670 : un jeune médecin parisien, Jean-Baptiste Denis, tente de soigner un malade mental par transfusion… de sang de veau. Le décès du malheureux patient amène le Parlement à interdire toute nouvelle tentative de transfusion. Il faudra attendre un siècle et demi avant que de nouvelles expériences soient tentées.

Quant à l'histoire de la transplantation, c'est au début du xxe siècle qu'elle commence véritablement. Tout d'abord, c'est en France qu'Alexis Carrel et Emerich Ullman sont les premiers à tenter et à réussir en 1902 la transplantation d'organe chez un animal : Carrel, notamment, rapporte avoir transplanté le rein d'un chien à son cou. Mais tous deux prennent conscience, après de multiples essais, que seule l'autogreffe fonctionne et que pour le moment, l'allogreffe est impossible. En 1906, toujours en France, Mathieu Jaboulay réalise la première greffe rénale sur l'homme : il greffe un rein de porc au coude d'une femme atteinte d'insuffisance rénale. Cette opération se solde par un échec. En effet, si la technique chirurgicale semble à présent maîtrisée, il reste que les greffes échouent dans quasiment tous les cas car les receveurs.

En 1909 à Vienne, la découverte par Karl Landsteiner des groupes sanguins puis leur classification dans le système ABO, ouvre la voie à la transfusion sanguine moderne, mais aussi à la transplantation d'organes.

Pendant la Première Guerre mondiale, le 16 octobre 1914 eut lieu, à l'Hôpital de Biarritz, la première transfusion sanguine directe de la Première Guerre mondiale : Isidore Colas, un breton en convalescence à la suite d'une blessure à la jambe, sauve par le don de son sang le caporal Henri Legrain, arrivé exsangue du Front. Leurs sangs devaient être compatibles puisque l'opération réussit. À la fin de 1914, 44 transfusions avaient été pratiquées en France selon ce procédé, avec des résultats intéressants, malgré la méconnaissance complète des groupes sanguins. L'efficacité de l'acte transfusionnel est peu à peu démontrée. Les méthodes se professionnalisent et commencent à être appliquées, après la guerre, dans les hôpitaux.

En 1949, Arnaud Tzanck crée le Centre National de Transfusion Sanguine. La première collecte mobile est organisée la même année, pour répondre aux besoins en plasma d'ouvriers brûlés par les explosions dans leur usine. À l'époque, en effet, on ne donne pas son sang : on le vend. Arnaud Tzanck milite pour que le geste devienne gratuit et volontaire. Cela fonctionne : en 1950, la Fédération nationale de donneurs de sang bénévoles est créée. Elle précède de deux ans le vote au Parlement de la première loi sur la transfusion sanguine, qui précise : « *le sang et ses dérivés ne sont pas des médicaments et ne constituent pas un bien du commerce* ».

En 1952, Jean Dausset, à Paris, met en évidence le système HLA (*Human Leucocyte Antigens* ou antigènes des leucocytes humains qui sont des molécules à la surface des cellules qui permettent l'identification par le système immunitaire) qui est lié au système immunitaire et qui permet à l'organisme de distinguer entre le soi et le non-soi : c'est le CMH ou complexe majeur d'histocompatibilité.

La même année, en France, l'équipe de l'hôpital Necker, sous la conduite des professeurs Jean Vaysse et Jean Hamburger, tente une greffe sur donneur vivant : en effet, le jeune Marius Renard, 16 ans, charpentier de son état, perd son unique rein lors de la chute d'un toit. Sa mère supplie les médecins qu'on lui prenne un rein pour le donner à son fils : ceux-ci décident de tenter l'opération de la dernière chance et réussissent à redonner une fonction rénale au jeune garçon. Mais celui-ci meurt 21 jours après. Néanmoins, l'espoir suscité, amplifié par la couverture médiatique de cet événement, est immense et ne va pas tarder à devenir une réalité.

En effet, c'est en 1954 que la première greffe rénale à partir d'un donneur vivant réussit (le critère de réussite étant la survie plus de six mois après l'opération). L'opération a lieu à Boston, sous l'égide des docteurs Murray, Merrill et Harrison, entre deux jumeaux monozygotes. À présent, la transplantation d'organes entre dans une nouvelle ère. Les médecins ont compris que le problème qu'il s'agissait désormais de résoudre est immunitaire : il faut trouver un moyen d'affaiblir ou de supprimer le système immunitaire de la personne greffée si l'on veut que la greffe réussisse.

En 1960, l'équipe de l'hôpital Foch, à Suresnes, dirigée par René Kuss et Marcel Legrain, réalise les premières greffes entre frère et sœur non jumeaux, puis en dehors de tout lien de parenté entre le donneur et le receveur. Pour éviter le rejet, ils pratiquent une irradiation totale, à laquelle est ajouté un traitement par corticoïde et de la mercaptopurine (un immunosuppresseur). Les greffes réussissent, avec une survie prolongée des patients, même si le greffon a tendance à se dégrader.

Néanmoins, ce succès en matière de transplantation rénale ouvre la voie à la transplantation d'autres organes.

Ainsi en 1967, Christian Barnard réalise la première greffe du cœur en Afrique du Sud. Le patient, Louis Washkansky, 54 ans, meurt au bout de dix-huit jours d'une pneumonie liée à l'immunosuppression. En 1968 est réalisée à Paris la première greffe cardiaque en Europe, par Christian Cabrol.

Au début des années 1980, l'apparition d'un nouveau médicament immunosuppresseur, découvert par le médecin suisse Jean-François Borel, modifie considérablement les perspectives en matière de greffes et surtout de survie : il s'agit de la ciclosporine (ou cyclosporine). C'est une révolution et les greffes, même les plus aventureuses, se multiplient :

- en 1984, à Villejuif en France, Henri Bismuth met au point la technique du « split liver » qui consiste à couper en deux le foie du donneur pour le transplanter à deux receveurs ;
- en 1998 est réalisée avec succès la première greffe de la main à Lyon par les professeurs Jean-Michel Dubernard et Earl Owen ;
- en 2000, les professeurs Owen et Dubernard récidivent en réalisant une double greffe des deux mains et des avant-bras ;
- en 2005, à Amiens, le professeur Dubernard, aidé cette fois-ci du professeur Devauchelle, réalise la première greffe partielle du visage (nez-bouche) sur Isabelle Dinoire, une femme de 38 ans défigurée par un chien ;
- en 2010 est réalisée la première greffe totale de visage, par le professeur Lantieri, à l'hôpital de Créteil.

III. La législation encadrant le don d'organes

Quatre lois jalonnent l'histoire de l'encadrement des pratiques de dons de sang ou d'organe.

A. La loi Caillavet du 22 décembre 1976

C'est la première grande loi en matière de don d'organes de l'histoire : elle a constitué un cadre juridique permettant les prélèvements les plus divers, non seulement d'organes, mais aussi de tissus. Le législateur a choisi d'adapter les organes disponibles aux besoins grandissants, en consacrant une présomption de consentement aux prélèvements après décès. Elle introduit la notion de « consentement présumé » et distingue deux catégories de prélèvement : sur donneur vivant ou sur cadavre. Elle définit aussi la finalité de la transplantation : la finalité doit être soit thérapeutique soit scientifique. On n'a donc le droit de prélever ou de transplanter un organe que dans un but de recherche ou de soin et la validité juridique du consentement est subordonnée à cette fin.

B. La loi de Bioéthique de 1994

La loi n° 94-654 du 29 juillet 1994 relative au *don et à l'utilisation des éléments et produits du corps humain, à l'assistance médicale à la procréation et au diagnostic prénatal* a permis l'affirmation des cinq principes généraux de la greffe d'organes :

- Gratuité du don ;
- Anonymat entre le donneur et le receveur ;
- Consentement du donneur ;
- Interdiction de toute publicité pour le don d'éléments du corps humain en faveur d'une personne, d'un établissement ou d'un organisme déterminé ;
- Sécurité sanitaire des prélèvements d'éléments du corps humain.

C. Loi du 1er juillet 1998 relative au renforcement de la veille sanitaire et du contrôle de la sécurité sanitaire des produits destinés à l'homme

Elle réorganise en profondeur le système transfusionnel français, et crée à ce titre l'Établissement français du sang (EFS).

L'Établissement français du sang (EFS) est l'opérateur civil unique de la transfusion sanguine en France. C'est un établissement public à caractère industriel et commercial, placé sous la tutelle du ministère en charge de la Santé.

La transfusion sanguine, dont l'EFS a le monopole depuis 2000, comprend le don de sang, le don de plasma et le don de plaquettes. L'Établissement français du sang est le garant de la sécurité de la chaîne transfusionnelle, du donneur au receveur. L'EFS permet chaque année de pourvoir aux besoins d'un million de malades, grâce à la générosité des donneurs, au professionnalisme de son personnel, et à la volonté d'un vaste réseau de bénévoles.

1. Missions

Sa mission première, qui est une mission de service public, consiste à assurer l'autosuffisance de la France en produits sanguins dans des conditions de sécurité et de qualité optimales. Son rôle est également d'assurer le lien entre la générosité des donneurs et les besoins des malades. L'EFS gère ainsi les activités de collecte, de préparation, de qualification, de distribution des produits sanguins labiles, et fournit plus de 1900 établissements de santé (hôpitaux et cliniques) partout en France.

L'EFS assure aussi l'approvisionnement en plasma du Laboratoire français du fractionnement et des biotechnologies (LFB) qui fabrique les médicaments dérivés du sang. Au-delà de son cœur de métier, l'EFS mène des activités thérapeutiques et des activités de recherche dans des domaines innovants, comme l'ingénierie et la thérapie cellulaires et tissulaires.

2. Organisation

L'EFS est solidement implanté sur le territoire grâce à ses 17 établissements régionaux de transfusion sanguine, qui sont chargés du prélèvement, de la préparation, de la qualification, de l'immuno-hématologie et de la distribution des produits sanguins aux hôpitaux et cliniques. L'Établissement français du sang est également présent en France (DOM inclus) avec 153 sites de collecte et 40 000 collectes mobiles.

D. La loi « relative à la bioéthique » du 6 août 2004

Cette loi a considérablement assoupli les conditions d'accès aux organes, en vue de répondre aux besoins de la pratique. Ainsi, le cercle des personnes pouvant procéder à un don d'organe pour une greffe est élargi. Outre le père et la mère du receveur, « peuvent être autorisés à se prêter à un prélèvement d'organe dans l'intérêt thérapeutique direct d'un receveur son conjoint, ses frères ou sœurs, ses fils ou filles, ses grands-parents, ses oncles ou tantes, ses cousins germains et cousines germaines ainsi que le conjoint de son père ou de sa mère », et « toute personne apportant la preuve d'une vie commune d'au moins deux ans avec le receveur » (article L. 1231-1).

C'est cette loi qui crée l'Agence de la biomédecine, compétente dans les domaines de la greffe, de la reproduction, de l'embryologie et de la génétique humaines.

L'**Agence de biomédecine** est un établissement public de l'État, créé par la loi de bioéthique de 2004 et placé sous la tutelle du ministère de la Santé. Elle remplit une fonction d'expertise et de contrôle des activités liées aux quatre grands domaines de la biologie et de la médecine humaines : l'assistance médicale à la procréation, le diagnostic prénatal et génétique, la recherche sur l'embryon et les cellules-souches embryonnaires ainsi que le prélèvement et la greffe d'organe, de tissus et de cellules. C'est la seule agence en Europe rassemblant ces quatre domaines que sont le prélèvement et la greffe, la procréation, l'embryologie et la génétique humaines.

L'Agence de la biomédecine met tout en œuvre pour que chaque malade reçoive les soins dont il a besoin, dans le respect des règles de sécurité sanitaire, d'éthique et d'équité.

1. Missions

Par son expertise, l'Agence de la biomédecine est l'autorité de référence sur tous les aspects médicaux, scientifiques et éthiques relatifs à ces questions. Elle se voit notamment confier les missions suivantes :

- suivre, évaluer et contrôler les activités thérapeutiques et biologiques relevant de ses compétences et veiller à leur transparence ;
- participer à l'élaboration de la réglementation des activités relevant de ses prérogatives ;
- délivrer les autorisations pour les recherches in vitro sur l'embryon et les cellules embryonnaires et pour la conservation de cellules-souches embryonnaires à des fins de recherches ;
- autoriser les échanges de cellules reproductives et de cellules-souches embryonnaires avec des pays tiers destinés à la recherche ;

- délivrer les autorisations des centres pluridisciplinaires de diagnostic prénatal et des centres de diagnostic préimplantatoire ;
- agréer les praticiens réalisant de l'assistance médicale à la procréation, du diagnostic prénatal et du diagnostic préimplantatoire, des examens des caractéristiques génétiques ;
- reprendre l'ensemble des activités de l'Établissement français des greffes en matière de prélèvement et de greffe ;
- gérer le registre France greffe de moelle, registre national des volontaires au don de moelle osseuse. Créé en 1986, le registre France greffe de moelle est au service des malades qui ont besoin d'une greffe de moelle osseuse mais qui n'ont pas de donneur compatible dans leur fratrie. Il rassemble l'ensemble des volontaires au don de moelle osseuse en France, soit actuellement plus de 210 000 donneurs. En relation avec les médecins greffeurs, les centres donneurs et les registres internationaux, le registre français centralise les données des donneurs et assure la coordination et l'organisation des prélèvements de moelle osseuse pour le bénéfice de tous les patients, où qu'ils se trouvent dans le monde. Il garantit l'anonymat entre le donneur et le receveur ;
- gérer avec toutes les garanties requises les fichiers nécessaires à la gestion et au suivi des activités thérapeutiques relevant de sa compétence ;
- promouvoir le don d'organes, de tissus et de cellules, ainsi que le don de gamètes.

2. Organisation

Au niveau national, en plus des directions fonctionnelles d'appui, l'Agence de biomédecine est composée de quatre directions techniques : la direction médicale et scientifique, la direction opérationnelle du prélèvement et de la greffe organes-tissus, la direction du registre France greffe de moelle et la mission d'inspection.

Au niveau territorial, elle est organisée d'une part en zones interrégionales de prélèvement et de répartition des greffons (ZIPR) qui sont au nombre de 7, et d'autre part en services de régulation et d'appui de l'Agence de la biomédecine (SRA), au nombre de 4, qui constituent les niveaux d'organisation déconcentrés de l'Agence, ainsi qu'un pôle national de répartition des greffons. Ces services sont par ailleurs, sous la direction opérationnelle du prélèvement et de la greffe.

IV. Le don : les chiffres-clés

La Journée mondiale des donneurs de sang se tient le 14 juin de chaque année. C'est à cette époque en général que l'Établissement français du sang (EFS) fait la promotion du don du sang et en profite pour faire le bilan de son action.

Ainsi, en 2019, **2 925 409 dons de sang** ont été effectués. On note également que sur les **1 610 173 donneurs de sang** en 2019, la majorité d'entre eux (52,6 %) étaient des donneuses. L'EFS a accueilli, en 2019, **288 382 nouveaux donneurs**.

Les besoins des malades en produits sanguins ne faiblissent pas. Il n'existe aujourd'hui aucun produit capable de se substituer au sang humain. Le don de sang est donc indispensable pour sauver des vies. Il permet chaque année de soigner 1 million de malades. En effet **10 000** dons du sang sont nécessaires au quotidien pour soigner les personnes malades. Cela correspond à environ 19 dons par minute. **114** personnes malades reçoivent des produits sanguins toutes les heures.

À l'heure actuelle les techniques de la greffe et de la transplantation sont bien maîtrisées. En d'autres termes, la transplantation est devenue une opération presque banale : ainsi, en France, en 2019, on recense plus de **63 000** personnes **porteuses d'un greffon fonctionnel**.

En 2019, l'activité de greffe est en baisse : après avoir franchi le cap des 6 000 greffes, seules 5 901 greffes d'organe ont été réalisées en 2019. L'activité de prélèvement a augmenté, avec **1 729 personnes prélevées pour 3 471 donneurs recensés** (en état de mort encéphalique). L'activité de greffe à partir de donneurs vivants baisse aussi en 2019 avec **529 greffes** (contre 629 en 2017).

Après le rein (3 643 greffes), les organes les plus transplantés ont été le foie (1 356), le cœur (425), les poumons (384) et le pancréas (84). Enfin, l'âge des donneurs prélevés augmente : 58,3 ans en 2019.

Néanmoins, le principal problème relatif aux greffes et transplantations d'organe ne réside plus ni dans les techniques chirurgicales ni dans les problèmes de compatibilité entre la personne hôte et le greffon mais bien dans la pénurie de greffons. En effet, selon l'Agence de biomédecine, en 2019, sur les **26 116 personnes en attente de greffe**, seules **5 901 personnes ont pu être greffées**, tandis que 713 **personnes en attente de greffes sont mortes** faute d'organes disponibles. La majorité des donneurs prélevés sont en effet des personnes qui décèdent à l'hôpital en état de mort encéphalique suite à un arrêt vasculaire cérébral ou un traumatisme crânien. Or, cela concerne moins de 1 % des décès à l'hôpital ; alors que cette source d'organes représente actuellement près de 92,5 % des greffes réalisées en France. Et sur ces donneurs potentiels, on constate que près d'un prélèvement possible sur trois est refusé (**taux de refus à 30,5 % en 2019**) : près de 300 000 personnes seraient inscrites sur le registre national des refus en 2019. C'est pourquoi l'Agence de la biomédecine soutient le développement du prélèvement d'organes sur d'autres catégories de donneurs : les donneurs vivants et les donneurs décédés après un arrêt cardiaque.

Quant aux greffes de moelle osseuse, 930 greffes de moelle osseuse ont été effectuées en 2019, alors que 4 000 personnes environ ont besoin d'un greffe de moelle osseuse chaque année en France. Il existe un fichier des Donneurs Volontaires de Moelle Osseuse (DVMO) dans de nombreux pays du monde. **Au 31 décembre 2019, on comptait 311 555** donneurs volontaires inscrits sur le registre national France Greffe de Moelle, et **36 millions** de donneurs volontaires inscrits sur l'ensemble des registres internationaux.

Questions européennes

34 Des Communautés européennes à l'Union européenne

Historique

Les projets d'unification européenne après la Seconde Guerre mondiale

Avec la fin de la Seconde Guerre mondiale, les pays d'Europe occidentale vont chercher à mettre en place des structures nouvelles de coopération. Leur objectif est de prévenir tout conflit d'envergure sur le continent, de favoriser la reconstruction d'économies dévastées par cinq années de conflit et de fortifier leur unité de valeurs contre la menace portée par le camp soviétique.

Du 7 au 10 mai 1948, se tient à La Haye, à l'initiative de mouvements européens et de diverses personnalités, le **Congrès de l'Europe**. Les débats font apparaître un clivage fort – déjà ! – entre partisans d'un pouvoir politique européen indépendant des États (les « fédéralistes ») et défenseurs d'une simple coopération intergouvernementale entre États souverains (les « unionistes »). Les textes adoptés sont assez incisifs sur les objectifs à atteindre (suppression des obstacles au commerce, libre convertibilité des devises, coordination des politiques économiques, adoption d'une charte des droits de l'homme, etc.) mais plus prudents sur les moyens institutionnels d'y parvenir.

Sa seule retombée concrète sera **la création le 5 mai 1949 du Conseil de l'Europe**, organisation de coopération intergouvernementale dont les compétences très générales couvrent la promotion des droits de l'homme, le renforcement de la démocratie et le développement de la coopération dans les domaines les plus divers (culture, éducation, science, médias). Seules les questions de défense sont exclues de son intervention. Composé initialement de dix États européens, le Conseil de l'Europe s'est élargi par la suite aux autres pays européens et compte aujourd'hui 47 États-membres.

La création d'une Communauté européenne du charbon et de l'acier : le laboratoire de la construction communautaire

Le 9 mai 1950, sur une idée de Jean Monnet, alors commissaire au Plan, le ministre des Affaires étrangères français, Robert Schuman, propose de **mettre en commun les productions française et allemande de charbon et d'acier** et de les placer sous le contrôle d'une Haute autorité commune ouverte aux autres États européens. En lançant cette initiative, la France poursuit plusieurs objectifs : empêcher toute nouvelle guerre avec l'Allemagne en mutualisant des produits indispensables pour les industries militaires ; rationaliser un secteur en crise menacé de surproduction ; amorcer la réconciliation franco-allemande ; lancer un processus politique de coopération susceptible de déboucher sur une « Fédération européenne » (ce terme figure explicitement dans la déclaration du ministre français). Puisque les États sont réticents à déléguer leurs souverainetés, l'idée est de créer entre eux des solidarités de fait susceptibles de générer un surcroît d'intégration politique.

Le plan Schuman est immédiatement accepté par le chancelier Adenauer. Ouvertes le 20 juin 1950, les négociations aboutissent le 18 avril 1951 à la signature à Paris, par six pays (la République fédérale d'Allemagne, la Belgique, la France, l'Italie, le Luxembourg et les Pays-Bas), du traité sur la Communauté européenne du charbon et de l'acier. La Grande-Bretagne refuse de participer aux négociations par hostilité à l'inspiration supranationale de l'entreprise et par souci de préserver ses liens avec le Commonwealth. L'ensemble des ratifications obtenues, le traité entre en vigueur le 23 juillet 1952 pour une durée de cinquante ans.

Les principaux pouvoirs de décision et de gestion sont exercés par un organe à caractère supranational et indépendant des États, **la Haute Autorité.** Composée de neuf personnalités indépendantes désignées pour six ans en commun par les États-membres, elle dispose d'un budget financé en partie sur ressources propres et de larges pouvoirs en matière d'ententes et de concentrations ou de fixation des prix et des salaires qui l'autorisent à adopter des actes obligatoires s'appliquant aux entreprises et aux États-membres. Certaines décisions importantes en période de crise ou pour financer des travaux et installations ne peuvent être prises qu'avec l'avis conforme du **Conseil des ministres** composé d'un membre du gouvernement de chaque État-membre. La Haute Autorité peut être renversée à la majorité des deux tiers par une Assemblée commune, composée de 78 membres désignés par les parlements nationaux, dont les pouvoirs sont, pour le reste, consultatifs. Une Cour de Justice est chargée de veiller au respect du traité et de trancher les différends entre les pays membres ou les personnes.

Les traités de Rome : la création de la Communauté économique européenne et d'Euratom

Avec l'échec du projet de Communauté européenne de défense, la démarche fonctionnelle d'intégration économique apparaît comme la seule méthode possible de relance de la construction européenne. L'option privilégiée par Jean Monnet est celle d'une extension des compétences de la CECA aux transports et à l'énergie nucléaire civile. À cette approche par addition de coopérations sectorielles, les pays du Benelux préfèrent l'option d'une intégration économique générale. Cette seconde option l'emporte. Mandaté par la conférence de Messine (juin 1955), un comité intergouvernemental, réunissant experts et représentants des gouvernements, sous la présidence de Paul-Henri Spaak, propose la constitution d'un marché commun et d'une communauté de l'énergie atomique. Le rapport Spaak est approuvé par la conférence de Venise (29 mai 1956). Ouvertes en juin 1956, les négociations aboutissent à la signature par les six États-membres de la CECA (France, Allemagne, Italie, Belgique, Luxembourg et Pays-Bas), le 25 mars 1957 à Rome, de deux traités établissant, l'un la Communauté économique européenne (CEE), l'autre la Communauté européenne de l'énergie atomique (CEEA ou Euratom). Ils entrent en vigueur le 1er janvier 1958 pour une durée illimitée.

La France et le traité de Rome

La France était initialement réticente à l'égard d'une libéralisation générale des échanges et très favorable à une coopération en matière d'énergie atomique (parce qu'elle estimait qu'en raison de son avance technologique dans ce secteur, elle profiterait plus que les autres pays d'une telle coopération). Elle n'accepte de se rallier au projet de marché commun qu'en échange de la conclusion conjointe d'un second traité instituant Euratom. Si elle doit concéder à l'Allemagne la mise en place d'une politique de contrôle de la concurrence, elle obtient le principe d'une politique agricole commune, des périodes de transition relativement longues pour la réalisation du marché commun et le principe d'une association avec l'Outre-mer. Arguant que l'objectif n'était plus seulement de nouer une coopération sectorielle mais de construire un marché commun général, elle obtient également que le Conseil représentant les États détienne la réalité du pouvoir de décision.

Le traité instituant la CEE prévoit la réalisation, d'ici le 31 décembre 1969 et à l'issue d'un processus en trois étapes, d'un marché commun ainsi que la mise en place de politiques communes dans les domaines de l'agriculture, des transports et du commerce extérieur. Le système institutionnel prévu par le traité va bien au-delà d'une simple coopération intergouvernementale mais il ne reproduit pas le modèle ouvertement supranational de la CECA. Le traité crée une institution indépendante des gouvernements, la Commission, qui dispose du monopole de l'initiative mais, à la différence de la Haute Autorité, n'a pas de pouvoirs propres de décision (sauf en matière de concurrence). C'est le Conseil, composé des ministres représentant les États, qui possède la réalité du pouvoir de décision. Il adopte à l'unanimité les règlements et les directives mais à partir de la troisième étape de la période de transition, ses décisions devront être prises à la majorité qualifiée. Une Assemblée des Communautés européennes composée de 142 membres désignés par les parlements nationaux peut censurer la Commission mais ne dispose dans les matières législatives que d'un simple pouvoir d'avis. Enfin, une Cour de Justice assure le respect de droit communautaire dans l'application et l'interprétation des traités.

En dépit du caractère lacunaire de certaines de ses dispositions (par beaucoup d'aspects, le traité de Rome est un traité cadre qui se contente de fixer le principe de certaines politiques tout en renvoyant au Conseil le soin d'en détailler le fonctionnement) et d'omissions (rien sur l'aide aux régions, la coopération monétaire, l'industrie, la recherche ou la protection de l'environnement), le traité de Rome va connaître une destinée hors du commun, à la fois instrument d'une intégration accélérée des économies européennes et matrice d'importants transferts de souveraineté au profit d'une construction politique sans équivalent dans le monde.

L'échec du plan Fouchet

À son arrivée au pouvoir en 1958, le général de Gaulle ne remet pas en cause les traités de Rome entrés en vigueur six mois auparavant. Mais il annonce qu'il veut promouvoir une coopération politique nouvelle plus respectueuse des souverainetés des États et capable de faire de l'Europe un pôle d'influence indépendant des deux super-puissances.

Constituée à l'initiative de la France, une commission intergouvernementale, présidée par Christian Fouchet, adopte le 19 octobre 1961 un plan prévoyant l'établissement, par un nouveau traité, d'une « Union d'États » dotée d'institutions communes propres (un Conseil des chefs d'État et de gouvernement prenant ses décisions à l'unanimité, un Conseil des ministres, etc.) et compétente dans des domaines non couverts par le traité CEE (politique étrangère, science et culture, défense).

Ce plan est aussitôt critiqué par les partenaires de la France qui y voient une prise de distance vis-à-vis de l'OTAN et une mise sous tutelle intergouvernementale des Communautés européennes. La nouvelle version du plan Fouchet présentée le 17 janvier 1962 n'apporte aucune réponse à ces inquiétudes. Par ailleurs, certains pays (dont ceux du Benelux) font de l'entrée du Royaume-Uni dans les Communautés un préalable à la conclusion d'un accord sur l'union politique. L'échec des discussions est entériné le 17 avril 1962.

Symbole de l'Europe des nations, le plan Fouchet a souvent mauvaise presse. En réalité, il était, sur bien des points, prémonitoire : sa proposition de Conseil de l'Union composé des chefs d'État et de gouvernement anticipait la création en 1974 du Conseil européen ; l'extension des compétences européennes à des domaines comme la politique extérieure, la défense, la science ou la culture ne sera réalisée que bien plus tard par l'Acte unique ou les traités de Maastricht et de Nice. Inversement, on peut penser que chapeauté par une Union d'États fonctionnant à unanimité, le système communautaire n'aurait pas connu le même dynamisme (marché unique, euro…).

Le compromis de Luxembourg : le maintien de l'unanimité au Conseil

Le 31 mars 1965, la Commission présente devant l'Assemblée européenne une proposition de réforme du financement de la politique agricole commune prévoyant la mise en place d'un système de ressources propres et l'élargissement des pouvoirs budgétaires du Parlement européen. Pour faire passer cette initiative audacieuse, la Commission table sur l'attachement de la France à la PAC.

Le calcul va se révéler erroné. En effet, le général de Gaulle va saisir l'occasion pour **remettre en cause l'extension du champ du vote à la majorité qualifiée** au Conseil prévue pour le 1er janvier 1966. Le général de Gaulle refuse la proposition de la Commission et, le 1er juillet 1965, rappelle à Paris le représentant permanent de la France auprès des Communautés européennes. Pendant plus de sept mois, la France ne siège plus au Conseil. C'est la politique « de la chaise vide ». Le général de Gaulle demande une révision des traités afin de préserver l'unanimité au Conseil au cas où un gouvernement estimerait ses intérêts vitaux en cause et une limitation du rôle de la Commission (diminution de son pouvoir d'initiative, renforcement du contrôle par le Conseil).

La crise est résolue par l'adoption le 30 janvier 1966 d'une **déclaration commune** connue sous le nom de « compromis de Luxembourg ». Dans la forme, ce texte ne modifie pas les traités : il s'agit d'une simple déclaration politique et non d'un protocole interprétatif comme le souhaitait initialement la France. Le pouvoir d'initiative de la Commission n'est pas remis en cause mais cette dernière doit désormais informer le COREPER des propositions législatives en préparation. Surtout, lorsque des « intérêts très importants » sont invoqués par un État, le Conseil s'efforcera, « dans un délai raisonnable », d'arriver à des solutions unanimes.

L'interprétation de ce texte a donné lieu à des divergences. Pour la France, ce texte signifie qu'il faut continuer à discuter jusqu'à ce que l'accord unanime soit atteint – ce qui revient à réintroduire subrepticement le droit de veto. Pour les autres États-membres, il faut passer au vote majoritaire si les discussions se prolongent.

Dans la pratique, c'est le point de vue français qui s'est imposé. Jusqu'à la révision de l'Acte unique, les présidences du Conseil vont chercher à éviter le passage au vote (y compris dans les cas où traité prévoit un vote à la majorité qualifiée) et prolonger les discussions pour obtenir l'accord unanime des États (ou du moins le consensus). Fruit de compromis difficiles, les textes adoptés manqueront de consistance. Des propositions vont rester bloquées au Conseil pendant des années faute d'accord unanime. Et la Commission va se retrouver affaiblie dans l'exercice de son pouvoir d'initiative. Il faudra attendre l'Acte unique – qui étend le champ du vote à la majorité qualifiée – et le traité de Maastricht – qui instaure la co-décision – pour que le compromis de Luxembourg voit son rôle fortement réduit, puis marginalisé.

Le compromis de Luxembourg est-il caduc ?

Dès lors que les traités tracent une frontière précise entre les matières relevant du vote à la majorité qualifiée et de l'unanimité, certains États estiment que le compromis de Luxembourg ne peut plus valablement être invoqué. Comment admettre, en effet, que des États puissent s'exempter de leurs engagements européens en les autorisant à bloquer une décision majoritaire en dehors des cas prévus par les traités ?

Ce point de vue n'est pas celui de certains États, dont le Royaume-Uni, qui estiment que le compromis de Luxembourg est toujours valable. Ce dernier fait partie de l'acquis communautaire sur la base duquel ils ont adhéré aux Communautés ou à l'Union. Lorsqu'un texte porte atteinte à un intérêt national essentiel (identité nationale, diversité culturelle, éléments fondamentaux constitutifs de la cohésion sociale…), ces États estiment qu'ils doivent garder la possibilité de s'opposer au passage au vote et obtenir le prolongement des discussions, voire mettre leur veto à son adoption (même si le vote à la majorité qualifiée est applicable).

Il reste que ce débat est quelque peu théorique. S'il apparaît qu'un projet de texte met en cause un intérêt national déterminant, les autres États-membres chercheront à trouver un arrangement acceptable plutôt que mettre l'État concerné en situation d'invoquer le compromis de Luxembourg pour s'opposer à son adoption.

L'Acte unique : une relance par l'intégration économique de la construction européenne

Afin de relancer la construction communautaire enlisée depuis plusieurs années, la Commission, présidée par Jacques Delors, présente en juin 1985 un livre blanc sur l'achèvement du marché intérieur qui propose de fixer au 31 décembre 1992 la réalisation d'un véritable marché unique sans frontières et de généraliser le vote à la majorité qualifiée pour l'adoption des 300 mesures nécessaires à l'élimination des obstacles aux échanges. Ce document est approuvé par le Conseil européen de Milan en juin 1985 qui décide, dans la foulée, de convoquer, pour la première fois à la majorité (contre l'opposition de la Grande-Bretagne, du Danemark et de la Grèce), une conférence intergouvernementale de révision des traités. Les négociations sont d'une brièveté remarquable (trois mois de discussions !). L'Acte unique est signé le 17 février 1986 par neuf États sur douze, puis le 28 février 1986 par le Danemark (qui avait auparavant consulté son peuple par référendum), l'Italie et la Grèce. L'« Acte unique » est ainsi dénommé parce qu'il réunit dans un seul document une révision des traités communautaires et des dispositions nouvelles relevant de la coopération entre États (institution du Conseil européen et de la coopération politique européenne). Le traité entre en vigueur le 1er juillet 1987.

L'Acte unique présente le double mérite d'étendre le champ des compétences des Communautés à de nouveaux domaines (cohésion économique et sociale, recherche et développement technologique, santé et sécurité des travailleurs, protection de l'environnement) et de consacrer l'objectif de réalisation du marché intérieur au 31 décembre 1992. Pour faciliter la réalisation de cet objectif, l'Acte unique applique la majorité qualifiée à l'adoption des textes relatifs au marché intérieur (à l'exception importante de la fiscalité et de la libre circulation des personnes qui restent à l'unanimité). Le rôle du Parlement européen se trouve augmenté avec l'instauration de deux nouvelles procédures d'adoption des textes (avis conforme et coopération). Bien qu'une déclaration annexée précise que l'échéance du 31 décembre 1992 ne crée « pas d'effets juridiques automatiques », cette date aura un effet mobilisateur considérable auprès des gouvernements et des opinions publiques. De fait, la réussite est éclatante : quelques 270 directives seront adoptées pour réaliser le marché unique. Certains reprocheront à l'Acte unique d'avoir engagé les Communautés européennes dans la voie d'une ouverture libérale des marchés et créé ainsi les conditions d'un déséquilibre entre les volets économiques et sociaux de la construction européenne. On rappellera toutefois que l'Acte unique a été aussi à l'origine d'un renforcement de l'aide aux régions (adoption en 1988 du paquet Delors I) et du lancement de politiques nouvelles en matière de recherche ou de protection de l'environnement. La mise en œuvre – et le financement – de ces actions n'auraient pas été possibles si les États contributeurs au budget communautaire n'avaient trouvé des contreparties à l'augmentation de leur effort dans l'ouverture des marchés et l'augmentation de leurs exportations.

Le traité de Maastricht : l'approfondissement avec l'élargissement

La chute du mur de Berlin, en même temps qu'il marque le début de l'effondrement du communisme en Europe de l'Est, ouvre la perspective d'une unification du continent européen. La réunification allemande est engagée à marches forcées. Les nouvelles démocraties d'Europe centrale et orientale se tournent vers la Communauté. La conclusion du traité de Maastricht est une réponse à ce défi historique. Elle garantit qu'une Allemagne unie poursuivra dans la voie de son engagement européen. Elle permet de renforcer les institutions et de lancer de nouveaux « chantiers » (l'Union économique et monétaire) avant l'entrée des États d'Europe centrale et orientale.

Le traité est adopté par le Conseil européen de Maastricht (décembre 1991) et signé le 7 février 1992 par les douze États-membres de la Communauté. Une révision constitutionnelle s'avère nécessaire en France (à la suite d'une réunion du Congrès le 25 juin 1992) après que le Conseil constitutionnel a jugé le traité contraire à la Constitution (décision du 9 avril 1992). Des référendums sont organisés en Irlande, en France (victoire étriquée du « oui » par 51,05 % des voix le 20 septembre 1992) et au Danemark. Le vote négatif du peuple danois, le 2 juin 1992, bloque l'entrée en vigueur du traité. Pour sortir de l'impasse, le Conseil européen d'Édimbourg (décembre 1992) accorde au Danemark quatre dérogations sur la monnaie unique, la défense commune, la coopération judiciaire et la citoyenneté. Par un nouveau référendum organisé le 18 mai 1993, le peuple danois approuve le traité ainsi complété. Le traité sur l'Union européenne entre finalement en vigueur le 1er novembre 1993.

Le traité de Maastricht institue la Politique étrangère et de sécurité commune (PESC) qui succède à la coopération politique européenne (CPE). Il crée l'Union européenne composée de trois piliers, le premier couvrant les matières relevant la méthode communautaire (Communauté européenne), les deux autres (PESC et Affaires intérieures et de justice) relevant de processus intergouvernementaux. Au sein du pilier communautaire, il étend le champ de la majorité qualifiée et instaure une procédure nouvelle de codécision qui place le Parlement européen sur un pied d'égalité avec le Conseil. Consacrant les conclusions du rapport Delors, le traité de Maastricht prévoit l'achèvement de l'Union économique et monétaire selon un processus en trois étapes. Il étend le champ d'intervention de la Communauté à six nouveaux domaines (éducation, formation professionnelle, culture, santé publique, protection des consommateurs, réseaux transeuropéens, industrie) tout en consacrant le principe de subsidiarité dans l'exercice des compétences partagées.

Le traité d'Amsterdam : la construction d'un espace de liberté, de sécurité et de justice

Ouverte en mars 1996 afin d'adapter les institutions à la perspective du prochain élargissement aux pays d'Europe centrale et orientale, la conférence intergouvernementale aboutit, après de longues négociations, à un accord à « l'arraché » lors du Conseil européen d'Amsterdam (juin 1997). Le traité est signé le 2 octobre 1997. Des référendums sont organisés en Irlande et au Danemark. En France, après décision du Conseil constitutionnel du 31 décembre 1997 déclarant que ce traité comportait des dispositions contraires à la Constitution, la ratification parlementaire intervient après révision de la Constitution (par réunion du Congrès le 25 janvier 1999). Le traité d'Amsterdam entre en vigueur le 1er mai 1999.

Il a été parfois dit que ce traité n'était porté par aucun projet politique comme l'Acte unique (le marché intérieur) ou le traité de Maastricht (la monnaie unique). Il est vrai qu'il n'élargit qu'à la marge le champ des compétences de l'Union. Mais ce serait ignorer les dispositions importantes prises pour donner une dimension sociale à la construction communautaire (intégration du protocole sur la politique sociale), donner plus de visibilité à l'action extérieure de l'Union (institution d'un Haut représentant pour la politique étrangère et la sécurité commune) et réaliser un espace commun de liberté, de sécurité et de justice (communautarisation d'une partie du 3e pilier, intégration de la coopération Schengen dans le cadre de l'Union).

En réalité, le principal défaut du traité d'Amsterdam est d'avoir échoué à réformer les institutions pour les préparer à l'élargissement. Dans un protocole annexé au traité, les États décident de renvoyer à une CIG ultérieure, lorsque l'Union comptera 20 États-membres, le soin de traiter trois sujets laissés sans solution : la composition des institutions, les règles de pondération des voix et le champ de la majorité qualifiée.

Le traité de Nice : une réforme minimale des institutions

En juin 1999, le Conseil européen de Cologne convoque une conférence intergouvernementale centrée sur les trois questions qui n'avaient pu être réglées à Amsterdam (auxquelles sera ultérieurement ajouté le thème des coopérations renforcées). La conférence intergouvernementale commence ses travaux le 14 février 2000. À l'issue d'âpres négociations, un accord intervient lors du Conseil européen de Nice (11 décembre 2000). Le traité est signé à Nice le 26 février 2001.

Centrées sur des enjeux de pouvoir (la place des États au sein des institutions, la formation de la majorité qualifiée), les négociations ont creusé un fossé entre « grands » et « petits États ». La France et l'Allemagne, qui s'opposaient sur la question de leurs poids respectifs au Conseil, n'ont pas été en mesure de donner l'impulsion comme lors des précédentes CIG.

Le traité de Nice est ratifié en France par la voie parlementaire. Il n'y a pas eu saisine du Conseil constitutionnel. Il est en revanche rejeté par le peuple irlandais lors du référendum du 7 juin 2001. Le Conseil européen de Séville (juin 2002) adopte alors deux déclarations réaffirmant l'absence d'engagement de défense mutuelle dans le traité et la neutralité de l'Irlande. Une fois ces « réassurances » obtenues, un second référendum est organisé en Irlande le 19 octobre 2002 et le « oui » l'emporte largement. Le traité de Nice entre en vigueur le 1er février 2003.

Traité « existentiel plus qu'essentiel[1] » Nice a pour grand mérite d'introduire les adaptations institutionnelles nécessaires à l'entrée dans l'Union de douze nouveaux membres mais au prix de compromis peu satisfaisants. Ainsi, le traité rééquilibre la pondération des voix au Conseil au profit des grands États mais augmente le seuil en voix de la majorité qualifiée (de plus de 2 %) et introduit des conditions supplémentaires pour que cette majorité qualifiée soit atteinte. Le traité consacre, à compter du 1er janvier 2005, le principe d'un commissaire par État-membre, les « grands » États renonçant à leur 2e commissaire. Il étend à la marge le champ du vote à la majorité qualifiée mais conserve la fiscalité et de la politique sociale à l'unanimité (la Convention sur l'avenir de l'Europe ne fera toutefois pas mieux !).

1. Selon la formule de Michel Petite, directeur du service juridique de la Commission.

La Convention sur l'avenir de l'Europe (février 2002-juillet 2003)

La nécessité était largement ressentie de refonder l'Union sur de nouvelles bases. Sous la pression du Parlement européen, les États décident de convoquer, lors du Conseil européen de Laeken en décembre 2001, une Convention pour préparer la prochaine révision des traités[1]. Le recours à cette nouvelle méthode de négociation s'est imposé aux États-membres parce que les discussions des CIG de Nice et d'Amsterdam avaient mis en lumière **le manque d'efficacité de la méthode diplomatique de négociation** (défaut de transparence des travaux, paralysie de l'unanimité, logique de marchandage). C'est le « on ne peut plus continuer comme cela » proféré, paraît-il, par Tony Blair au petit matin alors que venaient de s'achever les négociations du traité de Nice. Par ailleurs, l'expérience réussie de la Convention ayant élaboré la Charte des droits fondamentaux montrait qu'il était possible de travailler autrement.

Le Conseil européen de Laeken fixe la composition de la Convention sur l'avenir de l'Europe : 15 représentants des États (1 par État-membre), 30 députés nationaux (2 par État-membre), 16 députés européens et 2 représentants de la Commission. Il attribue sa présidence à Valéry Giscard d'Estaing. Les pays candidats sont admis à participer aux travaux de la Convention mais ne peuvent pas empêcher le consensus qui se dégagerait entre les États-membres. Les compétences des États en matière de révision sont préservées puisque seule la conférence intergouvernementale pourra décider des modifications à apporter aux traités. Le mandat de la Convention est défini de manière ouverte : la Convention doit élaborer un « document » comprenant soit de simples « options », soit des « recommandations » servant de « point de départ » pour les discussions de la CIG.

Les travaux de cette Convention ont été une indéniable réussite. Tandis que les conférences intergouvernementales se déroulaient à huis clos, la Convention a travaillé dans une grande transparence. En dépit de sa composition composite, cette enceinte est parvenue à adopter le 13 juin 2003 un projet de traité instituant une Constitution pour l'Europe ne comportant aucune référence à des opinions minoritaires.

La Convention doit cette réussite au climat de confiance et d'écoute qui s'est instauré entre ses membres (« l'esprit de la Convention ») mais surtout aux **méthodes efficaces d'élaboration des textes**. Comme il n'était pas envisageable que la Convention vote, la seule méthode possible d'adoption des textes était le consensus. Pour parvenir à réunir un tel consensus, la Convention s'est dotée d'organes de travail efficaces qui ont créé les conditions d'une concertation en amont de l'adoption des textes : un secrétariat chargé de la rédaction des projets de textes, un Praesidium de douze membres responsables de la conduite des travaux de la Convention et au sein duquel étaient élaborées les positions de compromis, des groupes de travail chargés d'approfondir la réflexion sur certaines thématiques.

1. Le choix de ce mot évoque le précédent de la Convention de Philadelphie de 1787 : chargée d'amender les articles de la Confédération, elle avait finalement adopté une Constitution des États-Unis qui commençait par ces mots : « We, people of the United States… ».

Cette réussite d'ensemble doit toutefois être nuancée. La Convention n'aura **pas permis de réviser et de mettre à jour les dispositions des traités relatives aux politiques communes** qui sont donc, sous réserve d'adaptations formelles, restées inchangées. Par ailleurs, si les médias ont régulièrement rendu compte des travaux de la Convention, il n'y a pas eu de mouvement d'intérêt populaire autour des travaux d'élaboration du nouveau traité. Enfin, la référence constitutionnelle s'est révélée être un piège qui a contribué au rejet du traité. En octroyant une qualité constitutionnelle à ce traité, la Convention avait entendu souligner sa double particularité : le fait qu'il ne se contente pas de modifier les traités antérieurs mais qu'il les abroge et les remplace ; son haut degré d'ambition puisqu'il procède à une véritable refonte de l'organisation institutionnelle et juridique de l'Union. Toutefois, cette double référence était contradictoire dans son principe puisque, par définition, un traité n'est pas une constitution. En droit, le texte adopté par la Convention était un traité puisque, adopté à l'unanimité par une conférence intergouvernementale et signé par les chefs d'État et de gouvernement, il ne pouvait entrer en vigueur qu'après sa ratification par tous les États signataires. Les partisans du « non » ne se sont pas fait faute d'exploiter cette ambiguïté : si le nouveau traité est vraiment une Constitution, n'aurait-il pas dû être élaboré par une assemblée constituante élue à cette fin – ce que n'était pas la Convention ? ne devrait-il pas, comme toute constitution, se limiter à décrire l'organisation institutionnelle et juridique – alors que reprenant les dispositions des traités antérieurs, le projet de traité constitutionnel contenait des prescriptions précises sur le contenu des politiques communes ? et comment admettre que le Parlement européen n'ait pas l'initiative des lois ou que le principe de séparation des pouvoirs ne soit pas consacré comme dans tout régime démocratique ?

La conférence intergouvernementale (octobre 2003-juin 2004)

Adopté, à l'unanimité, lors du Conseil européen du 18 juin 2004, à l'issue de discussions difficiles entre États au sein de la CIG, le traité constitutionnel se démarque du projet de la Convention sur un certain nombre de points substantiels (modification des règles de définition de la majorité qualifiée et de composition de la Commission, maintien de l'unanimité dans le domaine fiscal, renforcement de l'autonomie décisionnelle des États-membres de l'euro, limitation des pouvoirs du Parlement européen dans le domaine financier…). L'équilibre général atteint par la Convention n'est toutefois pas remis en cause. Le texte final du traité établissant une Constitution pour l'Europe est ainsi signé officiellement par les chefs d'État ou de Gouvernement, le 29 octobre 2004, à Rome.

L'échec de la ratification du traité constitutionnel

Prévu pour entrer en vigueur le 1er novembre 2006, le traité établissant une Constitution pour l'Europe devait auparavant être ratifié par l'ensemble des États-membres. Le 29 mai 2005, le peuple français rejette le traité (par près de 55 % des suffrages[1]) suivi, le 1er juin 2005, par le peuple néerlandais (par plus de 61 % des voix). Le processus de ratification est bloqué. L'Europe se retrouve en crise, sans plan B de rechange.

La conclusion du traité de Lisbonne

Il fallut attendre le Conseil européen de juin 2007 pour débloquer la situation. Sous l'impulsion de la France et de l'Allemagne, les chefs d'État et de gouvernement conviennent de convoquer une nouvelle conférence intergouvernementale dès le mois de juillet 2007 afin d'élaborer un nouveau traité – dit modificatif – qui viendrait amender les traités existants (et non plus se substituer à eux). Par ailleurs, ce nouveau traité se limiterait à reprendre les réformes institutionnelles figurant dans le traité constitutionnel qui n'avaient guère été contestées au cours de la campagne référendaire. Enfin, pour éviter que l'entrée en vigueur du traité ne soit bloquée par son rejet par un ou plusieurs États-membres, le Conseil européen de juin 2007 a recommandé que la ratification emprunte la voie parlementaire.

Sur ces bases, le « traité modificatif » était adopté le 19 octobre par le Conseil européen et signé par les chefs d'État le 13 décembre 2007 à Lisbonne.

En France, la ratification a été autorisée par le Parlement (loi du 13 février 2008) après que la Constitution a été modifiée (loi constitutionnelle du 4 février 2008 adoptée par le Congrès à la suite de la décision du Conseil constitutionnel du 20 décembre 2007 jugeant le traité contraire à la Constitution). Seule l'Irlande a organisé un référendum parce qu'elle y était contrainte pour des raisons constitutionnelles. Le 12 juin 2008, le traité de Lisbonne est ainsi rejeté par le peuple irlandais (à 53,4 % des suffrages exprimés). L'Europe se retrouvait à nouveau dans une impasse.

Les Conseils européens de décembre 2008 et de juin 2009 sont toutefois parvenus à définir un certain nombre de garanties qui ont convaincu l'Irlande de relancer le processus de ratification (réaffirmation de la neutralité de l'Irlande et de l'absence d'extension de compétences dans le domaine fiscal, engagement de maintenir le principe d'un commissaire par État-membre).

Soumis à nouveau à référendum, le traité de Lisbonne était approuvé le 2 octobre 2009 à une large majorité du peuple irlandais (67 % de oui). Il restait à convaincre la République tchèque de ratifier le nouveau traité. Le Conseil européen dut pour cela, lors de sa réunion du 30 octobre 2009, convenir d'annexer, lors de la conclusion

1. Le recours au référendum avait été précédé d'une révision constitutionnelle (loi constitutionnelle du 1er mars 2005). Dans sa décision du 19 novembre 2004, le Conseil constitutionnel a jugé que le traité établissant une Constitution pour l'Europe était contraire à la Constitution française parce que certaines de ses clauses affectent les conditions essentielles d'exercice de la souveraineté nationale en transférant à l'Union européenne des compétences nouvelles ou en lui permettant d'exercer certaines de ses compétences selon des modalités nouvelles, d'autre part, parce que la mise en œuvre des nouvelles prérogatives reconnues par le traité aux parlements nationaux manque de base constitutionnelle. En revanche, le Conseil constitutionnel a estimé que l'inscription dans le traité du principe de la primauté du droit de l'Union sur le droit des États-membres et l'octroi d'une valeur juridique à la Charte des droits fondamentaux n'étaient pas incompatibles avec la Constitution.

du prochain traité d'adhésion, un protocole exemptant la République tchèque de l'application de la Charte des droits fondamentaux, au même titre que la Pologne et le Royaume-Uni (dans les faits, un tel protocole n'a jamais été adopté). Le traité de Lisbonne pouvait entrer en vigueur le 1er décembre 2009.

Le contenu du traité de Lisbonne

À la différence du traité instituant une Constitution pour l'Europe, le traité de Lisbonne ne présente aucun caractère constitutionnel. Les éléments susceptibles d'assimiler l'Union à un État ont été retirés ou renommés. Le « ministre des Affaires étrangères de l'Union » prévu par le traité constitutionnel reçoit une nouvelle dénomination d'inspiration moins « gouvernementale » (« haut représentant de l'Union pour les affaires étrangères et la politique de sécurité »). Toute référence aux symboles de l'Union (le drapeau représentant un cercle de douze étoiles d'or sur fond bleu, l'hymne tiré de « l'Ode à la joie » de la Neuvième symphonie de Ludwig van Beethoven, la devise « Unie dans la diversité », l'euro et la Journée de l'Europe le 9 mai) est abandonnée[1]. Alors que le traité constitutionnel se substituait aux traités existants (TUE, TCE) et les abrogeait, le traité de Lisbonne modifie le traité sur l'Union européenne et le traité instituant la Communauté européenne (rebaptisé « traité sur le fonctionnement de l'Union »). De même, le traité de Lisbonne se contente de renvoyer dans un de ses articles à la Charte sur les droits fondamentaux (qui acquiert ainsi une force contraignante) alors que dans une logique de consolidation son texte était incorporé dans le traité portant Constitution pour l'Europe.

Par rapport au traité constitutionnel, le traité de Lisbonne comporte quelques éléments nouveaux : les pouvoirs des parlements nationaux ont été renforcés ; l'application de la nouvelle règle de formation de la majorité qualifiée est repoussée de 2009 à 2014 ; un protocole sur les services d'intérêt général est introduit ; à la demande de la France, la référence à la « concurrence libre et non faussée » est supprimée de la définition des objectifs de l'Union ; répondant à une revendication britannique, l'article du traité constitutionnel consacrant le principe de primauté du droit de l'Union n'est pas repris ; enfin, le traité de Lisbonne octroie à certains États-membres (Royaume-Uni, Irlande, Pologne) des dérogations supplémentaires.

Pour le reste, le traité de Lisbonne reprend les principales innovations institutionnelles et juridiques du traité constitutionnel. Il clarifie les bases juridiques de l'Union en instaurant une meilleure délimitation des compétences entre l'Union et les États-membres et en dotant l'Union de la personnalité juridique. Il reconnaît aux États le droit de se retirer de l'Union. Il renforce le caractère démocratique du système institutionnel par l'accroissement des pouvoirs du Parlement européen (extension du champ de la codécision, élection du président de la Commission), l'octroi aux parlements nationaux de compétences nouvelles (contrôle en amont du principe de subsidiarité, droit de recours devant la Cour de Justice) et l'instauration

1. Ce qui n'empêche pas que ces symboles continuent à exister. Dans une déclaration annexée au traité de Lisbonne, un groupe de 16 États membres (dont ne fait pas partie la France) affirme que ces symboles continueront d'être, pour eux, la marque de l'appartenance commune des citoyens à l'Union européenne et de leur lien avec celle-ci.

d'un droit d'initiative citoyenne. L'élection par le Conseil européen d'un président stable et la modification du mode de détermination de la majorité qualifiée dont le champ est par ailleurs étendu doivent permettre d'améliorer l'efficacité des travaux du Conseil. Enfin, le traité de Lisbonne dote l'Union de moyens d'action nouveaux dans le domaine extérieur (institution d'un Haut représentant pour les affaires étrangères et la politique de sécurité, constitution de coopérations structurées en matière de défense) et en matière de gouvernance de la zone euro (reconnaissance de l'Eurogroupe, possibilité pour les États de la zone euro de développer une coordination spécifique en matière budgétaire et de politique économique).

Ce traité n'en comporte pas moins des insuffisances qu'ont fait apparaître ses premières années de mise en œuvre. Le dispositif en matière de présidence et de représentation extérieure de l'Union manque de cohérence. Les mesures prévues par le traité de Lisbonne pour rendre l'Union plus démocratique (initiative citoyenne, nouvelle procédure de désignation du président de la Commission…) ne sont pas à la mesure de l'enjeu. La rationalisation de la hiérarchie des normes (distinction entre actes délégués et actes d'exécution) se révèle lourde d'ambiguïtés et d'imprécisions.

En réalité, le traité de Lisbonne est une « boîte à outils » dont l'efficacité dépendra de l'utilisation que comptent en faire les États.

Connaissances de base

Un modèle fédéral inabouti

- **L'Union présente de nombreux traits empruntés au modèle fédéral**

Elle dispose, par transferts de compétence, de responsabilités exclusives dans ce qui a trait à la vie économique (organisation du grand marché, politique commerciale à l'égard des pays tiers, politique monétaire, respect des règles de concurrence…). Les droits nationaux sont étroitement subordonnés au droit de l'Union qui prime sur les normes internes. L'unité d'interprétation et l'application de cet ordre juridique sont garanties par une juridiction indépendante. Les citoyens des États-membres bénéficient d'une citoyenneté européenne auxquels sont attachés des droits. Depuis le traité de Lisbonne, l'Union dispose de la personnalité juridique.

Sur le plan institutionnel, le système européen instaure un équilibre, comme dans les États fédéraux, entre des institutions qui sont les **agents de l'intérêt européen** (Commission, Parlement européen) et des institutions **représentatives des États** (Conseil européen, Conseil). Les décisions sont prises le plus souvent à la **majorité qualifiée** – ce qui implique que des États peuvent se retrouver en mesure d'appliquer des textes auxquels ils se seraient opposés.

- **Mais l'Union européenne n'est fondamentalement pas une fédération**

L'Union repose sur un **ensemble de traités** qu'il est impossible de modifier sans l'accord unanime des États. Alors que dans les États fédéraux il n'y a qu'une seule nationalité, celle de l'État central, la citoyenneté européenne **se superpose aux citoyennetés nationales** et ne les remplace pas. Les compétences de l'Union sont celles qui lui sont attribuées par les traités (principe de spécialité).

Le système institutionnel n'est **pas de type fédéral**. Les instances représentatives des États, le Conseil et le Conseil européen, occupent **une place centrale** dans le processus de décision et d'impulsion – alors que dans les États fédéraux classiques, les représentants des États constituent des deuxièmes chambres législatives aux compétences plus limitées. La Commission européenne n'est pas un gouvernement fédéral : elle n'en a ni la légitimité, ni les compétences. La Cour de Justice n'est pas une Cour suprême puisque si elle peut être saisie par les juridictions nationales via le mécanisme de renvoi préjudiciel, elle ne peut casser les décisions rendues par ces dernières.

L'Union n'a **rien d'un État**. Elle est dépourvue de moyens de coercition (pas de policiers, pas de pompiers, pas de militaires) et de services sociaux ou éducatifs (pas de personnel de santé, pas d'enseignants). Elle dispose d'une administration propre mais aux effectifs réduits.

- **L'Europe est une construction politique difficile à caractériser**

L'Union est **plus qu'une organisation internationale classique** mais **moins qu'un État fédéral**. Elle est une union d'États puisque ce sont ces derniers qui lui attribuent ses compétences pour atteindre des objectifs déterminés. La Constitution française indique que l'Union est « constituée d'États qui ont choisi librement, en vertu des traités qui les ont instituées, d'exercer en commun certaines de leurs compétences » (88-1 de la Constitution). Mais elle est aussi une union de citoyens, ces derniers étant représentés par le Parlement européen et constituant la source de légitimité des États composant l'Union.

Il en résulte que l'Union est une organisation sui generis dont la qualification échappe aux catégories juridiques habituelles. Jacques Delors l'a qualifiée de « fédération d'États-nations ». Ce concept est **contradictoire dans son principe** : la mise en place d'une fédération implique en effet que les États nations renoncent à leur souveraineté et qu'ils soient assujettis à l'ordre fédéral ; le maintien des souverainetés nationales suggère au contraire une structure non fédérative. Mais il **rend bien compte de la réalité actuelle de l'Europe** : une construction originale reposant sur une mise en commun poussée de certaines compétences mais respectueuse des nations.

	Organisation internationale	Communauté / Union européenne	État fédéral
Base juridique	Traités	Traités	Constitution
Procédure de révision	Unanimité des États ou majorité renforcée (ONU, Conseil de l'Europe…)	Unanimité des États pour la signature des traités de révision et leur ratification	Majorité par un Congrès ou par référendum
Droit de retrait	Droit de tout État de dénoncer le traité constitutif	Droit de retrait des États-membres	Pas de droit de retrait reconnu
Compétences	Limitativement énumérés par le traité	Limitativement énumérés par les traités (sachant toutefois que les compétences transférées sont bien plus importantes que dans une organisation internationale classique)	Compétence de droit commun
Attributs d'un État	Pas de territoire Pas de citoyenneté Pas de moyens de coercition Un budget réduit	Pas de territoire propre : le territoire de l'Union est le territoire des États membres (à l'exclusion des pays et territoires d'outre-mer). Pas d'armée, pas de police. Pas de moyens propres d'exécution. Une citoyenneté européenne se superposant aux citoyennetés nationales Budget faible en pourcentage PNB (plafond des ressources propres fixé à 1,23 % RNB)	Un territoire propre. Une population liée par une relation de citoyenneté. Des moyens de coercition. Un budget représentant une part importante du PNB (17 % en France)
Système institutionnel	Secrétariat + institution représentative des États (comité des ministres) détenant la réalité du pouvoir de décision + éventuellement assemblée consultative de représentants des parlements nationaux	Monopole du pouvoir d'initiative d'une institution indépendante des États (Commission). Pouvoir de décision partagé entre le Conseil, représentatif des États et une assemblée élue au suffrage universel direct.	Gouvernement de la fédération + Parlement fédéral (comprenant une chambre représentative des États fédérés)

	Organisation internationale	Communauté / Union européenne	État fédéral
Actes adoptés	Conventions internationales	Directives, règlements, décisions. Hiérarchie des normes distinguant actes législatifs, délégués ou d'exécution.	Lois, décrets…
Procédure d'adoption des actes	Adoption des conventions internationales à l'unanimité ou à la majorité selon les organisations. Entrée en vigueur si ratification par un nombre minimum d'États signataires. Convention obligatoire pour les seuls États ayant ratifié ou adhéré	Adoption des actes législatifs à la majorité qualifiée dans 80 % des cas. Entrée en vigueur à date d'effet prévue par l'acte. L'acte est applicable à tous les États-membres	Vote majoritaire Entrée en vigueur après promulgation
Rapport avec les ordres juridiques nationaux	Effet direct si telle est la volonté des parties. Primauté sous réserve de ratification et de réciprocité	Effet direct Primauté (sans obligation de réciprocité)	Principe de légalité
Mode de financement	Contributions des États	Ressources propres qui ne sauraient toutefois être assimilées à des impôts européens.	Impôts nationaux + dette publique
Système juridictionnel	Dans certaines organisations : organes juridictionnels chargés de trancher les litiges entre États ou de donner des avis. Compétence parfois facultative	Juridiction obligatoire de la Cour de Justice chargée d'assurer l'unité d'interprétation et d'application du droit de l'Union.	Système juridictionnel complet.

L'architecture juridique de l'Union

- **Une Union européenne se superposant à des entités communautaires et des piliers intergouvernementaux**

À l'origine, la construction communautaire reposait sur plusieurs entités juridiques distinctes : la Communauté économique européenne (CEE), la Communauté européenne du charbon et de l'acier (CECA) et la Communauté de l'énergie atomique (CEEA ou Euratom). Lors des négociations du traité de Maastricht, un accord s'est dessiné pour inclure de nouveaux domaines (coopération judiciaire, coopération policière, politique étrangère) dans le champ d'action européen. Mais l'architecture juridique voit s'opposer deux conceptions. Certains États-membres (Allemagne, Grèce, Belgique, Pays-Bas), soutenus par la Commission, défendent l'intégration de tous les domaines de compétence dans un cadre communautaire unique. D'autres États, comme le Royaume-Uni et le Danemark, demandent au contraire l'inscription de la politique étrangère et des affaires de police et de justice dans un cadre intergouvernemental séparé du traité communautaire.

Le compromis se fait finalement autour d'une construction complexe de type « temple grec ». Le traité de Maastricht institue une nouvelle entité, l'Union européenne, dotée d'un cadre institutionnel et d'un budget uniques mais reposant sur trois piliers : le pilier des Communautés européennes comprenant la Communauté du charbon et de l'acier (CECA), Euratom et la Communauté européenne (CE) – c'est-à-dire l'ancienne Communauté économique européenne (CEE) instituée par le traité de Rome qui perd son qualificatif d'économique en raison de l'extension de ses compétences au-delà du champ économique ; et deux piliers supplémentaires ; et deux piliers échappant aux règles communautaires (absence de monopole d'initiative de la Commission, rôle consultatif du Parlement européen, règle de décision à l'unanimité au Conseil, pouvoirs réduits de la Cour de Justice), l'un consacré à la Politique extérieure et de sécurité commune (PESC) ; l'autre à la Coopération dans les domaines de la justice et des affaires intérieures (JAI).

Sans doute l'éviction de la méthode communautaire de prise de décision et l'acceptation d'une logique intergouvernementale de fonctionnement étaient-elles le prix à payer pour étendre l'action commune européenne à des domaines purement politiques qui se prêtaient mal à la logique fonctionnelle d'intégration. Mais le résultat est complexe et peu lisible. La création d'une entité nouvelle, l'Union européenne, qui se juxtapose à ses composantes internes sans les absorber, est une source de complications juridiques et un obstacle à la cohérence d'action de l'Union.

Avant le traité de Lisbonne

<table>
<tr><th colspan="5">Union européenne
Traité sur l'Union européenne</th></tr>
<tr><th colspan="3">Communautés européennes</th><td rowspan="2">PESC</td><td rowspan="2">Affaires intérieures et de justice (1993-1999)
Coopération policière et judiciaire en matière pénale (1999-2009)</td></tr>
<tr><td>CEE (1957-1993)
Communauté européenne (1993-2009)</td><td>CECA</td><td>Euratom</td></tr>
<tr><td>Traité instituant la Communauté européenne</td><td>Traité instituant la CECA, expiré depuis le 23 juillet 2002</td><td>Traité instituant la Communauté de l'énergie atomique</td><td>Deuxième pilier
« inter-gouvernemental »</td><td>Troisième pilier
« inter-gouvernemental »</td></tr>
</table>

- **Une personnalité juridique limitée à la Communauté européenne et à Euratom**

Avant l'entrée en vigueur du traité de Lisbonne, la Communauté européenne et Euratom (ainsi que la CECA avant sa disparition) avaient chacune la personnalité morale.

En revanche, le traité sur l'Union européenne n'accordait pas expressément la personnalité juridique à l'Union. Soucieux de ne pas favoriser l'émergence d'un super-État fédéral, les États membres avaient refusé, lors des négociations de Maastricht, de faire de l'Union une entité juridique propre. Cette dernière n'avait donc d'existence qu'à travers les États et les Communauté qui la composent. L'article premier du TUE indiquait, de manière symptomatique, que « l'Union est fondée sur les Communautés européennes complétées par les politiques et formes de coopérations instaurées par le présent traité ».

- **Les clarifications apportées par le traité de Lisbonne**

Le traité de Lisbonne fusionne la Communauté européenne et l'Union européenne. L'Union européenne succède à la Communauté européenne et se voit dotée de la personnalité juridique. Elle devient ainsi, à côté des États-membres, un sujet de droit international apte à négocier et conclure des traités, à devenir membre d'une organisation internationale, à adhérer à une convention, à engager sa responsabilité et à agir devant une juridiction internationale.

Cette fusion entraîne ipso facto la disparition de la structure en piliers de l'Union. Toutefois, la politique étrangère et de sécurité commune conserve son caractère intergouvernemental. Par ailleurs, si la coopération policière et de la coopération judiciaire en matière pénale se fond largement dans le droit commun, elle continue à bénéficier de certaines spécificités (droit d'initiative partagé entre la Commission européenne et un quart des États-membres, « clause d'appel » au Conseil européen, rôle particulier des parlements nationaux...).

Le traité de Lisbonne ne fusionne pas, comme le faisait le traité constitutionnel, les traités sur l'Union européenne (TUE) et celui instituant la Communauté européenne. Ces traités sont maintenus, le TCE changeant toutefois de dénomination pour devenir traité sur le fonctionnement de l'Union européenne (TFUE). Ainsi que l'énonce l'article 1er du TUE, « l'Union est fondée sur le présent traité et sur le traité sur le fonctionnement de l'Union européenne. Ces deux traités ont la même valeur juridique. L'Union se substitue et succède à la Communauté européenne ».

Enfin, le traité de Lisbonne maintient l'existence juridique distincte d'Euratom. Cette solution répond à une demande des ONG environnementales exprimée lors de la Convention sur l'avenir de l'Europe qui craignaient que le système Euratom soit pérennisé dès lors qu'il serait fusionné avec l'Union.

Depuis le traité de Lisbonne

Union européenne	
Traité sur l'Union européenne (TUE)	EURATOM
Traité sur le fonctionnement de l'Union européenne (TFUE, ex-TCE)	

Le régime linguistique des institutions européennes

Depuis les origines des Communautés européennes, le principe est celui de **l'égalité en droit des langues officielles** des États-membres. Pris en application d'une disposition remontant au traité de Rome (qui renvoie la fixation du régime linguistique des institutions à l'adoption d'un règlement par le Conseil à l'unanimité, actuel art. 342 TFUE), le règlement du Conseil n° 1/1958 du 15 avril 1958 prévoit que **toutes les langues officielles sont langues de travail**. Ce régime linguistique est une originalité par rapport aux autres organisations internationales qui ne reconnaissent qu'un nombre restreint de langues officielles (français et anglais au Conseil de l'Europe, plurilinguisme limité à l'OSCE). Ainsi, l'Union à 28 compte 24 langues officielles. Certaines langues sont en effet partagées par plusieurs États : l'allemand (Allemagne, Autriche, Belgique, Luxembourg), l'anglais (Royaume-Uni, Irlande et Malte), le français (France, Belgique et Luxembourg).
Les langues nationales sont ainsi les **langues de rédaction des traités**.

Par ailleurs, les textes de portée générale adoptés par les institutions de l'Union (règlements, directives…), les arrêts de la Cour de Justice ainsi que, de manière générale, le Journal officiel de l'Union, **sont publiés dans l'ensemble des langues officielles des États**. La Cour de Justice a jugé dans un arrêt du 11 décembre 2007 qu'un règlement européen qui n'a pas fait l'objet d'une publication dans la langue d'un nouvel État-membre est valable et produit ses effets obligatoires mais n'est pas opposable aux ressortissants de ce pays. Ce principe de la traduction intégrale vaut également pour les projets de textes législatifs en cours de discussion.
Enfin, les débats officiels au sein des institutions (Conseil européen, Conseil, Parlement européen que ce soit en commission ou en séance plénière…) font l'objet d'une traduction simultanée dans les langues officielles des États.
Dans leur fonctionnement interne, la pratique des institutions est toutefois celle d'un « **multilinguisme rationalisé** » **s'appuyant sur un nombre restreint de langues de travail.** Une telle possibilité est ouverte par le règlement n° 1/58 qui prévoit que les modalités d'application du régime linguistique sont déterminées par les institutions dans leur règlement intérieur.
Si les actes de portée générale soumis à l'approbation de la Commission doivent être traduits dans toutes les langues officielles de l'Union, pour le reste, le collège des commissaires travaille en trois langues (anglais, allemand et français). À la Cour de Justice, la langue de délibération est le français. En vertu d'un usage consacré par un arrangement agréé en décembre 2003, le fonctionnement du Comité des représentants permanents des pays membres de l'Union (COREPER) repose ainsi sur trois langues de travail, l'anglais, le français et l'allemand. Mais, plus bas dans la hiérarchie, au sein des groupes de travail préparatoires, les réunions se font de plus en plus souvent, sans interprétation ni traduction, dans une langue unique qui tend à être l'anglais.

Bilan

La question du déficit démocratique

L'Union européenne est souvent qualifiée de construction non-démocratique. Ces accusations sont excessives même si la question ouverte est bien celle des moyens de rapprocher les citoyens de l'Union.

- **L'Europe communautaire avait à ses débuts des carences démocratiques évidentes**

Aux origines de la construction communautaire, le Parlement européen était une assemblée **dépourvue de pouvoirs réels** dont les membres étaient désignés par les parlements nationaux. La construction communautaire se développait par **grignotage progressif des compétences des États**, à traités constants, sans consultation des peuples.

- **Ces déviances démocratiques ont été depuis corrigées**

Il n'y a plus de transferts de compétence sans **révision des traités européens.** Le Parlement européen est élu au **suffrage universel direct** depuis 1979 et dispose de **pouvoirs législatifs et de contrôle importants**. Ce déficit démocratique originaire a été ainsi corrigé par un renforcement des mécanismes de délibération au niveau où les nouveaux pouvoirs sont transférés.

- **L'organisation institutionnelle de l'Union continue toutefois à présenter des particularités qui la démarquent des régimes démocratiques nationaux**

Cette organisation ne respecte pas complètement le **principe de séparation des pouvoirs** : l'initiative législative, qui est dans les régimes politiques nationaux normalement partagée entre le Gouvernement et le Parlement, appartient dans l'Union à une institution (la Commission) composée de membres nommés et non élus ; la procédure d'adoption des actes législatifs de l'Union fait intervenir les représentants des exécutifs nationaux (alors que le vote de la loi est normalement le fait d'un Parlement élu).

On notera également que deux des institutions les plus importantes de la vie de l'Union (le Conseil et le Conseil européen) **échappent à toute forme de contrôle**. Les chefs d'État et de gouvernement peuvent ainsi prendre des orientations politiques importantes pour l'évolution de l'Union ou arbitrer le contenu de projets de textes législatifs en cours de discussion en dehors de tout contrôle démocratique.

- **Ces éléments de fait ne sauraient toutefois conduire à l'Union européenne d'ensemble non-démocratique**

L'Union est une démocratie parce que son système politique permet **la représentation et la participation des citoyens**. Ainsi que l'indique l'art. 10 § 1 TUE, issu du traité de Lisbonne, le fonctionnement de l'Union se fonde sur le principe de la **démocratie représentative** : les citoyens sont représentés par le Parlement européen (art. 10 § 2 TUE) dont le mode d'élection (suffrage universel direct) et l'étendue des pouvoirs de contrôle et de co-législation garantissent le caractère démocratique de l'Union. Ce fonctionnement repose également sur le principe de la **démocratie participative :** l'art. 10 § 3 TUE consacre le droit de tout citoyen de participer à la vie démocratique de l'Union. Différents acteurs, dont l'existence est reconnue par les traités, participent à cette expression citoyenne : les **partis politiques européens** qui « contribuent à la formation de la conscience politique européenne et à l'expression de la volonté des citoyens de l'Union » (art. 10 TUE) et la **société civile** dont les associations représentatives « entretiennent un dialogue ouvert, transparent et régulier » avec les institutions de l'Union (art. 11 § 1 TUE).

Si l'Union est une démocratie, c'est également parce que **les États qui la composent sont des États démocratiques**. Ainsi que le formule très clairement l'art. 10 § 2 TUE, « les États-membres sont représentés au Conseil européen par leur chef d'État ou de gouvernement et au Conseil par leurs gouvernements, eux-mêmes démocratiquement responsables, soit devant leurs parlements nationaux, soit devant leurs citoyens ». Ainsi, l'Union est démocratique parce que le Conseil et le Conseil européen sont composés de **représentants d'États issus d'élections nationales et contrôlés par les parlements nationaux**.

L'Union est une démocratie, enfin, parce qu'elle **garantit les droits et libertés des citoyens**. Le fait que les droits de l'homme et les libertés fondamentales soient réunis au sein d'un texte – la Charte européenne des droits fondamentaux – ayant force juridique obligatoire et que ces droits et libertés soient largement consacrés et repris par la jurisprudence européenne participe étroitement au caractère démocratique du système communautaire.

- **L'Union européenne réussit à associer les États à son fonctionnement tout en organisant une forme nouvelle de gouvernance démocratique**

Si le principe de séparation des pouvoirs n'est pas aussi bien garanti que dans les régimes politiques nationaux, c'est parce que l'Union **associe étroitement les États à son fonctionnement institutionnel**. Il n'est pas envisageable que les États soient privés de toute voie d'action et de représentation dans le cadre d'un système qui mettrait face à face la Commission et le Parlement européen : l'Union ne peut fonctionner sur le modèle des régimes politiques nationaux.

Par ailleurs, si les fonctions législative, exécutive et juridictionnelle ne sont pas attribuées chacune à un seul organe, la manière dont ces fonctions sont réparties assure un **principe important**, consacré par la Cour de Justice, **d'équilibre institutionnel** (CJCE 17 déc. 1970, Köster). Ce principe signifie que les institutions doivent exercer les compétences attribuées par les traités dans le respect de celles des autres et que la manière dont ces prérogatives sont réparties assure un équilibre que la Cour est chargée de faire respecter.

On soulignera enfin que le fonctionnement de l'Union **matérialise une forme nouvelle mais atypique de gouvernance démocratique**. Il est indéniable que la prise de décision européenne repose sur une procédure complexe qui rend difficile l'identification d'un responsable unique des décisions prises. Mais le processus décisionnel a pour grand mérite de **favoriser l'intégration des points de vue de nombreux acteurs** (institutions européennes incarnant l'intérêt général européen, États-membres, administrations nationales et acteurs de la société civile). Dotée du monopole de l'initiative législative, la Commission recueille le point de vue des différentes parties prenantes et met en balance leurs revendications avant d'élaborer ses propositions. L'examen au Conseil est l'occasion pour les États de faire remonter les préoccupations des administrations – qui seront chargés de l'application du droit communautaire – et de faire valoir leurs intérêts nationaux. Le Parlement européen peut être le lieu d'un débat ouvert et animé où convergent les demandes de la société civile et des groupes d'intérêt.

- **L'Union n'en est pas moins affectée d'une désaffection des citoyens qui semble plus marquée que dans les régimes politiques nationaux**

Jusque dans les années quatre-vingt-dix, la construction européenne bénéficiait d'une sorte d'adhésion de principe. Le référendum sur le traité de Maastricht a marqué en France un tournant en révélant les **doutes des citoyens sur le projet européen**. Ce retournement n'a fait que s'accentuer comme le révèlent la montée en puissance des partis euro-sceptiques et les votes référendaires négatifs (Irlande en 2003 sur le traité de Nice et 2008 sur le traité de Lisbonne, France et Pays-Bas en 2005 sur le traité constitutionnel, Suède en 2003 sur l'euro, Pays-Bas en 2016 sur l'accord d'association avec l'Ukraine…).

Ce retournement de tendance dans le soutien à l'intégration européenne a des origines multiples.

En premier lieu, les citoyens ont le sentiment d'être **mal représentés par le système européen.** Le lien avec les parlementaires européens est mal établi comme le montrent la baisse du taux de participation aux élections européennes et le manque d'intérêt pour les débats au Parlement européen.

Un tel déficit de représentation n'est **pas propre à l'Union** : tous les régimes politiques nationaux doivent faire face à une fracture civique entre le peuple et ses représentants. Cette dernière est toutefois plus vive à l'échelle européenne. D'une part, l'Union est **une organisation multinationale, par nature plus loin des citoyens,** et qui manque de l'enracinement historique et culturel sur lesquels les États peuvent s'appuyer. D'autre part, les particularités du système institutionnel ne favorisent pas l'identification des citoyens aux acteurs européens.

Il n'y a pas ainsi de **pouvoir politique identifié responsable des orientations prises**. Le législatif est partagé entre le Conseil et le Parlement. Pas moins de trois instances (le Conseil européen, le Conseil et la Commission) participent à l'exercice de la fonction exécutive. Il n'existe donc pas de pouvoir de décision ultime auquel l'organe représentant les citoyens (le Parlement européen) pourrait demander de rendre compte.

Surtout, à la différence des régimes politiques nationaux, le système institutionnel européen **n'offre pas aux citoyens la possibilité de choisir les dirigeants européens et le programme législatif qu'ils doivent appliquer**. Le programme législatif de l'Union est déterminé en amont selon un processus associant le Parlement européen (qui cherche à peser sur les orientations dégagées par le président de la Commission en début de législature), la Commission, le Conseil européen et l'État assurant la présidence des formations spécialisées du Conseil. Si l'origine politique du président de la Commission semble désormais liée au résultat des élections européennes, les nominations aux autres fonctions (président du Conseil européen, Haut représentant...) résultent de discussions complexes (le « rubik's cube » européen) où entrent en jeu l'appartenance politique des candidats mais aussi leur profil personnel et leur pays d'origine. L'objectif n'est pas d'assurer la primauté d'une majorité issue des urnes mais une sorte d'équilibre de représentation entre catégories de pays (pays du nord et pays du sud, grands et petits pays, États sociaux-libéraux et États attachés au rôle régulateur de l'État...) ainsi qu'entre mouvements politiques et courants de pensée. L'orientation politique de la Commission n'est pas déterminée par une majorité parlementaire européenne dont elle serait issue : elle reflète la diversité des États ayant désigné les commissaires. La présidence des formations spécialisées du Conseil change tous les six mois. Les votes au Parlement européen n'opposent pas une majorité et une opposition : ils associent souvent, de manière trans-partisane, les principaux groupes parlementaires (à l'exclusion des groupes euro-sceptiques) ou résultent de clivages complexes qui varient selon la nature des textes en discussion.

La démocratie européenne peine à s'enraciner parce qu'il n'existe **pas d'espace public européen** où sont débattus les choix politiques collectifs (les partis et syndicats restent largement confinés dans les frontières nationales), **ni d'opinion publique européenne** ayant la même perception des enjeux communs.

Joue également **l'encadrement des politiques nationales** qui peut créer le sentiment d'une dépossession excessive des moyens de souveraineté. La crise des dettes souveraines a été ainsi marquée par une série d'épisodes qui ont pu donner l'impression que l'Europe dictait aux États membres en difficulté leurs politiques économiques et sociales et s'immisçait dans des choix relevant de leur responsabilité nationale. En juin 2010, le Conseil imposait à la Grèce des mesures sans précédent prévoyant une réduction du montant des pensions de retraite et des allocations sociales, une diminution du nombre de jours fériés et une baisse drastique du nombre d'employés publics en contrepartie de l'aide européenne. En août 2011, le président de la Banque centrale européenne a adressé un courrier au premier ministre Italien, Silvio Berlusconi, pour exiger un programme de réformes allant de la libéralisation du marché du travail à la refondation du régime de retraites. Sous la pression des marchés, Silvio Berlusconi a du ensuite démissionner en novembre 2011 pour laisser la place à un gouvernement conduit par Mario Monti qui avait les faveurs de Bruxelles. Le premier ministre Papandréou a été contraint, fin 2011, par ses partenaires européens, à renoncer à un référendum sur le plan d'austérité. Enfin, alors même que le peuple grec avait refusé par référendum, en juin 2015, les propositions de la troïka, le premier ministre Alexis Tsipras a dû, lors d'un conseil européen dramatique en juillet 2015, accepter un plan de réformes particulièrement rigoureux prévoyant un programme de privatisation sans précédent, des réformes administratives et des mesures très détaillées en matière de retraites.

Cette séquence dramatique ne doit pas toutefois être caricaturée. Si les institutions européennes ont été conduites à dicter des choix économiques et sociaux aux pays en difficulté, c'était pour sauver la zone euro dont l'institution relevait d'un choix démocratique. Le citoyen grec peut se plaindre des choix de l'Europe mais le citoyen allemand peut aussi légitimement s'interroger sur la nécessité d'aider des pays dont les difficultés sont de leur fait puisqu'elles résultent de politiques économiques et budgétaires laxistes sans parler du citoyen slovaque ou bulgare qui comprend mal pourquoi il devrait aider les Grecs à maintenir le niveau de leurs retraites.

Dernier élément, la désaffection démocratique s'alimente du fait que les citoyens **ne comprennent plus les buts que poursuit le système européen**. La construction du marché unique ou la mise en place d'une monnaie unique étaient des objectifs clairs et mobilisateurs qui fortifiaient le sentiment d'appartenance à une communauté de destin. La seule perspective que paraît offrir actuellement l'Union est celle de son élargissement continu ou d'une discipline accrue sur les politiques économiques ou budgétaires. Les citoyens ont le sentiment que l'Europe est un projet élitiste qui profite aux catégories aisées (celles qui bénéficient du marché unique parce qu'elles font des affaires ou voyagent d'un pays à l'autre) et qu'au lieu d'être un rempart, l'Europe est un vecteur de la mondialisation, son « cheval de Troie ».

Il est donc excessif de prétendre que le régime politique de l'Union serait par nature non démocratique. Il est toutefois juste d'admettre que l'Union européenne connaît un **déficit de représentation et de légitimité** résultant de l'incapacité des États à promouvoir des solutions communes efficaces.

- **Le sursaut récent d'adhésion à l'Union montre que cette défiance peut être surmontée**

La forte remontée du taux de participation lors des élections européennes de mai 2019 (51 % contre 42,5 % en 2014) ainsi que l'augmentation du soutien des citoyens européens à l'Union européenne (68 % des citoyens estiment que leur pays tire bénéfice de son appartenance à l'Union, soit le résultat le plus élevé depuis 1983) montrent que ce mouvement de défiance n'est pas irréversible. Même s'il n'est plus inconditionnel, le projet européen continue à jouir d'un vif soutien. Tout en restant en progression sur l'ensemble du continent, les partis eurosceptiques ne proposent plus de quitter l'Union européenne ou d'abandonner l'euro : ils affirment désormais vouloir transformer l'Union de l'intérieur.

Le Brexit a joué un rôle dans ce sursaut en démontrant les conséquences négatives d'une sortie de l'Union – et, a contrario, les bienfaits de l'appartenance à l'Union. Mais ce n'est pas le seul facteur : les crises de l'euro et des migrants et le contexte géopolitique mondial (crise dans la relation euro-atlantique, menace russe, raidissement autoritaire du régime turc) ont pu convaincre les citoyens que la défense du modèle européen nécessitait de rester unis.

Le manque de lisibilité des missions de la construction européenne

- **La vision originelle des missions de la construction européenne**

La construction communautaire était originellement le produit d'une triple nécessité : réconcilier la France et l'Allemagne pour éviter que puisse se reproduire un nouveau conflit européen ; favoriser la reconstruction d'infrastructures et de capacités de production ravagées par la guerre (les États-Unis liant leur aide à une entente politique entre Européens sur ses modalités de répartition) ; fortifier l'union politique et la communauté de valeurs des Européens de l'Ouest et les unir face à la pression de l'Union soviétique au moment où cette dernière renforçait son emprise sur l'est de l'Europe. Dans ce contexte, le traité de Rome assignait des objectifs essentiellement économiques à la CEE même si cette coopération européenne visait en réalité des fins plus élevées qui étaient de jeter les bases d'une Europe politique.

De ce point de vue, on peut considérer que **la construction communautaire a atteint ses objectifs initiaux.** L'édification du marché commun, puis du marché unique, a fait des pays européens une zone de prospérité sans précédent et un pôle structuré de l'économie mondiale. Alors que d'autres régions du monde connaissent des foyers de tension (Inde/Pakistan, Chine/Japon…), l'Europe est en paix depuis 1945. Certes, l'absence de confrontation entre les deux blocs est d'abord le résultat d'un équilibre de la terreur : à ce titre, la construction communautaire est tout autant la conséquence de la paix en Europe que sa cause première. De plus, l'Europe a échoué à empêcher la guerre en ex-Yougoslavie ou en Ukraine. Mais qui peut nier que la construction européenne ait joué un rôle positif dans la pacification du vieux continent ? En instituant des coopérations organisées entre États qui se faisaient autrefois la guerre, en favorisant des réconciliations historiques (entre la France et l'Allemagne, le Royaume-Uni et l'Irlande, la Grèce et la Turquie, la Hongrie et la Roumanie…) et en faisant comprendre aux pays d'Europe de l'Est qu'il n'y aurait pas d'adhésion à l'Union sans règlement pacifique de leurs différends, elle a fait œuvre de paix.

La construction communautaire a également été un **facteur de propagation de la démocratie** à l'échelle du continent européen. Sans la force d'attraction du projet européen, les derniers régimes autoritaires ou fascistes du continent (Espagne franquiste, Grèce des colonels, Portugal de Salazar) n'auraient pas si facilement disparu ou, plus précisément, l'auraient fait mais plus tardivement et au prix peut-être d'affrontements internes. C'est l'appartenance à l'Union qui a ancré dans la démocratie les régimes européens issus de l'effondrement du communisme. Il suffit de voir les dérives autoritaires actuelles en Hongrie, en Pologne, en Roumanie ou en Bulgarie pour comprendre que, sans l'Union, la situation aurait sans doute dégénéré.

- **Ce modèle est aujourd'hui en crise**

Les objectifs initiaux ne peuvent plus être les moteurs de la construction européenne. Depuis l'unification allemande, la fin de la guerre froide et l'élargissement, la paix apparaît comme un acquis de l'histoire qui a perdu sa vertu mobilisatrice. D'ailleurs, si l'enjeu de la construction européenne est de maintenir la paix dans le monde, une construction supranationale aussi intégrée que l'Union n'est pas nécessaire : il suffirait de bâtir une super-organisation internationale capable de réguler les rapports de puissance entre États. Enfin, le marché unique et l'euro sont des réalisations qui vont de soi et dont les vertus sont de plus en plus contestées.

Les États-membres ne savent plus ce qu'ils veulent faire de l'Europe. Les États se divisent sur les perspectives possibles d'une harmonisation fiscale, d'une gouvernance économique européenne ou d'une consécration de la notion de service public. Leurs réponses divergent sur **les questions fondamentales qui sont au centre de l'avenir de l'Union** : faut-il identifier les frontières de l'Union ? l'ambition de l'Europe est-elle d'être une puissance sur la scène internationale ou une simple puissance civile (une « soft puissance ») ? faut-il accroître la flexibilité ou renforcer la sécurité des travailleurs ? L'Europe est-elle une organisation fonctionnelle qui ne sera jamais une démocratie ou faut-il aller plus loin dans la voie de l'intégration politique ?

Dans ce contexte, les discussions européennes sont dominées par **l'expression des égoïsmes nationaux et une méfiance croissante envers les mécanismes de solidarité**. « Jamais la volonté de travailler ensemble n'a paru aussi limitée » (Jean-Claude Juncker, septembre 2016). Les discussions budgétaires sont dominées par la prééminence de l'approche en soldes nets, chaque État mesurant la différence entre ce que l'Union lui coûte et ce qu'elle lui rapporte. Lors de la crise de la zone euro, l'Allemagne et les pays du nord se sont longtemps opposé à l'idée d'un plan d'aide au nom du principe de responsabilité (nécessité que les États ayant enfreint les règles européennes assument les conséquences de leur choix). L'idée d'une relocalisation obligatoire des migrants se heurte à l'opposition résolue des pays du groupe de Visegrad (Hongrie, Pologne, République tchèque et Slovaquie). De véritables lignes de fracture se créent, ainsi, au fil des discussions à vingt-huit : entre pays du nord et pays du sud, entre anciens États membres et nouveaux adhérents d'Europe de l'Est, entre pays socio-libéraux et pays adeptes d'une régulation publique affirmée... Ces oppositions se sont même accrues avec l'arrivée au pouvoir de gouvernements populistes (comme en Italie en 2018 avec la constitution d'un gouvernement constitué d'une alliance entre le parti Cinq étoiles et la Ligue du nord) remettant en cause les principes même de l'Union européenne.

À cette crise du principe de solidarité s'ajoute une **remise en cause des valeurs européennes** dans certains États membres (Hongrie, Pologne, Slovénie, Roumanie...). Au nom d'un modèle « illibéral », on assiste dans ces pays à des atteintes à l'état de droit par l'adoption de législations mettant en cause l'indépendance des juges, la liberté des médias, les libertés académiques ou la non-discrimination des personnes. . Certains de ces pays (Hongrie, Pologne) en viennent même à rejeter l'Union dénoncée comme un nouvel « empire » destructeur des valeurs de la civilisation européenne.

Les menaces sur la pérennité du projet européen

L'Union connaît un risque nouveau de dislocation : elle traverse une « crise existentielle » (Jean-Claude Juncker, septembre 2016). La crise de la zone euro a failli conduire à la sortie de la Grèce de la monnaie unique en 2015 jusqu'à ce que le Conseil européen de juillet 2015 ne parvienne in extremis à un accord sur les modalités d'un nouveau plan d'aide à la Grèce. La même année, la crise des réfugiés a manqué de provoquer la fragmentation de l'espace Schengen. Le Brexit est une remise en cause du dogme de l'irréversibilité de la construction européenne. Sur un fond de double fracture entre l'est et l'ouest et le peuple et les élites, un processus de désintégration de l'Union ne pourrait-il s'enclencher ?

Perspectives

L'Union n'en conserve pas moins une dynamique interne qui vient contrarier les forces centrifuges

- **La force de résilience de l'Union**

Les États savent qu'il n'est **pas de leur intérêt de sortir de la construction européenne** : les dirigeants sont conscients qu'une coopération européenne efficace est une nécessité et que celui d'entre eux qui apparaîtrait comme ayant été à l'origine de la fin de l'Union en porterait la responsabilité devant l'histoire. Lors du Conseil européen de juillet 2015, les chefs d'État ou de gouvernement ont ainsi au dernier moment reculé devant la perspective d'une sortie de la Grèce de l'euro. Comme le démontrent les discussions autour du Brexit, le coût d'une sortie du système serait très élevé pour les États sortants : c'est une des raisons pour lesquelles le Brexit n'a pas fait tache d'huile.

- **Une capacité à progresser au fil des crises**

L'idée est souvent avancée que l'Union est moins menacée d'une désintégration que d'une lente déliquescence ou d'un affaiblissement progressif de son projet.

En réalité, alors même que le modèle européen entre dans une zone de turbulences sans précédent, la construction européenne **continue à progresser au fil des difficultés qu'elle doit affronter.** Elle le fait à petits pas et toujours en retard d'une crise mais elle avance. On connaît le mot de Jean Monnet : « l'Europe se fera dans les crises et sera la somme des solutions apportées à ces crises ».

Toutes les récentes crises ont ainsi été **surmontées par des avancées supplémentaires dans l'intégration européenne**. La crise des dettes souveraines s'est ainsi dénouée par la mise en place d'un mécanisme d'aide aux pays en difficulté de la zone euro et le lancement de l'union bancaire. La création d'un corps européen des gardes-frontières est le résultat le plus spectaculaire de la crise des migrants. La nécessité d'une lutte contre le terrorisme a conduit les États membres à développer la mise en commune des données au sein de fichiers européens à terme interopérables. La crise sanitaire a débouché sur un saut sans précédent dans l'intégration avec le lancement d'un emprunt commun afin de financer un plan de relance. À l'occasion de ces crises, les Européens ont compris qu'ils devaient **préserver les biens communs** (la stabilité financière, la monnaie unique, les frontières extérieures…) qu'ils ont en partage.

Existe-t-il une identité européenne ?

Si l'on s'en tient aux substrats géographiques, religieux ou ethniques, **la notion d'identité européenne est difficile à cerner** : sur le plan géographique, l'Europe est le plus mal délimité des continents ; l'Europe n'est pas non plus unie sur le plan religieux (séparation entre le catholicisme romain et la chrétienté orthodoxe depuis le schisme de 1054, division entre catholiques et protestants, montée en puissance de l'islam) ; l'Europe connaît une multiplicité des langues ; enfin, il n'existe pas d'ethnie européenne. À cela s'ajoutent les souvenirs de l'histoire qui tracent des lignes de fractures entre États et la grande diversité des cultures nationales qui sont un élément fort d'identification des peuples.

Il existe pourtant **une unité de civilisation forgée autour de valeurs communes** : le primat des droits de l'Homme et des libertés individuelles, le goût pour la confrontation des idées, l'importance de la démocratie et de l'État de droit. Paul Valéry disait que ces valeurs étaient le produit de trois influences : celle d'Athènes (la Grèce classique), celle de Rome (l'empire romain) et celle de Jérusalem (le christianisme). Il faudrait également mentionner l'esprit des Lumières.

On pourra toujours arguer que ces valeurs ne sont **pas propres aux Européens** et qu'elles sont communes aux pays occidentaux. Mais est-ce aussi vrai ? Les Européens n'ont pas la même conception que les Américains de l'individu et de ses relations avec l'État. Leur attachement au respect de la vie humaine est plus exigeant (comme en témoignent le bannissement de la peine de mort ou l'interdiction de la commercialisation du corps humain).

Cette identité commune est restée longtemps **sans traduction politique stable**. L'Europe a connu des phases d'unité impériale. Mais ces empires étaient imposés par la force et n'ont jamais couvert l'ensemble du continent européen. La construction communautaire est la première communauté politique construite avec le consentement des peuples.

Mais, les citoyens européens restent **fondamentalement attachés à leur identité nationale ou régionale**. L'identité européenne est une réalité de faible intensité affective et dépourvue de mémoire collective.

On pourrait imaginer diverses mesures propres à **renforcer le sentiment d'identité européenne** (carte d'identité européenne, intensification des échanges entre étudiants, encouragement à l'apprentissage de deux langues au minimum, enseignement de l'Europe dans le cadre d'une éducation civique, création de manuels d'histoire transnationaux…). D'autres mesures symboliques peuvent être envisagées : faire de la fête de l'Europe un jour férié, adjoindre au drapeau national le drapeau européen…

Mais l'Union **n'a pas et n'aura jamais les moyens de promouvoir une identité collective**. L'Union ne finance pas d'écoles et d'universités, ni de chaînes de télévision ou de radios, elle n'établit pas les programmes scolaires. Une revitalisation d'un discours sur l'identité européenne risquerait de déplacer sur le terrain idéologique le débat européen. Elle ne manquerait pas de ressusciter la question des racines chrétiennes de l'Europe.

Lors de l'élaboration du projet de Constitution européenne, l'Italie et la Pologne avaient demandé que l'article consacré aux valeurs de l'Union cite les valeurs de la religion et que le préambule de la Constitution se réfère explicitement à Dieu ou au christianisme. Mais plusieurs gouvernements, notamment ceux de la France et de la Belgique, se sont opposés à cette demande pour des raisons tenant au principe de séparation de l'Église et de l'État, au respect du pluralisme religieux et aux craintes de raviver le débat sur le caractère « chrétien » de l'Europe. Le texte adopté par les Vingt-cinq et repris par le traité de Lisbonne se contente ainsi de mentionner dans son préambule, sans autre précision, les « héritages culturels, religieux et humanistes, à partir desquels se sont développées les valeurs universelles que constituent les droits inviolables et inaliénables de la personne humaine, ainsi que la liberté, la démocratie, l'égalité et l'État de droit » de l'Europe. Voilà déjà une belle définition de l'identité européenne !

Le projet impossible d'une « fédéralisation » de l'Union

Une « fédéralisation » de l'Union permettrait de **simplifier de manière radicale le système institutionnel européen**. En charge de l'initiative, de l'exécution et de la coordination des actions, la Commission deviendrait le gouvernement de l'Union responsable devant un parlement bicaméral. Le Conseil se dépouillerait à son profit de ses compétences exécutives (en matière de PESC ou de coordination des politiques économiques et sociales) : recentré sur ses fonctions de co-législateur, le Conseil deviendrait une seconde chambre des États à côté du Parlement européen représentant les citoyens.

Mais si la Commission devait devenir l'instance gouvernementale de l'Union, la question se poserait de **la place du Conseil européen** : soit il conserve son rôle d'impulsion et dans ce cas la fonction gouvernementale resterait répartie entre plusieurs instances ; soit le Conseil européen se trouve relégué dans des fonctions honorifiques mais ce serait alors une perte d'impulsion pour le système institutionnel européen. Le Conseil européen est une instance légitime qui remplit une fonction irremplaçable de définition des grandes orientations de la vie de l'Union : il peut difficilement être rayé d'un trait de plume.

Par ailleurs, les États n'accepteront jamais d'être **exclus de toute participation à l'exécutif communautaire**. Les moyens d'action (qu'il s'agisse de l'action diplomatique, des moyens militaires, de la sécurité sociale ou des budgets nationaux) sont entre les mains des États. Les administrations nationales jouent un rôle essentiel dans la mise en œuvre des normes et des politiques de l'Union. Au contraire, une fédéralisation de l'Union pourrait inciter les États à « détricoter » le contenu des politiques communes faute de pouvoir conserver un droit de regard sur la manière dont elles seraient mises en œuvre au niveau européen.

Enfin, les États-membres ne peuvent **renoncer à une souveraineté** qui est un acquis de l'histoire. La Constitution fédérale américaine a été adoptée une décennie à peine après la déclaration d'indépendance des anciennes colonies. **L'aventure communautaire a été engagée bien après que les États européens se furent constitués**. Aucun d'entre eux ne saurait se résoudre à devenir un simple échelon de pouvoir dans une pyramide d'appartenances allant des collectivités locales jusqu'à l'Europe.

L'alternative inefficiente d'une Europe des nations

Selon la thèse défendue notamment par Paul Thibaud[1], **l'Europe communautaire ne peut être une démocratie** parce qu'elle repose sur la fiction d'un peuple européen qui n'existe pas et ne peut pas exister : une collectivité humaine ne peut se constituer qu'à partir d'un « degré de confiance et de solidarité qui ne s'engendre que lentement, et souvent dans l'hostilité à l'égard d'un autre ». L'espérance démocratique ne peut donc se concevoir qu'à l'intérieur des nations. Et si elle veut constituer un espace politique vivant, la construction européenne doit créer les conditions d'une « implication des communautés politiques nationales dans la

1. Dans la revue *Le Débat*, « La crise européenne, et après ? », n° 140, mai-août 2006.

politique européenne » (par exemple, par le biais d'un renforcement du rôle des parlements nationaux à l'échelle européenne).

Mais l'octroi de prérogatives supplémentaires aux parlements nationaux peut-il être un moyen de combler le déficit démocratique de l'Union ? Afin de compenser leur perte d'influence dans le processus de décision communautaire, les parlements nationaux se sont déjà dotés de **moyens de contrôle de l'activité européenne de leurs gouvernements**. Ces mécanismes peuvent toujours être améliorés mais il semble difficile d'aller beaucoup plus loin dans cette voie - sauf à généraliser le système discutable du « mandat » donné par le Parlement au représentant gouvernemental au Conseil. Par ailleurs, **l'institution au niveau de l'Union d'une seconde chambre** représentant les Parlements nationaux n'aurait aucune des vertus recherchées et risquerait de compliquer le fonctionnement du système institutionnel européen.

L'idée d'une démocratie post-nationale

À l'inverse de ce point de vue, des philosophes, tels Jürgen Habermas ou Jean-Marc Ferry, estiment que l'Union incarne **une forme nouvelle de démocratie** détachée de toute référence au cadre national. Pris dans la dynamique politique européenne, les citoyens vont (ou sont en passe de) se détacher de leurs communautés traditionnelles d'appartenance pour s'identifier aux principes de la démocratie et de l'État de droit incarnés par les institutions européennes. C'est l'idée de patriotisme constitutionnel.

Mais peut-on mobiliser les citoyens autour de la promotion de principes abstraits comme la liberté ou le droit ? Paul Thibaud relève, non sans raison, que l'adhésion intellectuelle à des principes généraux ne saurait remplacer « la mobilisation politique et affective que suscite l'intériorisation de la tradition nationale ».

Les voies d'action possibles

Le premier enjeu est de **favoriser l'émergence d'un espace transnational de délibération.** Le traité de Lisbonne met en œuvre des moyens nouveaux dont les potentialités restent à développer pour structurer le paysage politique européen : un renforcement du rôle du Parlement européen, la mise en place d'un droit d'initiative populaire, un lien renforcé entre le résultat des élections européennes et la désignation du président de la Commission européenne.

L'européanisation des espaces publics nationaux constitue un autre important chantier. Le traité de Lisbonne crée les moyens d'une meilleure association des parlements nationaux au processus législatif européen (même s'il est pour l'essentiel limité au contrôle du principe de subsidiarité). Il revient maintenant aux parlements nationaux d'élargir la place des questions européennes dans l'ordre du jour de leurs travaux (par exemple, en organisant des débats systématiques avant et après les réunions du Conseil européen ou en permettant l'intervention de députés ou de commissaires européens dans l'hémicycle) et de s'organiser avec le Parlement européen pour mieux contrôler la gouvernance économique européenne.

Mais pour que la construction européenne réponde mieux aux attentes des citoyens, il n'y a pas d'autre voie que celle de **l'approfondissement des politiques communes**. Réaliser l'union bancaire comprenant un fonds de résolution (pour éviter que les contribuables nationaux soient sollicités en cas de krach bancaire), mettre en place un corps de gardes-frontières (pour que l'Europe soit en mesure de mieux résister à la pression migratoire), instaurer un parquet européen (pour l'application d'un droit pénal européen), créer un Office européen de l'asile pour harmoniser les réglementations nationales, instituer un budget de la zone euro : les solutions aux défis adressés aux États sont par nature européennes et passent par un renforcement des mécanismes de solidarité entre États. Si, comme on l'a vu, il est illusoire d'envisager une fédéralisation du système institutionnel, l'avenir est la **promotion de solutions sectorielles d'inspiration fédérale** qui permettent à l'Union de continuer sa marche en avant vers l'édification empirique d'une communauté d'États souverains.

Il convient également de **rendre plus évidents pour les opinions publiques les motifs justifiant la coopération européenne.**

L'Union est nécessaire pour **relever des défis communs qui dépassent l'action des États pris isolément**. Ces défis communs sont faciles à identifier : la protection de l'environnement et la promotion du développement durable, le soutien à l'innovation technologique et à la recherche, l'approvisionnement énergétique et la lutte contre le changement climatique, le bouleversement numérique, la révolution de l'intelligence artificielle, l'autosuffisance et la sécurité alimentaires, la protection contre les menaces sanitaires, la lutte contre la grande criminalité et le terrorisme, le défi migratoire.

Certains font valoir que ces défis relèvent d'**enceintes plus larges que l'Union**. On répondra que l'action internationale au sein de ces instances est souvent lente et inefficace et que les pays européens ont, sur ces différents sujets, des principes spécifiques à faire valoir.

Les eurosceptiques font également valoir que les aides de la PAC ou de la politique de cohésion – qui mobilisent 70 % du budget – ne sont que des **ressources nationales transitant par le budget européen**. Mais un tel détour est des plus utiles. S'agissant de la PAC, la gestion par l'Union des aides agricoles permet d'encadrer leurs modalités d'attribution et d'éviter que les États se lancent dans une course aux subventions nationales génératrice de concurrence déloyale. Pour ce qui est de la politique de cohésion, elle a « facilité le rattrapage économique des nouveaux adhérents et limité ainsi les effets de concurrence par les prix ou les salaires résultant nécessairement des différences de niveaux économiques »[1].

De même, les États européens **doivent s'unir pour promouvoir leur vision de l'ordre international**. En 2050, aucun État européen ne pèsera plus de 1 % de la population mondiale. Seule l'Allemagne fera encore partie des dix premières puissances économiques mondiales. C'est à travers l'Union européenne que les États européens pourront continuer à exister sur la scène mondiale. Il leur revient

1. *Pour un quinquennat européen*, Terra Nova, 15 mars 2017.

donc d'agir ensemble pour que l'ordre international soit fondé sur les valeurs qu'ils défendent : la prééminence du multilatéralisme, le refus des rapports de puissance au profit du droit, la protection de l'environnement, la solidarité avec les pays pauvres.

Le Brexit

Lors du référendum du 23 juin 2016, la population britannique a voté en faveur d'une sortie du Royaume-Uni de l'UE à hauteur de 51,9 %. Ce choix peut sembler paradoxal. L'évolution de l'Union européenne ne correspondait-elle pas, pour l'essentiel, aux vues britanniques avec un marché unique constituant son cœur de fonctionnement, un élargissement à l'est conduit à marches forcées et une prééminence des États dans le fonctionnement institutionnel ? À coup de dérogations, le Royaume-Uni n'avait-il pas obtenu un statut à part au sein de l'Union conforme à ses intérêts (pas de monnaie unique, la non-appartenance à l'espace Schengen, une large dérogation à l'égard des mesures adoptées dans le cadre de l'espace de liberté, de sécurité et de justice) ? Le premier ministre David Cameron n'avait-il pas obtenu lors du Conseil européen de février 2016 des concessions supplémentaires (un renforcement du rôle des parlements nationaux, de nouveaux aménagements à la liberté de circulation des personnes...) ? Une sortie de l'Union ne risquerait-elle pas d'inciter l'Écosse à relancer ses velléités d'indépendance et à menacer la paix en Irlande ? Sans parler du coût économique que représenterait une sortie du marché intérieur (le Royaume-Uni réalise environ la moitié de ses exportations vers l'Union) et la perte du passeport européen (qui donne un accès automatique à tout établissement financier installé sur le territoire européen quelle que soit sa nationalité) ? Le peuple britannique en a pourtant décidé autrement. Les raisons en sont diverses : un attachement viscéral à la souveraineté du pays, un refus de la libre circulation des personnes et de ses conséquences en termes d'immigration européenne, l'idée un peu confuse qu'une sortie de l'Union permettrait au pays de récupérer des moyens financiers et de promouvoir une stratégie commerciale plus conforme à ses intérêts.

Ayant succédé au Premier ministre David Cameron en juillet 2016, Mme Theresa May a notifié au Président du Conseil européen la demande d'enclencher la procédure de retrait prévue par l'art. 50 TUE le 29 mars 2017. Cet article prévoit la négociation entre l'Union et l'État membre et la conclusion à la majorité qualifiée par le Conseil, après approbation par le Parlement européen, d'un accord fixant les modalités de son retrait « en tenant compte du cadre de ses relations futures avec l'Union ». De cette formulation ambigüe, il se déduit que deux accords doivent être négociés : l'un fixant les modalités selon lesquelles le Royaume-Uni quittera l'Union ; l'autre définissant le cadre des relations futures entre l'Union et le Royaume-Uni.

Si aucun délai de négociation n'est spécifié pour l'accord sur les relations futures entre le Royaume-Uni et l'Union, l'accord de retrait doit être conclu dans un délai de deux ans (renouvelable une fois sur décision du Conseil européen à l'unanimité) sachant qu'en tout état de cause les traités cessent d'être applicables à l'échéance de ce délai que l'accord soit ou non conclu.

Le Royaume-Uni et les 27 sont parvenus, le 25 novembre 2018, à un premier accord sur les modalités de retrait. Toutefois, la ratification de cet accord a été rejetée massivement par les députés britanniques le 15 janvier 2019, puis une nouvelle fois le 12 mars 2019. Le Royaume-Uni ayant obtenu un report du Brexit jusqu'au 12 avril, l'accord est mis au vote une troisième fois le 29 mars, jour où devait avoir lieu le Brexit mais rejeté une troisième fois. Theresa May annonce alors la tenue de consultations transpartisanes et obtient du Conseil européen un nouveau report de la sortie de son pays de l'Union européenne au 31 octobre 2019. À la suite de l'échec des négociations internes avec Jeremy Corbyn, elle doit démissionner le 24 juillet 2019 et céder ses fonctions à Boris Johnson, élu leader conservateur la veille. Après le rejet d'une proposition britannique jugée inacceptable par les 27

et par la Commission, en ce qu'elle mettrait en péril la paix sur l'île d'Irlande et l'intégrité du marché intérieur, un nouvel accord est finalement trouvé le 17 octobre 2019 entre le Royaume-Uni et l'Union européenne.
Boris Johnson échoue alors à faire ratifier ce nouvel accord à la Chambre des Communes avant le 31 octobre 2019. En conséquence, les 27 accordent au Royaume-Uni un nouveau report du retrait au 31 janvier 2020. Suite à ce report, des élections législatives ont eu lieu le 12 décembre et donnent une majorité large au Premier ministre sortant, Boris Johnson. Dans ces conditions, l'accord peut être ratifié le 9 janvier 2020 par la Chambre des communes et le 29 janvier suivant par le Parlement européen, ouvrant la voie à une sortie du Royaume-Uni de l'Union le 31 janvier 2020 à minuit, heure de Bruxelles.
L'accord sur les conditions du retrait du Royaume-Uni de l'UE permet de préserver les droits des citoyens. Les ressortissants des vingt-sept se trouvant sur le sol britannique (trois millions) et les Britanniques résidant dans un des autres États membres de l'Union (plus d'un million) conservent leurs droits après la sortie du Royaume-Uni de l'Union (droit au regroupement familial, statut de résident permanent…). Les litiges relatifs aux citoyens européens se trouvant au Royaume-Uni relèvent des juridictions britanniques avec possibilité toutefois pour ces dernières, pendant une période de huit ans, de poser une question préjudicielle à la Cour de justice.
L'accord garantit que le Royaume-Uni honorera toutes les obligations financières contractées lorsqu'il était membre de l'Union (soit entre 45 et 50 milliards d'euros).
S'agissant de l'Irlande du nord (Ulster), l'accord concilie deux objectifs contradictoires : la nécessité d'éviter des contrôles douaniers entre l'Irlande et l'Irlande du Nord afin de préserver les accords de paix du Vendredi saint ; la protection de l'intégrité du marché intérieur. Pour ce faire, l'Ulster restera alignée sur un ensemble limité de règles relatives au marché intérieur et appliquera les règles de l'UE en matière douanière : les contrôles et vérifications seront ainsi effectués sur les marchandises entrant en Irlande du Nord en provenance du reste du Royaume-Uni. Cependant, les biens en provenance du territoire britannique à destination exclusive de l'Irlande du nord seront dispensés de droits de douane.
Il a été convenu que, pendant une période de transition s'achevant au plus tard le 31 décembre 2020 (la période étant renouvelable une fois pour une durée de un à deux ans), le Royaume-Uni, devenu État tiers, continue à faire partie de l'union douanière et du marché intérieur mais avec l'obligation de respecter l'intégralité du droit de l'Union (sous le contrôle de la Cour de justice) sans pouvoir participer ni aux institutions, ni au processus décisionnel.
Peu avant la fin de la période de transition, le 24 décembre 2020, un accord de commerce et de coopération a été conclu entre les vingt-sept et le Royaume-Uni garantissant l'échange de biens sans droits de douane ni quotas. Pour bénéficier de ces conditions, les marchandises devront être déclarées en douane pour vérifier leur origine, les produits alimentaires ou d'animaux vivants entrant dans le marché unique devant subir de surcroît des contrôles sanitaires ou phytosanitaires. À compter du 1er janvier 2021, les services financiers de la City ont perdu le bénéfice du passeport européen leur donnant accès au marché européen : les services financiers ne peuvent continuer à avoir accès au marché unique que si la Commission octroie une décision d'équivalence. C'est aussi la fin de la liberté de circulation des personnes : un Européen désirant travailler au Royaume-Uni devra obtenir un permis de travail, suivant un système de visa à points.
Pour limiter les risques de concurrence déloyale, les vingt-sept ont obtenu l'insertion dans l'accord de mesures destinées à garantir l'absence de distorsion réglementaire (level-playing field) : le Royaume-Uni **ne pourra réduire son niveau de protection réglementaire** par rapport à celui applicable dans l'Union avant la fin de la période de transition dans toute une série de domaines (droit du travail, protection sociale, protection de l'environnement). Par ailleurs, le gouvernement britannique a dû accepter un encadrement des conditions d'octroi d'aides d'État. En cas de différend sur l'application de ces règles, un mécanisme complexe de

règlement des différends est instauré prévoyant le recours à un tribunal arbitral et la possibilité pour l'Union de prendre des mesures de rétorsion. Enfin, dans le domaine de la pêche, l'Union a dû accepter une diminution de 25 % des quotas de pêche dans les eaux britanniques pendant une période de transition jusqu'au 30 juin 2026. À partir de l'été 2026, le partage des eaux sera renégocié chaque année.

35 Le processus de décision

Historique

Le traité de Rome confie le pouvoir de décision législatif au Conseil après avis de l'Assemblée des Communautés européennes.

L'Acte unique introduit une nouvelle procédure dite de coopération pour l'adoption des mesures liées au marché intérieur. Cette procédure augmente le rôle du Parlement européen mais conserve au Conseil le dernier mot dans l'adoption ou le rejet du texte. Le champ du vote majoritaire est étendu : la majorité qualifiée devient de règle pour l'harmonisation des législations (sauf l'harmonisation fiscale et la libre circulation des personnes qui restent soumises à la règle d'unanimité) ainsi que pour les compétences nouvelles introduites par le traité. L'Acte unique introduit également une procédure d'avis conforme pour l'adoption de certains accords internationaux ou décisions.

Le traité de Maastricht introduit la procédure de co-décision qui fait du Parlement européen le co-législateur de l'Union sur un quasi pied d'égalité avec le Conseil tout en limitant le champ d'application.

Le traité d'Amsterdam élargit le champ de la codécision qui couvre désormais environ 50 % de la législation communautaire et en simplifie le fonctionnement en ouvrant la possibilité d'une adoption d'un texte en première lecture. Il supprime également la possibilité pour le Conseil d'imposer son texte en fin de procédure : les deux institutions sont désormais placées sur un strict pied d'égalité. Du fait de l'extension du champ de la codécision, la procédure de coopération se voit limitée au domaine de l'Union économique et monétaire.

Le traité de Nice étend le champ de la codécision mais c'est le traité de Lisbonne qui fait œuvre la plus utile puisqu'il multiplie par deux les bases juridiques de la codécision, rebaptisée procédure législative ordinaire (PLO). La PLO couvre désormais près de 90 % de la législation européenne. La procédure de coopération est supprimée.

Procédure d'adoption des actes législatifs			
	1999-2004	**2004-2009**	**2009-2014**
Consultation	58 %	51 %	11 %
Codécision/Procédure législative ordinaire	42 %	49 %	89 %

(Source : Parlement européen, Rapport d'activité sur la codécision et la conciliation 7e législature)

Connaissances de base

Un processus de décision original sans équivalent

Souvent désigné sous le terme de « méthode communautaire », le processus législatif repose sur l'interaction entre trois institutions représentant des sources de légitimité différentes : un organe autonome incarnant l'intérêt général européen et détentrice du monopole de l'initiative législative, la Commission ; un conseil représentatif des États, expression des intérêts nationaux ; une assemblée représentant les citoyens européens. C'est le « triangle institutionnel ».

Ce système décisionnel se démarque de celui des organisations internationales : le Conseil se prononce, en principe, par un vote majoritaire, et non pas à l'unanimité ; les actes adoptés par les institutions européennes ont un caractère contraignant pour tous les États membres (y compris pour ceux qui se sont opposés à leur adoption) et sont mis en œuvre sous le contrôle de la Cour de justice qui tranche les litiges entre États (alors que l'entrée en vigueur des conventions internationales suppose leur ratification par la totalité ou une partie des États signataires).

Les procédures législatives

La procédure législative applicable est fixée par la base juridique, c'est-à-dire par la disposition des traités donnant compétence à l'Union pour adopter le texte en question.

- **La procédure législative ordinaire**

La procédure de droit commun d'adoption des actes législatifs est la procédure législative ordinaire ou PLO (art. 289 § 1 TFUE). Reprise à l'identique (sous réserve de quelques modifications marginales) de la procédure de co-décision (art. 294 TFUE), la PLO prévoit l'adoption conjointe par le Parlement européen et le Conseil des actes législatifs. Les étapes de la procédure sont les suivantes : transmission de la proposition législative par la Commission, deux lectures par le Conseil et le Parlement européen (au cas où le texte n'a pas été adopté en 1re lecture), conciliation en cas de désaccord entre les deux institutions (voir descriptif ci-contre).

Lorsque la procédure législative ordinaire est applicable, le Conseil se prononce toujours à la majorité qualifiée : il n'y a plus, depuis le traité de Lisbonne, de matières à l'unanimité dans le champ de la PLO.

- **La procédure législative spéciale**

Dans des cas spécifiques prévus les traités (voir tableau ci-contre), l'adoption d'un acte législatif se fait selon une procédure législative spéciale (art. 289 § 2 TFUE) qui donne le pouvoir de décision :

- au Conseil (à l'unanimité ou, dans quelques cas, à la majorité qualifiée) après consultation ou approbation du Parlement européen ;
- ou, dans quelques cas limités, au Parlement européen avec l'approbation du Conseil (il s'agit d'actes statutaires concernant le Parlement européen comme

la définition du statut et des conditions générales d'exercice des députés européens ou du médiateur).

Le pouvoir législatif n'est donc pas intégralement partagé entre le Conseil et le Parlement européen: il reste des matières pour lesquelles le Conseil reste seul décisionnel. En vertu d'une clause passerelle, le Conseil peut décider, à l'unanimité et après approbation du Parlement européen, de soumettre à la procédure législative ordinaire un domaine relevant normalement d'une procédure législative spéciale.

La procédure de consultation. La consultation du Parlement européen était la procédure de droit commun dans le traité de Rome. Son champ d'application s'est progressivement réduit mais elle conserve quelques « bastions importants » dans des matières où le Conseil continue à statuer à l'unanimité (harmonisation fiscale, partie de la politique sociale et de l'environnement, droit de la famille, coopération policière…). Si l'avis rendu par le Parlement n'a pas de valeur contraignante et ne lie pas le Conseil, la Cour de justice a estimé qu'il constituait une formalité substantielle dont le non-respect entraîne la nullité de l'acte (CJCE, Roquette, 29 octobre 1980). Le Conseil doit donc laisser suffisamment de temps au Parlement européen pour lui permettre d'adopter son avis. Toutefois, si le Parlement européen tarde inconsidérément à rendre son avis, paralysant ainsi la procédure législative, la Cour considère qu'il a manqué à son devoir de coopération loyale et que le Conseil est fondé à adopter l'acte sans attendre sa prise de position (CJCE, 30 mars 1995, PE c/ Cons).

La procédure d'approbation. Cette procédure ouvre la possibilité pour le Parlement européen d'accepter ou de rejeter le projet d'acte mais pas de le modifier. Sous le nom d'avis conforme, elle a été introduite par l'Acte unique dans le domaine des relations extérieures, puis étendue par le traité de Maastricht à des matières législatives. Bien que le traité de d'Amsterdam, puis celui de Lisbonne (qui la rebaptise procédure d'approbation) aient fait basculer certaines de ses matières vers la PLO, l'approbation reste applicable à certains domaines législatifs (mesures de lutte contre les discriminations, cadre financier pluriannuel, institution d'un parquet européen…) pour lesquels le Conseil entend rester seul maître du processus décisionnel.

Procédures législatives spéciales (principaux domaines)

Procédure de consultation

Le Conseil statue à la majorité qualifiée après consultation du Parlement européen

Non-discrimination et citoyenneté

- Protection diplomatique et consulaire des citoyens de l'Union dans les pays tiers (art. 23 TFUE)

Politiques communes

- Recherche : programmes spécifiques de mise en œuvre du programme cadre pluriannuel (art. 182 § 4 TFUE)

Le Conseil statue à l'unanimité après consultation du Parlement européen

Budget : Ressources propres : plafond et création de nouvelles ressources (art. 311 TFUE)

Marché intérieur et concurrence :

- Harmonisation des législations relatives aux taxes sur le chiffre d'affaire, aux droits d'accises et autres impôts indirects (art. 113 TFUE)
- Harmonisation des dispositions législatives, réglementaires et administratives des États ayant une incidence sur le marché intérieur (art. 115 TFUE)
- Régimes linguistiques des titres européens de propriété intellectuelle (art. 118 TFUE)

Non-discrimination et citoyenneté : Droit de vote et d'éligibilité dans l'État membre de résidence aux élections municipales et européennes (art. 22 § 2 TFUE)

Union économique et monétaire : Contrôle prudentiel des établissements de crédit et autres établissements financiers : attribution de missions à la Banque centrale européenne (art. 127 § 6 TFUE)

Espace de liberté, de sécurité et de justice

- Passeports, cartes d'identité et titres de séjour (art. 77 § 3 TFUE)
- Droit de la famille (art. 81 § 3 TFUE)
- Coopération policière : mesures opérationnelles (art. 87 § 3 TFUE)
- Intervention des autorités de police sur le territoire d'un autre État membre (art. 89 TFUE)

Politiques communes

- Environnement : dispositions de nature fiscale, mesures affectant l'aménagement du territoire ; la gestion quantitative des ressources hydrauliques, l'affectation des sols, les sources d'énergie d'un État membre (art. 192 § 2 TFUE)
- Énergie : mesures fiscales (art. 194 § 3 TFUE)

Politique sociale

- Sécurité sociale ou la protection sociale des citoyens migrants (art. 21 § 3 TFUE)
- Protection sociale des travailleurs, protection des travailleurs en cas de résiliation du contrat de travail, représentation et la défense collective des travailleurs et des employeurs, conditions d'emploi des ressortissants des pays tiers se trouvant en séjour régulier (art. 153 § 2 TFUE)

Procédure d'approbation
Le Conseil statue à l'unanimité après approbation du Parlement européen
Institutions/Dispositions générales – Procédure uniforme pour l'élection des députés européens (art. 223 § 1 TFUE) – Activation de la clause de flexibilité (art. 352 TFUE) **Budget** – Mesures d'exécution du système de ressources propres (art. 311 TFUE) – Cadre financier pluriannuel (art. 312 TFUE) **Non-discrimination et citoyenneté** – Mesures de lutte contre les discriminations (art. 19 § 1 TFUE) – Extension des droits liés à la citoyenneté européenne (art. 25 TFUE) **Espace de liberté, de sécurité et de justice** – Institution d'un parquet européen (art. 86 § 1 TFUE)
Décision du Parlement européen
Le Parlement européen statue après avis de la Commission et approbation du Conseil
Institutions/Dispositions générales – Statut des députés européens et conditions d'exercice de leurs fonctions (art. 223 § 2 TFUE) – Statut et conditions générales d'exercice des fonctions du médiateur (art. 228 TFUE) – Le Parlement européen statue après approbation de la Commission et du Conseil – Modalités d'exercice du droit d'enquête (art. 226 TFUE)

Le pouvoir d'initiative de la Commission et ses implications

• Le monopole de l'action législative donne un pouvoir d'orientation important à la Commission

Dans les matières législatives, la Commission dispose en principe d'un droit exclusif d'initiative : un acte législatif de l'Union ne peut, en effet, être adopté que sur proposition de la Commission, sauf dans les cas où les traités en disposent autrement (art. 17 § 2 TUE). La Commission ne peut être contrainte d'exercer son pouvoir d'initiative : il lui appartient en propre et elle en use de manière discrétionnaire.

Ce monopole de l'initiative donne à la Commission la possibilité de **faire émerger des sujets de son choix sur la scène européenne** au moment qu'elle estimera le plus favorable (c'est-à-dire quand sa proposition aura le plus de chances d'être bien accueillie par le Conseil et le Parlement européen).

Même si elle doit tenir compte tenir compte du contenu et de l'objectif prépondérant de l'acte, la Commission a également **le choix initial de la base juridique**. Ce choix est important puisqu'il détermine la procédure applicable à l'adoption de l'acte.

Sauf si les traités imposent le recours à un type d'acte particulier, la Commission **identifie la forme de l'acte** (règlement, directive, voire décision).

Enfin, elle **fixe le périmètre de la négociation** : sa proposition comprendra des solutions qui constitueront la première base de discussion et dont il ne sera pas toujours facile pour les États ou les députés européens de s'écarter.

Une telle prérogative est **sans équivalent dans les régimes politiques nationaux** où le pouvoir d'initiative législative est partagé entre le gouvernement et les parlementaires. Historiquement, elle a été prévue pour protéger les petits États : l'idée était qu'un organe « neutre », indépendant des États, serait en position d'élaborer des propositions conformes à l'intérêt de la Communauté tout en prenant en compte les points de vue des États quelle que soit leur taille. Comme le disait Jean Monnet : « mettre les gouvernements en présence, faire coopérer leurs administrations procède d'une bonne intention, mais échoue sur la première opposition d'intérêts s'il n'existe pas un organe politique indépendant capable [...] d'aboutir à une solution commune ». D'autres considérations jouent également. Si le Conseil et le Parlement européen disposaient concurremment de l'initiative, le risque existerait d'une saturation du système institutionnel par l'inscription à l'ordre du jour de multiples textes non coordonnés[1]. Par ailleurs, un tel monopole est un facteur essentiel d'efficacité de la prise de décision : organe indépendant des États membres agissant au service du « bien commun » européen (qui est plus que la somme des intérêts nationaux), la Commission est ainsi en mesure de présenter des propositions législatives équilibrées réalisant « une synthèse entre les différents intérêts nationaux et sectoriels en présence, ce qui est de nature à faciliter l'émergence du compromis[2] ».

Procédure législative ordinaire

Proposition de la Commission
La Commission présente une proposition au Parlement européen et au Conseil.

Première lecture
Le Parlement adopte (à la majorité simple) sa position sous forme d'une résolution législative votée en séance plénière. Cette dernière consiste soit en l'approbation en l'état de la proposition de la Commission, soit en l'adoption d'une proposition amendée. La résolution législative définissant sa position est transmise au Conseil. Bien que cette possibilité ne soit pas explicitement prévue par les traités, le Parlement peut rejeter en première lecture la proposition de la Commission : si rien n'interdit, dans ce cas, à la Commission de modifier sa proposition et au Conseil d'adopter une position commune, dans la pratique, les propositions rejetées par le Parlement restent sans suite.
La Commission donne son avis sur les amendements du Parlement européen.
Le Conseil examine la proposition législative dès sa transmission par la Commission. Mais il ne définit sa position qu'au vu de la position en première lecture du Parlement européen et de l'avis de la Commission. L'acte est adopté et la procédure s'arrête si le Conseil approuve la position du Parlement européen (c'est-à-dire s'il adopte tous les amendements du Parlement européen ou, comme ce dernier, approuve sans modification la proposition de la Commission).

1. Bruno Alomar, Sébastien Daziano, Christophe Garat, *Grandes Questions européennes*, Éditions Sedeis, 2007, p. 46.
2. Renaud Dehousse, *La Fin de l'Europe*, Flammarion, 2005, p. 21.

Si le Conseil n'accepte pas tous les amendements du Parlement européen, le Conseil adopte un texte dénommé « position commune » et la procédure se poursuit. La position commune est alors transmise au Parlement européen.
Le vote du Conseil se fait à la majorité qualifiée ou à l'unanimité selon ce que prévoit la base juridique (disposition applicable du traité). En cas d'opposition de la Commission à des amendements ou à l'ensemble de la proposition législative modifiée, l'adoption par le Conseil ne peut se faire qu'à l'unanimité.
La Commission donne son avis sur la position du Conseil.

Deuxième lecture du Parlement européen
Le Parlement dispose d'un délai de trois mois pour se prononcer sur la position du Conseil.
Si le Parlement approuve la position du Conseil adoptée en première lecture (à la majorité des suffrages exprimés) ou s'il ne se prononce pas à l'expiration du délai, l'acte est réputé adopté conformément à la position du Conseil en première lecture et la procédure s'arrête.
Si le Parlement rejette la position du Conseil (à la majorité absolue des membres), l'acte est réputé non adopté et la procédure s'arrête.
Si le Parlement vote des amendements au texte précédemment modifié par le Conseil (à la majorité absolue de ses membres), le texte amendé est transmis au Conseil et à la Commission et la procédure se poursuit.

Deuxième lecture du Conseil
La Commission donne son avis sur les amendements du Parlement européen. Les amendements ayant fait l'objet d'un avis positif de la Commission sont adoptés à la majorité qualifiée par le Conseil tandis que ceux ayant fait l'objet d'un avis négatif doivent être adoptés à l'unanimité.
Le Conseil dispose d'un délai de trois mois pour définir sa position. Si le Conseil approuve tous ces amendements, l'acte est réputé adopté.
Si le Conseil n'approuve qu'une partie des amendements, un comité de conciliation est convoqué dans un délai de six semaines.

Conciliation
Le comité de conciliation se compose paritairement de membres du Conseil (28 correspondant au nombre d'États membres) et de représentants du Parlement européen (28). La Commission participe aux travaux du comité. Elle peut prendre toutes les initiatives nécessaires en vue de promouvoir un rapprochement des positions du Parlement et du Conseil. Toutefois, à ce stade de la procédure, son éventuelle position à des positions négociées entre le Conseil et le Parlement européen n'a plus de conséquence sur les modalités de vote. Elle ne peut plus modifier ou retirer sa proposition puisque le texte de base n'est plus sa proposition mais un texte conjoint du Conseil et du Parlement européen.
Ce comité travaille à partir de la position commune du Conseil et des amendements du Parlement. Il dispose de six semaines pour parvenir à un accord sur un projet commun. Le Comité se prononce à la majorité qualifiée des membres du Conseil et à la majorité des représentants du Parlement. Il bénéficie d'un « large pouvoir d'appréciation » pour parvenir à un accord (CJUE, IATA et ELFAA, 10 janvier 2006).
Si le comité n'approuve pas de projet commun dans le délai prévu, l'acte est réputé non adopté.

Fin de la procédure
Le Conseil et le Parlement ont un nouveau délai de six semaines pour se prononcer sur le projet élaboré par le comité de conciliation.
L'acte est adopté si le Conseil et le Parlement approuvent le projet (à la majorité qualifiée pour le Conseil et à la majorité absolue de ses membres pour le Parlement). Il est alors signé par le président du Parlement européen et le président en exercice du Conseil.

L'acte est réputé non adopté si le Parlement européen ou/et le Conseil n'approuvent pas le texte dans le délai prévu selon les majorités requises.

Ce monopole de l'initiative n'est toutefois pas général

Le monopole de l'initiative législative au profit de la Commission connaît deux types d'exceptions : lorsque la décision revient au Parlement européen dans le cadre d'une procédure législative spéciale, l'initiative appartient à ce dernier et non à la Commission (voir tableau infra) ; par ailleurs, en ce qui concerne la coopération policière et judiciaire en matière pénale (qui relève de la procédure législative ordinaire), le pouvoir d'initiative législative est partagé entre la Commission et un quart des États membres (art. 76 TFUE). C'est la seule exception au monopole de la Commission dans une matière relevant de la PLO. Avant l'entrée en vigueur du traité de Lisbonne, la coopération policière et judiciaire en matière pénale faisait l'objet du 3e pilier et le droit d'initiative était partagé entre la Commission et chaque État membre.

Dans les domaines non législatifs, le monopole de la Commission n'est pas la règle de droit commun. Les traités prévoient que les actes non législatifs sont adoptés sur proposition de la Commission seulement lorsque les traités le prévoient (art. 17 § 2 TUE).

Ainsi, en matière de PESC, ce sont le Haut Représentant pour les affaires étrangères et de sécurité et les États membres qui disposent du pouvoir d'initiative (art. 22 § 2 TUE). La Commission ne peut que soutenir ou non une initiative du Haut représentant. Dans le domaine de l'Union économique et monétaire, le droit d'initiative est le plus souvent partagé entre la Commission et la Banque centrale européenne (BCE).

Le droit d'initiative citoyenne (ICE)

Instaurée par le traité de Lisbonne, l'initiative citoyenne offre la possibilité à un million de citoyens de l'Union, ressortissants d'un « nombre significatif d'États membres » d'inviter la Commission à soumettre une proposition législative dans un domaine relevant des attributions de la Commission et conforme aux valeurs de l'Union. (art. 11 TUE). Ajoutée au traité constitutionnel en toute fin des débats de la Convention, cette disposition a été accueillie avec faveur. Beaucoup y voyaient le moyen pour des organisations citoyennes issues de la société civile de créer des interactions nouvelles avec les décideurs européens et de faire pression sur la Commission pour prendre des initiatives législatives sur certains sujets.

Toutefois, le monopole d'initiative législative de la Commission ne se trouve nullement remis en cause : par l'initiative citoyenne, une proposition est soumise à la Commission mais cette dernière décide seule de la suite à lui donner. Et dans l'hypothèse où la Commission décidait de donner suite à l'initiative citoyenne, elle ne serait nullement contrainte de reprendre à l'identique le dispositif juridique porté par l'initiative citoyenne. Enfin, l'éventuelle proposition législative de la Commission devrait ensuite suivre la procédure législative appropriée et rien de garantit qu'elle serait adoptée.

De plus, définies par le règlement du 15 décembre 2010, les **conditions de mise en œuvre** des ICE sont strictes : l'initiative de l'ICE doit revenir à un comité d'au moins sept personnes résidant dans au moins sept États membres ; les signatures doivent être issues d'au moins un quart des États membres et collectées dans l'année suivant la confirmation de l'enregistrement de la proposition par la Commission. Dans la pratique, le lancement d'une ICE nécessite des capacités d'organisation non négligeables. Les initiatives individuelles ont peu de chance de prospérer si elles ne s'appuient pas sur des structures existantes. Au 1er février 2019, seules 4 initiatives avaient satisfait les conditions requises pour être examinées par la Commission, cette dernière n'ayant donné suite à aucune d'entre elles.
Le Conseil a décidé, sur proposition de la Commission, de réformer le dispositif en prévoyant notamment la création de points de contacts nationaux, d'une plate-forme collaborative et d'un service en ligne de collecte des signatures. Les organisateurs d'ICE ainsi que le Comité européen des régions et le Comité économique et social européen ont critiqué le maintien du « monopole de la Commission à toutes les étapes de la procédure ».

- **La Commission dispose de prérogatives complémentaires dans la suite de la procédure**

La Commission ne se contente pas d'élaborer les propositions législatives : elle est partie prenante aux autres étapes de la discussion.

La participation de la Commission aux réunions du Conseil et du Parlement européen. La Commission participe aussi bien aux réunions du Conseil (incluant celles du COREPER et des groupes de travail) qu'aux réunions des commissions parlementaires. Elle est ainsi en mesure de défendre son texte, de répondre aux questions et demandes d'informations et d'exercer les droits qui lui sont reconnus dans la procédure.

La nécessité de l'unanimité au Conseil pour modifier le texte de la Commission contre son accord. Selon une règle remontant au traité de Rome et conservée par le traité de Lisbonne, le Conseil doit être unanime pour modifier une proposition législative contre l'avis de la Commission (art. 293 § 1 TFUE). Ainsi, la Commission peut, avec l'appui d'au moins un État membre, s'opposer à toute modification de sa proposition de base. Cette règle ne vaut pas en phase de conciliation. Elle n'est pas non plus applicable au domaine budgétaire.

La justification d'une telle règle n'est pas contestable : si le Conseil pouvait modifier à son gré les propositions législatives qui lui sont soumises, le droit d'initiative exclusif reconnu à la Commission serait vidé de son contenu.

Dans les faits, la Commission ne s'oppose que très rarement à un compromis de la présidence. Elle ne le fait que si elle estime le texte de la présidence est contraire à l'intérêt communautaire ou bafoue les droits des États minoritaires au Conseil.

Le pouvoir de « tri » des amendements en deuxième lecture. En deuxième lecture, l'obligation de l'unanimité au Conseil pour modifier le texte de la Commission contre son accord n'est plus applicable : en effet, le texte en discussion n'est plus celui de la Commission mais la position commune adoptée par le Conseil et amendée par le Parlement européen. La procédure législative ordinaire reconnaît toutefois à la Commission une autre prérogative : celle de donner un avis sur les amendements adoptés par le Parlement européen et, ainsi, d'orienter les modalités de vote au sein du Conseil. En effet, selon que son avis sur un amendement est positif ou négatif, le Conseil se prononce à la majorité qualifiée ou à l'unanimité.

Le droit de la Commission de modifier sa proposition législative. Tant que le Conseil n'a pas statué (c'est-à-dire avant l'adoption par le Conseil de sa position en première lecture), la Commission peut modifier sa proposition (art. 293 § 2 TFUE). L'élaboration d'une proposition modifiée peut être un moyen de faciliter le déroulement des discussions: lorsque le Conseil ou le Parlement européen envisage des modifications importantes du texte de la Commission, cette dernière peut avoir intérêt à proposer une nouvelle version de sa proposition pour intégrer certains amendements et permettre à la discussion de s'engager sur de nouvelles bases.

Le droit de la Commission de retirer sa proposition législative. Bien que le traité ne l'envisage pas explicitement, la Commission peut retirer sa proposition interrompant ainsi la procédure d'adoption. Dans un arrêt du 14 avril 2015, la Cour de justice a indiqué que la Commission pouvait, aussi longtemps que le Conseil n'a pas statué, retirer une proposition lorsque celle-ci était dénaturée par des amendements faisant obstacle à la réalisation des objectifs poursuivis par le texte. Pour autant, précise la Cour, ce pouvoir de retrait ne peut pas investir la Commission d'un droit de veto sur l'action législative qui « serait contraire aux principes de l'attribution des compétences et de l'équilibre institutionnel ». La Commission doit donc « exposer au Parlement et au Conseil les motifs de ce retrait et les étayer, en cas de contestation, par des éléments convaincants ». La Commission fait rarement un tel usage du droit de retrait. En revanche, la Commission procède parfois à des retraits « balais » de paquets de propositions devenues obsolètes en raison de changement des circonstances ou d'une absence d'intérêt du législateur.

Un rôle plus réduit en phase de conciliation. La Commission fait partie du comité de conciliation et est donc en mesure de continuer à jouer son rôle de médiateur entre le Parlement et le Conseil. Toutefois, son rôle est en réalité réduit. Elle ne peut en effet s'opposer à un accord entre le Conseil et le Parlement européen qui remettrait en cause le contenu de sa proposition législative.

- **De fortes contraintes pèsent sur l'exercice par la Commission de sa mission d'initiative**

La Commission rend publique la programmation des travaux législatifs. La Commission présente devant le Parlement européen, en début d'année, un programme de travail qui énumère les principales initiatives prévues pour l'année en cours. Ce document fait l'objet d'un vote parlementaire. Cet exercice de programmation permet à la Commission de donner plus de lisibilité à ses travaux et de vérifier en amont si ses propositions sont bien accueillies par les gouvernements.

La Commission ne fait plus de propositions législatives sans chercher, en amont, à connaître les positions des administrations nationales, du Parlement européen et des milieux professionnels. À cette fin, elle lance des consultations publiques (de 150 à 200 par an) auxquelles les différents acteurs (États, organisations professionnelles, experts...) sont invités à répondre. Les propositions législatives les plus importantes sont précédées de documents de consultation parmi lesquels on distingue entre les livres verts qui exposent les termes d'un débat et les livres blancs qui présentent les options stratégiques ou les propositions envisageables. Ce jeu de consultations préalables, qui s'apparente à une pré-négociation, constitue un moment très important pour les acteurs qui vont chercher à influencer la position de la Commission en présentant des contributions argumentées. Les État membres sont ainsi conduits à développer de véritables stratégies de défense et de promotion de leurs positions nationales. Cette phase de consultation permet également à la Commission de faire de ses propositions législatives un premier point d'équilibre entre les intérêts en présence.

La Commission est soumise à une forte pression législative des autres institutions.

En vertu d'une disposition introduite par le traité de Maastricht, le Parlement européen peut, à la majorité de ses membres et sur proposition d'une de ses commissions permanentes, adopter un rapport d'initiative demandant à la Commission de faire une proposition législative. Si la Commission ne donne pas suite à une demande, elle doit en communiquer les raisons au Parlement européen, cette obligation ayant été ajoutée par le traité de Lisbonne (art. 225 TFUE). Depuis que le Parlement européen est un vrai co-législateur, ses rapports d'initiative sont de plus en plus pris en compte par la Commission et sont pour elle une vraie source d'inspiration.

Mais l'institution qui exerce la « pression législative » la plus forte sur la Commission est sans aucun doute le Conseil européen. Conformément au pouvoir qui lui est reconnu de définir les orientations politiques générales de l'Union, le Conseil européen adopte, à chacune de ses sessions, des conclusions qui constituent de véritables programmes d'action s'imposant à la Commission et au Conseil.

Il est difficile d'évaluer **la part des propositions qui résultent de la seule initiative de la Commission**. Une étude de la Commission, malheureusement assez ancienne, révélait que pour l'année 1991 seulement 6 %, des initiatives législatives de la Commission pouvaient être considérées comme des initiatives dites « spontanées ». Cette proportion a été estimée entre 5 et 10 % dans une étude de Notre Europe[1]. Dans les autres cas, les propositions répondent à la nécessité d'adapter le droit de l'Union à l'évolution des données scientifiques, économiques ou sociales, aux obligations internationales de l'Union, à des demandes expresses des autres institutions, des États membres ou des opérateurs économiques et aux obligations prévues par le traité ou le droit dérivé. Ce type de calcul présente toutefois ses limites car il n'aborde pas la substance des actes. Or, les initiatives « spontanées » sont souvent les plus sensibles politiquement.

Cette pression exercée sur la Commission s'inscrit dans un **contexte global de diminution de l'activité législative** (voir tableau ci-dessous). La Commission donne la priorité à la simplification du droit plutôt qu'à la production de nouvelles normes.

1. « Le pouvoir d'initiative de la Commission : une érosion progressive ? », janvier 2012.

Nomtbre de propositions d'actes législatifs		
1999-2004	**2004-2009**	**2009-2014**
1028	1041	658

(Source : Parlement européen, Rapport d'activité sur la codécision et la conciliation, 7e législature)

Les règles de vote au Conseil

• La majorité simple est réservée des matières d'importance mineure

Une décision est acquise à la majorité simple si les voix en sa faveur sont plus nombreuses que celles en sa défaveur, chaque participant disposant d'une seule voix. Au sein de l'Union, cette règle de vote s'applique à des matières de nature institutionnelle ou procédurale (voir ci-dessous).

Cas de décision à la majorité simple du Conseil

Institution d'un comité de l'emploi à caractère consultatif	art. 150 TFUE
Institution d'un comité de la protection sociale	art. 160 TFUE
Organisation du secrétariat général	art. 240 § 2 TFUE
Question de procédure et adoption de son règlement intérieur	art. 240 § 3 TFUE
Demande à la Commission de procéder à des études	art. 241 TFUE
Statut des comités	art. 242 TFUE
Saisine de la Cour de justice pour déclarer la démission d'office d'un commissaire	art. 245 TFUE
Saisine de la Cour de justice afin de déclarer un commissaire démissionnaire	art. 247 TFUE

• Le maintien de l'unanimité pour les matières sensibles ou régaliennes

Si son champ d'application a diminué à chaque révision des traités, **l'unanimité est conservée par le traité de Lisbonne pour trois catégories de sujets** : les questions de type constitutionnel (comme l'adhésion de nouveaux membres ou la mise en œuvre de la clause de flexibilité), des sujets de souveraineté que les États sont réticents à voir passer sous pleine compétence européenne (PESC, coopération policière, harmonisation fiscale, droit de la famille, partie de la politique sociale et de l'environnement, lutte contre les discriminations, citoyenneté de l'Union) et l'adoption du cadre financier pluriannuel dont les enjeux sont importants pour les finances publiques nationales. Les abstentions ne font pas obstacle à l'adoption des délibérations du Conseil qui requièrent l'unanimité.

Les défauts de l'unanimité sont bien connus : en donnant à chaque État un droit de veto, elle favorise les risques de marchandage et de blocage au Conseil. Dans une Europe à vingt-sept, elle est même synonyme de paralysie. La Convention avait envisagé de remplacer la règle de l'unanimité par une majorité « super-qualifiée » mais cette idée n'a pas été retenue. Mais le vote à l'unanimité est ardemment défendu par les partisans de la souveraineté des États (Pour Maurice Couve de Murville, « l'unanimité est indispensable… comment imaginer que l'on puisse sans notre accord et a fortiori contre notre volonté, disposer de notre souveraineté ? ») Elle peut être aussi une garantie nécessaire pour que les États acceptent qu'une question de souveraineté entre dans le champ des compétences de l'Union. Le maintien de l'unanimité peut ainsi constituer une étape intermédiaire avant l'application de la règle majoritaire.

Le comité des représentants permanents (COREPER)

Né de la pratique et consacré pour la première fois par le traité de fusion de 1965, puis par le traité de Maastricht, le COREPER est **responsable de la préparation des travaux du Conseil et de l'exécution des mandats** qui lui sont confiés par celui-ci. Le règlement intérieur du Conseil précise qu'il veille à « la cohérence des politiques et actions de l'Union ».

La compétence du COREPER s'étend à **l'ensemble des affaires de l'Union**. Toutefois, la préparation de certains travaux du Conseil fait intervenir des organes spécialisés qui bénéficient d'une grande autonomie de fonctionnement vis-à-vis du COREPER même s'ils lui sont formellement rattachés : le Comité spécial agriculture (institué en 1960 par une décision inter-gouvemementale pour préparer les travaux du Conseil Agriculture), le Comité économique et financier, le Comité politique et de sécurité (COPS) en charge, depuis le traité de Lisbonne, de la préparation des travaux du Conseil Affaires étrangères.

Le Coreper est **présidé par le représentant de l'État membre qui assure la présidence du Conseil affaires générales**. Il se réunit en deux formations : le Coreper II composé des représentants permanents des États membres auprès de l'Union européenne qui prend en charge les questions les plus importantes (affaires générales, affaires étrangères, économies et finances, justice et affaires intérieures) ; le Coreper I constitué des représentants permanents adjoints traite des autres thématiques plus techniques (agriculture, compétitivité, environnement, transports, éducation). La Commission participe aux réunions du COREPER et des groupes de travail.

Dans la pratique, Le COREPER **examine tous les projets de la Commission transmis au Conseil**. Il se réunit pour cela toutes les semaines. Les points qui ont fait l'objet d'un accord au sein du COREPER I ou II (à la majorité ou à l'unanimité selon les règles des traités applicables) sont adoptés par le Conseil sans discussion en point A de son ordre du jour : un État membre ou la Commission ont toutefois la possibilité de demander à s'exprimer ou, le cas échéant, de faire des déclarations au procès-verbal. Lorsqu'il n'y a pas eu d'accord au Coreper, la question est inscrite en point « B », ce qui signifie que le Conseil doit débattre avant de passer au vote. On estime que plus de 80 % des décisions du Conseil sont ainsi actées au niveau du Coreper ou à un niveau inférieur.

Les réunions du COREPER sont **préparées par les travaux de groupes d'experts :** le groupe Mertens pour le COREPER I et le groupe Antici pour le COREPER II. Mais il existe par ailleurs plus de 150 groupes de travail ou comités travaillant en amont. Certains créés directement par les traités (comme le Comité Politique et de Sécurité, le comité économique et financier, le comité de l'emploi…), d'autres sont des groupes ad hoc institués en vue de traiter d'un dossier pour une période donnée. Leur fonctionnement induit une « migration » quotidienne de fonctionnaires des différentes capitales européennes vers Bruxelles. Cette pratique est critiquée comme étant un facteur d'affaiblissement du COREPER. Elle est toutefois nécessaire pour permettre aux réunions du COREPER de se centrer sur les points techniques n'ayant pas reçu de solution au niveau des experts.

Le rôle du COREPER est parfois contesté pour sa capacité à faire inscrire à l'ordre du jour du Conseil des projets de décision qui seront adoptés sans débat alors qu'ils peuvent porter sur des questions sensibles. Toutefois, le Conseil est **libre de remettre en cause un accord intervenu en COREPER**. La Cour de justice a clairement indiqué que l'acte du COREPER n'était qu'un acte préparatoire, dépourvu d'effet juridique et ne pouvant faire l'objet d'un recours devant le juge communautaire (CJCE, Commission c/ Conseil, 31 mars 1971). Par ailleurs, composé de représentants des États membres, le COREPER n'a **aucune autonomie vis-à-vis du Conseil**. La Cour de justice a elle-même jugé que le COREPER est un « organe auxiliaire » du Conseil auquel il reste subordonné (CJCE, Commission c/ Conseil, 19 mars 1996).

Le COREPER n'est pas un simple filtre destiné à identifier les sujets devant être examinés par le Conseil : il est **un organe indispensable à la prise de décision**. Organe permanent et transversal, à la différence du Conseil qui se réunit en formations multiples, il assure la coordination des dossiers communautaires. Instance de négociation discrète et conviviale entre hauts fonctionnaires qui se connaissent, il permet de faire émerger les solutions de compromis et de dégager l'ordre du jour du Conseil de questions mineures ou ne prêtant pas à discussion. Il conviendrait toutefois de clarifier les tâches de cet organe et de donner plus de transparence aux activités des groupes de travail qui tendent à se démultiplier.

La procédure de vote de droit commun au Conseil est la majorité qualifiée (art. 16 § 3 TUE)

La majorité qualifiée se veut un compromis efficace entre l'unanimité qui crée le risque de la paralysie et la majorité simple qui divise les États en deux camps antagonistes. Elle est d'essence fédérale puisqu'elle implique qu'un État applique une décision à laquelle il se serait opposé au Conseil. Elle répond également à l'idée que pour être perçue comme légitime, une décision du Conseil doit recueillir un soutien allant au-delà de la majorité simple tout en prenant en compte le poids démographique des États membres.

La majorité qualifiée a longtemps reposé sur un système de pondération complexe qui avantageait les petits et les moyens États. Selon le système en vigueur jusqu'au 31 octobre 2014, les États étaient répartis en groupes de pays (neuf depuis la réforme du traité de Nice, voir tableau ci-après) et se voyaient attribuer un nombre de voix fonction de leur importance démographique sans être pour autant proportionnel à leur population. Un projet de texte était adopté lorsqu'il recueillait un nombre de voix donné, dit seuil de la majorité qualifiée.

Un tel système de vote était un compromis efficace entre l'unanimité qui crée le risque de la paralysie et la majorité simple qui divise les États en deux camps antagonistes. Il avantageait les petits et moyens pays car ces derniers disposaient d'un pourcentage de voix supérieur à leur importance démographique.

Cette sous-représentation des grands États s'était toutefois dangereusement aggravée avec les élargissements de 1995 et 2004 qui impliquaient une forte proportion de petits États (à l'exception de la Roumanie et de la Pologne, les nouveaux entrants comptent moins de 15 millions d'habitants). Le risque existait, avec de nouveaux élargissements, que des décisions puissent être prises au Conseil par une coalition de pays représentant moins de 50 % de la population de l'Union.

Le traité de Nice a permis de procéder à une repondération des voix favorable aux grands États. Le nombre de voix au Conseil a été augmenté mais de façon plus importante pour les grands États. La légitimité démographique du processus de décision a ainsi été préservée.

Cette repondération des voix s'est faite toutefois au prix d'une **augmentation du seuil de la majorité qualifiée** – qui est passé de 71,3 à 73,9 % des voix (soit une augmentation de 2,6 points) – et de **l'ajout par le traité de Nice de deux clauses supplémentaires** à la formation de la majorité qualifiée (obligation pour toute décision de recueillir le soutien d'une majorité d'États membres, possibilité ouverte à tout État membre de vérifier qu'une décision est soutenue des États représentant au moins 62 % de la population totale de l'Union).

Ancien système de pondération des voix au Conseil (UE à 28)

États membres	Voix au Conseil
Allemagne, France, Royaume-Uni, Italie	29
Espagne, Pologne	27
Roumanie	14
Pays-Bas	13
Grèce, Belgique, Portugal, Hongrie, République tchèque	12
Suède, Autriche, Bulgarie	10
Slovaquie, Danemark, Finlande, Irlande, Lituanie, Croatie	7
Lettonie, Slovénie, Estonie, Chypre, Luxembourg	4
Malte	3
Total de l'Union européenne à 28 Seuil de majorité qualifiée Minorité de blocage	**352** **260** **93**

Le traité de Lisbonne a **remplacé, à compter du 1er novembre 2014, la pondération des voix par le système de la « double majorité »** selon lequel la majorité qualifiée est atteinte lorsqu'une décision recueille l'accord d'un pourcentage d'États membres représentant un pourcentage de la population européenne.

Un tel mécanisme avait été proposé par l'Allemagne au cours des négociations du traité de Nice mais s'était heurté à l'hostilité de la présidence française. La France avait estimé qu'un tel système constituerait une rupture avec le principe de parité franco-allemand qui avait été au cœur des négociations du traité de Rome.

La double majorité s'est **imposée au cours des discussions de la Convention et n'a pas été remise en cause lors des CIG postérieures**. Le projet de traité adopté par la Convention en juillet 2004 avait retenu le système de la double majorité tout en fixant les seuils à 50 % des États représentants et à 60 % de la population. Mais ces seuils ont été jugés trop faibles par des États soucieux de maintenir leur capacité de blocage. Le traité de Lisbonne stipule ainsi que la majorité qualifiée est atteinte lorsqu'une décision recueille le vote positif de 55 % États représentant 65 % de la population européenne (art. 238 § 3 TFUE). Lorsque le Conseil ne statue pas sur proposition de la Commission ou du haut représentant de l'Union pour les affaires étrangères et la politique de sécurité, le seuil de majorité est de 72 % des États représentant 65 % de la population[1].

Ce système de la double majorité présente plusieurs avantages. Il est **souple et pérenne** puisqu'il permet de faire l'économie de négociations laborieuses, à chaque élargissement, pour redéfinir la pondération des voix. Il est **parfaitement légitime** puisqu'il incarne la double nature de la construction européenne, union d'États et de citoyens. Il est enfin **plus efficace que le système de Nice** puisqu'il augmente le pourcentage de coalitions gagnantes (qui passe d'environ 2 % avec le traité de Nice à 8 % avec le traité de Lisbonne). De ce point de vue, la double majorité améliore la capacité de décision collective de l'Union ainsi que l'influence de la Commission (dont les propositions ont ainsi plus de chances d'aboutir). Les pays les plus peuplés (Allemagne, France, Royaume-Uni, Italie) sont avantagés par le critère démographique tandis que les petits pays préservent leur pouvoir d'influence en raison du critère du nombre d'États. Finalement, ce sont les pays intermédiaires (Espagne, Pologne, Belgique, Portugal, Pays-Bas, Hongrie), fortement avantagés par le dispositif de Nice, qui sont les plus pénalisés par la double majorité.

Toutefois, pour lever les oppositions de certains États (la Pologne notamment), un dispositif s'apparentant au mécanisme de Ioanina[2] a été ajouté : un groupe d'États membres proche de constituer la minorité de blocage peut demander, malgré l'existence d'une majorité qualifiée, la poursuite de la discussion pour « un délai raisonnable » afin de rechercher les conditions d'un accord plus large.

Les clauses passerelles. Avant l'entrée en vigueur du traité de Lisbonne, les traités prévoyaient la possibilité de transférer une matière du troisième pilier vers le pilier communautaire. La décision était adoptée à l'unanimité par le Conseil, qui décidait également des modalités de vote dans le cadre du premier pilier. La décision devait toutefois être ratifiée par chaque État. Le traité de Lisbonne remplace cette clause passerelle qui n'avait plus lieu d'être du fait de la disparition de la structure en piliers par deux nouvelles clauses du même type de portée plus générale (art. 48

1. L'idée est en effet que lorsqu'il n'y a pas proposition de la Commission, l'intérêt général européen est moins assuré de sorte qu'il convient que le soutien dont la mesure bénéficie soit plus large.
2. Le compromis de Ioanina – du nom de la ville grecque où le Conseil s'est réuni le 26 mars 1994 – a mis fin à des discussions tendues entre États membres sur le nombre de voix nécessaires pour constituer une minorité de blocage alors que l'Union devait s'élargir à de nouveaux pays (Autriche, Finlande, Norvège et Suède). Il a été décidé, à cette occasion, que si des membres du Conseil représentant un total de 23 à 26 voix proche de la minorité de blocage indiquent leur intention de s'opposer à une décision à la majorité qualifiée, le Conseil fera « tout ce qui est en son pouvoir » pour aboutir « dans un délai raisonnable » à une solution susceptible d'être adoptée à la majorité qualifiée.

§ 7 TUE). La première porte sur les règles de vote au Conseil : elle permet au Conseil européen, statuant à l'unanimité, d'adopter une décision européenne autorisant le Conseil à statuer à la majorité qualifiée dans un domaine jusqu'alors régi par l'unanimité sauf pour l'adoption de décisions ayant des implications militaires ou dans le domaine de la défense. La seconde clause passerelle porte sur la procédure : elle autorise le Conseil européen à décider que des actes adoptés par le Conseil selon la procédure législative spéciale seront désormais adoptés selon la procédure législative ordinaire. Le recours à ces clauses est toutefois strictement encadré. D'une part, le Conseil européen doit statuer à l'unanimité. D'autre part, si la formalité de ratification par chaque État est abandonnée, le Conseil européen doit, préalablement à son adoption, transmettre aux parlements nationaux le projet de décision. En cas d'opposition d'un parlement national notifiée dans un délai de six mois après cette transmission, la décision ne peut pas être adoptée. Enfin, l'approbation du Parlement européen est nécessaire.

La participation d'autres acteurs au processus de décision

- **Le poids important des lobbies**

On estime à 30 000 le nombre de lobbyists actifs à Bruxelles pour représenter les intérêts d'entreprises, d'organismes professionnels, d'établissements publics, de collectivités locales ou d'organisations non gouvernementales. Ces entités sont représentées par leur personnel ou par des tiers agissant pour leur compte (agences de relations publiques, cabinets de consultants, avocats). Les objectifs poursuivis sont des plus divers : apporter des informations aux décideurs européens, chercher à peser sur le contenu d'un texte en discussion, obtenir des subventions européennes, préparer une participation à un appel d'offre dans le cadre de la gestion de programmes européens. Leurs contacts les dirigent principalement vers la Commission mais aussi vers les parlementaires européens (présidents de commission, rapporteurs) ou d'autres acteurs (Présidence du Conseil, agences de l'Union, représentations permanentes des États, experts, médias).

Les méthodes des lobbyists vont de la diffusion d'informations (données chiffrées, expertises techniques, analyses juridiques…) par voie écrite ou au cours de réunions de travail jusqu'à la transmission de projets d'amendements « clés en main ». Elle peut prendre parfois des formes agressives (offres de gratifications diverses sous forme de cadeaux ou d'invitations, pressions diverses, corruption).

L'organisation institutionnelle de l'Union favorise l'action des groupes d'intérêt. Composée d'agents « généralistes » (juristes, économistes), la Commission est une administration de mission qui n'est pas présente sur le terrain : elle a besoin de recueillir en amont des informations auprès des milieux professionnels afin de ne pas dépendre de celles fournies par les États membres. Confronté à des textes souvent techniques qui appellent un besoin d'expertise, le Parlement européen est, sur le modèle des parlements anglo-saxons, très ouvert à l'activité des groupes de pression. Composé de vingt-sept délégations nationales, organisé en formations spécialisées et prolongé par de nombreux groupes d'experts, le Conseil constitue une sorte de « galaxie » institutionnelle que les groupes d'intérêt ne se font pas faute d'explorer. Leur activité est favorisée par la longueur du processus décisionnel européen et l'existence de nombreuses phases de concertation entre institutions.

Les institutions européennes se sont efforcées de consacrer mais aussi d'**encadrer l'activité des lobbies**. Par un accord interinstitutionnel conclu le 23 juin 2011, le Parlement européen et la Commission ont décidé de mettre en place un **registre de transparence** à caractère non obligatoire et commun aux deux institutions, tout en invitant le Conseil européen et le Conseil à se joindre à leur initiative. Il contient de nombreuses informations (identité de l'entité, coûts des activités de représentation, coûts des personnels, coûts des activités externalisées, nombre et identité des personnes enregistrées, etc). Depuis le 1er décembre 2014, seuls les représentants d'intérêts inscrits sur le registre de transparence peuvent rencontrer les commissaires, les membres de leurs cabinets ainsi que les directeurs généraux.

À ce registre est lié un **code de conduite** comprenant des règles de transparence (obligation pour le lobbyist de faire savoir par qui il est mandaté, notamment) et de déontologie (ne pas inciter les fonctionnaires à enfreindre les normes de comportement, ne pas fournir d'informations trompeuses, ne pas chercher à obtenir des informations par des moyens malhonnêtes…). En cas de manquement à ces obligations, le lobbyist peut être radié du registre. En contrepartie, le Parlement européen octroie des titres d'accès à ses locaux (y compris aux réunions des commissions permanentes) aux représentants d'intérêt publics et privés qui se sont inscrits sur le registre. Depuis janvier 2019, les rencontres entre députés et lobbyistes doivent être rendus publiques.

En septembre 2016, la Commission a fait une proposition de révision du « registre de transparence » tendant à le rendre obligatoire et commun aux trois institutions de l'Union (Parlement européen, Conseil de l'UE et Commission). Les discussions n'ont toutefois toujours pas abouti.

Les prérogatives nouvelles reconnues aux parlements nationaux

Le système institutionnel et juridique communautaire présente des caractéristiques défavorables aux parlements nationaux : l'octroi à une instance composée des exécutifs nationaux (le Conseil) de prérogatives décisionnelles importantes en négation du principe de séparation des pouvoirs ; les principes de primauté et d'effet direct ; le développement des compétences communautaires au détriment des champs d'intervention nationale ; l'extension du champ de vote à la majorité qualifiée qui rend plus difficile le contrôle par les parlements nationaux des prises de position de leur gouvernement au Conseil.

Les parlements nationaux se sont ainsi retrouvés affaiblis dans l'exercice de leurs fonctions traditionnelles de vote de la loi et de contrôle de l'action du gouvernement. S'ils examinent et votent les lois de transposition des directives, il s'agit pour l'essentiel d'une compétence liée qui leur laisse peu de marge de manœuvre. Les parlements nationaux sont compétents pour autoriser la ratification d'actes importants pour la vie de l'Union (révisions des traités, adhésion de nouveaux membres, fixation du plafond des ressources propres…) mais l'autorisation parlementaire intervient très tard une fois que les négociations sont achevées. Les mécanismes traditionnels de contrôle de la politique du gouvernement (questions au gouvernement, commissions d'enquête...) sont mal adaptés à la matière européenne : les décisions sont prises au Conseil selon un calendrier aléatoire qui laisse parfois peu de temps au Parlement pour intervenir ; même si les affaires européennes irriguent le droit interne des États, elles continuent à relever en partie de la sphère internationale, domaine où les gouvernements disposent traditionnellement d'une plus grande latitude d'action. En particulier, la politique européenne est largement déterminée par le Président de la République qui est irresponsable devant le Parlement.

Les parlements nationaux ne sont plus représentés au Parlement européen. L'Assemblée de la CECA, puis celle des Communautés européennes étaient, à l'origine, des émanations des parlements nationaux. L'élection du Parlement européen au suffrage universel, puis l'interdiction du cumul entre les mandats parlementaires national et européen depuis 2000, ont eu pour effet de supprimer ce lien « ombilical » entre parlements nationaux et Parlement européen.

Des mécanismes spécifiques de contrôle de l'action européenne des gouvernements ont été mis en place au sein des parlements nationaux. Des commissions parlementaires spécialisées dans les affaires européennes ont été créées pour contrôler l'action communautaire de l'exécutif : en Allemagne dès 1958, en Grande-Bretagne lors de l'adhésion en 1972, en France en 1979 en même temps que la première élection du Parlement européen au suffrage universel... Autour de ces organes se sont mis en place des mécanismes de contrôle selon deux modèles différents :

- dans les pays du nord de l'Europe (Danemark, Suède...), le Parlement délivre au Gouvernement un « mandat » de négociation au Conseil. Le Gouvernement est tenu de suivre ce mandat et doit revenir devant le Parlement si l'évolution des discussions en rend le contenu obsolète ;
- introduit en 1992, l'art. 88-4 de la Constitution française fait obligation au Gouvernement, dans sa rédaction actuelle, de transmettre au Parlement l'ensemble des projets d'actes présentés par la Commission qu'il soit législatif ou non législatifs. Selon des modalités fixées par leur règlement, des résolutions européennes peuvent ensuite être adoptées par l'Assemblée nationale ou le Sénat sur ces projets d'acte ainsi que sur tout document émanant d'une institution de l'Union européenne. Tant que les assemblées parlementaires n'ont pas examiné ces projets de texte et décidé si elles prennent l'initiative ou non d'une résolution, le Gouvernement s'interdit d'émettre un vote définitif au Conseil sauf cas d'urgence. Ces résolutions ne s'imposent pas au gouvernement : il s'agit de textes politiques qui expriment le point de vue des parlementaires sur un texte en discussion[1]. La circulaire du Premier ministre du 21 juin 2010 relative à la participation du Parlement national au processus décisionnel

1. Dans son projet de VIe République, Arnaud Montebourg, alors député, avait proposé que les résolutions votées à l'Assemblée nationale valent mandat de négociation. Ceci signifie qu'elles auraient alors le caractère d'un mandat impératif donné au gouvernement et que ce dernier serait contraint à en défendre les préconisations lors des délibérations bruxelloises.

européen prévoit que le Secrétariat général aux affaires européennes (SGAE) examine les suites à donner à une résolution et informe les assemblées de la prise en compte de leur position.

Les parlements nationaux se concertent entre eux au sein de la conférence des organes spécialisés dans les affaires communautaires (COSAC) ou de conférences interparlementaires. Réunie pour la première fois en 1989, la COSAC réunit des représentants du Parlement européen et des commissions des affaires européennes des parlements nationaux. Elle se réunit deux fois par an pour débattre des questions relatives à l'Union européenne. Son rôle est limité à l'adoption de contributions adressées aux institutions européennes. Cette coopération parlementaire s'est par ailleurs diversifiée : conférence interparlementaire sur la gouvernance économique et financière prévue à l'art. 13 du Traité sur la stabilité, la convergence et la gouvernance, conférence spécialisée en matière de défense, Groupe d'examen parlementaire conjoint sur les activités d'Europol.

Le protocole au traité d'Amsterdam a consacré le rôle des parlements nationaux au sein de l'Union européenne. Il reconnaît le rôle de la COSAC et garantit aux parlements nationaux un délai de six semaines entre la transmission d'une proposition législative par la Commission européenne et son inscription à l'ordre du jour du Conseil – ceci afin de laisser le temps nécessaire à chaque parlement de faire connaître son point de vue auprès du gouvernement selon des modalités constitutionnelles internes.

- **Les solutions intéressantes du traité de Lisbonne**

Le traité de Lisbonne **va plus loin en faisant passer de six à huit semaines ce délai** et en reconnaissant à la COSAC la possibilité d'organiser **des conférences inter-parlementaires** sur des thèmes particuliers (protocole sur le rôle des parlements nationaux).

Surtout, le traité de Lisbonne ouvre des perspectives d'action nouvelles aux parlements nationaux :

- en instaurant un mécanisme d'alerte précoce en cas d'atteinte d'un projet d'acte au **principe de subsidiarité** et en leur ouvrant la possibilité d'introduire, par l'intermédiaire de leur gouvernement, un recours devant la Cour de justice pour annulation d'un acte législatif ne respectant pas ce principe ;
- en prévoyant leur participation aux **mécanismes d'évaluation de la mise en œuvre des politiques** de l'Union dans le domaine de l'espace de liberté, de sécurité et de justice ainsi que leur association au contrôle politique d'Europol et à l'évaluation des activités d'Eurojust ;
- en leur accordant une place dans la procédure de **révision des traités**. Ainsi, les projets de révision des traités doivent être notifiés aux parlements nationaux et sont en principe examinés, si le Conseil européen décide à la majorité simple de leur donner une suite favorable, par une Convention au sein duquel les parlements nationaux sont largement représentés (art. 48 § 3 TFUE). Par ailleurs, le traité reconnaît à chaque parlement national le droit de s'opposer

à une initiative du Conseil européen tendant à recourir à une des clauses-passerelles (art. 48 § 7 TFUE).

L'idée a été évoquée par la Commission de doter les parlements nationaux d'un « carton vert » qui leur permettrait de **présenter des suggestions à la Commission** sans porter atteinte pour autant à son droit d'initiative législative. Un tel dispositif permettrait aux parlements nationaux d'être force de proposition plutôt d'opposition.

- **Le rôle consultatif du Comité des régions et du Comité économique et social européen**

Le Comité des régions. Contrairement à ce que pourrait laisser penser son titre, le Comité des régions (art. 305 à 307 TFUE) n'est pas uniquement à composante régionale puisque des représentants de collectivités locales y siègent également. Chaque État est libre de la composition de sa délégation : les membres sont élus pour 5 ans à la majorité qualifiée par le Conseil sur proposition des gouvernements. Les membres doivent être titulaires d'un mandat électoral au sein d'une collectivité régionale ou locale, ou politiquement responsables devant une assemblée élue. Le CDR compte actuellement 350 membres. La délégation française comprend 24 élus de conseils régionaux, généraux ou municipaux.

L'avis du comité est obligatoire dans une série de domaines énumérés par les traités. Mais le Conseil, la Commission et le Parlement européen peuvent le consulter sur toute proposition ayant des répercussions au niveau local ou régional. Enfin, le comité peut émettre de sa propre initiative un avis. Les prises de position du comité n'ont aucune force juridique et ne lient en rien les autres institutions.

Le traité de Lisbonne reconnaît également au Comité des régions le droit de saisir la Cour de justice pour violation du principe de subsidiarité par un acte législatif.

Le Comité économique et social européen. Composé de représentants des milieux socio-économiques nommés par le Conseil à la majorité qualifiée sur proposition des gouvernements nationaux pour une période de 5 ans renouvelable, le Comité économique et social européen (CESE) est obligatoirement consulté sur certains textes mais il peut également émettre des avis de sa propre initiative. Comme le comité des régions, le CESE compte 350 membres (art. 301 à 304 TFUE).

L'initiative « Mieux légiférer »

Lancée en 2003, cette initiative vise à simplifier la réglementation existante ainsi qu'à améliorer les conditions d'élaboration des nouveaux actes normatifs (législatifs ou autres). Cet axe d'action a été érigé en priorité par la Commission Juncker. Elle repose en premier lieu sur un **accord interinstitutionnel** conclu en 2003 et révisé depuis à plusieurs reprises. Cet accord prévoit la réalisation d'études d'impact des actes proposés par la Commission (après avis d'un comité indépendant chargé d'évaluer la qualité de ces études et les changements importants de législation), l'association du Conseil et du Parlement européen à l'élaboration du programme de travail annuel de la Commission ainsi que l'organisation de consultations entre la Commission, le Parlement européen et les États membres sur l'élaboration des actes délégués.

La Commission s'appuie sur le **programme REFIT**, acronyme anglais pour « réglementation affûtée », qui a été lancé en octobre 2013 pour évaluer l'acquis réglementaire et adopter, le cas échéant, les mesures correctives nécessaires. Ce programme s'appuie sur deux groupes permanents, l'un réunissant des experts des États membres et l'autre comprenant des représentants des entreprises, des partenaires sociaux et de la société civile. Dans le cadre de REFIT, la Commission retire régulièrement des propositions qui sont obsolètes ou qui ne bénéficient pas du soutien du législateur.

Dans un rapport d'octobre 2017, la Commission a présenté une **analyse des réformes** accomplies pour une meilleure réglementation. La proportion des analyses d'impact évaluées est passée de près de 50 % en 2016 à près de 70 % en 2017. La plateforme REFIT d'experts et de représentants nationaux aurait émis 58 avis sur des exercices de simplification possibles, auxquels la Commission donne suite dans ses programmes de travail annuels. Elle a ainsi lancé 137 initiatives de simplification depuis 2015.

Bilan

La procédure législative n'est pas beaucoup plus compliquée que les procédures nationales

Il est parfois avancé que l'efficacité du processus de décision est affectée par la complexité de la procédure législative ordinaire.

Il convient toutefois de faire remarquer que la procédure européenne n'est **pas beaucoup plus complexe** que les procédures législatives nationales en vigueur dans les systèmes bicaméraux. L'adoption de la loi française à l'Assemblée nationale et au Sénat suit en effet un circuit comparable à la PLO avec deux lectures (sauf urgence) et la convocation d'une commission mixte paritaire en cas de désaccord entre les deux chambres.

Les règles de vote en vigueur au Conseil ne sont pas non plus un obstacle à la prise de décision

Le Conseil procède au vote à l'initiative de son président ou, sauf opposition d'une majorité de délégations, à la demande d'un État membre ou de la Commission. Depuis l'Acte unique et la généralisation de la majorité qualifiée, le recours au vote est plus fréquent. Pour autant, la pratique du Conseil n'est pas celle d'un passage au vote systématique dès l'existence d'une majorité qualifiée. La présidence peut préférer prolonger les débats pour obtenir un accord le plus large possible ou constater l'existence d'une majorité qualifiée sans procéder à un vote formel, afin d'éviter de mettre en minorité certains États (surtout si un « grand » État fait partie de la minorité !). De leur côté, les États hostiles à un texte préfèrent souvent ne pas être vus publiquement comme opposés à des mesures adoptées car cela pourrait être interprété comme un échec par les médias et leur électorat national.

L'instauration des « trilogues » a permis de généraliser les accords « précoces » entre Conseil et Parlement européen

Dans les faits, la procédure législative fonctionne de manière très efficace.

Ainsi, **les cas de rejet définitif d'un texte sont rares**. Depuis 2003, on compte un cas de rejet définitif en seconde lecture par le Parlement et trois cas d'échec au stade de la conciliation (la limite de ce recensement réside toutefois en le fait qu'il ne tient pas compte des propositions restées bloquées au Conseil pendant une période si longue que la Commission a décidé de les retirer définitivement).

Surtout, **93 % des textes ont été adoptés en première lecture ou en seconde lecture « anticipée »[1] sous la législature 2009-2014**. Ce taux atteint même 97 % sur la première moitié de la législature 2014-2019 (juillet 2014-fin 2016).

Stade d'adoption des actes législatifs				
	1999-2004	**2004-2009**	**2009-2014**	**2014-2016**
Première lecture	29 %	72 %	85 %	75 %
Seconde lecture anticipée	25 %	10 %	8 %	22 %
Seconde lecture	24 %	13 %	5 %	3 %
Après conciliation	22 %	5 %	2 %	0 %

Si les accords adoptés en première lecture concernaient initialement des textes techniques, ce n'est plus le cas depuis 2009 : des dossiers sensibles trouvent une solution à ce stade notamment en cas de calendrier d'adoption impératif ou s'il y a une volonté du Conseil et du Parlement européen de parvenir à un accord au plus tôt. Deux éléments jouent en faveur de l'obtention d'un accord en première lecture : le Conseil et le Parlement européen ne sont contraints, à ce stade de la procédure, par aucun délai pour se prononcer, ce qui leur laisse le temps de négocier un accord sur le texte en discussion (alors que l'examen du texte est encadré, en seconde lecture et en conciliation, par des délais stricts) ; la majorité requise pour adopter des amendements est plus facile à réunir en première lecture (majorité simple) qu'en seconde lecture (majorité des membres).

Cette adoption précoce des textes tient au fait que les trois institutions ont **pris l'habitude de se concerter très en amont** dans le cadre de réunions tripartites, dénommées « trilogues », comprenant une délégation du Parlement européen (les rapporteurs et présidents des commissions parlementaires concernés, les rapporteurs « fictifs » désignés par les groupes politiques pour suivre le dossier pour leur compte), la présidence du Conseil et les représentants de la Commission (le

1. Un accord en seconde lecture anticipée recouvre le cas où le Parlement et le Conseil se mettent d'accord sur un texte de compromis après la position en première lecture du Parlement et non avant. L'accord conclu est alors adopté par le Conseil en première lecture, puis par le Parlement européen en début de seconde lecture. Cette voie est de plus en plus utilisée (entre 15 et 20 % des cas sous la législature 2014-2019).

commissaire, les fonctionnaires concernés). Si l'on compte les secrétariats présents, une réunion de trilogue peut réunir jusqu'à 100 personnes !

Apparus en 1995 pour préparer les réunions de conciliation, les trilogues se sont généralisés depuis au long de la procédure. Sous la 7e législature, plus de 1 500 réunions de trilogue se sont tenues. Dès la transmission de la proposition de la Commission, le Conseil et le Parlement européen arrêtent, en marge de la procédure, leur position sur la proposition de la Commission (le Conseil le fait en adoptant des « orientations générales » sur le projet de texte, le Parlement européen en confiant au rapporteur de la commission parlementaire compétente un « mandat de négociation » sous forme d'une résolution adoptée en plénière). La présidence du Conseil et le rapporteur de la commission du Parlement européen se réunissent ensuite, au sein d'un trilogue qui peut être formel (il fait alors l'objet d'un PV de réunion) ou informel, en présence de la Commission qui joue en la circonstance un rôle d'expert et de médiateur. L'objectif est de trouver un terrain d'entente, c'est-à-dire de parvenir à un accord entre les deux co-législateurs sur les modifications devant être apportées en première lecture à la proposition législative afin que le texte voté par le Parlement européen puisse être ensuite repris sans modification par le Conseil. Si le Parlement européen s'écarte du texte de compromis en lui apportant des amendements nouveaux, le Conseil ne reprendra pas le texte ainsi amendé, arrête sa « position commune » et la procédure se poursuivra en 2e lecture.

Si l'accord en trilogue intervient après le vote des amendements par le Parlement européen en première lecture, le texte pourra être adopté dans le cadre d'une seconde lecture « anticipée »[1]. Le nombre de textes adoptés en seconde lecture anticipée est en augmentation.

Ce dispositif de concertation tripartite a complètement bouleversé en une dizaine d'années le fonctionnement de la procédure législative ordinaire. Le circuit d'adoption des textes législatifs ne correspond plus au schéma en deux lectures et une phase de conciliation décrit par lesdits traités (voir schéma ci-contre).

- **Un mode de production des normes favorisant une agrégation efficace des points de vue des acteurs**

Il est indéniable que le processus décisionnel européen tranche par **sa méconnaissance du principe de séparation des pouvoirs et l'absence de fait majoritaire**. À la différence des régimes politiques nationaux, il n'existe pas de pouvoir gouvernemental identifié, ni de débat binaire entre une majorité et une opposition sur les propositions législatives.

Il en résulte **une double difficulté du point de vue de la transparence démocratique**. Alors que, dans les régimes politiques nationaux, le gouvernement est le responsable ultime des décisions prises, celui vers lequel on peut se tourner

1. Un accord en seconde lecture anticipée recouvre le cas où le Parlement et le Conseil se mettent d'accord sur un texte de compromis après la position en première lecture du Parlement, mais avant la position en première lecture du Conseil. L'accord conclu est alors adopté par le Conseil en première lecture, puis par le Parlement européen en début de seconde lecture. Cette voie est de plus en plus utilisée (entre 15 et 20 % des cas sous la législature 2014-2019).

en cas de difficultés, le système européen ne permet pas d'identifier un responsable unique de la prise de décision. Par ailleurs, l'absence de fait majoritaire prive les citoyens d'une grille de lecture des questions à l'ordre du jour des institutions européennes.

Il reste que ce processus décisionnel garantit **une représentation efficace des différentes parties prenantes à la décision** (institutions européennes, États membres, administrations nationales et acteurs de la société civile) **et une intégration de leurs points de vue**. La Commission se sert de son droit d'initiative pour mettre en balance et intégrer les revendications de ces acteurs dans sa proposition initiale. L'examen au Conseil est l'occasion pour les États de faire remonter les préoccupations des administrations – qui seront chargées de l'application du droit communautaire – et de faire valoir leurs intérêts nationaux. Les débats au Parlement européen expriment les exigences des citoyens et les préoccupations de la société civile.

Ce **mode consensuel et pluraliste de formulation des normes**, qui n'a pas d'équivalent dans les démocraties nationales, exige une culture développée du compromis et de la coopération. Mais elle matérialise une forme de nouvelle gouvernance qui élargit le cercle des acteurs impliqués dans la prise de décision. Plus que l'expression d'une improbable majorité (tant les clivages sont de nature très diverse à l'échelle de l'Union), les normes européennes sont le résultat d'une longue confrontation entre diverses formes d'expression politique et de représentations catégorielles.

- **L'opacité de fonctionnement des trilogues constitue toutefois un point de difficulté**

Ni l'ordre du jour, ni les comptes rendus, ni les décisions des trilogues ne sont publics. L'accès à l'information pour les députés qui ne sont ni rapporteurs, ni présidents de commission, ni coordinateurs au titre d'un groupe politique, se révèle souvent difficile. Certaines critiques mettent aussi en avant que les députés perdent en pouvoir symbolique, avec les accords précoces : « Un dossier où tout est conclu à l'avance et où il n'y a pas de confrontation ne peut retenir l'attention des médias » souligne ainsi un observateur. L'assemblée plénière tend ainsi à se transformer en chambre d'enregistrement de compromis négociés en coulisses.

- **Cette procédure législative reste également entachée par sa longueur excessive et la prévalence de l'unanimité dans certaines matières**

C'est le prix à payer d'un tel processus itératif. Dans les régimes politiques nationaux, les délais entre la survenance d'un problème et l'adoption d'une loi censée lui apporter une réponse peuvent être très courts (parfois quelques semaines) de sorte que le citoyen peut avoir le sentiment que ses préoccupations sont prises en compte et trouvent des réponses immédiates. L'Union européenne ne dispose pas de cette rapidité de réaction exigée des autorités politiques à l'heure de la démocratie médiatique. Entre la présentation par la Commission d'une proposition législative et son adoption finale, il s'écoule environ 18 mois (voir tableau ci-avant). Jacques

Delors a souvent regretté que le processus de décision fonctionne sur le modèle du « yellow submarine » : la Commission fait une proposition qui place un problème sous les feux des projecteurs, puis qui est transmise au Conseil ; ce dernier en traite une première fois au niveau des ministres avant de le renvoyer en groupe de travail. On se trouve dès lors dans la situation absurde où des questions émergent périodiquement sur la scène, pour disparaître ensuite dans des procédures de traitement obscures jusqu'à des échéances indéterminées.

Par ailleurs, la **règle de l'unanimité** applicable à certaines matières (fiscalité, politique sociale, droit de la famille, coopération policière…) est un élément de limitation de l'efficacité de l'action de l'Union dans ces domaines.

Perspectives

Une plus grande transparence de fonctionnement pour les trilogues

Le Médiateur européen a fait plusieurs propositions en février 2018 afin d'améliorer la transparence de fonctionnement des trilogues (publication des positions exprimées par les États au Conseil, développement d'une page web rendant compte des travaux des trilogues pour chaque proposition législative, publication d'un document présentant les versions successives du texte une fois celui-ci adopté…). Dans un arrêt *De Capitani* du 22 mars 2018, le Tribunal a annulé une décision du Parlement européen de refus d'accès à un document de travail d'un trilogue en cours faisant état d'un compromis en cours de négociation.

Toutefois, le risque à vouloir augmenter la transparence des trilogues est de favoriser la constitution ailleurs d'espaces informels de négociation et de nuire à l'efficacité du processus de discussion.

La nécessaire réduction de l'unanimité au Conseil

Une modification des règles des traités serait souhaitable afin de **réduire le champ de l'unanimité qui demeure applicable à un large socle de matières**. Une première option serait de faire usage de la clause « passerelle » de l'art. 48 § 7 TUE selon laquelle le Conseil européen peut autoriser à l'unanimité le Conseil à statuer à la majorité qualifiée dans les cas où les traités prévoient l'unanimité. Une autre option serait de réviser les traités pour étendre le champ de la majorité qualifiée ou introduire la possibilité de voter à une majorité « super-qualifiée » (par exemple, 5/6e des États membres représentants au moins 80 % de la population) comme l'avait proposé la Convention sur l'avenir de l'Europe. L'introduction d'une telle majorité éviterait que l'Union puisse être paralysée par le veto d'un seul État membre.

La prise en compte du fait régional par l'Union européenne

Le traité de Rome n'attribuait aux régions **aucun rôle particulier dans le fonctionnement des Communautés**. Il est vrai que sur les six États fondateurs, seul un (l'Allemagne) était doté d'une structure fédérale : les autres disposaient d'une organisation centralisée.

Tout en restant principalement fondée sur les États, la construction communautaire **prend désormais mieux en compte le fait régional**. Une politique d'aide aux régions en retard de développement est lancée en 1975. Le traité de Maastricht autorise la participation des représentants de gouvernements régionaux aux réunions du Conseil et instaure le Comité des régions. Le traité d'Amsterdam consacre la spécificité des régions ultrapériphériques et autorise le Conseil à adopter des mesures spécifiques (art. 349 TFUE). Les régions se sont dotées de structures de représentation propres auprès des institutions européennes.

Cette meilleure insertion des régions dans la vie de l'Union reste toutefois strictement encadrée.

Le rôle du Comité des régions n'est que consultatif. Il ne peut introduire ni de recours en annulation contre un acte communautaire pour défense de ses prérogatives, ni de recours en carence pour obliger d'autres institutions à agir.

La participation des régions aux réunions du Conseil n'a qu'une portée limitée. Le représentant régional doit être de niveau ministériel. Les régions administratives dépourvues d'organes ministériels ne peuvent donc pas bénéficier de cette disposition. Par ailleurs, si le ministre régional participant au Conseil peut négocier et prendre position, il le fait au nom de l'État et non pas de sa région. Enfin, la pratique est assez décevante. Les États hésitent à régionaliser leur délégation au Conseil car une telle option impose la mise en place de mécanismes supplémentaires de coordination interne. Seuls l'Allemagne et la Belgique se font parfois représenter par un ministre d'un Land ou d'une région dans des formations du Conseil dont les attributions correspondent à leurs compétences (notamment au sein de la formation « Éducation, jeunesse, culture et sport »).

Une plus grande association des régions au fonctionnement de l'Union est toutefois nécessaire. Les compétences de l'Union empiètent sur des domaines (enseignement, culture…) qui sont, dans les États fédéraux, réservés aux régions. Les régions jouent un rôle croissant dans la mise en œuvre des politiques communes et du droit de l'Union. On notera que la jurisprudence de la Cour de justice a étendu la responsabilité des régions pour manquement. La Cour a d'abord indiqué qu'une action en manquement ne peut être dirigée que contre l'État qui reste seul responsable du respect des obligations résultant du droit communautaire (CJCE 5 mai 1970, Commission c/ Belgique). Cette jurisprudence a toutefois évolué puisque dans un arrêt Haïm II, elle a estimé que la responsabilité d'un organisme de droit public peut être engagée, en plus de celle de l'État membre, pour des mesures prises en violation du droit communautaire. Une telle évolution jurisprudentielle n'est pas d'ailleurs sans poser des problèmes aux collectivités locales qui risquent de faire face à une augmentation importante du contentieux indemnitaire, notamment en matière de marchés publics qui est une source importante de litiges. Enfin, une meilleure prise en compte du fait régional est nécessaire afin de rapprocher le niveau décisionnel du citoyen.

La perspective d'un renforcement du rôle des régions ne s'en heurte pas moins à certaines objections. Certains rappellent que l'Union est d'abord une communauté d'États souverains et qu'elle n'est pas légitime pour s'immiscer dans l'organisation constitutionnelle des États. Quant aux États, ils redoutent d'être pris en tenaille entre Bruxelles et les régions. Enfin, la réalité régionale est très diverse en Europe. Qu'y a-t-il de commun entre les collectivités régionales des États unitaires – qui n'ont le plus souvent que des compétences d'exécution de niveau réglementaire – et celles des États fédéraux ou quasi fédéraux (les länders allemands ou autrichiens, les régions et communautés belges, les communautés autonomes espagnoles, les régions italiennes), dotés de compétences législatives et, parfois, de véritables gouvernements et de tribunaux propres ? Est-il possible dans ces conditions de définir un cadre commun d'intervention des régions au niveau européen ? Ne faut-il pas mieux conserver aux États leur quasi-monopole de représentation dans le système européen et les laisser libres de gérer comme ils l'entendent leur organisation territoriale ?

Dans ce contexte, **les solutions d'amélioration prévues par le traité de Lisbonne ouvrent des perspectives intéressantes mais somme toute limitées**. Le traité de Lisbonne consacre le respect par l'Union de « l'autonomie locale et régionale » (art. 4 TUE). Il clarifie le partage des compétences entre l'Union et les États membres, ce qui devrait permettre indirectement de protéger les attributions des régions à compétence législative. Il réaffirme le principe de subsidiarité en mettant sur le même plan les niveaux central, régional et local. Comme cela a été indiqué plus haut, il lui ouvre la possibilité de saisir la Cour de justice pour violation par un acte législatif du principe de subsidiarité. On notera toutefois que le traité de Lisbonne ne fait pas du Comité des régions une institution de l'Union et qu'il ne lui attribue pas le droit d'alerte précoce reconnu aux seuls parlements nationaux sur les propositions législatives de la Commission au regard du principe de subsidiarité. Ces quelques avancées sont en retrait par rapport aux propositions faites en amont. Le Comité des régions avait défendu l'idée d'instituer, à côté du Parlement européen, **une seconde chambre** (un « Sénat des régions ») dotée d'un pouvoir de co-décision ou, sinon, d'un droit de veto suspensif sur les propositions législatives touchant directement les intérêts régionaux. Une telle proposition créait le risque existe d'accroître la complexité du mécanisme de prise de décision. Elle n'a donc pas été retenue.

36 Le budget de l'Union européenne

Historique

L'évolution du budget européen et de sa répartition

- **Une forte progression des dépenses européennes**

Le budget européen est, en 2019, de 166 milliards d'euros pour les engagements et de 149 milliards d'euros pour les paiements. Son montant a été multiplié par trois en trente ans. Dans un souci de discipline budgétaire, le rythme de croissance des dépenses s'est ralenti depuis 2002 : alors que les dépenses européennes ont doublé entre 1988 et 1998, elles n'ont augmenté « que » de 40 % entre 1998 et 2007 et de 28 % entre 2007 et 2016.

- **Un montant modeste au regard du revenu global des États membres de l'Union**

Cette croissance du budget européen doit être relativisée : en pourcentage de la richesse européenne, le budget a atteint son sommet au début des années 1990 (1,27 %) en raison de la forte augmentation des fonds structurels liés à la mise en œuvre de l'Acte unique. Alors que, dans le même temps, l'Union s'élargissait et étendait son champ de compétences, cette part a commencé à décroître pour de multiples raisons (difficultés budgétaires nationales, constitution de la monnaie unique, souci de limiter la facture de l'élargissement) pour se situer à un peu plus de 1 % en 2018.

En France, le budget de l'État de la France dépasse les 20 % du RNB national. Si le budget de l'Union est très supérieur à celui d'une organisation internationale classique, il reste d'un montant modique par rapport aux budgets nationaux (40 % du budget de la France et moins de 2 % des 7 000 milliards du total des budgets nationaux des États membres). Ce positionnement modeste tient à deux éléments : le budget de l'Union est, pour l'essentiel, un budget d'intervention qui supporte peu de dépenses de rémunération et d'infrastructures ; des politiques constituant une part importante des dépenses publiques dans les États nationaux (éducation, défense, social) échappent pour l'essentiel aux compétences de l'Union.

L'évolution de la procédure budgétaire et du régime de financement

- **Le dispositif initialement prévu par le traité de Rome**

Selon la procédure prévue par le traité de Rome, le projet de budget était établi, sur proposition de la Commission, par le Conseil, puis transmis pour avis à l'Assemblée des Communautés européennes. L'Assemblée pouvait proposer des modifications au Conseil. Toutefois, le budget définitif était arrêté par le seul Conseil statuant à la majorité qualifiée.

Par ailleurs, ce budget était financé par un dispositif classique de contributions financières des États membres déterminées selon une clef de répartition fixée par le traité et fonction de leur richesse relative. Le traité de Rome prévoyait la possibilité de remplacer le financement par contributions des États par un système de ressources propres, notamment par des recettes provenant du tarif douanier commun lorsque celui-ci aura été mis en place. Mais la décision relevait du Conseil à l'unanimité, sur proposition de la Commission et après consultation du Parlement européen, avant d'être soumise à la ratification de tous les États membres.

- **L'instauration du système de ressources propres**

Après l'échec des propositions de la Commission faites en 1965 pour assurer le financement du FEOGA, les chefs d'États et de gouvernements décident, lors du sommet de La Haye de 1969, d'instaurer un système de ressources propres, c'est-à-dire d'affecter au budget de la Communauté des recettes **lui revenant de droit et ne nécessitant pas d'approbation ultérieure des États membres**.

La décision du 21 avril 1970 dote ainsi le budget européen de deux ressources nouvelles (prélèvements agricoles aux frontières et droits de douane) et d'une ressource basée sur la taxe sur la valeur ajoutée (TVA). Cette nouvelle ressource ne sera mise en œuvre qu'en 1980 après adoption de la réglementation européenne harmonisant l'assiette TVA.

Toutefois, ces nouvelles ressources propres sont vite apparues comme insuffisantes en raison du ralentissement de l'activité économique, de la baisse des droits de douane et de l'accroissement des dépenses européennes consécutif au développement des domaines d'intervention de la Communauté. Lors du Conseil européen de Bruxelles de juin 1988, a donc été créée une nouvelle ressource, fondée sur le revenu national brut (RNB) des États membres.

- **Le développement des compétences budgétaires du Parlement européen**

Tirant les conséquences de l'instauration des ressources propres, les traités de Luxembourg du 22 avril 1970 et de Bruxelles du 22 juillet 1975 accroissent de manière considérable les pouvoirs budgétaires du Parlement européen : le traité de Luxembourg du 22 avril 1970 introduit une distinction entre dépenses obligatoires (DO) et dépenses non obligatoires (DNO) dont le Parlement peut modifier le montant et la répartition ; le traité de Bruxelles du 22 juillet 1975 institue la Cour des comptes européenne et octroie au Parlement le pouvoir de rejeter le projet de budget et de donner décharge à la Commission pour l'exécution du budget.

- **La mise en place du mécanisme correcteur britannique**

Dès son adhésion à la CEE, en 1973, le Royaume-Uni demande à bénéficier du mécanisme correcteur dont la possibilité était prévue par le traité d'adhésion. Lors du Conseil européen de Dublin de 1976, il obtient le remboursement partiel de sa contribution versée au titre de la TVA. Mais les autorités britanniques veulent plus. Le Premier ministre britannique, Margaret Thatcher, clame : « I want my money back ».

Ce contentieux lancinant trouve son dénouement lors du Conseil européen de Fontainebleau de juillet 1984. Chaque État membre, supportant « une charge budgétaire excessive au regard de sa prospérité », se voit reconnaître le droit de bénéficier d'une correction budgétaire égale aux deux tiers de la différence entre sa contribution due en vertu du système des ressources propres de l'Union européenne et le montant des dépenses européennes en sa faveur. S'il vaut pour tous les États membres, ce dispositif n'a toujours bénéficié qu'au seul Royaume-Uni.

Dans le cadre des discussions sur les perspectives financières (2007-2013), la France, soutenue par l'Allemagne, a demandé un plafonnement drastique, voire la suppression du « chèque » britannique – ce qui était difficilement concevable dès lors que toute décision en la matière doit être prise à l'unanimité. Le Royaume-Uni, de son côté, liait une réforme du dispositif de ristourne à une forte baisse des dépenses agricoles. Le compromis obtenu a consisté à maintenir le mécanisme de correction britannique mais à en limiter à la marge le montant en excluant de son assiette de calcul, à compter de 2009, les dépenses d'élargissement (à l'exception des dépenses de marché de la PAC et d'une partie du développement rural). L'idée sous-jacente est que le Royaume-Uni ne saurait être exempté du financement d'une politique (l'élargissement) dont il était un avocat constant. En contrepartie, la contribution supplémentaire du Royaume-Uni était plafonnée à 10,5 milliards d'euros (prix 2004) sur la période 2007-2013.

Le montant de la correction britannique est de 5 milliards d'euros par an sur la période 2010-2017. La charge de cette réduction est répartie entre les autres États membres (y compris les pays les plus pauvres de l'Union comme la Bulgarie ou la Roumanie !) au prorata de leur part dans le RNB de l'Union. Pays fortement contributeurs nets, l'Allemagne, l'Autriche, les Pays-Bas et la Suède bénéficient toutefois, depuis 2000, d'un « rabais sur le rabais » qui réduit leur contribution réelle à 25 % du montant qu'ils devraient théoriquement acquitter, ce qui a pour effet mécanique d'accroître la charge pour les autres pays contributeurs. La France est ainsi le premier financeur du chèque britannique (1,3 milliard d'euros en moyenne par an sur la période 2010-2019, soit 27 % du coût total).

- **L'adoption de perspectives financières**

Afin d'encadrer l'augmentation des dépenses européennes et de mettre un terme à leurs conflits de compétences en matière budgétaire, les trois institutions – le Conseil, la Commission et le Parlement européen – sont convenues en 1988 d'établir une **programmation pluriannuelle des dépenses et des recettes**. Ce sont les perspectives financières.

Les premières perspectives financières courent sur la période 1988-1992 (cinq ans). Sous le nom de « paquet Delors I », elles assurent le doublement des politiques structurelles.

Le « paquet Delors II », qui couvre une durée de sept années (1993-1999), assure la préparation à l'euro. L'enveloppe globale consacrée aux fonds structurels connaît un nouveau doublement par rapport à la programmation précédente.

Adoptées par le Conseil européen de Berlin de mars 1999, les **perspectives financières 2000-2006** – connues sous le nom d'« Agenda 2000 » – marquent un premier tournant : contrairement aux précédents cadres financiers, les crédits d'engagements sont en effet stabilisés en volume.

Les **perspectives financières 2007-2013** poursuivent dans la voie de la stabilisation des moyens financiers.

Le **cadre financier pluriannuel 2014-2020** est le premier à prévoir une diminution des plafonds de dépenses.

Publiées en mai 2018, les propositions de la Commission pour le prochain cadre financier pluriannuel prévoyaient une forte augmentation (+20 %) du budget qui atteindrait, en crédits d'engagement, 1 135 milliards d'euros (euros constants), soit 1,114 % du PIB des 27 États membres (+0,11 point par rapport à la période 2014-2020). Alors même que le Brexit devrait amputer le budget de l'Union d'environ 12 milliards d'euros par an, la tendance budgétaire à la baisse du budget de l'Union se serait ainsi trouvée inversée. La proposition se veut un compromis entre la demande du Parlement européen d'accroître les dépenses de l'Union à 1,3 % du RNB de l'UE pour faire face aux nouveaux défis tels que l'immigration ou la révolution numérique, et l'opposition des Pays-Bas, de la Suède, du Danemark et de l'Autriche à toute augmentation.

Cette proposition a suscité de vives discussions au Conseil. Une première proposition de compromis présentée par le Président du Conseil européen, Charles Michels, en février 2020, a échoué. La crise du coronavirus et la nécessité admise d'une relance des économies européennes ont ensuite changé le contexte : en mai 2020, la Commission à fait une proposition modifiée de CFP proche du projet de compromis de Charles Michels, d'un montant global de 1 100 milliards d'euros en engagements.

Un accord politique est intervenu lors du Conseil européen du 17 au 21 juillet 2020. Des discussions se sont ensuite engagées entre le Conseil et le Parlement européen. Ce dernier a obtenu l'insertion d'un calendrier d'introduction de nouvelles ressources propres et un abondement supplémentaire des dépenses de 15 milliards d'euros.

Sur ces bases, le CFP a pu être définitivement adopté en décembre 2020. Son montant a été arrêté à un montant de 1 074 Md€ (euros 2018) en crédits d'engagement et 1 061 Md€ (euros 2018) en crédits de paiements. A ce montant doit s'ajouter l'instrument de relance Next Generation EU doté de 750 milliards d'euros. Comparé aux précédents cadres financiers, le CFP 2021-2027 prévoit une nouvelle diminution de la part des dépenses consacrées à la politique agricole commune (30,9 %) et de celles relatives à la politique de cohésion (30,5 %), l'affectation d'au moins 30 % du montant total des dépenses à des mesures en faveur d'objectifs climatiques et un investissement dans la transformation numérique à hauteur de 20 %. Le plafond des ressources propres passe à 1,4 % du RNB en crédits d'engagement et 1,46 % en crédits de paiement. En sus, ce plafond est relevé temporairement de 0,6 % pour couvrir le plan de relance Next GenerationEU.

Connaissances de base

Les principes budgétaires de base

Ces principes sont définis par le règlement financier du 25 juin 2002. Certains d'entre eux sont directement issus des droits budgétaires nationaux, d'autres traduisent les spécificités du budget européen (vérité budgétaire, équilibre, unité de compte, bonne gestion financière et transparence).

Le principe de l'**unité** signifie que l'ensemble des dépenses et des recettes de l'Union est retracé au sein d'un document unique. Toutefois, ne figurent pas dans le budget de l'Union les opérations de prêts et d'emprunts de l'Union ou de la Banque européenne d'investissement et, ce qui est plus contestable, les financements octroyés par divers fonds (Fonds de solidarité de l'Union européenne, Fonds européen d'ajustement a la mondialisation, Fonds européen de développement).

Le principe de l'**universalité** signifie que les recettes budgétaires ne doivent pas être affectées à des dépenses précises (règle de non-affectation) et que les recettes et les dépenses doivent être inscrites dans le budget pour leur montant intégral, sans compensation entre elles (règle de non-contraction). Ce principe trouve toutefois quelques exceptions puisque les États membres peuvent participer par des contributions financières particulières à certains programmes de recherche.

Le principe d'**annualité** implique le rattachement des opérations budgétaires à un exercice annuel. La nécessité de gérer les actions sur plusieurs années conduit à décomposer les crédits (dits « dissociés ») en crédits d'engagement (qui correspondent aux sommes engagées une année mais susceptibles d'être décaissées sur plusieurs exercices) et en crédits de paiement (qui correspondent au plafond des sommes pouvant être décaissées sur une année). Seuls les crédits de paiement peuvent être, dans certaines limites, reportés d'une année sur l'autre lorsqu'ils ont été non utilisés. Les crédits non dissociés financent des opérations dont l'exécution doit se réaliser en totalité au cours d'un seul exercice budgétaire.

Le principe de **spécialité** des dépenses signifie que chaque crédit doit avoir une destination déterminée et être affecté à un but spécifique.

Le principe de l'**équilibre** est propre au droit budgétaire européen. Il commande que, pour chaque exercice, les prévisions de recettes sont égales aux crédits pour paiement. Il s'en déduit deux conséquences : il ne peut être fait recours à l'emprunt pour couvrir des dépenses – sauf pour accorder des prêts à des États membres ou à des pays tiers ; toute dépense supplémentaire imprévue intervenant au cours de l'exercice doit faire l'objet d'un budget rectificatif et/ou supplémentaire qui en assurera le financement, soit par redéploiement des crédits au sein du budget voté, soit par un appel de ressources supplémentaires.

La structure des dépenses

Le premier poste de dépenses est celui de la « **croissance intelligente et inclusive** ». Il représente près de 50 % du budget. Il se décompose en deux rubriques : la cohésion économique, sociale et territoriale (35 % des dépenses) qui correspond aux fonds de cohésion et de développement régional, ainsi qu'au Fonds social européen (FSE) ; la compétitivité pour la croissance et l'emploi (14 % du budget) qui regroupe les dépenses relatives à la stratégie « Europe 2020 ».

La **« croissance durable : ressources naturelles »** est le deuxième poste du budget et représente 37 % du budget. Cela inclut l'agriculture, le développement rural et la pêche.

Le poste « **L'Europe dans le monde** » pèse pour 6 % du budget 2018. Ce poste permet de financer les politiques de coopération au développement, de voisinage et de partenariat, de pré-adhésion, d'aide humanitaire, de démocratie et des droits de l'homme, ainsi que la Politique étrangère et de sécurité commune (PESC).

Les dépenses consacrées à **la « sécurité et citoyenneté » (**protection des droits fondamentaux, justice, sécurité et protection des frontières, politique d'immigration et d'asile, culture...) représentent un peu plus de 2 % du budget.

La procédure d'adoption du budget

- **La procédure en vigueur avant le traité de Lisbonne**

Pour les dépenses obligatoires, définies comme les dépenses découlant « obligatoirement » des traités ou des actes arrêtés en vertu de celui-ci, le Parlement européen pouvait proposer des modifications mais c'est le Conseil qui avait le dernier mot pour déterminer, à la majorité qualifiée, le montant des crédits. De cette manière, les dépenses de la PAC, qui constituaient l'essentiel des DO, étaient protégées des velléités des députés européens de les réduire au profit d'autres politiques.

Pour les dépenses non obligatoires, le Parlement européen avait le dernier mot pour en déterminer le montant mais dans les limites d'un « taux maximum d'augmentation » (TMA), déterminé chaque année par la Commission sur la base de données macro-économiques.

Enfin, le Parlement européen pouvait rejeter globalement le projet de budget à la majorité de ses membres et des deux tiers des suffrages exprimés pour des motifs importants. En ce cas, la procédure devait recommencer sur la base d'un nouveau projet et, tant que celui-ci n'est pas adopté, la Communauté fonctionnait sur la base de crédits mensuels égaux à des douzièmes du budget précédent (régime des « douzièmes provisoires »).

- **De nombreux conflits entre le Parlement européen et le Conseil**

Cette procédure a été à l'origine d'une série de crises institutionnelles entre le Conseil et le Parlement européen.

Un premier motif de conflit portait sur **le classement des dépenses entre dépenses obligatoires et non obligatoires**. En donnant au Conseil le dernier mot sur les dépenses obligatoires, les rédacteurs du traité de 1970 voulaient empêcher que les parlementaires européens puissent utiliser l'arme budgétaire pour empiéter sur le pouvoir législatif du Conseil. Mais le traité ne donnait pas de définition précise de cette notion. Jouant de la légitimité accrue que lui conférait son élection au suffrage universel, le Parlement européen a tenté de faire prévaloir une conception étroite de la notion de dépense obligatoire entrant ainsi en conflit avec le Conseil.

Un autre élément de discorde portait sur **le respect du taux maximum d'augmentation**. Afin de rétablir les crédits proposés par la Commission mais supprimés par le Conseil, le Parlement européen n'a pas hésité à voter des amendements qui augmentaient les DNO au-delà du TMA. L'affaire a été portée devant la Cour de justice qui a estimé que le Parlement européen ne pouvait dépasser le TMA sans accord exprès avec le Conseil sur la fixation d'un nouveau taux (CJCE, Conseil c/ Parlement, 3 juillet 1986).

Dans les années 1980 et 1990, le processus de décision budgétaire a connu de nombreuses difficultés de fonctionnement. À trois reprises, le Parlement européen a refusé de voter la décharge. En quatre occasions (en 1980, 1985, 1986 et 1988), il a fallu recourir pendant plusieurs mois au système des douzièmes provisoires parce que le budget n'avait pas été adopté au début de l'exercice.

- **Un terrain d'accord entre le Conseil, le Parlement et la Commission**

Par deux accords inter-institutionnels de juin 1982 et mai 1999, les trois institutions sont convenues d'une **définition commune des dépenses obligatoires**. Ont ainsi été considérées comme étant des DO les dépenses découlant de la politique agricole commune et des accords internationaux tandis que les DNO recouvraient les dépenses liées aux autres politiques communes (développement rural, fonds structurels, transport…) et aux actions extérieures (aide au développement, PESC). Cet accord a été facilité par la limitation des dépenses agricoles et le développement de la politique régionale qui ont eu pour effet d'accroître l'importance des DNO (passées de 20 % du budget européen au début des années 1980 à environ 40 % avant l'entrée en vigueur du traité de Lisbonne) élargissant ainsi le champ d'intervention des députés européens.

Les trois institutions se sont également entendues pour mettre en place des **mécanismes de concertation interinstitutionnelle** tout au long de la procédure – les « trilogues » – pour régler les désaccords sur la classification des dépenses ou le taux de TMA.

Mais c'est **l'institution des perspectives financières** qui a définitivement pacifié la procédure budgétaire. Avec l'instauration de cette programmation des dépenses, le Parlement européen a admis l'idée d'un plafonnement des crédits en échange d'une meilleure coopération avec le Conseil et d'une prise en compte, en amont, de ses priorités. Les discussions budgétaires se focalisent désormais sur la répartition pluriannuelle des moyens plutôt que sur le classement des dépenses. Si des désaccords se font jour périodiquement, le déroulement de la procédure budgétaire annuelle ne donne plus lieu à des conflits ouverts entre institutions.

- **La rationalisation de la procédure budgétaire par le traité de Lisbonne (art. 314 TFUE)**

Le budget de l'Union est établi par le Parlement européen et le Conseil conformément à une procédure législative spéciale. Le budget de l'Union est donc un acte législatif arrêté par les deux branches de l'Autorité budgétaire européenne que sont le Conseil et le Parlement européen, sur proposition de la Commission.

Le traité de Lisbonne modifie la procédure budgétaire sur deux points importants.

En premier lieu, la distinction entre dépenses obligatoires et non obligatoires est supprimée de même que le taux maximal d'augmentation (TMA). Le pouvoir de décision des députés européens se trouve ainsi étendu à l'ensemble des dépenses. Afin de garantir le caractère obligatoire de certaines dépenses (et notamment la pérennité des dépenses agricoles), le traité prescrit aux institutions de veiller à « la disponibilité des moyens financiers permettant à l'Union de remplir ses obligations juridiques à l'égard des tiers ».

Par ailleurs, la procédure budgétaire ne compte plus qu'une lecture au Conseil et au Parlement (au lieu de deux antérieurement).

Enfin, un comité de conciliation est réuni afin de mettre au point un projet commun en cas de désaccord entre le Conseil et le Parlement.

Déroulement de la procédure budgétaire

Première étape : l'élaboration du projet de budget par la Commission

Chacune des institutions, à l'exception de la BCE, rédige avant le 1er juillet un état prévisionnel des dépenses pour l'exercice budgétaire suivant que la Commission rassemble dans un projet de budget. La Commission présente le projet de budget au Conseil et au Parlement au plus tard le 1er septembre.

Deuxième étape : l'adoption de la position du Conseil sur le projet de budget

Le Conseil adopte sa position sur le projet de budget à la majorité qualifiée et la transmet au Parlement au plus tard le 1er octobre.

Troisième étape : la lecture au Parlement européen

Le Parlement européen dispose de 42 jours pour soit approuver la position du Conseil, soit s'abstenir de prendre une décision (auxquels cas le budget est réputé définitivement adopté), soit adopter des amendements à la majorité de ses membres. Sauf si tous les amendements sont adoptés par le Conseil, le président du Parlement européen convoque le comité de conciliation. La Commission peut modifier son projet jusqu'à la tenue du comité de conciliation.

Quatrième étape : réunion du comité de conciliation

Composé des représentants des membres du Conseil et d'un nombre équivalent de représentants du Parlement européen, le comité de conciliation dispose de 21 jours pour aboutir à un accord sur un projet commun à la majorité qualifiée des membres du Conseil et à la majorité des représentants du Parlement. La Commission prend part aux travaux du comité de conciliation.
Si, dans le délai de 21 jours, le comité de conciliation ne parvient pas à un accord, un nouveau projet de budget doit être présenté par la Commission.

Cinquième étape : adoption du budget ou présentation par la Commission d'un nouveau projet

Si, dans ce délai, le comité de conciliation parvient à un accord sur un projet commun, le Parlement et le Conseil disposent de 14 jours à compter de la date de cet accord pour approuver le projet commun. Le projet commun est alors adopté si le Parlement européen et le Conseil l'approuvent (ou si l'une des institutions l'approuve tandis que l'autre ne parvient pas à statuer).

Si le Conseil approuve le projet commun mais que le Parlement européen le rejette, une nouvelle procédure doit être engagée sur la base d'un nouveau projet de la Commission.
Mais si le projet commun est adopté par le Parlement européen et rejeté par le Conseil, il est adopté. Par un vote à la majorité des membres et des 3/5e des suffrages exprimés, le Parlement européen a même la faculté de modifier le projet commun par des amendements initialement adoptés avant la tenue du comité de conciliation.
La procédure budgétaire se clôt par l'adoption d'un acte du Parlement signé par le Président de cette institution et non par un acte cosigné par les présidents du Parlement et du Conseil (CJUE, 17 septembre 2013).

Comme on le constate, le Parlement européen conserve le **pouvoir de bloquer l'adoption du projet de budget**, soit en empêchant l'élaboration d'un projet commun au sein du comité de conciliation, soit en rejetant le projet adopté par ledit comité.

Mais ce n'est plus sa seule arme. Le Parlement européen dispose, avec la nouvelle procédure, d'un **pouvoir accru de négociation** puisque la seconde lecture est remplacée par la convocation d'un comité de conciliation au sein duquel il est représenté à parité avec le Conseil. Dans la pratique, un comité de conciliation est systématiquement convoqué.

Enfin, le Parlement européen a **le dernier mot** en fin de procédure. En effet, dans l'hypothèse assez improbable où le Conseil rejetterait le projet commun issu du comité de conciliation, le Parlement européen pourrait imposer ce projet commun tel quel ou modifié par ses amendements initiaux (dès lors qu'ils sont adoptés à la majorité des membres et des trois cinquièmes des suffrages exprimés).

En tout état de cause, des trilogues se réunissent à différents stades de la procédure entre la Commission, le Conseil et le Parlement européen pour aplanir les désaccords et dégager des compromis.

Les ressources propres

- **Le cadre juridique : les décisions ressources propres**

Le système des ressources propres est défini dans une décision relative au système des ressources propres (DRP), adoptée à l'unanimité par le Conseil, après consultation du Parlement européen, puis approuvée par les États membres selon leurs règles constitutionnelles respectives.

Des propositions avaient été faites au cours de la Convention pour assouplir la procédure (adoption par le Conseil à la majorité qualifiée, suppression de la ratification obligatoire par tous les États membres). Mais les Britanniques s'y sont opposés par crainte d'une éventuelle remise en cause par ce biais de leur mécanisme de restitution. Par ailleurs, les pouvoirs du Parlement européen restent de nature consultative, les États n'ayant pas souhaité que les ressources propres puissent faire l'objet d'un vote annuel d'autorisation du Parlement européen. Le traité de Lisbonne introduit toutefois un élément nouveau en prévoyant que les mesures d'exécution du système de ressources propres sont adoptées par le Conseil à la majorité qualifiée, après approbation du Parlement européen, mais dans la mesure seulement où la décision de base le prévoit.

La DRP est négociée et adoptée de manière parallèle au cadre financier pluriannuel. Comme son entrée en vigueur intervient plus tardivement, en général deux ans après l'adoption du CFP, le temps que tous les États membres procèdent à son approbation selon leurs règles constitutionnelles respectives, la nouvelle DRP s'applique de manière rétroactive à la date de début du CFP.

Exceptionnellement, la nouvelle décision ressources propres a été ratifiée en quelques mois pour permettre à la Commission de lancer les premiers emprunts nécessaires à la mise en œuvre du plan de relance. Les approbations de l'ensemble des États membres ayant été obtenues entre janvier et juillet 2021, la nouvelle DRP a pu entrer en vigueur rétroactivement au 1er janvier 2021. Jusqu'au 1er janvier 2021, le plafond était, depuis le Brexit, de 1,20 % du RNB en engagements et 1,26 % en paiements. La nouvelle DRP prévoit de relever ce plafond à 2,06 % en engagements et 2°% en paiements selon une décomposition en deux parties : une augmentation pérenne de 0,2 points pour compenser la sortie du Royaume-Uni de l'Union et l'intégration du Fonds européen de développement dans le budget européen ; une augmentation provisoire de 0,6 points afin de permettre à l'Union de disposer d'une garantie suffisante pour pouvoir emprunter sur les marchés dans le cadre du plan de relance. Cette marge n'a pas vocation à être utilisée, mais à rassurer les investisseurs et à conserver l'excellente notation dont bénéficient les emprunts européens. Ce relèvement temporaire prendra fin lorsque tous les fonds empruntés au titre du fonds de relance auront été remboursés soit au plus tard fin 2058.

- **Les catégories de ressources propres**

L'art. 311 du Traité sur le fonctionnement de l'Union européenne (TFUE) dispose que « [...] Le budget [de l'Union] est, sans préjudice des autres recettes, intégralement financé par des ressources propres ». La Communauté européenne se distingue ainsi des organisations internationales dont le financement est basé sur les contributions des États membres.

Les ressources propres dites « traditionnelles ». Il s'agit de ressources perçues par les États membres pour le compte de l'Union en application de règles communes. Elles sont constituées des droits de douane provenant de l'application du tarif douanier commun aux importations de marchandises et de produits agricoles en provenance des pays extérieurs à l'Union (jusqu'à la fin 2017, les cotisations perçues dans le cadre de l'organisation commune des marchés dans le secteur du sucre faisaient également partie de ces ressources).

Ces recettes sont versées par les États à la Commission dans les deux mois qui suivent après déduction d'un prélèvement forfaitaire (au taux de 20 % depuis le 1er octobre 2016) destiné à couvrir les frais de perception.

La part de ces recettes dans le financement du budget européen a fortement diminué sous l'effet des mesures de désarmement tarifaires décidées lors des cycles de négociations commerciales multilatérales. Les cotisations sucre seront supprimées à compter de 2018.

La ressource TVA. Il ne s'agit ni d'une taxe additionnelle aux TVA nationales, ni d'une TVA européenne, mais d'un prélèvement sur les recettes fiscales des États membres calculé par application d'un taux unique, dit « taux d'appel », à une assiette TVA « fictive » déterminée selon des règles uniformes pour tous les États (la base TVA). Le taux d'appel est de 0,30 % depuis 2007 (il avait été fixé à 1,4 % en 1984). Certains États membres bénéficient d'un taux d'appel réduit (0,15 %). L'assiette de chaque État membre est plafonnée à un pourcentage du PNB (50 %) pour éviter de faire peser une charge trop lourde sur les États les moins prospères dont la consommation représente une part importante du revenu national. La part de la ressource TVA n'a pas cessé de diminuer depuis 1992 en raison de cet écrêtement de l'assiette et de la réduction du taux d'appel.

Jugeant la ressource TVA actuelle à la fois complexe (car nécessitant le calcul préalable d'une assiette harmonisée de TVA purement théorique), peu efficace (son rendement est en diminution constante depuis 25 ans) et confuse (car s'apparentant de plus en plus à la ressource RNB), la Commission envisage une profonde réforme de cette ressource.

La ressource dite RNB. Il s'agit d'une ressource d'équilibre dont le montant est obtenu par application au revenu national brut de chaque État membre d'un taux de prélèvement fixé chaque année de façon à combler la différence entre le niveau des dépenses et celui des ressources. Il en résulte, par exemple, que des recettes exceptionnelles pour le budget de l'Union (telle la perception d'amendes ou des droits de douane plus élevés que prévus) ne génèrent pas de possibilités de dépenses supplémentaires mais une réduction des contributions RNB. Certains pays bénéficient de réductions forfaitaires sur leurs versements RNB. La ressource RNB, qui ne couvrait que 20 % des dépenses en 1995, constitue aujourd'hui la principale ressource de financement.

La nouvelle ressource « plastique ». À compter du 1er janvier 2021 est introduite une contribution calculée sur la base du stock d'emballages plastiques non recyclés par les États membres. Il ne s'agit pas d'une taxe sur les producteurs de déchets plastiques non recyclés mais plutôt d'une modalité différente de calcul d'un prélèvement sur les recettes fiscales nationales dont l'objectif est d'inciter les États à recycler leurs déchets plastiques. Le montant dû par chaque État membre est de 0,8 euro par kilogramme d'emballages plastiques non recyclés. Le rendement de cette ressource devrait être modeste (environ 6 milliards d'euros en 2021) et décroîtra au fur et à mesure que les États progresseront dans le recyclage des emballages.

Les autres ressources. Les ressources propres sont complétées par d'autres recettes qui sont le résultat de l'activité courante de l'Union (impôts sur les rémunérations du personnel communautaire, intérêts bancaires, contributions d'États tiers à l'Union au titre de leur participation à certaines politiques, remboursement d'aides communautaires non consommées, intérêts de retard).

Répartition des ressources de l'Union dans le projet de budget pour 2021

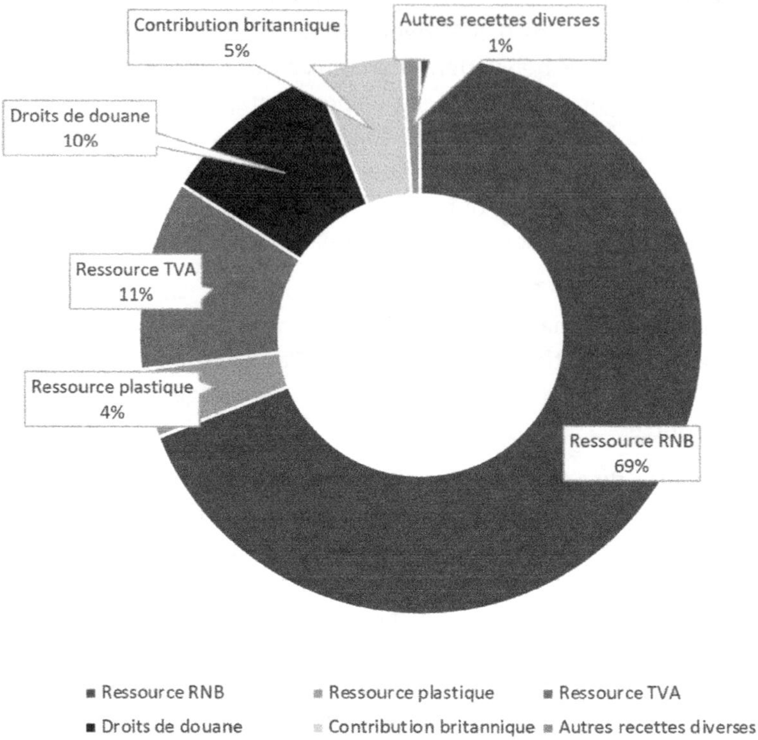

Les perspectives financières

- **Une existence consacrée par le traité de Lisbonne**

Jusqu'à l'entrée en vigueur du traité de Lisbonne, ni les traités, ni le droit dérivé ne prévoyaient l'adoption de perspectives financières. Ces dernières étaient instituées sur la base d'un simple accord interinstitutionnel entre la Commission, le Conseil et le Parlement européen.

Le traité de Lisbonne consacre l'existence d'un cadre financier pluriannuel (CFP) visant à « assurer l'évolution ordonnée des dépenses de l'Union dans la limite de ses ressources propres » (art. 312 TFUE). La période d'établissement du cadre financier est « d'au moins cinq années » (art. 312 TFUE). La pratique est celle d'une programmation sur sept années.

Ce cadre financier détermine les montants, année par année, des plafonds de dépenses. Il est fixé par un règlement adopté, selon une procédure législative spéciale, par le Conseil à l'unanimité après approbation par le Parlement européen à la majorité des membres qui le composent. Le projet adopté par la Convention en 2003 prévoyait l'adoption du cadre financier par le Conseil à la majorité qualifiée à partir de 2013. Mais la CIG de 2003-2004 lui a substitué la règle de l'unanimité. Cette modification a été maintenue par la CIG de 2007.

Si les traités ne reconnaissent pas à la Commission un droit d'initiative formel sur le CFP, dans la pratique, cette dernière assure le travail technique en amont et formule des propositions.

Dans la pratique également, ce règlement est adopté par le Conseil après que le Conseil européen ait adopté à l'unanimité des orientations sur la programmation des dépenses et les ressources propres.

Le Parlement européen avait réclamé au cours des travaux de la Convention à bénéficier d'un véritable pouvoir de codécision : cette revendication n'a pas été satisfaite et il n'a obtenu qu'un droit de veto. Dans la pratique, sa marge de manœuvre est réduite et les perspectives financières s'écartent en général peu de l'accord obtenu par les chefs d'État et de gouvernement. Lors des négociations des CFP 2000-2006 et 2007-2013, il a obtenu, menaçant d'user de son veto, une hausse des crédits d'engagement de 2 milliards d'euros. Lors du CFP 201-2020, il a plaidé, et obtenu, l'introduction de nouveaux mécanismes de flexibilité.

- **Un instrument de programmation pluriannuelle des dépenses et des recettes de l'Union**

Les cadres financiers pluriannuels établissent, année par année et rubrique par rubrique, les plafonds de dépenses de l'Union (exprimés en crédits d'engagement et en crédits de paiement).

Les dépenses sont réparties en **sept rubriques** ainsi dénommées dans le cadre financier 2021-2027 : Marche unique, innovation et numérique ; Cohésion, résilience et valeurs ; Ressources naturelles et environnement ; Migration et gestion de frontières ; Sécurité et défense ; Voisinage et le monde ; Administration publique européenne. Chacune de ces rubriques est plafonnée : ainsi, une ligne budgétaire ne peut être financée par une autre rubrique.

Les plafonds annuels sont exprimés en euros constants (euros 2011 pour ce qui est du CFP 2014-2020) et en pourcentage du RNB. Ce pourcentage est actualisé chaque année sur la base des dernières prévisions du RNB disponibles afin de vérifier que le niveau estimé total des paiements de l'UE ne dépasse pas le plafond des ressources propres (1,23 % du RNB de l'UE).

- **Des mécanismes de flexibilité renforcés par le CFP 2014-2020**

L'objectif est double : assurer une gestion flexible du budget entre les rubriques et entre les exercices ; redéployer les crédits pour faire face à des évènements imprévus ou répondre à des nouveaux besoins.

On distingue entre quatre types de dispositifs : **le report sur l'année suivante des crédits de paiement non utilisés** ; **l'utilisation des marges laissées disponibles sous les plafonds de crédits d'engagement** pour financer des objectifs liés à la croissance et l'emploi, notamment la lutte contre le chômage des jeunes ; la création d'une **marge pour imprévus** plafonnée à 0,03 % du RNB de l'Union pouvant être mobilisée pour faire face à des circonstances imprévues ; l'institution d'**instruments spéciaux de financement** inclus sous les plafonds des crédits de paiement mais pouvant entraîner un dépassement des plafonds de crédits d'engagement dans la limite d'un montant de 10 milliards d'euros 2011. Ces instruments financiers sont: le Fonds de solidarité (500 millions d'euros 2011 par an) destiné à venir en aide aux États membres confrontés à une catastrophe majeure; l'instrument de flexibilité (IF), dans la limite de 470 millions d'euros par an, qui finance des dépenses clairement définies et non prévues ne pouvant être financées dans les limites des plafonds disponibles par rubrique; la réserve d'aide d'urgence (280 millions d'euros par an) mobilisable en cas de catastrophe humanitaire; le Fonds européen d'ajustement à la mondialisation (150 millions d'euros par an) dont l'objet est de faciliter la réintégration sur le marché du travail des personnes privées d'emploi.

- **Une portée juridique clarifiée par le traité de Lisbonne**

Les perspectives financières ne peuvent être considérées comme un véritable budget pluriannuel puisque le montant des crédits et leur répartition par rubrique sont fixés par le budget annuel de l'Union. Cette programmation n'est toutefois pas purement indicative: les plafonds s'imposent aux deux branches de l'autorité budgétaire qui ne sauraient convenir d'un montant de dépenses (total ou par rubrique) supérieur aux plafonds résultant des perspectives financières. Le traité de Lisbonne prescrit ainsi que « le budget annuel de l'Union respect le cadre financier pluriannuel » (art. 312 § 1 TFUE).

En dépit d'un statut juridique quelque peu incertain jusqu'à l'entrée en vigueur du traité de Lisbonne, les perspectives financières se sont révélées être un **instrument de régulation efficace**: elles évitent que l'Union se perde chaque année dans des négociations budgétaires qui paralyseraient son fonctionnement; elles garantissent une maîtrise annuelle de la dépense européenne, à la fois dans son montant global et dans sa répartition par rubrique; en répartissant les moyens financiers de l'Union entre grandes catégories de dépense, elles sont enfin un instrument d'arbitrage politique entre les priorités de l'action européenne.

Le contrôle du budget européen

- **Les règles d'exécution du budget européen**

L'exécution du budget de l'Union relève d'une compétence partagée entre la Commission et les États membres. La Commission a en effet pour responsabilité d'exécuter le budget mais elle doit le faire « en coopération avec les États membres » conformément au principe de la bonne gestion financière (art. 317 TFUE). Le traité de Lisbonne a renforcé les obligations des États membres en matière de contrôle puisqu'il prévoit qu'adopté selon la procédure législative ordinaire, le règlement financier définit « les obligations de contrôle et d'audit des États membres dans l'exécution du budget ainsi que les responsabilités qui en découlent » (art. 317 TFUE).

Le texte actuellement en vigueur est le règlement financier du 25 octobre 2012. Il prévoit que la Commission exécute le budget selon trois modes de gestion possibles:

- la gestion **directe** par les services de la Commission sans intervention des États membres. Ce mode de gestion concerne principalement les dépenses administratives;

- la gestion **partagée** avec les États membres qui est le principal mode de gestion des dépenses. Ainsi, les dépenses de la PAC et les fonds structurels sont financés en totalité ou partie par le budget de l'Union mais engagées par les États membres et exécutées par eux par le biais de leurs structures nationales ;
- la gestion **indirecte**, c'est-à-dire déléguée par la Commission à différents acteurs (pays tiers, organisations internationales, Banque européenne d'investissement, organismes de droit privé investis de missions de service public ou de droit public qu'ils soient de droit européen ou national). La nécessité de décentraliser la mise en œuvre de certaines politiques a ainsi conduit à la création d'agences européennes disposant d'un budget propre mais le plus souvent alimenté en partie par le budget de l'Union.

- **Le contrôle budgétaire interne**

Lorsque la Commission exécute le budget en gestion centralisée directe, le contrôle de l'exécution est assuré par chaque direction générale. Dans le cadre d'une réforme visant à responsabiliser les gestionnaires, le contrôle financier a priori a été allégé et un service d'audit interne a été créé en juillet 2001 pour contrôler les directions générales et formuler des avis sur l'efficacité de leurs systèmes de gestion et de contrôle.

Dans les cas de gestion centralisée indirecte, partagée ou décentralisée, la responsabilité du contrôle financier relève des États membres ou des organismes auxquels la gestion du budget a été déléguée. Des organismes nationaux de contrôle sectoriels assurent des missions étendues de supervision, de coordination des vérifications, voire de certification des comptes des organismes payeurs.

La Commission doit s'assurer du bon fonctionnement des dispositifs nationaux de contrôle. Les organismes nationaux de contrôle lui remettent les rapports annuels de certification des comptes. Les États membres peuvent également remettre à la Commission des rapports d'audit attestant de l'efficacité et de la fiabilité des systèmes nationaux de gestion et de contrôle. Enfin, la Commission peut procéder à des contrôles sur place.

En cas d'irrégularités, l'État doit opérer des « corrections financières », c'est-à-dire récupérer les sommes indûment engagées sur fonds européens et les restituer à l'Union. Si l'État n'intervient pas, la Commission peut s'y substituer.

À la suite de critiques adressées par la Cour des comptes et le Parlement européen, la Commission a pris des mesures pour améliorer les modalités du contrôle budgétaire : renforcement de la surveillance de la gestion partagée entre la Commission et les États membres, responsabilisation accrue des États membres bénéficiaires, assurance supplémentaire par les instances supérieures de contrôle indépendantes des États membres, recours accru aux autorités d'audit nationales…

- **Le contrôle politique de la commission permanente du Parlement européen**

Par l'entremise de sa commission de contrôle budgétaire (« COCOBU »), le Parlement européen exerce un contrôle continu de l'exécution budgétaire. Les députés vérifient le bon usage des crédits et la pertinence des actions menées en faveur de la prévention, de la détection et de la répression des fraudes. Ils entendent la Commission sur l'exécution des dépenses ou le fonctionnement des systèmes de contrôle financier et lui demandent communication de toute information nécessaire (art. 319 § 2 TFUE). La Cocobu a ainsi été à l'origine de la dénonciation en 2004 des conditions de gestion de l'office statistique Eurostat. Un débat parlementaire a lieu également chaque année sur l'exécution du budget en cours qui se conclut habituellement par le vote d'une série de virements de crédits destinés à ajuster les dotations budgétaires (procédure dite « Notenboom » du nom du député qui fut en 1976 à l'origine de ce débat).

- **Le contrôle de régularité de la Cour des comptes européenne**

Instituée par le traité de Bruxelles du 22 juillet 1975, la Cour des comptes est composée d'un national de chaque État membre. Ses membres sont choisis sur la base de critères de compétence et d'indépendance et nommés pour six ans renouvelables par le Conseil statuant à la majorité qualifiée sur la base des propositions de chaque État membre et après consultation du Parlement européen (art. 286 TFUE). La Cour des comptes a été promue au rang d'institution par le traité de Maastricht.

Le contrôle exercé par la Cour couvre, non seulement la légalité et la régularité des recettes et des dépenses de l'Union mais aussi la pertinence des décisions prises au regard de l'objectif de bonne gestion (art. 287 § 2 TFUE).

La Cour présente au Conseil et au Parlement un **rapport annuel**. Elle publie également des rapports spéciaux et rend des avis sur des projets de textes législatifs (à la demande d'une autre institution, à son initiative propre ou de manière obligatoire). Dans ces documents rendus publics, elle n'hésite pas à critiquer certaines décisions ou orientations prises par le Conseil ou la Commission.

Depuis le traité de Maastricht, la Cour des comptes doit également fournir **une déclaration d'assurance (DAS)** sur la fiabilité des comptes ainsi que la légalité et la régularité des opérations sous-jacentes (art. 287, § 1 TFUE).

La Cour dispose de larges pouvoirs d'investigation puisqu'elle peut effectuer des contrôles sur pièce et sur place auprès des institutions européennes mais aussi dans les États membres et dans les locaux de toute personne physique ou morale bénéficiaire de versements européens (art. 287 § 3 TFUE). Mais elle n'a pas de pouvoirs de sanction ou d'injonction. À la différence de la Cour des comptes française, elle ne dispose pas non plus de compétences juridictionnelles : depuis le traité d'Amsterdam, elle peut saisir la Cour de justice pour la défense de ses prérogatives mais pas pour donner suite à des irrégularités qu'elle aurait constatées. Quant à ses moyens matériels et humains, ils sont évidemment limités ce qui conduit la Cour à agir en étroite coopération avec les États membres.

À l'instar des années précédentes, la Cour des comptes a émis une « opinion favorable » sur les comptes et les recettes de l'Union. Par ailleurs, alors que jusqu'il y a deux ans, la Cour émettait une opinion défavorable sur les dépenses en raison d'un niveau significatif d'erreurs, pour la seconde année consécutive, elle a été en mesure d'émettre en 2018, sur les dépenses 2017, une « opinion avec réserve ».

- **La procédure de décharge**

Depuis le traité du 22 juillet 1975, le Parlement européen, sur recommandation du Conseil, donne décharge à la Commission sur l'exécution du budget (art. 319 § 1 TFUE). Il s'agit de la décision par laquelle le Parlement européen clôt l'exercice budgétaire annuel en libérant la Commission pour sa gestion.

Le Parlement fonde sa décision sur l'examen des comptes et des analyses financières effectués par d'autres institutions (déclaration d'assurance et rapports de la Cour des comptes, analyse de la gestion financière de la Commission, recommandation du Conseil...) sans toutefois être lié par ces analyses. Le Parlement européen considère ainsi qu'il n'est pas tenu de suivre la position exprimée par la Cour des comptes dans la DAS.

Le Parlement européen peut accorder la décharge ou la refuser. À plusieurs reprises, il a ainsi refusé de donner la décharge : en 1984 (pour le budget de 1982), en 1996 (pour le budget de 1994) en raison de désaccords liés à la gestion des fonds européens et en 1998 en raison de dysfonctionnements au sein de la Commission (le refus de la décharge devait d'ailleurs être le point de départ d'un processus qui devait conduire, sous la menace du vote d'une motion de censure, à la démission de la Commission Santer).

Mais le Parlement européen peut aussi retarder l'octroi de la décharge afin d'obtenir de la Commission des informations complémentaires ou des engagements pour l'avenir ou pour marquer son mécontentement sur des sujets plus généraux[1] et *in fine* l'octroyer en l'accompagnant de recommandations et d'injonctions de faire auxquelles la Commission est tenue de répondre.

Le Parlement européen peut également accorder sa décharge à certaines institutions ou organes et la refuser à d'autres. Cette pratique est contestée par le Conseil qui considère que, conformément à l'art. 319 § 1 TFUE, la décharge ne peut être que globale.

La lutte contre la fraude au budget européen

- **La protection des intérêts financiers de la Communauté**

Introduit par le traité de Maastricht et renforcé par le traité d'Amsterdam, l'art. 325 TFUE charge l'Union et les États membres de combattre « la fraude et toute autre activité illégale portant atteinte aux intérêts financiers de l'Union ». Les États membres se voient prescrire de prendre « les mêmes mesures pour combattre la fraude portant atteinte aux intérêts financiers de l'Union que celles qu'ils prennent pour combattre la fraude portant atteinte à leurs propres intérêts ». Le même article pose le principe d'une coopération entre les États membres et la Commission et d'une coordination des actions des États membres. Surtout, il autorise le Parlement européen et le Conseil à adopter, conformément à la procédure législative ordinaire

1. La décharge pour l'exécution du budget 1998 a ainsi été bloquée pendant plusieurs mois pour des motifs multiformes : mécontentement des députés chrétiens-démocrates de ne pas avoir obtenu la nomination d'un commissaire issu de leurs rangs dans la Commission Prodi ; critiques des conservateurs britanniques contre la réforme administrative de la Commission.

et après consultation de la Cour des comptes, les mesures nécessaires pour prévenir la prévention de la fraude portant atteinte aux intérêts financiers de la Communauté. Les mesures doivent être « dissuasives » et offrir « une protection effective dans les États membres ». La disposition selon laquelle ces mesures ne doivent pas concerner « l'application du droit pénal national » et « l'administration de la justice dans les États membres » a été supprimée par le traité de Lisbonne.

Sur la base de cet article, le règlement 2988/95 relatif à la protection des intérêts financiers des Communautés européennes adopté le 18 décembre 1995 prévoit la possibilité de sanctions administratives (amende, retrait temporaire d'un agrément, perte d'une garantie…) contre les personnes, physiques ou morales, coupables d'irrégularités portant préjudice au budget européen.

- **L'action de l'Office européen de lutte anti-fraude (OLAF)**

Succédant à une unité anti-fraude interne à la Commission, dont l'efficacité était critiquée, l'OLAF a été créé en juin 1999 par une décision de la Commission.

À la suite du scandale provoqué par la démission en octobre 2012 du commissaire John Dalli, des mesures ont été prises pour renforcer l'organisation et le fonctionnement de l'Office. La décision de la Commission a été remplacée par un règlement de septembre 2013 **renforçant l'efficacité des enquêtes de l'OLAF** (obligation pour le comité de surveillance de suivre les enquêtes d'une durée supérieure à douze mois et pour les autorités nationales de rendre compte des suites données aux recommandations de l'Office) ainsi que les droits procéduraux des personnes (qui peuvent désormais présenter leurs observations avant publication des conclusions les concernant et être assistées par une personne de leur choix lors de l'enquête). L'office a également pris des mesures de réorganisation interne qui lui ont permis d'augmenter de manière importante son activité.

Ainsi, l'OLAF mène des **enquêtes** sur la fraude, la corruption et les irrégularités dans l'utilisation des fonds ainsi que sur les fautes graves commises par les membres et le personnel des institutions et organes de l'Union. Ces enquêtes sont soit internes dans les institutions ou organismes européens, soit externes dans les États membres ou les pays tiers avec lesquels l'Union a conclu des accords de coopération. En 2017, l'office a ouvert 215 nouvelles enquêtes et en a clôturé 197 recommandant le recouvrement de 3 milliards d'euros. Les dossiers portent le plus souvent sur des cas de corruption dans les procédures de marché public, de double financement de projets, de fraude aux subventions…

L'OLAF a également une **mission de coordination** des politiques anti-fraude des États membres qui peut le conduire à prêter son assistance aux enquêtes des autorités nationales. Dans de tels dossiers, l'office n'exerce pas directement les activités d'enquête.

L'OLAF joue enfin un rôle de **conseil** dans l'élaboration des politiques antifraude auprès de la Commission.

Tout en bénéficiant d'une indépendance fonctionnelle dans l'exercice de sa mission d'enquête, l'Office **fait partie de la Commission.** Placé sous la responsabilité d'un commissaire, l'Office est dirigé par un directeur général désigné par la Commission, après concertation avec le Parlement et le Conseil, pour une période de sept ans non renouvelable. Le directeur général ne sollicite, ni n'accepte, d'instructions d'aucun gouvernement, ni d'aucune institution, y compris la Commission. L'Office est soumis au contrôle d'un comité de surveillance composé de cinq personnalités extérieures indépendantes nommées d'un commun accord pour trois ans par la Commission, le Parlement et le Conseil.

L'OLAF a un **droit de contrôle et de vérification sur pièces et sur place** que ce soit au sein des institutions européennes, des États membres ou des opérateurs économiques (dans ce cas, le contrôle peut être effectué conjointement avec les autorités nationales concernées). L'OLAF transmet ses rapports d'enquête aux autorités nationales qui sont seules compétentes pour décider des suites judiciaires à leur donner.

Bilan

Une culture insuffisante de la performance

C'est une critique régulièrement faite par la Cour des comptes européenne : l'utilisation des crédits budgétaires est privilégiée au détriment de la qualité des projets et de l'obtention de résultats. La Cour recommande ainsi à la Commission de « passer d'une culture de la dépense à une culture de la performance », en mettant en place des indicateurs de suivi et des mesures d'incitation.

Un budget d'intervention insuffisamment tourné vers le soutien à la compétitivité

Pour 70 % de ses moyens, le budget de l'Union est un **budget d'intervention et de solidarité** dont les dépenses opérationnelles permettent de financer des actions de terrain au bénéfice de régions en retard de développement (politique de cohésion) et d'un secteur économique en déclin (l'agriculture). Le rattrapage des pays du sud et de l'est et l'autosuffisance alimentaire sont à porter au crédit de ces actions.

Par ce biais, le budget de l'Union assure **des transferts financiers au bénéfice des pays les moins prospères** qui se trouvent ainsi « compensés » de leur participation au grand marché censé être surtout profitable aux pays aux économies les plus puissantes. On dit souvent que la PAC a été le prix à payer par l'Allemagne pour que la France accepte de se rallier au marché commun. De même, la politique régionale, puis de cohésion, a permis de compenser financièrement l'entrée du Royaume-Uni, puis des PECO dans la construction européenne.

Pour le reste, le budget de l'Union participe encore trop peu à la **réalisation de biens collectifs européens.** Certes, sans le soutien budgétaire communautaire, ces grands projets nécessitant une mutualisation des coûts que constituent les réseaux trans-européens ou le GPS européen Galiléo n'auraient pas vu le jour. Une telle orientation doit être confirmée et le budget de l'Union doit concourir résolument au renforcement du contrôle des frontières extérieures de l'Union (via l'ex-agence Frontex) ou à l'interopérabilité des bases de données européennes.

Sa **mission d'allocation de ressources** entre secteurs économiques reste encore peu développée. S'il soutient activement et dans de fortes proportions l'agriculture européenne, le budget attribue peu de financements à destination des secteurs économiques d'avenir. Des politiques sectorielles (transports, énergie, industrie…) ont été développées mais il s'agit surtout de politiques normatives : les financements européens accompagnant leur mise en œuvre sont d'une importance trop limitée pour considérer que le budget de l'Union fait œuvre de réallocation de ressources au profit de ces secteurs.

Comme l'avait souligné le rapport Sapir en 2003, les dépenses sont insuffisamment orientées vers la mise en œuvre de la stratégie de Lisbonne (éducation, recherche et développement, etc.). Certes, une réorientation brutale du budget européen vers les dépenses économiques « d'avenir », comme le recommandait ce rapport, est difficilement concevable : la réussite de l'élargissement passe en effet par le maintien à un niveau élevé des dépenses agricoles et régionales qui sont une aide au rattrapage économique des nouveaux États adhérents. Il n'en reste pas moins possible d'envisager un redéploiement progressif des crédits en faveur des dépenses de compétitivité ainsi que l'amorce le cadre financier 2014-2020 (+58 % de ces dépenses sur la période pour une part dans le total qui passe de 9 à 13 %).

Les préconisations du rapport Sapir

À la demande de Romano Prodi, président de la Commission européenne, un groupe d'experts présidé par André Sapir avait remis un rapport en juillet 2003 proposant une réorientation complète du budget européen : baisse des subventions agricoles de 45 % à 15 % du budget (avec en contrepartie le droit des États membres de subventionner leurs agriculteurs au-delà des règles européennes) ; réduction de 35 % à 15 % de la part dans le budget des fonds structurels consacrés aux anciens membres de l'Union avec augmentation à 20 % de la part destinée aux nouveaux membres en laissant ceux-ci libres de leur affectation ; augmentation de 5 % à 32,5 % du budget des sommes consacrées à la recherche, à l'enseignement et à la formation.

Participent également à cette évolution les moyens financiers mobilisés pour la mise en œuvre du plan Juncker : l'idée est de faire du budget de l'Union un **budget plus résolument tourné vers le soutien à l'investissement** qui finance des prêts permettant, par effet de levier, la réalisation de projets mobilisant des capitaux privés.

Enfin, du fait de sa taille réduite et du principe d'équilibre, le budget de l'Union n'assure **aucune fonction de stabilisation** de la conjoncture.

Les lacunes du système de financement

- **Un financement sans heurts du budget européen au prix d'un manque de transparence pour le citoyen européen**

Le système des ressources propres a permis d'accompagner la croissance des dépenses européennes sans difficultés majeures, les recettes s'ajustant automatiquement aux dépenses en vertu de la règle de l'équilibre du budget. Comme l'indique Nicolas-Jean Bréhon[1], « si, selon la maxime que l'on prête à Colbert, "l'art de l'impôt consiste à plumer l'oie avec le moins de cris possibles", alors l'Europe a parfaitement réussi à concilier les deux, en étant financée sans que jamais personne ne s'en aperçoive ».

Cette souplesse s'est faite toutefois au prix d'une opacité du régime de financement et d'un manque de lisibilité des enjeux budgétaires de la construction européenne vis-à-vis des citoyens européens.

- **Un mécanisme correcteur britannique qui n'avait plus de raison d'être avant sa suppression depuis le Brexit**

Des arguments solides pesaient en 1984 en faveur de l'instauration du « chèque » britannique : la majeure partie du budget européen était affectée à une politique – la politique agricole commune – que le Royaume-Uni conteste dans sa philosophie et dont il bénéficiait peu (en raison de poids économique réduit de son agriculture et d'une consommation de produits agroalimentaires largement orientée vers l'importation de pays tiers) ; en même temps, le Royaume-Uni était un contributeur important au titre de la ressource TVA (en raison à cause d'une forte propension à la consommation, la part de son assiette TVA était supérieure à celle de son PNB dans le total de l'Union) ; enfin, le Royaume-Uni était un des États les moins prospères de l'Europe des Neuf (son PNB par habitant représentait moins de 90 % de la moyenne européenne).

Ces justifications étaient devenues très incertaines. Alors qu'il était désormais un des États les plus prospères de l'Union (sur une base 100, son PIB par habitant est, en 2015, de 110 contre 106 pour la France et 125 pour l'Allemagne), le mécanisme de correction lui permettait de contribuer au budget européen moins que sa part dans la richesse globale de l'Union.

Certes, il restait un contributeur net important au budget européen mais il n'y avait plus d'écart de prospérité justifiant un mécanisme de ristourne. Par ailleurs, la part de la PAC dans les dépenses européennes n'avait cessé de diminuer. Enfin, l'écrêtement de la base TVA et la création de la ressource PNB avaient permis de diminuer l'importance de la recette TVA dans les ressources européennes. On ajoutera que, comme on l'a vu, le rabais britannique avait suscité, au nom du « juste retour », des compensations aux profits de certains pays qui aboutissent à concentrer sur quelques pays la charge de son financement (plus de la moitié à la charge de la France et de l'Italie).

1. « L'impôt européen » in *Quel budget européen à l'horizon 2013 ?*, sous la coordination de Maxime Lefebvre, La Documentation française, août 2004.

La sortie du Royaume-Uni de l'Union au 1er janvier 2020 a eu cet avantage d'entraîner ipso facto la disparition du rabais britannique en même temps que la contribution de ce pays au budget de l'Union dont le montant net est estimé entre 10 et 12 milliards d'euros par an.

- **Le manque d'équité du système de financement**

L'équité du système de financement européen peut s'apprécier en comparant, pour chaque État, la part des ressources versées dans le budget européen avec son poids relatif dans le PNB européen (qui est le meilleur indicateur de la richesse et de la capacité contributive d'un pays). De ce point de vue, la montée en puissance de la ressource PNB a amélioré l'équité du système de ressources propres.

Cette équité est toutefois affaiblie par la multiplicité des rabais et corrections obtenus par certains États pour limiter leur contribution au budget européen.

Outre le mécanisme correcteur britannique, trois rabais existaient sous le régime de la DRP de 2014 : le « rabais sur le rabais » (Allemagne, Pays-Bas, Autriche et Suède) ; des rabais forfaitaires sur la ressource RNB (Danemark, Pays-Bas et Suède) ; des taux d'appel réduit pour la ressource TVA (Allemagne, Pays-Bas et Suède).

Alors que le départ du Royaume-Uni aurait pu conduire à la disparition de tous les rabais, la nouvelle décision ressources propres pour la période 2021-2027 maintient les rabais tout en les rationalisant. Les corrections existantes sont réunies en une seule correction forfaitaire annuelle de 565 millions d'euros pour l'Autriche, 377 millions d'euros pour le Danemark, 3 671 millions d'euros pour l'Allemagne, 1 921 millions d'euros pour les Pays-Bas et 1 069 millions d'euros pour la Suède (montants aux prix de 2020).

Par ailleurs, alors que la Commission avait proposé de le ramener à 10 %, le taux de retenue sur la perception des droits de douane est augmenté à 25 %. Un taux élevé bénéficie aux grands États importateurs, tels que la Belgique ou les Pays-Bas, et peut ainsi être apparenté à une forme de rabais pour ces États.

Enfin, un rabais sur la nouvelle ressource « plastiques » (3,8 € par habitant) a été consenti aux États membres dont le RNB par habitant était inférieur à la moyenne de l'UE en 2017, soit dix-sept pays.

Constitue également un facteur d'inéquité du système de financement le fait que les recettes autres que la ressource PNB ont une assiette déconnectée de la capacité contributive des États. Ainsi les ressources propres traditionnelles sont, par nature, mal réparties entre États membres. Certains États, comme la Belgique ou les Pays-Bas avec leurs ports d'Anvers et de Rotterdam, sont des « plaques tournantes » du commerce intra-européen qui importent, puis réexportent, vers d'autres pays de l'Union. Ces pays versent ainsi des droits de douane importants au budget européen alors qu'ils ne sont pas à l'origine du fait générateur (cette source de distorsion est appelée « effet Rotterdam »). Par ailleurs, les États qui s'approvisionnent beaucoup en produits agricoles dans les pays tiers (Royaume-Uni notamment) sont désavantagés.

La question de l'équité se pose avec encore plus d'acuité pour la ressource TVA qui pèse davantage sur les pays les moins prospères qui consomment plus que les autres en proportion de leur PNB. En dépit des mesures d'écrêtement, la ressource TVA reste inéquitable.

- **L'absence d'autonomie fiscale et financière de l'Union**

Les ressources propres « traditionnelles » (droits de douane, cotisations « sucre ») peuvent être assimilées à de véritables impôts européens. Leurs bases d'imposition (assiette, taux) sont déterminées par voie législative européenne. Par ailleurs, ces ressources sont directement acquittées par les opérateurs économiques.

Mais ces ressources sont minoritaires dans le total des recettes (12 %). Près de 85 % du budget est financé par des recettes (TVA et PNB) qui ne sont pas de véritables ressources propres : elles sont en effet prélevées sur les budgets nationaux, et non auprès des contribuables. Leur base d'imposition ne correspond à aucun fait générateur individualisé : elle est un simple paramètre de répartition entre États de la charge fiscale. La croissance du budget européen s'est donc faite au prix d'une renationalisation déguisée des ressources propres.

- **Une procédure d'adoption peu transparente**

Comme on l'a vu, le Parlement européen participe à la détermination des dépenses européennes mais n'a aucune responsabilité sur les recettes qui sont décidées par le Conseil. De ce point de vue, les pouvoirs du Parlement européen sont très inférieurs à ceux des parlements nationaux dont le vote de l'impôt est la prérogative essentielle. Comme le fait remarquer très justement Nicolas-Jean Bréhon, « les parlements nationaux votent des recettes qui financent des dépenses qu'ils ne maîtrisent pas, tandis que le Parlement européen vote des dépenses sans avoir à se soucier de leur financement[1] ? ».

Il faut toutefois souligner que cette question est étroitement liée à celle du mode de financement de l'Union. Dès lors qu'il n'existe pas d'impôt européen et que le budget est abondé par des contributions des États, le Parlement peut difficilement voter les recettes car ce serait lui donner un droit de tirage sur le budget des États membres.

Une querelle des soldes nets qui paralyse les discussions budgétaires

- **Les limites de la notion de solde net**

Un indicateur techniquement sujet à caution. Le solde net est égal à la différence entre ce qu'un État membre verse au budget européen au titre des ressources propres et les dépenses réparties sur son territoire. Or certaines dépenses (actions extérieures, dépenses de préadhésion, mise en œuvre de l'espace de liberté, de sécurité et de justice, soutien à la croissance) peuvent difficilement être réparties entre États membres. De plus, les ressources propres traditionnelles (droits de douane) ne peuvent être imputées avec exactitude car le fait générateur peut se

1. « L'impôt européen », *op. cit.*

situer ailleurs que sur le lieu de perception. Enfin, les dépenses administratives, qui bénéficient fortement aux pays de siège des institutions communautaires (Belgique, Luxembourg) introduisent un biais.

Un concept comptable qui ne permet pas de retracer la totalité des coûts et bénéfices de l'appartenance à l'Union européenne. Les États les plus prospères de l'Union tirent en effet parti de leur appartenance au marché unique pour développer leurs exportations. Il n'est donc pas anormal qu'en contrepartie, ces États financent « la solution des problèmes suscités par la mise en place de l'espace unique » et, au-delà, le développement de « biens ou services collectifs dans ce qui est aussi un espace de solidarité » (Alain Lamassoure). Comme le remarque le rapport Monti, il est naturel que les États calculent le bénéfice qu'ils retirent du budget de l'Union. En revanche, ce qui est trompeur et préjudiciable pour l'Union, c'est qu'ils le fassent à partir d'un indicateur étriqué qui donne une vision fausse du rapport coût-bénéfice des États à l'Union. Comme le rappelle Jean Quatremer[1], Jacques Delors avait l'habitude de dire que, grâce aux fonds structurels, les Français avaient construit les autoroutes espagnoles sur lesquelles roulaient des camions allemands transportant des machines à laver suédoises... En clair, tout le monde bénéficie des financements communautaires.

- **Le débat politique autour des soldes nets**

En dépit de ses limites, le solde net est le concept de référence des discussions budgétaires. Cette évolution est le résultat de l'influence britannique mais aussi des revendications des pays contributeurs nets. Outre le Royaume-Uni, le premier pays à avoir mis la question des soldes nets sur la table des négociations est l'Allemagne lors du Conseil européen « Agenda 2000 » de mars 1999. Le résultat est qu'au lieu de débattre du niveau souhaitable des dépenses et de leur répartition entre actions de l'Union, les États abordent les discussions sur les perspectives financières avec le souci de préserver leurs avantages (pour les pays bénéficiaires nets) ou de réduire leurs soldes nets (pour les pays contributeurs). Cette évolution est encouragée par la « renationalisation » des ressources propres et le fait qu'une grande partie des dépenses ont désormais des bénéficiaires identifiés (aides agricoles, fonds structurels).

- **La situation des États au regard de leur contribution au budget de l'Union**

Il existe trois méthodes de calcul des soldes nets selon que l'on prend en compte toutes les dépenses et toutes les ressources (méthode comptable), que l'on ne tient pas compte des ressources propres traditionnelles (méthode dite de la correction britannique) ou que l'on exclue les dépenses administratives (méthode dite de la Commission). Si la contribution des États membres s'est largement rapprochée de leur part dans le PNB européen, la répartition des dépenses européennes dépend des caractéristiques économiques des pays et de leur éligibilité aux différents fonds. Ainsi certains pays versent plus au budget européen qu'ils n'en reçoivent (on dit qu'ils sont contributeurs nets) tandis que pour d'autres c'est l'inverse (bénéficiaires nets).

1. Jean Quatremer, *Les salauds de l'Europe*, avril 2017.

L'analyse des soldes nets par État en proportion de leur RNB en 2017 (selon la méthode de la correction britannique) fait apparaître plusieurs groupes de pays:

- les contributeurs nets importants (Allemagne, Suède, Royaume-Uni, Autriche) dont le solde net dépasse 0,30 point de PIB;
- les contributeurs nets intermédiaires (Danemark, Italie, France, Pays-Bas, Finlande et Irlande) dont le solde négatif est inférieur à 0,30 point de PIB. Relativement riches, certains de ces États sont bénéficiaires de la PAC et/ou des fonds structurels, ce qui limite leur effort contributif relatif;
- les bénéficiaires nets dits « administratifs » (Belgique et Luxembourg), qui accueillent les institutions européennes et bénéficient donc de retours importants au titre des dépenses administratives;
- les pays de l'ancienne Union à 15 bénéficiaires nets (Espagne, Portugal, Grèce) qui reçoivent d'importants financements au titre de la politique régionale ou de la politique agricole commune;
- les nouveaux États membres qui sont tous bénéficiaires nets.

La contribution française au budget de l'Union

La contribution française au budget de l'Union européenne prend la forme, non d'une dépense, mais d'un prélèvement sur les recettes du budget général (prélèvement sur recettes au profit de l'Union européenne ou PSR-UE) qui est examiné en première partie de la loi de finances. Il correspond à la contribution RNB et au prélèvement TVA. Le montant de ce prélèvement est passé de 4 milliards d'euros en 1982 à 21,5 milliards d'euros en 2020.

Depuis 2010, les ressources propres traditionnelles ne sont plus comptabilisées dans le PSR-UE: elles sont traitées hors budget de l'État en compte de tiers, ces recettes n'étant pas des ressources de l'État mais des ressources recouvrées par l'État pour le compte de l'Union.

La France est le deuxième contributeur au budget de l'Union (environ 15 % du budget européen) derrière l'Allemagne (20 %). Mais elle est aussi le premier bénéficiaire des dépenses de l'Union européenne. En moyenne depuis 2014, la France reçoit 13 milliards d'euros de crédits sur les dépenses de l'Union. La politique agricole commune représente 67 % du total des dépenses réalisées en France, contre 75 % au début des années 2000.

Alors que son niveau de richesse la désigne pour être un contributeur net important, la France a été jusqu'en 1992 bénéficiaire net en raison de ce bon retour sur les dépenses agricoles. Depuis cette date, elle est devenue contributeur net (ce qui n'a pas été pour rien dans la modification de sa relation au projet européen et le renforcement du poids des considérations budgétaires dans l'expression de sa politique européenne).

Si elle a pu, jusqu'aux années 2000, contenir le niveau de son solde net, l'élargissement de l'Union européenne et l'encadrement des dépenses agricoles tendent à mettre fin à cette exception française: le solde net ne cesse de se dégrader depuis atteignant 0,25 % du RNB en 2015 (selon la méthode dite de la Commission qui exclut les dépenses administratives).

Sur la période 2021-2027, la contribution de la France au budget de l'Union européenne sera de 30 milliards d'euros en moyenne par an, soit un montant en augmentation de 8 milliards d'euros par rapport au CFP 2014-2020.

Les failles du dispositif de lutte contre la fraude

- **L'importance des irrégularités et fraudes**

En 2015, 22 500 irrégularités (frauduleuses ou non) ont été signalées à la Commission, portant sur un montant total d'environ 3,2 milliards d'euros. Les irrégularités détectées représentent 2 % des dépenses et 1,7 % des ressources propres traditionnelles.

Ces irrégularités sont loin de constituer toutes des cas de fraudes. Il faut distinguer entre la fraude interne aux institutions européennes et la fraude externe aux intérêts européens qui peut prendre la forme de diminutions de ressources (marchandises faussement déclarées en transit qui se trouvent ainsi exonérées de droits de douane, fraudes à la TVA) ou de détournements de dépenses (surestimation d'un projet subventionné, fausses déclarations d'origine, fraude aux fonds structurels). Ces cas de détournements peuvent résulter de l'action de simples particuliers ou de filières plus complexes de criminalité organisée. Après avoir atteint 600 millions d'euros en 2010, le montant estimé des fraudes au budget de l'Union a diminué pour se situer aux environs de 400 millions d'euros.

- **Les limites de l'action de l'OLAF**

Un cadre institutionnel complexe. Si l'OLAF est principalement compétent pour organiser la lutte contre la fraude, d'autres institutions interviennent (services de police, autorités judiciaires et autorités administratives de répression des fraudes des États membres, Europol, Eurojust, services d'audit interne des institutions européennes). La coopération entre l'OLAF et ces institutions est souvent déficiente. L'OLAF n'est pas toujours destinataire des informations qui lui seraient utiles de la part des autorités nationales. La coopération entre Europol et Eurojust doit encore être améliorée.

Une option serait de réformer le statut de l'OLAF afin que l'office soit statutairement **indépendant de la Commission**.

L'institution à l'horizon 2020 d'un parquet européen compétent pour la protection des intérêts financiers va constituer un défi pour l'OLAF. Une option aurait été d'intégrer l'OLAF au sein du Parquet européen ou de le placer sous le contrôle direct de celui-ci. Les États membres ont refusé une telle orientation. En revanche, une modification du règlement relatif à l'OLAF est en cours d'examen afin de faire de l'Office de devenir un partenaire du Parquet européen et de renforcer l'efficacité de ses enquêtes. Si l'OLAF ne serait plus habilité à effectuer des d'enquêtes sur les questions de fraude au budget de l'Union qui seraient de la responsabilité exclusive du parquet, l'office devrait lui apporter assistance et en référer auprès de lui en cas de soupçons d'infractions pénales. L'Office resterait compétent pour la conduite d'enquêtes administratives échappant aux attributions du Parquet européen. Un équilibre devra donc être, en tout état de cause, trouvé entre l'objectif de recouvrement de montants (tâche de l'OLAF) et l'obtention de condamnations devant les juridictions pénales (mission du parquet).

Des activités d'enquête en quête d'efficacité. La proportion d'affaires classées sans suite faute de preuve ou par manque d'intérêt public reste trop élevée : seulement 7 % des dossiers de l'OLAF font l'objet de poursuites pénales dans les États membres. Le taux de recouvrement des irrégularités est insuffisant.

- **Une protection des droits de la personne perfectible**

Les garanties des droits de la personne doivent être mieux assurées. La législation applicable à l'OLAF fait obligation de respecter les droits des personnes (présomption d'innocence, respect de la vie privée, droits de la défense). Mais, ainsi que l'ont fait apparaître différents recours portés devant la Cour de justice ou les juridictions nationales, les droits des justiciables ne sont pas toujours bien respectés par l'OLAF (enquête à charge, respect insuffisant du droit à la vie privée des personnes et du principe du contradictoire...). L'enquête de l'OLAF sur l'ancien commissaire à la santé, John Dalli (contraint à la démission en octobre 2012 en raison de soupçons de trafic d'influence) a été critiquée par le conseil de surveillance de l'office pour son manque de respect des garanties de la personne (relevé de communications téléphoniques au détriment du droit à la vie privée, trop grande implication du directeur général de l'OLAF).

Le contrôle du juge européen sur les investigations de l'OLAF est insuffisant. L'OLAF est soumis au contrôle du juge européen mais ce contrôle s'exerce a posteriori (et non pendant le déroulement de l'enquête) et il se limite aux investigations internes. Le juge européen n'hésite pas à sanctionner les violations substantielles des droits de la défense. Mais c'est souvent trop tard : la réputation et la carrière des personnes ont pu déjà être gravement mises à mal.

- **L'imbrication des responsabilités entre les États membres et la Commission**

Ce sont en effet les États membres qui perçoivent les ressources européennes et gèrent plus de 80 % des dépenses européennes dans le cadre de la gestion partagée. Ce sont donc les États qui contrôlent en premier l'emploi des fonds, la Commission s'assurant du bon fonctionnement des systèmes nationaux de gestion et de contrôle. Il est certain que ce partage des responsabilités mériterait d'être plus clairement identifié. Le débat est récurrent au Conseil, entre les tenants d'une totale responsabilité des États dans la mise en œuvre des politiques et des fonds en gestion partagée (fonds structurels et PAC) et les partisans d'un renforcement du droit de regard de la Commission sur les dispositifs nationaux de contrôle.

Le contrôle de l'utilisation des fonds européens en France

En France, trois niveaux de contrôle sont organisés :
- le premier correspond aux gestionnaires des fonds structurels et aux organismes payeurs en matière agricole, qui sont chargés du contrôle primaire des bénéficiaires des dépenses européennes ;
- le contrôle de deuxième niveau est assuré par les autorités de gestion (contrôle du service fait) et les organismes payeurs des fonds agricoles (contrôles sur place et sur pièces préalables à l'octroi des fonds) ;
- deux commissions nationales indépendantes exercent ensuite un contrôle de troisième niveau, rendant compte de la qualité des contrôles de premier et deuxième niveaux à la Commission : la Commission interministérielle de coordination des contrôles (CICC) qui est l'autorité d'audit française des fonds

européens à l'exception du FEADER ; la Commission de certification des comptes des organismes payeurs (CCCOP) qui est l'organisme de certification des comptes des organismes payeurs.

La Cour des comptes et les chambres régionales et territoriales des comptes exercent, quant à elles, une fonction d'auditeur externe lorsque l'utilisation des fonds européens a des répercussions sur les finances publiques nationales ou locales.

- **Le défaut d'harmonisation des législations pénales**

Les États membres ont l'obligation juridique (art. 325 TFUE) de combattre les activités illégales portant atteinte aux intérêts financiers de l'Union. Toutefois, la définition des infractions, la nature des sanctions, le régime de la preuve et les délais de prescription ne sont pas harmonisés, ce qui limite l'efficacité de l'action répressive. Par ailleurs, la coopération judiciaire pénale est longue et complexe, ce qui peut rendre les autorités judiciaires réticentes à employer les instruments existants (gel des avoirs, confiscation).

Perspectives

La difficile réforme du financement du budget européen

- **Les dispositifs envisageables pour améliorer la position des pays contributeurs nets**

Pour réduire le solde négatif des pays contributeurs nets, deux solutions ont été envisagées. La première consisterait à instaurer un **cofinancement des aides agricoles** qui sont actuellement entièrement financées sur le budget européen. Une telle réforme permettrait à l'Allemagne et aux autres pays contributeurs nets de la PAC plus qu'ils n'en bénéficient, d'améliorer leur solde net vis-à-vis de cette politique. Proposée par l'Allemagne et par la Commission lors du Conseil européen de Berlin de mars 1999, elle a été récusée par la France au motif qu'elle conduirait à une renationalisation déguisée de la PAC.

La Commission a également proposé, à plusieurs reprises (2004 notamment), de supprimer les mécanismes de correction existants et de les remplacer par un **mécanisme général d'écrêtement des soldes nets** en faveur des États les plus fortement contributeurs. Selon cette proposition, les États dont le solde net est supérieur à 0,35 % du PIB bénéficieraient d'un remboursement partiel et plafonné de leur contribution. Une telle proposition s'apparentant à une sorte de généralisation du « rabais » britannique n'a pas été retenue par les États qui l'ont jugée contraire au principe de solidarité entre États membres. Elle aurait accru la complexité du système de ressources propres tout en déresponsabilisant les États membres dans la nécessaire maîtrise des dépenses.

- **L'option d'une généralisation de la ressource PNB pour simplifier le financement du budget**

La nécessité d'engager une refonte du système de ressources propres est largement admise. Une première option serait de **généraliser la ressource PNB**.

Mais, si un financement du budget européen par la seule ressource PNB serait plus lisible et transparent pour les citoyens, il marquerait une forme de régression du point de vue de l'autonomie fiscale de l'Union. Ce serait le retour au système des contributions étatiques.

- **L'option plus ambitieuse d'un impôt européen**

L'autre voie consisterait, au contraire, à **instaurer des recettes fiscales européennes nouvelles**, qui seraient directement perçues auprès des opérateurs économiques ou des citoyens, par application d'un taux à une base harmonisée dans l'ensemble de l'Union (taxation de la consommation d'énergie, des émissions de gaz à effet de serre ou des transactions intereuropéens, etc.), ou par prélèvement d'une fraction d'un impôt national existant (impôt sur les sociétés, TVA, impôt sur le revenu…).

Le lancement d'une coopération renforcée pour l'instauration d'une taxe sur les transactions financières

En septembre 2011, la Commission a présenté une proposition de directive afin de créer une **taxe sur les transactions financières** qui s'appliquerait à l'ensemble des marchés financiers, des instruments (actions, obligations, produits dérivés etc.) et des acteurs financiers (banques, gestionnaires d'actifs etc.). Ne seraient pas concernées les activités financières courantes des citoyens et des entreprises (prêts, paiements, assurances, dépôts…), ni les activités des banques d'investissement. Afin de limiter les risques de délocalisation, les taux minimums étaient fixés à un niveau assez bas (0,1 % pour l'achat ou la vente d'actions ou d'obligations).

La proposition législative de la Commission n'ayant pu recueillir l'unanimité des États membres, une coopération renforcée autour de dix États a été instaurée par le Conseil en janvier 2013. Six ans plus tard, aucun accord n'a été obtenu. La France et l'Allemagne ont évoqué, en mai 2019, l'idée d'élargir les discussions aux autres États membres sur la base du dispositif suivant : une taxation à hauteur de 0,2 % sur les acquisitions d'actions d'entreprises cotées dont le siège social est situé dans un État membre et dont la capitalisation boursière est supérieure à 1 milliard d'euros. Toutefois, l'instauration de cette taxe fait craindre que soit provoquée une fuite de la base fiscale au profit de la place de Londres du fait de la volatilité des services financiers.

Les propositions de la Commission relatives aux ressources propres (mai 2020)

Dans le cadre des discussions sur le plan de relance, le Conseil européen de juillet 2020 s'était limité à augmenter de 20 % à 25 % du taux des frais de perception des droits de douane et de créer à compter du 1er janvier 2021 la ressource plastique. Les propositions de la Commission de création de nouvelles ressources propres afin de couvrir les coûts du remboursement de l'emprunt européen n'avaient pas été formellement validées.

Le Parlement européen a toutefois fait dépendre son approbation du cadre financier pluriannuel d'un accord sur une feuille de route plus ambitieuse sur la diversification des sources de financement du budget. Il a obtenu en partie gain de cause sur ce sujet puisque l'accord interinstitutionnel conclu avec la présidence allemande du Conseil et la Commission, en novembre 2020, prévoit un échéancier précis de création de nouvelles ressources propres. Ainsi, avant la fin du premier semestre 2021, la Commission européenne devrait présenter des propositions sur l'institution d'une taxe numérique et d'un mécanisme d'ajustement carbone aux frontières. L'objectif d'un tel mécanisme est de rééquilibrer les prix des aciers et des ciments et d'éviter les « fuites de carbone », c'est-à-dire les délocalisations des activités émettrices de gaz à effet de serre vers des pays aux législations permissives. Ces deux dispositifs devront entrer en vigueur au plus tard le 1er janvier 2023. Par ailleurs, avant juin 2024, la Commission fera des propositions pour une taxe sur les transactions financières et une contribution financière liée au secteur des entreprises ou une nouvelle assiette commune pour l'impôt sur les sociétés en vue d'une introduction effective à partir de 2026.

Toutefois, si l'accord interinstitutionnel se veut un « texte juridiquement contraignant », il ne saurait préjuger ni de l'adoption des textes par le Conseil, ni de leur ratification par chacun des parlements nationaux. Il s'agit donc plus d'une obligation de moyens et non de résultat.

Les avantages de la mise en place de recettes fiscales nouvelles

L'Union diversifierait ses moyens de financement et bénéficierait d'une autonomie financière accrue. Le calcul des soldes nets serait plus difficile, voire impossible : ce serait la fin des querelles récurrentes sur les retours budgétaires qui empoisonnent les discussions financières. L'instauration d'un impôt européen irait de pair avec des pouvoirs accrus du Parlement européen (puisqu'il reviendrait aux députés européens de déterminer le taux et l'assiette de l'impôt) : tout relèvement des dépenses aurait ainsi une incidence directe et identifiable sur la pression fiscale supportée par le contribuable européen, de sorte que les députés européens seraient contraints d'assumer la responsabilité de leurs choix budgétaires. Enfin, l'impôt européen pourrait être un moyen pour l'Union de financer la réalisation de biens collectifs européens (tels que la défense européenne, les réseaux trans-européens ou le contrôle des frontières extérieures) ou de concourir à des objectifs politiques identifiés (la lutte contre l'effet de serre ou la limitation de la concurrence fiscale).

Les objections

Un impôt européen aurait pour inconvénient de rendre le système de financement moins équitable dès lors que la répartition de son produit serait déconnectée de la richesse relative des États.

De plus, les différentes options possibles soulèvent, chacune, des difficultés techniques ou politiques. La solution la plus équitable serait, sans doute, de transférer au budget européen une fraction de l'impôt sur le revenu dû par chaque citoyen. Mais la diversité des bases d'imposition et les objections de principe font qu'un tel mode de financement ne peut être envisagé.

L'application d'un taux européen additionnel à l'impôt sur les sociétés est une option possible. L'harmonisation du prélèvement permettrait de réduire la concurrence fiscale entre États membres. Mais il faudrait au préalable que les États s'entendent sur une assiette commune et la fixation d'un taux de prélèvement unique. Le risque existe aussi qu'un tel impôt soit peu visible des citoyens et conforte l'image d'une Union tournée vers le monde des affaires et des échanges.

Une écotaxe sur la consommation d'énergie et les émissions de gaz à effet de serre pèserait directement sur les ménages et les entreprises et concourrait à la préservation de l'environnement. Mais un tel impôt serait peu rentable pour le budget européen et affecterait la compétitivité des économies européennes. Par ailleurs, la taxation serait concentrée sur deux pays, la Pologne et l'Allemagne, en raison du poids de la production d'électricité à partir d'énergie fossile.

L'instauration d'un taux additionnel à la TVA nationale serait la solution la plus simple. L'assiette de la TVA est harmonisée au niveau européen. Le rendement serait élevé. Son prélèvement serait relativement « indolore » pour le contribuable. Mais la ressource TVA n'assure pas une équité de contribution entre États membres.

Les réticences politiques des États. À l'exception peut-être de la France et de l'Italie qui sont favorables à la création de nouvelles ressources propres, les États préfèrent, de façon générale, conserver un système de financement qui leur permet de mesurer le coût budgétaire de leur appartenance à l'Union et qui est respectueux de leur souveraineté fiscale. Les gouvernements craignent également que l'instauration d'un impôt européen soit mal comprise des opinions publiques et alimente une « fronde fiscale anti-bruxelloise[1] ». Ils estiment qu'une telle réforme impliquerait à terme l'octroi à l'Union du droit à lever l'emprunt dès lors que le montant des recettes varierait en fonction de la conjoncture. Enfin, l'idée de confier au Parlement européen, dont la représentativité est encore imparfaite, la capacité de décider du taux et de l'assiette d'un impôt applicable à 420 millions de personnes ne soulève pas l'enthousiasme des capitales européennes. Le vote de l'impôt reste une prérogative traditionnelle des parlements nationaux : les États ne sont pas prêts à un tel dessaisissement de souveraineté. Une amélioration possible de la procédure budgétaire ?

L'idée est souvent évoquée de **réduire à 5 ans la durée des cadres financiers pluriannuels**. Une telle option permettrait de mieux synchroniser les cycles budgétaire et politique (en alignant la durée de la programmation budgétaire sur les durées de fonction de la Commission et du Parlement européen).

Il ne serait pas nécessaire de modifier les traités puisque l'art. 312 TFUE prévoit que le cadre financier est établi « pour une période d'au moins cinq années ». Les négociations financières s'engageraient ainsi sur la base d'une proposition faite par la Commission nouvellement nommée tandis qu'il reviendrait au Parlement européen nouvellement élu de donner ou non son approbation.

1. Ainsi que le faisait remarquer avec humour Laurent Fabius, alors ministre de l'Économie, en juillet 2001, « parmi les nombreuses manifestations qui se déroulent sous les fenêtres du ministère des Finances, il y en a assez peu pour réclamer la création d'un impôt européen ».

Une telle réforme permettrait de politiser la question des moyens financiers de l'Union en en faisant un enjeu des débats lors des élections européennes.

Cette option n'a pas été retenue par la Commission dans ses propositions de nouveau cadre financier pluriannuel puisqu'elle a prévu de conserver un cadre d'une durée de sept ans, avec un réexamen à mi-parcours en 2023. Elle estime que le maintien d'un cycle de sept ans donnera à la Commission qui prendra ses fonctions après les élections européennes de 2024, la possibilité de présenter, si tel est son choix, un nouveau cadre d'une durée de cinq ans, à partir de 2028.

Une nécessaire remise à plat des missions poursuivies par le budget européen

La nécessité d'encadrer la croissance du budget a conduit les États à **plafonner les ressources propres** (actuellement, 1,23 % du RNB en crédits de paiement et 1,29 % en crédits d'engagement).

Certains prônent une **augmentation du format du budget européen** (jusqu'à 5 ou 7 % du PNB européen) et un élargissement de ses missions. Toutefois, dès lors que la protection sociale, l'entretien des appareils militaires ou l'éducation relèvent de la compétence des États membres, il n'y a pas de raison d'envisager une expansion inconsidérée du budget européen. Les marges de manœuvre budgétaires nationales sont étroites : les gouvernements et les opinions n'accepteraient pas de les préempter au profit d'un projet européen mal défini.

En revanche, une option serait d'identifier, dans le champ actuel de compétence de l'Union, les **missions nouvelles dont le budget européen pourrait soutenir le développement au moyen de financements innovants** : grands réseaux transfrontaliers, projets d'innovation ou de recherche-développement structurants, développement durable, création éventuelle d'une police fédérale à partir d'Europol ou d'un corps de garde-frontière européen…

De même, l'idée est défendue que le budget européen joue un rôle de **stabilisation de l'activité économique** lors de chocs économiques asymétriques ou de difficultés conjoncturelles plus globales comme dans les États fédéraux. Une telle mission pourrait être assignée à une capacité budgétaire si la zone euro se dotait de son propre budget comme le souhaite la France.

37 L'Union économique et monétaire et la coordination des politiques économiques

Historique

Les dispositions du traité de Rome relatives à la coordination des politiques économiques et monétaires

Le traité de Rome pose le principe d'un « rapprochement progressif » des politiques économiques mais **sans en préciser les moyens, ni les procédures**. L'idée sous-jacente est que le développement des échanges devait provoquer un rapprochement des politiques économiques nationales.

Dans le domaine monétaire, le traité de Rome contient quelques dispositions éparses : création d'un comité monétaire à caractère consultatif en vue de promouvoir la coordination des politiques, adoption de mesures en cas de manipulation du taux de change par un État. La question d'une coopération monétaire plus poussée ne se posait pas à l'époque puisque les monnaies des pays industrialisés étaient liées dans le cadre du système de parités fixes instauré par les accords de Bretton-Woods.

L'échec des premiers projets d'union économique et monétaire

Avec les premières perturbations sur les marchés des changes liées au déficit extérieur américain et à l'affaiblissement du dollar, la question **se pose d'une intégration monétaire plus poussée**. À la demande du sommet de La Haye en 1969, le Premier ministre luxembourgeois Pierre Werner élabore un plan de création sur 10 ans d'une union économique et monétaire en trois étapes prévoyant le remplacement des monnaies nationales par une monnaie unique, l'ouverture du marché commun des capitaux et une harmonisation des politiques budgétaires. Remis en octobre 1970 aux chefs d'État et de gouvernement, ce plan est rejeté par la France qui récuse tout transfert de compétences vers la Communauté européenne ainsi que par l'Allemagne qui considère qu'une intégration monétaire ne peut être que le résultat d'un processus graduel de convergence économique.

La création du système monétaire européen en 1978

La fin de la convertibilité du dollar en or en 1971 impose un système de changes flottants généralisés. Pour se protéger des fluctuations monétaires internationales, les États membres instituent en 1972 le serpent monétaire européen qui limite les marges de fluctuation entre monnaies communautaires à +/– 2,25 %. Mais cette coopération échoue à réduire l'instabilité des taux de changes. Un pas supplémentaire est franchi avec la création, à l'initiative de la France et de l'Allemagne, du **système monétaire européen** (SME), entré en vigueur en mars 1979 entre huit États membres de la CEE (les neuf moins le Royaume-Uni). Il s'agit d'un système de taux de change fixes mais ajustables entre les monnaies des États participants, qui se voient attribuer un cours pivot par rapport à une nouvelle unité de compte européenne, l'écu, défini comme par rapport à un panier de monnaies communautaires.

L'institution d'une Union économique et monétaire par le traité de Maastricht

- **Le lancement d'une Union économique et monétaire en trois phases**

La réalisation du marché intérieur relance les débats sur l'union économique et monétaire. Deux approches s'opposent. La première, soutenue par l'Allemagne, voit dans l'union monétaire le **résultat lointain d'un processus graduel de convergence économique**. La deuxième, défendue par la France et la Commission, prône un **développement rapide de la coopération monétaire,** selon un calendrier contraignant. Optant pour cette deuxième approche, le Conseil européen de Hanovre en juin 1988 charge un comité d'experts, présidé par Jacques Delors, de faire des propositions. Adopté par le Conseil européen de Madrid en juin 1989, le rapport Delors va inspirer les dispositions économiques et monétaires du traité de Maastricht.

Conformément au rapport Delors, le traité de Maastricht du 7 février 1992 institue une **union économique et monétaire selon un calendrier contraignant en trois étapes devant conduire à la monnaie unique**. Si le passage à la troisième phase doit démarrer au plus tard le 1er janvier 1999, seuls les États satisfaisant à des critères de convergence pourront participer à la monnaie unique. Une exception est faite pour le Royaume-Uni et le Danemark qui obtiennent, par voie de protocole annexé au traité de Maastricht, le droit de ne pas participer à la troisième phase.

Le calendrier de réalisation de l'UEM est **parfaitement respecté**. La première étape (1er juillet 1990-31 décembre 1992) permet d'établir la libre circulation des capitaux. Pendant la deuxième étape (à partir du 1er janvier 1994), un Institut monétaire européen est créé pour coordonner les politiques monétaires et promouvoir l'usage de l'Écu tandis que les États membres dotent leur banque centrale nationale d'un statut garantissant leur indépendance. Enfin, appliquant avec souplesse les critères de convergence, le Conseil européen extraordinaire de Bruxelles (mai 1998) décide que la troisième phase conduisant à la monnaie unique démarrera le 1er janvier 1999 entre onze pays (les Quinze sauf le Royaume-Uni, le Danemark, la Suède et la Grèce) : la Banque centrale européenne remplace l'IME et **le 1er janvier 1999 l'euro devient la monnaie officielle des onze**. La Grèce, qui ne respectait pas les critères de convergence en 1998, rejoint la zone euro le 1er janvier 2001. Les pièces et les billets sont introduits le 1er janvier 2002 avec une période de double circulation euro/monnaies nationales jusqu'à la date du 28 février.

- **La mise en place de procédures de coordination des politiques économiques et de limitation des déficits publics excessifs**

Si la conduite des politiques économiques et budgétaires demeure de compétence nationale, le traité de Maastricht instaure deux dispositifs de coordination :

l'un concernant les politiques économiques (autour de la définition de Grandes orientations de politique économique ou GOPE), l'autre portant sur la limitation des déficits publics excessifs (à partir de la procédure de Déficit public excessif ou DPE). L'objectif est d'éviter que les États ne profitent de la monnaie unique pour conduire des politiques budgétaires laxistes.

La procédure de DPE prévoit ainsi que si le déficit public ou la dette publique dépasse des **valeurs de référence** (3 % du PIB pour le déficit et 60 % du PIB pour la dette) fixées dans un protocole annexé au traité, le Conseil peut, sur recommandation de la Commission, constater l'existence d'un déficit public excessif, puis adresser à l'État membre une recommandation sur les mesures à prendre et, enfin, prononcer des sanctions.

Le pacte de stabilité et de croissance et ses révisions successives

- **La conclusion du pacte**

La perspective de réalisation de la monnaie unique – et de l'abandon du deutschemark – conduit l'Allemagne à demander, en novembre 1995, la mise en place après le passage à l'euro d'un **instrument supplémentaire de discipline budgétaire**. Le gouvernement allemand craint en effet que certains pays – notamment ceux du sud de l'Europe – profitent de la centralisation des politiques monétaires pour laisser filer leurs déficits et reporter sur ses partenaires la charge de l'ajustement. Dans un système de monnaies nationales, une politique budgétaire expansive est automatiquement sanctionnée par une hausse des taux d'intérêt, une augmentation des importations et une baisse de valeur de la monnaie nationale. Avec la monnaie unique, ces effets correctifs ne joueront plus.

À cette fin, l'Allemagne propose d'instaurer un pacte de stabilité imposant une limitation des déficits budgétaire à moins de 1 % du PIB et des sanctions automatiques en cas de dépassement. Sans être hostile à l'idée d'un dispositif supplémentaire de contrainte budgétaire, la Commission et d'autres pays souhaitent s'en tenir au plafond de référence de la procédure de déficit public excessif (3 % du PNB) et soumettre le déclenchement des sanctions à l'appréciation politique du Conseil.

C'est ce point de vue qui l'emporte pour l'essentiel lors du Conseil européen de Dublin (décembre 1996). Le pacte ne modifie pas les traités européens. Il ne fait que préciser et renforcer les dispositions du traité relatives à la procédure de déficit public excessif (DPE). Il réaffirme ainsi la nécessité pour les États de **ne pas dépasser,** sauf circonstances exceptionnelles, **les valeurs de 3 % du PIB pour le déficit budgétaire et de 60 % du PIB pour la dette publique**.

Dans son **volet préventif**, le pacte crée les conditions d'une vérification en amont du respect des engagements souscrits par les États. Il fait ainsi obligation à chaque État membre de se doter d'un **objectif à moyen terme d'une position budgétaire** (OBMT) proche de l'équilibre ou excédentaire à une date à déterminer et de transmettre chaque année un programme de stabilité (pour ceux qui sont membres de la zone euro) et un programme de convergence (pour ceux qui n'en sont pas membres) exposant les mesures envisagées pour atteindre l'OBMT (c'est la notion de trajectoire d'ajustement).

Dans son **volet répressif**, le pacte **accroît les contraintes applicables** aux États en situation de déficit public excessif. Il encadre le déroulement de la procédure dans des délais contraignants et précise la nature des sanctions applicables au cas où l'État ne met pas en œuvre les recommandations qui lui sont adressées. Toutefois, leur mise en œuvre dépend toutefois d'un **processus politique d'évaluation** qui laisse une marge d'appréciation au Conseil.

Nommé Premier ministre après les élections législatives de mai-juin 1997, Lionel Jospin, demande une modification du Pacte afin que soit mis en place un véritable gouvernement économique européen. Lors du Conseil européen d'Amsterdam, il n'obtient finalement que l'adoption de deux résolutions, l'une sur la croissance et l'emploi, l'autre sur la coordination des politiques économiques, et l'ajout d'une référence à la croissance dans l'intitulé du Pacte. Ainsi requalifié, le Pacte de stabilité et de croissance est définitivement adopté par le Conseil européen d'Amsterdam (juin 1997).

- **La crise de novembre 2003 entame la crédibilité du pacte de stabilité**

Dans un contexte de ralentissement économique, la situation budgétaire des États se dégrade au début des années 2000. La France et l'Allemagne se trouvent ainsi au-dessus de la barre des 3 % du PIB de déficit public autorisé. En janvier et juin 2003, le Conseil constate, sur recommandation de la Commission, qu'il existe un déficit excessif en Allemagne et en France et adopte deux recommandations fixant à ces deux États membres une date limite pour l'adoption de mesures correctives. À la date fixée, ces mesures ne sont pas prises. La Commission européenne recommande alors au Conseil de constater la non-adoption de ces mesures et d'adresser une mise en demeure aux deux États faute de quoi des sanctions financières leur seraient infligées. Toutefois, lors de sa réunion du 25 novembre 2003, les recommandations de la Commission ne recueillent pas la majorité nécessaire du Conseil qui adopte, au contraire, des conclusions suspendant l'application de la procédure de DPE et adressant à la France et l'Allemagne des recommandations moins contraignantes que celles de la Commission. Cette décision ouvre une crise grave dans la mise en œuvre du pacte. La Commission introduit un recours auprès de la Cour de justice. L'arrêt rendu par la Cour le 13 juillet 2004 donne partiellement raison à la Commission. Rejetant la requête de la Commission, la Cour de justice estime que la non-adoption des recommandations constatant l'absence de mesures correctrices et adressant aux deux États une mise en demeure ne constitue pas un acte attaquable. En revanche, la Cour annule les conclusions du Conseil car ce dernier ne pouvait suspendre la procédure de DPE en dehors des hypothèses prévues par le règlement 1467/97, ni modifier une recommandation « sans une nouvelle impulsion de la Commission, qui dispose d'un droit d'initiative dans le cadre de la procédure pour déficit excessif ».

- **La réforme de 2005 introduit plus de souplesse dans l'application des règles du pacte**

À la suite de cette affaire, une réflexion est engagée sur les moyens de réformer le pacte de stabilité. Alors que la Commission propose de renforcer les règles de surveillance, le Conseil européen du 22 mars 2005 décide au contraire d'assouplir les conditions de déclenchement de la procédure de déficit public excessif. Les conclusions adoptées par le Conseil européen seront formalisées dans deux règlements du 27 juin 2005 modifiant les règlements de 1997.

La réforme de 2005 prend mieux en compte les **différences de situation entre États** tout en augmentant les contraintes sur le **pilotage à moyen terme des politiques budgétaires**. L'objectif budgétaire à moyen terme (OBMT) peut désormais varier, selon la situation des États entre un déficit de 1 % du PIB et l'équilibre ou l'excédent. Surtout, tant que l'État n'a pas atteint son OBMT, la trajectoire d'ajustement décrite dans le programme de stabilité devra prévoir une réduction d'au moins 0,5 % du PIB le déficit structurel.

La révision du pacte élargit les **circonstances exceptionnelles et temporaires** dans lesquelles le déficit public peut se situer au-delà de la valeur de référence de 3 % du PIB (voir tableau ci-après).

Par ailleurs, en dehors même de ces circonstances exceptionnelles, la réforme de 2005 prévoit qu'un dépassement « temporaire » et « proche de la valeur de référence de 3 % » peut être autorisé si l'État satisfait à un certain nombre de « facteurs pertinents ». La liste des facteurs permettant d'échapper à la procédure de déficit public excessif est à la fois large et hétéroclite : investissements publics exceptionnels, participation de l'État à la mise en œuvre du programme de Lisbonne, efforts d'assainissement en période de conjoncture favorable, niveau de la dette…

Les assouplissements convenus changent l'esprit du Pacte et la manière dont il va être géré. La politique des États est désormais évaluée **en fonction de la cohérence et de la qualité des dépenses**, et non plus seulement par rapport au dépassement ou non de normes de référence. Mais cette réforme du pacte a également **encouragé certains États à contourner les disciplines budgétaires communes**. Si un pays comme l'Allemagne a profité de l'assouplissement des règles du pacte pour engager des réformes exigeantes et redresser sa compétitivité, d'autres comme la Grèce ont laissé croître leur endettement (Grèce). La crise des dettes souveraines trouve en partie son origine dans cet affaiblissement des procédures de discipline budgétaire.

La crise financière de 2008 et les réponses de l'Union européenne

Cette crise est la conséquence d'une distribution excessive de prêts immobiliers hypothécaires aux États-Unis et du montage de produits dérivés à partir de ces créances. La « bulle » immobilière explose courant 2008 et se diffuse à l'ensemble du secteur financier américain. Au lendemain de la faillite en septembre 2008 de Lehman Brothers, la crise se propage en Europe provoquant les premières faillites d'établissements bancaires. La Banque centrale européenne réagit rapidement en injectant des liquidités dans le circuit financier. En revanche, les États se déterminent en ordre dispersé. Lors du Conseil Ecofin des 12 et 13 septembre 2008, la proposition française de créer un fonds européen de garantie, à l'instar de ce qu'avait prévu le plan Paulson aux États-Unis, est repoussée par l'Allemagne avec le soutien de la Banque centrale européenne. Le Sommet des chefs d'État et de gouvernement des pays de la zone euro du 12 octobre 2008 marque un tournant décisif. En présence du Premier ministre britannique, M. Gordon Brown, les États membres de la zone euro adoptent un plan d'action coordonnée pour la **recapitalisation des banques** en difficulté et la mise en place un **mécanisme de garantie des prêts interbancaires**. Le même jour, la Commission européenne adopte des orientations afin que les États puissent soutenir leurs institutions financières tout en évitant des distorsions excessives de concurrence.

Le Conseil européen des 11 et 12 décembre 2008 adopte ensuite un **plan de relance** élaboré par la Commission d'un montant de 200 milliards d'euros (soit environ 1,5 % du produit intérieur brut (PIB) européen) à raison de 170 milliards d'euros provenant des budgets nationaux et de 30 milliards d'euros de financements communautaires.

La crise des dettes souveraines et sa gestion par l'Union européenne et ses États membres

- **L'annonce soudaine du déficit grec**

À son arrivée au pouvoir à la suite des élections législatives d'octobre 2009, le nouveau chef de gouvernement socialiste, Georges Papandréou, annonce que le déficit budgétaire avait été sous-estimé par les précédents gouvernements et qu'il s'élève à 12,7 % du PIB (et non 3,7 % du PIB). Des fausses informations avaient été précédemment transmises à Eurostat, l'organisme européen chargé de collecter les données concernant les déficits et les dettes des États membres de l'Union.

- **Les divergences politiques entre États membres**

Pour éviter que la crise ne s'étende à d'autres pays présentant des déficits et un taux d'endettement importants (Portugal, Irlande, Espagne, Italie), la France plaide pour que la Grèce bénéficie d'une aide financière importante. Mais l'Allemagne s'y oppose. Elle considère que les pays vertueux n'ont pas à payer pour ceux qui ont laissé filer leurs déficits. Elle invoque la clause du « no bail-out » figurant dans les traités qui interdit aux États membres de répondre aux engagements publics d'autres États membres et les aider à combler leur déficit budgétaire (art. 125 TFUE). L'idée est que les contribuables d'un pays ne sauraient payer pour les erreurs des gouvernements d'autres pays sur lesquels ils n'ont aucun contrôle démocratique. Certes, l'art. 122 TFUE prévoit la possibilité pour le Conseil d'accorder une assistance financière à un État membre mais seulement en cas « d'événements exceptionnels échappant à son contrôle ». L'Allemagne évoque une réforme des traités afin qu'un pays n'ayant pas respecté ses engagements puisse être exclu de la zone euro et plaide pour une intervention du FMI.

- **Des premières mesures insuffisantes**

Un premier tournant intervient avec le sommet des seize chefs d'État et de gouvernement de la zone euro de mars 2010. L'Allemagne accepte le principe d'une aide financière à la Grèce contre une intervention du FMI à laquelle la France était opposée. Le principe du « no bail out » se voit pour la première fois remis en cause au nom du principe de solidarité intra-européenne. Mais cette aide repose sur un système complexe de prêts bilatéraux des États membres complétés par des prêts du FMI.

- **La mise en place d'un fonds d'aide aux pays de la zone euro en difficulté**

Le véritable tournant intervient le 7 mai 2010 lorsque, sous la menace d'une extension de la crise, les pays membres de la zone euro décident de créer un dispositif d'aide de 500 milliards d'euros et comprenant deux volets : un mécanisme de prêts aux États en difficulté financé par des emprunts de la Commission sur les marchés (60 milliards d'euros) ; un fonds européen de stabilisation financière (FESF) crée sous forme d'une société anonyme basée à Luxembourg et pouvant lever jusqu'à 440 milliards d'euros sous la forme d'obligations garanties par les États membres de la zone euro. À ce FESF s'ajoutent des financements additionnels du FMI à concurrence de 50 % des montants mobilisés portant l'enveloppe financière totale à 750 milliards d'euros. Ce mécanisme n'accorde pas de subventions mais des prêts soumis à une stricte conditionnalité.

- **L'achat de dettes souveraines par la Banque centrale européenne (programme « opérations monétaires sur titres » ou OMT)**

Tout autant que les prêts accordés aux États en difficulté de la zone euro, ce sont les interventions de la BCE qui ont permis de surmonter la crise des dettes souveraines. En mars 2010, la Banque centrale européenne a lancé un programme d'achat sur le marché secondaire de titres publics (opération monétaire sur titre ou OMT) afin de contenir les coûts d'emprunt des États et limiter les écarts de taux d'intérêt. Bien que l'art. 123 TFUE interdise à la BCE et aux banques centrales nationales d'acheter des instruments de dette des États membres, la Cour de justice a estimé dans un arrêt du 16 juin 2015 que ce programme d'achat était conforme aux traités (outre que ce programme relève de l'exécution de la politique monétaire, la Cour a estimé, au vu de ses modalités, qu'il ne saurait être assimilé à l'acquisition directe d'obligations souveraines).

- **La création d'un mécanisme d'aide permanent**

En octobre 2010, le Conseil européen décide la mise en place d'un dispositif permanent de soutien à la stabilité. Afin de doter ce mécanisme d'une base juridique solide, le Conseil européen de mars 2011 décide de modifier les traités selon la procédure de révision simplifiée et d'ajouter à l'art. 136 TFUE une disposition ouvrant la possibilité aux États membres de la zone euro d'instituer un mécanisme de stabilité. Sur cette base, traité est signé en juillet 2011, puis, sous une nouvelle version, en février 2012.

- **L'assistance aux pays en crise de la zone euro**

Outre la Grèce, l'Union vient en aide à quatre pays : l'Irlande en novembre 2010 (pour 85 milliards d'euros), le Portugal en mai 2011 (78 milliards d'euros), l'Espagne en juillet 2012 (100 milliards d'euros) et Chypre (10 milliards). La mobilisation de ces moyens financiers, qui font intervenir le FESF ou le MES, a permis d'éviter l'éclatement de la zone euro prédit par certains en permettant aux pays en difficulté de se financer à un taux moins élevé que sur le marché et d'éviter la crise de liquidités.

La réforme de la gouvernance économique européenne

- **Le renforcement de la surveillance des politiques économiques et budgétaires (« six pack » et « two pack »)**

La crise économique et financière traversée conduit les dirigeants européens à entreprendre une refonte de la gouvernance économique de l'Union. À la suite d'un rapport établi en octobre 2010 par un groupe de travail présidé par M. Herman Van Rompuy (et avalisé par le Conseil européen), un nouveau cadre pour la surveillance des politiques économiques et budgétaires des États membres a été mis en place avec l'adoption de deux textes (« six pack » et « two pack »).

Six-pack	Two-pack
- Forme juridique : cinq règlements et une directive - Adoption : décembre 2011 - Entrée en vigueur : 13 décembre 2011 - États concernés : selon les dispositions, seulement États membres de la zone euro ou ensemble des États membres de l'Union - Renforcement du pacte de stabilité et de croissance (voir ci-après) - Instauration d'une nouvelle procédure de prévention des déséquilibres macro-économiques - Exigences minimales concernant les cadres budgétaires nationaux	- Forme juridique : deux règlements - Adoption : juin 2012 - Entrée en vigueur : 30 mai 2013 - États concernés : seulement les États membres de la zone euro - Établissement d'un calendrier budgétaire commun pour l'établissement des budgets nationaux (semestre européen) avec possibilité pour la Commission d'émettre un avis sur les projets de budgets - Obligations s'imposant aux États membres pour l'élaboration de leurs budgets : recours à un « conseil budgétaire indépendant » pour le suivi des engagements budgétaires européens, adoption de « règles budgétaires chiffrées concernant le solde budgétaire [qui] revêtent un caractère contraignant, de préférence constitutionnel », remise de rapports - Renforcement de la surveillance des États membres en procédure de déficit excessif, auxquels des rapports sur leur exécution budgétaire infra-annuelle seraient demandés - Établissement d'une procédure de surveillance renforcée pour les États en difficulté

Cette réforme porte d'abord sur le volet préventif:

- **Les obligations mises à la charge des États pour satisfaire à leur objectif budgétaire de moyen terme (OBMT) sont renforcées**. Les États doivent limiter l'augmentation annuelle de leurs dépenses publiques au taux de croissance du PIB à moyen terme. Au cas où un État membre de la zone euro s'écarte de sa trajectoire d'ajustement vers l'OBMT, la Commission pourra lui adresser un avertissement.
- Surtout, et c'est une grande nouveauté de la réforme de 2011, **le volet préventif peut mener à des sanctions alors que ces dernières étaient réservées jusqu'ici au volet correctif**. Et le nouveau système de vote (majorité qualifiée inversée selon laquelle l'amende est approuvée par le Conseil dès lors qu'elle n'est pas contestée par une majorité qualifiée d'États membres) donne à l'adoption des sanctions un caractère quasi automatique.

Le volet correctif du pacte est également amélioré:

- **La procédure de DPE, jusqu'ici entièrement axée sur le critère du déficit public, peut désormais être enclenchée en cas d'endettement excessif**. Ainsi, les États membres dont la dette excède 60 % du PIB sont désormais tenus de prendre des mesures pour réduire leur dette à un rythme annuel de 5 % par an, même si leur déficit est inférieur à 3 % du PIB. La procédure de DPE pourra être mise en œuvre si cette obligation de réduction n'est pas satisfaite.
- Par ailleurs, **la surveillance des États en situation de déficit public excessif est renforcée** tandis que le **mécanisme des sanctions peut-être déclenché plus tôt au cours de la procédure de déficit public excessif** (voir tableau ci-après). Afin de faciliter le prononcé de ces sanctions, la proposition de la Commission d'imposer un dépôt ou une amende sera considérée comme adoptée sauf si elle est rejetée par le Conseil à la majorité qualifiée.

• La conclusion du traité intergouvernemental sur la stabilité, la coordination et la gouvernance (TSCG)

En contrepartie de son ralliement à l'idée d'une institutionnalisation de la solidarité financière entre États membres de la zone euro, l'Allemagne demande un renforcement des règles de contrainte budgétaire. Son souhait est de réviser les traités à vingt-sept afin de faciliter le prononcé de sanctions et de donner une place accrue à la Cour de justice. Lors du Conseil européen du 9 décembre 2011, l'unanimité des vingt-sept, requise pour réviser les traités, n'est pas obtenue. Le Royaume-Uni réclame l'adoption d'un protocole exonérant la City de Londres de certaines réglementations financières et le rétablissement de l'unanimité pour l'adoption des mesures relatives aux marchés financiers. Refusant de faire droit à ces demandes, 25 États membres (soit les 27 sauf le Royaume-Uni et la République tchèque) décident de conclure entre eux un traité international, de nature intergouvernementale, afin de renforcer la discipline budgétaire.

Signé le 2 mars 2012, le TSCG est entré en vigueur le 1er janvier 2013. Depuis le 1er mars 2013, un État ne peut bénéficier d'une assistance financière du MES que s'il a ratifié le TSCG. Ce lien a été exigé par l'Allemagne qui estime que la discipline budgétaire doit être une condition sine qua non de la solidarité financière. Dans les cinq ans suivant l'entrée en vigueur du traité, et à la lumière de l'expérience de sa mise en œuvre, des mesures devront être prises pour intégrer son contenu dans le cadre juridique de l'Union.

Connaissances de base

L'euro et la politique monétaire européenne

- **L'entrée dans la monnaie unique est liée au respect de critères de convergence**

La zone euro comprend actuellement dix-neuf États. Deux États européens ont adopté l'euro unilatéralement, comme monnaie transitoire dans la perspective de l'élargissement de l'UE : le Monténégro et le Kosovo. Quatre micro-États – Andorre, Monaco, St-Marin et le Vatican – utilisent l'euro sur le fondement d'accords bilatéraux avec l'Union. Par ailleurs, sept États membres de l'Union sont tenus en vertu du traité d'adopter la monnaie unique sitôt qu'ils rempliront les critères de convergence : il s'agit de la Bulgarie, de la Croatie, de la Hongrie, de la Pologne, de la Roumanie, de la Suède et de la République tchèque.

La Suède, qui répondait aux critères de convergence dès 2007, se maintient intentionnellement en dehors de l'UEM, les Suédois ayant décidé par referendum en septembre 2003 de ne pas adopter la monnaie unique. Cet opt-out *de facto*, contraire à l'esprit du traité, est toléré par les institutions européennes.

Quant au Danemark et au Royaume-Uni jusqu'à sa sortie de l'Union, ils ont bénéficié d'opt-outs négociés dès le début du processus.

Pour accéder à la monnaie unique, les États doivent respecter les critères de convergence définis lors du traité de Maastricht (respect des deux plafonds de 3 % du PIB pour le déficit public annuel et de 60 % pour la dette publique, taux d'inflation ne dépassant pas de plus de 1,5 % celui des 3 pays ayant la plus faible inflation, taux d'intérêt à long terme ne dépassant pas de plus de 2 % celui des 3 pays les plus stables en matière de prix, respect des marges de fluctuation du SME), avoir passé au moins deux ans dans le mécanisme de change européen (MCE II)[1] et avoir adopté un statut garantissant l'indépendance de leur banque centrale.

La procédure d'admission dans la zone euro est la suivante (art. 140 TFUE) :

- la Commission européenne et la Banque centrale européenne vérifient au moins tous les deux ans si les États membres qui n'ont pas encore adopté l'euro **respectent les critères requis** ;

1. Le MCE II limite la fluctuation des monnaies des États membres à 15 % par rapport à un cours pivot par rapport à l'euro. Au 1er janvier 2014, le Danemark et la Lituanie font partie du MCE II.

- si la Commission estime qu'un État est prêt à entrer dans la zone euro, il en fait la proposition au Conseil. Ce dernier se prononce à la majorité qualifiée mais après discussion au sein du Conseil européen, consultation du Parlement européen et sur recommandation de l'Eurogroupe. Autrement dit, si l'entrée d'un nouveau membre dans la zone euro est décidée à vingt-sept, cette admission doit auparavant avoir été approuvée par les seuls États membres de la zone euro réunis au sein de l'Eurogroupe.

Dans la pratique, l'admission dans la zone euro se fait également selon des critères politiques, comme en témoigne l'appartenance de certains pays qui n'étaient manifestement pas prêts à en faire partie (par exemple, la Grèce).

Afin d'éviter que les pays de la zone euro aient à faire face à des dévaluations compétitives, un Mécanisme de change (MCE) a été instauré qui réduit à 15 % la marge de fluctuation entre l'euro et les monnaies nationales ne faisant pas partie de la monnaie unique.

- **La politique monétaire est de la compétence exclusive de la Banque centrale européenne**

La centralisation de la politique monétaire. Il n'y a plus de politiques monétaires nationales : la politique monétaire de la zone euro est une compétence exclusive de l'Union qui est exercée par la Banque centrale européenne (art. 127 TFUE). Il convient de distinguer entre la BCE, l'Eurosystème et le système européen des banques centrales.

La Banque centrale européenne. Érigée en institution par le traité de Lisbonne, la BCE bénéficie d'un haut degré d'indépendance : si la BCE rend compte de son action auprès du Conseil et du Parlement européen, elle ne peut recevoir d'instructions des institutions européennes et des autorités nationales sur la manière dont elle accomplit ses missions. La Banque centrale peut infliger des amendes et des astreintes aux entreprises en cas de non-respect de ses règlements et décisions.

Le **directoire** est l'organe de direction de la BCE. Il se compose de six membres (le président de la BCE, le vice-président et quatre autres membres) nommés par le Conseil européen à la majorité qualifiée sur recommandation du Conseil et après avis du Parlement européen et du Conseil des gouverneurs « parmi des personnes dont l'autorité et l'expérience professionnelle dans le domaine monétaire ou bancaire sont reconnues » (art. 283 § 2 TFUE). Leur mandat est de huit ans non renouvelable et irrévocable. Il met en œuvre la politique monétaire définie par le Conseil des gouverneurs et donne les instructions nécessaires aux Banques centrales nationales. Les décisions au sein du directoire sont prises à la majorité simple, chaque membre disposant d'une voix.

Le **Conseil des gouverneurs** est l'organe suprême de décision de la BCE. Présidé par le président de la BCE, il se compose des gouverneurs des banques centrales des États de la zone euro et des membres du directoire. Se réunissant deux fois par mois en moyenne, il lui revient notamment de définir la politique monétaire (définition des objectifs, fixation des taux directeurs) et, de manière générale, d'arrêter les orientations et décisions nécessaires à l'accomplissement des missions confiées au

SEBC. Les décisions sont prises à la majorité simple. Certaines décisions (capital, transfert de réserves, répartition des bénéfices…) sont prises à la majorité des deux tiers des voix, les gouverneurs disposant alors d'un nombre de voix proportionnel à la part de leur banque centrale dans le capital de la BCE. Le Conseil des gouverneurs a longtemps fonctionné selon le principe « un membre, une voix ». Depuis le 1er janvier 2015, les gouverneurs de banque centrale exercent leur droit de vote par rotation. Tandis que les six membres du directoire conservent leur droit de vote permanent, les gouverneurs ont été répartis en deux groupes fonction de leur économie et de la taille de leur secteur financier : le premier composé des cinq économies les plus importantes (Allemagne, France, Italie, Espagne et Pays-Bas) dispose de 4 voix ; le second regroupant les quatorze autres pays dispose de 11 voix. Dans chaque groupe, les gouverneurs exercent leur droit de vote à tour de rôle selon une rotation mensuelle.

Les réunions du conseil des gouverneurs sont **confidentielles** : contrairement aux banques centrales anglo-saxonnes, la BCE ne publie pas les « minutes » de ses débats et la répartition des votes. Critiquée par le Parlement européen, cette règle du secret est défendue par la BCE par le souci d'avoir des discussions franches et ouvertes et d'éviter que les positions prises par un membre du Conseil puissent être influencées par son pays d'origine.

Composé du président, du vice-président du directoire et des gouverneurs des banques centrales de tous les États membres de l'Union européenne, le **Conseil général** a une fonction consultative. Il permet d'associer les pays ne faisant pas partie de la monnaie unique aux décisions relatives à la zone euro.

L'Eurosystème. Le traité de Lisbonne consacre l'existence de l'Eurosystème, composé de la Banque centrale européenne et des banques centrales nationales des États membres dont la monnaie est l'euro (art. 282 TFUE). Tant que des États membres n'ont pas adopté l'euro, la mission de l'Eurosystème est de conduire la politique monétaire de l'Union.

Le système européen des banques centrales. Composée de la Banque centrale européenne et des banques centrales nationales des États membres de l'Union (qu'ils aient ou non adopté l'euro), le système européen des banques centrales (SEBC) n'est **pas une institution** : dépourvu de la personnalité juridique, il est plutôt un système intégré qui permet d'associer les banques centrales nationales à la gestion de la politique monétaire de l'Union. Le SEBC est dirigé par les organes de décision de la Banque centrale européenne. Ses missions sont de définir et mettre en œuvre la politique monétaire de l'Union, de conduire les opérations de change, de détenir et gérer les réserves officielles de change des États membres et de promouvoir le bon fonctionnement des systèmes de paiement (art. 127 TFUE).

Les banques centrales nationales. Contrepartie de la centralisation de la politique monétaire, les banques centrales nationales disposent de **pouvoirs importants** dans le fonctionnement du SEBC. Elles doivent agir conformément aux orientations et instructions de la BCE et elles ne peuvent pas lui opposer le secret bancaire. Elles ont, comme la BCE, un devoir d'indépendance par rapport à toute autorité politique, nationale ou européenne. Mais elles sont **majoritaires au sein du Conseil des gouverneurs** pour définir la politique monétaire.

Des mécanismes de concertation entre la BCE, les institutions européennes et les États membres. L'indépendance de la BCE ne signifie pas absence de concertation avec les autres institutions de l'Union. L'art. 284 § 1 TFUE ouvre la possibilité au président du Conseil Ecofin et à un membre de la Commission d'assister aux réunions du Conseil des gouverneurs de la BCE même si c'est simplement pour participer aux débats sans droit de vote. En sens inverse, ainsi que le prévoit l'art. 284 § 2 TFUE, le président de la BCE participe aux réunions du Conseil Ecofin lorsqu'il délibère sur des questions relatives aux objectifs et missions de SEBC (cette possibilité a été étendue aux réunions de l'Eurogroupe). La BCE présente un rapport annuel au Parlement européen, au Conseil et à la Commission, ainsi qu'au Conseil européen (art. 284 § 4 TFUE). Le président de la BCE participe aux réunions du Comité économique et financier qui associe également la Commission et l'ensemble des États membres (art. 134 § 2 TFUE). Enfin, comme le prévoit l'art. 284 TFUE, le Parlement européen procède à des auditions régulières du président de la BCE (environ quatre fois par an) et des membres du directoire par sa commission compétente.

- **La surveillance européenne du secteur financier**

La crise financière de 2008 a conduit l'Union européenne à **renforcer le dispositif de surveillance et de contrôle du système bancaire et financier**. Depuis le 1er janvier 2011, ont été mis en place :

- un Conseil européen du risque systémique, chargé de contrôler les risques portés par le secteur financier et doté d'un pouvoir d'alerte ;
- trois agences chargées du contrôle prudentiel des banques (Agence bancaire européenne, ABE), des assurances (Agence européenne des assurances et des pensions professionnelles, AEPP) et des marchés (Autorité européenne des marchés financiers, AEMF).

Diverses mesures ont également été prises pour **renforcer la réglementation du secteur financier** : renforcement des règles prudentielles en matière d'assurances (directive Solvabilité II d'avril 2009), contrôle des fonds spéculatifs et groupes de capital-investissement qui souhaitent opérer en Europe en échange d'un « passeport » qui leur permettra d'être présents dans les 27 pays de l'Union (directive « hedge funds »), encadrement des rémunérations des dirigeants de banques (obligation d'équilibre entre les parts fixes et variables de leurs rémunérations) et des traders par la directive « CRD 3 » de juillet 2010, harmonisation des modalités de surveillance des fonds alternatifs.

- **Le lancement d'une union bancaire**

Le mécanisme de supervision unique (MSU). Depuis novembre 2014, est opérationnel un **mécanisme de supervision,** applicable aux seuls pays de la zone euro et dont la responsabilité est confiée à la Banque centrale européenne.

Alors que la proposition initiale de la Commission prévoyait de confier à la BCE la surveillance des quelque 6 000 établissements bancaires de la zone euro, l'accord finalement obtenu ne place sous la supervision directe de la BCE que les 123 plus grandes banques de la zone euro. Les autres banques resteront supervisées par les autorités nationales compétentes. Ce dispositif répond à une demande allemande de limiter la supervision aux établissements d'importance systémique (afin de concentrer le pouvoir de surveillance de la BCE sur les banques les plus « dangereuses », mais en réalité, prétendent les observateurs, afin de faire échapper les caisses d'épargne allemandes au contrôle du superviseur européen).

Les pouvoirs de la BCE sont considérables : agrément des établissements de crédit, contrôle des exigences en matière de fonds propres, d'endettement et de liquidités, surveillance des conglomérats financiers. Au cas où une banque risque de ne plus respecter les exigences de fonds propres réglementaires, la BCE pourrait l'obliger à prendre des mesures correctives. Elle aurait aussi le pouvoir de sanctionner les établissements bancaires et, éventuellement, de leur retirer leur licence.

Pour séparer ses activités liées à la politique monétaire et celles liées à la supervision bancaire, la BCE dispose d'un comité de surveillance du MSU où siègent les autorités nationales. Les décisions du comité de supervision devront être avalisées par le Conseil des gouverneurs de la BCE, ou bien renégociées.

La mise en place du MSU n'est pas exclusive des compétences de l'Autorité bancaire européenne (ABE). Si la BCE est responsable de la surveillance des établissements financiers, le rôle de l'ABE est d'adopter de règles prudentielles harmonisées et d'évaluer les risques et vulnérabilités de l'ensemble du secteur bancaire. Mais comme le relève la Cour des comptes européenne, une clarification du rôle et des responsabilités de l'ensemble des autorités serait nécessaire.

Le mécanisme de résolution unique (MRU). Alors que le contrôle prudentiel et l'analyse des risques systémiques ont été en grande partie « européanisés », les frais de recapitalisation des banques et le remboursement des créanciers insolvables restent de la responsabilité des États membres. Afin d'éviter que les difficultés du système bancaire soient supportées par les seuls budgets nationaux, une capacité européenne de restructuration des banques a été mise en place. Sur proposition de la Commission, un accord intergouvernemental a été conclu en mai 2014 entre l'ensemble des États membres (à l'exception du Royaume-Uni et de la Suède) pour la mise en place à compter du 1er janvier 2016 d'un **mécanisme de résolution,** c'est-à-dire de restructuration et de liquidation des banques en difficulté.

Le MRU prévoit l'obligation pour la BCE, en tant qu'autorité de supervision, de signaler les banques de la zone euro se trouvant en grave difficulté financière. Un éventuel plan de résolution est adopté par un Conseil de résolution unique (CRU) composé de représentants de la BCE, de la Commission européenne et des autorités nationales (le CRU a été institué en 2016). Sous la supervision de cette instance, les autorités nationales de résolution sont chargées de l'exécution du plan de résolution. Un Fonds de résolution unique (FRU), approvisionné par des contributions du secteur bancaire, permet de financer les coûts de restructuration d'une banque ou d'organiser sa faillite.

Toutefois, le FRU ne sera pleinement opérationnel qu'en 2023, soit après une longue période de transition pendant laquelle les banques seront appelées à l'abonder progressivement. De plus, le système décisionnel faisant intervenir le Conseil de résolution est jugé trop complexe alors que les décisions de restructuration doivent parfois être prises en quelques heures. Enfin, et surtout, la taille de ce fonds est jugée insuffisante (55 milliards d'euros alors que le volume des aides publiques au secteur bancaire et financier s'est élevé à plus de 1 600 milliards d'euros entre 2008 et 2011). Pour y remédier, le sommet de la zone euro de juin 2018 a décidé que le Mécanisme européen de stabilité (MES) deviendra au plus tard en 2024 le « filet de sécurité » du FRU. Le MES pourra ainsi accorder des prêts pour un montant maximal de 68 milliards d'euros au FRU si celui-ci manque de moyens financiers pour financer des opérations de restructuration. Ce dispositif serait neutre sur le plan budgétaire, puisque toute contribution du FME au fonds de résolution serait récupérée ex-post auprès de l'industrie bancaire.

Il s'agit d'une concession faite par Berlin, qui avait initialement refusé que le MES joue ce rôle. La finalisation de ce dispositif suppose toutefois une révision du traité intergouvernemental instituant le MES : envisagée début 2020, cette révision a été repoussée à plus tard en raison de la crise sanitaire.

La politique de taux de change

Les dispositions du traité instaurent une **répartition complexe des compétences** en matière de politique de change. La responsabilité de cette politique incombe en principe au Conseil : l'art. 219 § 2 TFUE donne en effet compétence au Conseil pour formuler, à la majorité qualifiée, les orientations générales de politique de change vis-à-vis des monnaies des pays tiers. Il est toutefois précisé que ces orientations générales ne doivent pas affecter l'objectif du SEBC de stabilité des prix – ce qui revient à ouvrir la possibilité à la BCE le droit de ne pas suivre les directives du Conseil. Par ailleurs, le traité précise que la conduite des opérations de change est de la compétence de la BCE.

Ces dispositions sont restées **sans portée pratique**. Alors qu'aux États-Unis la politique de change est définie par le gouvernement américain, le Conseil n'a jamais adressé d'orientations à la BCE qui se trouve ainsi avoir la responsabilité principale en matière de politique de change. En principe, une telle situation est contestable car « le taux de change ne dépend pas uniquement de la politique monétaire ; il est aussi le résultat des politiques budgétaires et de la structure des économies qui sont de la responsabilité des États membres et non de la BCE[1] ». Toutefois, les divergences entre États sont si importantes entre États (entre la France plutôt partisan d'un euro « faible » et l'Allemagne hostile à toute baisse de la devise européenne et prônant des politiques de compétitivité pour développer les exportations) qu'il est sans doute plus pertinent de laisser la BCE définir en toute indépendance les orientations de change.

1. Alexandre de Montbas et Aurélien Lechevalier, *L'Europe en questions*, p. 135.

- **La représentation externe de la zone euro**

Les **positions communes de l'Union** sur les questions monétaires internationales sont adoptées par le Conseil à la majorité qualifiée, sur proposition de la Commission et après consultation de la Banque centrale européenne. Seuls votent les États membres ayant adopté l'euro (art. 138 TFUE).

Les traités prévoient également la possibilité pour le Conseil, sur proposition de la Commission, d'adopter les mesures nécessaires afin d'assurer **une « représentation unifiée » au sein des institutions et conférences financières internationales** (art. 138 TFUE). Seuls les États participant à la zone euro sont appelés à voter.

Toutefois, les États membres (et en particulier l'Allemagne) ne semblent **pas prêts à passer cette étape**. La Commission avait proposé en 1998 que la zone euro soit représentée dans les conférences et institutions financières internationales par une délégation tripartite composée du Conseil, de la Commission et de la BCE. Mais les États avaient refusé que la Commission soit placée sur un pied d'égalité avec le Conseil et la BCE. Les institutions de l'Union sont donc convenues, de manière pragmatique, des conditions de leur participation aux réunions internationales traitant des questions économiques et monétaires (G20, G7, FMI...).

G8	L'Union a le statut d'observateur. Elle est représentée par le président du Conseil européen et le président de la Commission européenne. Le président de la BCE et le président de l'Eurogroupe assistent aux réunions ministérielles du G8 et exposent chacun en ce qui les concerne la position de l'Union.
G20	Sept États membres sont membres du G20. L'Union est représentée par le président du Conseil Ecofin et le président de la BCE. La Commission européenne assiste également aux réunions.
FMI	Les États sont seuls membres du FMI. La BCE est invitée en tant qu'observateur au conseil d'administration du FMI lorsqu'il discute de questions ayant un lien avec l'euro.
OCDE	Vingt-trois États membres de l'UE sont représentés à l'OCDE. Seules la Roumanie, la Bulgarie, la Croatie, Chypre et Malte ne le sont pas. La Commission n'a qu'un rôle d'observateur.
Banque des règlements internationaux	La BCE est membre de la banque des règlements internationaux.
Dialogue avec les pays tiers	La zone euro est représentée par le président de l'Eurogroupe, le président de la BCE et le commissaire en charge des affaires économiques et financières (« troïka »).

La mise en place d'une « chaise unique » au sein des institutions financières internationales soulève, il est vrai, à de multiples questions. Qui devrait être représenté : la zone euro ou l'Union dans son ensemble ? Comment assurer cette représentation unifiée : au profit du Conseil européen dont le président dispose de prérogatives en matière de PESC ? du Conseil Ecofin ? de l'Eurogroupe ? de la Commission européenne qui a pour fonction générale d'assurer la représentation extérieure de l'Union ? de la BCE qui dispose d'une compétence propre pour représenter le SEBC à l'international ? Tandis que les petits États sont favorables à une « communautarisation » de la représentation monétaire de l'Union, les grands États cherchent à préserver leur participation aux instances financières internationales. Enfin, à l'exception de la Banque des règlements internationaux, aucune des institutions financières internationales n'a révisé ses statuts pour admettre le principe d'une représentation collective de ses membres.

Dans le cadre de l'action menée pour renforcer la gouvernance économique de l'UEM, la Commission a décidé de relancer ce dossier mais en **limitant au FMI** la mise en place d'une « chaise unique ». Regroupant 21 % des quotes-parts au FMI, la zone euro pèse en effet d'un poids supérieur aux autres États (16 % pour les États-Unis). Le Conseil est toutefois hostile à l'idée que les États perdraient leurs voix au FMI. En novembre 2017, la Commission a donc suggéré une approche graduelle en trois étapes qui reporterait à 2025 la représentation unique de la zone euro au FMI par le président de l'Eurogroupe. Entre-temps, la zone euro serait représentée aux réunions du FMI et aux autres rencontres internationales, comme celles du G20, par un ministre européen de l'économie qui associerait les compétences du président de l'Eurogroupe et du commissaire européen à l'économie.

La coordination et la surveillance des politiques économiques et budgétaires dans le cadre du semestre européen

• Le contrôle des politiques budgétaires

La procédure de limitation et de surveillance des déficits publics résulte de l'application conjointe de la procédure pour déficits publics excessifs (DPE) décrite à l'art. 126 TFUE, du pacte de stabilité et de croissance et du pacte budgétaire européen (c'est-à-dire le traité sur la stabilité, la coordination et la gouvernance) applicable à 25 des 27 États membres. Contrairement également à une idée reçue, le pacte de stabilité n'est **pas applicable aux seuls pays membres de la zone euro** : certaines de ses dispositions valent en effet pour tous les États membres.

Le TSCG ne remet pas en cause le droit de l'Union existant. Il est en effet stipulé que le TSCG doit être interprété et appliqué conformément au droit de l'Union européenne et qu'il ne s'applique que dans la mesure où il lui est compatible. Dans les cinq ans suivant son entrée en vigueur (soit à compter du 1er janvier 2018), le TSCG doit être intégré dans le droit de l'Union. De plus, si certaines de ses clauses introduisent des engagements nouveaux pour les signataires, beaucoup de ses dispositions figurent déjà dans le droit dérivé existant.

Traité sur la stabilité, la coordination et la gouvernance (TSCG)

La principale innovation du Traité tient à l'introduction en droit national d'une « règle d'or » budgétaire de nature constitutionnelle aux termes de laquelle le déficit structurel des États membres ne peut dépasser 0,5 % de leur PIB.
Comme déjà indiqué dans le Two pack, le contrôle de la mise en œuvre de la règle d'or doit être assuré par un organe national indépendant et figurer dans des dispositions « contraignantes et permanentes, de préférence constitutionnelles ».

L'élément nouveau apporté par le TSCG sur ce point est la possibilité de saisine par tout État de la Cour de justice afin de vérifier la transposition de la règle d'équilibre budgétaire dans ces dispositions constitutionnelles.
Le TSCG reprend également une disposition du six pack selon laquelle les États membres de la zone euro dont la dette publique dépasse 60 % du PIB doivent réduire celle-ci de 1/20e par an.
Le Traité consacre l'existence de sommets des chefs d'État ou de gouvernement des États membres de la zone euro se tenant deux fois par an, en prévoyant l'élection d'un président desdits sommets. L'art. 13 évoque un contrôle parlementaire de l'application du traité, au travers d'une conférence réunissant députés européens et parlementaires nationaux.

Le pacte de stabilité et de croissance

	Volet préventif : Surveillance de la trajectoire d'ajustement	**Volet correctif : Procédure de déficit public excessif**
Règle générale	Les États doivent poursuivre un objectif budgétaire à moyen terme (OBMT) proche de l'équilibre ou excédentaire et mesuré en données corrigées des variations conjoncturelles. L'OBMT varie, selon la situation économique des États, entre 1 % du PNB et l'équilibre ou l'excédent budgétaire. Le déficit public structurel (soit le déficit des finances publiques hors impact de la conjoncture qui est mesuré à partir de la croissance potentielle de l'État) ne doit pas dépasser 0,5 % du PIB (sauf si la dette de l'État est inférieure à 60 % du PIB). C'est la règle d'or. L'État membre qui ne se situe pas à l'OBMT doit suivre une trajectoire d'ajustement (TA) et respecter un calendrier de convergence pour atteindre cet objectif. Dans le cadre de cette trajectoire, l'État doit : – réduire son DPS d'au moins 0,5 point de PIB par an ; – maintenir le taux de croissance des dépenses publiques en dessous du taux de croissance potentiel à moyen terme (sauf si ce dépassement est compensé par une augmentation équivalente des recettes). **Clause de flexibilité** Les États peuvent s'écarter de leur trajectoire d'ajustement en cas de réformes structurelles majeures ou de circonstances exceptionnelles (récession économique notamment).	Les États membres doivent éviter les déficits publics excessifs (DPE). Il y a DPE si le déficit public ou la dette publique dépassent des valeurs de référence (3 % du PIB pour le déficit et 60 % du PIB pour la dette) fixées dans un protocole annexé au traité depuis Maastricht. Lorsque le niveau d'endettement dépasse 60 % du PIB, l'État doit réduire de 5 % par an le montant de sa dette publique. **Clause de flexibilité** Pas de DPE si le dépassement des 3 % : – résulte de circonstances exceptionnelles (circonstance inhabituelle indépendante de la volonté de l'État ou grave récession économique) ou d'une croissance négative ou très faible par rapport au potentiel de croissance ; – est temporaire et proche de la valeur de référence (prise en compte de facteurs pertinents).

	Volet préventif : Surveillance de la trajectoire d'ajustement	Volet correctif : Procédure de déficit public excessif
Procédure et sanctions	Les États doivent instaurer une institution nationale indépendante pour vérifier le respect de la règle d'or, mettre en place un mécanisme de correction automatique en cas d'écarts importants du DPS par rapport à l'OBMT et faire figurer la règle d'or et le mécanisme de correction automatique dans des dispositions contraignantes et permanentes, de préférence constitutionnelles.	Sur proposition de la Commission, le Conseil constate, à la majorité qualifiée, l'existence d'un DPE. Le TSCG prévoit que les États membres de la zone euro doivent soutenir les propositions de la Commission visant à constater un DPE sauf si une majorité qualifiée d'entre eux s'y oppose. Cette règle de la majorité qualifiée inversée n'est toutefois applicable que s'il y a méconnaissance du critère du déficit public, non de la dette (l'évolution de l'endettement est jugée trop volatile pour justifier un tel assouplissement de la procédure de constat du DPE).
Procédure et sanctions	Tout État peut saisir la Cour de justice, non pour vérifier si les autres États respectent la règle d'or, mais pour constater qu'un État ne s'est pas doté d'un mécanisme de correction automatique. Si, à l'issue d'un délai, l'État ne s'est pas conformé à l'arrêt de la Cour, cette dernière peut lui infliger une amende de 0,1 % du PIB.	L'État contrevenant de manière grave aux règles ou ayant dû constituer un dépôt portant intérêt dans le cadre du volet préventif, peut se voir imposer par le Conseil, dès le stade du constat du DPE, un dépôt de 0,2 % de son PIB. Cette sanction est adoptée à la majorité qualifiée inversée.
	Les États membres de la zone euro présentent chaque année un programme de stabilité précisant le calendrier et les mesures devant conduire à la réalisation de l'OBMT. Les États non membres de la zone euro présentent des programmes de convergence. Sur recommandation de la Commission, le Conseil peut inviter l'État membre concerné à adapter son programme en cas d'insuffisance des objectifs de déficit public. En cas d'écart important par rapport à la TA, le Conseil peut lui adresser une recommandation l'invitant à prendre des mesures correctrices (système d'alerte rapide). Si l'État ne met pas en œuvre les mesures recommandées par le Conseil, ce dernier, peut lui imposer la constitution d'un dépôt portant intérêt de 0,2 % du PIB (décision prise sur recommandation de la Commission selon la règle de la majorité qualifiée inversée).	Si l'État ne prend aucune mesure pour corriger le déficit excessif, le Conseil peut, sur recommandation de la Commission, décider à la MQ inversée de convertir le dépôt en amende de 0,2 % du PIB. Si le manquement persiste, cette amende peut être portée à 0,5 % du PIB. **Clause de flexibilité** Le délai pour corriger le déficit excessif peut être prolongé en cas de grave récession économique ou d'événements inattendus.

- **Les procédures de coordination des politiques économiques et sociales instaurées par les traités**

Si les politiques économiques demeurent de la responsabilité des États, le principe est posé par le traité de leur coordination au sein du Conseil. Instauré par le traité de Maastricht, le dispositif de coordination des politiques économiques prévoit l'adoption de Grandes orientations de politiques économiques (GOPE) et l'instauration d'un mécanisme de surveillance multilatérale piloté par la Commission (art. 121 TFUE).

Par ailleurs, institué par le traité d'Amsterdam (art. 148 TFUE) et précisé par le Conseil européen de Luxembourg (juin 1997), le processus de Luxembourg vise à coordonner les politiques pour l'emploi par l'adoption de Lignes directrices pour l'emploi (LDE).

Jusqu'en 2005, chacun de ces processus faisait l'objet d'un mécanisme de suivi spécifique dans le cadre de la méthode ouverte de coordination (MOC) : fixation d'objectifs communs, évaluation des progrès réalisés par les États membres pour atteindre ces objectifs (« étalonnage des performances »), information mutuelle des gouvernements sur les moyens mis en œuvre (« échange des bonnes pratiques »), analyse commune des résultats (« examen par les pairs »).

En 2005, ces deux processus ont été fusionnés et constituent **les deux volets de Lignes directrices intégrées** (LDI), fixées par le Conseil européen de printemps, puis formellement adoptées par le Conseil. Ces LDI sont le cadre de référence de la stratégie Europe 2020. Depuis 2011, le suivi des LDI s'inscrit dans le cadre du semestre européen conjointement avec celui du pacte de stabilité et de croissance.

La mise en œuvre des LDI se traduit par l'élaboration par les États de programmes nationaux de réforme (PNR) qui sont évalués dans le cadre du semestre européen (voir ci-après).

- **La stratégie Europe 2020 (ex-stratégie de Lisbonne)**

Le lancement de la stratégie de Lisbonne. Instituée par le Conseil européen de Lisbonne (mars 2000), cette stratégie instaure un nouveau processus de coordination des politiques économiques et sociales destinée à faire de l'Union, d'ici à 2010, l'économie de la connaissance la plus compétitive et la plus dynamique du monde. À la suite d'un rapport critique de groupe d'experts présidé par Wim Kok, ancien Premier ministre des Pays-Bas, la stratégie de Lisbonne a été une première fois réformée en mars 2005 par le Conseil européen : recentrage sur la croissance et l'emploi, adoption par période de trois ans de lignes directrices intégrées composées de deux volets (les grandes orientations de politique économique ou GOPE et les lignes directrices pour l'emploi ou LDE).

Son remplacement par la stratégie Europe 2020. Alors que la stratégie de Lisbonne venait à échéance, le Conseil européen a décidé, en juin 2010, de la remplacer par un nouveau processus dénommé « Europe 2020 ». Le changement de méthode est triple : identification d'initiatives phares pour donner un contenu plus concret à la stratégie, amélioration des mécanismes de suivi et de surveillance (qui sont désormais intégrés dans les procédures budgétaires nationales et ouvrent la possibilité à la Commission d'adresser des recommandations aux États), mise en œuvre dans le cadre du semestre européen. La nouvelle stratégie Europe 2020 **mobilise l'action des institutions européennes et des États** sur la mise en œuvre d'un modèle de croissance qualitative bâti sur trois priorités : une croissance intelligente (développer une économie fondée sur la connaissance et l'innovation) ; une croissance durable (promouvoir une économie plus efficace dans l'utilisation des ressources, plus verte et plus compétitive) ; une croissance inclusive (encourager une économie à fort taux d'emploi favorisant la cohésion sociale et territoriale).

À cette fin, **le Conseil européen fixe des objectifs communs, parfois chiffrés, qui s'imposent aux États**. Initialement, on comptait un objectif global (faire de l'Europe la zone la plus compétitive en 2010), 28 objectifs « principaux », 120 objectifs « secondaires » et une batterie de 117 indicateurs. Cette multiplicité d'indicateurs a été critiquée pour son manque de lisibilité et son caractère irréaliste. Aussi la stratégie Europe 2020 a-t-elle été recentrée sur **cinq objectifs** : porter à 75 % le taux d'emploi des femmes et des hommes âgés de 20 à 64 ans ; porter à 3 % du PIB le niveau des investissements publics et privés en matière de recherche et de développement ; réduire les émissions de gaz à effet de serre de 20 % par rapport aux niveaux de 1990 ; faire passer à 20 % la part des sources d'énergie renouvelable dans notre consommation finale d'énergie, améliorer de 20 % l'efficacité énergétique ; réduire le taux de décrochage scolaire à moins de 10 % et porter à 40 % la proportion de personnes âgées de 30 à 34 ans ayant obtenu un diplôme de l'enseignement supérieur ; réduire de 20 millions le nombre de personnes confrontées au risque de pauvreté et d'exclusion.

Afin de répondre aux critiques sur le manque de consistance de la stratégie, sept **initiatives phares** ont été identifiées : l'amélioration des conditions d'accès au financement pour la recherche et l'innovation, l'augmentation des performances des systèmes d'éducation et de l'enseignement supérieur, l'accélération du déploiement de l'internet à haut débit et le développement d'un marché numérique unique, la « décarbonisation » de l'économie (en augmentant l'utilisation d'énergies renouvelables, la modernisation du secteur des transports et la promotion de l'efficacité énergétique), la mise en œuvre d'une politique industrielle, la modernisation des marchés du travail (en facilitant la mobilité du travail et le développement des compétences tout au long du cycle de vie) et la création d'une plate-forme européenne de lutte contre la pauvreté. Ces initiatives doivent faire l'objet de textes législatifs (brevet européen, création d'un marché unique du commerce électronique, instrument européen de micro financement) et de programmes en matière de recherche et développement. L'intention est claire : utiliser les leviers d'action dont dispose l'Union pour matérialiser les orientations de la stratégie UE 2020 au lieu de la laisser au bon vouloir des États.

- **Un calendrier unique de coordination des politiques économiques et budgétaires : le semestre européen**

Institué par le Conseil européen de juin 2010, le semestre européen a été mis en œuvre pour la première fois en 2011. Il s'agit d'un système de surveillance multilatérale des politiques économiques et budgétaires des États, impulsé par le Conseil européen et piloté par la Commission. Le suivi porte ainsi à la fois sur la situation budgétaire des États (dans le cadre du pacte de stabilité et de croissance) et sur les réformes structurelles, les déséquilibres macroéconomiques et les questions de compétitivité (dans le cadre de la stratégie Europe 2020). Ce semestre se dénoue par la formulation par les instances européennes d'orientations et de recommandations à destination des États avant que ceux-ci aient définitivement arrêté leurs budgets nationaux.

Le semestre européen débute avec **la publication par la Commission** (entre novembre et janvier) **de l'examen annuel de la croissance** qui présente les progrès effectués dans la réalisation des objectifs et arrête les priorités pour l'année à venir dans les domaines économiques, sociaux et budgétaires. Il s'agit d'un document assez général même s'il procède à une analyse pays par pays des progrès réalisés dans des domaines ayant fait l'objet de recommandations.

Ce document est ensuite **examiné au mois de février par les formations du Conseil** (conseil Ecofin et conseil Emploi, Politique sociale, Santé et Consommateurs ou EPSCO) **et le Parlement européen**.

Sur cette base, le **Conseil européen de printemps** évalue la mise en œuvre de la stratégie Europe 2020 (progrès réalisés pour atteindre les cinq objectifs, mise en œuvre des initiatives phares) et adopte des orientations stratégiques sur les politiques économiques et budgétaires à suivre pour l'année à venir. Le Conseil européen examine également le rapport sur le mécanisme d'alerte concernant les déséquilibres économiques excessifs.

En avril, les États membres (à l'exception de ceux placés sous programme d'assistance financière) transmettent à la Commission européenne :

- leurs **programmes de stabilité** (pays de la zone euro) **ou de convergence** (pays non membres de la zone euro) au titre du volet préventif du pacte de stabilité et de croissance ;
- leurs **programmes nationaux de réforme** (PNR), qui présentent les réformes structurelles envisagées pour atteindre les objectifs de la stratégie Europe 2020.

En mai, la Commission procède à l'examen de ces programmes puis, en fonction de cette évaluation, élabore des **recommandations par pays** incluant la politique budgétaire et les déséquilibres macroéconomiques. Ces recommandations sont examinées par les formations spécialisées du Conseil, puis approuvées par le Conseil européen de juin et, enfin, formellement adoptées par le Conseil en juillet. Ces recommandations stratégiques sont donc adressées aux États en temps voulu avant qu'ils aient eux-mêmes finalisé leur projet de budget national.

L'adoption formelle par le Conseil fin juin ou début juillet des recommandations spécifiques par pays marque la fin du « semestre européen » et **le lancement du semestre national**, qui est celui de la mise en œuvre par chaque État membre de ces recommandations :

- avant la mi-octobre, le Gouvernement soumet à la Commission européenne son **projet de plan budgétaire**, c'est-à-dire le projet de budget pour l'administration centrale et les principaux paramètres des projets de budgets pour les administrations locales et de sécurité sociale ;

- avant la fin novembre, la Commission européenne émet un **avis public sur le projet de plan budgétaire**. L'État membre n'est pas tenu de suivre cet avis. Toutefois, si la Commission, après avoir consulté l'État membre dans la semaine suivant la transmission de son projet de plan budgétaire, décèle un manquement particulièrement grave aux obligations budgétaires, elle peut requérir de l'État membre qu'il révise son projet sous trois semaines. Pour la première fois, la Commission a demandé, le 21 novembre 2018, la révision du projet de budget italien.

Dans l'analyse annuelle de la croissance de l'année suivante, la Commission évalue dans quelle mesure les États membres ont tenu compte des orientations européennes.

La mise en œuvre d'un mécanisme aussi intrusif de surveillance des politiques économiques et budgétaires peut susciter des réactions de la part des États : le gouvernement français a ainsi vivement réagi aux suggestions de la Commission sur un report de l'âge légal de départ en retraite (mai 2013) ou sur une éventuelle diminution du salaire minimum (mars 2014).

Les autres procédures de coordination et de surveillance des politiques économiques

• Les procédures de coordination hors traité

Le processus de Cardiff de coordination des réformes structurelles relatives aux marchés des biens, des services et des capitaux. Institué en juin 1998, ce processus a pour objet d'accélérer les réformes tendant à améliorer le fonctionnement des marchés. Ce processus est désormais englobé dans la stratégie Europe 2020.

Le processus de Cologne de coordination des politiques macroéconomiques. Institué en juin 1999, ce processus instaure un dialogue macroéconomique tripartite entre les confédérations européennes de salariés et d'employeurs, les gouvernements responsables des politiques budgétaires et économiques et la Banque centrale européenne, avec la participation de la Commission. Ce dialogue prend la forme de rencontres informelles deux fois par an, à l'automne et au printemps. Son objectif est de faire le point sur les évolutions salariales et de s'assurer de leur adéquation avec les politiques budgétaires nationales et la politique monétaire unique.

• Le mécanisme de prévention et de correction des déséquilibres macroéconomiques excessifs (« two-pack »)

Mis en place par le « two pack », ce mécanisme vise à prévenir en amont des déséquilibres qui sont à la source de dérapages budgétaires et financiers que le pacte de stabilité vise ensuite à surveiller et à sanctionner. La procédure de surveillance et de sanction applicable à ces déséquilibres est toutefois moins contraignante pour les États que celle existante pour les déficits excessifs. Elle prévoit ainsi :

- **la surveillance par la Commission de la situation des États** à partir d'un tableau de bord constitué de dix indicateurs (chômage, endettement privé et public, balance des opérations courantes, solde net d'investissements internationaux, parts de marché des exportations, évolution des coûts salariaux…) ;
- **le déclenchement d'une procédure pour déséquilibre macro-économique excessif** par le Conseil sur recommandation de la Commission. L'État doit alors soumettre un plan d'action correctif assorti d'un calendrier précis ;
- **l'application de sanctions** au cas où l'État membre ne met pas en œuvre les mesures correctives. Applicables aux seuls pays membres de la zone euro, ces sanctions prennent la forme d'un dépôt portant intérêt jusqu'à 0,1 % du PIB, puis, en cas de second manquement (défaut répété d'action ou non-mise en conformité avec les recommandations du Conseil), d'une amende annuelle de 0,1 % PIB.

Cette procédure laisse **une importante marge d'appréciation au Conseil** pour tenir compte de l'influence moins directe qu'exercent les politiques publiques sur les grands équilibres macroéconomiques. En effet, toutes les étapes doivent être franchies à la majorité qualifiée. Seule la dernière sanction, la conversion du dépôt en amende, est « quasi automatique » puisque la décision est prise à la majorité qualifiée dite inversée. La procédure a été inaugurée en février 2012 avec la décision prise par la Commission de lancer une analyse approfondie de la situation de douze pays.

• Le placement des États en difficulté sous surveillance renforcée (« two-pack »)

Entré en vigueur en mai 2013, le règlement du « two-pack » prévoit qu'un État membre de la zone euro connaissant de sérieuses difficultés financières peut être placé sous une surveillance renforcée afin d'éviter que les difficultés de ce pays ne se propagent au reste de la zone euro. La décision de placer un État sous surveillance renforcée est prise par la Commission. Elle lui permet d'avoir un accès inédit aux comptes et informations du secteur bancaire et de mener dans ce pays des missions d'évaluation en liaison avec la BCE. L'État peut être conduit à préparer un programme d'ajustement approuvé par le Conseil à la majorité qualifiée.

Ce dispositif donne ainsi une base juridique aux interventions de la Commission européenne, seule ou conjointement avec le FMI et la Banque centrale européenne (dans le cadre de la « Troïka »), dans les États membres qui sollicitent l'assistance des mécanismes de solidarité. Quatre pays ont ainsi fait récemment l'objet d'un programme d'ajustement (Irlande, Grèce, Portugal et Chypre).

La gouvernance institutionnelle de la zone euro

• L'Eurogroupe : une instance informelle de concertation entre pays membres de la zone euro

Au cours des négociations du traité d'Amsterdam, la France avait proposé d'instituer une instance politique de concertation entre États membres de la zone euro qui serait un contrepoids politique à la Banque centrale européenne. Cette instance aurait été compétente pour définir une politique économique de la zone euro et promouvoir une coordination entre les politiques budgétaires nationales et la politique monétaire unique. Mais cette proposition s'est heurtée à l'hostilité de l'Allemagne – qui craignait une remise en cause du principe d'indépendance de la BCE – et des pays non membres de l'euro (les pays « out ») – qui redoutaient un affaiblissement du Conseil Ecofin. Un compromis est intervenu lors du Conseil européen de Luxembourg de décembre 1997 pour instituer une instance de délibération propre aux pays de la zone euro, l'Eurogroupe dont l'existence a ensuite été consacrée par le traité de Lisbonne (art. 137 TFUE) et un protocole annexé.

L'Eurogroupe comprend les ministres des États membres ayant adopté l'euro avec la participation de la Commission. À la différence du Conseil Ecofin, l'Eurogroupe associe à ses travaux la Banque centrale européenne qui est « invitée à prendre part » à ces réunions. Les réunions sont préparées par le **Comité économique et financier** composé de représentants des États membres, de la Commission européenne et de la BCE. Le traité de Lisbonne innove en dotant l'Eurogroupe d'un président élu à la majorité pour une durée de deux ans et demi[1].

Le protocole confirme que l'Eurogroupe est une **enceinte informelle sans compétences décisionnelles**. Seul le Conseil Ecofin peut adopter, selon les procédures en vigueur, des actes juridiques contraignants (comme par exemple l'octroi d'une assistance financière ou le déclenchement d'une sanction). Dans ce cadre, les fonctions de l'Eurogroupe consistent à discuter des « questions liées aux responsabilités spécifiques qu'ils (les États membres de la zone euro) partagent en matière de monnaie unique ».

- **Le traité de Lisbonne : l'élargissement des questions pour lesquelles les États de la zone euro peuvent se prononcer seuls au sein du Conseil Ecofin**

Lors des débats de la Convention et de la conférence intergouvernementale, deux conceptions se sont opposées.

Selon la première, il faut donner aux États membres de la zone euro la possibilité de **prendre entre eux les décisions liées à l'existence de la monnaie commune** (suivi des programmes de stabilité, adoption des GOPE concernant la zone euro, surveillance budgétaire...) et de **dialoguer avec la BCE** au sein d'un « Conseil Ecofin pour la zone euro ».

Cette approche a été critiquée à la fois par les pays « out » non membres de la zone euro – qui ne veulent pas être marginalisés dans le système de gouvernance économique européen – et par certains pays participant à la monnaie unique – qui veulent **préserver l'indépendance de la BCE et éviter toute forme de fédéralisme budgétaire**. Ces pays admettent l'existence d'un groupe des pays membres de la zone euro mais estiment que cette instance doit demeurer une enceinte informelle

1. Anticipant l'entrée en vigueur du traité constitutionnel qui prévoyait déjà cette élection, l'Eurogroupe a élu M. Jean-Claude Juncker, président, dès 2004 (il a été réélu en 2006, puis en 2008). Son actuel président est, depuis novembre 2012, M. Jeroen Dijsselbloem, ministre des Finances des Pays-Bas.

de discussion et que les décisions concernant la zone euro doivent continuer à être prises par le Conseil Ecofin.

Les discussions au sein de la Convention, puis de la CIG de 2004, ont permis d'aboutir à un accord repris dans le traité de Lisbonne.

- **La consécration du sommet des chefs d'État et de gouvernement de la zone euro**

Si les chefs d'État ou de gouvernement des États membres de l'euro ont pris l'habitude de se réunir de manière fréquente, il a fallu attendre la conclusion du TSCG pour que l'existence de ces réunions soit consacrée. L'art. 13 de ce traité dispose ainsi que les chefs d'État ou de gouvernement se réunissent de manière informelle, au moins deux fois par an, lors de sommets de la zone euro avec la participation du président de la Commission européenne et du président de la BCE. Le président du sommet de la zone euro est nommé par les chefs d'État ou de Gouvernement de la zone euro à la majorité simple pour une durée de deux ans et demi renouvelable une fois (comme ses prédécesseurs, Charles Michel, l'actuel président du Conseil européen, préside le sommet de la zone euro (depuis le 1er décembre 2019).

Le même article du TSCG confie à l'Eurogroupe le soin d'assurer les préparatifs et le suivi des sommets de la zone euro.

Un instrument de solidarité entre pays de la zone euro : le mécanisme européen de solidarité (MES)

Institué par un traité signé le 2 février 2012, le MES a pris la succession du FESF depuis le 1er juillet 2013. Même si son existence est prévue par le TFUE, le MES est une organisation internationale qui ne relève pas du droit de l'Union. À ce titre, il échappe au contrôle du Parlement européen et de la Cour des comptes européenne. Le MES est dirigé par un conseil des gouverneurs constitué des ministres des finances des États membres de la zone euro. Ne font partie du MES que les États membres de la zone euro (à la différence de la BCE dont l'ensemble des États membres de l'Union sont membres).

Alors que le FESF dépendait de la garantie des États, le MES est doté d'un capital de 700 milliards d'euros qui lui permet d'emprunter sur capitaux propres sans qu'il lui soit nécessaire de s'appuyer sur la garantie des États membres. Ce capital se compose de 80 milliards de capital « libéré » – qui pourra être immédiatement versé pour renflouer un État membres en difficulté de la zone euro – et de 620 milliards de capital « non libéré » mais « appelable » auprès des contributeurs – qui constitue la garantie nécessaire. Pour lever cet argent, le MES peut faire appel aux marchés financiers afin de le prêter à des taux bonifiés aux États en difficulté.

Ses interventions prennent la forme de prêts à taux bonifiés, de lignes de crédits préventives (afin d'aider les États à maintenir leur accès au financement) ou d'achats d'obligations sur les marchés primaire ou secondaire (pour réduire des hausses de spread en cas de perte de confiance des marchés). La Grèce, l'Irlande, le Portugal, l'Italie et Chypre ont bénéficiés de tels prêts. Le MES peut aussi aider à la recapitalisation des établissements financiers en cas de crise bancaire comme cela a été le cas en Espagne en juin 2012.

La décision d'aider un État est prise à l'unanimité par le conseil d'administration composé des États membres de la zone euro. L'assistance financière est subordonnée à une stricte conditionnalité dans le cadre d'un programme d'ajustement macroéconomique. Cette conditionnalité peut être mal vécue par les gouvernements et les opinions publiques nationales, Ainsi, les lignes de crédits du MES dégagées en mars 2020 à hauteur de 240 milliards d'euros pour faire face à la crise sanitaire ont été peu utilisées alors même qu'il a été convenu que les prêts seraient accordés sans conditionnalité stricte. Les États ont en effet préféré attendre les subventions prévues par le plan de relance plutôt que recourir à un mécanisme perçu comme un outil d'ingérence.

La capacité d'action du MES est également entravée par les ressources limitées dont il dispose. Certains estiment qu'il ne serait pas en mesure de faire face à une crise frappant directement un grand pays de la zone, à l'instar de l'Italie ou de la France. Toutefois, la crise pandémique démontre qu'en cas de nécessité, les États peuvent décider d'élargir les moyens du MES comme cela a été fait en mars 2020 (voir plus loin).

En décembre 2017, la Commission a proposé de transformer le MES en Fonds monétaire européen (FME) institué par un acte de droit de l'Union et non un traité intergouvernemental. Le FME serait soumis au contrôle des institutions de l'Union (Parlement européen, Cour des comptes). Il serait doté d'une gouvernance interne améliorée (avec une prise de décision, en certains cas, à la majorité qualifiée et non à l'unanimité) et bénéficierait d'une garantie « solidaire et conjointe»» de l'ensemble des États membres. Cette proposition a été écartée par l'Eurogroupe en 2018 et 2019.

Il est vrai que certains pays du nord, comme les Pays-Bas, le Danemark et la Suède souhaitent limiter les possibilités d'accès des pays en difficulté au MES. À leurs yeux, le fonds européen de gestion de crise ne devrait être mobilisé que si la stabilité financière européenne de tous les États membres en dépend. Par ailleurs, son intervention devrait aller de pair avec un accès complet aux informations sur la situation économique et financière des États concernés (afin d'évaluer leur capacité de remboursement) et une implication du secteur privé.

Bilan

L'Union économique et monétaire : un bilan en demi-teinte

- **La création de l'euro : un facteur de croissance et de stabilité en Europe**

L'institution de l'euro a permis de créer **une zone de stabilité monétaire et financière** en Europe. Les pays de la zone euro sont désormais à l'abri des crises de change et des dévaluations compétitives qui ont entravé la croissance au début des années 1990 et étaient source de distorsions commerciales entre États membres. Jouant le rôle de « bouclier », l'euro a également permis aux économies européennes de mieux résister aux crises économiques et monétaires internationales (crise asiatique de 1998, puis 2001, dégonflement de la bulle internet, choc pétrolier, hausse du prix des denrées alimentaires…).

L'euro a concouru à **l'approfondissement du marché intérieur**. En permettant de faire l'économie de coûts de transaction de change qui pouvaient représenter entre 0,25 % et 0,4 % du PIB européen, la création de l'euro a créé un contexte favorable au développement des échanges commerciaux et des investissements intra-communautaires. Les entreprises disposent désormais d'un marché de capitaux intégré à l'échelle européenne, ce qui facilite leur financement et les opérations de fusion transfrontières. Enfin, la mise en circulation d'une monnaie unique a accru la transparence des prix et la concurrence entre entreprises au bénéfice des consommateurs. Une intégration économique plus étroite favorise ainsi la croissance en permettant de faire des économies d'échelle (baisse des coûts unitaires) et de profiter des avantages comparatifs (spécialisation des pays)[1].

Sur un plan macro-économique, l'euro a permis de **juguler l'inflation et de faire converger les taux d'intérêt à un niveau historiquement faible**. Cet effet positif est dû à l'action de la Banque centrale, à la crédibilité de la politique monétaire et à l'effet d'entraînement d'États économiquement puissants.

Si l'euro n'a pas encore le poids du dollar, elle est **la seconde monnaie internationale** devant le sterling, le franc suisse et le yen. En raison de sa stabilité qui est un attrait pour les investisseurs, l'euro a même supplanté le dollar sur le marché des obligations internationales. Le dollar reste toutefois la première monnaie de réserve (60 % des réserves de change mondiales) même si sa part a quelque peu baissé ces dernières années au profit de celle de l'euro (plus de 25 % des réserves des banques centrales).

L'euro est, à ce titre, un **moyen pour l'Europe de peser dans les négociations économiques et monétaires internationales**. Si les Européens veulent demeurer présents et actifs au sein des instances internationales, et notamment au sein du G8 dont aucun État de la zone euro ne fera plus partie d'ici 2050 (pas même l'Allemagne), ils n'ont pas le choix : ils doivent s'unir autour d'une monnaie commune et s'exprimer d'une seule voix pour défendre leurs intérêts.

La mise en place de l'euro a permis d'aboutir à une **forme de souveraineté partagée** dans un domaine essentiel pour la croissance et l'emploi. Alors que les taux d'intérêt étaient, du temps des monnaies nationales, largement dictés par la Bundesbank, la politique monétaire européenne est désormais décidée par le Conseil des gouverneurs au sein duquel l'Allemagne ne pèse que pour une voix.

Enfin, il convient de souligner la **dimension symbolique de l'euro**. La création de l'euro matérialise la communauté d'appartenance des citoyens européens à un

1. Joseph Stiglitz conteste la validité de cette approche concernant la zone euro. Il fait valoir que les barrières douanières étaient déjà faibles, l'institution de l'euro n'ayant rien apporté de ce point de vue, que les différences de structure économique entre les économies des États membres de l'euro sont telles qu'il est impossible de définir au niveau commun une action pouvant améliorer le bien-être de tous ces pays et que les États se voient privés de la possibilité d'utiliser les taux d'intérêts et les taux de change comme moyens d'ajustement.

même ensemble politique. Permettant à tout un chacun de voyager dans la zone euro sans changer de monnaie, il contribue à façonner une identité commune. Selon l'adage énoncé par Georges Duby (« la monnaie du roi fait le roi »), l'euro peut être le vecteur d'un approfondissement politique de l'Europe.

- **L'euro a toutefois constitué un « bouclier » de protection qui a pu inciter certains pays à des politiques laxistes**

Si les dix premières années de l'euro ont été ce que l'économiste Jean Pisani-Ferry appelle « la décennie dorée » (croissance rapide des pays périphériques, baisse des taux d'intérêt, afflux des capitaux vers les pays du sud), elles auront également eu un effet anesthésiant sur les États en desserrant la discipline exercée par les marchés financiers et en leur offrant la possibilité d'emprunter à des taux historiquement bas. Emportés par l'euphorie des marchés et protégés par la monnaie unique, certains pays (Grèce, Espagne, Italie…) ont pu augmenter leur endettement public et développer les activités domestiques non exportables (construction, distribution, immobilier, hôtellerie, loisirs…) au détriment du secteur productif et de l'effort de recherche et d'innovation. Les crises de 2007-2008 et de 2010-2011 ont marqué un retournement de tendance: du fait de politiques d'austérité sans doute inadaptées, les performances économiques de la zone euro sont depuis 2007 inférieures à celles des pays européens hors monnaie unique.

- **De plus, la zone euro n'est pas une zone monétaire optimale**

Une zone monétaire optimale est une zone à monnaie unique caractérisée par une forte mobilité des facteurs « capital » et « travail » et une certaine convergence des niveaux de développement.

Or, **la mobilité du travail entre les pays de la zone euro est très faible**. Seules quelques dizaines de milliers de personnes vont chaque année d'un pays à un autre (sur une population de 330 millions d'habitants) alors qu'aux États-Unis, près de 15 % de la population changent chaque année d'État. Cette situation renvoie à la prévalence des identités nationales: fondamentalement, un polonais ou un roumain travaillant en France ou en Allemagne reste, comme le fait remarquer Stiglitz, un « étranger invité » à la différence d'un américain de la côte ouest qui va travailler à New-York. Les déplacements de main-d'œuvre sont ainsi insuffisants pour corriger les différences de taux de chômage entre États européens.

Par ailleurs, **les différences de compétitivité et de spécialisations productives** entre économies de la zone euro (entre pays du nord et pays du sud, entre anciens États membres et nouveaux adhérents) restent importantes. Certains économistes estiment que la monnaie unique a eu pour effet de les augmenter en favorisant la concentration de la production dans les régions les plus performantes.

Enfin, en dépit des évolutions amorcées, la zone euro **manque d'outils de solidarité** entre États membres: à ce titre, elle n'est pas une zone monétaire intégrée.

Ainsi, il n'existe **pas de centralisation de l'émission de la dette souveraine**. Les États restent maîtres de la gestion de leur dette publique. Les investisseurs et les institutions financières sont ainsi en mesure d'arbitrer entre pays de la zone euro, selon leur situation budgétaire et économique, ce qui expose les plus fragiles d'entre eux à une crise de liquidités.

Il n'existe **pas de possibilité de financement de la dette publique par création monétaire**. Même si la BCE a fourni des liquidités au secteur bancaire pendant la crise financière de 2008, elle ne fait pas non plus figure de **prêteur de dernier ressort**. Ainsi, selon une clause voulue par l'Allemagne qui en faisait une condition de son acceptation de la monnaie unique, l'art. 123 TFUE interdit à la Banque centrale européenne et aux banques centrales des États membres d'accorder des découverts ou crédits aux organismes publics au sens large et d'acquérir des instruments de leur dette.

Enfin, il n'existe **pas de budget commun** assurant un rôle contra-cyclique en cas de récession et favorisant des transferts financiers des pays riches vers les moins développés. Alors que, dans les États fédéraux, les prestations sociales sont versées par ces derniers, les programmes sociaux sont, en Europe, financés par les États de sorte que si un pays de la zone euro plonge dans la crise, l'augmentation des dépenses sociales est financée par l'État national (Stiglitz).

De manière générale, une intégration économique entre États autour d'une monnaie unique nécessite, selon Stiglitz, un pouvoir politique qui soit porteur de possibilités d'action collective.

- **La gouvernance économique de la zone euro comporte de nombreuses failles**

La politique monétaire est principalement axée autour de la lutte contre l'inflation. Alors que d'autres banques centrales dans le monde ont une mission large qui porte sur le niveau des prix mais aussi l'emploi et la croissance, l'objectif principal assigné au SEBC par le traité est principalement d'assurer la stabilité des prix – même si le traité ajoute qu'il doit aussi d'apporter son soutien aux politiques économiques générales dans la Communauté (art. 127 TFUE). Cette hiérarchie des objectifs résulte d'une exigence allemande qui faisait du primat de la lutte contre l'inflation sa condition de ralliement à la monnaie unique.

Toutefois, la BCE a montré qu'elle n'hésitait pas, en cas de nécessité (en 2007-2008 au moment de la crise financière, en 2010-2011 en pleine crise des dettes souveraines), à procéder à des **injections massives de liquidités** pour pallier les risques d'effondrement du système financier au risque de relancer l'inflation.

Il n'existe **pas de politique volontariste du taux de change de l'euro, ni de représentation internationale unifiée de la zone euro**. La valeur de l'euro fluctue au gré des mouvements spéculatifs et des décisions de la politique monétaire d'États tiers (Chine, États-Unis) qui, en fonction de leurs intérêts propres, décident que leur monnaie nationale sera forte ou faible.

Il existe des outils de discipline budgétaire mais pas de véritable coordination des politiques économiques. Les marges de manœuvre budgétaires des pays en excédent n'ont jamais pu être utilisées en période de récession pour soutenir les économies dans le cadre d'un plan de relance européen. Alors que la gestion de la monnaie unique est centralisée, les choix de politique économique sont divergents selon les États (recherche de gains de productivité et d'une croissance tirée par l'exportation en Allemagne, préservation des équilibres sociaux au détriment de la maîtrise des finances publiques en France, bulles financières et immobilières en Espagne et en Irlande...).

Il n'existe pas, non plus, de lieu de coordination entre la politique monétaire et les politiques économiques nationales. La BCE est une institution dont l'indépendance est garantie par les traités et qui ne rend compte, pour cette raison, de ses choix de politique monétaire devant aucune instance politique. Si le président du Conseil Ecofin et un membre de la Commission peuvent assister aux réunions du Conseil des gouverneurs de la BCE, c'est pour simplement participer aux débats sans droit de vote. Sauf lorsqu'il délibère sur des questions relatives aux objectifs et missions de SEBC, le président de la BCE ne participe pas aux réunions du Conseil Ecofin. Le président de la BCE participe aux réunions du Comité économique et financier (composé des directeurs du Trésor et des gouverneurs des banques centrales) mais il ne s'agit pas d'une instance politique de décision : son rôle est de préparer les délibérations de l'Eurogroupe et du Conseil Ecofin. Si l'Eurogroupe est un lieu de dialogue entre la BCE et les gouvernements de la zone euro, la Banque centrale européenne se refuse à prendre tout engagement sur les orientations de sa politique monétaire.

La zone euro manque ainsi d'un **gouvernement économique,** c'est-à-dire d'un lieu où pourrait se décider une politique commune coordonnant les différents leviers (politique monétaire, politique de change, politiques budgétaires) en faveur de la croissance et de l'emploi. Les pays de la zone euro se retrouvent au sein de l'Eurogroupe mais il s'agit d'une instance non décisionnelle. L'euro est un outil de stabilité (stabilité des prix, discipline budgétaire), pas de politique économique.

Elle n'a pas non plus résolu la **question de ses relations avec les pays hors zone euro**. Ces derniers utilisent l'outil monétaire selon leurs impératifs nationaux tout en revendiquant un droit de regard sur les décisions prises dans le cadre de la zone euro. Ils invoquent, à ce titre, le fait que ces décisions peuvent affecter leur situation économique ou qu'elles les concernent potentiellement puisqu'ils rejoindront un jour l'euro.

Cette mauvaise organisation de la zone euro constitue une **source de fragilité structurelle** qui a conduit les marchés à douter de sa pérennité et à spéculer sur son éclatement. Le paradoxe a souvent été souligné que la zone euro s'est retrouvée menacée dans son existence alors que son taux d'endettement est moindre que celui d'autres États (Japon, États-Unis, Royaume-Uni...). Mais alors que ces pays mettent en œuvre des politiques économiques cohérentes mobilisant les outils budgétaire et monétaire, l'Union économique et monétaire est **un ensemble hétérogène mal gouverné** qui alimente le doute sur son existence.

Le Pacte de stabilité et de croissance : un instrument nécessaire de discipline budgétaire mal respecté et dont la crédibilité économique est contestée

- **Un outil indispensable de discipline par les règles**

Le pacte est souvent critiqué pour sa « rigidité » ou sa « stupidité ». On peut toutefois considérer qu'il **formalise des règles de bonne gestion des finances publiques**. L'objectif d'un budget « proche de l'équilibre ou excédentaire » à moyen terme ou la limitation des déficits publics à 3 % peuvent se justifier au regard de la nécessité de limiter le poids des intérêts de la dette et de permettre aux États de faire face aux dépenses nouvelles liées au vieillissement des populations. De surcroît, ces règles sont définies de manière transparente et valent de manière égale pour tous les États sans distinction de leur poids économique.

Une alternative au pacte serait d'instituer une **politique économique coordonnée au niveau européen**. Dans cette optique, les États membres ne seraient **plus tenus par le carcan des 3 %**. Ils pourraient s'entendre pour laisser filer leurs déficits au-delà des valeurs de référence en cas de baisse de la croissance ou, au contraire, serrer la « vis » budgétaire en cas de surchauffe. Mais la mise en place d'un tel dispositif de coordination supposerait l'existence d'une instance commune capable de prendre des décisions engageant les États dans le domaine économique. De plus, il a été considéré, au lancement de l'Union économique et monétaire, que les États devaient disposer de leur propre politique budgétaire pour pouvoir réagir à un choc asymétrique (c'est-à-dire à une variation de l'activité n'affectant qu'un ou quelques États membres).

- **Une mise en œuvre défaillante**

Le suivi du pacte repose sur un mécanisme d'examen par les pairs au sein du Conseil qui favorise le jeu des **complaisances mutuelles** et des **compromis tactiques**. Le vice congénital du pacte est que le contrôle du respect des règles communes appartient à ceux-là même (les gouvernements) qui sont susceptibles d'être sanctionnés. La réforme du six-pack a tenté de trouver une solution en introduisant le vote à la majorité qualifiée inversée qui revient à rendre quasi automatique l'adoption par le Conseil des recommandations de la Commission sur le constat d'un déficit public excessif ou le prononcé de sanctions. Cette réforme n'a rien changé au constat suivant : alors que le nombre de pays en infraction avec les règles du pacte est allé jusqu'à 24 en 2011, les procédures pour déficit excessif engagées n'ont **jamais donné lieu à l'application de sanctions** en dépit des nombreuses violations des règles budgétaires de la part de pays européens.

De même, les révélations sur l'état des comptes de la Grèce à l'automne 2009 ont démontré les **faiblesses de la surveillance effectuée par Eurostat**. Eurostat est une Direction générale de la Commission (dotée d'un statut particulier afin d'en garantir l'indépendance) qui constitue l'autorité statistique européenne. Cette autorité fonctionne en réseau avec les instituts nationaux de statistique au sein du système statistique européenne (SSE). Les États membres doivent communiquer deux fois par an à Eurostat les données sur le déficit et la dette de l'État. Il est apparu que le gouvernement grec avait délibérément falsifié les informations transmises à Eurostat (recourant à des « swaps » de devises ou à la titrisation afin de diminuer le montant de sa dette). Si les pouvoirs d'Eurostat ont été renforcés par un règlement de juillet 2010 (l'office peut désormais contrôler les comptabilités publiques nationales avec l'assistance d'experts nationaux), il faudrait sans doute aller plus loin en faisant de l'office une autorité indépendante de la Commission et en augmentant ses moyens matériels et humains de contrôle.

- **Une portée économique contestée**

Le volet correctif du pacte repose sur un critère (la limitation du déficit public courant à 3 % du PNB) qui a toujours été critiqué parce qu'il ne constituerait pas un bon indicateur de mesure de la performance des politiques budgétaires. Sont principalement mis en exergue le fait que cet indicateur ne distingue pas selon la nature des dépenses (fonctionnement ou investissement) et qu'il s'applique de manière uniforme selon la situation économique des États. La norme de 3 % avait été retenue au moment du traité de Maastricht pour assurer la convergence avant le passage à l'euro parce qu'un déficit public de 3 % permet de stabiliser l'endettement public à 60 % dans l'hypothèse d'une croissance moyenne de 5 %. Un tel carcan ne serait plus de mise aujourd'hui.

Les réformes du pacte de stabilité ont toutefois permis d'asseoir les mécanismes du pacte sur des **fondamentaux économiques plus solides**.

Le critère de déficit public courant a été maintenu : il a en effet été estimé que le choix d'un autre indicateur (par exemple, le solde courant diminué des dépenses investissements) ouvrirait toutefois la voie à des discussions sans fin sur la classification comptable des dépenses. Toutefois, comme on l'a vu, les circonstances dans lesquelles les États peuvent dépasser le seuil de 3 % ont été élargies.

Par ailleurs, la réforme du six-pack fait de la dette un **indicateur alternatif de mise en œuvre du volet correctif** du pacte même si le déficit public est inférieur à 3 % du PNB.

Les réformes du pacte de stabilité ont également renforcé son volet préventif qui repose sur le critère plus significatif sur le plan économique de « **déficit public structurel** » ou DPS (soit le solde courant corrigé des variations conjoncturelles). Le recours à cet indicateur permet de différencier l'**objectif budgétaire à moyen terme** selon la situation économique des États : un pays faiblement endetté ou ayant déjà accompli des réformes structurelles coûteuses bénéficiera ainsi d'un taux de croissance potentiel plus important que les États qui n'ont pris aucune mesure pour préparer l'avenir et pourra donc laisser filer son déficit public en cas de retournement de la conjoncture. Il reste que la mesure du taux de croissance potentiel constitue une opération complexe qui peut donner lieu à des évaluations divergentes. Comme l'indiquait récemment M. Jeroen Dijsselbloem, président de l'Eurogroupe (Les Échos, 29 avril 2016), il s'agit d'un indicateur sujet à de brusques variations et difficile à expliquer.

Enfin, le pacte de stabilité se double d'une **surveillance des indicateurs macro-économiques** globaux (niveau d'endettement, situation de la balance des paiements courants, évolution du crédit...). Les exemples de l'Espagne ou de l'Irlande ont montré en effet que des pays peuvent se retrouver en difficulté pour des raisons diverses (bulles de crédit, endettement privé, déficit structurel de la balance des paiements courants) alors que leurs comptes publics n'ont pas dérapé.

Certaines orientations du pacte de stabilité et de croissance restent toutefois contestées.

L'objectif même d'un équilibre budgétaire à moyen terme équilibre ou excédentaire est critiqué car il impliquerait une **politique générale de déflation** au détriment de la croissance.

Par ailleurs, le pacte ne prévoit aucun mécanisme obligeant les États en période de croissance à **affecter une partie de leurs recettes fiscales excédentaires** à la réduction des déficits ou au remboursement de la dette. S'il est excessif dans les périodes de fort ralentissement de l'activité, le seuil de 3 % du PIB pour le déficit public devient peu contraignant en période de forte croissance. Le rapport « Agenda pour une Europe en expansion » remis au président de la Commission en juillet 2003 par un groupe d'experts présidé par André Sapir avait proposé de constituer un fonds que les États seraient obligés d'abonder lorsque la croissance est supérieure aux prévisions et qui serait débloqué, en cas de besoin, avec l'accord du Conseil Ecofin. Mais une telle option présuppose l'existence d'un pouvoir politique européen chargé de gérer ce fonds commun. Sans aller aussi loin, il faudrait retenir une **norme de politique budgétaire plus** « intelligente » qui soit contraignante en haut de cycle lorsque la croissance est forte et soit beaucoup plus souple en bas de cycle lorsque les économies sont en récession.

Les résultats décevants de la stratégie Europe 2020

Cette stratégie a créé un contexte favorable à l'adoption ou au lancement de nombreuses réformes. Les marchés de réseau ont été ouverts à la concurrence (télécommunications, transport ferroviaire de marchandises, services postaux, électricité et gaz). La politique de la concurrence a été réformée. Un paquet « énergie-climat » important a été adopté. Une part des fonds structurels a été réorientée vers la mise en œuvre de la stratégie de Lisbonne. Toutefois, les modalités de mise en œuvre et de suivi sont défaillantes.

Des performances économiques et sociales européennes en deçà des objectifs. Ainsi, le taux de croissance moyen des États membres de l'Union se situe, depuis 2007, bien en deçà de l'objectif de 3 %. En matière de recherche, seuls deux États membres, la Suède et la Finlande, consacrent actuellement plus de 3 % de leur PIB à l'effort de recherche et développement.

Un manque de visibilité politique. Ainsi, la stratégie de Lisbonne, puis Europe 2020, n'est portée par aucune personnalité, ni aucune institution. La proposition faite par la Commission en 2005 afin que chaque État nomme un « monsieur Lisbonne » chargé de suivre la mise en œuvre des programmes nationaux n'a pas été retenue.

Le manque de grands projets porteurs. Il conviendrait en effet de donner plus de réalité à la stratégie Europe 2020 en identifiant quelques grands projets porteurs capables d'incarner l'avenir de l'Union (programmes d'équipement dans le domaine des réseaux transeuropéens, constitution de pôles d'excellence en matière de recherche, approfondissement du marché intérieur…) et soutenir leur mise en œuvre par la mobilisation d'instruments financiers spécifiques (voire par le lancement d'un grand emprunt européen comme évoqué par Jacques Delors).

Les différences de vision entre États. C'est sans doute là le fond du problème. Les pays sont profondément divisés sur le modèle économique et social à promouvoir entre les partisans d'un modèle libéral ou libéral-social et ceux qui mettent en avant la préservation du rôle de l'État et la solidarité sociale.

La complexité juridique des mécanismes de surveillance économique et budgétaire

Les différents instruments existants (GOPE, Pacte de stabilité et de croissance, stratégie Europe 2020, pacte Euro plus, semestre européen…) **sont trop disparates et redondants**. Applicables à des cercles variables d'États, ils sont devenus, par leur accumulation, source de confusion.

Par ailleurs, le droit applicable résulte d'une **accumulation de normes difficilement compréhensible**. Le pacte de stabilité et de croissance – dont l'existence est à peine mentionnée dans les traités – repose ainsi sur une articulation complexe entre les dispositions du traité relatives à la procédure de DPE, des textes de droit dérivé qui viennent compléter et préciser ces dispositions (quand ce n'est pas les contredire) et un traité de droit international, le TSCG. Pour ajouter à la complexité, certaines de ces normes sont applicables à tous les États membres, les autres aux seuls membres de la monnaie unique. Une révision des traités couplée à une codification des règles de droit dérivé dans le sens de leur simplification serait nécessaire.

Perspectives

Les États membres sont divisés sur l'avenir de l'Union économique et monétaire. Certains pays, dont la France, plaident pour une mutualisation des moyens et un renforcement des outils de solidarité et d'intervention. Cette logique n'est pas partagée par les pays du nord, hostiles à toute union de transferts entre États membres et très attachés au maintien de règles de discipline budgétaire qui incitent les États les moins rigoureux à assainir leurs comptes publics et à engager des réformes structurelles.

Ce débat se pose toutefois en des termes nouveaux depuis le déclenchement de la crise sanitaire.

Le renforcement des outils de solidarité et d'intervention

- **L'élargissement des missions de la BCE**

Certains souhaiteraient que la BCE ait explicitement pour mission de racheter sans limites la dette des États en difficulté de la zone euro sur le marché secondaire (comme peuvent le faire la FED américaine et la Banque d'Angleterre vis-à-vis de leur gouvernement). Il s'agit de montrer aux marchés que la BCE est prêteur en dernier ressort en cas de risque de défaut d'un État.

Une telle évolution supposerait toutefois une révision des traités. Par ailleurs, l'Allemagne est hostile à une telle monétisation de la dette considérant qu'elle alimenterait l'inflation et créerait un aléa moral (en n'incitant plus les banques à éviter les comportements à risque et les États à mener des politiques vertueuses).

- **Le projet d'un système de garantie des dépôts**

L'achèvement de l'union bancaire suppose la mise en place d'un mécanisme européen de **garantie des dépôts,** qui est toutefois au point mort. Alors que les pays du sud plaident pour une mutualisation des risques liés aux dépôts bancaires, l'Allemagne et les pays du nord refusent que leur système bancaire se retrouve dans la situation de devoir éponger le passif d'établissements bancaires de pays peu rigoureux. Le constat est qu'il est difficile de renforcer la zone euro en dehors d'une crise.

- **L'hypothèse d'une mutualisation des dettes**

Une telle mutualisation pourrait d'abord porter sur le stock de dettes. La Commission européenne a ainsi proposé en décembre 2012 de mettre en commun la dette des pays de la zone euro excédant 60 % du PIB au sein d'un **fond d'amortissement** alimenté par le budget de l'Union et les budgets nationaux.

S'agissant de la mutualisation des flux, l'idée a été évoquée que l'Union européenne puisse **émettre des obligations européennes** (des « eurobonds ») garanties par le budget européen et les États membres, dont le produit serait redistribué aux États. Une telle innovation irait de pair avec la **création d'un Trésor** de l'UEM gérant les émissions de dettes communes et disposant d'un droit de regard étendu sur les budgets nationaux. La mutualisation des dettes n'est en effet acceptable que si les politiques budgétaires et fiscales font l'objet de règles d'encadrement strictes ex ante « On ne confie pas sa carte de crédit à quelqu'un si on n'a pas la possibilité de contrôler ses dépenses » a déclaré justement un ministre allemand.

Un tel dispositif permettrait de mutualiser le risque, de mettre fin à toute possibilité de spéculation sur les signatures souveraines et de diminuer le coût du crédit pour les États les plus fragiles. Mais, outre qu'il s'accompagnerait d'une hausse du coût du crédit pour les pays les mieux notés, il constituerait un saut dans la voie d'un véritable fédéralisme économique qui pourrait inciter les pays les moins vertueux, déchargés d'une partie de leur dette nationale, à ne plus faire d'effort pour assainir leurs finances publiques.

- **L'idée d'un budget propre à la zone euro**

Dans son discours de la Sorbonne de septembre 2017, le Président de la République a proposé de créer un budget propre à la zone euro qui serait alimenté par des ressources propres nouvelles. Le dessein exposé par le Président Macron était de créer à partir de ce budget une nouvelle dynamique en faveur de la convergence économique et sociale des États membres de la zone euro : l'accès à ce budget serait en effet conditionné « au respect de règles communes en matière fiscale et sociale », avec un « socle de droits sociaux européens » et des « standards minimums en matière de droits à la formation, de couverture santé, d'assurance-chômage ou de salaire minimum ».

L'institution d'une capacité budgétaire propre à la zone euro pourrait en effet avoir deux fonctions :

- le soutien aux investissements et aux projets de réformes favorisant la compétitivité des États et la convergence économique ;
- le soutien à la conjoncture lorsqu'un État est frappé par un choc économique asymétrique qui fonctionnerait selon différentes modalités possibles : création d'une ligne de crédit supplémentaire adossée au MES, financement d'une partie des dépenses nationales d'indemnisation du chômage lorsqu'un État est confronté à une diminution brutale de son activité.

L'Allemagne s'est longtemps opposée à un budget de la zone euro par hostilité à l'égard de toute union de transferts. Lors du sommet franco-allemand de Meseberg de juin 2018, ce pays a fini par se rallier à l'idée d'un budget de la zone euro ayant une double fonction de convergence et de stabilisation (le principe d'une assurance chômage européenne a été acté en cas de crise économique grave) mais à condition que son montant soit limité à quelques dizaines de milliards d'euros. Emmenés par les Pays-Bas, les pays du nord se sont toutefois opposés à cette proposition.

Dans une logique de compromis, le Conseil européen de juin 2019 a acté la création d'un instrument budgétaire propre à la zone euro mais intégré dans le budget de l'Union (ce ne serait pas un budget autonome) et avec un rôle limité au soutien des investissements publics et des réformes structurelles (pas de fonction de stabilisation). Alors que la France plaidait pour la conclusion d'un accord intergouvernemental, le principe a été retenu que ce budget serait institué selon les procédures de l'Union. Quant au montant, rien n'a été indiqué puisqu'il devrait être précisé lors des négociations sur le cadre financier pluriannuel mais le chiffre modeste d'un peu plus de 15 milliards d'euros a été évoqué.

Dans le contexte de la crise sanitaire, ce projet est ensuite resté lettre morte : il n'a pas été repris dans le cadre financier pluriannuel 2021-2027. L'idée d'une zone euro avançant plus vite que l'ensemble de l'Union dans la voie de l'intégration se trouve ainsi mise de côté.

Une meilleure gouvernance institutionnelle

• Un exécutif mieux identifié

L'idée a été évoquée d'instituer, sur le modèle du Haut représentant, un **ministre européen de l'Économie** qui fusionnerait les fonctions de président de l'Eurogroupe et de Commissaire en charge des questions économiques et monétaires.

Cette option a été, un temps, soutenue par l'Allemagne mais avec l'idée de confier à ce ministre la capacité d'opposer son veto aux projets de budgets nationaux et de sanctionner les États. Les divergences sur la nature exacte des missions confiées à ce ministre ainsi que les craintes de son éventuelle impuissance n'ont pas permis à cette idée de prospérer plus avant.

- **Un contrôle parlementaire renforcé**

La mise en place d'une coordination accrue des politiques économiques et budgétaires implique un renforcement du contrôle parlementaire soit à partir d'un Parlement européen siégeant en formation « zone euro », soit par l'organisation de conférences interparlementaires sur la zone euro entre les parlements nationaux et le Parlement européen (comme le TSCG en pose le principe).

- **Des conseils spécialisés en format zone euro**

La voie la plus prometteuse serait de généraliser la possibilité pour les États de l'euro zone de se déterminer entre eux dans les formations spécialisées du Conseil. Ces États pourraient ainsi convenir d'une harmonisation renforcée des politiques économiques et sociales (fiscalité, droit du travail…).

L'action de l'Union face à la crise du coronavirus et le plan de relance européen : vers un moment hamiltonien de l'Union ?

La réaction de l'Union a d'abord été faible au début de la crise sanitaire. Les institutions européennes n'ont pas su proposer des solutions communes, ni imposer une coordination entre États. Les gouvernements nationaux ont pris des mesures en ordre dispersé dans une logique du « chacun pour soi ».

À compter de la mi-mars 2020, l'action de l'Union a toutefois pris, dans le domaine économique, un tour sans précédent.

Introduite en 2011, une disposition du pacte de stabilité et de croissance prévoit qu'en de « grave récession économique », les États membres peuvent être autorisés à « s'écarter temporairement de la trajectoire d'ajustement en vue de la réalisation de l'objectif budgétaire à moyen terme ». Pour la première fois, cette clause dérogatoire générale a été activée par le Conseil le 23 mars 2020. Les obligations européennes en matière de réduction du déficit et de la dette publics ont ainsi été suspendues autorisant les États à engager sans limite les dépenses publiques nécessaires pour faire face à la crise. Cette suspension a été prorogée jusque fin 2022.

Toutefois, ces dépenses auraient pu être fortement contraintes par les règles européennes en matière d'aides d'État. Afin de faciliter l'intervention des États membres en soutien aux acteurs économiques, la Commission a donc accepté d'assouplir temporairement ledit cadre.

L'Union a également mobilisé des ressources mutualisées au niveau européen afin de faire face à la crise et de préparer la relance de l'économie européenne : institution d'une initiative de soutien à l'investissement (CRII+) dotée de 66 milliards d'euros pour soutenir les systèmes de santé, les PME, le marché du travail et les secteurs affectés par les conséquences de l'épidémie ; création d'un instrument de soutien temporaire au financement des systèmes nationaux de chômage partiel (SURE) ; mobilisation à hauteur de 240 milliards d'euros des lignes de crédit du

Mécanisme européen de stabilité (MES) sans conditionnalité stricte à la différence de ce qui avait été prévu pendant la crise des dettes souveraines.

Enfin, la Banque centrale européenne a joué un rôle décisif à la fois sur les marchés pour contenir les coûts d'emprunt des États et limiter les écarts de taux d'intérêt qui commençaient à se creuser et vis-à-vis du secteur bancaire pour en assurer le bon fonctionnement. La BCE annonçait ainsi dès le 18 mars, un programme temporaire d'achats de titres des secteurs public et privé (PEPP), d'un montant de 750 milliards d'euros, complétés ensuite de 600 milliards d'euros supplémentaires (4 juin). Par rapport au programme précédemment mis en place pour faire face à la crise grecque, les conditions d'achat sont assouplies. En effet, le PEPP peut être utilisé pour racheter non seulement des dettes souveraines mais aussi des titres d'entreprises privée du secteur non financier. De plus, la limite d'achat selon laquelle la BCE ne peut pas détenir plus de 33 % de la dette d'un État-membre est levée. Enfin, et surtout, la BCE n'a plus obligation d'acheter un portefeuille de titres reflétant la part des États dans le PIB de la zone euro : ses achats peuvent donc se concentrer sur les États le plus en difficulté. La seule limite qui subsiste – et qui découle de l'art. 123 TFUE – est l'interdiction d'acheter des titres de dette publique sur le marché primaire, c'est-à-dire directement aux États.

Toutefois, un plan de relance européen est apparu nécessaire à la fois pour soutenir le redémarrage des économies européennes et pallier le risque de divergences économiques accrues au sein de la zone euro (entre les États, comme l'Allemagne, capables sur le plan budgétaire de soutenir leur économie et les pays du sud, disposant de faibles marges de manœuvre et fortement touchés par la pandémie et ses effets sur le tourisme).

Le 18 mai, la France et l'Allemagne ont ainsi proposé de dégager un budget de 500 milliards d'euros pour la relance européenne, financé par un endettement en commun des 27.

S'inspirant de ce schéma, la Commission a présenté le 27 mai sa proposition de plan de relance pour l'économie européenne « Next Generation EU », et de renforcement du cadre financier pluriannuel 2021-2027. Ce plan de relance de 750 milliards d'euros – 500 milliards d'euros de subventions et 250 milliards d'euros de prêts – vise à relancer l'économie européenne, accélérer les transitions verte et numérique et renforcer la résilience et la durabilité. Au total, avec l'effet de levier attendu des garanties accordées aux programmes visant à favoriser l'investissement privé, le montant mobilisé pour relancer l'économie serait de 1 850 milliards d'euros.

Lors de sa réunion extraordinaire des 17 au 21 juillet 2020, le Conseil européen est parvenu à un accord politique sur cette proposition. Le montant global du plan de relance financé par une dette commune est maintenu à 750 milliards d'euros. Le principe d'une conditionnalité relative à l'État de droit est maintenu. Contrairement à ce que souhaitaient les pays « frugaux » (Pays-Bas, Autriche, Suède, Finlande, Danemark), les plans nationaux de relance ne seront pas soumis au droit de veto d'un État membre : leur approbation relèvera du Conseil à la majorité qualifiée. Par rapport aux propositions initiales de la Commission, les pays dits « frugaux » ont toutefois obtenu des résultats importants : une modification de la répartition entre subventions et prêts (390 milliards d'euros pour les subventions au lieu de 500 et 360 milliards d'euros pour les prêts au lieu de 250), le renforcement des rabais, une réduction de la durée du plan de relance à fin 2023 (au lieu de fin 2024), des coupes dans les augmentations budgétaires prévues dans le CFP 2021-2027, la création d'une nouvelle ressource liées aux déchets d'emballage plastiques en 2021 mais des perspectives plus incertaines pour les autres ressources propres.

En dépit de ces restrictions, l'Union européenne est-elle en train de vivre un moment « hamiltonien », du nom du premier Secrétaire américain du Trésor, Alexander Hamilton, qui convainc Georges Washington de la nécessité pour le gouvernement fédéral de reprendre les dettes contractées par les États américains pendant la guerre d'indépendance ?

Certes, ce ne serait pas la première fois que des emprunts communs sont lancés sur les marchés. La Commission l'a fait pour abonder le premier plan d'aide à la Grèce en 2010. Le Mécanisme européen de stabilité le fait régulièrement pour reprêter aux États à des taux d'intérêt faibles. Certes également, le fonds proposé par la Commission a une vocation temporaire : il ne serait institué que pour la période 2021-2024 afin de répondre à la situation exceptionnelle générée par la crise sanitaire. Certes, enfin, il n'y a pas de mutualisation des dettes du passé : l'endettement commun ne servira qu'à financer des dépenses à venir pour soutenir les économies les plus touchées par la pandémie.

Mais le plan de relance présente une triple nouveauté : pour la première fois, un emprunt serait lancé pour des montants importants pour abonder des programmes budgétaires de l'Union et non pour prêter aux États membres ou financer un dispositif intergouvernemental ; l'emprunt serait remboursé en proportion des contributions des États membres au budget de l'Union et non en fonction des sommes utilisées par chacun ; les remboursements seraient financés par la création de nouvelles ressources propres qui peuvent être assimilées à des formes d'impôt européen. Le saut qualitatif réalisé vers un surcroît d'intégration est donc non négligeable.

La vraie question est de savoir pourquoi l'Allemagne a accepté de soutenir cette option de la levée de dettes communes à laquelle elle était jusqu'ici farouchement opposée. Deux raisons peuvent être mises en avant : l'arrêt de la Cour constitutionnelle de Karlsruhe du 5 mai 2020 qui semble avoir convaincu la chancelière de la nécessité pour les États membres de prendre plus de responsabilités et ne pas s'en remettre seulement à la Banque centrale européenne et à son programme de rachat de dettes publiques ; la prise de conscience des risques de dislocation de la zone euro qui aurait affecté les exportations et la bonne santé de l'économie allemandes.

L'arrêt de la Cour constitutionnelle de Karlsruhe (5 mai 2020)

Dans cet arrêt, la Cour de Karlsruhe estime que les autorités allemandes n'avaient pas suffisamment agi auprès de la Banque centrale européenne pour qu'elle justifie le caractère suffisamment proportionné de l'opération de rachat massif des titres publics (PSPP) lancé en 2015. Certes, la juridiction allemande rejetait l'argument selon lequel le PSPP de 2015 violait l'interdiction du financement monétaire des budgets des États membres (art. 123 TFUE). Mais elle l'a fait au regard des règles

entourant cette opération de rachat (limitation des rachats à un tiers de la dette d'un État membre…). Le PSPP de 2020 s'étant exonéré de ces garde-fous, l'arrêt de la Cour de Karlsruhe pouvait être interprété comme une mise en cause potentielle directe de l'opération de rachat des titres décidée en 2020.
La Cour demande donc à la Bundesbank de cesser ses achats de titres souverains sauf nouvelle décision dans les trois mois du Conseil des gouverneurs de la BCE démontrant la proportionnalité des objectifs monétaires poursuivis par le PSPP. Cette injonction adressée à la BCE a été interprétée comme une tentative de remise en cause de l'indépendance de cette institution.
Enfin, la Cour estime que l'arrêt de la Cour de justice de 2015 par lequel elle avait jugé le *Quantitative easing* conforme au droit de l'Union n'était pas « compréhensible » et avait outrepassé les compétences de la juridiction communautaire. Une telle considération a été perçue comme une remise en cause par la Cour de Karlsruhe de la primauté du droit de l'Union et de la compétence exclusive de la Cour de justice pour interpréter ce dernier.

Quel avenir pour le pacte de stabilité ?

Le débat s'est engagé sur l'avenir du pacte de stabilité entre les États qui souhaitent le maintenir à l'identique (Allemagne, pays du nord) et ceux qui souhaitent en réviser les mécanismes.

La France semble hostile à l'option envisagée par la Commission d'une redéfinition du critère de déficit public excluant les dépenses d'investissement. Elle plaide plutôt pour un recentrage du pacte sur le suivi de la dette (moyennant une modification du seuil de 60 % qui n'est plus adapté aux réalités économiques) ainsi que pour un encadrement pluriannuel de la dépense publique.

38 L'Europe de la santé publique

Historique

Le traité de Rome ne prévoit aucune action commune en matière de santé publique. La protection de la santé peut faire obstacle au principe de libre circulation des marchandises (actuel art. 36 TFUE). Mais aucune action positive n'est prévue pour développer la coopération européenne dans ce domaine.

L'implication de la Communauté européenne dans le domaine de la santé s'est d'abord portée sur la coordination des régimes de sécurité sociale (dans le but de garantir la liberté de circulation des personnes) et la libre circulation des professionnels de santé.

À la suite du scandale du sang contaminé, le Traité de Maastricht consacre un article à la santé publique qui en reste toutefois à une coordination des politiques nationales et à un appui aux actions de prévention.

Dans un contexte de crises sanitaires (« vache folle », crise de la dioxine), le traité d'Amsterdam ouvre la possibilité à la Communauté d'harmoniser les législations nationales dans des domaines limités aux réglementations sanitaires et à la qualité du sang.

La compétence de l'Union en matière de santé publique est élargie à la marge par le traité de Lisbonne.

Connaissances de base

Une compétence étroitement définie

L'art. 168 TFUE assigne à l'Union pour objectif un **niveau élevé de protection de la santé humaine** dans la définition des politiques et d'agir en faveur de la prévention des maladies.

La santé publique est une **compétence d'appui, de complément et de coordination** : l'action de l'Union complète les politiques nationales (notamment en matière de prévention) et promeut la coordination des politiques nationales (par l'adoption d'orientations et d'indicateurs communs et l'échange des meilleures pratiques).

Des **mesures d'encouragement** peuvent être prises dans deux domaines : la surveillance et l'alerte contre les grands fléaux transfrontières ; la prévention en matière de santé publique ce qui concerne le tabac et l'abus d'alcool.

Les actes juridiquement contraignants de l'Union ne peuvent **pas comporter d'harmonisation des dispositions législatives et réglementaires** des États membres sauf dans deux domaines : la qualité du sang et les normes vétérinaires et phytosanitaires. Dans ces deux domaines, l'Union peut adopter des mesures d'harmonisation des normes selon la procédure législative ordinaire.

Toutefois, l'Union doit **respecter pleinement les responsabilités des États membres** en matière d'organisation et de fourniture de services de santé et de soins médicaux.

Par ailleurs, la Charte des droits fondamentaux de l'Union dispose dans son art. 35 qu'« un niveau élevé de protection de la santé humaine est assuré dans la définition et la mise en œuvre de toutes les politiques et actions de l'Union ».

La libre circulation des professionnels de santé

- **La reconnaissance mutuelle automatique des diplômes pour quelques professions de santé**

Cette reconnaissance mutuelle automatique bénéficie aux médecins généralistes et spécialistes, dentistes, pharmaciens, infirmiers de soins généraux et sages-femmes, à condition que le diplôme obtenu dans l'État membre d'origine respecte les exigences fixées par la directive.

Dans ce cas, ces professionnels n'ont pas de stage à accomplir ou d'épreuves à passer pour pouvoir exercer dans l'État membre d'accueil. Ils doivent toutefois maîtriser la langue de cet État.

- **La reconnaissance au cas par cas pour les autres professions de santé**

Pour les professions qui ne bénéficient pas de cette reconnaissance automatique comme les masseurs-kinésithérapeutes, les podologues ou les aides-soignants, des mesures de compensation peuvent être prescrites par les autorités compétentes de l'État membre d'accueil si le contenu de la formation est substantiellement différent ou si le champ des activités professionnelles couvert par la profession est plus large dans l'État membre d'accueil que dans l'État membre d'origine.

Ces mesures peuvent prendre la forme d'un stage d'adaptation ou d'une épreuve d'aptitude.

La libre circulation des patients

Deux modalités de prise en charge des soins dans un autre État membre cohabitent selon qu'il est fait application des principes de libre circulation des travailleurs (règlement 883/2004) ou de libre prestation de services au bénéfice de tous les citoyens européens (jurisprudence de la Cour codifiée par la directive de 2011).

- **Le règlement 883/2004 de coordination des législations de sécurité sociale (remplaçant un précédent règlement 1408/71) : le conditionnement des remboursements de soins à une autorisation préalable**

Un travailleur ou un membre de sa famille ont accès aux soins dans un autre État membre si ces soins :

- sont urgents et ne peuvent attendre la fin du séjour. Les soins sont alors délivrés sur présentation de la carte européenne d'assurance maladie (CEAM) ;
- ne peuvent être dispensés dans l'État de résidence dans un délai « acceptable sur le plan médical, compte tenu de son état actuel de santé et de l'évolution probable de la maladie ». Dans ce cas, la délivrance des soins dans un autre État membre doit faire l'objet d'une autorisation préalable de l'assurance maladie de l'État d'affiliation (formulaire S1).

- **La jurisprudence de la Cour au titre de la liberté de prestation de≈services : l'ouverture de l'accès aux soins à tous les citoyens européens**

Le système d'autorisation préalable a été **remis en cause par la Cour pour ce qui est des soins déambulatoires** (non hospitaliers, par exemple, soins dentaires) : dans son arrêt *Kohll et Decker* (28 avril 1998), la Cour estime que ce système était une entrave à la libre prestation de services sauf si elle pouvait être justifiée par un motif d'intérêt général. La Cour a ainsi ouvert la possibilité pour un assuré de se rendre directement chez un prestataire de soins à l'étranger, de payer la totalité des soins médicaux sur place et de demander le remboursement auprès de l'organisme d'affiliation, sans devoir en passer par la procédure d'autorisation préalable

Dans son arrêt *Keller* du 12 avril 2005, la Cour de justice a considéré que le pays d'origine devait rembourser les frais médicaux même si l'assuré a été traité dans un pays non membre de l'Union européenne (cas d'une personne affiliée à la sécurité sociale espagnole mais séjournant en Allemagne et qui avait été transférée en Suisse pour y être soignée : la Cour a estimé que la sécurité sociale espagnole était tenue de rembourser les frais médicaux engagés en Suisse).

Lorsqu'il s'agit du **remboursement de soins hospitaliers**, la Cour a admis que la prise en charge pouvait être **subordonnée à une autorisation préalable** de la caisse maladie d'affiliation (*Smits et Peerbooms*, 12 juillet 2001). La Cour a estimé qu'un tel système d'autorisation préalable constituait un obstacle à la libre prestation des services mais qu'il était justifiable au regard de raisons impérieuses tenant à l'équilibre financier des systèmes de sécurité sociale et au maintien d'un service hospitalier accessible à tous (ne pas remettre en cause les systèmes de planification de l'offre nécessaires pour garantir l'adéquation des investissements aux besoins, éviter les risques d'une mobilité incontrôlée des patients).

Toutefois, cette autorisation doit être accordée :

- lorsque le patient ne peut bénéficier d'un traitement identique ou présentant le même degré d'efficacité en temps opportun dans l'État membre où il réside ;
- lorsque le patient ne peut se faire soigner dans son pays d'origine dans un délai « médicalement acceptable » au regard de l'évaluation objective de ses besoins cliniques (arrêt **Watts**, 16 mai 2006).

Le remboursement doit être au moins aussi favorable à celui qui aurait été accordé si l'assuré avait été hospitalisé dans son État membre d'affiliation (*Van Braeckel,* 12 juillet 2001). En conséquence, un assuré qui a bénéficié d'une prise en charge, au titre du règlement 1408/71, peut solliciter un « complément différentiel » auprès de son organisme d'assurance sociale si la prise en charge dans le cadre national était plus élevée.

- **La directive du 9 mars 2011**

Cette directive a pour base juridique l'art. 114 TFUE relatif à l'harmonisation des normes liées au marché intérieur, et non l'art. 168 TFUE relatif à la santé publique.

Elle cherche à réaliser un équilibre entre les impératifs de la libre circulation des personnes et des produits médicaux et la nécessité de maintenir l'équilibre financier des régimes d'assurance-maladie des États membres ainsi que l'existence d'un service médical et hospitalier équilibré et accessible à tous. Au cours des négociations sur la directive, une partie des États estimaient qu'il était indispensable de lier le remboursement de soins fournis dans un autre État membre à une autorisation préalable établie au niveau national. Mais ils ont dû en rabattre face aux exigences du droit.

La directive donne codifie la jurisprudence de la Cour en donnant **droit au remboursement par l'État d'affiliation de traitements non-hospitaliers** dispensés dans un autre État membre à concurrence de ce que cet État aurait remboursé pour des soins identiques. Autrement dit, si les soins sont plus faciles d'accès ailleurs, mais plus chers, le patient devra prendre en charge le surplus.

La procédure ouvre deux possibilités : soit les frais sont avancés par le patient qui se fera rembourser ensuite, soit le patient s'adresse à sa caisse d'assurance maladie qui lui remet un document permettant de se faire soigner dans un autre État membre (les frais de soins sont alors payés directement par la caisse d'affiliation au prestataire de soins). La mise en application d'une cette seconde option, qui est une innovation de la directive, doit toutefois s'appuyer sur des accords bilatéraux entre États membres.

Le régime de la carte européenne d'assurance maladie continue à s'appliquer pour les citoyens qui ont besoin de soins d'urgence lors d'un séjour dans un autre État membre.

Toutefois, à partir du moment où le traitement implique « une nuit à l'hôpital » ou s'avère particulièrement « coûteux et très spécialisé » (cas des maladies rares notamment), le patient devra demander une autorisation préalable à sa caisse d'assurance-maladie.

L'autorisation peut être refusée dans des cas qui sont strictement encadrés :

- si le pays d'affiliation a des raisons de s'inquiéter de la qualité des soins prodigués (en cas, par exemple, de maladies nosocomiales) ;
- s'il existe des risques pour l'état de santé du patient en cas de déplacement ;
- s'il existe des risques pour le grand public (par exemple, en cas d'épidémie) ;
- si les soins peuvent être fournis par l'État membre d'affiliation dans un délai raisonnable pour le patient, en regard de son état de santé du moment et de l'évolution probable de sa maladie.

- **Portée du dispositif**

Un régime complexe

La coexistence de deux régimes applicables (règlement de 2004 et directive de 2011) peut constituer une source de complexité quant à la gestion des dossiers par les organismes de sécurité sociale. La France a mis en place un dispositif unique d'autorisation préalable au titre de la directive et du règlement, les soins médicalement nécessaires couverts par la CEAM demeurant régis par le règlement 883/04.

Un risque théorique de tourisme médical

Il existe en théorie un risque de tourisme médical selon le principe « les professionnels de santé vont vers l'ouest, les patients vers l'est » : un assuré peut avoir intérêt à se faire soigner à l'étranger pour échapper aux éventuelles listes d'attente, bénéficier de soins à coût moins élevés ou éviter d'avoir à s'adresser à un médecin conventionné.

Cette tendance pourrait alors engendrer trois risques : la constitution de filières de soins ; une mise en concurrence par les coûts des systèmes de santé pouvant conduire à un nivellement par le bas et porter préjudice à la qualité des soins ; une remise en cause de l'organisation sanitaire, victime de détournements des flux de malades. Ce sont de tels risques qui justifient l'existence du régime d'autorisation préalable des soins à l'étranger et de la planification sanitaire.

Dans la réalité, on est **loin du tourisme médical craint par certains États membres** : seulement 213 000 personnes (moins de 0,05 % des citoyens européens) se sont fait soigner en 2016 de manière planifiée à l'étranger. Il existe encore beaucoup de restrictions à un véritable libre choix par les patients du pays de traitement.

Les programmes d'action communautaires dans le domaine de la santé

L'Union finance des actions dans le cadre de programmes communautaires applicables sur les périodes couvertes par les cadres financiers pluriannuels.

Le programme 2014-2020 poursuivait ainsi quatre objectifs spécifiques : promouvoir la santé, prévenir les maladies et œuvrer à la création de conditions favorables à des modes de vie sains ; protéger les citoyens de l'Union des menaces transfrontières graves sur la santé ; contribuer à des systèmes de santé innovants, efficaces et viables ; améliorer l'accès à des soins de santé de meilleure qualité et plus sûrs pour les citoyens de l'Union.

Ce programme a ainsi permis de financer les activités de l'Union européenne visant à limiter la propagation des virus Ebola et Zika. Il a également permis de faciliter l'accès aux soins de santé des migrants arrivés en 2015 et 2016.

En outre, 24 réseaux européens de référence pour les maladies rares ont été constitués afin de conjuguer les expériences au profit des patients. La lutte contre les maladies chroniques et la lutte contre le sida ont également fait l'objet d'actions spécifiques.

Ce programme **finance donc des actions de coopération entre États membres mais pas des projets structurels** au sein des États membres, comme la construction d'un hôpital par exemple. Ce type de projet ressort plutôt du Fonds social européen (FSE).

La politique européenne du médicament

C'est sans doute dans le domaine des produits de santé que l'intégration des marchés nationaux est la plus avancée. La politique européenne du médicament est très ancienne :

- une directive de janvier 1965 a d'abord rapproché les dispositions nationales relatives aux médicaments (définition, étiquetage) et aux règles d'autorisation de mise sur le marché.
- d'autres directives ont été ensuite adoptées pour définir des règles communes en matière de modes de fabrication et de contrôle, de procédures d'essai, d'usage des médicaments…

Ce travail d'harmonisation a été un préalable à la reconnaissance mutuelle entre États membres des procédures d'autorisation.

• L'établissement d'une procédure centralisée d'autorisation de mise sur le marché (AMM)

En application d'un règlement du 22 juillet 1993, cette procédure centralisée est applicable pour les seuls médicaments de haute technologie (ceux issus des biotechnologies). Pour les autres médicaments, c'est le principe de reconnaissance mutuelle des autorisations de mise sur le marché (sauf en cas de danger pour la santé publique) qui s'applique (directive du 14 juin 1993)

Chaque autorisation de mise sur le marché (AMM) est valable pour une période de cinq ans.

Elle vaut pour tout le territoire de l'Union : une fois l'autorisation obtenue, ces médicaments peuvent être prescrits dans tous les États membres.

• L'Agence européenne pour l'évaluation des médicaments (EMA)

Créée en 1995, l'EMA est responsable de l'évaluation scientifique et du suivi de la sécurité des médicaments innovants à usage humain et vétérinaire dans l'Union.

L'Agence intervient dans la procédure d'autorisation : elle vérifie que les produits répondent aux critères de qualité, de sécurité et d'efficacité et donne un avis scientifique à la Commission – à laquelle il revient de prendre la décision de mise sur le marché. En cas de désaccord entre États membres sur la qualité, la sécurité et l'efficacité d'un médicament faisant l'objet d'une procédure décentralisée de reconnaissance mutuelle, l'Agence peut être saisie d'une demande d'évaluation scientifique.

L'EMA offre également des avis scientifiques, à la demande des développeurs de médicaments, sur la meilleure méthode pour concevoir et effectuer des essais cliniques et fournit aux patients et aux professionnels de santé des informations sur l'utilisation des médicaments autorisés.

L'EMA est financée à 90 % par des redevances payées par l'industrie pour la réalisation des évaluations, le reste par une contribution annuelle du budget de l'Union. La majorité des experts sont mis à disposition par les autorités nationales auxquelles l'EMA reverse une partie des redevances perçues pour ses évaluations.

- **Les limites de la politique européenne du médicament**

Continuent de relever des États membres des éléments aussi importants que les conditions de remboursement par les systèmes de sécurité sociale, les soins et pratiques médicales, les mesures économiques de régulation de la dépense sociale ou les modalités de fixation des prix des médicaments.

Il n'y aura pas de véritable marché intérieur, tant que les procédures de contrôle des prix resteront aussi diverses d'un pays à l'autre.

Autres actions

- **Les normes de qualité du sang**

L'Union européenne a établi des normes de qualité et de sécurité en ce qui concerne la collecte, le contrôle, la transformation, le stockage et la distribution :

- du sang humain et des composants sanguins (directive du 27 janvier 2003) ;
- des tissus et cellules humains (directive du 31 mars 2004).

- **La réglementation européenne relative aux produits du tabac**

Le droit communautaire impose des limites maximales pour la teneur en nicotine, goudron et monoxyde de carbone des cigarettes et la mention d'avertissements sur les paquets relatifs à la santé (directive de juin 2001)

Il interdit également :

- la publicité pour le tabac dans les émissions de télévision transfrontières (directive de juin 1989) ;
- la publicité et le parrainage en faveur des produits du tabac (directive de mai 2003).

- **La prévention des maladies**

Créé en 2005 à la suite de l'épidémie de SRAS, le Centre européen de prévention et de contrôle des maladies (ECDC) a pour objectif de renforcer les défenses de l'Union contre les maladies infectieuses. Toutefois, son mandat a été limité à la seule surveillance des maladies infectieuses, et l'accord des États membres n'a pu être obtenu qu'à la condition que cette nouvelle agence n'ait aucun rôle opérationnel.

Son rôle est :

- d'identifier et d'évaluer la menace que représentent ces maladies ;
- de collecter les données pertinentes et de fournir à la Commission et aux États membres une information en temps réel et des recommandations scientifiques.

Ces informations doivent permettre aux États membres et à la Commission de prendre des décisions politiques sur la gestion du risque.

Doté d'un budget de 65 millions d'euros, le Centre emploie 280 personnes. L'ECDC travaille en étroite collaboration avec l'Organisation mondiale de la santé (OMS) avec laquelle les méthodes de travail sont harmonisées.

Bilan

La crise du COVID, révélatrice des insuffisances de l'Europe de la santé

- **Les débuts de l'Union face à la crise sanitaire ont été difficiles**

Début mars 2020, alors que l'Italie était gravement touchée et demandait, par l'intermédiaire du mécanisme de protection civile de l'Union, à bénéficier d'équipements de protection supplémentaires, la France et l'Allemagne ont limité les possibilités d'exportation du matériel médical.

Ce défaut initial de solidarité peut s'expliquer par la crainte des États membres de se retrouver eux-mêmes démunis une fois qu'ils seraient touchés par la pandémie mais aussi par le manque de compétence de l'Union en matière sanitaire.

- **L'action sanitaire de l'Union a toutefois pris rapidement une ampleur sans précédent**

Des **procédures conjointes de marché** ont été lancées pour l'acquisition d'équipements de protection individuelle mis à disposition des États membres à des tarifs avantageux.

Une **réserve européenne de matériel médical d'urgence** RescEU a été instituée grâce à une réforme des mécanismes de protection civile. Elle permet de mettre en commun des produits tels que des respirateurs, des gants, des masques ou des tests. Grâce à une telle réserve, les risques sont mutualisés, car, à l'avenir, les pays européens ne connaîtront pas nécessairement les mêmes problèmes sanitaires au même moment. La solidarité européenne en ce domaine permet de ne plus subir la géopolitique russe ou chinoise en matière de masques ou de vaccins.

La Commission a également agi pour coordonner les **opérations de transferts de patients** d'un État à l'autre.

Concernant la recherche, le Conseil a approuvé le 7 avril 2020 un plan d'action « ERAvsCorona » afin de **favoriser la mise au point de vaccins**. La Commission a investi 350 millions d'euros dans la recherche et garanti à hauteur de 400 millions d'euros des prêts accordés par la Banque européenne d'investissement. Les sociétés BioNTech et CureVac ont bénéficié de ces prêts. Toutefois, les budgets alloués restent modestes si on les compare à ceux observés aux États-Unis, où Moderna a reçu à lui seul un milliard de dollars de subventions pour la recherche.

Une stratégie vaccinale contestée

• Le mécanisme d'achats communs des vaccins a constitué un formidable outil de solidarité

L'Union, comme les États-Unis ou Israël, a eu recours à des **contrats d'achats anticipés** avec cinq sociétés (BioNTech-Pfizer, Moderna, Sanofi-GSK, CureVac et Johnson&Johnson).

En échange du droit d'acheter un nombre défini de doses de vaccins dans un délai donné et à un prix donné, l'acheteur verse une avance aux entreprises pharmaceutiques, destinée à couvrir une partie des coûts initiaux liés au développement et à la production de masse du vaccin.

Les vaccins sont ensuite **répartis entre États membres au prorata de leur population**.

Les États membres libres de contracter ou non via la Commission : ils peuvent acheter d'autres vaccins auprès d'autres fournisseurs mais s'ils veulent bénéficier des approvisionnements d'une de ces cinq sociétés, ils doivent en passer par la Commission.

Ce mécanisme garantit :

- **l'accès de tous les États aux vaccins** (si chaque État membre avait dû négocier séparément, il n'est pas certain que les plus petits pays auraient pu acquérir des doses de vaccin) ;
- **une vaccination de la population européenne au même rythme** (la vaccination a pu débuter dans l'ensemble des États membres au même moment, entre le 27 et le 29 décembre 2020).

• Toutefois, le programme vaccinal européen a été en retard sur celui des pays tiers

Les conséquences de ce retard ont été graves en termes d'image (la Chine et à la Russie venant offrir leurs vaccins aux pays européens) et de coût (un redressement économique entravé),

Outre les difficultés logistiques rencontrées par certains États membres, les motifs de ces difficultés sont multiples au niveau communautaire

Une conclusion tardive des contrats d'approvisionnement. Il est indubitable que les contrats ont été conclus tardivement (août 2020 pour Astrazeneca et novembre 2020 pour Pfizer) alors que les accords conclus par la BARDA, l'agence chargée de la biodéfense aux États-Unis, avec Johnson&Johnson datent de février 2020). Une première raison est peut-être l'attention excessive portée par la Commission aux clauses contractuelles relatives à la transparence ou la responsabilité au détriment de celles portant sur les conditions de livraison. Au lieu de viser l'approvisionnement en masse et la rapidité, la Commission aurait donné priorité à la recherche de prix bas (alors que les coûts sont sans commune mesure avec les bénéfices sanitaires et économiques, de la vaccination) et à la sécurité juridique (inclusion de clauses contractuelles sur la responsabilité des laboratoires, pas d'accélération des procédures d'autorisation de mise sur le marché). Il faut toutefois souligner que la Commission était soumise à une forte pression du Parlement européen qui était très attentif à l'insertion de ce type de clauses. Mais la cause majeure du retard est que ce sont d'abord certains États membres (la France, l'Allemagne, l'Italie et les Pays-Bas) qui ont entrepris les premières négociations en juin 2020 vis-à-vis des laboratoires dans le cadre de l'alliance européenne pour le vaccin : la Commission n'a été chargée qu'ensuite de centraliser ces discussions.

Une révision à la baisse des engagements pris par Astrazeneca. La Commission reproche au laboratoire d'avoir privilégié les livraisons au Royaume-Uni au détriment de l'Union. Une procédure a été lancée par la Commission pour non-respect des clauses du contrat.

L'insuffisance des montants investis par l'Union dans la recherche et le développement de vaccins. Alors que les États-Unis ont investi dès le début de la pandémie 10 milliards de dollars dans la recherche et le développement de vaccins pour s'assurer de disposer d'un maximum de doses, l'Union européenne mobilisait environ un tiers de cette somme.

- **Le lancement du certificat sanitaire européen**

Entré en vigueur le 1er juillet 2021, le certificat Covidnumérique de l'Union fait obligation aux États membres de délivrer des certificats de tests, de vaccination et de rétablissement aux détenteurs du QR code ou de la version papier du certificat. Il concerne les ressortissants européens ou les ressortissants de pays tiers séjournant légalement au sein de l'espace Schengen.

Perspectives

Dans son discours sur l'état de l'Union, le 16 septembre 2020 à Strasbourg, Ursula von der Leyen, a appelé l'Europe à construire une Union européenne de la santé. Le chantier est considérable et passe par plusieurs initiatives.

La création d'un nouveau programme EU4 Health

Dès le mois de mai 2020, la Commission a annoncé un renforcement considérable de la politique de santé, avec la création d'un nouveau programme, EU4 Health. Dans le cadre du cadre financier pluriannuel (CFP) 2021-2027, ce programme est doté de 5 milliards d'euros courants pour la période 2021-2027.

Cet instrument comprend deux volets : la sécurité sanitaire et la préparation aux crises ; la prévention et surveillance des maladies, la promotion de la sante et la collaboration transfrontalière en matière de sante.

Différents types d'actions pourront être financés dans les différents domaines couverts par le programme :

- mettre en place des programmes de formation et d'échange pour le personnel médical et de santé ;

- instaurer de nouveaux mécanismes pour la passation de marchés publics de biens et de services nécessaires à la prévention et à la gestion des crises sanitaires ;
- réaliser des audits des mécanismes de préparation et de réaction des États membres (tels que la gestion des crises, la résistance aux antimicrobiens, la vaccination) afin de garantir leur efficacité ;
- procéder à des essais cliniques en vue d'accélérer le développement de médicaments et de vaccins innovants ;
- mettre en place des laboratoires de référence de l'Union et des centres d'excellence ;
- investir dans des projets précurseurs pour des initiatives à forte valeur ajoutée et dans des infrastructures de santé critiques ;
- mener des activités d'analyse, telles que des études, la collecte de données et l'évaluation comparative.

Réduire la dépendance de l'Europe dans l'approvisionnement de médicaments

• L'état des lieux

La crise a mis en valeur la dépendance du secteur pharmaceutique européen vis-à-vis de pays tiers. Selon l'Agence européenne du médicament (EMA), 80 % des principes actifs pharmaceutiques sont fabriqués en Chine et en Inde, et 40 % des médicaments commercialisés dans l'Union européenne sont importés.

Il en résulte des tensions d'approvisionnement qui touchent la chaîne de production et de distribution et concernent, pour plus de la moitié d'entre elles, les anticancéreux (chimiothérapies), les anti-infectieux (vaccins) et les médicaments du système nerveux (antiépileptiques, antiparkinsoniens).

Il est toutefois illusoire de penser que l'on pourra relocaliser la production de tous les médicaments. Tout au plus l'effort pourrait-il porter sur les médicaments et principes pharmaceutiques actifs (300 molécules) considérés comme stratégiques pour la sécurité sanitaire européenne

• Renforcer les moyens institutionnels : le projet de création d'une nouvelle agence, HERA

Pour renforcer la sécurité des approvisionnements, la Commission européenne écarte toute remise en cause des règles de concurrence et précise qu'elle n'a pas le pouvoir de réguler la distribution de médicaments sur le territoire de l'Union, ni d'intervenir sur le prix des médicaments dont la fixation relève des États membres.

La Commission prévoit :

- **d'élargir le mandat de l'Agence européenne des médicaments** afin que soient améliorées la surveillance et l'anticipation des situations de pénuries de médicaments et de dispositifs médicaux ;

- de **donner une compétence accrue à l'UE** en matière de vigilance et de pénurie de médicaments et dispositifs médicaux;
- de **créer d'ici 2023 une autorité pour la réaction aux urgences sanitaires (HERA)** sur le modèle de la BARDA américaine (Biomedical Advanced Research and Development Authority). Cette agence aurait pour rôle par exemple de soutenir la recherche biomédicale et les innovations sur les vaccins de deuxième génération.

Cette dernière initiative doit être saluée mais, outre que l'échéance d'entrée en fonction de l'agence est très tardive, le financement prévu (150 millions d'euros) n'est pas à la hauteur des enjeux.

- **Doter l'Union des moyens en matériel pour répondre à des situations sanitaires d'urgence**

La Commission européenne a proposé de renforcer les moyens budgétaires du mécanisme RescEU (3 milliards d'euros sur la période 2021-2027) afin de permettre d'acquérir du matériel médical et des moyens de transporter des produits et du personnel entre régions de l'Union.

- **Renforcer le cadre de gestion des menaces transfrontalières**

La Commission propose que le Centre européen de prévention et de contrôle des maladies devienne une véritable agence de gestion des crises. Le centre aurait compétence pour mettre en place un système numérique partagé pour la surveillance épidémiologique et déployer des équipes sur le terrain en cas d'épidémie.

La Commission propose également de renforcer les niveaux de préparation et de réponse aux crises des États membres : élaboration d'un plan européen contraignant de préparation et de réponses aux crises ainsi que l'obligation pour les États membres de rendre compte, auprès de la Commission, de leur préparation.

39 L'élargissement et les frontières de l'Union

Historique

L'Europe des Six face au Royaume-Uni

Hostile à la supranationalité et désireuse de conserver ses liens privilégiés avec les pays du Commonwealth, la Grande-Bretagne cherche à contourner le projet communautaire. Elle propose ainsi en 1958 la constitution au sein de l'OECE d'une zone de libre-échange industrielle qui engloberait le marché commun. Ce projet ayant été repoussé par les Six en janvier 1959, elle crée en janvier 1960, avec la Suisse, le Danemark, l'Autriche, la Suède, la Norvège et le Portugal (qui seront rejoints par l'Islande en 1970, la Finlande en 1986 et le Liechtenstein en 1991), un espace de libre circulation des produits industriels destiné à concurrencer la CEE, l'Association européenne de libre-échange (AELE). Le relatif échec de cette initiative, le soutien apporté par les États-Unis aux Six et la réussite de l'entreprise communautaire conduisent les autorités britanniques à reconsidérer leur stratégie à l'égard de la CEE.

La Grande-Bretagne dépose en janvier 1961 une première demande d'adhésion suivie de celles de l'Irlande, du Danemark et de la Norvège. La demande britannique est refusée par le général de Gaulle en janvier 1963. Il est vrai que la Grande-Bretagne demandait à bénéficier d'aménagements ou dérogations peu compatibles avec le bon fonctionnement du marché commun et la PAC. Par ailleurs, le soutien apporté par la Grande-Bretagne au projet de force sous-marine intégrée de l'OTAN convainc le général de Gaulle que ce pays est trop proche des États-Unis et que son entrée dans la CEE serait porteuse d'une dérive atlantiste.

La Grande-Bretagne dépose, conjointement avec l'Irlande, le Danemark et la Norvège, une nouvelle demande adhésion en mai 1967. Les autorités britanniques ne réclament plus cette fois-ci de remise en cause des traités et de l'acquis communautaire. Mais, en dépit du soutien des pays du Benelux et d'un avis favorable de la Commission, le général de Gaulle repousse à nouveau la candidature britannique en novembre 1967.

Les élargissements de 1973 à 1995

L'élargissement à la Grande-Bretagne, au Danemark et à l'Irlande (au 1er janvier 1973). Le départ du pouvoir du général De Gaulle débloque la situation. Le sommet de La Haye de décembre 1969 consacre le triptyque « achèvement, approfondissement, élargissement ». Pour éviter que cet élargissement s'accompagne d'entorses à la règle commune, le sommet prescrit que cette négociation sera engagée pour autant que les pays candidats acceptent les traités et les décisions intervenues depuis leur entrée en vigueur. La notion de reprise de l'acquis communautaire se trouve ainsi consacrée. Engagées en juillet 1970, les négociations aboutissent à la signature, le 22 janvier 1972, du traité d'adhésion avec le Royaume-Uni, l'Irlande, le Danemark et la Norvège. À l'issue d'un référendum négatif le 26 septembre 1972, la Norvège n'adhère pas à la Communauté économique européenne. Le Royaume-Uni obtient quelques dérogations et mesures transitoires d'ampleur raisonnable et s'engage à renoncer au rôle de la livre en tant que monnaie de réserve. Revenus au pouvoir en 1974, les travaillistes britanniques dirigés par Harold Wilson demandent une renégociation du traité d'adhésion et s'engagent à en soumettre les résultats à référendum. Ils obtiennent, lors du sommet de Dublin de mars 1975, un allégement de la contribution britannique au budget communautaire. Le « oui » l'emporte par 67 % des suffrages lors du référendum du 5 juin 1975.

L'élargissement aux pays du Sud (Grèce, Espagne et Portugal). La Grèce, qui avait déposé sa candidature en juin 1975 au lendemain de la chute du régime des colonels et le retour à la démocratie, adhère le 1er janvier 1981. Ouvertes en 1976, les négociations avaient abouti à la signature en mai 1979 d'un traité d'adhésion qui accorde à la Grèce un soutien financier particulier et des mesures transitoires de 5 à 7 ans suivant les domaines. Le 1er janvier 1986 voit l'entrée de l'Espagne et du Portugal dans la Communauté européenne. Particulièrement difficiles, les négociations d'adhésion ont été ouvertes en 1978 après la chute des régimes de Franco et de Caetano et aboutissent à la signature des accords d'adhésion le 12 juin 1985. De longues périodes transitoires pour l'application de la PAC et de la politique commune de la pêche (pouvant atteindre dix ans) sont accordées à ces deux pays.

L'intégration des cinq länder de l'ex-RDA. La RDA disposait déjà d'un accès privilégié de ses produits au marché communautaire du fait de ses relations avec la RFA. La réunification voit l'intégration des cinq länder dans le territoire de la Communauté. Il s'agit d'une extension et non d'un élargissement de la Communauté. Afin de faciliter la reprise de l'acquis communautaire dans les nouveaux territoires ouest-allemands, des mesures et des périodes transitoires sont définies. L'Allemagne unifiée obtient une augmentation du nombre des députés au Parlement européen à compter des élections de 1994 (99 députés allemands au lieu de 81).

L'élargissement à la Suède, à la Finlande et à l'Autriche. Cette nouvelle vague d'adhésion est une conséquence de la chute du mur de Berlin qui rend possible l'entrée des pays neutres dans l'Union. Ouvertes en 1993, les négociations aboutissent à la signature le 24 juin 1994 du traité d'adhésion. L'élargissement intervient le 1er janvier 1995. Le peuple norvégien consulté par référendum en novembre 1994, refuse l'entrée de son pays dans l'Union européenne ainsi qu'il l'avait précédemment fait en 1972. Cet élargissement se réalise sans complications extrêmes. L'acquis communautaire est entièrement repris par les nouveaux adhérents. Les périodes transitoires sont d'une durée limitée. Quelques dérogations permanentes sont accordées concernant le transit des poids lourds à travers les Alpes ou les monopoles ventes d'alcool dans les pays scandinaves.

- **L'Union après la chute du mur de Berlin**

Libérés du joug communiste, les pays d'Europe centrale et orientale expriment très vite le souhait de rejoindre la Communauté. L'adhésion à l'Union représente pour ces pays, à la fois, rejoindre la communauté des États démocratiques et libres, accéder à un grand marché synonyme de prospérité et de croissance et bénéficier d'une protection contre la résurgence toujours possible de la menace soviétique (même si, dans leur esprit, l'OTAN constitue la principale garantie de sécurité).

Cette aspiration à l'adhésion n'est pas contestée par les États membres : par leur culture, leur histoire et leur situation géographique, ces pays sont européens et leur entrée dans l'Europe politique est considérée comme un devoir historique auquel il ne saurait être question d'échapper ; un refus d'adhésion créerait, de surcroît, un risque de déstabilisation. Le rythme de l'élargissement divise toutefois les États membres. Certains pays, tels l'Allemagne et le Royaume-Uni sont favorables à un élargissement rapide, la première afin de renforcer la stabilité de pays situés dans son environnement immédiat et d'élargir sa zone d'influence économique, le second pour mieux diluer la construction communautaire dans une zone de libre-échange étendue aux dimensions du continent. Mais le nombre de pays concernés par une éventuelle adhésion, l'ampleur des écarts de développement et la disparité des niveaux de vie suscitent les craintes d'un dérapage du budget communautaire et d'un affaiblissement du fonctionnement des institutions. Les pays de la cohésion (Portugal, Grèce, Espagne et Irlande) s'inquiètent notamment d'un éventuel transfert vers l'Est des ressources financières. Quant à la France, elle considère que l'Union ne saurait s'élargir sans une réforme profonde de ses institutions et une longue période de préparation à la reprise de l'acquis communautaire. Les États membres font donc le choix d'approfondir la Communauté à douze en concluant le traité de Maastricht.

Le président François Mitterrand propose aux pays d'Europe centrale et orientale (PECO), lors des Assises de Prague en juin 1991, de **constituer avec les États membres de l'Union une confédération** englobant la Russie compétente pour favoriser le développement de grands projets européens dans les domaines des infrastructures, de l'environnement et des nouvelles technologies. Cette proposition est toutefois rejetée par les pays de l'Est qui y voient une manœuvre dilatoire destinée à repousser dans le temps la date de leur adhésion. C'est l'échec d'une idée intéressante dont Jacques Delors a toujours souligné la pertinence.

- **L'aide aux pays d'Europe centrale et orientale**

Le Conseil européen de Strasbourg (décembre 1989) approuve la création de la Banque européenne de reconstruction et de développement (BERD) et lance **le programme PHARE** d'assistance à la Pologne et à la Hongrie. Tout en gardant son acronyme d'origine, ce programme est ensuite étendu aux autres pays d'Europe centrale et orientale. Il est complété, peu après, par le programme TACIS d'aide aux pays de la CEI (la Communauté d'États indépendants regroupant les États de l'ex-Union soviétique[1]). Le fonctionnement de PHARE suscite toutefois des incompréhensions. À la différence du plan Marshall, PHARE n'accorde pas d'aide au financement de projets d'investissements ou à l'achat de biens d'équipement. Il s'agit plutôt d'un programme d'assistance technique et de transfert de savoir-faire dont l'objet est de favoriser la transition vers une économie de marché et de renforcer les institutions démocratiques. Par ailleurs, alors que le plan Marshall reposait sur des dons, l'essentiel des apports de PHARE prend la forme de prêts.

Sur décision du Conseil européen de Dublin (avril 1990), des accords d'association d'un nouveau type, les **accords européens**, sont conclus entre décembre 1991 et mars 1996 entre la Communauté et dix pays candidats (les pays d'Europe centrale et orientale sauf Chypre et Malte qui relèvent de la coopération euro-méditerranéenne). Ces accords comprennent une assistance financière pluriannuelle organisée autour du programme PHARE, un mécanisme de dialogue politique et l'objectif à l'horizon 2002 d'une zone de libre-échange pour les produits industriels (mais pas pour les produits agricoles). Ces accords auront permis aux pays candidats de se préparer à l'entrée dans le marché intérieur. Toutefois, ils ont sur le coup été mal compris des pays candidats. D'abord parce que se référant de manière timide à l'« objectif ultime » d'une adhésion des pays candidats, ces accords pouvaient apparaître comme une alternative durable à l'entrée dans l'Union des pays candidats[2]. Ensuite parce que la réalisation d'une zone de libre-échange s'est traduite, dans leurs échanges avec les pays d'Europe de l'ouest, par une aggravation du déficit commercial des pays d'Europe centrale et orientale (en raison des importations accrues de biens d'équipement nécessaires pour couvrir leurs besoins d'investissements).

L'aide aux PECOS prend une portée nouvelle avec le lancement par le Conseil européen d'Essien de décembre 1994 de la **stratégie globale de pré-adhésion**. Les aides du programme PHARE sont réorientées vers le renforcement de la capacité administrative et judiciaire des pays candidats et le soutien aux projets d'investissements dans les infrastructures. Deux nouveaux instruments sont institués en décembre 1997, l'un destiné à l'aide au développement agricole (l'instrument SAPARD), l'autre dans les domaines de l'environnement et des transports (l'instrument ISPA). En 2007, les programmes PHARE, SAPARD et ISPA sont remplacés par l'instrument d'aide de pré-adhésion (IAP). À partir de mars 1998 sont conclus avec les pays candidats des partenariats pour l'adhésion qui récapitulent, pays par pays, la programmation de l'assistance financière de l'Union et les actions prioritaires à entreprendre pour intégrer l'acquis communautaire. L'aide aux pays candidats est doublé pour atteindre un peu plus de 3 milliards d'euros par an sur la période 2000-2006.

1. Créée effectivement le 15 avril 1991, la Banque européenne pour la reconstruction et le développement (BERD) accorde des prêts aux investissements productifs dans les pays d'Europe centrale et orientale et de l'ex-Union soviétique s'engageant à respecter et à mettre en pratique les principes de la démocratie pluraliste et de l'économie de marché, l'initiative privée et l'esprit d'entreprise.
2. Le président François Mitterrand n'indiquait-il pas en juin 1991 que l'élargissement prendrait encore « des dizaines et des dizaines d'années » ?

- **Le lancement du processus politique d'adhésion**

Le **Conseil européen de Copenhague (juin 1993)** marque un tournant. Des discussions s'engagent entre États membres sur la formalisation des critères préalables à l'élargissement. La France propose de lier l'adhésion au respect de critères exigeants. L'objectif est d'asseoir le processus d'élargissement sur des bases claires et exigeantes comme cela avait été le cas pour le passage à la troisième phase de l'Union économique et monétaire. Sans aller aussi loin, le Conseil européen de Copenhague décide que les pays associés d'Europe centrale et orientale pourront devenir membres de l'Union européenne sous réserve de satisfaire à trois conditions : la présence d'institutions stables garantissant la démocratie, la primauté du droit, le respect des droits de l'homme ainsi que le respect et la protection des minorités (critère politique) ; l'existence d'une économie de marché viable ainsi que la capacité de faire face à la pression concurrentielle et aux forces du marché à l'intérieur de l'Union européenne (critère économique) ; la capacité du pays candidat à assumer les obligations de l'adhésion découlant des traités et de la législation de l'Union (critère normatif). Sans être un critère proprement dit, un élément important est consacré à Copenhague : « la capacité de l'Union à assimiler de nouveaux membres tout en maintenant l'élan de l'intégration européenne ». Le Conseil européen de Madrid (décembre 1995) précisera que le pays candidat doit mettre en œuvre de façon effective et efficace l'acquis communautaire par les moyens administratifs et judiciaires.

Le **Conseil européen de Luxembourg (décembre 1997)** marque le lancement effectif du processus de négociation. Suivant l'avis de la Commission dans sa communication Agenda 2000 (juillet 1997), les chefs d'État et de gouvernement décident de lancer un processus d'adhésion englobant les dix États candidats mais de n'ouvrir des négociations (en mars 1998) qu'avec six d'entre eux (Chypre, la Hongrie, la Pologne, l'Estonie, la République tchèque et la Slovénie) constituant le « groupe de Luxembourg ». Cette stratégie des « deux vagues » est abandonnée par le Conseil européen d'Helsinki (décembre 1999) qui décide d'élargir les négociations d'adhésion (en février 2000) aux pays du deuxième groupe – soit la Roumanie, la Slovaquie, la Lettonie, la Lituanie, la Bulgarie et Malte (dénommé le « groupe d'Helsinki »).

Après l'entrée en vigueur du traité de Nice qui réforme les institutions, l'Union européenne peut constater qu'elle est désormais en mesure d'accueillir à partir de la fin de 2002 de nouveaux États membres.

Toutefois, alors qu'une stricte application du principe de différenciation aurait conduit à des élargissements échelonnés dans le temps en fonction de la capacité des candidats, l'option du « big bang » – c'est-à-dire d'une adhésion groupée de la quasi-totalité des pays – s'impose aux États membres. Le traité d'adhésion est signé à Athènes le 16 avril 2003 entre les quinze États membres de l'Union et dix pays (Pologne, Hongrie, République tchèque, Estonie, Lettonie, Lituanie, Slovénie, Slovaquie, Chypre et Malte). Après ratification par les États signataires, les pays candidats deviennent membres de l'Union le 1er mai 2004. Afin de se prémunir contre les cas de manquements graves aux obligations d'application de l'acquis communautaire, les Quinze ont inséré dans le traité d'adhésion trois clauses de sauvegarde valables pendant trois ans suivant l'adhésion (dans les domaines de l'économie, du marché intérieur et de la justice et des affaires intérieures). Aucune dérogation à la reprise du droit communautaire n'est autorisée. Certaines périodes transitoires sont instituées au profit des Quinze pendant une période de cinq ans après l'adhésion : possibilité pour les Quinze de faire obstacle à la libre circulation des travailleurs salariés des nouveaux États membres, interdiction pour les opérateurs de transport routier de sept pays adhérents d'effectuer des prestations de cabotage dans l'un des Quinze.

La Roumanie et la Bulgarie, qui avaient été laissés en dehors du précédent élargissement parce qu'ils n'étaient pas prêts, entrent dans l'Union européenne le 1er janvier 2007 (signature du traité d'adhésion le 25 avril 2005).

L'adhésion de la Croatie

Ouvertes en octobre 2005 après que la Croatie ait accepté de coopérer pleinement avec le tribunal pénal international pour l'ex-Yougoslavie (TPIY), les négociations d'adhésion ont longtemps été bloquées par la Slovénie en raison d'un différend frontalier. Le traité d'adhésion n'a donc été signé que le 9 décembre 2011.

Peuplée de 4,5 millions d'habitants, disposant d'un PIB par habitant représentant 60 % de la moyenne de l'Union, la Croatie est ainsi devenue le 28e État membre le 1er juillet 2013. Il est le premier État des Balkans occidentaux à rejoindre l'Union européenne. En revanche, la Croatie ne fait pas partie de l'espace Schengen.

La Croatie a un différend frontalier non résolu avec la Slovénie, malgré une décision de la Cour d'arbitrage favorable à Ljubljana. Dans son traité d'adhésion, la Croatie s'était engagée à reconnaître la décision de la Cour d'arbitrage.

Connaissances de base

Les règles d'adhésion posées par le traité UE

L'adhésion à l'Union comporte un double critère, géographique et démocratique. Pour devenir membre de l'Union, l'État doit être européen et respecter les valeurs de respect de la dignité humaine, de liberté, de la démocratie, d'égalité, d'État de droit. Il doit également respecter les droits de l'homme et s'engager à les promouvoir (art. 49 TUE). Le respect de ces conditions n'ouvre pas un droit à adhérer mais seulement une capacité à rejoindre l'Union.

La notion d'État européen n'a jamais reçu de définition officielle. Le critère géographique a conduit au refus de la candidature du Maroc en 1987. Bien qu'il ne dispose que d'une faible portion de son territoire sur le continent européen, la Turquie s'est vue reconnaître le statut de pays candidat.

Bien qu'ils ne figurent pas explicitement dans les traités et qu'ils aient été initialement formulés pour les seuls pays d'Europe centrale et orientale, les critères de Copenhague (voir plus haut) sont valables pour tout nouvel élargissement. Le traité de Lisbonne en consacre l'existence puisqu'il spécifie que « les critères d'éligibilité ayant fait l'objet d'un accord au Conseil européen sont pris en compte » (art. 49 TUE).

> **Adhésion et élargissement du territoire de l'Union**
>
> Il ne faut pas confondre adhésion et élargissement. L'Union a pu élargir le champ d'application de son droit sans nouvelle adhésion (par exemple, lors de la réunification allemande ou lorsque Mayotte est devenu département d'outre-mer accédant ainsi aux avantages offerts par le statut de région ultrapériphérique). Inversement, lorsque le Groenland, sous souveraineté danoise, a quitté la Communauté européenne en 1984, le périmètre d'application du droit de l'Union s'est rétréci sans diminution du nombre d'États membres.

La procédure d'adhésion

Repris des traités antérieurs par le traité de Lisbonne sous réserve de quelques ajustements formels, l'art. 49 du traité UE fixe la procédure d'adhésion : l'État candidat adresse sa demande d'adhésion au Conseil (le Parlement européen et les parlements nationaux en sont informés) ; le Conseil se prononce à l'unanimité, après consultation de la Commission et approbation du Parlement européen ; les conditions de l'admission et les adaptations nécessaires des traités sont fixées par un traité d'adhésion conclu entre les États membres et l'État demandeur ; le traité d'adhésion est enfin soumis à la ratification par les États contractants, conformément à leurs règles constitutionnelles respectives.

Cette disposition du TUE est toutefois trop laconique. Elle ne décrit pas les modalités concrètes des négociations qui ont été précisées à l'occasion du premier élargissement lors du sommet de La Haye de décembre 1969. Elle ne rend pas compte non plus de la pratique du Conseil européen qui est d'attribuer un statut de pays candidat avant l'ouverture des négociations.

Dans la pratique, la procédure d'admission dans l'Union passe par cinq étapes.

1re étape : le dépôt de la candidature et l'octroi du statut de pays candidat. L'État concerné adresse sa demande d'adhésion au Conseil qui la transmet à la Commission. Lorsqu'elle estime qu'un degré suffisant de conformité aux critères à satisfaire préalablement à l'adhésion est atteint, la Commission donne un avis positif à l'octroi du statut de pays candidat qu'il transmet au Conseil. Ce statut est accordé par le Conseil européen sur recommandation du Conseil adoptée à l'unanimité (le Parlement européen se prononçant ensuite par voie de résolution sur la décision du Conseil européen). Le statut de pays candidat n'emporte pas de conséquences juridiques : il est attribué aux pays qui ont encore besoin de temps pour se rapprocher des normes ou exigences européennes avant l'ouverture de négociations d'adhésion.

2e étape : l'octroi d'une aide de pré-adhésion. Établi par un règlement de juillet 2006, l'instrument de préadhésion (IPA) finance des programmes afin d'aider les pays candidats ainsi que les pays candidats « potentiels » à remplir les critères d'adhésion. Ces programmes sont mis en œuvre dans le cadre de partenariats

(partenariats européens pour les candidats potentiels, partenariats pour l'adhésion pour les pays candidats). Les interventions de l'IPA comprennent cinq volets: l'aide à la transition des institutions (renforcement des institutions et de l'État de droit), la coopération transfrontalière, le développement régional (transports, environnement, développement économique), les ressources humaines (lutte contre l'exclusion et la pauvreté) et le développement rural. La dotation de l'IPA est de 12 milliards d'euros sur la période 2014-2020. L'application de l'IAP est soumise à une clause de suspension. En cas de non-respect des principes démocratiques, de l'État de droit, des droits de l'homme et des minorités, des engagements contenus dans le partenariat ou de progrès insuffisants pour respecter les critères d'adhésion, le Conseil peut décider à la majorité qualifiée sur proposition de la Commission, de suspendre l'aide.

3e étape : l'ouverture des négociations d'adhésion. Lorsqu'elle estime qu'un degré suffisant de conformité aux critères d'adhésion est atteint, le Conseil européen décide, sur recommandation du Conseil et après avis de la Commission, d'ouvrir des négociations d'adhésion. Une proposition de cadre de négociation est alors préparée par la Commission et soumise au Conseil qui en discute, la modifie le cas échéant et l'adopte à l'unanimité. Ce cadre fixe la méthodologie des négociations et les spécificités à prendre éventuellement en compte.

4e étape: la conduite des négociations. Les négociations entre les États membres et les États candidats se déroulent dans le cadre de conférences intergouvernementales (CIG) bilatérales. Les dispositions de l'acquis communautaire sont réparties en 35 chapitres thématiques (recherche, concurrence, agriculture...). Pour chacun de ces chapitres, la Commission commence par dresser un état des lieux afin d'identifier les principaux écarts entre la législation du pays candidat et le droit de l'Union. Chaque rapport de « criblage » soumis par la Commission se conclut par une recommandation adressée au Conseil: soit l'ouverture des négociations du chapitre concerné, soit le report de celle-ci. La décision d'ouvrir les négociations est prise par le Conseil à l'unanimité. Même si ces négociations sont conduites par les États, elles bénéficient d'un appui actif de la Commission. Les positions de l'Union sont prises à l'unanimité par le Conseil sur proposition de la Commission. Les positions présentent, pour chaque chapitre concerné, les critères de référence qui doivent être remplis pour permettre d'envisager sa clôture. Le chapitre est clos, à l'unanimité du Conseil, en cas d'accord sur les modalités de reprise de l'acquis communautaire et sur les éventuelles périodes transitoires. Un chapitre clos peut être rouvert dans le cadre d'ultimes discussions en fin de négociation ou s'il s'avère que le pays candidat ne respecte pas ses engagements. Chaque année, la Commission présente un rapport au Conseil européen sur les progrès réalisés par les candidats dans l'intégration et l'application de l'acquis communautaire.

Afin de ne pas se retrouver liées par un engagement pris à l'avance (et aussi pour inciter les États à ne pas relâcher leurs efforts), la Communauté, puis l'Union, ont toujours refusé de fixer une date de fin des négociations: le principe est que le rythme de ces négociations dépend du mérite du candidat et de sa capacité à engager les réformes nécessaires pour intégrer l'acquis communautaire.

5e étape : la conclusion et la ratification du traité d'adhésion. Lorsqu'un accord est obtenu pour l'ensemble des chapitres, un traité par lequel le pays candidat devient membre de l'Union européenne et de la Communauté européenne de l'énergie atomique est rédigé. Ce traité comprend en annexe un acte précisant les conditions de l'admission, les modifications apportées aux traités en conséquence de l'entrée d'un nouvel État membre ainsi que les mesures transitoires. Le Conseil doit ensuite adopter à l'unanimité, après approbation de Parlement européen et avis de la Commission, une décision « acceptant » la « demande d'admission » présentée par le pays candidat. Le traité peut alors être signé, puis ratifié à l'unanimité par l'État candidat et chacun des États membres selon leurs procédures constitutionnelles nationales (c'est-à-dire par voie parlementaire ou par référendum). Une fois le traité ratifié, le pays candidat devient État membre à la date fixée par le traité.

La Constitution française et l'élargissement de l'Union

Depuis la révision constitutionnelle du 1er mars 2005, l'organisation d'un référendum est obligatoire avant toute nouvelle adhésion (art. 88-5). Cette disposition a été introduite pour calmer les inquiétudes du peuple français face à la perspective d'adhésion de la Turquie. Mais une telle disposition risquait d'interdire de facto tout nouvel élargissement. La révision constitutionnelle de juillet 2008 a donc réduit la portée de cette obligation référendaire : le Parlement peut désormais décider (par le vote d'une motion en termes identiques par chaque assemblée à la majorité des trois cinquièmes) que le projet de loi de ratification du traité d'adhésion sera adopté selon la procédure parlementaire.

Les conditions de l'adhésion

Si les traités d'adhésion comprennent tous une disposition rappelant le principe de respect de l'acquis communautaire, ils prévoient tous également :

- des périodes transitoires plus ou moins longues ayant pour effet de retarder l'application de certaines politiques communes au nouvel entrant ;
- des clauses de sauvegarde permettant au nouvel adhérent de déroger, sous certaines conditions et selon certaines modalités, à des dispositions des traités.

Les conditions d'adhésion de la Croatie

L'adhésion de la Croatie s'est accompagnée de mesures transitoires portant sur la liberté de circulation des capitaux (restriction à l'achat de terres agricoles croates pendant un délai de sept ans) et la liberté de circulation des travailleurs.
Pendant une période maximale de sept ans courant jusqu'au 30 juin 2020, les États membre peuvent restreindre temporairement l'accès des travailleurs croates à leur marché du travail. Cette période de transition est divisée en trois phases :

- Durant les deux premières années, l'accès est réglementé par la législation nationale des États membres. Treize d'entre eux (dont la France) ont décidé d'appliquer des restrictions et exigé des travailleurs croates un permis de travail. Les autres ont choisi d'appliquer les règles européennes en matière de libre circulation aux travailleurs croates. Cette période s'est achevée le 30 juin 2015.
- Pendant la deuxième phase, d'une durée de trois ans, les États membres peuvent maintenir des restrictions s'ils en notifient la Commission au préalable. Malte, les Pays-Bas, l'Autriche, la Slovénie et le Royaume-Uni ont choisi de recourir à cette faculté.

- Au cours de la dernière phase de deux ans et jusqu'à la fin de la période de sept ans, les États membres ayant maintenu des restrictions durant la deuxième phase peuvent encore les prolonger, après en avoir notifié la Commission, dans le cas où il existe un risque de graves perturbations de leur marché du travail.

La Croatie a bénéficié progressivement des aides de la politique régionale (de 70 % en 2014 à 100 % en 2016) et de la politique agricole commune (période transitoire de dix ans).

Pendant trois ans après l'adhésion, la Commission peut également invoquer trois clauses de sauvegarde, en cas de difficultés économiques graves d'un secteur ou d'une région, de dysfonctionnements graves du marché intérieur ou de graves manquements dans la mise en œuvre de l'espace de liberté, de sécurité et de justice.

Sur le plan financier, l'entrée de la Croatie dans l'Union lui permet de décupler le montant des financements reçus par rapport à ce que ce pays recevait en tant que pays candidat. Ce pays est bénéficiaire net en 2013 à hauteur d'environ 110 millions d'euros.

L'instauration d'un droit de retrait

Jusqu'au traité de Lisbonne, le traité sur l'Union européenne ne prévoyait aucune possibilité pour un État de se retirer de l'Union. L'appartenance à l'Union apparaissait comme un fait irréversible. À l'issue d'un référendum, le Groenland est sorti des Communautés en 1984 mais il s'agit d'un territoire autonome du Danemark, pas d'un État souverain.

Le traité de Lisbonne innove en introduisant un nouvel art. 50 TUE prévoyant que tout État membre peut décider, conformément à ses règles constitutionnelles, de se retirer de l'Union. Dans cette hypothèse, l'Union conclut avec l'État en question un accord fixant les modalités de son retrait. Le Conseil statue à la majorité qualifiée après approbation du Parlement européen. En revanche, il n'existe toujours aucune procédure d'exclusion d'un État membre.

La création de relations différenciées entre l'Union et ses pays voisins

La politique de voisinage

Lancée en 2004, la politique de voisinage est née d'un double constat : d'une part, l'Union, en s'agrandissant, se rapproche de nouveaux pays voisins à l'Est et au Sud qui pourraient être une source d'instabilité à ses frontières ; d'autre part, sa capacité à intégrer de nouveaux membres est limitée. C'est ainsi que l'Union européenne a décidé en 2004 de mettre en œuvre une politique globale vis-à-vis des pays voisins n'ayant pas vocation à adhérer à l'UE, du moins à moyen terme. Un objectif caché de la PEV est donc de dissuader ces pays de demander leur adhésion à l'Union.

La PEV compte actuellement 16 partenaires, dont 10 pour le voisinage sud (Algérie, Égypte, Israël, Jordanie, Liban, Maroc, Autorité palestinienne, Syrie et Tunisie) et 6 pour le voisinage Est (Arménie, Azerbaïdjan, Biélorussie, Géorgie, Moldavie et Ukraine). Le principe de cette politique de voisinage est désormais inscrit dans les traités (art. 8 TUE).

De manière classique, les mécanismes sur lesquels repose la PEV comprennent un dialogue politique, une intégration économique sous forme d'une zone de libre-échange et une conditionnalité stricte entre l'octroi de l'aide et le respect des valeurs communes (démocratie, État de droit, droits de l'homme).

La coopération couvre trois domaines principaux : le développement économique (libéralisation des échanges, coopération énergétique...), la sécurité (lutte contre le terrorisme ou la criminalité organisée), les migrations (facilitation voire suppression des visas...). Elle ouvre également aux voisins la possibilité d'une **participation au marché intérieur** (avec à la clé un rapprochement des législations avec l'acquis communautaire) ainsi que l'accès à certaines agences et programmes communautaires (éducation et formation, recherche).
La mise en œuvre de la politique de voisinage repose sur **la conclusion d'accords d'association** (s'il s'agit d'un pays méditerranéen) **ou de partenariat et de coopération** (pour les pays de l'Est et du Caucase). Ces accords sont adoptés à l'unanimité par le Conseil sur proposition de la Commission après approbation du Parlement européen. Seuls quatre pays ont refusé de conclure de tels accords (Biélorussie, Algérie, Libye, Syrie).
Sur la base de ces accords, la Commission conclut ensuite avec chaque pays « voisin » un plan d'action pour une durée renouvelable de 3 à 5 ans qui identifie les objectifs poursuivis, les résultats attendus, le montant du financement et les modalités de suivi et de contrôle des projets financés. Ces plans sont de véritables outils opérationnels qui dressent la liste des réformes que chaque pays voisin s'engage à mettre en œuvre.
La PEV est financée par l'instrument de voisinage (IEV), doté, sur la période 2014-2020, de **15,5 milliards d'euros.** Fondé sur des critères objectifs (population, besoins et capacité d'absorption des pays concernés), le partage des ressources se fait pour environ **2/3 pour le Sud e 1/3 pour l'Est**. Le soutien est programmé et alloué de trois façons différentes : des programmes bilatéraux ; des programmes multi-pays ; des programmes de coopération transfrontalière entre États membres et pays partenaires. Un montant additionnel peut être attribué aux pays qui font le plus de progrès en termes démocratiques (approche incitative).
La PEV a été **révisée en 2015** à l'initiative de la Commission (réaffirmation de l'objectif de stabilisation du voisinage, préservation de l'unicité de la PEV, plus grande différenciation entre partenaires, préconisation de relations « sur-mesure », meilleure appropriation de la PEV par les partenaires...).
En théorie, la PEV est le moyen par lequel l'Union peut **exercer son « pouvoir de transformation »** (Maxime Lefèbvre) sur les pays voisins. Le problème est que, faute de pouvoir leur offrir une perspective claire d'adhésion, le pouvoir d'influence de l'Union (son « soft power ») ne s'exerce pas avec la même efficacité que dans le passé vis-à-vis des pays d'Europe centrale et orientale.
Le problème est aussi que la PEV est **au centre de tensions récurrentes**. Les États membres sont divisés entre partisans d'un renforcement de la dimension orientale et caucasienne (Allemagne, Pologne) et avocats d'une intensification des relations avec les pays méditerranéens (France, Espagne, Italie). De leur côté, les pays voisins acceptent difficilement d'être placés sur un pied d'égalité et revendiquent chacun une relation particulière avec l'Union. Certains d'entre eux essaient de négocier avec l'Union des accords particuliers (« accord renforcé » pour l'Ukraine, « statut avancé » pour le Maroc). Un partenariat oriental a été conclu avec six pays voisins. Si ces statuts ad hoc ou cercles de coopération permettent de répondre à des spécificités de situation, la cohérence de la politique de voisinage s'en trouve affaiblie.

Le partenariat oriental

Lancé en 2009, *le partenariat oriental est un renforcement de la politique européenne* de voisinage en direction de six voisins de l'Est (Ukraine, Moldavie, Biélorussie, Arménie, Azerbaïdjan, Géorgie) réunissant plus de 70 millions d'habitants. Il constitue en quelque sorte un contrepoids à l'Union pour la Méditerranée (UPM) lancée en juillet 2008.

Ce partenariat **s'inscrit dans le cadre de la PEV** dont il reprend les principes essentiels (contractualisation des relations, conditionnalité, différenciation) et les axes essentiels (promotion de l'État de droit et de la bonne gouvernance, intégration économique et libéralisation des échanges pour les pays membres de l'OMC, développement de la mobilité),

Le partenariat oriental présente toutefois plusieurs particularités.

Sa plus-value essentielle, au niveau bilatéral, est d'offrir aux six voisins **la possibilité de conclure des accords d'association** assortis de zones de libre-échange « approfondies » (se substituant aux accords de partenariat et de coopération) et **d'améliorer la coopération** sur différents sujets (accords de facilitation des visas et de réadmission, aide aux réformes internes, alignement des législations sur l'acquis communautaire). Le partenariat oriental prévoit ainsi la mise en place d'enceintes de coopération multilatérale comprenant un niveau politique (des sommets entre l'Union européenne et les partenaires orientaux tous les deux ans, une assemblée parlementaire autour du Parlement européen), technique (des « plateformes » de coopération sectorielles pilotées par la Commission européenne) et opérationnel (« projets phares » pour coopérer sur la gestion des frontières, le développement des PME, l'énergie ou la réponse aux catastrophes naturelles). Alors que l'Union pour la Méditerranée s'est mise en place à budget constant, le Partenariat oriental bénéficie de moyens supplémentaires dans le cadre de l'IEV (depuis le lancement du Partenariat oriental, l'Union a alloué plus de 3,5 milliards d'euros à ses partenaires).

Le constat porté sur le fonctionnement de ce partenariat est actuellement très critique. Certains n'hésitent pas à parler d'échec global.

À la différence des pays des Balkans qui se sont vu reconnaître leur vocation à rejoindre un jour l'Union, le Partenariat oriental n'ouvre en effet **aucune perspective d'adhésion** – ce qui n'est pas sans générer une certaine frustration de la part des pays associés.

La mise en place du partenariat oriental se heurte par ailleurs à l'**hostilité de la Russie** qui utilise tous les moyens pour convaincre les pays concernés de ne pas conclure d'accords d'association avec l'Union.

La **situation intérieure de ces pays** constitue une autre source de difficultés. Des accords d'association ont été conclus par l'Union avec les trois pays les plus avancés du groupe : la Géorgie, la Moldavie, l'Ukraine (accord signé courant 2014 après que l'annonce de la signature de cet accord par les autorités ukrainiennes, en décembre 2012, ait été le point de départ d'une grave crise politique). En revanche, les négociations ont échoué avec l'Arménie (en raison de la volonté de ce pays de rejoindre l'union douanière constituée par la Russie, la Biélorussie et le Kazakhstan) et sont toujours en cours avec l'Azerbaïdjan. Quant à la Biélorussie, l'accord de partenariat et de coopération signé en 1995 est gelé depuis 1997 en raison de la situation politique intérieure et de l'adoption d'un régime de sanctions à l'encontre du régime depuis 2006.

L'espace économique européen (EEE)

Entré en vigueur le 1er janvier 1994, l'accord instituant l'EEE a été signé à Porto en mai 1992 entre la CEE et les sept membres de l'AELE (Autriche, Finlande, Suède, Suisse, Liechtenstein, Norvège, Islande). Les trois premiers pays ont depuis rejoint l'Union européenne. La Suisse a refusé par référendum la ratification de l'accord instituant l'EEE (décembre 1992). Sont donc actuellement membres de l'EEE, avec les 28 États membres de l'Union, le Liechtenstein, la Norvège et l'Islande (ces trois pays font également partie, avec la Suisse, de l'Association européenne de libre-échange, AELE).

L'EEE étend aux trois pays de l'AELE les quatre libertés qui fondent le marché unique de l'Union. Il instaure des règles communes en matière de concurrence (interdiction des aides d'États, ouverture des marchés publics, harmonisation

du droit de la propriété intellectuelle) ainsi qu'une harmonisation des politiques de protection des consommateurs, de politique sociale, d'environnement et de droit des sociétés. En outre, les trois pays de l'AELE participent aux programmes ou actions de l'Union dans les domaines de la recherche et de l'éducation.
L'accord EEE n'instaure pas d'union douanière vis-à-vis des pays tiers et ne couvre ni la politique fiscale, ni la politique agricole commune.
Dans les domaines couverts par l'accord, les trois pays de l'AELE doivent intégrer l'acquis communautaire: en contrepartie, ils sont consultés lors de la préparation des directives européennes. Ces pays ne bénéficient d'aucun financement de l'Union.
L'EEE est doté d'institutions spécifiques: le Conseil de l'EEE donne l'impulsion politique nécessaire à la mise en œuvre de l'accord; le Comité mixte est chargé de sa mise en œuvre; une Autorité de surveillance veille à la bonne application des règles dans les pays membres et une Cour en assure le contrôle juridictionnel.

Bilan

Les élargissements ont jusqu'en 2004 enrichi la construction européenne tout en favorisant la convergence économique entre anciens et nouveaux États membres

L'Europe communautaire se trouve au cœur d'une double logique: celle du marché qui conduit à l'élargissement vers les pays périphériques, réservoirs de main-d'œuvre et de croissance, et celle de l'Europe politique qui pousse à rassembler les pays qui se ressemblent.

Jusqu'en 2003, les élargissements n'ont pas soulevé de difficultés majeures du point de vue de l'Union. Conduit de manière progressive vers des pays dont le développement économique était le plus souvent comparable à celui des États membres (sauf concernant l'Irlande, la Grèce, l'Espagne ou le Portugal), le processus d'élargissement a joué en faveur de l'approfondissement de la construction européenne.

Ainsi, l'entrée du Royaume-Uni, de l'Irlande et du Danemark a conduit la Communauté à lancer une politique régionale qui a ensuite été élargie aux nouveaux pays entrants du Sud: la légitimité de la construction européenne a pu ainsi s'enrichir d'une nouvelle forme de solidarité budgétaire au service du rattrapage économique des régions en retard de développement. De même, si l'entrée de ces pays a renforcé le camp des partisans d'une Europe des États, elle n'a pas fait non plus obstacle à l'élection au suffrage universel direct du Parlement européen et aux progrès ultérieurs de l'Europe politique (instauration de l'Union européenne, extension des compétences de l'Union). Enfin, le Royaume-Uni a obtenu à l'issue de longues négociations un mécanisme de correction budgétaire mais ceci n'a pas empêché la poursuite de la croissance du budget communautaire et la diversification de ses modes de financement.

Même si l'adhésion de la Grèce est intervenue, à la demande expresse de la France, beaucoup trop tôt alors que ce pays n'était pas prêt à faire partie du marché commun, l'entrée de ce pays dans les Communautés européennes a permis de consolider son régime démocratique. Coïncidant avec le lancement du marché intérieur, l'adhésion de l'Espagne et du Portugal a eu le même effet stabilisateur pour ces jeunes démocraties tout en favorisant le lancement d'une politique de cohésion économique et sociale qui a été un des moyens pour ces pays de combler leur retard économique.

De même, avec l'adhésion des pays nordiques (Suède, Finlande) et de l'Autriche entrent dans l'Union des États contributeurs nets au budget communautaire porteurs de problématiques nouvelles (environnement, bien-être des animaux, transparence des institutions) qui ont enrichi l'agenda européen. En dépit de leur statut ou tradition de neutralité, les trois pays ont assumé leurs responsabilités au titre de la politique étrangère et de sécurité commune.

L'élargissement à l'Est : un accroissement de l'hétérogénéité de l'Union au détriment de son approfondissement mais un processus favorable à terme

Il est indéniable que le processus d'adhésion à l'est a été **conduit *in fine* selon une logique politique qui a fait fi du critère du mérite** : Chypre n'aurait sans doute jamais dû rejoindre l'Union alors que l'île est divisée ; l'adhésion de la Roumanie et de la Bulgarie était prématurée au regard des retards pris dans la reprise de l'acquis communautaire.

De plus, l'élargissement à l'est a **accru l'hétérogénéité de l'Union compromettant la poursuite de son approfondissement**.

Sur le plan économique, les nouveaux adhérents sont encore en **retard de développement**. Si la population de l'Union a augmenté de 20 % au 1er mai 2004 (passant de 380 à 495 millions d'habitants dans une Union à 27), son PIB ne s'est accru que de 5 % tandis que le PIB moyen par habitant a diminué de 12,5 %. Les inégalités de revenus entre régions sont passées de 1 à 5 dans l'Europe à quinze à une fourchette de 1 à 13 dans l'Europe à vingt-huit.

Sur le plan social, l'élargissement à l'est soumet, également, le modèle européen a de **fortes turbulences**. En l'absence d'harmonisation préalable des législations sociales, ces pays jouent de leurs avantages comparatifs pour attirer sur leur sol des entreprises d'Europe de l'Ouest. Le phénomène des travailleurs détachés est très vivement ressenti par les travailleurs de l'Ouest qui se voient concurrencés par une main-d'œuvre bon marché nourrissant ainsi des inquiétudes sur le « dumping social ».

Sur le plan institutionnel, la prise de décision à 28 est beaucoup plus difficile lorsqu'il s'agit de matières restant à l'unanimité ou de questions sensibles (migrations, budget...) qui créent des antagonismes entre groupes de pays (du sud, du nord, de l'est...).

Sur le plan politique, les partis populistes au pouvoir en Pologne, en Roumanie et en Hongrie ont pris des mesures (renforcement du contrôle sur les médias, atteintes à l'indépendance des juges, mise en cause de la neutralité de l'administration, corruption endémique, non-respect du droit des minorités) qui **éloignent leurs pays des valeurs fondamentales de l'Union**. Sur un fond de discours nationaliste, ces pays sont de plus en plus réticents à participer aux mécanismes de solidarité européens (comme en témoigne le refus de participer à la répartition et à la réinstallation des réfugiés).

Ces éléments doivent toutefois être compensés par d'autres plus positifs sur la portée des récents élargissements.

En premier lieu, les élargissements successifs, ceux de 2004 et 2007 et ceux qui les ont précédés, ont permis à l'Union de **renforcer son poids sur la scène mondiale.** Forte de près de 510 millions d'habitants, l'Union à 28 est la première puissance commerciale au monde. Entre 2005 et 2014, elle a été la première puissance économique mondiale avant de se faire dépasser par les États-Unis (22 % du PIB mondial contre 24,5 % pour les États-Unis).

Par ailleurs, le processus d'adhésion a aidé les pays d'Europe centrale et orientale à **se doter de régimes démocratiques libéraux et pacifiques**. L'Europe centrale et orientale, dont on pouvait craindre en 1989 qu'elle devienne un foyer de conflits, a su s'engager dans la voie d'un règlement négocié de ses litiges historiques sous l'influence de la Communauté.

En dépit des blocages sur certains dossiers, l'entrée dans l'Union des douze pays d'Europe centrale et orientale, dont onze appartiennent à la catégorie des « petits » États, ne s'est **pas accompagnée d'un affaiblissement du processus de décision**. Bien qu'imparfait, le traité de Nice a permis d'adapter les institutions européennes à l'augmentation du nombre d'États membres tandis que le traité de Lisbonne a doté l'Union de nouveaux moyens d'action. Les difficultés à avancer sur les dossiers relevant de l'unanimité ont toujours existé. De manière générale, il ressort d'une étude[1] que le passage au vote est plus fréquent au Conseil depuis l'élargissement (les États craignant moins d'être mis en minorité dans une Union élargie) et que la prise de décision plus rapide.

Si les disparités demeurent importantes, l'élargissement à l'Est a également permis à ces pays d'amorcer un **mouvement lent mais graduel de convergence économique vers les États d'Europe de l'ouest**. En dépit d'un coup d'arrêt consécutif à la crise de 2008, les nouveaux États membres bénéficient, depuis 2000, d'un taux de croissance moyen deux fois plus important qu'à l'ouest, porté par la consommation et les fonds structurels européens. Il n'y a pas eu non plus d'afflux de travailleurs à l'ouest comme on pouvait le redouter. Les industries locales se sont intégrées aux chaînes de production européennes favorisant un mouvement de délocalisation qui a permis de créer des milliers d'emplois (au détriment, toutefois, de certains secteurs économiques ouest-européens).

Selon certaines études, les différences économiques au sein de l'Union ne sont désormais **guère plus importantes qu'au sein des États-Unis**. Le revenu moyen des habitants de la zone est passé de 45 % des niveaux européens en 2000 à plus de 60 % en 2015. Ainsi, en Pologne, le PIB par habitant est passé de 53 % de la moyenne de l'Union en 2007 à 74 % en 2018. Le niveau de vie en Slovénie et en

1. *Élargissement, Comment l'Europe s'adapte*, sous la direction de Renaud Dehousse, Florence Delauche-Gaudez et Olivier Duhamel, Presses de Sciences Po, décembre 2006.

République tchèque – qui jouit par ailleurs du plein emploi – est désormais proche de la moyenne européenne. En revanche, les PIB par habitant des deux pays les plus pauvres de la zone (la Bulgarie et la Roumanie) ne représentent encore, en 2016, que 47 % et 57 % de la moyenne de l'Union. La Commission estime que d'ici une trentaine d'années l'écart de développement entre ces pays et les anciens États membres sera comblé.

À terme, il est indéniable que ces pays constituent **un potentiel de croissance pour l'Union dans son ensemble** : un niveau de formation élevé, une main-d'œuvre disponible, une base industrielle qui a entamé sa modernisation… Mais ces pays doivent encore faire un effort d'investissement important pour mettre à niveau leurs infrastructures (transport, télécommunication…) et poursuivre la rénovation de leur appareil productif. La lutte contre la corruption et le déclin démographique (favorisé par la fuite des jeunes diplômés vers l'ouest) constituent d'autres priorités.

Une aide européenne à la hauteur des enjeux

Il est en effet erroné de reprocher à l'Union d'avoir été peu généreuse envers les pays candidats. Si l'on retranche les 15 milliards de contribution des nouveaux membres, le montant du coût net de l'élargissement est, selon la Commission, de 30 milliards pour la période 2004-2006 (soit environ 15 euros par habitant de l'Union et par an), ce qui représente un montant à peu près équivalent au plan Marshall (2,5 % du PIB des pays bénéficiaires).

L'incompréhension des citoyens

Les États membres ont eu raison, au lendemain de la chute du communisme, de ne pas céder à la tentation d'un élargissement rapide. Les économies des pays nouvellement libérés de l'emprise communiste n'étaient pas préparées au choc de l'intégration dans le marché intérieur. De longues années de préparation à l'adhésion étaient nécessaires pour leur permettre d'améliorer leur convergence économique avec les anciens États membres et préparer la reprise de l'acquis communautaire.

La manière dont le processus d'adhésion cet élargissement s'est finalement conclu est en revanche plus contestable.

Alors que l'Union était convenue d'accepter les États candidats selon leurs mérites, l'élargissement s'est fait de manière groupée au bénéfice de pays dont certains n'étaient pas suffisamment préparés d'entrer dans l'Union. Soutenue par le Royaume-Uni, la France s'est ainsi opposée à tout report de l'adhésion de la Roumanie et de la Bulgarie alors que ces pays ne satisfaisaient pas aux critères exigés (corruption, lutte contre le crime organisé, mauvais fonctionnement du système judiciaire…) et qu'aucune solution n'avait été trouvée à certaines questions (comme celle des Roms).

Ce changement de cap ne manquait pas de justifications. À repousser le terme de l'élargissement, on risquait de provoquer un rejet de l'idée d'intégration européenne dans les opinions publiques. De plus, une application stricte du principe de différenciation aurait conduit à un élargissement par petits groupes de pays, ce qui aurait été ingérable (impossibilité de revoir périodiquement le format des institutions et le fonctionnement des politiques communes). À l'inverse, une mise en œuvre stricte du critère de reprise de l'acquis communautaire aurait eu pour conséquence de mettre à l'écart la Pologne – ce qui n'était politiquement pas envisageable compte tenu de l'importance de ce pays (27 % de la population et 45 % du PIB des 10 candidats).

Il n'en reste pas moins que le processus d'élargissement a été dans son ensemble mal vécu des citoyens européens qui ont eu le sentiment que le projet politique européen changeait insidieusement de sens sans que cela leur ait été expliqué et que la voie était ouverte à une mise en concurrence généralisée des systèmes sociaux (thème du « plombier polonais »).

Perspectives

La Turquie doit-elle adhérer à l'Union ?

- **Les relations entre la Turquie et l'Union sont anciennes et se sont toujours inscrites dans la perspective d'une future adhésion**

Un accord d'association a été conclu en septembre 1963 entre la Turquie et la Communauté économique européenne. Cet accord ouvrait à la Turquie une perspective d'adhésion ultérieure sans en fixer toutefois le calendrier, ni les modalités. L'invasion de Chypre en 1974 par l'armée turque, puis le coup d'État militaire en 1980, ont toutefois provoqué un gel des relations euro-turques. La Turquie dépose formellement une demande d'adhésion en avril 1987. Entrée en vigueur en juillet 1996, l'union douanière entre la Turquie et l'Union européenne prévoit la libre circulation des marchandises (mais pas celle des produits agricoles et des services), l'élimination des droits de douanes et des restrictions quantitatives, l'instauration de tarifs douaniers communs et le rapprochement des législations. En décembre 1999, le Conseil européen d'Helsinki octroie à la Turquie le statut de pays candidat.

En décembre 2004, le Conseil européen a estimé que la Turquie remplissait suffisamment les critères politiques de Copenhague et décidé d'ouvrir des négociations d'adhésion. Les chefs d'État et de gouvernement ont clairement posé que « l'objectif commun des négociations est l'adhésion » mais que « ces négociations sont un processus ouvert, dont le résultat ne peut pas être garanti à l'avance ». Des dispositions particulières ont ainsi été introduites pour la conduite des négociations. En cas de « violation grave et persistante » des critères de Copenhague (droits de l'Homme, liberté, démocratie...), la Commission, agissant de sa propre initiative ou à la demande d'un tiers des États membres, pourra recommander la suspension des négociations au Conseil qui statuera à la majorité qualifiée. Par ailleurs, les propositions de négociations pourront inclure, non seulement de longues périodes transitoires, mais aussi des dérogations et des clauses de sauvegarde permanentes. Enfin, plusieurs conditions ont été posées avant le lancement du processus de négociation, dont l'entrée en vigueur de réformes politiques importantes et la signature par la Turquie du protocole d'Ankara étendant l'union douanière aux nouveaux États adhérents, dont la République de Chypre. La Turquie a signé en juillet 2005 ce protocole mais assorti sa signature d'une déclaration réaffirmant sa non-reconnaissance de Chypre. En dépit de cette première entorse, les négociations d'adhésion ont été ouvertes le 3 octobre 2005.

- **La candidature turque ne peut être écartée sur la base de considérations géographiques ou religieuses**

Selon certains, un **pays majoritairement musulman** ne saurait être membre de l'Union. Cet argument peut être contesté. Certes, la religion chrétienne a joué un rôle majeur dans la formation de l'identité européenne (même si l'héritage gréco-romain est une autre source de cette identité). Pour autant, on ne saurait faire de l'Europe un « club chrétien » selon l'expression de l'ancien chancelier Helmut Kohl. Les États membres comptent déjà en leur sein 12 millions de citoyens de confession musulmane. Et si la Turquie est une terre d'islam, l'État turc est laïc depuis 1928.

La Turquie ne serait **pas un État européen** au sens géographique du terme. Il est vrai que son territoire s'étend principalement sur le plateau anatolien (et que sa population est originaire d'Asie centrale). Mais la Turquie a aussi un pied sur le continent européen : la Thrace orientale – que les géographes appellent parfois la « Turquie d'Europe » – et la rive nord d'Istanbul qui comptent pour 3 % du territoire total mais 20 % de la population.

D'un point de vue historique, la Turquie ne ferait **pas partie du concert des États européens**. De fait, l'histoire de l'empire romain d'Orient, de l'empire ottoman et de la Turquie d'Attatürk est étrangère à celle de l'Europe occidentale. Mais, depuis l'époque ottomane, la Turquie possède une partie de l'Europe du sud-est. Cette attraction pour le centre européen n'a fait que se renforcer avec la modernisation du pays entreprise par Mustapha Kemal à partir de 1923. La Turquie est membre du Conseil de l'Europe et de l'OCDE. Elle est entrée dans l'OTAN en 1952.

- **Une adhésion de la Turquie pourrait présenter à terme des avantages pour l'Union et ce pays**

Sur le plan économique, la Turquie constitue un **potentiel de croissance** dont l'Union aurait tort de se priver : un réservoir de main-d'œuvre active, un marché intérieur qui a vocation à se développer, une position géographique qui en fait une plateforme d'exportations vers les pays du Moyen-Orient ou de l'Asie centrale…

La Turquie pourrait apporter **une contribution positive au développement de la politique étrangère et de défense**. Ce pays se situe au carrefour de l'Europe, de l'Asie centrale, du Moyen-Orient et de l'Afrique Il participe à de nombreuses missions de maintien de la paix dans le cadre de l'ONU ou de l'OTAN. L'adhésion de la Turquie permettrait donc à l'Union d'accroître son influence au Moyen-Orient.

Pour autant, il serait abusif de prétendre que cette adhésion permettrait de créer un **lien durable entre l'islam et l'Occident**. Selon cette thèse, l'entrée dans l'Union d'un pays démocratique, laïc et musulman situé à cheval sur les terres d'Europe et d'Orient constituerait un message de tolérance et de paix à destination des peuples de la région du Moyen-Orient. L'Europe marquerait ainsi sa volonté de nouer des relations pacifiées et équilibrées avec le monde musulman hors de toute logique de confrontation. Ces arguments sont d'une grande fragilité. Comme le fait remarquer Alain Lamassoure[1], « qui peut croire que l'adhésion de la seule Turquie, au passé ottoman, au régime laïc, proche des États-Unis et d'Israël, désarmerait définitivement les préventions et ressentiments des masses arabes, kurdes, perses, palestiniennes ou berbères ? »

- **Une adhésion de la Turquie constituerait toutefois un choc pour l'Union**

Sur le plan institutionnel, la Turquie serait, en raison de son poids démographique, **un acteur dominant de la prise de décision** au sein de l'Union. La Turquie compte aujourd'hui 80 millions d'habitants, elle devrait en compter 75 millions d'habitants d'ici 2025 et 100 millions d'ici 2050. Dans sa position de deuxième pays européen le plus peuplé derrière l'Allemagne, ce pays serait en mesure d'exercer une forte influence « dans les deux organes clés chargés d'adopter conjointement la législation européenne » (Sylvie Goulard) : le Parlement européen où il compterait le plus fort contingent de députés (environ 15 %, soit à peu près autant que l'Allemagne) ; le Conseil où il détiendrait le contingent de voix le plus important en application du système de double majorité. Toutefois, si la Turquie serait ainsi en mesure de jouer un rôle pivot dans la constitution de minorités de blocage, il peut également permettre de rééquilibrer le « camp » des « grands » pays par rapport aux « petits ». Dans une union à 28 membres, aucun État, quelle que soit son importance, ne peut prétendre jouer un rôle dominant.

Sur le plan économique, le PNB par habitant de la Turquie ne représente que 40 % de celui des États membres actuels. L'intégration dans le marché unique d'une économie à dominante agricole connaissant un tel retard de développement impliquerait donc des **transferts budgétaires importants** au titre de la PAC et de la politique de cohésion (l'augmentation du budget de l'Union induite par une adhésion de la Turquie a été estimée à +25 %). Elle soulèverait également des difficultés considérables au regard de la liberté de circulation des travailleurs. Certes, cette différence de richesse entre la Turquie et l'Union est équivalente à celle des pays d'Europe centrale et orientale avant leur adhésion. Mais les Européens peuvent-ils se payer le luxe d'affronter un tel défi alors que la convergence avec les pays d'Europe centrale et orientale n'est pas achevée ?

Sur le plan extérieur, l'Union deviendrait, avec l'entrée de la Turquie, **limitrophe de pays fragiles**, voire instables (Irak, Syrie, Géorgie, Arménie, Iran) dont les frontières sont difficiles à contrôler.

1. « Pourquoi la Turquie ne peut entrer dans l'Union », *Le Figaro*, 6 octobre 2004.

- **L'adhésion de la Turquie pourrait également changer le sens du projet européen**

Il est redouté que l'adhésion turque engendre **une dynamique d'élargissement irréversible**. Dès lors qu'il serait porté au-delà d'une de ses limites naturelles (le Bosphore), le territoire européen perdrait un critère simple de délimitation. Un engrenage serait enclenché vers l'entrée de pays situés dans les zones orientales et méditerranéennes (Ukraine, Biélorussie, Moldavie, républiques du Caucase, Russie, voire Liban, Israël et Maroc) n'ayant rien à voir avec le projet européen.

Les adversaires de l'adhésion turque soulignent également **les risques d'une perte de substance du projet politique européen** : l'Europe deviendrait une vaste zone de libre-échange tandis que la perspective de construction d'une Europe politique serait de facto abandonnée avec l'entrée d'un État de tendance assez nationaliste, hostile aux transferts de compétence et aux partages de souveraineté.

Ces deux arguments sont toutefois assez fragiles.

En premier lieu, la politique d'élargissement relève d'un **choix politique** et non d'un engrenage fatal. Ou l'Union reste centrée autour d'une zone continentale d'une trentaine de membres excluant les pays du sud et ceux des marches slaves et il faut alors une décision des États membres fixant les frontières ultimes de l'Union. Ou, au contraire, il ne faut pas hésiter à envisager une extension de l'Union aux pays du pourtour méditerranéen. Mais adhésion turque ou pas, cette question se posera de toute façon aux Européens.

Par ailleurs, le **rêve d'une Europe politique** n'est-il pas déjà enterré depuis l'élargissement aux pays de l'Est ? En quoi, la Turquie serait-elle, plus que la Pologne et les pays des Balkans, un obstacle à une intégration politique renforcée ? N'est-il pas facile de perpétuer le rêve d'une Europe politique à partir du refus de l'entrée de la Turquie faute de pouvoir la bâtir avec les États membres actuels ? Ne vaut-il pas mieux prendre acte, comme le propose Jacques Delors, d'un recentrage du projet politique européen sur la réalisation de quelques objectifs identifiés (la réalisation d'un grand espace économique intégré) que la Turquie peut soutenir sans contestation ? Si l'Europe politique doit se faire, ce sera plutôt à partir d'un noyau dur d'États plutôt que dans le cadre par nature trop lâche de la grande Europe.

- **L'alternative difficile à cerner d'un partenariat privilégié**

Une alternative serait de proposer à la Turquie, au lieu et place de l'adhésion, un **partenariat privilégié avec l'Union**. Envisagé dès le début des discussions entre l'Union et la Turquie, un tel partenariat aurait permis à ce pays de participer à certains aspects de la vie de l'Union sans en être membre à part entière. Au stade actuel, compte tenu des nouvelles orientations de la politique turque, il est trop tard pour l'envisager sérieusement.

Par ailleurs, l'intérêt d'un partenariat privilégié est difficile à cerner compte tenu de l'accord d'Union douanière déjà conclu avec la Turquie. Qu'apporterait de plus un tel partenariat ? La libéralisation du secteur agricole et des services (qui ne sont pas inclus dans l'union douanière) ? On peut douter que la Turquie souhaite imposer à ces deux secteurs des règles de fonctionnement dont elle ne pourrait discuter le contenu. Une participation à certaines politiques communes ? Compte tenu du coût financier de la participation de la Turquie à la PAC ou à la politique régionale, une telle option ne pourrait s'appliquer qu'à des politiques marginales de portée réduite pour ce pays (éducation, recherche...). Un dialogue politique renforcé dans le domaine de la PESC ? Mais quel serait l'avantage pour la Turquie, membre important de l'OTAN, de participer à un tel dialogue sans être membre de l'Union européenne ?

- **La situation intérieure turque rend de toute façon peu envisageable une adhésion à l'Union ou un partenariat renforcé**

Des réformes importantes ont été entreprises au début des années 2000 (notamment sous l'impulsion du parti de la Justice et du développement ou AKP, arrivé au pouvoir en novembre 2002). Le Conseil national de sécurité, qui était l'instrument de pouvoir traditionnel de l'armée dans le système politique, est désormais majoritairement composé de civils et n'a plus qu'un rôle consultatif. La peine de mort a été abolie. Une politique de « tolérance zéro » est affichée à l'égard de la torture. Les droits culturels de la population kurde ont été améliorés (autorisation de l'usage de la langue kurde).

C'est au vu de ces réformes que l'Union a décidé d'ouvrir en octobre 2005 des négociations d'adhésion.

De nombreux progrès restent toutefois à accomplir. Le principe d'égalité hommes-femmes qui est une valeur fondamentale de l'Union est mal respecté. Le système judiciaire reste dépendant de l'exécutif. Le tristement célèbre art. 301 du Code pénal permet d'engager des poursuites judiciaires en cas d'insulte à la nation turque : il continue à être utilisé pour poursuivre des journalistes ou des défenseurs des droits de l'Homme.

Surtout, les négociations d'adhésion sont actuellement bloquées en raison de la position de la Turquie envers Chypre et de sa situation politique intérieure.

En raison de la non-application par la Turquie du protocole d'Ankara – à laquelle s'ajoute son refus de reconnaître le génocide arménien et de se retirer de la partie nord de Chypre, le Conseil a en effet décidé en 2006 de geler les négociations : aucune ouverture ou fermeture de chapitres de négociations n'est désormais possible. Sur les 35 chapitres composant l'acquis communautaire, 18 ont été ouverts, le dernier en 2016, et un seul clôturé (science et recherche).

De plus, à la suite de la tentative de coup d'État du 15 juillet 2016 et la reprise en main par le Président Erdogan, la situation intérieure s'est fortement dégradée (arrestation et placement en détention de milliers de personnes, révocations massives de fonctionnaires, arrestations dans les milieux de la presse et des médias...).

Les *institutions européennes*, les *États membres*, et le *gouvernement turc* lui-même, semblent avoir renoncé à toute perspective rapprochée d'adhésion. Périodiquement, des voix se font entendre pour prôner un arrêt définitif des négociations d'adhésion (Angela Merkel en septembre 2017, le commissaire à l'élargissement en novembre 2018). Mais la Commission et les États membres préfèrent la poursuite du dialogue à la rupture. Par ailleurs, l'Union a besoin de la Turquie pour l'aider à répondre au défi migratoire (la Turquie accueillant plus de 3,5 millions de réfugiés syriens). Les discussions se poursuivent donc mais elles relèvent en réalité d'un véritable « théâtre d'ombres » : on fait semblant de négocier mais chacun sait que l'adhésion est peu envisageable à court comme à moyen terme. Ce processus hypocrite de négociation a permis pendant longtemps de conforter les milieux pro-européens turcs et d'accompagner le processus de réformes. Mais cette dynamique est aujourd'hui interrompue.

L'Union doit-elle se fixer des frontières ?

- **La nécessité de rassurer les opinons publiques et de donner plus de consistance au projet européen**

Jusqu'en 2004, l'entrée de nouveaux États membres dans l'Union s'était faite de manière progressive en fonction des ressources que pouvait dégager l'Union pour absorber la venue de nouveaux partenaires. La reconnaissance de la vocation à adhérer des pays des Balkans et l'ouverture de négociations avec la Turquie ont ouvert la perspective d'une Union élargie à 33, voire 35, États membres. Le sentiment prévaut que l'élargissement devient une sorte de fuite en avant vers la constitution d'une zone de libre-échange sans contenu politique. De ce point de vue, la fixation de frontières claires et identifiées permettrait de montrer aux opinons publiques que le processus d'élargissement est un **processus politiquement maîtrisé** dont les limites territoriales peuvent être clairement visualisées.

La fixation de frontières identifiées permettrait également à l'Union de **mieux contrôler l'entrée des migrants sur son territoire et lutter contre le terrorisme**. Des frontières mouvantes et mal identifiées sont un frein aux investissements nécessaires pour assurer l'efficacité des contrôles sur les personnes venant de pays tiers.

- **Une notion d'Europe géographique difficile à préciser**

Toutefois, une telle entreprise se heurte aux difficultés à identifier une Europe géographique.

Les océans et les mers qui bornent au nord, à l'ouest et au sud le continent européen (océan Atlantique, océan Arctique, mer Méditerranée) constituent des frontières naturelles incontestables – même si, au milieu de ces espaces maritimes, se trouvent des États dont l'appartenance ou non à l'Europe peut donner lieu à discussion (Islande, Malte et Chypre qui font partie de l'Union).

Il est en revanche bien hasardeux d'identifier les limites géographiques de l'Europe à l'est. Paul Valéry disait que l'Europe était « un petit cap du continent asiatique ». Le général de Gaulle voulait construire « l'Europe de l'Atlantique à l'Oural » mais cela reviendrait à inclure dans l'espace politique européen un État (ou une partie d'un État), la Russie, dont personne n'envisage l'entrée dans l'Union. Plus au Sud, le Caucase et la mer Caspienne peuvent apparaître comme des frontières naturelles. Mais les pays transcaucasiens se verraient ainsi rejetés dans leur ensemble vers l'Asie alors que certains se situent clairement dans le champ d'attraction européen (Géorgie et Arménie notamment). Enfin, si la mer des Dardanelles sépare de manière incontestable l'Asie mineure du continent européen, la Turquie se situe de part et d'autre de cette « frontière ».

- **La fixation de frontières claires : une entreprise prématurée dont le coût politique pourrait être élevé pour l'Union**

D'un point de vue politique, la fixation des frontières de l'Union s'avère être un processus difficile à faire aboutir.

Une telle démarche reviendrait en premier lieu à introduire **une séparation étanche entre des pays qui auraient la certitude**, quoiqu'ils fassent, **de rejoindre un jour l'Union et d'autres qui s'en verraient exclus à jamais**. Les premiers pourraient être incités à relâcher les efforts nécessaires pour se plier aux disciplines communes. Les seconds se trouveraient exposés à l'influence déstabilisatrice de forces politiques hostiles à l'intégration européenne.

Par ailleurs, les États membres ne sont **pas d'accord entre eux sur les États ayant vocation à rejoindre l'Union**. Parmi les États européens ne faisant pas partie de l'Union, il faut en effet distinguer entre plusieurs pays ou groupes de pays :

- quatre micro-États (Liechtenstein, Andorre, Monaco, Saint-Marin) qui ne semblent pas avoir vocation à rejoindre l'Union en raison notamment de leur statut fiscal ;
- les États remplissant les critères pour adhérer à l'Union mais ayant refusé par référendum de s'engager dans cette voie (Suisse, Norvège) ou ayant renoncé à engager des négociations d'adhésion (Islande) ;
- les États bénéficiant du statut de pays candidat et qui doivent normalement rejoindre l'Union lorsqu'ils rempliront les critères requis (pays des Balkans, Turquie) ;
- les pays d'Europe orientale (Arménie, Azerbaïdjan, Géorgie, Moldavie, Ukraine) dont l'avenir reste incertain, entre adhésion à l'Union européenne et partenariat privilégié ;
- les États situés aux marges du continent européen (Russie, pays de la rive Sud de la Méditerranée) qui n'ont pas vocation à entrer dans l'Union ;
- enfin, le tracé des éventuelles frontières de l'Union est très **lié à celle du projet politique européen**. Une Europe confédérale pourrait avoir vocation à s'étendre très loin à l'Est, voire même à englober la Russie. Mais si l'on souhaite l'avènement d'une Europe politiquement intégrée, son territoire devrait être bien plus étroit, voire même s'inscrire à l'intérieur du territoire actuel de l'Union autour d'un noyau dur.

- **L'appartenance à l'Union doit s'ancrer dans un projet politique plus exigeant**

Plus que l'appartenance à un espace géographique donné, c'est **le partage de valeurs fondamentales et la capacité des États à se plier aux disciplines communes** qui fondent l'appartenance à l'Union. Fixer les frontières de l'Europe politique reviendrait à enraciner la construction européenne dans une vision identitaire qui n'a jamais été celle de ses promoteurs. Elle supposerait un accord des États membres (actuellement hors de portée) pour fixer la liste des États ayant vocation à rejoindre l'Union et celle des États qui en seraient exclus à jamais.

La construction européenne ne peut s'affranchir à toute référence géographique (et il est normal que seuls les États européens en soient membres comme le mentionnent les traités actuels). Mais elle peut **difficilement se fonder sur un territoire identifié** a priori.

C'est l'orientation prise par les États membres lorsqu'ils sont convenus d'être **plus exigeants sur le processus d'adhésion**. Le Conseil européen de décembre 2006 a ainsi adopté un « consensus renouvelé pour l'élargissement » dont il ressort que les critères de Copenhague devaient être combinés avec la capacité de l'Union à assimiler de nouveaux membres, sans toutefois que cela devienne une condition préalable à l'adhésion. Les chefs d'État ou de gouvernement ont estimé que le rythme de l'élargissement devait être plus strictement déterminé par la capacité des candidats à remplir effectivement les critères d'adhésion, ainsi que sur la capacité de l'Union à absorber de nouveaux États membres.

Toutefois, cette dynamique d'élargissement reste toujours à l'œuvre comme le démontre l'évolution des négociations en cours.

- **Les négociations avec les pays candidats actuels**

Les cinq pays des Balkans occidentaux (Croatie, Bosnie-Herzégovine, Macédoine, Serbie-Monténégro, Albanie) ont été considérés par le Conseil européen de Feira (juin 2000) comme des « candidats potentiels à l'adhésion » à l'Union. Ces pays font l'objet d'un processus spécifique, le processus de stabilisation et d'association (PSA), qui s'est traduit par la conclusion d'accords de stabilisation et d'association (ASA) prévoyant la création graduelle de zones de libre-échange et l'application de réformes reprenant les normes européennes. Le respect des exigences imposées par l'ASA (coopération avec le Tribunal pénal international pour l'ex-Yougoslavie, respect des droits de l'homme et des minorités, retour des réfugiés, réformes économiques, coopération dans le domaine de la justice et des affaires intérieures...) constitue un critère majeur d'évaluation de l'état de préparation d'un pays à l'ouverture des négociations d'adhésion.

Actuellement, des négociations sont en cours avec cinq pays : la Turquie (depuis octobre 2005) et quatre pays des Balkans occidentaux – le Monténégro (depuis juin 2012), la Serbie (depuis janvier 2014), auxquels s'ajoutent l'Albanie et la Macédoine pour lesquels l'ouverture des négociations a été autorisée mais pas encore effectivement engagée.

En outre, deux pays sont considérés comme des candidats potentiels : la Bosnie-Herzégovine et le Kosovo.

Pays des Balkans	
Serbie (8 mh)	Négociations d'adhésion ouvertes en janvier 2014. La Commission dans son rapport fait un constat mitigé des progrès de la Serbie, en particulier sur l'État de droit. Dans ses conclusions du 18 juin 2019, le Conseil demande instamment au pays d'accélérer les réformes et de produire des résultats concrets et tangibles dans les domaines fondamentaux, en particulier l'État de droit, l'indépendance de la justice, la lutte contre la corruption et le crime organisé, la liberté d'expression, le respect des droits fondamentaux (en particulier des minorités) et le traitement en interne des questions liées aux crimes de guerre. Le Conseil y déplore également l'absence de progrès dans le cadre du dialogue avec le Kosovo, dont l'objectif est la normalisation complète des relations entre Belgrade et Pristina, prenant la forme d'un accord juridiquement contraignant engageant les deux pays à ne pas bloquer leur rapprochement européen respectif.
Monténégro (800 000 h)	Négociations ouvertes en juin 2012. Elles progressent lentement. Dans ses conclusions de juin 2019, le Conseil souligne la nécessité pour le pays d'intensifier ses efforts de réforme en matière de liberté des médias et de la lutte contre la corruption et la traite des êtres humains.
Albanie (3,6 mh) Macédoine (2,1 mh)	Le 26 mars 2020, le Conseil approuvait l'ouverture de négociations d'adhésion avec ces deux pays. Les négociations n'ont toujours pas été engagées.
Kosovo	Pas de demande d'adhésion encore adressée. Sous administration de l'ONU entre 1999 et 2008, le Kosovo a proclamé son indépendance le 17 février 2008 mais cette dernière n'est pas reconnue par cinq États membres (Chypre, Espagne, Roumanie, Slovaquie, Grèce). Les pouvoirs en matière de police, justice et douanes des Nations unies ont été transférés à la mission européenne EULEX déployée en décembre 2008. Le Kosovo bénéficie d'aides de pré-adhésion (IPA) et a signé un accord de stabilisation et d'association en 2015. Grâce à l'entremise de la Haute Représentante, un accord de normalisation a été conclu entre le Kosovo et la Serbie en avril 2013.

Turquie
Pays candidat depuis décembre 1999. Négociations d'adhésion ouvertes en décembre 2004. Un accord d'Union douanière lie la Turquie avec l'Union depuis le 1er janvier 1996. Depuis l'ouverture des négociations, une quinzaine de chapitres ont été ouverts. Pour la période 2014-2020, 4,5 milliards d'euros sont prévisionnellement alloués à la Turquie.

États d'Europe orientale	
Arménie Azerbaïdjan Géorgie Moldavie Ukraine Biélorussie	Ces pays sont membres du Partenariat oriental et de la politique de voisinage. Des accords de partenariat et de coopération (APC) ont été conclus avec chacun de ces pays entre 1994 et 1996. Aucun d'entre eux n'a déposé de candidature à l'adhésion à l'Union européenne. Des accords d'association destinés à remplacer les APC sont en cours de négociation ou ont été conclus avec ces pays.

États d'Europe occidentale	
Islande (320 000 h)	L'Islande avait déposé sa candidature en juillet 2009 à la suite de la crise financière qui avait vu s'effondrer une partie du système bancaire. Ce pays souhaitait ainsi bénéficier de la protection de la zone euro. Les négociations d'adhésion avaient débuté en juillet 2010. Mais à la suite des élections législatives de 2013, le nouveau gouvernement islandais décide de suspendre les négociations d'adhésion, puis, en 2015, de retirer la candidature à l'Union. Ce pays est membre de l'Espace économique européen (EEE) depuis 1994 et de l'espace Schengen depuis 1996.
Norvège (5,2 mh)	L'adhésion de la Norvège à l'Union a été rejetée à deux reprises par référendum en 1972 et 1994. La Norvège est membre de l'Espace économique européen (EEE) et de l'espace Schengen. Ce pays est également parti à la Convention de Dublin (demandes d'asile) et à Europol. La crainte de perdre le contrôle des ressources en hydrocarbures (la moitié des exportations totales de marchandises), une forme d'irrédentisme nordique et l'attachement à la monnaie nationale expliquent le refus de ce pays de rejoindre l'Union.
Liechtenstein (37 000 h)	Pas de demande d'adhésion à l'Union européenne. Le Liechtenstein fait partie de l'Espace économique européen (EEE).
Suisse (8 mh)	Si la Suisse remplit toutes les conditions requises pour rejoindre l'Union (ses langues sont des langues officielles de l'Union, son économie est puissante, la démocratie est une réalité vivante), ce pays n'envisage pas d'y adhérer. Les raisons de ce choix sont connues : les Suisses ne veulent pas renoncer au secret bancaire, ni à leur monnaie nationale ; ils sont attachés à leur modèle politique faisant une large place aux votations populaires et craignent que ce dernier ne soit remis en cause par l'application du droit de l'Union ; enfin, le pays est gagné par une vague populiste. Par référendum du 4 mars 2001, le peuple suisse a refusé de « participer au processus d'intégration européenne dans le but d'adhérer à l'Union européenne ». Par ailleurs, l'adhésion de la Suisse à l'EEE a été rejetée par référendum en décembre 1992. La Suisse et l'Union ont donc établi par voie bilatérale des relations renforcées. Il s'agit selon certains auteurs d'une forme d'adhésion « sélective » qui permet à la Suisse de participer aux coopérations communautaires au cas par cas et de bénéficier de l'ouverture des marchés tout en maintenant ses spécificités. Par des accords conclus en 1972, 1999 et 2004, la Suisse et l'Union sont en effet convenus d'instaurer entre eux : – **le libre-échange dans le domaine industriel et la réduction des droits de douane agricoles** (qui ne va pas jusqu'à l'instauration du libre-échange) ; – **l'ouverture des marchés des transports** (aériens, ferroviaires et routiers) et des marchés publics ; – **la libre circulation des personnes**. Les citoyens de l'Union peuvent s'établir en Suisse et réciproquement à condition d'être en possession d'un contrat de travail valable, d'exercer une activité en tant qu'indépendant ou de pouvoir attester de moyens financiers suffisants et d'une assurance-maladie. En 2004, la Suisse et l'Union ont décidé de lever les contrôles systématiques de personnes à la frontière ; – et de renforcer les contrôles aux frontières extérieures de l'Espace Schengen ainsi que la coopération policière et judiciaire. Par référendum en date du 9 février 2014, le peuple suisse a approuvé la proposition de renégocier les accords sur la libre circulation des personnes conclues avec l'Union. Une **remise à plat des relations entre l'Union et la Suisse** serait nécessaire : en effet, cet écheveau d'accords bilatéraux a atteint ses limites du fait du caractère aléatoire et subi de la reprise de l'acquis communautaire, de l'absence d'autorité de surveillance et d'arbitrage et de la complexité de la gouvernance.

Le 26 mars 2020, le Conseil a autorisé l'ouverture de négociations d'adhésion avec l'Albanie et la Macédoine du Nord à l'issue d'un processus assez hésitant.

En juin 2014, l'Albanie s'était vu reconnaître le statut de pays candidat à l'issue d'un processus de décision peu transparent qui avait vu le Conseil européen prendre une telle orientation sans réel débat entre États membres et alors que beaucoup d'entre eux (dont la France) avait des doutes sur la pertinence d'une telle décision. Parallèlement, l'accord de Prespa conclu en juin 2018 avec la Grèce sur le nom de la Macédoine du Nord avait levé un obstacle à la reconnaissance du statut de pays candidat à cet État.

Toutefois, le 26 juin 2019, le Conseil Affaires générales refusait d'ouvrir des négociations d'adhésion avec ces deux pays. La France s'y était opposée car elle demandait une réforme préalable du processus d'adhésion considéré comme trop rigide et ne réservant pas la possibilité de revenir en arrière au cas où le candidat remettrait en cause des réformes précédemment engagées.

Prenant en compte ces revendications, la Commission présentait en février 2020 une nouvelle méthodologie pour l'élargissement qui, si elle ne révolutionne pas le processus de négociation, s'inspire beaucoup de la proposition française. Dans ce document, la Commission met l'accent sur les chapitres relatifs aux réformes fondamentales (appareil judiciaire et droits fondamentaux ; liberté, sécurité, justice) qui, seront systématiquement ouverts en premier et fermés en dernier et dont les progrès détermineront le rythme général des négociations. Elle reprend l'idée française d'une réorganisation des chapitres de négociation autour de cinq groupes thématiques qui pourront être ouverts dans n'importe quel ordre, selon les volontés des pays candidats. Pour renforcer le pilotage politique du processus, elle propose la tenue régulière de sommets UE/Balkans occidentaux, un débat annuel au Conseil européen sur rélargissement ou encore la participation des ministres des pays des Balkans lors de discussions ministérielles dans les domaines dans lesquels leurs pays sont pleinement engagés, tels qu'Horizon 2020. Afin d'éviter des divergences d'analyse sur la situation des pays candidats, la Commission suggère que les États membres soient impliqués dans la surveillance des progrès réalisés par les États candidats dans la reprise de l'acquis communautaire. Enfin, la nouvelle méthodologie met en avant le principe de réversibilité. Le processus, fondé sur le mérite, permettra à un pays qui progresse sur la voie des priorités de bénéficier d'une accélération du processus d'intégration, d'une participation accrue aux programmes de l'UE et d'une augmentation des financements et des investissements. À l'inverse, en cas de recul dans la mise en œuvre des réformes, le Conseil, sur proposition de la Commission, pourra décider par un vote à la majorité qualifiée de suspendre les négociations d'adhésion, de rouvrir des chapitres déjà clôts ou de réduire l'accès à des financements de l'Union.

Tirant les conséquences de ces nouvelles orientations, la France a levé son opposition à l'ouverture de négociations d'adhésion avec l'Albanie et la Macédoine qui était autorisée par le Conseil le 26 mars 2020. Du fait du différend entre la Bulgarie et la Macédoine, ces négociations n'ont toujours pas été engagées.

Dans une communication de février 2018, la Commission évoque la possibilité d'une adhésion future des six pays des Balkans occidentaux (Albanie, Bosnie-Herzégovine, Kosovo, Macédoine, Montenegro, Serbie) tout en se voulant intransigeante sur les conditions préalables à cette adhésion (réformes garantissant l'État du droit, indépendance de la justice, lutte contre la corruption, résolution des conflits et litiges en supens, la Serbie étant ainsi invitée à conclure avec le Kosovo un traité de normalisation). La Commission se montrait prudente sur le calendrier, les premières adhésions n'étant pas envisagées avant 2025.

Achevé d'imprimer en France en septembre 2021
par l'IMPRIMERIE MAURY S.A.S. à Millau (12)
N° d'impression : I21/61393T
Dépôt légal : septembre 2021